A questão urbana

MANUEL CASTELLS

A questão urbana

Edição revista, acompanhada de um posfácio (1975)

Tradução de Arlete Caetano

7ª edição

Paz & Terra
Rio de Janeiro | São Paulo
2020

Copyright © by Librairie François Maspero, 1972
Copyright da tradução © Paz e Terra
Título original em francês: La Question urbaine

Direitos de edição da obra em língua portuguesa no Brasil adquiridos pela EDITORA PAZ E TERRA.
Todos os direitos reservados. Nenhuma parte desta obra pode ser apropriada e estocada em sistema de bancos de dados ou processo similar, em qualquer forma ou meio, seja eletrônico, de fotocópia, gravação etc., sem a permissão do detentor do copyright.

EDITORA PAZ E TERRA
Rua do Paraíso, 139, 10º andar, conjunto 101 – Paraíso
São Paulo, SP – 04103-000
www.record.com.br

Seja um leitor preferencial Record.
Cadastre-se em www.record.com.br e receba informações sobre nossos lançamentos e nossas promoções.

Atendimento e venda direta ao leitor:
sac@record.com.br

Texto revisado segundo o novo Acordo Ortográfico da Língua Portuguesa.

CIP-BRASIL. CATALOGAÇÃO NA PUBLICAÇÃO
SINDICATO NACIONAL DOS EDITORES DE LIVROS, RJ

C344q
7ª ed.

Castells, Manuel, 1942-
A questão urbana / Manuel Castells; tradução Arlete Caetano. – 7ª ed. – São Paulo: Paz e Terra, 2020.
602 p.; 23 cm.

Tradução de: La Question urbaine
"Edição revista, acompanhada de um posfácio (1975)"
ISBN 978-85-775-3080-9

1. Cidades e vilas. 2. Sociologia urbana. 3. Planejamento urbano. 4. Urbanização. I. Caetano, Arlete. II. Título.

20-62667
CDD: 307.76
CDU: 316.334.56

Meri Gleice Rodrigues de Souza – Bibliotecária CRB-7/6439

Impresso no Brasil
2020

Sumário

Prefácio à edição brasileira — 9
Prólogo da edição para a América Latina — 13
Modo de utilização ou, se preferirmos, advertência epistemológica — 25

O PROCESSO HISTÓRICO DE URBANIZAÇÃO

1. O fenômeno urbano: delimitações conceituais e realidades históricas — 37
2. A formação das regiões metropolitanas nas sociedades industriais capitalistas — 53
   I. Técnica, sociedade e região metropolitana — 54
   II. O sistema metropolitano nos Estados Unidos — 57
   III. A produção da estrutura espacial da região parisiense — 63
3. Urbanização, desenvolvimento e dependência — 79
   I. A aceleração do crescimento urbano nas sociedades "subdesenvolvidas" do sistema capitalista — 79
   II. A urbanização dependente — 83
   III. Desenvolvimento e dependência no processo de urbanização na América Latina — 91
4. Modo de produção e processo de urbanização: observações sobre o fenômeno urbano nos países socialistas — 117

A IDEOLOGIA URBANA

1. O MITO DA CULTURA URBANA — 133
2. DA SOCIEDADE URBANA À REVOLUÇÃO URBANA — 147
3. OS MEIOS SOCIAIS URBANOS — 159
   - I. Existe um comportamento "urbano" caracterizando a vida social nas unidades residenciais? — 161
   - II. Existem unidades urbanas específicas? — 165
   - III. Existe produção do social por um ambiente espacial específico? — 169
   - IV. Existe produção de meios residenciais específicos pelos valores dos grupos sociais? — 174

A ESTRUTURA URBANA

1. O DEBATE SOBRE A TEORIA DO ESPAÇO — 183
2. OS ELEMENTOS DA ESTRUTURA URBANA — 203
   - I. A articulação do sistema econômico com o espaço — 203
   - II. A organização institucional do espaço — 297
   - III. O simbólico urbano — 307
   - IV. A centralidade urbana — 314
3. DO ESTUDO DO ESPAÇO À ANÁLISE DA "CIDADE": O SISTEMA URBANO — 337
   - I. A delimitação teórica de urbano — 337
   - II. O sistema urbano — 340

A POLÍTICA URBANA

1. A EMERGÊNCIA DO CAMPO TEÓRICO DA POLÍTICA URBANA — 355
2. INSTRUMENTOS TEÓRICOS PARA O ESTUDO DA POLÍTICA URBANA — 375

I. Delimitação do campo teórico	375
II. O sistema de determinação das práticas políticas urbanas	377
III. Articulação do sistema urbano com a estrutura social geral	379
IV. Articulação do sistema urbano com a organização social (efeitos de conjuntura)	381
V. A determinação estrutural das práticas urbanas	382
VI. Hipóteses para o estudo da planificação urbana	387
VII. Hipóteses para o estudo dos movimentos sociais urbanos	388
VIII. A pesquisa colocada em prática	392

3. PESQUISAS SOBRE A PLANIFICAÇÃO URBANA — 395

   I. As novas cidades britânicas — 396
   II. A renovação urbana nos Estados Unidos — 407
   III. A reconquista de Paris — 430
   IV. Algumas conclusões gerais sobre a planificação urbana como processo social — 457

4. PESQUISAS SOBRE OS MOVIMENTOS SOCIAIS URBANOS — 467

   I. A contestação da reconquista urbana de Paris: luta pelo realojamento na "Cidade do Povo" — 469
   II. A relação entre luta urbana e luta política: as experiências de Quebec e do Chile — 498

CONCLUSÃO: TESES EXPLORATÓRIAS SOBRE A QUESTÃO URBANA — 545

POSFÁCIO, 1975 — 555

Prefácio à edição brasileira

A questão urbana, livro concebido e escrito na França de 1969 a 1971, é publicado pela primeira vez em língua portuguesa em 1983, num contexto como o da sociedade brasileira, completamente diferente em suas dimensões social, intelectual e política. Por isso parece oportuno precisar o alcance do texto e a forma em que, na opinião do autor, se relaciona com esse novo contexto. Com efeito — como diz Fernando Henrique Cardoso —, é impossível separar "as ideias" do "seu lugar".

Uma tentativa de re-situar a problemática do livro no contexto latino-americano foi realizada na edição mexicana de 1976, num prólogo também incluído neste volume. Por outro lado, dada a evolução do meu pensamento — com base na prática social e investigativa — desde então, em 1975 acrescentei à reedição francesa um posfácio que elucida e retifica alguns dos enfoques básicos da obra. Dito posfácio, que foi objeto de numerosos debates, também se inclui nesta edição que passa, assim, a ser *a mais completa das existentes*. Obviamente a evolução da minha investigação e da minha teoria não se detém em 1975. Portanto, quem tenha suficiente interesse e paciência para observar a evolução intelectual do meu trabalho deveria referir-se a obras posteriores. Em particular, a *Crisis urbana y Cambio social*, que reúne as investigações do período 1976-1980; assim como: *The City and the Grass-Roots*, University of California Press, 1982. Mas, neste prefácio não estamos tratando de um autor, mas de um livro, *A questão urbana*. E este livro deve e pode ser lido em si mesmo, como uma unidade, sob a condição de especificar sua relação com o contexto em que se realiza seu consumo como produto cultural.

A questão urbana efetua três operações intelectuais, entrelaçadas, porém diferentes. Em primeiro lugar leva a cabo uma crítica sistemática das principais contribuições das ciências sociais ao estudo da urbanização. A partir desta crítica, trata de reconstruir um esquema teórico capaz de entender os processos sociais subjacentes à problemática urbana, com base na teoria marxista codificada em sua versão althusseriana. Por fim, a partir desse novo arsenal conceitual tenta-se uma série de investigações empíricas, particularmente sobre temas de política urbana, que tentam provar, ainda que de forma limitada, a eficácia dos novos instrumentos.

Destas três operações, a crítica das teorias urbanas segue nos parecendo válida e é a que, na prática, teve maior impacto, contribuindo para gerar a corrente de investigação que no plano internacional se conhece como "a nova sociologia urbana". Por outro lado, o esquema teórico-formal proposto revelou-se muito cedo uma combinatória lógica, vazia de conteúdo intelectual, tanto pelo seu excessivo formalismo como pela sua dependência geral do falido edifício althusseriano, intento póstumo de reconstrução do marxismo dogmático. Quanto às investigações concretas, são tanto mais válidas quanto menos fiéis forem às premissas teóricas de que partiram. Assim, por exemplo, nossos resultados sobre a renovação urbana em Paris foram plenamente verificados pela prática urbanística posterior, enquanto a análise das novas cidades inglesas aparece-nos hoje, claramente, como um simples jogo intelectual.

E ainda assim, em que pesem as suas enormes limitações, *A questão urbana* é um fenômeno social em si mesmo. Com 22 edições em sete línguas, o livro é um clássico dos estudos de urbanismo e ciências sociais nas universidades de todo o mundo. A vaidade do autor não é suficiente para atribuir tal impacto (incluindo o impacto das críticas) às qualidades inerentes ao livro. Para o autor, em 1970, tratava-se simplesmente de pôr em ordem as ideias, críticas e notas de trabalho, que se iam produzindo no processo da tese de doutorado sobre sociologia urbana, centrada sobre uma investigação quantitativa ("Politicas de Localizacion Industrial en el Area Metropolitana de Paris", Universidade de Paris, 1967). E, ainda assim, essas notas (às quais se acrescentou por motivos juvenis de coerência formal uma "teoria alternativa") foram as que tiveram o impacto assinalado, em que pese sua óbvia incapacidade de servir como instrumento de análise. Por quê?

Porque os "problemas urbanos" se haviam convertido em temas fundamentais da prática social e política sem que, nem as ciências sociais tradicionais pudessem tratá-los de forma eficaz nem o marxismo abordá-los a não ser em termos de repetições de fórmulas dogmáticas.

A questão urbana, na realidade, não diz mais que o seguinte:

1. A problemática urbana é fundamental em nossas sociedades.
2. Certamente, foi tratada de forma ideológica nas ciências sociais, mas seu interesse e sua especificidade vão além da deformação da realidade pelo positivismo. Há que se reconhecer os problemas concretos assim conotados e buscar categorias adequadas para analisá-los.
3. O marxismo não proporcionou essas categorias porque a maior parte dos problemas urbanos estão ligados à esfera da reprodução, uma área em que a contribuição do marxismo é limitada.
4. No entanto, o papel central do Estado em todo o novo processo de urbanização exige uma teoria capaz de integrar a análise do espaço com a das lutas sociais e dos processos políticos. Por isso a referência à tradição marxista é obrigatória, como ponto de partida e não como última palavra.

Essas observações, em todo o seu esquematismo, são mais necessárias que nunca num contexto tão dinâmico como o da sociedade brasileira, envolta num processo de rápida industrialização e urbanização, com base em enormes desequilíbrios e desigualdades sociais e espaciais. As contradições urbanas e as lutas urbanas vão ser (já são, de fato) um tema candente do processo sociopolítico brasileiro. E nem as teorias da modernização urbana, nem as teorias de planificação inventadas em outros contextos sociais vão poder ser guias para a ação em relação aos enormes problemas que vão afligir as metrópoles brasileiras. Daí uma tendência lógica a buscar fontes alternativas de inspiração teórica, como o marxismo, mais atentas aos interesses populares e mais sensíveis às variáveis sociais e políticas. Neste contexto, *A questão urbana* pode ser lido e utilizado, como foi em outras sociedades, em apoio de posturas dogmáticas e maximalistas, que pouco têm a ver com a tradição clássica marxista em que a ação histórica era a escola constante de retificação de um pensamento vivo. Daí, estas linhas. Por isso a tentativa de ressituar este livro como um momento de ruptura intelectual com as categorias inúteis do funcionalismo urbano e da planificação tecnocrática. Mas este momento deve ser seguido pela produção de novos instrumentos intelectuais e de novas políticas urbanas. E esses novos instrumentos não podem tomar a forma de uma nova teoria geral codificada, aplicável a todas as situações. O que fazemos, e o que faz este livro é transmitir uma experiência intelectual, técnica e política. Essa experiência deve ser fundida com a própria experiência de cada sociedade e de cada cidade. Com base nessas experiências, quer dizer, das vontades políticas e das capacidades técnicas dos novos atores sociais, que surgirão as análises e os instrumentos de gestão adequados às necessidades das cidades brasileiras. Porque o que realmente permanece válido nas teses propostas por este livro é a unidade indissolúvel e criadora entre teoria e prática.

Rio de Janeiro, dezembro de 1981.

Prólogo da edição para a América Latina
A questão urbana nas sociedades dependentes

Os instrumentos teóricos não têm fronteiras históricas nem geográficas. A teoria é única. Quando se fala em adaptar uma teoria, por exemplo, o materialismo histórico a situações distintas, quer dizer, por um lado, que cada análise concreta é sempre específica, que se devem combinar de certa forma os instrumentos de que se dispõe com o fim de respeitar a especificidade histórica de cada situação, em vez de adaptar toda situação nova a esquemas que tenham sido forjados em situações relativamente distintas. Por outro lado, trata-se também de lembrar que é necessário produzir, constantemente, novos conceitos, descobrir novas leis, à medida que as condições históricas mudam. Se bem que é certo, ao mesmo tempo, que a produção de novos conceitos deve ser feita em continuidade com os conhecimentos teóricos e as leis históricas já estabelecidas; se não, não há ciência da história, e sim acumulação de descrições empíricas sempre particulares, isto é, empirismo e relativismo histórico.

Por conseguinte, à primeira vista, não deveria haver maiores dificuldades para se estender a todas as situações sociais, o tipo de raciocínio que propusemos para reinterpretar a "problemática urbana" na perspectiva do materialismo histórico. Todavia, a experiência mostra, anos depois da primeira publicação deste livro, que diversos propósitos em transpor suas hipóteses para situações de dependência, em particular na América Latina, se chocam com dificuldades consideráveis, e podem tender a um certo formalismo dogmático.

As dificuldades surgidas têm, fundamentalmente, raízes objetivas, isto é, relacionadas com a imprecisão da teoria apresentada, em relação a situações históricas de dependência. Com efeito, nossa análise sobre o urbano, em um primeiro nível, é mais consistente numa crítica epistemológica dos temas abordados do que na proposição direta de conceitos e hipóteses. Ao falar de "urbano", desta forma, não estamos designando um objeto teórico, mas um objeto ideológico. Sendo assim, a ideologia produzida e modificada pela luta de classes é sempre função da conjuntura, da especificidade histórica. Mais concretamente: a realidade conotada pela ideologia se modifica segundo a conjuntura. Tentamos demonstrar (neste livro e em outros trabalhos) que a problemática urbana conotava no modo de produção capitalista e, em particular, em seu estágio mais avançado, os processos e as unidades de reprodução socializada da força de trabalho. Mas, ao mesmo tempo, assinalamos que em outras situações históricas (com outros modos de produção dominantes) a "cidade" se define por outra especificação da estrutura social (por exemplo, em termos de autonomia política, no caso das cidades que emergiram do feudalismo no processo de decomposição deste meio de produção). Do mesmo modo, nas sociedades socialistas (ou pós-capitalistas), que são sociedades de transição nas quais o nível político da estrutura social parece ser o dominante, nosso raciocínio específico sobre o urbano, em relação fundamental com a reprodução da força de trabalho, não é válido, embora o método e os conceitos utilizados possam ser empregados de várias formas com algumas possibilidades de serem úteis.

Neste sentido, o que ocorre com a problemática apresentada, quando se trata de analisar formações sociais dependentes no âmbito do modo de produção capitalista? Por um lado, está claro que existe uma especificidade histórico-estrutural destas situações. Para tomar um único exemplo, basta lembrar o papel do exército nestas sociedades, infinitamente mais importante no sistema político que no caso das sociedades capitalistas avançadas a ocupar uma posição estrutural análoga enquanto recurso armado do poder de classe. Pois bem, se levamos em conta esta especificidade, está claro que os conceitos e hipóteses apresentados neste livro são oblíquos, necessariamente, pelo referente histórico que os estimulou, isto é, a "problemática urbana" das sociedades capitalistas avançadas e dominantes. (Independentemente da possível sensibilidade do autor à problemática latino-americana pelos contatos de trabalho e de prática social geral assumidas há muitos anos.) E isto ocorre porque não se produzem os conceitos "em geral", embora o alcance da teoria, uma vez delineada, possa ser geral.

Então, pode-se ou não transpor a perspectiva desenvolvida, ao menos, em todas as situações em que o modo de produção capitalista é dominante?

A resposta a esta pergunta contém muitas implicações. Porque se respondemos de modo não imediato, se afirmamos a irredutibilidade histórica das situações observadas, estamos levando água ao moinho do "terceiro-mundismo", e o marxismo é abandonado para cair no nacionalismo intelectual e na demagogia obscurantista das "sociologias nacionais", o "pensamento oriental", a "cultura alcorânica", a "teoria latino-americana" etc. Trata-se de discursos ideológicos intelectualmente retrógrados, face ao papel positivo que puderam desempenhar, e ainda desempenham, em certas conjunturas, na luta ideológica ligada aos movimentos de liberação nacional de povos oprimidos. Se por um lado, politicamente, alguns destes discursos são aliados na luta geral contra a opressão cultural imperialista, por outro lado, os instrumentos de análise (absolutamente necessários para uma prática política justa) representam um gigantesco retrocesso sob pretexto da novidade histórica.

Embora reconhecendo que o marxismo, tal como existe hoje, é fundamentalmente uma teoria forjada na análise do sistema de produção capitalista (e cuja validade geral, como ciência da história está para ser comprovada: isto é, será comprovada à medida que se desenvolve a análise marxista do pós-capitalismo e do pré-capitalismo...), devia poder aplicar-se às sociedades latino-americanas dependentes posto que estas são sociedades capitalistas, integradas no sistema de produção capitalista em sua fase monopolista em escala mundial.

Assim, o problema é complicado na medida em que nos encontramos ao mesmo tempo ante uma especificidade do urbano mas dentro do modo de produção capitalista e na mesma fase e estágio que os modos de produção das sociedades em relação às quais os conceitos e análises deste livro foram forjados. Como sempre, a resposta a uma pergunta tão geral (e tão fundamental) não pode ser direta. Exige um rodeio teórico que trate de abordar sucessivamente o significado de uma formação social dependente, no sentido exato de sua especificidade no sistema de produção capitalista, a intervenção da ideologia do urbano em tal situação e, finalmente, os problemas teóricos a considerar na análise dos processos conotados pela ideologia do urbano numa situação de dependência.

Em primeiro lugar, no que se refere à *dependência*, devemos lembrar que não é um conceito mas um fenômeno histórico, uma forma histórica particular de relação entre formações sociais, caracterizada pelo fato de que a forma em que se realiza a dominação de classes em uma sociedade dependente expressa a forma de dominação da classe dominante na formação social dominante. A dependência deve, então, definir-se sempre por um conteúdo histórico particular, e não por uma simples assimetria nas relações de poder, tal como o assinalou reiteradamente Fernando H. Cardoso em seus diversos trabalhos. Neste sentido, não haveria que falar, de forma estrita, de formações sociais dependentes, mas de relações de dominação (e por conseguinte, de dependência) entre as classes e blocos de classe, assim como entre seus aparatos econômicos (empresas, trusts) e políticos (partidos, estados) em escala mundial. A partir disto, tratar-se-ia de especificar qual é o modo de articulação destas relações em cada fase e estágio do sistema de produção capitalista.

Em que consiste, então a especificidade estrutural da situação de dependência? A articulação do sistema de produção capitalista em escala mundial significa o sistema de produção dominante no seio de uma rede articulada de formações sociais interdependentes caracterizadas por relações de poder assimétricas entre as distintas classes e blocos de classe. Em outros termos, este conjunto — sistema imperialista — está caracterizado por uma cadeia e pelos *elos* desta cadeia articulados entre si com maior ou menor força (daí o "elo mais frágil" e a significação desta teoria para a transformação da cadeia em seu conjunto). Assim, ao contrário das situações sociais observadas, não passa da expressão específica do lugar diferencial ocupado no conjunto da cadeia. É impossível, desta forma, estabelecer uma diferenciação puramente dicotômica entre "dominantes" e "dependentes". É necessário, ao contrário, efetuar uma análise diferencial de cada formação social situando-a em relação ao conjunto da cadeia e deduzindo, desta posição específica, a articulação particular das relações sociais que a integram.

Isto significa concretamente que não há tipos históricos diferentes, mas situações particulares interdependentes, articuladas num processo global. Por conseguinte, a especificidade das relações sociais em cada situação não concerne somente a uma região da estrutura social (o econômico, por exemplo) e sim ao conjunto de formação social. Portanto, a ideologia do urbano, produzida e difundida pelo grande capital multinacional, tomará um sentido específico e conotará, provavelmente, processos diferentes daqueles referidos neste livro. Além disso, um dos efeitos universalizantes da ideologia do urbano é o transformar em únicos (aproveitando proximidades terminológicas) processos sociais tão diferentes como a megalópole americana e o empilhamento humano de Calcutá, neutralizando assim as diferenças observadas em seu conteúdo social. Tal universalismo abstrato permite deixar de lado a problemática do desenvolvimento desigual como processo contraditório e substituí-la pelas teses evolucionistas em termos de níveis de desenvolvimento.

Qual é, então, o sentido da "questão urbana" nas sociedades capitalistas caracterizadas pela sua inserção no polo "dependente" das relações articuladas em escala mundial? Antes de tudo, partiremos da não identidade dos três elementos principais, que encontramos como característicos da problemática urbana nas sociedades capitalistas dominantes: as formas espaciais, o processo de reprodução da força de trabalho e sua articulação com a ideologia do urbano. Partiremos mais da consideração separada de cada um destes elementos nas situações de dependência, analisando sua forma de existência específica em determinadas situações. A partir daí, veremos se eles se articulam e como se articulam.

1. No que se refere à *ideologia do urbano*, nas sociedades dependentes se apresenta em geral sob a forma do neomalthusianismo demográfico, insistindo sobre a taxa acelerada do crescimento urbano nos países "subdesenvolvidos" e tirando como principal conclusão a urgência de um controle maciço da natalidade, por qualquer meio, incluindo a esterilização involuntária das massas. Os fundamentos demográficos da ideologia do urbano na ordem social imperialista explicam por que o essencial da pesquisa urbana se orienta para estudos da população e para projeções quantitativas nos processos de

urbanização. Acumulam-se, assim, volumosos e sofisticados estudos estatísticos, sem nem sequer saber o que significa socialmente para uma cidade alcançar os 100.000 habitantes ou crescer 3% ao ano, já que inclusive o cálculo dos serviços necessários à população não é função exclusiva, nem sequer principal da dimensão do centro urbano. Na realidade, tais estudos, aos quais muitos de nós têm dedicado tempo e energia, hoje em dia não servem para quase nada a não ser como indicadores de riscos de transbordamento para os aparatos de detenção do imperialismo.

2. Em relação às *formas espaciais*, parece necessário tornar claro um equívoco que nós mesmos cometemos ao falar de "urbanização dependente". Têm-se apresentado formas características do espaço que definiriam as cidades como dependentes. E o equívoco consiste em que continuamos utilizando "urbanização" e "cidade" sem nenhum tipo de precisão, aceitando assim a transposição direta entre formas espaciais e processos sociais, quando de fato, ao falar de urbanização na França ou no Peru, não se fala da mesma coisa. Assim, se as características das cidades nas sociedades dependentes são, em geral, as indicadas, ainda que produzidas pelos processos assinalados, continuamos sem saber o que tais características espaciais significam em termos de relações sociais, enquanto não desenvolvemos uma análise específica de seu papel nos processos de acumulação de capital, de reprodução da ordem social, do desenvolvimento da luta de classes e da dinâmica do sistema político-ideológico. Sem que possamos abordar aqui tal análise, é importante lembrar algumas características básicas das aglomerações urbanas (ou formas concentradas de população e atividades, em nível descritivo), nas situações de dependência:

   a. As aglomerações espaciais resultam, em uma boa parte, do processo de decomposição da estrutura produtiva, em particular agrária e artesanal. Ele explica a concentração de desempregados mais ou menos estruturais, a não necessidade do sistema em reproduzir sua força de trabalho, sua não rentabilidade como mercado para o consumo de mercadorias e, portanto, a ausência de produção de meios de consumo coletivo ou serviços urbanos. Assim, posto que uma parcela da população e atividades existem quando, estruturalmente, não deviam existir, produz-se o processo de "urbanização selvagem" e seus característicos atributos espaciais. Uma boa parte das cidades nestas condições não é o resultado do processo de concentração de meios de produção e força de trabalho, mas autêntico desaguadouro daquilo que o sistema desorganiza sem poder destruir inteiramente. Em grande parte porque as pessoas assim desarticuladas resistem ao processo e desenvolvem outras formas de vida e atividade. Todavia, uma vez que tal setor urbano existe, é utilizado econômica, espacial e socialmente pelo setor dominante, produzindo assim novos efeitos específicos sobre a estrutura urbana (por exemplo, organizando produtivamente a especulação em relação às zonas de ranchos).

b. Por outro lado, sem dúvida, as cidades das sociedades dependentes são o resultado também do outro polo na dinâmica do desenvolvimento desigual. Isto é, são expressões espaciais da concentração de meios de produção de unidades de gestão e de meios de reprodução da força de trabalho necessária, assim como de distribuição de mercadorias solicitadas pelo mercado que se desenvolve a partir deste processo de acumulação capitalista.

A articulação histórica deste fator com o anterior produz o chamado "dualismo" das estruturas urbanas latino-americanas.

c. Na medida em que estas cidades pertencem a sociedades articuladas em uma cadeia mundial de dependência, vão expressar sua situação não só em termos de relações sociais subjacentes, mas também em relação à determinação direta de elementos da estrutura urbana por interesses que representam mais os que são dominantes em escala mundial que os requisitos, inclusive funcionais, da estrutura urbana. Exemplo: Caracas e seu transporte urbano com base, essencialmente, em autoestradas e carros que a maioria da população não pode utilizar.

Em todo caso, o que deve ficar claro é que uma análise das formas específicas da organização de espaço nas sociedades dependentes não pode ser o ponto inicial da análise (em forma tipológica), mas sua fase final, mediante a reconstituição das relações sociais que organizam e dão o conteúdo histórico preciso às distintas formas espaciais.

3. Do ponto de vista dos processos de reprodução coletiva da força de trabalho, o desenvolvimento do modo de produção capitalista em escala mundial, decompondo as formas produtivas preexistentes e acentuando o desenvolvimento desigual, produz certas consequências precisas que especificam tal processo de reprodução nas formações sociais dominantes. Assim, em particular:

   a. A não existência, do ponto de vista da acumulação do capital, da reprodução da força de trabalho para uma parte importante da força de trabalho potencial, produzindo além disso um impacto sobre a reprodução da força de trabalho "produtiva" ao manter a pressão de um amplo exército de reserva.

   b. Desenvolvimento do "consumo de luxo" para uma estrita minoria que suscita sem cessar nova demanda. A proporção entre consumo de luxo improdutivo e bens de consumo destinados à reprodução da força de trabalho é, paradoxalmente, muito maior que nas sociedades dominantes, no sentido de que muito mais recursos são destinados, proporcionalmente, nas sociedades dependentes ao consumo improdutivo.

   c. Escassa intervenção do Estado na reprodução da força de trabalho em termos econômicos. Em troca, pode existir uma intervenção decisiva do Estado na produção de bens de consumo coletivo em função de critérios políticos, em particular nos estados nacional-populistas, buscando apoio de classes populares. Neste sentido, a "questão urbana" aparece como central em todos os processos de mobilização popular subordinada nos novos estados nacionais dependentes e deixa de desempenhar um papel de primeiro plano nos estados que utilizam a repressão (mais que a integração) em suas relações com as massas populares.

Levando em conta o conjunto desses fatores, tratamos agora de responder à pergunta básica que formulamos: existe ou não especificidade das realidades conotadas pela ideologia do urbano no caso das sociedades dependentes?

Sim e não.

Não, na medida em que a articulação do modo de produção capitalista em escala mundial faz com que os setores produtivos destas economias, integrados ao aparato produtivo internacional, tenham semelhantes exigências em relação à reprodução da força de trabalho e por conseguinte em relação à concentração, distribuição e gestão dos meios de tal reprodução.

Mas, essencialmente, sim, na medida em que as concentrações de população e atividades correspondem parcialmente a outra lógica, na medida em que as exigências de reprodução da força de trabalho para uma grande parte da população não são as mesmas e na medida em que a ideologia urbana é fundamentalmente desviada pelos objetivos específicos do imperialismo nestas sociedades.

Na realidade, a questão urbana nas sociedades dependentes parece contar de uma só vez três grandes fenômenos:

1. Uma especificidade da estrutura de classes, derivada da dinâmica do desenvolvimento desigual e consistente, sobretudo no processo de superpopulação relativa, articulado estreitamente à expansão do setor monopolista hegemônico ligado à lógica do capital multinacional. Tal é a problemática da "marginalidade".
2. Uma especificidade do processo de reprodução coletivo da força de trabalho, que determina a não exigência estrutural da reprodução de uma parte dessa força do ponto de vista estrito da acumulação do capital. A consequência é a "urbanização selvagem" subjacente à problemática da marginalidade "ecológica".
3. A assistência pública, ao nível de consumo, para as massas populares, em termos de uma estratégia populista de mobilização social.

Não há fusão real destas três dimensões (estrutura de classe, formas espaciais ligadas aos meios coletivos de consumo, processo político) na realidade. Sua fusão numa só problemática é característica da ideologia da marginalidade: "uma parte da população (os pobres) está à margem da cidade (sociedade) e é assistida pelo Estado (pai benfeitor)". Na realidade, as pesquisas mostram que não há covariação sistemática destas dimensões. Que, nem os ranchos e vilas de miséria concentram os desempregados, analfabetos ou subempregados, nem estes são em todas as ocasiões a presa do populismo. Não há fusão destes aspectos a não ser quando se articulam nas práticas históricas das classes: assim, por exemplo, quando certas zonas urbanas são ocupadas pelos desabrigados, eles constituem a base organizativa de um movimento coletivo de reivindicação que expressa de forma autônoma os interesses de algumas camadas populares que se dirigem, como interlocutor privilegiado, ao Estado. Ou, ao contrário, quando o Estado, como a democracia cristã do Chile, nos anos sessenta, utiliza certas reformas urbanas para organizar e integrar setores populares através do consumo coletivo. Ou seja: a unidade dos diferentes problemas subjacentes à ideologia do urbano nas sociedades dependentes não se encontra em nível estrutural mas resulta, de forma sempre específica, das práticas sociais e políticas.

Este ponto é fundamental pois obriga a definir ainda com muito mais precisão, o objeto real de toda a investigação urbana.

Quais são as implicações concretas destas precisões para a investigação? Que seria um erro transpor *ponto por ponto* a perspectiva apresentada neste livro aos problemas chamados urbanos na América Latina. Mas que, em lugar disto, é necessário, ante toda questão concreta baseada em termos de problemática urbana, fazer o mesmo tipo de operação que nós realizamos em outro contexto. A saber, o rechaço da "evidência espacial" da problemática urbana, a crítica das perspectivas, fundamentalmente configuradas pela ideologia dominante, com que se apresentam os problemas, e a tradução, em termos de relações sociais, dos objetos de investigação. Todo trabalho de investigação parte de uma série de questões concretas asseguradas pela prática social. Este é o ponto fundamental, inequívoco, de partida. Mas para poder contestar adequadamente estas questões concretas, necessitamos traçar outras questões mais abstratas e gerais em termos teóricos. E a partir daqui, desprezar os dispositivos materiais de observação e análise. Pois bem, são estas questões teóricas que, em geral, se tornarão específicas em situações de dependência, não porque a teoria mude, mas porque os processos sociais subjacentes ao urbano apontam para outras regiões da estrutura social, ao menos parcialmente. Assim, aparecem fundamentais na problemática urbana das sociedades dependentes a consideração do Estado e suas relações com as massas em termos de interação; as formas de existência do dualismo estrutural em nível de espaço; a dependência tecnológica no tratamento dos problemas etc. Ou seja, questões que precisam ser descobertas e precisadas pela prática concreta e original da investigação "urbana" nas sociedades dependentes. Tais indicações não são projetadas "para os outros" do nosso observatório parisiense. Consideramo-nos parte desse processo e alguns de nossos trabalhos sobre o Chile tentaram avançar nesse sentido. Mas se tratava de determinar e retificar em relação a certos efeitos deste livro em particular. Produto de uma conjuntura histórica e teórica, deve ser utilizado e adaptado como o instrumento de trabalho que pretende ser. Sua utilidade para entender e para mudar os processos sociais chamados urbanos nas sociedades dependentes dependerá do uso qualitativamente distinto que façam deste instrumento os investigadores destas sociedades.

Modo de utilização ou, se o preferirmos, advertência epistemológica

Este livro nasceu de um espanto.

De fato, no momento em que as ondas de luta anti-imperialista propagam-se por todo o mundo, em que os movimentos de revolta explodem no próprio âmago do capitalismo avançado, em que a reativação das lutas operárias cria uma nova situação política na Europa, os "problemas urbanos" tornam-se essenciais tanto nas diretrizes governamentais quanto nos *mass media* e, portanto, na vida de grande parte da população.

À primeira vista, o caráter ideológico de um deslocamento de temática deste tipo, que exprime em termos de um desequilíbrio entre técnica e contexto de vida certas consequências das contradições sociais, não deixa margem de dúvida quanto à necessidade de sair, teórica e politicamente, do labirinto de espelhos assim construído. Mas, embora seja fácil um acordo quanto a esta perspectiva (a menos que interesses político-ideológicos influenciem em sentido contrário), isto não resolve as dificuldades que encontramos na prática social; ao contrário, todos os problemas começam a partir deste momento, quer dizer, a partir do momento em que tentamos *ultrapassar* (e não *ignorar*) a ideologia que está na base da "questão urbana".

Porque, se é verdade que o "pensamento urbanístico", nas suas diferentes versões, dentre as quais a ideologia do ambiente parece ser a mais completa, é antes de tudo o apanágio da tecnocracia e das camadas dirigentes em geral, seus efeitos se fazem sentir no movimento operário e, mais ainda, nas correntes de revolta cultural e política que se desenvolvem nas sociedades capitalistas industriais. Assim, ao lado do controle que diversos aparelhos do Estado exercem sobre os problemas do "modo de vida", assistimos a uma intervenção crescente da prática política nos bairros, nos equipamentos coletivos, nos transportes etc., e a um ataque feito à esfera do "consumo" e à "vida cotidiana" por parte da luta política e da contestação ideológica. Mas, frequentemente, este deslocamento de objetivos e de diretrizes ocorre sem mudar de registro temático, quer dizer, permanecendo no interior da problemática "urbana". Por isso torna-se urgente um esclarecimento da "questão urbana", tanto como meio de desmistificação da ideologia das classes dominantes, quanto como instrumento de reflexão para as tendências políticas que, abordando problemas sociais novos, oscilam entre o dogmatismo das formulações gerais e a apreensão destas questões nos termos, invertidos, das formulações gerais e a apreensão destas questões nos termos, invertidos, da ideologia dominante.

Além disto, não se trata apenas de torná-la manifesta; pois esta ideologia é o *sintoma* de uma certa problemática intensamente vivenciada, mas ainda mal identificada; e se ela se demonstra socialmente eficaz, é porque se propõe como interpretação de fenômenos que adquiriram uma importância cada vez maior no capitalismo progressista e porque a teoria marxista, *que só coloca os problemas suscitados pela prática social e política*, ainda não foi capaz de analisá-los de modo bastante específico.

De fato, os dois aspectos do problema constituem apenas um. Pois, uma vez estabelecidos os contornos do discurso ideológico sobre "o urbano", a transposição deste discurso não pode decorrer de uma simples denúncia; ela exige uma análise teórica das questões da prática social que ela conota. Em outras palavras, um desconhecimento-reconhecimento ideológico não pode ser ultrapassado, e ser interpretado ao mesmo tempo, a não ser por uma análise teórica; é o único caminho capaz de evitar o duplo obstáculo com que se defronta toda prática teórica:

1 Um desvio direitista (com a aparência de esquerda) consistindo em reconhecer estes novos problemas, mas em fazê-lo em termos da ideologia urbanística, afastando-se de uma análise marxista, e atribuindo-lhes prioridade teórica — e política — sobre a determinação econômica e a luta de classes.

2 Um desvio esquerdista, que negaria a emergência de novas formas de contradições sociais nas sociedades capitalistas, remetendo os discursos sobre o urbano a uma esfera puramente ideológica, esgotando-se ao mesmo tempo em acrobacias intelectuais para reduzir a diversidade crescente das formas de oposição de classes a uma oposição direta entre capital e trabalho.

Um empreendimento deste tipo exige a utilização de certos instrumentos teóricos, a fim de transformar, por meio de um *trabalho*, uma matéria-prima, ao mesmo tempo teórica e ideológica, e obter um produto (sempre provisório), onde o campo teórico-ideológico modificasse no sentido de um desenvolvimento de seus componentes teóricos. O processo se complica na medida em que, para nós, não existe produção de conhecimento, *no sentido forte do termo*, a não ser relacionada à análise de uma situação concreta. O que quer dizer que o produto de uma investigação é, pelo menos, duplo: há o resultado do conhecimento específico da situação estudada; e há o conhecimento desta situação, com a ajuda de instrumentos teóricos mais gerais, ligados ao continente geral do materialismo histórico. O fato de eles tornarem inteligível uma dada situação, manifesta-se pela *realização material* (ou experimentação) das leis teóricas propostas; estas leis, ao se especificarem, desenvolvem ao mesmo tempo o campo teórico do marxismo e aumentam sua eficácia na prática social.

Sendo este o esquema geral do trabalho teórico, sua aplicação à "questão urbana" defronta-se com dificuldades especiais. De fato, a "matéria-prima" deste trabalho, que é constituída por três elementos (representações ideológicas, conhecimentos já adquiridos, especificidade das situações concretas estudadas), caracteriza-se pelo predomínio quase absoluto dos elementos ideológicos, uma grande dificuldade na abordagem empírica precisa dos "problemas urbanos" (exatamente, por se tratar de uma delimitação ideológica) e a quase inexistência de elementos de conhecimento já adquiridos neste domínio, na medida em que o marxismo só o abordou marginalmente (Engels sobre a habitação) ou numa perspectiva historicista (Marx na *Ideologia alemã*) ou só viu nele a pura transcrição das relações políticas. Por outro lado, as "ciências sociais" são especialmente pobres em análises sobre a questão, devido à íntima relação que elas mantêm com as ideologias explicativas da evolução social, e ao papel estratégico desempenhado por estas ideologias nos mecanismos de integração social.

Esta situação explica o trabalho, lento e difícil, que foi necessário efetuar na adequação dos conceitos gerais do materialismo histórico às situações e processos bem diferentes dos que estiveram na base de sua produção. Tentamos, contudo, estender seu alcance sem modificar sua perspectiva, pois a produção de novos conceitos deve ocorrer no desenvolvimento das teses fundamentais, sem o que, não há desdobramento de uma estrutura teórica, mas justaposição de "hipóteses intermediárias". Este método de trabalho não tem nada de dogmático, na medida em que a ligação com uma perspectiva não provém de uma fidelidade casual aos princípios, mas da "natureza das coisas" (quer dizer, das leis objetivas da história humana). É tão dogmático raciocinar em termos de modo de produção quanto pensar a partir da teoria da relatividade em física.

Dito isto, a pobreza do trabalho propriamente teórico sobre os problemas conotados pela ideologia urbana obriga a tomar como matéria-prima fundamental, por um lado, a massa de "pesquisas" acumuladas pela "sociologia urbana", e por outro, toda uma série de situações e de processos identificados como "urbanos" na prática social.

No que diz respeito à sociologia urbana, ela é, de fato, o "fundamento científico" (e não a fonte social) de inúmeros discursos ideológicos que ampliam, combinam e adaptam teses e dados acumulados pelos investigadores. Também, mesmo se tratando de um campo com forte predomínio ideológico, de vez em quando aparecem análises, descrições, observações de situações concretas que ajudam a seguir uma pista específica dos temas tratados nesta tradição, e questões percebidas como urbanas na sociologia espontânea dos assuntos.

Esta sociologia, como todas as sociologias "específicas", é, principalmente, quantitativa e qualitativamente, anglo-saxônica, e, mais precisamente, americana. Esta é a única razão de importância para as referências anglo-saxônicas neste trabalho. Tanto mais que, frequentemente, as sociologias "francesa", "italiana", "latino-americana" e também "polonesa" ou "soviética" são cópias ruins das pesquisas empíricas e dos temas "teóricos" da sociologia americana.

Em contraposição, tentamos diversificar, na medida de nossas parcas possibilidades, as situações históricas que servem de referência concreta para a emergência desta problemática, a fim de distinguir melhor os diversos tipos de ideologia urbana e localizar as diferentes regiões da estrutura social subjacente.

É claro que não pretendemos ter chegado a reformular a problemática ideológica de onde partimos, e, por conseguinte, menos ainda, ter efetuado verdadeiras análises concretas, chegando a algum tipo de conhecimento. Este texto apenas comunica certas experiências de trabalho neste sentido, visando mais a produzir uma dinâmica de investigação do que estabelecer uma demonstração, irrealizável na atual conjuntura teórica. Simplesmente chegamos ao ponto em que achamos redundante toda precisão teórica nova que não fosse inserida nas análises concretas. Tentando escapar do formalismo e teoricismo, quisemos sistematizar nossas experiências, para que elas sejam ultrapassadas no único caminho possível: na prática, teórica e política.

Esta tentativa defrontou-se com graves problemas de comunicação. De que maneira exprimir uma *intenção* teórica à base de um material principalmente ideológico e versando sobre processos sociais mal identificados? Tentamos restringir as dificuldades de duas formas: por um lado, encarando sistematicamente o efeito eventual produzido sobre a prática de investigação *a partir* destas análises e proposições em vez de visar à coerência e à precisão do próprio texto; por outro lado, utilizando como meio de expressão de um *conteúdo teórico*, esboços de análises concretas que não o são de fato. *Trata-se, de fato, de um trabalho propriamente teórico, quer dizer, versando sobre a produção de instrumentos de conhecimento, e não sobre a produção de conhecimentos relativos a situações concretas.* Mas a maneira de exprimir as mediações necessárias para atingir as experiências teóricas propostas constituiu em examinar uma ou outra situação histórica tentando transformar sua compreensão com a ajuda dos instrumentos teóricos propostos ou, também, mostrando a contradição entre as observações de que dispomos e os discursos ideológicos justapostos nas mesmas.

Este procedimento tem a vantagem de concretizar uma problemática, mas suscita dois inconvenientes graves para os quais gostaríamos de chamar a atenção:

1. Poderíamos pensar que se trata de um conjunto de investigações concretas, enquanto que, com algumas exceções, só existe um início de transformação teórica de uma matéria-prima empírica, o mínimo necessário para assinalar um rumo de trabalho; com efeito, como poderíamos pretender analisar de maneira rápida tantos problemas teóricos e situações históricas? O único sentido possível de esforço oferecido é o de depreender, através de uma diversidade de temas e de situações, a emergência de uma mesma problemática no conjunto de suas articulações.
2. Também poderíamos ver nisto a ilustração concreta de um *sistema teórico* acabado e proposto como modelo, ao mesmo tempo que a produção de conhecimentos não passa pelo estabelecimento de um sistema, mas pela criação de uma série de instrumentos teóricos que nunca se realizam pela coerência e sim pela sua fecundidade para analisar situações concretas.

Esta é a dificuldade de nossa tentativa: por um lado ela visa a deduzir instrumentos teóricos da observação de situações concretas (situações que nós mesmos observamos, ou conforme são tratadas pela ideologia sociológica); e, por outro lado, ela é apenas um *momento* de um processo que deve, numa outra conjuntura, inverter o procedimento partindo destes instrumentos teóricos para *conhecer* situações.

A importância atribuída a estes problemas de *tática* do trabalho teórico (essenciais, se quisermos lutar, ao mesmo tempo, contra o formalismo e o empirismo, sem por isso nos lançarmos num projeto voluntarista de "fundação da ciência") se reflete diretamente no ritmo da obra. Uma aproximação inicial reconhece o "terreno histórico" a fim de dar um conteúdo relativamente preciso ao tema abordado; em seguida, tentamos estabelecer os contornos do discurso ideológico sobre o "urbano", que se coloca como uma delimitação de um campo de conhecimento "teórico" e de prática social; tentando romper esta capa ideológica e reinterpretar as questões concretas que ela contém, as análises sobre a estrutura do espaço urbano propõem uma primeira formulação teórica do conjunto da questão, mas demonstram, ao mesmo tempo, a impossibilidade de uma teoria que não esteja centralizada na articulação da questão "urbana" com os processos políticos isto é, relativos ao aparelho do Estado e à luta de classes. O texto, portanto, resulta num tratamento teórico e histórico da "política urbana".

Uma conclusão deste tipo obriga necessariamente a introduzir uma observação cujas consequências concretas são enormes: não há possibilidade puramente teórica de resolver (ou ultrapassar) as contradições que estão na base da questão urbana; esta ultrapassagem só pode provir da prática social, quer dizer, da prática política. Mas, para que uma prática destas seja justa e não cega, é necessário explicitar teoricamente as questões abordadas desta maneira, desenvolvendo e especificando as perspectivas do materialismo histórico. As condições sociais de emergência desta reformulação são extremamente complexas, mas, em todo caso, podemos estar certos de que elas exigem um ponto de partida ligado historicamente ao movimento operário e à sua prática. O que exclui toda pretensão "de vanguarda" de uma obra teórica pequeno-burguesa; mas não exclui a utilidade de certo trabalho de reflexão, de documentação e de pesquisa, enquanto componente de um movimento teórico-prático de tratamento da questão urbana, na ordem do dia da prática política.

O PROCESSO HISTÓRICO
DE URBANIZAÇÃO

Toda forma de matéria possui uma história ou, melhor ainda, ela é sua própria história. Esta proposição não resolve o problema do conhecimento de uma dada realidade; ao contrário, coloca-o. Porque, para *ler* essa história, para descobrir suas leis de estruturação e de transformação, é necessário decompor, pela análise teórica, o que é *dado* numa síntese prática. Contudo, é útil fixar os contornos históricos de um fenômeno, antes de efetuar sua investigação. Ou, em outras palavras, parece mais prudente efetuar esta pesquisa a partir de uma falsa inocência teórica, "constatando", a fim de descobrir os problemas conceituais que se colocam, cada vez que tentamos apreender — em vão — este "concreto". É neste sentido que o estudo da história do processo de urbanização parece indicado para abordar a questão urbana, pois ele nos introduz no âmago da problemática do desenvolvimento das sociedades, e revela-nos, ao mesmo tempo, uma imprecisão conceitual ideologicamente determinada.

Dito isto, se está claro que o processo de formação das cidades está na base das redes urbanas e condiciona a organização social do espaço, frequentemente nos deparamos com uma apresentação global e sem especificação de uma taxa de crescimento demográfico, ligando num mesmo discurso ideológico a evolução das formas espaciais de uma sociedade e a difusão de um modelo cultural à base de um domínio político.

As análises do processo de urbanização situam-se, geralmente, numa perspectiva teórica evolucionista, segundo a qual cada formação social se produz, sem ruptura, pelo desdobramento dos elementos da formação social precedente. As formas de implantação espacial são portanto uma das expressões mais visíveis destas modificações.[1] Às vezes utilizamos até mesmo esta evolução das formas espaciais para classificar as etapas da história universal.² De fato, mais que estabelecer critérios de periodização, é absolutamente necessário estudar a produção das formas espaciais a partir da estrutura social de base.

Explicar o processo social que está na base da organização do espaço não se reduz a situar o fenômeno urbano no seu contexto. Uma problemática sociológica da urbanização deve considerá-la enquanto processo de organização e de desenvolvimento, e, por conseguinte, partir da relação entre forças produtivas, classes sociais e formas culturais (dentre as quais o espaço). Uma investigação deste tipo não pode processar-se unicamente no abstrato; deve, com a ajuda de seus instrumentos conceituais, explicar situações históricas específicas, bastante ricas para que apareçam as linhas de força do fenômeno estudado, a organização do espaço.

No entanto, a confusão ideológico-teórica existente neste domínio obriga-nos a uma indicação prévia de nosso objeto, ao mesmo tempo em termos conceituais e de realidade histórica. Este trabalho não tem nada de acadêmico e apresenta-se, ao contrário, como uma operação tecnicamente indispensável para evitar as conotações evolucionistas e abordar, com toda clareza, um domínio preciso de nossa experiência.

Notas

1. Cf. E. LAMPARD: "The History of Cities in the Economically Advanced Areas", *Economic Development and Cultural Change*, 3, 1955. p. 90-104, e também L. WOOLEY, "The Urbanization of Society", *Journal of World History*, 4. 1957. E mais, em geral, a coleção de ensaios reunidos por O. Handlin, J. Burchard (eds.), "*The Historian and the City*", Cambridge, Massachusetts, 1963.
2. Por exemplo, os trabalhos de GRASS, ou, de maneira mais variada, os de MUMFORD.

1

O FENÔMENO URBANO: DELIMITAÇÕES CONCEITUAIS E REALIDADES HISTÓRICAS

Na selva de definições sutis com que os sociólogos nos enriqueceram, podemos distinguir nitidamente dois sentidos extremamente distintos do termo *urbanização*.[1]

1. Concentração espacial de uma população, a partir de certos limites de dimensão e de densidade.[2]
2. Difusão do sistema de valores, atitudes e comportamentos denominado "cultura urbana".[3]

Para a discussão da problemática relativa à "cultura urbana", nós remetemos ao capítulo II.[4] Podemos, no entanto, adiantar nossa conclusão essencial: trata-se, de fato, do sistema cultural característico da sociedade industrial capitalista.

Por outro lado, e na mesma linha de pensamento, assimilamos urbanização e industrialização, fazendo equivaler os dois processos, ao nível de escolha dos referenciais utilizados,[5] para construir as dicotomias correspondentes rural/urbana e emprego agrícola/emprego industrial.[6]

De fato, a tendência culturalista da análise da urbanização fundamenta-se numa premissa: a correspondência entre um certo tipo técnico de produção (essencialmente definido por uma atividade industrial), um sistema de valores (o "modernismo") e uma forma específica de organização do espaço, a cidade, cujos traços distintivos são uma certa forma e uma certa densidade.

O fato desta correspondência não ser evidente emana de um simples informe analítico das grandes aglomerações pré-industriais tal como o que foi efetuado por Sjoberg.[7] Certos autores[8] continuam coerentes, recusando o emprego do termo "cidade" para designar estas formas de povoamento, tornando assim explícita a confusão entre a problemática "urbana" e uma dada organização *sociocultural*.

Esta ligação entre forma espacial e conteúdo cultural pode ser, a rigor, uma hipótese (que examinaremos em detalhe nas páginas seguintes), mas ela não pode constituir um elemento de definição da urbanização, pois a resposta teórica, desde então, se encontraria inserida na maneira de colocar o problema.

Se formos nos ater a esta distinção, isentos para estabelecer em seguida as ligações teóricas e empíricas entre as duas formas, espacial e cultural, podemos apoiar-nos, em primeira instância, na definição de H. T. Eldrigo, que caracteriza a urbanização como um processo de concentração da população em dois níveis: 1. a proliferação de pontos de concentração; 2. o aumento do tamanho de cada um destes pontos.[9]

Urbano designaria então uma forma especial de ocupação do espaço por uma população, a saber o aglomerado resultante de uma forte concentração e de uma densidade relativamente alta, tendo como correlato previsível uma diferenciação funcional e social maior. Dito isto, quando queremos utilizar diretamente esta definição "teórica" numa análise concreta, as dificuldades começam. A partir de que nível de dimensão e de densidade uma unidade espacial pode ser considerada como urbana? Quais são, na prática, os fundamentos teóricos e empíricos de cada um dos critérios?

Pierre George demonstrou muito bem as contradições insuperáveis do empirismo estatístico na delimitação do conceito de urbano.[10] Com efeito, se o número de habitantes, corrigido pela estrutura da população ativa e as divisões administrativas, parece ser o critério mais corrente, os limites observados variam enormemente, os indicadores das diferentes atividades dependem de cada tipo de sociedade e, finalmente, as mesmas *quantidades* tomam um sentido inteiramente diferente segundo as estruturas produtivas e sociais que determinam a organização do espaço.[11] Assim, o recenseamento dos Estados Unidos toma o limiar de 2.500 habitantes como critério de comunidade urbana, mas acrescenta também os aglomerados fortemente unidos a um centro metropolitano regional.[12] Em contraposição, a Conferência europeia da estatística em Praga estabelece como critério o fato de ter mais de 10.000 habitantes, corrigindo-o pela divisão da população ativa nos diferentes setores.

De fato, a fórmula mais maleável consiste em classificar as unidades espaciais de cada país segundo várias dimensões e vários níveis e em estabelecer entre eles relações empíricas teoricamente significativas. Mais concretamente, poderíamos distinguir a importância quantitativa dos aglomerados (10.000 habitantes, 20.000, 100.000, 1.000.000 etc.), sua hierarquia funcional (gênero de atividades, situação no encadeamento de interdependências), sua importância administrativa, combinando, em seguida, várias destas características para atingir tipos diferentes de ocupação do espaço.

A dicotomia rural/urbana perde então toda significação, pois poderíamos igualmente opor urbano a metropolitano e, sobretudo, parar de pensar em termos de passagem contínua de um polo a outro, para estabelecer um sistema de ligações entre as diferentes formas espaciais historicamente dadas.[13]

Destas constatações resulta que não é procurando definições de escola ou critérios da prática administrativa que chegaremos a uma delimitação válida de nossos conceitos; ao contrário, é a análise rápida de algumas relações estabelecidas historicamente entre o espaço e a sociedade que nos permitirá fundamentar objetivamente nosso estudo.

As investigações arqueológicas mostraram que os primeiros aglomerados sedentários e com forte densidade de população (Mesopotâmia, por volta de 3.500 a.C, Egito 3.000 a.C., China e Índia, 3.000-2.500 a.C)[14] aparecem no fim do neolítico, no momento em que as técnicas e as condições sociais e naturais do trabalho permitiram aos agricultores produzir mais do que tinham necessidade para subsistir. A partir deste momento um sistema de divisão e de distribuição se desenvolve, como expressão e desdobramento de uma *capacidade técnica* e de um nível de *organização social*. As cidades são a forma residencial adotada pelos membros da sociedade cuja presença direta nos locais de produção agrícola não era necessária. Quer dizer, estas cidades só podem existir na base do *excedente* produzido pelo trabalho da terra. Elas são os centros religiosos, administrativos e políticos, expressão espacial de uma complexidade social determinada pelo processo de apropriação e de reinvestimento do produto do trabalho. Trata-se portanto também de um novo sistema social, mas *que não está separado do tipo rural* nem é posterior a ele, pois os dois estão intimamente ligados no âmago do mesmo *processo de produção* das formas sociais, mesmo que, do ponto de vista destas próprias formas, estejamos em presença de duas situações diferentes.[15]

Tomemos, por exemplo, a síntese de V. Gordon Childe com respeito aos critérios que, segundo os conhecimentos empíricos existentes, caracterizavam os primeiros aglomerados urbanos: existência de especialistas não produtivos trabalhando em tempo integral (padres, funcionários, "operários de serviços"); população de tamanho e de densidade suficiente; arte específica; uso da escrita e dos números; trabalho científico; sistema de impostos que concentra o excedente da produção; aparelho de Estado; arquitetura pública (monumentos); comércio com o exterior; existência de classes sociais.[16]

O interesse destas constatações, baseadas numa documentação abundante, é evidente, apesar do procedimento classificatório bem próximo ao da famosa Enciclopédia chinesa de Borges... Lendo estes dados numa ordem *teórica*, fica bem claro que a cidade é o lugar geográfico onde se instala a superestrutura político-administrativa de uma sociedade que chegou a um ponto de desenvolvimento técnico e social (natural e cultural) de tal ordem que existe uma diferenciação do produto em reprodução simples e ampliada da força de trabalho, chegando a um sistema de *distribuição e de troca*, que supõe a existência: 1. de um sistema de classes sociais; 2. de um sistema político permitindo ao mesmo tempo o funcionamento do conjunto social e o domínio de uma classe; 3. de um sistema institucional de investimento, em particular no que concerne à cultura e à técnica; 4. de um sistema de troca com o exterior.[17]

Essa análise, mesmo rápida, mostra o "fenômeno urbano" articulado à estrutura de uma sociedade. O mesmo procedimento pode ser retomado (e chegar a um resultado diferente em termos de conteúdo) no que concerne às diversas formas históricas de organização espacial. Se não é o caso de descrever em três fases a história humana do espaço, podemos, com finalidades analíticas, efetuar algumas observações sobre a leitura possível de certos tipos urbanos significativos.

Assim, as cidades imperiais dos primeiros tempos da história, e em particular Roma, acumulam as características já enunciadas com as funções comerciais e de gestão, que decorrem da concentração, num mesmo aglomerado, de um poder exercido, pela conquista, sobre um vasto território. Do mesmo modo, a penetração romana em outras civilizações toma a forma de uma colonização urbana — suporte, ao mesmo tempo, das funções administrativas e de exploração mercantil. A cidade portanto não é um local de produção, mas de gestão e de domínio, ligado à primazia social do aparelho potítico-administrativo.[18]

Então, é lógico que a queda do Império Romano no Ocidente ocasionou quase o desaparecimento da forma socioespacial da cidade, pois tendo as funções político-administrativas centrais sido substituídas pelas dominações locais dos senhores feudais, não houve outro fundamento social a encargo das cidades a não ser o das divisões da administração da Igreja ou a colonização e a defesa das regiões fronteiras (por exemplo na Catalunha ou na Prússia oriental).[19]

A cidade da Idade Média renasce a partir de uma nova dinâmica social inserida na estrutura social precedente. Mais concretamente, ela se edifica pela reunião de uma *fortaleza* preexistente, em torno da qual se organizara um núcleo de habitação e serviços, e de um *mercado*, sobretudo a partir das novas rotas comerciais abertas pelas Cruzadas. Nesta base organizam-se as instituições político-administrativas próprias à cidade, que lhe conferem uma coerência interna e uma autonomia maior perante o exterior. É esta especificidade *política* da cidade que faz dela um mundo próprio e define suas fronteiras enquanto sistema social.[20] A ideologia de pertencer à cidade, prolongada até a sociedade industrial avançada, encontra seu fundamento histórico neste gênero de situação.

Se esta autonomia político-administrativa é comum à maioria das cidades que se desenvolvem no início da Idade Média, as formas concretas, sociais e espaciais destas cidades dependeram estritamente da conjuntura dos novos laços sociais, que surgiram em seguida a transformações no sistema de distribuição do produto. Em vista do poder feudal forma-se, com efeito, uma classe negociante que, rompendo o sistema vertical da distribuição do produto, estabelece elos horizontais servindo de intermediária, ultrapassa a economia de subsistência e acumula uma autonomia suficiente para ser capaz de investir nas manufaturas.[21]

Como a cidade medieval representa a libertação da burguesia comerciante na sua luta para emancipar-se do feudalismo e do poder central, sua evolução será bem diferente conforme os laços estabelecidos entre burguesia e nobreza. Assim, onde estes laços foram estreitos, as relações entre a cidade e o território circunvizinho, dependendo dos senhores feudais, organizaram-se de modo complementar. E, ao inverso, o conflito destas classes ocasionou o isolamento urbano.

Sob outro ângulo, a contiguidade ou a separação geográfica entre as duas classes influencia a cultura das cidades, em particular no que diz respeito ao consumo e economias: a integração da nobreza com a burguesia permite à primeira organizar um sistema de valores urbanos segundo o modelo aristocrático enquanto, quando a burguesia teve que voltar-se para si mesma, em vista da hostilidade do território que a cercava, a comunidade de cidadãos suscitou novos valores, referentes em particular à economia e ao investimento; isolados socialmente e com o corte de abastecimento dos campos próximos, sua sobrevivência, de fato, dependia de sua capacidade financeira e manufatureira.

Poderíamos também analisar a evolução do sistema urbano de cada país em função das relações triangulares burguesia-nobreza-realeza. Por exemplo, o subdesenvolvimento das cidades comerciais espanholas com referência às cidades italianas ou alemãs durante os séculos XVI e XVII explica-se pelo seu papel de simples intermediárias entre a coroa e o comércio americano, contrastando com o papel desempenhado pelas cidades italianas e alemãs, muito autônomas em face do imperador e dos príncipes dos quais eram apenas aliadas circunstanciais.

O desenvolvimento do capitalismo industrial, ao contrário de uma visão ingênua muito difundida, não provocou o reforço da cidade e sim o seu quase desaparecimento enquanto sistema institucional e social relativamente autônomo, organizado em torno de objetivos específicos. Com efeito, a constituição da mercadoria enquanto engrenagem de base do sistema econômico, a divisão técnica e social do trabalho, a diversificação dos interesses econômicos e sociais sobre um espaço mais vasto, a homogeneização do sistema institucional, ocasionam a irrupção da conjunção de uma forma espacial, a cidade, e da esfera de domínio social de uma classe específica, a burguesia. A difusão urbana equivale exatamente à perda do particularismo ecológico e cultural da cidade. Por isso os processos de urbanização e autonomia do modelo cultural "urbano" se manifestam como processos paradoxalmente contraditórios.[22]

A urbanização ligada à primeira revolução industrial e inserida no desenvolvimento do tipo de produção capitalista, é um processo de organização do espaço, que repousa sobre dois conjuntos de fatos fundamentais:[23]

1. A decomposição *prévia* das estruturas sociais agrárias e a emigração da população para centros urbanos já existentes, fornecendo a força de trabalho essencial à industrialização.
2. A passagem de uma economia doméstica para uma economia de manufatura, e depois para uma economia de fábrica o que quer dizer, ao mesmo tempo concentração de mão de obra, criação de um mercado e constituição de um meio industrial.

As cidades atraem a indústria devido a estes dois fatores essenciais (mão de obra e mercado) e, por sua vez, a indústria desenvolve novas possibilidades de empregos e suscita serviços.

Mas o processo inverso também é importante: onde há elementos funcionais, em particular matérias-primas e meios de transporte, a indústria coloniza e provoca a urbanização.

Nos dois casos, o elemento dominante é a indústria, que organiza inteiramente a paisagem urbana. Este domínio, no entanto, não é um fato tecnológico, mas a expressão da lógica capitalista que está na base da industrialização. A "desordem urbana" não existe de fato. Ela representa a organização espacial proveniente do mercado, e que decorre da ausência de controle social da atividade industrial. O racionalismo técnico e a primazia do lucro resultam, por um lado, na anulação de toda diferença essencial entre as cidades e na fusão dos tipos culturais nas características globais da civilização industrial capitalista; e por outro lado, no desenvolvimento da especialização funcional e na divisão social do trabalho no espaço, com uma hierarquia entre os diferentes aglomerados e um processo de crescimento cumulativo, derivado do jogo das economias externas.[24]

Finalmente, a problemática atual da urbanização gira em torno de quatro dados fundamentais e de uma questão extremamente delicada:[25]

1. A aceleração do ritmo da urbanização no contexto mundial (ver o quadro 1).
2. A concentração deste crescimento urbano nas regiões ditas "subdesenvolvidas", sem correspondência com o crescimento econômico que acompanhou a primeira urbanização nos países capitalistas industrializados (ver o quadro 2).
3. O aparecimento de novas formas urbanas e, em particular, de grandes metrópoles (ver quadro 3)
4. A relação do fenômeno urbano com novas formas de articulação social provenientes do modo de produção capitalista e que tendem a ultrapassá-lo.

Nossa pesquisa esforça-se por colocar *teoricamente estes problemas*, a partir de certas definições que agora nos parecem possíveis de propor, com base em algumas observações históricas que acabamos de fazer.
1. O termo *urbanização refere-se ao mesmo tempo* à constituição de formas espaciais específicas das sociedades humanas, caracterizadas pela concentração significativa das atividades e das populações num espaço restrito, bem como à existência e à difusão de um sistema cultural específico, a cultura urbana. Esta confusão é ideológica e tem por finalidade:

    a. Fazer corresponderem formas ecológicas e um conteúdo cultural;
    b. Sugerir uma ideologia da produção de valores sociais a partir de um fenômeno "natural" de densificação e de heterogeneidades sociais.
2. A noção de *urbano* (oposta a *rural*) pertence à dicotomia ideológica sociedade tradicional/sociedade moderna, e refere-se a uma certa heterogeneidade social e funcional, sem poder defini-la de outra forma senão pela sua distância, mais ou menos grande, com respeito à sociedade moderna. A distinção entre cidades e aldeias coloca, no entanto, o problema da diferenciação das *formas espaciais* da organização social. Mas esta diferenciação não se reduz nem a uma dicotomia nem a uma evolução contínua, como o supõe o evolucionismo natural, incapaz de compreender estas formas espaciais como produzidas por uma estrutura e por processos sociais. Aliás, a impossibilidade de encontrar um critério empírico de definição de *urbano* é apenas a expressão de um

movimento teórico. Esta imprecisão é ideologicamente necessária para conotar, através de uma organização material, o mito da modernidade.

3. Consequentemente, e aguardando uma discussão propriamente teórica do problema, em vez de falar de *urbanização*, trataremos do tema da *produção social das formas espaciais*. No interior desta problemática, a noção ideológica de urbanização refere-se ao *processo* pelo qual uma proporção significativamente importante da população de uma sociedade concentra-se sobre um certo espaço, onde se constituem aglomerados funcional e socialmente interdependentes do ponto de vista interno, e numa relação de articulação hierarquizada (rede urbana).

4. A análise da urbanização está intimamente ligada à problemática do *desenvolvimento*, que também é conveniente então delimitar. A noção de *desenvolvimento* opera a mesma confusão remetendo ao mesmo tempo a um nível (técnico econômico) e a um processo (transformação qualitativa das estruturas sociais, permitindo um aumento do potencial das forças produtivas). Esta confusão responde a uma função ideológica: a que apresenta as transformações estruturais como simples movimento acumulativo dos recursos técnicos e materiais de uma sociedade. Existiriam portanto, nesta perspectiva, vários níveis e uma evolução lenta, mas inexorável, que organiza a passagem, quando ocorre excesso de recursos, para o nível superior.

5. O problema evocado pela noção de desenvolvimento é o da transformação da estrutura social na base de uma sociedade, de maneira a liberar uma capacidade de acumulação progressiva (relação investimento/consumo).

6. Se a noção de desenvolvimento se situa com referência à articulação das estruturas de uma dada formação social, ela não pode ser analisada sem referência à articulação de um conjunto de formações sociais (escala dita "internacional"). Para isto, nós temos necessidades de um segundo conceito: o de *dependência*, caracterizando as relações assimétricas entre formações sociais de modo que a organização estrutural de uma delas não tenha lógica fora de sua inserção no sistema geral.

7. Estas delimitações permitem substituir a problemática ideológica (conotadora da relação entre evolução técnica natural e evolução em direção à cultura das sociedades modernas) pela questão teórica seguinte: qual *é o processo de produção social das formas espaciais de uma*

sociedade e, por sua vez, quais são as relações entre o espaço constituído e as transformações estruturais de uma sociedade, no interior de um conjunto intersocial caracterizado por relações de dependência?

Quadro 1
Situação e projeções do fenômeno urbano no mundo
(1920-1960 e 1960-1980) — em milhões (estimativa)

Regiões geográficas e ocupação do espaço	1920 (est.)	1940 (est.)	1960 (est.)	1980 (proj.)	Crescimento absoluto	
					1920-60	1960-80
Total mundial						
População total	1.860	2.298	2.994	4.269	1.134	1.275
Rural e pequenas cidades	1.607	1.871	2.242	2.909	635	667
Urbana	253	427	752	1.360	499	608
(Grandes cidades)	(96)	(175)	(351)	(725)	(255)	(374)
Europa (sem a URSS)						
População total	324	379	425	479	101	54
Rural e pequenas cidades	220	239	251	244	31	7
Urbana	104	140	174	235	70	61
(Grandes cidades)	(44)	(61)	(73)	(99)	(29)	(26)
América do Norte						
População total	116	144	198	262	82	64
Rural e pequenas cidades	72	80	86	101	14	15
Urbana	44	64	112	161	68	49
(Grandes cidades)	(22)	(30)	(72)	(111)	(50)	(39)
Ásia Oriental						
População total	553	636	794	1.038	241	244
Rural e pequenas cidades	514	554	634	742	120	108
Urbana	39	82	160	296	121	136
(Grandes cidades)	(15)	(34)	(86)	(155)	(71)	(69)
Ásia do Sul						
População total	470	610	858	1.366	388	508
Rural e pequenas cidades	443	560	742	1.079	299	337
Urbana	27	50	116	287	89	171
(Grandes cidades)	(5)	(13)	(42)	(149)	(37)	(107)

	\multicolumn{6}{c}{*União Soviética*}
População total	155	195	214	278	59	64
Rural e pequenas cidades	139	148	136	150	3	14
Urbana	16	47	78	128	62	50
(Grandes cidades)	(2)	(14)	(27)	(56)	(25)	(29)
	\multicolumn{6}{c}{*América Latina*}
População total	90	130	213	374	123	161
Rural e pequenas cidades	77	105	145	222	68	77
Urbana	13	25	68	152	55	84
(Grandes cidades)		(12)	(35)	(100)	(30)	(65)
	\multicolumn{6}{c}{*África*}
População total	143	192	276	449	133	173
Rural e pequenas cidades	136	178	240	360	104	120
Urbana	7	14	36	89	29	54
(Grandes cidades)	(1)	(3)	(11)	(47)	(10)	(36)
	\multicolumn{6}{c}{*Oceania*}
População total	9	12	16	23	7	7
Rural e pequenas cidades	6	7	8	11	2	3
Urbana	3	5	8	11	5	3
(Grandes cidades)	(2)	(2)	(5)	(8)	(3)	(3)

Fontes: Population Division, United Nations Bureau of Social Affairs.

Quadro 2
Evolução da urbanização segundo os níveis de desenvolvimento
(em milhões)

Regiões geográficas	1920	1940	1960	1980	Crescimento absoluto	
					1920-60	1960-80
Ocupação do espaço	\multicolumn{6}{c}{Total mundial}
População total	1.860	2.298	2.994	4.269	1.134	1.275
Rural e pequenas cidades	1.607	1.871	2.242	2.909	635	667
Urbana	253	427	752	1.360	499	608
(Grandes cidades)	(96)	(175)	(351)	(725)	(255)	(374)

	Regiões desenvolvidas					
População total	672	821	977	1.189	305	212
Rural e pequenas cidades	487	530	544	566	57	22
Urbana	185	291	433	623	248	190
(Grandes cidades)	(80)	(134)	(212)	(327)	(132)	(115)
	Regiões subdesenvolvidas					
População total	1.188	1.476	2.017	3.080	829	1.063
Rural e pequenas cidades	1.120	1.341	1.698	2.343	578	645
Urbana	68	135	319	737	251	418
(Grandes cidades)	(16)	(41)	(139)	(398)	(123)	(259)
	Percentagem de regiões subdesenvolvidas sobre o conjunto do mundo					
População total	64	64	67	72	73	83
Rural e pequenas cidades	70	72	76	81	91	97
Urbana	27	32	42	54	50	69
(Grandes cidades)	(16)	(24)	(40)	(55)	(48)	(69)

Fontes: Population Division, United Nations Bureau of Social Affairs.

Quadro 3
O crescimento dos grandes aglomerados no mundo
1920-1960 (estimativa gerais, milhares de pessoas)

Cidade	1920	1930	1940	1950	1960
Total mundial	30.294	48.660	66.364	84.923	141.156
Europa (total)	16.051	18.337	18.675	18.016	18.605
Londres	7.236	8.127	8.275	5.366	8.190
Paris	4.965	5.885	6.050	6.300	7.140
Berlim	3.850	4.325	4.350	3.350	3.275
América do Norte (total)	10.075	13.300	17.300	26.950	33.875
Nova York	7.125	9.350	10.600	12.350	14.150
Los Angeles	(750) a	(1.800) a	2.500	4.025	6.525
Chicago	2.950	3.950	4.200	4.950	6.000

Filadélfia	(2.025) a	(2.350) a	(2.475) a	2.950	3.650
Detroit	(1.100) a	(1.825) a	(2.050) a	2.675	3.550
Ásia oriental (total)	4.168	11.773	15.789	16.487	40.806
Tóquio	4.168	6.064	8.558	8.182	13.534
Xangai	(2.000) a	3.100	3.750	5.250	8.500
Ozaka	(1.889) a	2.609	3.481	3.055	5.158
Pequim	(1.000) a	(1.350) a	(1.750) a	(2.100) a	5.000
Tientsin	(800) a	(1.000) a	(1.500) a	(1.900) a	3.500
Hong-Kong	(550) a	(700) a	(1.500) a	(1.925) a	2.614
Sheniang	b	(700) a	(1.150) a	(1.700) a	2.500
Ásia do Sul (total)	–	–	3.400	7.220	12.700
Calcutá	(1.820) a	(2.055) a	3.400	4.490	5.810
Bombay	(1.275) a	(1.300) a	(1.660) a	2.730	4.040
Djakarta	b	(525) a	(1.000) a	(1.750) a	2.850
União Soviética (total)	–	2.500	7.700	4.250	9.550
Moscou	(1.120) a	2.500	4.350	4.250	6.150
Leningrado	(740) a	(2.000) a	3.350	(2.250) a	3.400
América Latina (total)	–	2.750	3.500	12.000	22.300
Buenos Aires	(2.275) a	2.750	3.500	5.150	6.775
México	(835) a	(1.435) a	(2.175) a	3.800	6.450
Rio de Janeiro	(1.325) a	(1.675) a	(2.150) a	3.050	4.700
São Paulo	(600) a	(900) a	(1.425) a	(2.450) a	4.375
África (total)	–	–	–	–	3.320
Cairo	(875) a	(1.150) a	(1.525) a	(2.350) a	3.320

a) As cidades inferiores a 2.500.000 não estão compreendidas nos totais.
b) Menor que 500.000.

Fontes: Population Division, United Nations Bureau of Social Affairs.

Notas

1. Cf. a excelente exposição de motivos de H.T.M. ELDRIGE, "The Process of Urbanization", na obra de J. SPENGLER e O. D. DUNCAN

(eds.) *Demographic Analysis*, The Free Press, Glencoe, 1956; e também D. POPENOE, "On the Meaning of Urban in Urban Studies", em P. MEADOWS, e E. H. MISRUCHI (eds.), *Urbanism, Urbanization and Change*, Reading (Mass, Addison Wesley, 1969, pp. 64-76).

2. D.J. BOGUE e PH. M. HAUSER, *Population, Distribution, Urbanism and Internal Migration*, World Population Conference., 1963, artigos (mimeo); K. DAVIS, "The urbanization of Human Population", *Cities*, Scientific American, set. 1965.

3. Cf. E. BERGEL, *Urban Sociology*, Nova York, 1955; N. ANDERSON, "Urbanism and Urbanization", *American Journal of Sociology*, t. 65, 1959-60, p. 68; G. Friedmann, *Villes et Campagnes*. A. Colin, Paris, 1953; J. SIRJAMAKI, *The Sociology of Cities*, Random House, Nova York, 1961; A. BOSKOFF, *The Sociology of Urban Regions*, Appleton Century Crofts, Nova York, 1962; N. P. GIST e S. F. FAVA. *Urban Society*, T. Y. Crowell, Nova York, 1964.

4. Cf. para a exposição, L.WIRTH, *"Urbanism as a Way of life" American Journal of Sociology*, julho, 1938.

5. P. MEADOWS, *The City, Technology and History*, Social Forces, 36, dezembro de 1967, pp. 141-147.

6. P.A. SOROKIN e C.C. ZIMMERMAN, *Principles of Rural-Urban Sociology*, Nova York, 1929.

7. G. SJOBERG, *The Pre-Industrial City*. The Free Press, Glencoe, 1960.

8. Cf. L. RIESMANN, *The Urban Process*. The Free Press, Glencoe, 1964.

9. H.T. ELDRIDGE, *op. cit.*, 1956, p. 338.

10. P. GEORGE, *Précis de Géographie Urbaine*, PUF, 1964, pp. 7-20.

11. J. BEAUJEU-GARNIER, e G. CHABOT, *Traité de Géographie Urbaine*, A. Colin, Paris, 1963, p. 35.

12. *U. S. Census of Population: 1960 Number of inhabitants, United States, Summary*, Final Report, P. C. (1)-1A, 1961.

13. Cf. R. LEDRUT, *Sociologie urbaine*, Paris, PUF, 1967.

14. MUMFORD, *The City in History*, Nova York, Harcant, Brace and World, 1961; ROBERT C., Mc C. ADAMS, *The Evolution of Urban Society*, Aldine Publishing Co, Chicago, 1966; ERIC E. LAMPARD, "Historical Aspects of Urbanization", in PH. HAUSER e LEO F. SCHNORE (eds.), *The Study of Urbanization*, J. Wiley, Nova York, 1965, pp. 519-554.

15. Cf. G. SJOBERG, *op. cit.*, 1960, pp. 27-31; e o *simpósium* publicado por R. J. BRADWOOD e G. R. WILLEY (eds.), *Course Toward Urban Life: Archeological Consideration of some Cultural Alternates*, Chicago, 1962.

16. Cf. V. G. CHILDE, "The Urban Revolution", *Town Planning Review*, abril de 1950, pp. 4-5.
17. Ver, nesse sentido, as análises de MUMFORD no *Man's Role in Changing the Face of the Earth*, Chicago, 1956.
18. Cf. L. MUMFORD, *op. cit.*, 1961, pp. 266-311 da tradução francesa, Paris, Seuil, 1964.
19. H. PIRENNE, *Les villes du Moyen-Age*, Bruxelas, 1927.
20. A melhor análise deste fenômeno é a de M. WEBER, no *Wirtschaft und Gesellschaft*, p. 955, e seguintes da tradução espanhola, F.C.E., México, 1964.
21. Nós seguimos aqui a extraordinária exposição de A. PIZZORNO no seu texto "Développement économique et urbanisation", *Actes du Ve Congrès Mondial de Sociologie*, 1962.
22. Cf. H. LEFEBVRE, *Le Droit à la ville*, Anthropos, 1968, e também a coleção de ensaios do mesmo autor, *Du rural et de l'urbain*, Paris, Anthropos, 1970.
23. Cf. J. LABASSE, *L'organisation de l'espace*, Paris, Hermann, 1966.
24. P. GEORGE, *La ville*, Paris, PUF., 1950.
25. Estes problemas são colocados claramente, sem indicar caminhos de pesquisa nitidamente definidos, em SCOTT GREER, DENNIS, L. Mc ELRATH, DAVID W. MINAR e PETER ORLEANS (ed.), *The New Urbanization*, Nova York, St. Martin's Press, 1968.

2
A FORMAÇÃO DAS REGIÕES METROPOLITANAS NAS SOCIEDADES INDUSTRIAIS CAPITALISTAS

É através da análise do processo de produção de uma nova forma espacial, a *região metropolitana*, que toda a problemática de organização do espaço nas sociedades capitalistas é recolocada em questão. No entanto, é preferível nos limitarmos a este ponto preciso, pois trata-se de um resultado essencial do processo de conjunto, e de uma inovação em relação às formas urbanas.

Trata-se de qualquer coisa a mais do que um aumento de dimensão e de densidade dos aglomerados urbanos existentes. As definições mais difundidas,[1] assim como os critérios de delimitação estatística[2] não guardam esta mudança qualitativa e poderiam aplicar-se, de fato, a qualquer "grande cidade", pré-metropolitana. O que distingue esta nova forma das precedentes não é só seu tamanho (que é a consequência da sua estrutura interna) mas também a *difusão no espaço das atividades, das funções e dos grupos, e sua interdependência segundo uma dinâmica social amplamente independente da ligação geográfica*.

No interior de um tal espaço, encontramos uma gama de atividades básicas: produção (nela incluída a produção agrícola), consumo (no sentido amplo: reprodução da força de trabalho), troca e gestão. Algumas destas atividades concentram-se numa ou em várias zonas da região (por exemplo, as sedes sociais das empresas ou certas atividades industriais). Outras, ao contrário, distribuem-se no conjunto da região, com densidades variáveis (residências, equipamentos de uso cotidiano). A organização interna da metrópole implica uma interdependência hierarquizada das diferentes atividades. Por exemplo, a indústria reúne no espaço unidades tecnicamente homogêneas ou complementares, ainda que ela disperse outras, que, no entanto, pertencem à mesma firma. O comércio concentra os produtos "raros" e organiza a distribuição de massa do consumo cotidiano. Enfim, as flutuações do sistema de circulação exprimem os movimentos internos determinados pela implantação diferencial das atividades: elas são como o espectro da estrutura metropolitana[3] (cf. *infra*, cap. III).

Esta forma espacial é o produto direto de uma estrutura social específica. Depois de ter indicado as linhas gerais do processo de produção do espaço, tentaremos propor alguns elementos para a análise concreta de dois processos históricos de "metropolitanização", especialmente exemplares: os Estados Unidos e a região parisiense.

I. TÉCNICA, SOCIEDADE E REGIÃO METROPOLITANA

O progresso técnico é frequentemente considerado como a base da metrópole. Apesar de tudo que teremos de precisar sobre este ponto, o papel desempenhado pela tecnologia na transformação das formas urbanas é indiscutível. A influência se exerce, ao mesmo tempo, pela introdução de novas atividades de produção e de consumo, e pela quase eliminação do obstáculo *espaço*, graças a um enorme desenvolvimento dos meios de comunicação. No momento da segunda revolução industrial, a generalização da energia elétrica e a utilização do bonde permitiram a ampliação das concentrações urbanas de mão de obra em volta de unidades de produção industrial cada vez maiores. Os transportes coletivos asseguraram a integração das diferentes zonas e atividades da metrópole, distribuindo os fluxos internos segundo uma relação tempo/espaço suportável. O automóvel contribuiu para a dispersão urbana, com enormes zonas de residência individual, espalhadas por toda a região, e ligadas pelas vias de circulação rápida aos diferentes setores funcionais. Os transportes cotidianos de produtos de consumo corrente beneficiam-se igualmente de tal mobilidade: sem a distribuição cotidiana por caminhão dos produtos agrícolas colhidos ou estocados na região, nenhuma grande metrópole poderia subsistir.[4] A concentração das sedes sociais de empreendimentos em certos setores, e a descentralização hierarquizada dos centros de produção e de distribuição[5] são possíveis graças à transmissão da informação por telégrafo, rádio ou telex. Enfim, o desenvolvimento da navegação aérea foi fundamental para reforçar a interdependência das diferentes regiões metropolitanas.

Se o progresso técnico permite, por um lado, a evolução das formas urbanas para um sistema regional de interdependências, graças às mudanças intervenientes nos meios de comunicação, por outro lado, ele reforça diretamente esta evolução, pelas transformações suscitadas nas atividades sociais fundamentais, em particular no que concerne à produção.[6] A indústria está cada vez mais liberada com referência a fatores de localização espacial rígida, tais como matérias-primas ou mercados específicos,[7] enquanto, ao contrário, depende cada vez mais de uma mão de obra qualificada e do meio técnico e industrial, através das cadeias de relações funcionais já estabelecidas. A indústria portanto busca acima de tudo sua inserção no sistema urbano, mais do que sua localização em relação aos elementos funcionais (matérias-primas, recursos, escoamentos) que determinavam sua implantação no primeiro período[8] (cf. *infra*, cap. III).

Ao mesmo tempo, a importância crescente da gestão e da informação, e a ligação destas duas atividades com o meio urbano invertem as relações entre a indústria e a cidade, fazendo depender cada vez mais a primeira do complexo de relações suscitado pela segunda. Também a evolução tecnológica (em particular o desenvolvimento da energia nuclear, e o papel motor da eletrônica e da química) favorece o reagrupamento espacial das atividades, reforçando os laços internos com o "meio técnico" e tornando cada vez mais fracas as dependências perante o ambiente físico. Disto decorre que o desenvolvimento se processa a partir dos núcleos urbanos-industriais existentes e que a atividade se concentra nas redes de interdependências organizadas desta forma.[9]

Enfim, as mudanças na indústria da construção permitiram também a concentração das funções, em particular das funções de gestão e de troca, num espaço reduzido e acessível ao conjunto das zonas da metrópole, graças à construção em altura.[10] O pré-fabricado esteve na base da construção em série de casas individuais e, por isto, do fenômeno de difusão residencial.

Mas a região metropolitana não é o resultado necessário do simples progresso técnico. Pois "a técnica", longe de constituir um simples fator, é um elemento do conjunto das forças produtivas, que são, elas mesmas, primordialmente, uma relação social, e comportam assim, um modo cultural de utilização dos meios de trabalho. Esta ligação material entre espaço e tecnologia constitui então o laço material mais imediato de uma articulação profunda entre o conjunto de uma dada estrutura social e esta nova forma urbana. A dispersão urbana e a formação das regiões metropolitanas estão intimamente ligadas ao tipo social do capitalismo avançado, designado ideologicamente sob o termo de "sociedade de massas".

De fato, a concentração monopolista do capital e a evolução técnico-social em direção à organização de unidades de produção muito amplas estão na base da descentralização espacial de estabelecimentos ligados funcionalmente. A existência de grandes firmas comerciais, com a padronização dos produtos e dos preços, permite a difusão das residências e o abastecimento nos *shopping-centers*, que um sistema de comunicações rápidas permite juntar facilmente.

Por outro lado, a uniformização de uma massa crescente da população, no que diz respeito ao lugar ocupado nas relações de produção (assalariadas) faz-se acompanhar de uma diversificação de níveis e de uma hierarquização no próprio interior desta categoria social — o que, no espaço, resulta numa verdadeira segregação em termos de status, separa e "marca" os diferentes setores residenciais, se estendendo por um vasto território, que se tornou o local de desdobramento simbólico.

A integração ideológica da classe operária na ideologia dominante caminha junto com a separação vivida entre atividade de trabalho, atividade de residência e atividade de "lazer", separação que está na base do *zoning* funcional da metrópole. A valorização da família nuclear, a importância dos *mass media* e o domínio da ideologia individualista agem no sentido de uma atomização das relações e de uma segmentação dos interesses em função de estratégias particulares, o que, ao nível de espaço, traduz-se pela dispersão das residências individualizadas, seja no isolamento do barraco ou na solidão dos grandes conjuntos.

Enfim, a concentração crescente do poder político, bem como a formação de uma tecnocracia que assegura os interesses do sistema a longo termo eliminam pouco a pouco os particularismos locais e tendem, através da "planificação urbana", a tratar os problemas de funcionamento do conjunto a partir de uma divisão em unidades espaciais significativas, isto é, fundadas nas redes de interdependência do sistema produtivo. Ora, isto contribui para regular o ritmo da máquina urbana sobre esta unidade de funcionamento real que é a região metropolitana.[11]

A região metropolitana, enquanto forma central de organização do espaço do capitalismo avançado, diminui a importância do ambiente físico na determinação do sistema de relações funcionais e sociais, anula a distinção rural e urbana e coloca em primeiro plano da dinâmica espaço/sociedade a conjuntura histórica das relações sociais que constituem sua base.

II. O SISTEMA METROPOLITANO NOS ESTADOS UNIDOS

A América do Norte, território aberto à colonização, uniu desde o início a industrialização e a urbanização, a partir das primeiras implantações administrativas e comerciais da costa nordeste.

Como as concentrações de populações não dependiam de uma rede preexistente, mas de novas atividades produtivas, pudemos assistir, ao mesmo tempo, a uma dispersão de pequenas comunidades valorizando terrenos baldios e a um crescimento rápido de aglomerados fundamentados em atividades industriais, com um movimento progressivo de centralização no que diz respeito às funções administrativas e de gestão.[12]

Inteiramente determinado pelo desenvolvimento econômico, este crescimento urbano caracteriza-se por dois traços fundamentais:

1. Um ritmo particularmente elevado, consequência ao mesmo tempo da fraca taxa de urbanização inicial e de uma afluência maciça de emigrantes atraídos pelos empregos suscitados por uma industrialização acelerada;
2. O predomínio da região metropolitana, enquanto forma espacial deste crescimento urbano. Este fenômeno de "metropolitanização" deve-se a uma taxa de crescimento econômico muito rápida, à sua

concentração sobre alguns pontos do território norte-americano, à imensidão deste território, à preponderância dos Estados Unidos na economia mundial, enfim, ao afluxo de emigrantes (estrangeiros e rurais) nos centros urbanos já constituídos.[13]

Se é verdade que a difusão dos transportes individuais, ultrapassando rapidamente a estrada de ferro, contribuiu bastante para esta explosão urbana, parece bem claro que o automóvel foi a resposta técnica socialmente condicionada (sob a forma de uso individual) a uma necessidade de transporte suscitado pelo deslocamento vertiginoso dos primeiros locais de implantação (cf. quadro 4).

Se, como dissemos, o que caracteriza uma metrópole é a influência que ela exerce, em termos funcionais, econômicos e sociais, num dado conjunto territorial, isto implica que uma metrópole insere-se portanto numa rede urbana (ou articulação de sistemas regionais), em cujo interior ela representa um dos pontos fortes, dominando e gerando outras unidades, e estando ela mesma sob o controle de uma unidade de regulação de nível superior.

Um estudo clássico de Donald J. Bogue, sobre as 77 áreas metropolitanas de primeira importância em 1940, mostra a interdependência econômica e funcional das grandes cidades centrais e do território circunvizinho.[14] Segundo os resultados desta pesquisa, constatamos que:

1. A densidade da população tende a decrescer, quando a distância com relação à metrópole central aumenta;
2. As cidades centrais são mais especializadas que a periferia nas operações de comércio de varejo;
3. O valor monetário das atividades é mais alto na cidade central;
4. A indústria tende a concentrar-se entre a cidade central e um limite de 40 quilômetros, e o valor dos produtos manufaturados decresce com a distância;
5. Finalmente, uma metrópole é definida pela extensão de seu domínio econômico, enquanto suas ordens e seus circuitos de distribuição não encontram interferências decisivas emanando de uma outra metrópole.

Quadro 4
**Desenvolvimento dos transportes por rodovia
e por ferrovia, Estados Unidos, 1900-1950**

Ano	Ferrovias	Rodovias (milhas)	Veículos a motor	Locomotivas
1900	193.348	128.500	8.000	37.663
1910	240.293	204.000	468.500	60.019
1920	252.845	369.000	9.239.161	68.942
1930	249.052	694.000	26.531.999	60.189
1940	223.670	1.367.000	32.035.424	44.333
1950	223.779	1.714.000	48.566.984	42.951

Fontes: U.S Bureau of Census, Historical Statistics of the United States.

A dificuldade é justamente circunscrever a influência de uma metrópole de forma tão exclusiva, quando Hawley mostrou muito bem os diferentes níveis possíveis desta influência, apoiando-se igualmente nos dados americanos:[15]

- Influência *primária*: movimentos *cotidianos* entre centro e periferia, compreendendo sobretudo as *migrações alternantes* e as *compras* (contatos diretos).
- Influência *secundária*: contatos indiretos de um tipo quase cotidiano (chamadas telefônicas, escutar rádio, circulação de jornais etc.).
- Influência *terciária*: compreendendo vastas zonas espacialmente descontínuas (mesmo em nível mundial: financeira, de edição, informação etc.).

Essa perspectiva leva naturalmente à consideração do conjunto da organização espacial americana como um sistema especializado, diferenciado e hierarquizado, com pontos de concentração e esferas de domínio e de influências diversas, conforme os domínios e as características das metrópoles. Duncan tentou estabelecer empiricamente a existência de tal *sistema urbano aberto*, a partir da análise de cinquenta e seis metrópoles americanas de mais de 300.000 habitantes.[16] Chegou à tipologia seguinte que, comprovando de certa forma os trabalhos de Alexanderson,[17] resume com bastante exatidão o perfil urbano dos

Estados Unidos, a partir da combinação da concentração financeira, comercial e industrial e do grau de especialização numa atividade produtiva.

1. *Metrópoles nacionais*, fundamentalmente definidas por atividades financeiras, de gestão e de informação, e uma esfera de influência mundial: Nova York, Chicago, Los Angeles, Filadélfia e Detroit.
2. *Metrópoles regionais*, cuja dominação econômica e a utilização dos recursos exercem-se primordialmente sobre o território circunvizinho: São Francisco, Kansas City, Minneapolis, Saint Paul.
3. *Capitais regionais submetropolitanas*: suas funções de gestão exercem-se sobre uma dimensão reduzida, no interior da área de influência de uma metrópole. Este é o caso de Huston, Nova Orleans e Luisville.
4. *Centros industriais diversificados com funções metropolitanas*, mas que se definem primordialmente pela importância de suas atividades produtivas: Boston, Pittsburgh, Saint Louis.
5. *Centros industriais diversificados com fracas funções metropolitanas*: praticamente inseridos numa rede metropolitana externa — Baltimore, Milwaukee, Albany.
6. *Centros industriais especializados*: Providencia (têxtil), Rochester (aparelhos fotográficos), Akron (borracha) etc.
7. *Tipos especiais*: Washington DC. (capital), San Diego, San Antonio (instalações militares), Miami (turismo) etc.

Uma dinâmica deste tipo chega à constituição de uma nova forma espacial, a *área metropolitana*, cuja expressão última é o que convencionamos chamar de *megalópole*, reunião articulada de várias áreas metropolitanas no interior de uma mesma unidade funcional e social.[18] As 37 milhões de pessoas (1960), que vivem e trabalham ao longo da costa nordeste, de New Hampshire a Virginia, numa faixa de 600 milhas de comprimento e 30 a 100 milhas de largura, não formam um tecido urbano ininterrupto e sim um sistema de relações que engloba zonas rurais, florestas e lugares turísticos, pontos de concentração industrial, zonas de forte densidade urbana, "subúrbios" extremamente extensos, atravessados por uma rede complexa de vias intra e interurbana.

Com efeito, a população concentra-se sobre um pouco mais de 20% da superfície da megalópole; o que mostra bem que não se trata de uma urbanização generalizada, mas de uma difusão do hábitat e das atividades segundo uma lógica pouco dependente da contiguidade e intimamente ligada ao funcionamento econômico e, especialmente, às atividades de gestão.

A existência da megalópole vem de seu caráter de nível superior da rede urbana americana, que resulta de sua prioridade histórica no processo de urbanização. Mas, diferentemente das situações conhecidas na Europa, esta primazia não tende a se reforçar e sim a diminuir, diante do dinamismo de novos núcleos de crescimento econômico, como a Califórnia ou o Texas.

Este processo de produção, determinado pelo crescimento econômico no quadro de um capitalismo tão agressivo como o dos Estados Unidos, explica a estrutura interna desta nova forma espacial, a megalópole (cf. para mais detalhes, cap. III, *Estrutura urbana, segregação urbana*):

Primeiro, no interior de cada metrópole (Boston, Nova York, Filadélfia, Baltimore, Washington):

- Concentração de atividades terciárias no centro de negócios, atividades industriais na coroa urbana próxima, e dispersão das residências individuais nos terrenos livres circunvizinhos.
- Deterioração física da cidade central, fuga da classe média em direção aos subúrbios, e ocupação do espaço central por novos imigrantes, em especial pelas minorias étnicas, vítimas de discriminação no mercado imobiliário.
- Movimento de implantação industrial cada vez mais independente da cidade, tendendo a recriar núcleos funcionais perto dos pontos-chave das rotas.
- Não correspondência total entre as divisões administrativas e a unidade de vida e de trabalho.

Por outro lado, no que diz respeito às ligações estabelecidas entre as metrópoles, culminando na existência da megalópole:[19]

- As ligações fazem-se pelos encadeamentos sucessivos entre as diferentes funções. Assim, a população negra, residindo em Newark, trabalha frequentemente no setor industrial de Paterson; Manhattan recebe 1,6 milhão de trabalhadores provenientes do conjunto da megalópole, da mesma forma que um bom número de funcionários federais trabalhando em Washington habitam em Maryland, e que as zonas turísticas da Nova Inglaterra atraem o conjunto da megalópole.
- Por outro lado, não existe uma hierarquia de funções claramente definidas no interior da megalópole: os diversos centros não se implantam; em vez disso formam uma rede multiforme, cujos órgãos de transmissão situam-se no essencial, fora da megalópole.
- A produção de conhecimentos e de informação torna-se indispensável para a atividade da megalópole enquanto conjunto. O complexo universitário de Boston ou o mundo da edição do jornalismo em Nova York possuem uma importância vital para esta concentração e tendem a organizar sua esfera de intervenção. Os dispositivos de difusão dos meios de informação na região parecem desempenhar um papel considerável na orientação das tendências do desenvolvimento deste território.
- A rede de comunicações, extremamente complexa, é um instrumento essencial para que esta difusão possa efetuar-se.

A megalópole resulta então do emaranhado interdependente e mal hierarquizado, a partir da concentração sobre o território da primeira urbanização americana, das funções de gestão e de uma parte essencial das atividades produtivas do sistema metropolitano dos Estados Unidos. Ela exprime o domínio da lei do mercado na ocupação do solo e manifesta, ao mesmo tempo, a concentração técnica e social dos meios de produção e a *forma* atomizada do consumo, através da dispersão das residências e dos equipamentos no espaço.

III. A PRODUÇÃO DA ESTRUTURA ESPACIAL DA REGIÃO PARISIENSE

A lógica do processo de produção da região parisiense, enquanto forma espacial, pode ser reobtida a partir do sistema de ligações estabelecidas entre Paris e o conjunto do território francês no movimento de industrialização capitalista, a partir da centralização político-administrativa consolidada sob o *Ancien Régime*.[20]

Sabemos que a aceleração do crescimento urbano parisiense tanto em termos absolutos quanto relativos, está ligado à industrialização e, mais concretamente, a dois períodos: à arrancada econômica dos anos 1850-1870, e à prosperidade que se seguiu à Primeira Guerra Mundial. Assim, o aglomerado parisiense representava 2,5% da população francesa no começo do século XIX, 5,2% em 1861, 10% em 1901, 16,5% em 1962, 18,6% em 1968. Tendo a implantação industrial ocorrido a partir de uma estratégia de lucro, a atração exercida por Paris vem de presença conjunta de um *mercado* muito extenso, de uma *mão de obra* potencial já no lugar e de uma situação privilegiada em termos de uma *rede de transportes* cuja radialidade (hoje em dia reforçada) exprimia a organização social dominada pelo aparelho de Estado.[21] A partir de um certo nível, o meio industrial assim constituído desenvolve-se sozinho e suscita novos empregos, que aumentam ainda mais o mercado e reforçam as funções de gestão privada e pública. À administração estatal, juntam-se os serviços de direção, gestão e informação das grandes organizações industriais e comerciais, os estabelecimentos universitários e as instituições culturais e científicas.[22]

A nova fase de urbanização caracteriza-se por um predomínio do terciário, como motor deste crescimento. Se a viscosidade do meio industrial já constituído freia uma descentralização tecnicamente possível, a concentração parisiense explica-se, além disso, pela importância dos problemas de gestão e de informação, a especialização crescente de Paris neste domínio e a reorganização da rede urbana francesa, enquanto sistema hierarquizado de transmissão de instruções, de distribuição de serviços e de comunicação de informações. Assim, as metrópoles de equilíbrio foram criadas a partir de trabalhos sobre a estrutura urbana francesa, que tomava como critério de hierarquização a capacidade de "terciário superior" de cada aglomerado (serviços raros, administrações de certa importância etc.) mais que sua dinâmica potencial em termos de desenvolvimento econômico.[23]

Neste novo tipo de crescimento urbano, Paris beneficia-se ainda do peso da experiência e da facilidade de seguir um movimento engrenado já há muito tempo. Capital administrativa, política e cultural, transformada em centro de gestão dos negócios capitalistas e distribuidora de informação e serviços para o conjunto do território, ela se reforça ainda mais na organização interna desta gestão e coloca em disposição novas implantações necessárias, ao mesmo tempo, ao desenvolvimento do mundo da informação e da pesquisa, e à integração progressiva dos centros de decisão franceses na rede mundial.[24]

Assim, com relação aos dados de 1962, se o aglomerado parisiense engloba 16,5% da população francesa e 21% da população ativa, a concentração é maior no que diz respeito aos setores terciário e "quaternário": 25% dos funcionários, 30% dos empregados terciários, 64% das sedes sociais das empresas, 82% das cifras das grandes empresas, 95% dos valores cotados na Bolsa, 33% dos estudantes, 60% dos artistas, 83% dos semanários etc.[25]

A preponderância econômica, política e cultural de Paris sobre a totalidade da França e sobre cada um dos outros aglomerados tomados separadamente é tal que podemos considerar claramente a totalidade do território francês como a *hinterland* parisiense e encontrar o essencial da lógica da disposição do território nos processos interiores da rede parisiense.[26] Alguns quadros significativos bastam para lembrar o fenômeno sem prejudicar sua descrição (cf. quadros 5, 6, 7).

Além destes fatos bastante conhecidos, o essencial é lembrar, seguindo-se as indicações precedentes, a lógica social deste "desequilíbrio", e mostrar a determinação, a partir deste processo, da forma espacial da região parisiense, enquanto região metropolitana com características específicas.

A unidade espacial assim delimitada é primordialmente um *conjunto econômico e funcional*, compreendendo, em 1968, 12.100 km^2 e 9.240.000 habitantes. Esta unidade se constitui por relações cotidianas entre, por um lado, o *centro* do aglomerado (onde se concentram as *atividades terciárias*, ligadas à gestão do conjunto da França, bem como os equipamentos e serviços essenciais do aglomerado parisiense, e uma coroa urbana onde se localizam as mais importantes zonas industriais), e, *por outro lado, uma coroa suburbana* e uma *zona de atração* (ao longo das vias de transporte) onde instalam-se conjuntos residenciais que não encontraram lugar perto do núcleo de atividade a partir do qual se fez o crescimento urbano (ver o quadro 8).

É necessário acrescentar a este informe de base alguns traços essenciais:

A existência, além do complexo residencial parisiense, de uma *zona rural-urbana*, com pontos fortes de urbanização (os aglomerados secundários da região parisiense: Melun, Fontainebleau, Meaux, Montreau, Mantes etc.) caracterizada por uma estreita relação com o conjunto da região, de tal forma que o essencial de sua atividade econômica dirigiu-se para a alimentação da população desta região ou para a execução de operações industriais e terciárias ligadas cotidianamente a estabelecimentos parisienses. Assim, anula-se, em nível da unidade espacial, a distinção entre rural e urbano, apesar da persistência de uma atividade agrícola e da diversidade dos meios residenciais.[27]

Movimentos tangenciais no interior do aglomerado, e mesmo o reforço da atividade industrial da periferia, à medida que o movimento de abertura se realiza, estão ainda longe de opor-se à divisão funcional da região.

Esta unidade de funcionamento traduz-se, todavia, por uma *divisão técnica* e uma *diferenciação social* do espaço regional, tanto em termos de atividade e equipamento quanto em termos de população. Por divisão técnica, entendemos a separação no espaço das diferentes funções de um conjunto urbano, a saber, as atividades produtivas (indústria), de gestão e de emissão de informação, de troca de bens e de serviços (comércio e diversões), de residência e de equipamento, de circulação entre as diferentes esferas. É claro que esta separação não é absoluta mas tendencial, em termos de predomínio de uma atividade sobre um espaço (com exceção, talvez, em perspectiva, de certas regiões parisienses, como a IX e a VIII), ocupadas progressivamente por escritórios.

Esta divisão rompe, ao se generalizar, com a existência do bairro como unidade urbana, pois, se o bairro teve um sentido, foi exatamente devido à justaposição num espaço, de um conjunto de funções tornando-o relativamente autônomo (cf. *infra, cap.* II). É nesta especialização setorial e na reconstituição das ligações estruturais no conjunto do aglomerado, que reside o critério fundamental de uma região metropolitana, e não na noção impressionista de dispersão espacial, que é apenas uma descrição cega do fenômeno. Podemos fazer uma apreciação muito grosseira desta divisão ecológica a partir da comparação da importância relativa de cada atividade na ocupação do solo das três coroas na extensão do aglomerado (cf. quadro 9).

Quadro 5
Distribuição comparada da população ativa francesa
entre a região parisiense e a província

Ano	Região parisiense	França	RP/França
1936	2.974.000	18.889.000	15,7%
1954	3.514.000	18.570.000	18,9%
1962	3.893.000	18.558.000	20,9%
1968	4.300.830	20.005.620	21,5%

Fonte: LERON, op. cit., 1970, quadro 2.

Paris intramuros é, ao contrário, muito mais diversificada, em si mesma, mas apresenta uma especialização enorme nas atividades de gestão e de informação, se comparada ao conjunto da região (ver o *Atlas da Região Parisiense* mapas 81-1, 82-1 e 83-2).

A lógica desta distribuição não segue em nada a racionalidade metafísica do *zoning* dos urbanistas, mas exprime a estrutura social do capitalismo avançado, articulada às condições do desenvolvimento histórico da sociedade francesa. Assim, a presença dos serviços administrativos no centro da cidade responde à necessidade de constituir um ambiente de negócios concentrado, quando se trata de implantação de sedes sociais de empresas e de administrações centrais do Estado, as únicas capazes de suportar os encargos da ocupação de imóveis no coração de Paris, num momento em que estes imóveis se esvaziam de seus locatários e que os proprietários têm interesse em valorizá-los para os serviços, quando se trata de moradias burguesas (IX, VIII, XVI, VII) ou a renová-los e instalar escritórios neles, quando a deterioração do quadro não corresponde ao padrão desejado (I, II, XIII, sobretudo).[28] A dificuldade de situar os escritórios nos subúrbios deve-se também ao papel simbólico de um bom endereço (daí as tentativas de criar novos símbolos periféricos: *La Défense*) e também às interdependências existentes em nível superior dos meios de gestão e de informação.

A organização da implantação industrial parisiense segue, por seu lado, três linhas, segundo as características técnicas, econômicas e financeiras das empresas: as grandes unidades produtivas implantaram-se ao longo dos eixos de transporte e nos lugares favoráveis ao funcionamento da empresa (espaço, água, energia), essencialmente nas curvas do Sena e do Marne e em volta dos canais do Norte; as pequenas empresas subqualificadas ou que trabalham num mercado de consumo local seguem rigorosamente o meio industrial e o meio urbano constituídos, sem grande capacidade de abertura; finalmente, uma nova tendência se esboça recentemente entre as empresas de vulto, tendendo a reconstituir novos ambientes industriais modernos nos espaços socialmente valorizados, por exemplo em direção à região sul[29] (cf. *infra*, cap. III, *Análise da lógica da implantação industrial*).

Quadro 6
As disparidades de salários no território francês
Salário Anual Médio — 1966

	Total	Homens	Mulheres
Região parisiense	14.492	17.114	10.643
Champagne	9.780	10.901	6.820
Picardia	9.923	11.069	6.638
Alta Normandia	10.777	12.123	7.041
Centro	9.469	10.573	6.625
Norte	10.130	11.280	6.417
Lorraine	10.174	11.148	6.490
Alsácia	10.343	11.611	6.947
Zona Franca	10.083	11.234	6.952
Baixa Normandia	9.375	10.313	6.603

(cont.)

	Total	Homens	Mulheres
Região do Loire	9.259	10.121	6.687
Bretanha	9.268	10.121	6.644
Limousin	8.694	9.518	6.471
Auvergne	9.565	10.407	7.187
Poitou-Charentes	8.965	9.872	6.323
Aquitânia	9.746	10.899	6.856
Pirineus-Sul	9.438	10.345	6.581
Bourgogne	9.569	15.525	6.681
Reno-Alpes	10.925	12.274	7.429
Languedoc	9.391	10.294	6.564
Provence-Côte d'Azur	10.979	12.009	7.632
França inteira	11.344	12.600	8.079

Fontes: Estatísticas e indicadores das regiões francesas, 1969.

Quadro 7
Poder econômico dos aglomerados franceses, 1962

(Índice: número de assalariados administrados pelas sedes sociais de um aglomerado, depois de subtrair os que, trabalhando no aglomerado, são comandados do exterior — dados selecionados).

Aglomerados		Número de assalariados
Paris	+	1.277.877
Mulhouse	+	18.827
Metz	+	16.832
Saint-Étienne	+	9.729
Clermont-Ferrand	+	3.910
Aix-en-Provence	–	139
Lion	–	10.674
Marselha	–	13.126
Bordéus	–	23.964
Lille	–	21.547
Roubaix	–	4.765
Toulouse	–	18.556
Thionville	–	42.403

Fontes: Paul LE FILLATRE, *Etudes et Conjoncture*, INSEE, Paris, janeiro de 1964.

Quadro 8
Relação emprego/população ativa por categoria socioprofissional e zona geográfica parisiense, 1968

ZONA GEOGRÁFICA		PARIS		COROA URBANA (Sena)		COROA URBANA (Sena e Oise)		COROA SUBURBANA		ZONA DE ATRAÇÃO	
Categoria		E-PA	E PA	E-PA	E PA	E-PA	E PA	E-PA	E PA	E-PA	E PA
Artesãos. Pequenos comerciantes	+	8.400	1,08	5.920	0,94	2.340	0,91	2.940	0,88	1.120	0,90
Industriais, Profissões liberais	+	4.680	1,08	3.260	0,88	1.360	0,78	1.720	0,69	180	0,92
Quadros superiores	+	46.540	1,38	23.460	0,72	15.340	0,47	14.260	0,35	280	1,04
Quadros médios	+	95.620	1,51	41.020	0,77	24.280	0,54	30.600	0,36	3.540	0,78
Empregados de escritório	+	200.160	1,72	107.880	0,56	37.060	0,41	44.520	0,25	9.720	0,56
Empregados do comércio	+	44.120	1,27	25.700	0,74	7.620	0,69	10.180	0,36	1.900	0,77
Exército	+	9.110	1,45	12.300	0,46	2.060	0,71	5.140	0,54	80	0,97
Contramestres e operários qualificados	+	87.580	1,43	9.940	0,97	28.260	0,62	44.040	0,43	10.900	0,70
Operários especializados e manobeiros	+	48.820	1,25	10.280	1,04	22.020	0,68	30.800	0,54	7.960	0,78
Agricultores e domésticos	+	3.340	1,04	2.780	0,03	120	0,99	1.300	0,90		
Outros	−	1.120	0,51	1.020	0,31	380	0,05	280	0,07	40	0,50
Total	+	547.280	1,39	223.000	0,84	141.240	0,62	185.780	0,46	34.860	0,77
Construção e trabalhos públicos	+	35.360	1,56	9.640	0,90	8.460	0,71	12.960	0,67	5.620	0,66
Indústrias mecânicas		19.600	1,12	56.080	1,19	36.260	0,56	37.380	0,34	3.400	0,90
Outras indústrias de transformação	+	105.820	1,47	40.620	0,83	24.620	0,56	32.440	0,41	8.640	0,62

A QUESTÃO URBANA

(cont.)

ZONA GEOGRÁFICA	PARIS			COROA URBANA (Sena)			COROA URBANA (Sena e Oise)			COROA SUBURBANA			ZONA DE ATRAÇÃO		
Categoria		E-PA	E PA		E-PA	E PA		E-PA	E PA		E-PA	E PA		E-PA	E PA
Transportes	+	45.480	1,64	–	11.520	0,95	–	12.860	0,34	–	18.620	0,34	–	4.600	0,52
Comércio a varejo	+	42.940	1,33	–	23.380	0,79	–	7.700	0,74	–	9.700	0,63	–	3.060	0,74
Outros comércios e similares	+	129.440	1,62	–	73.480	0,53	–	25.260	0,36	–	24.500	0,28	–	6.260	0,50
Serviços privados	+	73.700	1,27	–	45.300	0,71	–	11.280	0,76	–	16.040	0,57	–	1.940	0,84
Serviços públicos	+	99.440	1,53	–	69.480	0,61	–	11.120	0,79	–	30.400	0,46	+	200	1,01
Outras atividades e atividades não declaradas	–	4.500	0,95	–	5.660	0,87	–	3.680	0,77	–	3.740	0,75	–	1.560	0,87
Total	+	547.280	1,39	–	223.000	0,84	–	141.240	0,62	–	185.780	0,46	–	34.860	0,77
Homens	+	298.640	1,39	–	88.220	0,89	–	93.820	0,60	–	125.260	0,45	–	21.780	0,78
Mulheres	+	248.640	1,38	–	134.790	0,75	–	47.420	0,65	–	60.580	0,47	–	13.080	0,74
das quais, mulheres casadas	+	152.240	1,52	–	83.480	0,74	–	27.660	0,64	–	37.180	0,46	–	7.520	0,74
Total	+	547.280	1,39	–	223.000	0,84	–	141.240	0,62	–	185.780	0,46	–	34.860	0,77

Quadro 9
Ocupação do solo no desdobramento dos aglomerados
(não incluído Paris)

Tipo de ocupação	Primeira coroa urbana (habitação coletiva)		Segunda coroa urbana (habitação mista)		Coroa suburbana	
	Hectares	%	Hectares	%	Hectares	%
a) Superfície total	10.455	100%	54.210	100%	70.229	100%
b) Hábitat	5.396	51,5%	27.295	60%	18.594	26,5%
c) Indústria e armazéns	2.724	26%	3.080	6%	754	1%
d) Grandes equipamentos (colégios, faculdades, hospitais, aeródromos, SNCF etc.)	977	9,5%	2.827	5%	4.558	6,5
e) Espaço verdes	312	3%	9.856	18%	13.625	19,5%
f) Território agrícola						
g) Empreendimentos diversos (rios, saibreiras, estradas; estradas de ferro)	1.046	10	11.152	20,5	32.697	46,5
População total	1.298.062		2.417.384		840.751	

Fontes: C. DELPRAT e J. LALLEMANT, L'Occupation du sol dans l'agglomération parisienne IAURP, 1964, p. 22.

Finalmente, o tipo de hábitat e de localização dos equipamentos[30] não só responde à segregação social, como, do ponto de vista da divisão técnica, ele está ligado à determinação social da produção da habitação. Mais concretamente, com base no núcleo antigo, remodelado por Hausmann para dar uma moradia adequada à burguesia, a difusão do hábitat no conjunto da região é o resultado de três grandes tendências:

1. A explosão do subúrbio, com a construção desorganizada dos lotes de construção de 1918 a 1930, sob os auspícios das leis Ribot e Loucher, para chegar à ocupação de 65% da superfície habitada (em 1962) por 18% da população, desprovida da maioria dos equipamentos elementares;
2. A parada quase total da construção parisiense entre 1932 e 1954, provocando a deterioração do patrimônio imobiliário, a subida dos preços, o aumento da pressão reivindicativa;
3. Suscitada, em grande parte, pela situação provocada pela fase anterior, a execução acelerada de um programa de construção de moradias coletivas nos arrabaldes, grandes conjuntos ou cidades-dormitórios, com forte proporção de moradias públicas, e concebidas como resposta de urgência à pressão social.[31]

Há relações diretas entre a lógica desta localização e a forma do hábitat, por um lado, e, por outro lado, as lutas sociais subjacentes ao processo de reprodução da força de trabalho: individualização da residência operária no entreguerras (tentativa de integração social por meio indireto, de uma propriedade sem equipamento); crise econômica e subordinação das necessidades sociais às necessidades de poupança econômica durante a reconstrução; necessidade de evitar o estrangulamento da questão da habitação, uma vez retomado o crescimento, a partir de 1954. O movimento de individualização está ligado à dispersão urbana; nos dois casos, a ausência de equipamentos elementares comerciais e socioculturais[32] explica-se pelo caráter de uma política de moradia concebida quase como uma forma de assistência social.

No que diz respeito à *diferenciação social* do espaço regional, a oposição entre um Leste parisiense popular e um Oeste de residências das camadas superiores é uma constatação clássica desde Chevalier, reforçada pela conquista da XVI região pela burguesia e, no momento atual, pela nova "reconquista urbana" da Paris histórica pelos profissionais liberais e pelos quadros da tecnocracia, sob uma justificativa de renovação urbana.[33] Fato bastante curioso é que esta segregação social chegou ao subúrbio seguindo os mesmos setores geográficos. A tipologia das municipalidades do subúrbio perto de Paris, estabelecida pela IAURP, a partir de uma análise fatorial[34], mostra um contraste profundo no conjunto dos indicadores do nível de vida e de status social entre o Oeste e o Sul, de nível elevado, e o Leste e o Norte, de nível significativamente mais baixo.

No interior de cada setor e de cada municipalidade, operam-se novas divisões, que desenham no espaço a estratificação social e acrescentam-lhe novas disparidades em tudo que diz respeito ao equipamento coletivo, dada à discriminação que preside à escolha destes equipamentos. Assim, as pesquisas realizadas pelo Centro de Estudos dos Grupos Sociais mostraram-nos até que ponto a atração de Paris para os suburbanos é motivada sobretudo pelo subequipamento comercial e cultural deste mesmo subúrbio, exatamente quando os residentes reivindicam a possibilidade de um consumo comparável em todos os planos.[35] Mais ainda: este subequipamento implica a necessidade de se deslocar para obter toda uma gama de serviços, quando a mobilidade das camadas populares é menor, por razões ligadas ao mesmo tempo ao déficit de equipamento automobilístico e a um sistema de relações sociais menos diversificado.[36]

Finalmente, a rede de transportes, na medida em que deve assegurar o intercâmbio e as comunicações entre os diferentes setores funcionais e sociais assim constituídos, está duplamente determinada, pois é inteiramente dependente da disposição dos elementos que deve colocar em ligação. Enquanto, frequentemente, mantemos o traçado da rede de transportes devido aos eixos de crescimento, convém lembrar que, por exemplo, as autoestradas foram construídas, um século depois da estrada de ferro, seguindo uma orientação paralela e segundo a mesma ordem cronológica (Oeste, Sul, Norte, Leste). Com efeito, se o progresso técnico nos transportes permitiu a difusão das populações e atividades, e se estas últimas concentraram-se na proximidade dos eixos de transporte, a densidade e a orientação da rede são funções do sistema de interdependência que acabamos de descrever.[37]

A estrutura da região parisiense exprime portanto os mesmos processos que já provocaram a assimetria Paris-província, com o dado particular de que ela se baseia no papel de Paris como o centro de gestão e de decisão, e no predomínio total das unidades produtivas da região parisiense. As consequências concretas são: 1. a especialização e a concentração, no âmago do aglomerado, de um *centro de negócios* cujas dimensões não são explicáveis senão em nível de escala nacional e internacional; 2. uma concentração industrial de tal ordem que suscitou um vasto meio ambiente de moradias e serviços, organizado e diferenciado técnica e socialmente. 3. um movimento autoabastecido de concentração urbana, ligado ao mesmo tempo à atração de novas empresas devido às economias externas do aglomerado, e ao desenvolvimento dos serviços necessários à vida de tal conjunto.

A lógica da organização espacial da região parisiense provém, portanto, de seu caráter de nível superior de uma armação urbana terciária, formada num território nacional moldado pela industrialização capitalista, e caracterizado por uma enorme concentração em torno da capital administrativa.

Notas

1. Por exemplo, H. Blumenfel, "The Modern Metropolis", Scientific American, set. 1965, pp. 64-74; R.D. McKenzie, *The Metropolitan Community*, Nova York, McGraw-Hill, pp. 70-76; A. Boskoff, *op. cit.* (1962), pp. 29-30; A. Ardigo, *La Diffusione urbana*, AVE, Roma, 1967, p. 112; W.H. White, "Urban Sprawl" in the Editors of Fortune, *The Exploding Metropolis*, Doubleday anchor Books, Nova York, 1958, pp. 115-139; J.Q. Wilson (ed.), *The Metropolitan Enigma*, Harvard University Press, 1968.
2. O conjunto de dados estatísticos mundiais mais completo é um já antigo, preparado pelo International Urban Research de Berkcley, *The World's Metropolitan Areas*, University of California Press, 1959.
3. Não cabe aqui fornecer uma bibliografia detalhada sobre a região metropolitana. A melhor síntese analítica sobre o tema é a de J. BOLLENS e H. SCHMANDT, *The Metropolis: It's People, Politics and Economics Life*, Nova York, Harper and Row, 1965, que inclui uma bibliografia exaustiva

sobre o assunto. Uma coleção de ensaios e informações sobre vários tipos de metrópoles foi editada mais recentemente por H. WENWORTH ELDREGE, *Taming Megalopolis*, Anchor Books, Nova York, 1967, t. I: *What is and What Could Be*, p. 576; uma excelente série de monografias é apresentada no livro de P. HALL, *Les villes mondiales*, Paris, Hachette, 1966.

4. H. GILLMORE, *Transportation and Growth of Cities*, The Free Press, Glencoe, 1953; L.F. SCHNORE, "Transportation Systems, Socio-Economic Systems and the Individual", Publication 841, *Transportation Design Considerations*, National Research Council, Washington, D. C., maio 1961.

5. Cf. R. VERNON, *The Myth and Reality of our Urban Problems*, MIT Press, 1962; J. LABASSE, *op. cit.*

6. W. ISARD, *Location and Space Economy. A general theory relating to industrial location, market areas, land use, trade and urban structure*, J. Wiley, Nova York, 1956.

7. P. SARGANT Florence, *The Logic of British and American Industry*, Routledge an Kegan Paul, Londres, 1953; W. F. Luttrell, *Factory, Location and Industrial Movement*, Cambridge, 1962; Survey Research Center, Universidade de Michigan, dezembro, 1950: BOULET, BOULAKIA, *L'industrialisation de la banlieu Nord-Ouest de Paris*, CREDOC-IAURP, Paris, março de 1965 (mimeo).

8. Cf. M. CASTELLS, *"Entreprise industrielle et développement urbain"*, Sinopsis, outubro de 1969, pp. 67-75.

9. Cf. J. REMY, *La Ville, phénomène économique*, Les Editions Ouvrières. Bruxelas, 1966.

10. Cf. J. GOTTMANN, "The Skyscraper Amid the Sprawl", in J. GOTTMANN, R. A. HARPER (eds.), *Metropolis on the Move*, J. Wiley, Nova York, 1967, pp. 123-151.

11. Cf. R. LEDRUT, *op. cit.* e também, do mesmo autor, *L'Espace social de la ville*, Paris, Anthropos, 1968.

12. Cf. em particular CONSTANCE MCLAUGHLIN GREEN, *The Rise of Urban America*, 1860-1915. E também BLAKE MC KELVEY, *The Urbanization of America*, 1860-1915, New Brunswick, Rutgers University Press, 1963.

13. CH. N. GLAAB, A. THEODORE BRAYN, *A History of Urban America*, Nova York, The Mc Millan C, 1966.

14. DON J. BOGUE, *The Structure of the Metropolitan Community, A Study of Dominance and Subdominance*, Universidade de Michigan, 1950, p 210.
15. AMOS H. HAWLEY, *Human Ecology*, 1950.
16. OTIS, D. DUNCAN et alter, *Metropolis and Region*, Baltimore, J. Hopkins Press. 1960.
17. G. ALEXANDERSON, *The Industrial Structure of America Cities*, Almquist and Wiksell, Stockholm, 1956.
18. J. GOTTMANN, Megalopolis, *The Urbanized Northeastern Seabord of the United States*. The MIT Press, Cambridge, Mass, 1961, 810 p. (Paperback Edition).
19. Cf. JAMES Q. WILSON (ed.), *The Metropolitan Enigma*, Harvard University Press, Cambridge. Mass., 1968.
20. Cf. L. CHEVALIER, *La formation de la population parisienne au XIX e siècle*, Paris, PUF, 1950, 312 pp. e também P. LAVEDAN, *Histoire de Paris*, Paris, PUE, 1960, Col. Que sais-je? 125 p.
21. Cf. J. BASTIÉ, *La croissance de la banlieu parisienne*, Paris, PUE, 1964.
22. Cf. P. GEORGE e P. RANDET (colaboração de J. BASTIÉ), *La région parisienne*, Paris, PUE, 1964.
23. HAUTREUX, LECOURT, ROCHEFORT, *Le niveau superieur de l'armature urbaine française*, informe ao Comissariado Geral do Plano, março 1963, 60 p. mais anexos mimeog.
24. P.H. CHOMBART DE LAUWE, *Paris et l'agglomération parisienne*, Paris, PUF, tomo I, 1962; Paris, *Essais de Sociologie*, 1952-1964, Les Editions Ouvrières, Paris, 1965.
25. Cf. BASTIÉ, *op. cit.*, 1964.
26. Para não tornar o texto pesado, remetemos o leitor interessado à exposição mais recente dos dados de base em: R. LERON, "Élements pour une comparaison Paris-Province", no volume publicado pelo Institut d'Études Politiques de Grenoble, 1970, pp. 441-465; J. JOLT, "Le recensement de la population française de 1968: les premiers résultats", pp. 385-440 da mesma obra; e, de um ponto de vista mais analítico, M. ROCHEFORT, C. BIDAULT, M. PETIT, *Aménager le territoire*, Seuil, Coll. Societé, Paris, 1970.
27. Remeto, como documento básico para toda a exposição que se segue, à: J. BEAUJEU-GARNIER e J. BASTIÉ (sob a orientação de) *Atlas de Paris et de La Region Parisienne*, Editions Berger-Levrault, Paris, 1967. Sobre o ponto específico sobre a agricultura, ver pp. 447-553 do livro explicativo do material cartográfico.

28. Cf. os dados apresentados pelo Prefeito de Paris, *Communication au Conseil de Paris sur la rénovation urbaine*, Prefeitura de Paris, 1968, p. 47.
29. Cf. M. CASTELLS, *Les politiques d'implantation des entreprises industrielles dans la région de Paris*. Tese para o doutorado em sociologia, Faculdade de Letras de Paris-Nanterre, maio de 1967, p. 350.
30. Cf. as observações e alguns dados apresentados por J. DUMAZEDIER e M. IMBERT no *Espace et Loisirs*, C. R. U., Paris, 1967.
31. Cf. J. BASTIÉ, op. cit., 1964, pp. 33; e *Atlas de la région parisienne*, pp. 135-185.
32. O subequipamento dos subúrbios e seus efeitos sociais foram bem demonstrados por M. IMBERT, no contexto da investigação de C. CORNUAU, M. IMBERT, B. LAMY, P. REUDU, J.-O. RETEL, *L'attraction de Paris sur sa banlieu*. Les Editions Ouvrières, Paris, 1965.
33. Nos remeteremos, por um lado, ao *Atlas de la région parisienne*; e por outro lado, aos resultados de uma pesquisa em curso sobre a renovação urbana em Paris, conduzida pelo Grupo de Sociologia Urbana da Faculdade de Nanterre. (Cf. *infra*, cáp. IV deste livro).
34. C. TAISNE-PLANTEVIN, *Typologie des communes dans la région parisienne*, Cahiers de 181. AURP, t. 3, 1966.
35. Ver nota 32, e também CEGS., *L'attraction de Paris sur sa banlieu. Observations complementaires*, Paris 1964-65, p. 172.
36. Cf. RETEL, *op. cit.*, 1965, e B. LAMY, "La fréquentation du centre ville par les différentes catégories sociales", *Sociologie du Travail*, 2/67, pp. 164-179.
37. Cf. *Atlas de la région parisienne*, p. 357 e seguintes.

3

URBANIZAÇÃO, DESENVOLVIMENTO E DEPENDÊNCIA

I. A ACELERAÇÃO DO CRESCIMENTO URBANO NAS SOCIEDADES "SUBDESENVOLVIDAS" DO SISTEMA CAPITALISTA

A atenção crescente concedida pela literatura sociológica à análise do processo de urbanização é, em grande parte, motivada pela importância prática, ou seja, política, da evolução urbana nas regiões batizadas com o equívoco termo de "subdesenvolvidas".

Mais concretamente, se as populações da América do Norte e da Europa representavam, em 1950, 6,7% e 15,7%, respectivamente, da população mundial, estas proporções serão, no ano 2000, 5% e 9,1%. Ao contrário, a Ásia (sem a URSS), que englobava, em 1950, 23% da espécie humana, totalizará 61,8% no ano 2000. Se correlacionamos esta evolução com a estrutura econômico-política em escala mundial, e, mais concretamente, com a deterioração do nível de vida[1] nas regiões de maior crescimento demográfico, e também com a mobilização política progressiva das massas populares, podemos compreender o interesse súbito demonstrado pelos ocidentais, ao mesmo tempo, pelo problema do controle da natalidade e pelo processo de urbanização.

Com efeito, se o crescimento demográfico é forte, o da população urbana é espetacular, bem como as formas espaciais que ele toma — profundamente expressivas e carregadas de significação política. O objetivo comum das análises que ultrapassam a descrição[2] parece ser o de extrair estes significados, com relação ao lugar que eles ocupam e o papel que desempenham na estrutura social.

À primeira vista, urbanização e desenvolvimento econômico aparecem ligados. Numa pesquisa tecnicamente aprimorada, Brian J. L.

Berry[3] estabeleceu uma análise fatorial colocando em relação, para noventa e cinco países, quarenta e três índices de desenvolvimento econômico, escolhidos em torno de duas dimensões: progresso técnico e econômico, por um lado, características demográficas, por outro. As duas dimensões possuem uma correlação negativa, quer dizer, quanto maior é o nível econômico e tecnológico, tanto menor é o crescimento demográfico. A partir desta análise, Berry constrói uma escala de desenvolvimento na qual colocamos os diferentes países numa só dimensão, e ele estuda a relação entre esta escala e o indicador de urbanização (porcentagem da população residente nas cidades de mais de 20.000 habitantes). O resultado é uma correlação positiva entre nível de desenvolvimento econômico e grau de urbanização.

Paralelamente, uma análise que ficou clássica, de Gibbs e Martin,[4] formula uma série de proposições, empiricamente verificadas para quarenta e cinco países, mostrando a dependência do nível de urbanização com relação à diversificação industrial (indicador da divisão do trabalho), ao desenvolvimento tecnológico e à pluralidade de trocas exteriores das sociedades. Quanto mais estas variáveis são elevadas, tanto maior também a porcentagem da população nas zonas metropolitanas.

Contudo, se estas pesquisas constatam uma covariação historicamente dada, entre nível técnico-econômico e nível de urbanização, não fornecem uma explicação do processo e, sobretudo, vão de encontro a uma outra constatação importante, *a da aceleração do crescimento urbano nas regiões "subdesenvolvidas", com um ritmo superior à arrancada urbana dos países industrializados, e isto, sem crescimento concomitante.* É este fenômeno que cabe tentar explicar, providenciando-se os meios teóricos de colocar o problema em termos não tautológicos.

Com efeito, uma interpretação tão frequente quanto errônea, derivada das constatações empíricas às quais nos referimos, considera a urbanização como uma consequência mecânica do crescimento econômico e, em particular, da industrialização. Explica-se então o ritmo atual da urbanização nos países "subdesenvolvidos" pela etapa inicial do processo onde eles se encontram. O desenvolvimento seria então um caminho já traçado que seguem as sociedades, na medida em que elas manifestam um espírito de empreendimento.[5]

Os dados estatísticos disponíveis permitem rejeitar sem dúvida esta proposição. A urbanização em curso nas regiões "subdesenvolvidas" não é uma réplica do processo que atravessa os países industrializados. *No mesmo estágio de população urbana alcançado hoje em dia pelos países "subdesenvolvidos", o nível de industrialização dos países "desenvolvidos" era bem mais alto.*[6] As taxas de crescimento das cidades indianas do século XX não é muito diferente da taxa das cidades europeias da segunda metade do século XIX, mas se fixamos um nível de urbanização aproximativo para a Índia e para alguns países ocidentais, a composição da população ativa, no entanto, é extremamente diferente (cf. quadro 10).

O fenômeno ilustrado por estas cifras é conhecido na literatura especializada sob o termo de *hiperurbanização*, que conota a ideia de um nível de urbanização superior ao que poderíamos alcançar "normalmente", em vista do nível de industrialização. A *hiperurbanização* aparece como um obstáculo ao desenvolvimento, na medida em que ela imobiliza os recursos sob a forma de investimentos não produtivos, necessários à criação e à organização de serviços indispensáveis às grandes concentrações de população, enquanto estas não se justificam como centros de produção.[7] Mais ainda, a concentração num mesmo espaço, de uma população com baixo nível de vida e uma taxa elevada de desemprego, é considerada ameaçadora, pois cria condições favoráveis à propaganda política "extremista"...![8] Desta análise deduz-se a distinção entre cidades "geradoras" ou "parasitárias", conforme elas promovam ou retardem o crescimento econômico.[9]

Se esta situação é altamente significativa e deve ser considerada como ponto de partida de nossa reflexão, ela se torna incompreensível, se analisada por meio da categoria de "hiperurbanização", que aplica, de forma perfeitamente etnocêntrica, o esquema do crescimento econômico dos países capitalistas adiantados às outras formas sociais colocadas numa conjuntura inteiramente nova. N.V Sovani[10] reagiu brilhantemente contra tal perspectiva, mostrando, a partir dos mesmos dados de que se serviram Davis e Golden, a complexidade real do processo.

Quadro 10
População ativa e nível de urbanização

País	Ano	% P. A. na agricultura	% P. A. indústria	% P. A. serviços	% urbana (+ 20.000 hab.)
Áustria	1890	43	30	27	12,0
Irlanda	1851	47	34	19	8,7
França	1856	53	29	19	10,7
Noruega	1890	55	22	23	13,8
Suécia	1890	62	22	16	10,8
Suíça	1888	33	45	22	13,2
Portugal	1890	65	19	16	8,0
Hungria	1900	59	17	24	10,6
Média países		52,1	27,3	20,6	11,0
Índia	1951	70,6	10,7	18,7	11,9

Fontes: BERT F. HOSELITZ, "The role of urbanization in economic development. Some International comparisons", in ROY TURNER (ed.) *India's Urban Future*, University of California Press, 1962, pp. 157-182.

Com efeito, em primeiro lugar, a correlação entre urbanização e industrialização não é linear. Se, em vez de calculá-la globalmente para todos os países, como o fazem Davis e Golden, separamos estes países em dois grupos conforme seu nível de desenvolvimento, a correlação entre urbanização e industrialização continua a ser alta para os "subdesenvolvidos" ($r = 85$), mas diminui fortemente para os "desenvolvidos" ($r = 39$), em 1950. Mas se o cálculo para os "países desenvolvidos" for efetuado em 1891, em vez de 1950, a ligação torna-se novamente forte ($r = 84$). Quer dizer, numa sociedade fracamente urbanizada, o impacto de uma primeira industrialização é muito mais considerável.

Além disso, a noção de hiperurbanização foi elaborada por Davis a partir da comparação entre a Ásia e quatro países ocidentais em sua fase de arrancada: os Estados Unidos, a França, a Alemanha, e o Canadá. Mas se a comparação tivesse sido feita com a Suíça ou a Suécia, não teríamos encontrado diferenças sensíveis na relação da urbanização-industrialização entre estes dois países, no momento de sua arrancada, e os países asiáticos de hoje em dia.

Finalmente, a hiperurbanização só é fonte de gastos improdutivos se chegarmos a provar que os capitais investidos nos serviços públicos poderiam ter sido empregados de forma mais diretamente produtiva. Ora, sabemos que a característica principal do "subdesenvolvimento", além da falta de recursos, é a impossibilidade de uma organização social capaz de concentrar e dirigir os meios existentes em direção ao desenvolvimento da coletividade.

Se o emprego industrial nas cidades "subdesenvolvidas" não é importante, qual é então a atividade desta massa crescente de população urbana? Na população urbana ativa da Índia, em 1951, 25% trabalham na indústria, 14% na agricultura, 6% nos transportes, 20% no comércio e 35% *nos "serviços diversos"* enquanto na Alemanha em 1882, com um nível de urbanização semelhante, 52,8% da população urbana eram empregados na indústria. *Esta população desenraizada e em mutação, desempregada, "exército de reserva" de uma indústria inexistente, está na base do crescimento urbano.* Temos aí um primeiro dado, essencial, que cabe explicar.

Outros fatos, particularmente significativos, sublinham a especificidade deste processo de urbanização, sem equivalência histórica possível: 1. a concentração em grandes aglomerados, sem integração numa rede urbana, o que obriga a distinguir nitidamente os superaglomerados dos países "subdesenvolvidos", das regiões metropolitanas dos países industrializados, instrumentos de articulação econômica em nível de espaço;[11] 2. a ausência de um *continuum* na hierarquia urbana; 3. a distância social e cultural entre os aglomerados urbanos e as comunidades rurais; 4. a justaposição ecológica de duas cidades: a cidade autóctone e a cidade ocidental, nos aglomerados herdados do colonialismo.[12]

II. A URBANIZAÇÃO DEPENDENTE

A situação assim descrita só se torna inteligível através da análise nas regiões "subdesenvolvidas", deve integrar-se a uma análise de conjunto do "subdesenvolvimento". Ora, é claro que este termo, que alude a uma questão de *nível* de crescimento, é equívoco, na medida em que só designa uma das partes de uma estrutura complexa em relação com o processo de desenvolvimento.[13] Não se trata de sequências diferentes de um desenvolvimento único, mas de formas de expansão de uma estrutura histórica dada, o sistema capitalista avançado, no qual as formações sociais diferentes preenchem funções diversas e apresentam traços característicos correspondentes a estas funções e à sua forma de articulação.[14] Diremos então, com Charles Bettelheim, que, em vez de falar de países "subdesenvolvidos", caberia especificá-los enquanto *"países explorados, dominados e com economia deformada"*.[15]

Estes efeitos são produzidos pela inserção diferencial destes países numa estrutura, transbordando as fronteiras institucionais e organizada em torno de um eixo principal de *dominação e dependência* com relação ao desenvolvimento.[16] Quer dizer, se todas as sociedades são interdependentes, suas relações são *assimétricas*. Não se trata de relançar a caricatura de um "imperialismo" responsável por todos os males, mas de determinar rigorosamente seu alcance verdadeiro.

O essencial, do ponto de vista analítico, não é a subordinação política dos países "subdesenvolvidos" às metrópoles imperialistas (o que é apenas a consequência de uma dependência estrutural), mas a expressão desta dependência na organização interna das sociedades em questão e, mais concretamente, na articulação do sistema de produção e das relações de classes.[17]

Uma sociedade é dependente, quando a articulação de sua estrutura social, em nível econômico, político e ideológico, exprime relações assimétricas com uma outra formação social que ocupa, diante da primeira, uma situação de poder. Por situação de poder, entendemos o fato de que a organização das relações de classe na sociedade dependente exprime a forma de supremacia social adotada pela classe no poder na sociedade dominante.

Tratar do "subdesenvolvimento" equivale portanto a analisar a dialética desenvolvimento/dependência, quer dizer, estudar a penetração de tuna estrutura social por uma outra, o que implica:

1. A análise da estrutura social preexistente na sociedade dependente.
2. A análise da estrutura social da sociedade dominante.
3. A análise de seu tipo de articulação, quer dizer do *tipo de dominação*.

O processo de urbanização torna-se então a expressão, em nível do espaço, desta dinâmica social, isto é, da penetração, pelo modo de produção capitalista historicamente formado nos países ocidentais do resto das formações sociais existentes, situadas em níveis diferentes do ponto de vista técnico, econômico e social, indo de culturas extremamente complexas como as da China ou da Índia, às organizações de base tribal, particularmente vigorosas na África central.

Os tipos de dominação historicamente fornecidos são em número de três, que podem coexistir, sempre, no entanto, com o predomínio de um deles.

1. *Dominação colonial* tendo, por objetivos essenciais, a administração direta de uma exploração intensiva dos recursos e a afirmação de uma soberania política.
2. *Dominação capitalista-comercial*, através dos termos da troca, adquirindo matérias-primas abaixo de seu valor e abrindo novos mercados para os produtos manufaturados por preços acima do valor.
3. *Dominação imperialista industrial e financeira*, através dos investimentos especulativos e a criação de indústrias locais tendendo a controlar o movimento de substituição das importações, segundo uma estratégia de lucro adotada pelos trustes internacionais no conjunto do mercado mundial.

A urbanização dependente exprime, nas suas formas e nos seus ritmos, a articulação concreta destas relações econômicas e políticas.

Antes de sofrer a penetração das formações sociais exteriores, onde existem cidades, elas desempenham um papel essencialmente político e administrativo,[18] de gestão do excedente de produção agrícola e de fornecimento de serviços para a classe dominante. A oposição cidade-campo, que certos autores interpretam ingenuamente, como se as formas espaciais pudessem ser assimiladas aos fatores sociais,[19] manifesta a especificidade da relação de classes, que pode ir de certas variantes do feudalismo (Japão) às formas burocráticas de exploração conhecidas sob o termo de "despotismo asiático", passando pelas situações de origem mais complexa, como o sistema de castas na Índia. A função religiosa alia-se ao papel administrativo e, frequentemente, suscita a sua implantação. Ao contrário, o comércio só tem uma influência secundária e se localiza muito mais no tempo (feiras e mercados) que no espaço.

Sobre esta armadura urbana fraca, cujos únicos progressos importantes foram as cidades administrativas do Japão e da China,[20] organiza-se, ao nível do espaço, o sistema de dominação, com duas variantes essenciais:

1. *A implantação do tipo colonial*, caracterizada por uma função sobretudo administrativa e pela organização de zonas urbanas "reservadas", que reproduzem as cidades da metrópole. Esta variante, da qual as cidades espanholas na América constituem a melhor ilustração, apresenta poucas modificações com relação às funções das cidades que existiam anteriormente no seio das civilizações rurais. Todavia, a nova dominação exprime-se pelo aumento em número e porte destas cidades, por seu traçado interior, predeterminado segundo um plano colonial estandardizado, e pela sua relação muito mais estreita com a metrópole do que com o território circunvizinho.

2. A segunda variante fundamental é *o centro de negócios* diretamente ligado à metrópole, escala nas rotas comerciais (quase sempre um porto) e que é ele próprio um centro comercial em face das zonas do interior. Trata-se das *gateway cities*,[21] forma urbana da economia de tráficos, início de uma íntima conjunção entre a burocracia comerciante local e os homens de negócios imperialistas e seu aparelho protetor. O exemplo clássico é dado pelas cidades criadas pelos ingleses ao longo de suas rotas comerciais para a Índia. Mas encontramos expressões também claras nas implantações portuguesas no Brasil e na África, e holandesas na Ásia do Sudeste.

À medida que o tipo de produção capitalista se desenvolve no Ocidente, e o processo de industrialização acelera, seus efeitos fazem-se sentir na organização espacial e na estrutura demográfica das sociedades dominadas. Mas é necessário afastar logo um equívoco muito difundido na literatura especializada: não se trata do impacto da *indústria* sobre a urbanização, pois no início da implantação industrial é rara e pouco significativa, mas do impacto do *processo de industrialização* ocidental através de uma relação de dependência específica. Poderá, por exemplo, haver um impacto da industrialização sobre o crescimento urbano de um país, sem modificação sensível da proporção de mão de obra empregada no secundário, através do aumento da produção de um ramo industrial da metrópole, repousando sobre uma matéria-prima obtida no país dependente.

Há portanto uma relação a estabelecer, por um lado, entre industrialização dominante e urbanização dependente, por outro lado, entre a urbanização e o crescimento, no país, das atividades manufatureiras tecnologicamente modernas.

A partir deste apelo das estruturas sociais subjacentes ao processo de urbanização, podemos adiantar hipóteses explicativas com respeito aos dados fundamentais que apresentamos:

1. *O crescimento acelerado dos aglomerados* deve-se a dois fatores: a) o aumento das taxas de crescimento natural, tanto urbano quanto rural; b) a migração rural-urbana.

    O primeiro fator é primordialmente uma consequência da diminuição da taxa de mortalidade, provocada pela difusão súbita dos avanços da medicina. A taxa de natalidade é elevada pela estrutura da idade da população, particularmente jovem, como é normal numa situação de explosão demográfica.

    Mas o fenômeno essencial que determina o crescimento urbano é o das *migrações*. A fuga para as cidades é, em geral, considerada muito mais como o resultado de um *push* rural do que de um *pull* urbano, quer dizer, muito mais como uma decomposição da sociedade rural do que como expressão do dinamismo da sociedade urbana. O problema é saber a razão pela qual, a partir da penetração de uma formação social por uma outra, irrompe um movimento migratório, quando as possibilidades de emprego urbano são muito inferiores às dimensões da migração e as perspectivas de nível de vida são bem reduzidas.

    Com efeito, se a renda urbana per capita, apesar de fraca, é em geral mais elevada que o lucro rural, a capacidade de consumo real diminui muito nas cidades, na medida em que o consumo direto de produtos agrícolas se torna raro e que toda uma série de novos tributos se soma ao orçamento (o transporte em particular), sem considerar o consumo supérfluo induzido por uma economia de mercado em vias de afirmação.

Mais que um balanço econômico em nível individual, trata-se portanto da decomposição da estrutura social rural. Frequentemente insistimos no papel dos novos valores culturais ocidentais e na atração exercida pelos novos tipos de consumo urbano difundidos pelos *mass media*.[22] Se estas mudanças nas atitudes exprimem a reorganização da personalidade numa nova situação social, elas não podem ser consideradas como motor do processo, a menos que se aceite o postulado ideológico-liberal do indivíduo como agente histórico essencial. Qual é, então, esta nova situação social? Trata-se da crise geral do sistema econômico da formação social preexistente. Com efeito, é impossível, a partir de uma certa fase no processo de penetração social, que funcionem paralelamente dois sistemas comerciais diferentes, ou que a economia de troca direta possa desenvolver-se ao mesmo tempo que a economia de mercado. Com exceção do caso de regiões geográfica e culturalmente isoladas, o conjunto do sistema produtivo se reorganiza em função dos interesses da sociedade dominante. É lógico que, nestas condições, o sistema econômico interno seja "desarticulado" ou deformado. Mas esta "incoerência" é apenas o resultado de uma rede econômica perfeitamente coerente, se examinarmos a estrutura social no seu conjunto (sociedade dominante e sociedade dependente).

Se a pressão demográfica sobre a terra cultivada deteriora o nível de vida rural, provocando a emigração, não é apenas devido a uma irrupção pontual e não integrada de novas técnicas sanitárias, mas, sobretudo porque o sistema de propriedade e de utilização da terra tem como base a exploração extensiva e pouco produtiva, mas bastando amplamente para os próprios interesses do proprietário da terra.[23] Ora, este sistema faz parte das relações de classe da sociedade dominada e elas são sobredeterminadas por sua relação de dependência com respeito ao conjunto da estrutura.

Se o sistema familiar se enfraquece enquanto instituição econômica de base, isto se deve, frequentemente, à existência de um emprego ocasional na produção intensiva e de safra de um produto agrícola intimamente ligado às flutuações do mercado mundial. Uma vez rompido, o circuito da produção agrícola tradicional não pode ser restabelecido, quando a baixa dos preços internacionais ocasiona o desemprego.[24]

Assim, poderíamos multiplicar os exemplos. Mas o essencial é perceber a ligação estreita dos processos urbanos e da estrutura social, e romper com o esquema ideológico de uma sociedade dualista rural/urbana, agrícola/industrial, tradicional/moderna. Pois, se este esquema responde a uma certa realidade social nas *formas de relação* e nas *expressões culturais*, esta realidade é simplesmente o reflexo de uma estrutura única, na qual os efeitos num dos polos são produzidos pelo tipo particular e determinado de sua articulação com o outro polo.

2. A *urbanização dependente provoca uma superconcentração nos aglomerados (primate cities)*; uma distância considerável entre estes aglomerados e o resto do país e a ruptura ou a inexistência de uma rede urbana de interdependências funcionais no espaço.[25]

Já vimos que esta desarticulação é, em parte, o resultado da ligação estreita dos primeiros centros urbanos com a metrópole. Mas há ainda uma outra razão de grande importância: a revitalização das cidades médias, sua inserção numa hierarquia urbana exigiria uma política de impulsão de pequenas unidades de produção, não diretamente rentáveis em termos de relação capital/produto, mas justificadas pela criação de postos de trabalho e do dinamismo social suscitado. Ora, isto supõe uma planificação industrial, uma política do emprego e um regionalismo administrativo. E é evidente que, mesmo quando instauramos uma burocracia formalmente dedicada a estes objetivos, a situação de dependência com relação à dinâmica do sistema em geral impede toda realização efetiva.[26] Por outro lado, como a migração para as cidades não responde a uma demanda de mão de obra, mas à tentativa de encontrar uma saída vital num meio mais diversificado, o processo só pode ser cumulativo e desequilibrado.

3. Finalmente, podemos compreender, agora, a *estrutura interecológica dos grandes aglomerados*, bastante diferente das regiões

metropolitanas ocidentais. Elas caracterizam-se pela justaposição, à primeira massa urbana, de uma massa crescente de população não empregada e sem função precisa na sociedade urbana, depois de ter rompido seus elos com a sociedade rural. É perfeitamente ideológico qualificar de *marginalidade* o que é situação de tensão entre duas estruturas sociais interpenetradas. Como a migração para a cidade é o produto da decomposição das estruturas rurais, é normal que ela não seja absorvida pelo sistema produtivo urbano e que, consequentemente, os migrantes só se integrem parcialmente no sistema social. Mas isto não quer dizer que estes grupos estejam "por fora", "à margem" da sociedade, como se a "sociedade" fosse o equivalente de um sistema institucional historicamente situado. Seu modo de articulação é específico, mas esta mesma especificidade é um traço característico e não patológico, salvo se nos colocamos como médicos da ordem estabelecida.

Resumamos as orientações teóricas a partir das quais convém abordar o problema. A análise da urbanização nas formações sociais dependentes pode ser efetuada considerando-se a matriz das relações entre quatro processos fundamentais:

1. A história política da formação social na qual a cidade (ou sistema urbano) está inserida, e, em particular, o grau de autonomia da camada burocrática política com relação aos interesses exteriores.
2. O tipo de sociedade agrária na qual o processo de urbanização se desenvolve. Mais concretamente, as formas espaciais serão diferentes, conforme sua decomposição seja mais ou menos adiantada, conforme sua estrutura agrária seja feudal ou tribal, conforme a maior ou menor concordância de interesses entre grupos dominantes urbanos e rurais.
3. O tipo de relação de dependência mantido e, em particular, a articulação concreta dos três tipos de dominação — colonial, comercial e industrial.
4. O impacto autônomo da industrialização própria à sociedade dependente. Por exemplo, no caso de uma indústria local, haverá

efeitos específicos do tipo de indústria sobre o tipo de residência e, em especial, sobre o meio sociocultural formado pela conjunção de indústrias e de moradias. É o caso dos aglomerados industriais latino-americanos dominados pela presença de manufaturas ou de minas. Mas podemos igualmente descobrir, às vezes, no processo de urbanização derivado do crescimento industrial, a influência de uma burguesia e de um proletariado nacional, que vão marcar o espaço com a dinâmica de suas relações contraditórias.

Em tal nível de complexidade, não é possível formular generalizações e cabe-nos, mesmo para um simples enunciado de perspectivas, abordar a análise de situações concretas.

III. Desenvolvimento e dependência no processo de urbanização na América Latina

A América Latina, exemplo típico de "hiperurbanização"? Situação intermediária entre "desenvolvimento" e "subdesenvolvimento"? Coexistência de um crescimento automantido e da "marginalização" progressiva de uma parte importante da população?[27]

O florescimento dos mitos "sociológicos" concernindo às sociedades latino-americanas é tal, que é necessário prudência e precisão especiais na organização dos dados e na formulação das hipóteses.[28]

Para começar, é útil lembrar que, se a América Latina possui uma singularidade teoricamente significativa, além de enormes diferenças internas e algumas semelhanças com outras regiões ditas do "Terceiro Mundo", é justamente porque as sociedades que a compõem apresentam uma certa identidade na estruturação de sua situação de dependência. Com efeito, as formações sociais existentes na América Latina, antes da penetração colonialista ibérica, foram praticamente destruídas, e, em todo caso, desintegradas socialmente durante a conquista.[29] É portanto no interior de uma situação de dependência que se constituíram novas sociedades, sem quase apresentar particularidades relativas à estrutura social preexistentes, como foi o caso da Ásia. A evolução posterior do conjunto e sua diversificação interna resultam das diferentes articulações regionais da metrópole, bem como da reorganização das relações de força entre os países dominantes: substituição da dominação espanhola pela inglesa, depois pela americana. As relações "privilegiadas" político-econômicas da América Latina com os Estados Unidos reforçam uma certa unidade de problemas e fundamentam a trama das formas sociais em transformação.[30]

A urbanização na América Latina, enquanto processo social, pode ser compreendida a partir desta especificação histórica e regional do esquema geral da análise da urbanização dependente.[31]

Os dados existentes indicam um nível elevado de urbanização e um ritmo cada vez mais acelerado do crescimento das cidades (cf. quadros 11 e 12). Se tomamos como critério de população urbana o limiar de 100.000 habitantes, a taxa de urbanização da América Latina em 1960 (27,4%) é quase igual à da Europa (29,6%) e a taxa de "metropolitanização" (população das cidades de mais de um milhão de habitantes) lhe é superior (14,7% para a América Latina contra 12,5% para a Europa — segundo Homer Hoyt).

Como o demonstram os quadros 11 e 12, as disparidades internas são muito grandes e a situação da América Central tem pouco em comum com a da América austral. A comparação de resultados tão diferentes no interior de uma mesma estrutura coloca-nos no caminho de sua compreensão. A "explosão urbana" latino-americana é a consequência, em grande parte, da explosão demográfica, mas a distribuição ecológica deste crescimento é altamente significativa. O ritmo já alto, no que diz respeito ao conjunto da população, é muito mais elevado ainda nas cidades (cf. quadro 12). Este processo produz-se não só no conjunto do país, como também no interior de cada província: as cidades concentram o crescimento demográfico da região circunvizinha, atraindo o excedente da população rural.[32]

A aceleração do crescimento urbano toma em geral a forma de um desequilíbrio na rede urbana de cada país, já que ela se concentra no aglomerado dominante, quase sempre a capital. Esta tendência, todavia, parece diminuir no período recente: trata-se, de toda forma, de uma diminuição relativa das diferenças entre as cidades, sem que elas desapareçam, em termos absolutos (cf. quadro 13). Com efeito, com exceção da Colômbia, em medida menor, do Brasil e do Equador, as sociedades latino-americanas caracterizam-se por um sistema urbano macrocéfalo, dominado pelo aglomerado principal. Em 1950, 16 entre 21 países, o primeiro aglomerado era ao menos 3,7 vezes maior que o segundo e agrupava uma proporção decisiva da população.[33] (cf. quadro 14).

Dito isto, resta um fato no centro da problemática, que é a constatação, para a América Latina, de uma disparidade entre um ritmo de urbanização alto e um nível e um ritmo de industrialização nitidamente inferiores aos de outras regiões também urbanizadas. Além disso, no interior da América Latina, ainda que os países mais urbanizados sejam também os mais industrializados, não há correspondência direta entre o ritmo dos dois processos no interior de cada país.

Se, para o conjunto da América Latina, a população urbana (aglomerado de mais de 2.000 habitantes) passou de 29,5% em 1925 a 46,1% em 1960, a porcentagem da população ativa empregada na manufatura ficou praticamente estável: de 13,7% em 1925 a 13,4% em 1960.[34]

À primeira vista existe, portanto, uma disparidade entre industrialização e urbanização. Mas as coisas são mais complicadas, pois esta análise baseia-se num artifício estatístico: a fusão, sob a denominação global de "América Latina", de conjunturas sociais muito diferentes. Por exemplo, uma análise fatorial realizada por G. A. D. Soares, sobre dados concernentes ao Brasil e à Venezuela, mostra uma variância comum de 64% entre urbanização e industrialização, mesmo que o autor conclua pela não identidade das duas variáveis.[35]

Por outro lado, a proporção da população ativa empregada na indústria não é absolutamente o melhor indicador da industrialização, pois ele esconde um fenômeno essencial: a modernização do setor manufatureiro e o aumento da produtividade.[36] Se, de 1925 a 1960, a população ativa empregada nas manufaturas manteve-se estável, ela baixou de 10,2% a 6,8% no setor artesanal e mais que duplicou (de 3,5% a 7,5%) no setor industrial moderno.

Para avaliar a possível relação entre o aumento da produção industrial real e o ritmo de urbanização, ordenamos onze países, para os quais dispomos de dados pertinentes, segundo estes dois critérios (ver quadro 15).

Com exceção do Panamá, cuja taxa elevada de urbanização sem industrialização pode ser compreendida sem dificuldade, a simetria da posição ocupada pelos países com relação aos dois indicadores é bastante impressionante, o que parece ir de encontro à sincronia dos dois processos.

Quadro 11
População urbana e população total, América Latina, por país, 1960, 1970, 1980.

	População total*				População urbana** (milhares e percentagem sobre a população total)					
	1960	1970	1980	1960	%	1970	%	1980	%
Argentina	20.010	24.352	28.218	14.758	73,7	19.208	78,8	23.415	82,9
Barbados	232	270	285	11	4,7	?		?	
Bolivia	3.696	4.658	6.006	1.104	29,8	1.682	35,4	2.520	41,9
Brasil	70.327	93.244	124.003	28.292	40,2	44.430	47,6	67.317	54,2
Colômbia	17.485	22.160	31.366	8.987	51,3	12.785	57,6	20.927	66,7
Costa Rica	1.336	1.798	2.650	428	32,0	604	33,5	968	36,5
Cuba	6.819	8.341	10.075	3.553	52,1	4.450	53,3	5.440	53,9
Chile	7.374	9.760	12.214	4.705	63,8	6.886	70,4	9.205	75,3
Equador	4.476	6.028	8.440	1.700	137,9	2.756	45,7	4.563	54,0
Salvador	2.511	3.441	4.904	804	32,0	1.305	37,9	2.259	46,0
Guatemala	4.204	5.179	6.913	1.242	28,9	1.593	30,7	2.342	33,8
Guiana	560	739	974						
Haiti	4.138	5.229	6.838	517	12,3	907	17,3	1.684	24,6
Honduras	1.885	2.583	3.661	405	21,3	716	27,7	1.280	34,9
Jamaica	1.610	2.003	2.490						
México	34.923	50.718	71.387	18.858	53,9	31.588	62,2	49.313	69,0
Nicarágua	1.536	2.021	2.818	4.808	35,8	808	39,9	1.338	47,4

(cont.)

	População total*			População urbana** (milhares e percentagem sobre a população total)					
	1960	1970	1980	1960	%	1970	%	1980	%
Panamá	1.076	1.463	2.003	550	42,3	733	50,1	1.142	57,0
Paraguai	1.819	2.419	3.456	456	31,0	872	36,0	1.494	43,2
Peru	(1961) 9.907	13.586	18.527	564	39,8	6.690	49,2	10.791	50,2
República Dominicana	3.047	4.348	6.197	3.943	28,8	1.603	36,8	2.815	45,4
Trindade e Tabago	834	1.085	1.348	878	40,0				
Uruguai	(1963) 2.593	2.889	3.251	334	76,5	2.308	79,8	2.721	83,6
Venezuela	7.524	10.755	14.979	1.984	63,9	7.737	71,9	11.807	78,8

Fontes: Departamento de Assuntos Sociais, Secretaria Geral da OEA, Washington, D.C., 1970.

Quadro 12
Os ritmos da urbanização na América Latina

País	Período	Taxa anual de crescimento da população			Taxa de urbanização $r = 100(u) - (t) \, 100 + t$
		Total (f)	Urbano (u)	Rural	
Costa Rica	1927-50	2,3	2,9	2,2	0,6
	1950-63	4,0	4,5	3,8	0,5
	1920-35	3,4	8,5	3,1	4,9
República Dominicana	1935-50	2,4	5,5	2,2	3,0
	1950-60	3,5	9,0	2,6	5,3
Salvador	1930-50	1,3	3,1	1,1	1,8
	1950-61	2,8	5,8	2,3	2,9
Cuba	1919-31	2,7	3,8	2,3	1,1
	1931-43	1,6	2,5	1,2	0,9
	1943-53	2,1	3,7	1,3	1,6
Honduras	1940-50	2,2	3,3	2,1	1,1
	1950-61	3,0	8,1	2,5	5,0
Jamaica	1921-43	1,7	3,9	1,4	2,2
	1943-60	1,5	4,0	0,9	2,5
México	1940-50	2,7	5,6	2,0	2,8
	1950-60	3,1	5,2	2,3	2,1

(cont.)

País	Período	Taxa anual de crescimento da população			Taxa de urbanização $r = 100 (u) - (t) 100 + t$
		Total (t)	Urbano (u)	Rural	
Nicarágua	1950-63	2,6	5,9	1,9	3,2
Panamá	1930-40	2,9	4,5	2,4	1,5
	1940-50	2,6	2,6	2,6	0,1
	1950-60	2,9	5,1	2,0	2,1
Porto Rico	1920-30	1,7	6,2	1,2	4,4
	1930-40	1,9	4,9	1,4	2,9
	1940-50	1,7	5,5	0,6	3,7
	1950-60	0,6	1,0	0,5	0,3
Argentina	1947-60	1,8	3,2	0,3	1,3
Brasil	1920-40	1,5	3,0	1,3	1,5
	1940-50	2,4	5,3	1,7	2,9
	1950-60	3,1	6,5	2,1	3,3
Chile	1920-30	1,4	2,9	0,7	1,5
	1930-40	1,6	2,8	1,0	1,2
	1940-52	1,4	2,8	0,5	1,4
	1952-60	2,8	5,9	0,2	3,1
Colômbia	1938-51	2,2	6,7	1,3	4,4
Equador	1950-62	3,0	6,6	2,0	3,5
Peru	1940-61	2,2	5,7	2,3	3,4
Venezuela	1936-41	2,7	5,0	0,9	2,2
	1941-50	3,0	9,7	1,3	6,5
	1950-61	4,0	8,1	1,4	3,9

Fonte: Nações Unidas.

Quadro 13
O crescimento urbano na América Latina,
segundo o tamanho do aglomerado

País	Período Inter-Recenseamento	Total 20.000 +	20.000 – 99,999	100.000 e mais	A maior cidade
Costa Rica	1927-50	3,0	–	–	3,0
	1950-63	4,6	–	–	4,6
Cuba	1931-43	2,1	1,9	1,7	2,4
	1943-53	3,2	3,9	3,4	2,6
República Dominicana	1935-50	4,6	2,8	–	6,3
Salvador	1950-60	6,1	4,2	–	7,3
	1930-50	2,2	1,3	–	3,0
	1950-61	4,0	3,6	–	4,3
Honduras	1940-50	3,4	1,8	–	4,4
	1950-60	6,5	7,6	–	5,9
México	1940-50	...	...	4,9	5,6
	1950-60	...	...	5,3	4,9
Panamá	1940-50	2,8	2,2	–	3,0
	1950-60	4,4	2,1	–	5,2
Porto Rico	1940-50	5,1	3,1	–	6,6
	1950-60	1,3	0,2	–	1,9
Brasil	1940-50	...	...	4,4	4,6
	1950-60	5,2	6,4	5,5	3,9
Chile	1940-52	2,6	2,7	1,4	3,1
	1952-60	4,4	5,1	3,0	4,2
Colômbia	1938-51	5,7	5,0	6,1	6,2
	1951-64	...	...	...	6,7
Equador	1950-62	...	...	...	5,2
	1940-61	4,6	4,6	3,7	4,9
Peru	1941-50	7,6	7,1	7,2	8,3
Venezuela	1950-61	6,5	6,5	6,2	6,8

Fonte: Nações Unidas.

Quadro 14
A primazia das grandes metrópoles na América Latina, 1950

Áreas Metropolitanas	Ano	Porcentagem da população metropolitana sobre a população total	Número de vezes maior que o segundo aglomerado urbano do país
Montevidéu	1954	32,7	17,0
Assunção	1950	15,4	12,9
São José	1950	19,7	10,5
Buenos Aires	1947	29,7	8,9
Cidade da Guatemala	1950	10,6	8,2
Havana	1953	21,4	7,4
Lima	1955	12,4	7,3
México	1950	11,5	7,2
Porto Príncipe	1950	6,0	6,4
Santiago	1952	22,4	4,4
Tegucigalpa	1950	7,3	4,2
La Paz	1950	11,5	4,1
San Salvador	1950	11,9	4,0
Manágua	1950	13,3	3,9
Santo Domingo	1950	11,2	3,7
San Juan	1950	23,9	3,7
Cidade do Panamá	1950	23,9	3,1
Caracas	1950	15,7	2,9
Bogotá	1951	6,2	2,0
Guaiaquil	1950	8,3	1,3
Rio de Janeiro	1950	5,9	1,2

Fontes: HARLEY L. BROWNING, "Recent Trends in Latin American Urbanization", The Annals, março de 1958, pp. 111-126, tabela 3.

O que é certo e essencial, é que o impacto da industrialização sobre as formas urbanas só se faz através de um aumento do *emprego industrial*, e que, consequentemente, o conteúdo social desta urbanização é muito diferente daquele dos países capitalistas adiantados.

Com efeito, como assinala Anibal Quijano,[37] a relação que liga a urbanização latino-americana à industrialização não é uma relação tecnológica suscitada pelas implantações industriais localizadas, mas um efeito das características da indústria do país, bem como dos serviços, como cumpridores de uma função econômica no conjunto de um sistema maior.

A mudança na estrutura do emprego na América Latina foi muito menos determinada pelo processo de industrialização que pela integração de uma parte da população agrícola no setor terciário (serviços)[38] (cf. quadro 16).

Quadro 15
Escala de classificação dos países segundo seus ritmos de crescimento industrial (produtos industriais) e seus ritmos de crescimento urbano.
(América Latina, países selecionados segundo os dados disponíveis)

País	Taxa de crescimento industrial 1950-60	Posição industrial	Posição urbana	Taxa de crescimento urbano 1950-60
Brasil	1.78	1	2	5.2
Venezuela	1.70	2	1	6.3
Peru*	1.54	3	9???	3.5
Nicarágua	1.42	5	3	4.9
Costa Rica	1.26	6	7	4.0
Chile	1.18	7	8	3.7
Equador	1.17	8	5	4.6
Salvador	1.04	9	10	3.3
Paraguai	0.88	10	11	2.8
Panamá	0.78	11	6	4.1
México	1.48	4	4	4.7

* A única distorção importante com relação às hipótese é a do Peru. A explicação é simples: a inexistência de dados para o período de 1950-1960. Consequentemente, enquanto o produto industrial é calculado para 1950-60, o crescimento urbano o foi a partir da comparação 1940-1950, e no entanto houve uma enorme mudança qualitativa durante os anos 1950. Nós não podemos efetuar uma correção estatística com absoluta garantia, devido à falta de dados. Se tivesse havido a possibilidade de fazê-lo, o Peru ocuparia provavelmente o segundo lugar na escala de crescimento urbano, como que resultado de uma comparação entre cidades, que nós efetuamos entre o Peru e o Brasil e observações feitas sobre este ponto por Jacqueline Weisslitz no estudo citado (1971).

Fontes: CARDOSO, op. cit., 1968; MIRO, op. cit., 1964; CEPAL, op. cit.

Quadro 16
América Latina: População ativa por setor econômico

Distribuição da população ativa por setor

	1945		1960		Mudança entre 1945-1960	
	Total	%	Total	%	Total	%
Agricultura	26.780.000	56,8	32.620.000	47,2	+5.840.000	-9,6
Minas	560.000	1,2	520.000	0,9	-40.000	-0,3
Primário	27.340.000	58,0	33.140.000	48,1	+5.800.000	-9,9
Construção	1.500.000	3,2	2.800.000	4,1	+1.300.000	+0,8
Manufatura	6.500.000	13,8	9.900.000	14,3	+3.400.000	+0,5
Secundário	8.000.000	17,0	12.700.000	18,4	+4.700.000	+1,3
Terciário	1.180.000	25,0	23.200.000	33,5	+11.370.000	+8,5
Totais	47.170.000	100,0	89.100.000	100,0	+22.020.000	0,0

Fontes: DESAL, Marginalidad en America Latina. Un ensayo de Diagnóstico.

Sob a denominação enganadora de "serviços", reagrupam-se essencialmente três gêneros de atividades: comércio, administração e, em particular, "serviços diversos"... É fácil imaginar como o trabalhador desempregado real ou disfarçado transforma-se em vendedor ambulante ou num "faz-tudo", conforme a conjuntura e, frequentemente, segundo os tipos de consumo da classe dominante. A importância do setor *serviços* na América Latina ultrapassa ou iguala a do mesmo setor nos Estados Unidos e ultrapassa amplamente a Europa (cf. quadro 17). Mais ainda como o diz Richard Morse: "Os setores terciários latino-americanos não se assemelham. No primeiro caso, trata-se, essencialmente, de pequeno comércio e de vendedores ambulantes, de domésticos, de trabalhos não especializadas e transitórios desemprego disfarçado. O exemplo mais dramático é talvez a divisão do trabalho entre os habitantes das *favelas* e das *barriadas*, que "constituem" os depósitos de lixos, e se "especializam" na coleta de certos objetos e materiais. (Morse, *op. cit.*)

Mesmo se o tema se presta a digressões moralizantes, deve-se observar o duplo fato: 1. por um lado, a não integração nas atividades produtivas e, consequentemente, um nível de vida extremamente baixo da massa de migrantes, bem como das gerações de urbanização recente; 2. por outro lado, dada a ausência de uma cobertura social das necessidades individuais, o aumento do número das zonas urbanas deterioradas, as carências de equipamento, seja nos bairros insalubres da antiga cidade, seja nas favelas periféricas construídas pelos recém-chegados.

Marginais? Vinte por cento da população de Lima (1964), 16% no Rio de Janeiro (1964), 30% em Caracas (1958), 10% em Buenos Aires, 25% no México (1952) etc. A maioria dos estudos realizados sobre este tema mostra que não se trata de forma alguma de zonas de "desorganização social", que ao contrário, a coesão interna destes grupos é maior que no resto do aglomerado e chega mesmo a se concretizar nas organizações de base local. Em compensação, é frequente que os objetivos destes grupos assim estruturados não coincidam com os fins socialmente reconhecidos, quer dizer, em última análise, com os interesses da classe dominante. É necessário portanto não cair no paradoxo de falar de marginalidade onde o termo adequado é o de contradição.[39]

Quadro 17
Importância do setor serviços na população ativa. América Latina
e países selecionados (relação terciárias/secundária)

Venezuela	2,08
Cuba	2,00
Haiti	1,56
Argentina	1,51
México	1,48
Bolívia	1,40
Brasil	1,27
Paraguai	1,18
Malaia	2,82
Índia	2,17
EUA	1,48
Canadá	1,31
França	1,15
Espanha	1,09
Itália	0,96
Alemanha (RFA.)	0,85

Fonte: R. MORSE, *op. cit.*

A urbanização latino-americana caracteriza-se então pelos traços seguintes: população urbana sem medida comum com o nível produtivo do sistema; ausência de relação direta entre emprego industrial e crescimento urbano; grande desequilíbrio na rede urbana em benefício de um aglomerado preponderante; aceleração crescente do processo de urbanização; falta de empregos e de serviços para as novas massas urbanas e, consequentemente, reforço da segregação ecológica das classes sociais e polarização do sistema de estratificação no que diz respeito ao consumo.

Será necessário então concluir, com o seminário das Nações Unidas sobre a urbanização na América Latina,[40] quanto ao caráter parasitário de tal processo e preconizar uma política econômica com eixo na indústria de base mais do que na satisfação das necessidades de equipamento social? Com efeito, uma tal indústria, centrada mais nos recursos naturais do que nos aglomerados de eventuais compradores, poderia favorecer a "continentalização" da economia, reorganizar a rede urbana herdada da colonização e orientar a migração rural para atividades mais produtivas. Uma tal política seria preferível às medidas adotadas até o presente momento, que tendem a reforçar a concentração da população e a desperdiçar recursos no redemoinho dos aglomerados não produtivos.[41] Colocada desta forma, a questão é excessivamente abstrata, na medida em que ela opõe uma racionalidade técnica a um processo social. Não pode haver política de urbanização sem compreensão do sentido do processo social que a determina. E este processo social exprime a forma da relação sociedade/espaço segundo a articulação específica dos países latino-americanos com o conjunto da estrutura à qual elas pertencem.

A história do desenvolvimento econômico e social da América Latina, e consequentemente de sua relação com o espaço, é a história dos diferentes tipos e formas de dependência que se organizaram sucessivamente em sociedades. O que torna o problema complexo é que, numa situação social concreta, a conjuntura urbana não exprime apenas a relação de dependência do momento, mas também os remanescentes de outros sistemas de dependência, bem como seu tipo de articulação.

Trata-se então de precisar, brevemente, de forma concreta, como é que o esquema teórico apresentado organiza e explica os traços característicos da história urbana da América Latina.

(*Observação importante*: não se trata absolutamente de explicar o "presente" pelo "passado", mas de mostrar a organização das diferentes estruturas sociais confundidas ao nível de uma realidade social concreta. É evidente que uma pesquisa concreta que ultrapasse o esquema geral de análise apresentado aqui deveria começar por efetuar esta especificação.)

    A. As bases da estrutura urbana atual refletem em grande parte o tipo de dominação sob a qual se formaram as sociedades latino-americanas, quer dizer as colonizações espanhola e portuguesa.

        As cidades coloniais espanholas na América Latina preenchem duas funções essenciais: *1*. a administração dos territórios conquistados, a fim de explorar seus recursos para a Coroa e de reforçar uma dominação política por meio de um povoamento;

2. o comércio com a área geográfica circunvizinha, mas sobretudo com a metrópole. Segundo as formas concretas da colonização uma ou outra função é preponderante. Em geral as cidades espanholas tinham essencialmente um papel de governo, correspondente à política mercantilista da Coroa de Castilha, enquanto as implantações portuguesas no Brasil eram mais centradas sobre a rentabilidade da troca de produtos e das explorações intensivas nas regiões próximas aos portos.[42]

Disto resultam duas consequências fundamentais no que diz respeito ao processo de urbanização:

1. As cidades estão diretamente ligadas à metrópole e não ultrapassam quase nada os limites da região circunvizinha nas suas comunicações e dependências funcionais. Isto explica a fraqueza da rede urbana na América Latina e o tipo de implantação urbana, afastado dos recursos naturais do interior do continente. J.P. Cole efetuou um cálculo ponderado com relação aos centros urbanos das unidades administrativas territoriais que permite dividir a área espacial em três coroas progressivamente distantes da costa. Os resultados são eloquentes: em 1950, 86,5% da população da América do Sul se concentram na coroa costeira, que compreende apenas 50% da superfície.[43]

2. As funções urbanas de uma vasta região concentram-se no núcleo de um povoamento inicial, lançando assim as bases da primazia de um grande aglomerado. A cidade e seu território estabelecem relações estreitas e assimétricas: a cidade gera e consome o que o campo produz.

B. A substituição da dependência política em face da Espanha, por uma dependência comercial com relação a outras potências europeias, em particular à Inglaterra, a partir do século XVIII e sobretudo depois da independência, afeta a situação anterior, mas sem modificar qualitativamente suas grandes linhas. Ao contrário, do ponto de vista quantitativo, a atividade comercial e a extensão das atividades produtoras suscitadas pela ampliação do mercado estão na base de um forte crescimento demográfico e urbano (ver quadro 18).

A partir da inserção completa do conjunto do continente na esfera do mercado mundial, sob a hegemonia britânica, se entabulam a exploração sistemática dos recursos do setor primário solicitado pelas novas economias industriais e, paralelamente, a constituição da rede de serviços e transportes necessários às atividades. A consequência mais direta desta situação sobre a urbanização foi a diversificação regional da produção. Assim, a Argentina e o Uruguai, fundamentados num progresso extraordinário da escolaridade[44] e na fusão dos interesses entre a burguesia comerciante de Buenos Aires e os proprietários do interior, tiveram um forte crescimento econômico, com a concentração de todas as funções terciárias na capital, já um lugar privilegiado enquanto porto de exportação.

Podemos assinalar um fenômeno paralelo no Chile, com uma arrancada espetacular fundamentada na extração mineradora e apoiada na solidez da máquina burocrática de que Portales soube dotar a burguesia nascente.[45]

Ao contrário, os países do interior e os do norte dos Andes, em particular o Peru, ficaram quase à margem da nova estrutura econômica — sociedades dominadas pela oligarquia latifundiária e reduzidas, em seu sistema urbano, às coletividades municipais herdadas da colonização espanhola.[46]

Quadro 18
Evolução da população na América Latina (1570-1950)

Ano	População (milhões de pessoas)
1570	10,2
1650	11,4
1750	11,1
1800	18,9
1825	23,1
1850	33,0
1900	63,0
1950	160,0

Fontes: ROSENBLAT, CARR-SAUNDERS, em ANGEL ROSENBLAT, *La Población indígena en America Latina*, Buenos Aires, 1954.

Por outro lado, na América Central, a articulação do sistema imperialista tomou a forma de economia de planificação com funções urbanas praticamente reduzidas às atividades portuárias e à manutenção da ordem. Isto explica um nível de urbanização muito inferior ao resto do continente, com exceção de Cuba, onde a longa duração da dominação espanhola manteve o entorpecimento do aparelho administrativo nos centros urbanos.

C. Com base nesta organização espacial, o processo de industrialização latino-americano marca as formas urbanas diferencialmente tanto em termos de ritmos quanto de níveis. Assim, a primeira fase da industrialização, seja na base quase exclusiva de capitais estrangeiros (Argentina, Uruguai, Chile), ou a partir da mobilização de uma certa burguesia nacional utilizando os movimentos populistas (México, Brasil), teve um papel limitado, estritamente dependente do comércio exterior. Consequentemente, se ela acelerou a desagregação da sociedade rural, mudou muito pouco as funções urbanas (com exceção talvez de Buenos Aires).

Em compensação, a partir da Grande Crise de 1929, a destruição dos mecanismos do mercado mundial e a nova situação criada nas relações de classes incitam a limitar as importações e a criar indústrias centradas no consumo local.[47] Dadas as características destas indústrias — fraca composição orgânica do capital e necessidade imediata de rentabilidade — sua implantação depende intimamente da mão de obra urbana, e sobretudo, do mercado potencial dos grandes aglomerados. Esta industrialização, mesmo limitada, suscita uma expansão excessiva dos "serviços", pois presta-se a absorver parcialmente toda uma massa em desemprego disfarçado.

Depois da Segunda Guerra Mundial, os investimentos estrangeiros, e em particular americanos, encontram uma vazão para o excedente de capitais no desenvolvimento desta indústria local; trata-se também de abrir novos mercados.[48] O processo se acelera nos países que já dispunham de uma certa base (Argentina, Chile, e sobretudo México e Brasil) e é rapidamente suscitado em outros países até então limitados à produção primária, como o Peru ou a Colômbia, onde as mudanças dos últimos quinze anos foram espetaculares.

As cidades tornam-se, em parte, centros industriais e recebem além disso o impacto secundário desta nova dependência devido à massa de serviços suscitados e devido à destruição ainda maior das antigas formas produtivas agrícolas e artesanais. Tentemos precisar o processo em curso.

Não há dúvida de que a ampliação do mercado de trabalho e o aumento da capacidade de efetuar investimentos públicos mobilizados pela industrialização provocaram uma elevação do nível de vida e a realização de certos equipamentos coletivos. Mas a decomposição da estrutura agrária (produzida pela persistência do sistema de propriedade tradicional da terra nas novas condições econômicas) e os limites desta industrialização (subordinada à expansão da demanda solvível) acentuaram o desequilíbrio cidade/campo e resultaram na concentração acelerada da população nos aglomerados principais.[49]

O fator decisivo do crescimento urbano na América Latina é sem dúvida alguma a migração rural-urbana. O seminário da Unesco sobre este problema chegou a determinar, depois da comparação das diferentes fontes de dados, uma taxa de crescimento demográfico similar para as cidades e as aldeias. Consequentemente, se o crescimento da população urbana é muito mais alto, é porque se deve apenas a 50% de crescimento natural, enquanto os 50% restantes provêm da migração rural.[50]

A emigração é um ato social e não a consequência mecânica de um desequilíbrio econômico. Sua análise, essencial para o estudo da urbanização, exige um esforço de teorização específica, que pede, uma pesquisa em profundidade, ultrapassando nossa exposição atual.[51]

Mas nós podemos, sem entrar na lógica interna do processo, assinalar as condições estruturais que aumentam sua importância e resultam numa taxa de urbanização muito forte.[52]

Um fato primeiro e indiscutível é a desigualdade enorme do nível de vida e dos recursos entre as cidades e os campos. Os dados apresentados a este respeito pela Secretaria da Cepal em *O desenvolvimento da América Latina no pós-guerra* (1963) são indubitáveis;[53] e isto, quer consideremos o consumo em nível individual ou em nível coletivo. A mesma defasagem está na origem do balanço negativo da migração: a extensão do movimento suscitado ultrapassa as possibilidades de absorção do novo sistema produtivo (ver quadro 19).

No entanto, a desigualdade das condições de vida não explica a transferência maciça das populações, a menos que nos atenhamos à afirmação ideológica de um *homo economicus* unicamente determinado por uma racionalidade econômica individual. Na base do fenômeno das migrações há também a *desorganização da sociedade rural*. Esta desorganização não se explica pela "difusão dos valores urbanos"; a hipótese simplista que vê um fato maior na penetração da sociedade rural pelos *mass media* esquece que a teoria da informação parte de uma certa correspondência entre o código do emissor e o código do receptor com relação a uma mensagem. Quer dizer, as mensagens são percebidas e selecionadas em função do sistema cultural do agente, o qual está determinado por seu lugar na estrutura social.

Consequentemente, se em certas zonas rurais, ocorre "a difusão urbana", isto se deve ao fato de que as bases estruturais da nova situação desorganizaram os sistemas culturais tradicionais.

Em nível puramente infraestrutural, nós podemos dizer que os determinantes essenciais da decomposição da sociedade agrária são a contradição entre o aumento acelerado da população, consequência da baixa recente da taxa de mortalidade, e a manutenção das formas improdutivas da propriedade latifundiária.[54] Ora, a manutenção destas formas faz parte do mesmo processo social da industrialização urbana, através da fusão de interesses, em última instância, das classes dominantes respectivas. *Não se trata portanto de um simples desequilíbrio de nível, mas do impacto diferencial da industrialização nas sociedades rural e urbana, decrescendo e aumentando respectivamente sua capacidade produtiva, enquanto as trocas entre os dois setores se tornam mais fáceis.*

Finalmente, o afluxo de população nos centros urbanos transforma profundamente as formas ecológicas, mas só afeta relativamente as atividades improdutivas. O relatório da Cepal[55] mostra de fato, uma tendência muito nítida da indústria e do comércio artesanal para criar empregos pouco produtivos, freando os progressos da produtividade pela utilização de uma mão de obra abundante e barata. Da mesma forma, em torno dos organismos administrativos nascem verdadeiros sistemas de clientela que não respondem a um aumento real da atividade, mas ao desenvolvimento de redes de influência pessoal.

A urbanização na América Latina não é a expressão de um processo de "modernização", mas a manifestação, em nível das relações socioespaciais, da acentuação das contradições sociais inerentes em seu modo de desenvolvimento — desenvolvimento determinado por uma dependência específica no interior do sistema capitalista mundial.

Quadro 19
Urbanização e estratificação social na América Latina, 1950 (porcentagem)

País	População rural		População urbana	
	Pessoas empregadas na agricultura (15 anos ou mais)	Estratos médios e altos	Estratos médios e altos	Pessoas habitando cidades de 20.000 habitantes ou mais
América Central				
Haiti	83	3	2	5
Honduras	83	4	4	7
Guatemala	68	8	6	11
Salvador	62	10	9	13
Costa Rica	54	12	14	18
Panamá	48	15	15	22
Cuba	41	22	21	37
América do Sul				
Bolívia	70	8	7	20
Brasil	58	15	13	20
Colômbia	54	22	12	32
Paraguai	54	14	12	15
Venezuela	53	18	16	31
Chile	30	22	21	45
Argentina	25	36	28	48

Fontes: *Algunos aspectos salientes del desarrolo social de America Latina* (OEA, 1962) p. 144; G. GERMANI, "Estrategia para estimular la mobilidad social", *Aspectos sociales del desarrollo economico de America Latina*, Unesco, 1962, t. 1, p. 252.

Notas

1. Cf. KUAN-I-CHEN, *World Population Growth and Living Standard*, University Press, New Haven, 1960.
2. A melhor fonte recente de materiais sociológicos sobre este tema é a obra dirigida por G. BREESE, *The City in Newly Developing Countries*, Prentice Hall, Englewood Cliffs, New Jersey, 1969, 555 p. Ver também S. GREER, DENNIS, L. MC ELBRATH, D.W MINAR e P. ORLEANS (editores), *The New Urbanization*, Nova York, St. Martin's Press, 1968; P. MEADOWS e E.H. MIZUCHI (eds), *Urbanism, Urbanization and Change*, Reading (Mass), Addison-Wesley, 1969, e o interessante trabalho coletivo de A. GUNDER FRANK, Cepal; L. PEREIRA; G. GERMANI e J. GRACIARENA, *Urbanização e Subdesenvolvimento*, Zahar Editores, Rio de Janeiro, 1969.
3. BRIAN J.L. BERRY (Universidade de Chicago), "Some relations of Urbanization and Basic Patterns of Economic Development", artigo apresentado no Seminário sobre Problemas Urbanos, Universidade de Oregon, 1962.
4. J.P. GIBBS e W. T. MARTIN, "Urbanization, Technology and the Division of Labor: International Patterns", *American Sociological Review*, 27 de outubro de 1962, pp. 667-677. Cf. também J.A. KAHL, "Some Social Concomitants of Industrialization and Urbanization: A Research Review", *Human Organization*, XVIII, nº 2, verão de 1959, pp. 53-74.
5. Segundo a perspectiva perfeitamente sintetizada por W. W. ROSTOV, *The stages of Economic Growth. A Non Communist Manifesto*, Cambridge The University Press, 1960.
6. Cf. KINGSLEY DAVIS e HILDA H. GOLDEN, *Urbanization and the Development and Cultural Change*, III. oct. 1954, pp. 6-26.
7. Cf. PH. M. HAUSER (ed.). *L'Urbanisation en Amérique Latine*, Unesco, Paris, 1961, pp. 149-151.
8. Cf. B.F HOSELITZ, "Urbanization and Economic Growth in Asia". *Economic Development and Cultural Change*, t. VI, nº 1, outubro, 1957, pp. 42-54.
9. B.F. HOSELITZ, "The Role of the Cities in the Economic Growth of Underdeveloped Countries", *Journal of Political Economy*, 61, 1953, pp. 195-203.

10. N.V. SOVANI, "The Analysis of Over Urbanization", *Economic Development and Cultural Change*, 12, nº 2, janeiro de 1964, pp. 113-122.
11. Certos autores recorrem ao subterfúgio altamente sintomático de chamar estes aglomerados de "metrópoles prematuras"; cf. entre outros, NIRMAL KUMAR BOSE, "Calcutta: A Premature Metropolis", *Scientific American*, setembro de 1965, pp. 91-102.
12. Cf. P. GEORGE, *La Ville*, Paris, PUE, 1950.
13. Cf. para as perspectivas teóricas fundamentando uma compreensão real do desenvolvimento, F.H. CARDOSO, *Questiones de Sociologia del Desarrollo en America Latina*, Editorial Universitário, Santiago de Chile, 1968, 180 p. (traduzido em francês por Anthropos em 1969). No plano da análise econômica, um texto fundamental é o de P.A. BARAN, *Economie Politique de la croissance*, Paris, Maspero (primeira edição inglesa, 1954) e sobre os mecanismos internacionais há o de A. EMMANUEL, *L'Échange Inégal*, Maspero, 1969 e de S. AMIN, *L'Acummulation du capital à l'echelle mondiale*, Paris, Anthropos, 1970.
14. O problema em seu conjunto é tratado de forma clara, precisa, documentada por P. JALÉE em sua obra *L'impérialisme en 1970*, F. Maspero, Paris, 1969, 231 p.
15. Cf. CH. BETTELHEIN, *Planification et Croissance accélerée*, Maspero, Paris, 1967, cap. 3.
16. Cf. F.H. CARDOSO e E. FALETTO, *Desarrollo y Dependencia en American Latina*, Siglo XXI, México, 1970.
17. Esta análise apoia-se teoricamente nas contribuições de N. POULANTZAS em sua obra, de extrema importância, *Pouvoir politique et classes sociales*, Maspero, Paris, 1968, p. 398.
18. G. NORTON, S. GINSBURG, "Urban Geography and Non-Western Areas", em PH.H.HAUSER e L.F. SCHNORE, *op. cit.* (1965), pp. 311-347.
19. Por exemplo, N. KEYFITZ, "Political Economic Aspects of Urbanization in South and Southeast Asia", em PH. HAUSER e F. SCHNORE (eds.) *op. cit.* 1965, pp. 265-311.
20. Ver as especificações que GINSBURG oferece em seu artigo citado na nota 85.
21. Cf. A. PIZZORNO, *op. cit.*, 1962.
22. Tendência representada, entre outras, por E. C. HAGEN.

23. Cf. S. BARRACLOUGH, *Notas sobre tenencia de la tierra en America Latina*. ICIRA, Santiago del Chile, 1968.
24. Cf. P.-A. BARAN, *op. cit.*, 1954.
25. A.S. LINSKY, "Some Generalizations Concerning Primate Cities", *The Annals of the Association of American Geographers*, t. 55, setembro 1965, pp. 506-513.
26. Cf. HOSELITZ. *op. cit.*, 1957.
27. Podemos encontrar um bom repertório desta perspectiva no estudo bem documentado de J. DORSBLAER e A. GREGORY, *La Urbanizacion en America Latina*, 2 vol. FERES-CRSR, Friburgo-Bogotá, 1962.
28. Felizmente dispomos de três excelentes textos de síntese. O primeiro expõe os resultados mais marcantes da pesquisa sobre o assunto: R. M. MORSE, "Urbanization in Latin America", *Latin American Research Review*, Autumn 1965 (consultado na edição espanhola, sob forma de brochura e com bibliografia ampliada, Universidade do Texas, 1968, p. 56). Os dois outros enfatizam os dados estatísticos disponíveis: C.A. MIRO, "The population of Latin America", *Demography*, 1964, vol. I, pp. 15-41; J.D. DURAND e C.A. PELAEZ "Patterns of Urbanization in Latin America", em *Milkbank Memorial Fund Quaterly*, 43, nº 4, outubro 1965, pp. 166-196. Enfim, citemos, por um lado, mais recente compilação de dados estatísticos: OEA., *Situación Demografica de America Latina*, Washington, 1970; por outro lado, o número em preparo sobre "Imperialisme et Urbanisation en Amérique Latine", da revista *Espaces et Sociétés*.
29. Cf. sobre este ponto e para a análise de conjunto, um livro essencial, de A.G. FRANK, *Capitalisme et sous-développement en Amérique Latine*, Maspero, Paris, 1968, 302 p.; também sobre este ponto específico: R. M. MORSE, "Some Characteristics of Latin American Urban History", *American Historical Review*, LXVII, 2, 1962, pp. 317-338.
30. Cf. A.G. FRANK, *op. cit.*, bem como o conjunto das análises compiladas por J. PETRAS e M. ZEHLIN em *Latin America: Reform or Revolution?* Fawcett Publications, Greenwich, Conn, 1968, p. 510.
31. Nós nos aproximamos aqui da perspectiva desenvolvida pelo sociólogo peruano A. QUIJANO.
32. Ver a respeito deste ponto, os dados apresentados sobre os estados brasileiros por T. LYNN SMITH, *Why the Cities? Observations on Urbaniza-*

tion in *Latin America*, em PH. L. ASTUTO e R.A. LEAL, *Latin American Problems*, St-John's Univ. press, N.Y., 1964, pp. 17-33.
33. Para o México e o Chile, cf. R.M. MORSE, *op. cit.*, 1965, p. 17; H.L. BROWNING apresenta dados interessantes, no conjunto, em "Recent trends" in Latin American Urbanization, *The Annals*, março de 1958, pp. 111-126.
34. Cf. CARDOSO, *op. cit.*, 1968, p. 74.
35. Cf. G.A.D. SOARES, *Congruency and Incongruency Among Indicators of Economic Development*, Institute of International Studies, Berkeley.
36. C. FURTADO, Obstáculos políticos ao crescimento econômico do Brasil, Revista *Civilização Brasileira*, I, 1, março de 1965, pp. 133-141.
37. A. QUIJANO, *Dependencia, Cambio Social y Urbanización en Latino America*, Cepal, Division de Estudios Sociales, nov. de 1967, 44 p. mimeo.
38. Cf. CARDOSO, *op. cit.*, 1968, p. 74.
39. Cf. J. WEISSLITZ, *Les migrations en Pérou*, Sorbonne, Paris, 1969.
40. HAUSER, *op. cit.*, 1961.
41. HAUSER, *op. cit.*, 1961, pp. 88-90.
42. Cf. MARIA EUGENIA ARAVENA, *Dependência y urbanizacion en America Latina: el período colonial*, FLACSO, Santiago do Chile, 1968 (mimeo).
43. J.P. COLE, *Latin America. An Economic and Social Geography*, Londres, Batterwarths, 1965, p. 468.
44. R. CORTES CONDE e E. GALLO, *La formación de la Argentina moderna*, Paidos, Buenos Aires, 1967.
45. A. PINTO, *Chile: un caso de desarrollo, frustrado*, 1959.
46. A. QUIJANO, *Tendencias de cambio en la sociedad peruana*, Universidad do Chile, mimeo, 1967.
47. Cf. M. HALPERIN, *Growth and crisis in Latin American Economy*, em PETRAS e ZEITLIN (eds.), *op. cit.*, 1968, pp. 44-76.
48. Cf. A.G. FRANK, *op. cit.*, 1968.
49. Cf. J. GRACIARENA, *Poder y clases Sociales en el Desarrollo de America Latina*, Paidos, Buenos Aires, 1967.
50. Ver HAUSER, *op. cit.*, e também A. SOLARI, *Sociologia rural latinoamericana*, Paidos, Buenos Aires, 1968, p. 40.
51. Ver as proposições teóricas de A. TOURAINE em *Ouvriers d'origine agricole*, Seuil, Paris, 1961.
52. Cf. os primeiros resultados de J. WEISSLITZ, *op. cit.*, 1969.

53. Secretaria de Cepal, *El desarrollo social de America Latina en la post-guerra*, Solar-Hachette; Buenos Aires 1963, 164 p. em particular, cap. II; também SOLARI, *op. cit.*, 1968.
54. Solon BARRACLOUGH, *Notas sobre tenencia de la tierra en America Latina*, Icira, Santiago do Chile, 1968.
55. Cepal, informe cit. 1963, pp. 73-74.

# 4

MODO DE PRODUÇÃO E PROCESSO DE URBANIZAÇÃO: OBSERVAÇÕES SOBRE O FENÔMENO URBANO NOS PAÍSES SOCIALISTAS

Até agora, falamos da urbanização na sociedade capitalista, seja nos países dominantes ou dependentes. Esta caracterização não se baseia numa opção ideológica; ela é a consequência de um ponto de partida teórico: a hipótese de que a relação entre sociedade e espaço (pois é isto a urbanização) é função da organização específica dos modos de produção que coexistem historicamente (com predomínio de um dos dois) numa formação social concreta, bem como da estrutura interna de cada um destes modos de produção.[1]

A partir de então, designar uma sociedade como capitalista, especificando em seguida a conjuntura precisa e o estágio do capitalismo que nela se manifesta, permite-nos organizar teoricamente a análise.

Mas o contrário não é verdadeiro: qualificar de "socialista" uma formação social não esclarece sua relação com o espaço, e frequentemente isto desvia a pesquisa, que se refugia numa série de dicotomias ideológicas tendendo a apresentar o contrário da lógica capitalista, em lugar de mostrar os processos reais que se desenvolvem nas novas formas sociais.

A razão desta diferença na capacidade analítica das duas categorias aparece bastante claramente: enquanto a teoria do modo de produção capitalista foi elaborada, ao menos parcialmente (sobretudo no que diz respeito à sua região econômica) por Marx, no *Capital*, a teoria do modo de produção socialista só existe em estado embrionário.[2] Nestas formas de transição, a categoria "socialismo" desempenha mais o papel de tipo ideal para o qual tendemos do que instrumento de análise da estrutura social. Ora, a teoria destas "formas de transição" também não existe de forma acabada e não se trata aqui de abordar tal problema.

Podemos, todavia, tentar desvendar algumas singularidades ao nível da relação espaço-sociedade, de forma a contribuir com elementos de observação para uma nova lógica de estruturação social, típica de formações sociais "pós-capitalistas".

Parece claro, de qualquer forma, que, nestas "formações sociais de transição", a propriedade privada dos meios de produção desaparece como elemento estrutural. O mercado não é mais o regulador econômico e cessa portanto de influenciar diretamente a urbanização. O fator principal da organização social é o Estado, e, através do Estado, o partido no poder. Este deslocamento do sistema dominante (o político tomando o lugar do econômico) não regula a questão da organização das classes sociais e de sua relação com o espaço, e, mais exatamente, não determina em função de que interesses o processo de urbanização é dirigido, pois a relação entre as classes sociais, o Estado e o partido dependem estritamente de cada conjuntura histórica.

Mas é esta primazia do *político* e sua independência com respeito à economia que devem caracterizar o processo de urbanização nos países socialistas. Mais ainda, esta primazia produzirá um conteúdo diferente nas formas espaciais conformes linha política aplicada. Formulamos então a hipótese de que *a urbanização socialista caracteriza-se pelo peso decisivo da linha política do partido, na organização da relação com o espaço*, mudando eventualmente a relação com a economia ou com a técnica, tal como foi observado na urbanização capitalista. Uma resposta positiva a esta hipótese nos colocaria no caminho da descoberta do nível social dominante nas "formas de transição". Só podemos sugerir uma perspectiva a partir de alguns dados, extremamente sumários.

Na União Soviética,[3] onde se contava em 1913 com 84,5% de população rural, a política econômica destinada a criar as bases do socialismo pregava a industrialização acelerada, em particular no que concerne à indústria pesada. Isto quer dizer, concretamente, o reforço da base industrial já existente nas grandes cidades e a valorização dos recursos das novas regiões, através de uma verdadeira *colonização industrial*. Donde a criação de novas zonas urbanas e uma taxa geral de urbanização bastante elevada. Por outro lado, a revolução tendo sido obra do proletariado urbano, desenvolve-se uma propaganda intensa junto aos camponeses para atraí-los para as cidades, onde eles poderão participar mais diretamente do processo político e da edificação de uma sociedade revolucionária. É algo de fundamental o fato de que a revolução bolchevista tenha sido uma revolução quase que exclusivamente proletária e urbana num país com uma maioria rural esmagadora.

No entanto, apesar da tendência da política do PCUS de desenvolver a urbanização, as dificuldades do primeiro decênio, a luta mortal entre a ordem antiga e a nova ordem, suscitam um processo quase contrário, pois as massas urbanas emigram para o campo em busca de meios de subsistência. A desorganização total da economia e a fome que se segue fizeram com que o crescimento das cidades dependesse inteiramente do campo para nutri-las, bem como do sistema de transporte e de distribuição, necessário às trocas. O que explica que a taxa da população urbana (15,5% em 1913) tenha caído para 14% em 1920, subindo depois lentamente (16% em 1923, 17% em 1930) (ver quadro 20).

Mas uma vez estabelecido solidamente o novo sistema político, a linha do PCUS se impõe e a aceleração da urbanização decorre dos dois grandes objetivos visados: à industrialização, por um lado, e à reestruturação social dos campos através da coletivização agrícola, por outro. De 1930 a 1933, coincidindo com a luta "anti-kulaks", a população de citadinos passa bruscamente de 17 a 23%, e, em 1938, a 32%.

Apesar do desenvolvimento de novas zonas urbanas a leste do Volga, suscitadas pela industrialização ligada aos recursos minerais e energéticos, o essencial do crescimento urbano ocorre nas grandes cidades já existentes. Uma economia às voltas com a construção de uma infraestrutura industrial devia necessariamente confrontar-se com grandes dificuldades para aliviar as necessidades urbanas que apareceram bruscamente. A crise de habitação atinge uma gravidade incontestável: se, em 1927-1928, a população urbana só dispunha em média de 5,9 m^2 de espaço de habitação por pessoa, em 1940 este espaço baixa a 4,09 m^2. No entanto, esta crise é conjuntural e, à medida que a economia progride são prescritas uma série de medidas em vista de: 1. redistribuir a população no conjunto do território e limitar o crescimento dos grandes centros urbanos; 2. investir na construção de moradias e organizar os serviços coletivos correspondentes.

Numa primeira fase, portanto, a urbanização soviética apresenta certos traços semelhantes aos dos países capitalistas na sua fase de população industrial-urbana, com a diferença de que a população operária não conhece o desemprego[4] e que, mesmo se o nível de vida é extremamente baixo, o organismo urbano mostra-se capaz de assimilar o ritmo do crescimento.

Mas uma vez ultrapassada esta primeira fase, a organização do espaço tende a tornar-se efetivamente a expressão da política posta em prática. Assim, a diversificação industrial e a colonização urbana de vastos territórios, em particular da Sibéria ocidental e do Cazaquistão, tiveram resultados efetivos. Depois da guerra, pretendeu-se frear a concentração nas grandes cidades. Sendo impossível manter em Moscou o teto de cinco milhões de habitantes (havia 8.500.000 em 1963), a expansão urbana realizou-se essencialmente nas cidades médias e nos novos centros das regiões de colonização (mais de seiscentas novas cidades). Assim, enquanto entre 1926 e 1939, Moscou, Leningrado e Kharkov duplicaram suas populações, entre 1939 e 1959, as cidades de menos de 200.000 habitantes aumentaram em 84%, as que possuíam entre 200.000 habitantes e 300.000, em 63%, e entre 500.000 e 1.000.000, em 48% e Moscou, em 20%.

No que concerne à habitação, os programas públicos se sucedem, a fim de construir a maior quantidade possível de apartamentos, sem preocupação de qualidade, às vezes, com consequências desagradáveis: de 1959 a 1962, 12% dos novos apartamentos foram declarados inabitáveis. Mas o esforço foi gigantesco: de 1954 a 1964 construíram-se 17.000.000 de moradias urbanas e 6.000.000 de casas rurais. A superfície média por pessoa passou de 4,09 m^2 em 1940 para 7,2 m^2 em 1954 e 9,09 m^2 em 1961. Se os investimentos importantes na moradia foram determinantes para estes êxitos, os progressos na produção de elementos pré-fabricados permitiram um ritmo muito alto de realizações.

A nova orientação política surgida do XX Congresso, que enfatizou o consumo, as medidas de descentralização econômica e o reforço da integração social por outros meios além da política conduziram as tentativas de criação urbanística. Com efeito, os planos de revolução no urbanismo dos anos 20 tinham sido arquivados devido às premências do primeiro período.[5] Ao contrário, nos últimos anos, as iniciativas "modernistas" vieram à tona no domínio urbano com, por exemplo, a criação de uma cidade científica na Sibéria ou das microdivisões dos arredores de Moscou.[6]

A microdivisão é uma unidade de cerca de 15.000 pessoas, composta de edifícios de quatro ou cinco andares, providos de equipamento escolar, serviços coletivos, centros de recreação e protegida por um cinturão verde. Como conjunto residencial, ela está ligada a um ou vários centros de atividade por meios de transporte coletivo. Na sua concepção, é bem semelhante às novas cidades inglesas, com a diferença essencial de que depende expressamente de um centro de produção. A microdivisão reflete a nova relação com o espaço, que define implicitamente a linha política dos atuais dirigentes soviéticos: integração e valorização do consumo.

Ao mesmo tempo, em ligação também com a nova orientação econômica de investimento preferencial na agricultura, foi lançado o projeto das "agrocidades" que superam as diferenças entre cidade e campo. Todavia, na medida em que estas diferenças fundamentam-se na subordinação econômica da agricultura à indústria, e em que o restabelecimento do equilíbrio entre os dois setores é um processo mais econômico-social do que espacial, estas raras experiências das agrocidades, logo paralisadas, não passaram jamais do estado de centros de equipamentos coletivos em zona rural, ou, na melhor das hipóteses, de pontos fortes da colonização agrícola.

Se existe uma fusão do rural e do urbano, é talvez no nível da região metropolitana soviética, tal como a descreveu Pchelintsev.[7] Um paralelo com a Megalópole de Gottmann? Seria muito apressado concluir numa identidade de formas espaciais, a mesmo nível técnico e de modo de produção diferente, a partir da simples constatação de semelhanças formais, pois é preciso levar em conta os seguintes fatos: 1. O modo de produção capitalista está sempre presente, ainda que dominado, *provisoriamente*, na sociedade soviética; 2. Se os "problemas urbanos" são próximos aos problemas americanos em termos nominais, o sentido social, a função técnica, e, sobretudo, a solução dos mesmos são essencialmente diferentes; 3. Uma pesquisa deve ser feita efetivamente, mais além das formas, para mostrar a estrutura urbana diferencial de cada situação, o que exige a articulação desta estrutura urbana com a estrutura social.

As observações que se seguem visam a explorar este rumo, tratando um modo de produção não capitalista num outro nível de desenvolvimento econômico e técnico. Com efeito, uma análise da China e de Cuba seria altamente significativa: "subdesenvolvidos", segundo os critérios estatísticos e taxonômicos, estes países conhecem um processo de urbanização muito diferente do processo dos países capitalistas no mesmo nível de "desenvolvimento". Por outro lado, se a relação com o espaço exprime, como na União Soviética, a primazia do político, o conteúdo específico da sua organização espacial é diferente, já que as linhas políticas, de um lado e de outro, não são idênticas.

É importante lembrar que a *revolução chinesa*, ainda que dirigida por um partido operário, apoiou-se prioritariamente nas massas de camponeses pobres e, depois da reviravolta estratégica proposta por Mao Tsé-Tung, adotou a tática militar e política de circundar as cidades por campos. As cidades chinesas, em especial Xangai e Cantão, eram uma herança do colonialismo, a residência das burocracias administrativas e delegados de interesses estrangeiros, a sede dos quartéis-generais dos exércitos de ocupação. O proletariado industrial era relativamente pouco numeroso. É evidente, portanto, que as bases políticas da República Popular, depois da tomada do poder em 1949, foram bem mais sólidas nos campos, onde residiam, em 1950, 90% da população.[8]

Os primeiros anos veem, no entanto, ocorrer um movimento de urbanização, na medida em que a arrancada industrial e a reorganização dos serviços exigem uma força de trabalho aumentada (cf. quadro 20). No entanto é necessário observar: 1. que há uma supervalorização das estatísticas da população urbana, devido à extensão das fronteiras administrativas dos aglomerados e da anexação de zonas semirrurais; 2. que em todo caso, *o crescimento urbano deve-se essencialmente ao crescimento natural da população muito mais que à migração* (ao contrário do que ocorre nos países capitalistas subdesenvolvidos).[9]

Mas é sobretudo a partir de 1957 que se opera a reversão da ligação clássica entre desenvolvimento econômico e urbanização. Duas razões determinam esta nova política espacial:

1. A prioridade dada à agricultura e à vontade de contar com as próprias forças, conforme a palavra de ordem: *tomar a agricultura como base e a indústria como fator dominante* (Mao Tsé-tung).[10]

2. O movimento Hsia-Fang, que tende a deslocar para o trabalho rural os milhões de trabalhadores intelectuais, a fim de frear os desvios direitistas surgidos com a aplicação da política denominada "Cem flores". Esta tentativa foi, segundo a opinião dos observadores estrangeiros, um sucesso completo, que conseguiu limitar o crescimento urbano ao da taxa natural de cada cidade[11] ou mesmo abaixá-la; em 1963, 20.000.000 de migrantes rurais tinham retornado ao campo.[12]

Este movimento teve repercussões muito sérias sobre a estrutura urbana chinesa, pois permitiu, por exemplo, em Pequim, liberar enormes superfícies de escritórios, transformados em moradias: 260.000 m² em 1950 e 100.000 m² em 1959 (o que é muito importante, quando sabemos que entre 1949 e 1956, toda a construção de moradias, em Pequim, só ocupava 3.660.000 m²).[13] Pensemos no deslocamento, nas sociedades capitalistas, das populações do centro da cidade para aí instalar escritórios, e as diferenças de utilização do espaço começam a ficar evidentes.

Quadro 20
A evolução da população urbana na China, 1949-1957

Ano	Total	Urbano		Rural	
		Número	%	Número	%
1957	642.000	92.000	14,3	550.000	85,7
1956	627.800	89.150	14,2	538.650	85,8
1955	614.650	82.850	13,5	531.800	86,5
1954	601.720	81.550	13,6	520.170	86,4
1953	587.960	77.670	13,2	510.290	86,8
1952	574.820	71.630	12,5	503.190	87,5
1951	563.000	66.320	11,8	496.680	88,2
1950	551.960	61.690	11,1	490.270	88,9
1949	541.670	57.650	10,6	484.020	89,4

Fontes: "China's Population from 1949 to 1956", *Tung chi kung-tso* (Statistical Bulletin) n° 11, junho de 1957; traduzido no ECMM, n° 91; julho 22, 1957, pp. 23-25. 1957: WANG KUANG-WEI, "How to Organize Agricultural Labor", *Chi-hua chingchi* (Elanned Economy), n° 8, 1957, pp. 6-9, traduzido no ECMM, n° 100, setembro de 1957, pp. 11-14.

Podemos assinalar cinco traços fundamentais que explicam esta "ruralização" mantida pela sociedade chinesa, comparada com a experiência russa:

1. A revolução chinesa desenvolveu-se e implantou-se, principalmente, nas massas de camponeses. A coletivização ulterior fundamentou-se sempre num trabalho de explicação política de fôlego.[14]
2. O PCCH considera que a agricultura é a base do desenvolvimento econômico, ainda que se proponha igualmente a construir uma indústria capaz de ativar este desenvolvimento.[15]
3. A mobilização política é considerada como um elemento essencial do sistema produtivo. Ela depende da integração no sistema de conjunto das regiões e não da criação de alguns "polos de desenvolvimento".[16]
4. Dada a situação do contexto político e militar da China, a dispersão geográfica da população, eliminando a distinção em pontos fortes e fracos, é um fator decisivo na estratégia da guerra popular.
5. Sobretudo a partir da revolução cultural, a negação efetiva do princípio da divisão social do trabalho tem por consequência, não só a migração maciça das cidades para os campos, mas também uma troca contínua das tarefas produtivas entre as pessoas e os lugares.[17]

No entanto, em certos setores ou atividades, foi lançada uma política de criação de formas urbanas, para desenvolver uma capacidade produtiva ou para estruturar a organização social. Um excelente exemplo do primeiro caso é o dinamismo da construção do complexo industrial de Wou-Han, que passa de 1.100.000 habitantes em 1949 a 2.500.000 em 1967 (projeto segundo um plano de urbanismo cuidadosamente estabelecido).[18] Por outro lado, as comunas populares foram uma realização rica de experiência, apesar dos choques iniciais.[19]

A determinação política do processo de urbanização na China manifestou-se recentemente, no momento da revolução cultural. Numa primeira fase, quando os guardas-vermelhos opuseram-se às burocracias urbanas, assistiu-se a um afluxo maciço para as cidades, onde se desenrolou o essencial da luta. Posteriormente, quando se tratou de reorganizar a produção e abrir novos horizontes políticos e econômicos, não só os guardas vermelhos voltaram para suas regiões de origem, como constataram-se numerosos movimentos para as zonas de colonização.

Algumas destas características também estão presentes no recente *processo político cubano*. A insistência do governo revolucionário em eliminar a supremacia de Havana (centro da contrarrevolução), em desenvolver a fixação nas zonas rurais, estender a rede de população pelo território total, explica-se ao mesmo tempo pelas bases sociais do movimento (os camponeses pobres), a opção nitidamente agrícola da economia, os preparativos para uma eventual luta de guerrilha e a vontade de limitar as diferenças sociais.[20]

Os exemplos de China e de Cuba mostram claramente que a urbanização acelerada e sem controle não é uma evolução necessária determinada pelo nível de desenvolvimento, e indicam de que maneira uma nova estruturação de forças produtivas e de relações de produção transforma a lógica da organização do espaço.[21]

O conjunto de observações históricas que foram formuladas não pode servir de explicação. Ao contrário, através delas, é possível identificar a problemática conotada pela urbanização, sem estar, no entanto, à altura de tratá-la teoricamente. Para fazer isto, só seguindo o caminho da pesquisa concreta, descobrindo a significação de cada situação social, partindo de sua especificidade. O que é oposto a um voo macro-histórico por alto, que não pode ter nenhuma utilidade além de um reconhecimento do terreno de trabalho, da matéria-prima a transformar para chegar aos conhecimentos. Ora, estas pesquisas são por sua vez dependentes da elaboração de instrumentos teóricos que permitam ultrapassar as descrições particulares, colocando as condições da descoberta, sempre inacabada, das leis que ligam o espaço e a sociedade.

Notas

1. Cf. L. ALTHUSSER, *Pour Marx*, Paris, 1965; E. BALIBAR, "Sur les concepts fondamentaux du matérialisme historique", in L. ALTHUSSER e E. BALIBAR, *Lire le Capital*, Maspero, Paris, 1968, pp. 79-226 do volume 2.
2. Se CH. BETTELHEIM colocou alguns marcos na análise da economia socialista, no entanto, parece-nos que o núcleo teórico para a análise das novas formas sociais deverá ser procurado na obra de Mao Tsé-Tung. Cf. também, sobre este ponto, o texto citado de E. BALIBAR.

3. Considerando que, sobre este problema, ainda estamos formulando questões, nossa documentação limita-se às obras básicas a partir das quais é possível uma pesquisa aprofundada sobre dados de primeira mão. Ver por exemplo, P. SORLIN, *La societé soviétique*. Paris, A. Colin, 1964, 281 pp.: P. GEORGE, *L'URSS*, Paris, PUF, 1962, p. 497 — A.D. KONSTANTINOV "Some conclusions about the geography of cities and the urban population of the URSS based on the result of the 1959 census", *Soviet Geography*, n° 7, 1960; H. CHAMBRE, *L'aménagement du territoire en URSS*, Paris 1959. B. SVETLICHNYI, *Some problems of the longrange development of cities*, *Soviet Sociology*, Verão de 1967; *Histoire du P.C. U.S.* (Moscou, Edições em línguas estrangeiras); STALINE, *Les bases du léninisme*. UGE, Paris, 1969.
4. P. SORLIN, *op. cit.*
5. Cf. A. KOPP, *Ville et révolution*, Paris, Anthropos, 1967.
6. Cf. em *Recherches internationales à la lumière du marxisme*, n° especial, Paris, outubro de 1960, e também P. HALL, *op. cit.*, 1967.
7. O.S. PCHELINTSEV "Problems of the development of the large cities", *Soviet Sociology*, Outono de 1966, vol. V, n° 2.
8. Para os dados estatísticos elementares, cf. J. GUILLERMAZ, *La Chine Populaire*, PUF, Paris, 1967, coll. "Que sais-je?" O documento de base no que diz respeito à urbanização continua sendo o estudo de M.B. ULLMANN, *Cities of Mainland China: 1953-1959*, U.S. Bureau of Census, *International Population Research*, Washington D.C., agosto de 1961. Cf. também Wu-YUAN-LI, *The spacial economy of Communist China, a study on industrial location and transportation*, Hoover Institution, Stanford, Califórnia, Praeger, 1967, pp. 367.
9. Cf. ULLMAN, *op. cit.*, 1961; GUILLERMAZ, 1967, p. 103; R. PRESSAT, "La population de Chine et son economice", *"Population"*, outubro de 1958, pp. 569-590; L.A. ORLEANS, "The Recent Growth of China's urban population", *Geographical Review*, junho de 1959, pp. 43-57.
10. Cf. Comitê revolucionário de Pequim, "La voie de l'industrialisation socialiste en Chine", *Pekin Information*, 27-10, 1969. E também sobre os métodos de trabalho na agricultura, KIN-KI, "Partout fleurit l'esprit de Tatchai", *La Chine*, n° 2, 1966.
11. Cf. L.A. ORLEANS, "China's population: reflections and speculations" em RUTH ADAMS (ed.) *Contemporary China*, Pantheon Books, Nova York, 1966. p. 246. Sobre o conteúdo político do campo, ver "Les jeunes gens instruits progressent dans la voie revolutionnaire", *Pekin Information*, 10 de fevereiro de 1969.

12. Cf. J.W. LEWIS, "Political Aspects of Mobility in China's Urban Development", *The American Political Science Review*, dezembro de 1966, pp. 899-912.
13. Segundo Ch. HOWE, "The Supply of urban housing in Mainland China: the case of Shangai". *The China Quaterly*, janeiro de 1968, pp. 73-97.
14. Cf. TH. P. BERNSTEIN, "Leadership and Mass Mobilization in the Soviet and Chines Collectivization Campaigns of 1929-30 and the Soviet and Chines Collectivization of 1929-30 e 1953-56; 1955-56. A comparison", *The China Quaterly*, julho de 1967, pp. 1-47.
15. CHI-MING-HOW, "Sources of Agricultural growth in communist China", *Journal of Asian Studies*, agosto de 1968, pp. 721-239; cf. também "La pensée de Mao Tsé-tung nous guide dans la lutte pour dompter la nature", *Pekin Information*, 24 de novembro de 1969.
16. Ver, por exemplo, para a análise de uma experiência concreta: HOUSAGIN ABAYDOULLA, "Le nouveau Sin Kiang", *Chine en construction*, janeiro de 1966, p. 26.
17. Sobre o princípio de contar com as próprias forças, ver *Pekin Information*, 10 de fevereiro de 1969, e *La Chine en construction*, dezembro de 1967; também TCHEN-TA-LOUEN, "Les petites usines jouent un grand rôle", "Growth in *China and the Cultural Revolution: 1960*", abril de 1967, *The China Quaterly*, abril de 1967, pp. 33-48.
18. G. LAGNEIAU, "Chine en chantier", *Cahiers franco-chinois*, março de 1959, pp. 88-103.
19. G. JANET SALAFF, "The urban communes and anti-city experiments in communist China", *China Quaterly*, Janeiro de 1967, pp. 82-109.
20. Cf. para estas orientações bem gerais, F. J. GARCIA VASQUEZ, *Aspectos del Planeamiento y la Vivienda en Cuba*, Ed. Jorge Alvarez, Buenos Aires, 1968; R. SEGRÉ "Urbanisme, architecture et révolution: l'apport de Cuba", *Espaces et Societés*, Paris, Ed. Anthropos, n° 1. 1970; e J.-P. GARNIER, *Une ville et une révolution: La Havane*, Ed. Anthropos, Paris, 1973.
21. Depois da publicação deste livro, foi iniciada uma série de trabalhos sobre o processo de desurbanização na China. Vários, entre os melhores, não foram publicados. O mais completo dos que são acessíveis é o de Micheline LUCCIONI, "Processus révolutionnaire et organisation de l'espace en Chine", *Espaces et Societés*, n° 5, 1971, com uma boa seleção de dados e fontes. M. Luccioni continua sua pesquisa *in loco* em 1974-1975 e aguarda-se o prosseguimento de suas investigações. Além disso, Enzo MINGIONE publicou, em italiano, em 1976, uma antologia de textos chineses sobre a urbanização.

A IDEOLOGIA URBANA

A cidade: fonte de criação ou de decadência?

O urbano: estilo de vida e expressão da civilização? O quadro ambiental: fator determinante das relações sociais? É o que poderíamos deduzir das formulações mais difundidas a propósito das questões urbanas: os grandes conjuntos alienam, o centro se expande, os espaços verdes repousam, a grande cidade é um reino do anonimato, o bairro torna solidário, as favelas produzem a criminalidade, as novas cidades suscitam a paz social etc.

Se existe um desenvolvimento acelerado da temática urbana, isto se deve, em grande parte, à sua imprecisão, que permite reagrupar nesta rubrica, todo um conjunto de questões vividas, mas não compreendidas e cuja identificação (como "urbanas") torna-as menos inquietantes: são remetidas então a fatores ruins do quadro de vida...

A "cidade", nos discursos dos tecnocratas, substitui a explicação pela evidência, das transformações culturais que não chegamos a (ou que não podemos) compreender e controlar. A passagem de uma "civilização rural" a uma civilização "urbana", com tudo o que isto comporta de "modernidade" e de resistência à mudança estabelece o *quadro (ideológico)* dos problemas de adaptação às novas formas sociais. A sociedade concebida como uma unidade e esta evoluindo através da transformação de valores que a fundamentam, tratava-se apenas de encontrar uma causa quase natural (a técnica + a cidade) para esta evolução, para instalar-se na pura gestão de uma sociedade sem classes (ou naturalmente e necessariamente dividida em classes, o que dá no mesmo) e às voltas com os altos e baixos que lhe impõe seu ritmo interno de desenvolvimento.

A ideologia urbana é esta ideologia específica que apreende os modos e formas de organização social enquanto característicos de uma fase da evolução da sociedade, estritamente ligada às condições técnico-naturais da existência humana e, finalmente a seu *quadro de vida*. É esta ideologia que, em última análise, fundamentou amplamente a possibilidade de uma "ciência do urbano", compreendida como espaço teórico definido pela especificidade de seu objeto. Com efeito, a partir do momento em que pensamos estar em presença de uma forma específica de organização social — *a sociedade urbana* — o estudo de suas características e de suas leis torna-se um desafio maior para as ciências sociais e, em última instância, sua análise exige o estudo dos domínios particulares da realidade no interior desta forma específica. A história da "sociologia urbana" mostra a ligação estreita entre o desenvolvimento desta "disciplina" e a perspectiva culturalista que a sustenta.

A consequência deste estatuto duplo da ideologia urbana é que se, enquanto ideologia, é possível analisá-la e explicá-la a partir dos efeitos que ela produz, enquanto *ideologia teórica* (produzindo efeitos tanto nas ligações sociais quanto na prática teórica) é preciso aprender a reconhecê-la nas suas diferentes versões, através de suas expressões mais rigorosas, as que lhe dão sua "legitimidade", sabendo assim mesmo que elas não são sua fonte social. Pois, como toda ideologia teórica, ela tem uma história que traçaremos brevemente para destacar e discutir seus temas essenciais.

1

O MITO DA CULTURA URBANA

Quando falamos de "sociedade urbana", não se trata nunca da simples constatação de uma forma espacial. A "sociedade urbana", no sentido antropológico do termo, quer dizer um certo sistema de valores, normas e relações sociais possuindo uma especificidade histórica e uma lógica própria de organização e de transformação. Dito isto, o qualificativo de "urbano", agregado à forma cultural assim definida, não é inocente. Trata-se, como já assinalamos (cf. *supra*, I), de conotar a hipótese da produção da cultura pela natureza ou, se preferirmos, de um sistema específico de relações sociais (a cultura urbana) por um determinado quadro ecológico[1] (a cidade).

Esta construção está diretamente ligada ao pensamento evolucionista-funcionalista da escola sociológica alemã, de Tönnies a Spengler, passando por Simmel. De fato, o modelo teórico de "sociedade urbana" foi elaborado principalmente por oposição à "sociedade rural", analisando a passagem da segunda para a primeira nos termos empregados por Tönnies, como a evolução de uma *forma comunitária* para uma. *forma associativa*, caracterizada principalmente pela segmentação de papéis, a multiplicidade de dependências e a primazia das relações sociais secundárias (através das associações específicas) sobre as primárias (contatos pessoais diretos fundamentados na afinidade afetiva).[2]

Prolongando esta reflexão, Simmel (cuja influência sobre a "sociologia americana" é crescente) chega a propor um verdadeiro tipo ideal de civilização urbana, definido primordialmente em termos psicossociológicos: partindo da ideia (bastante durkheimiana) de uma crise da personalidade, submetida a um excesso de estimulação psíquica pela complexidade incomensurável das grandes cidades, Simmel deduz a necessidade de um processo de fragmentação das atividades e de uma forte limitação dos compromissos do indivíduo nos seus diferentes papéis, única defesa possível contra um desequilíbrio geral motivado pela multiplicidade de impulsos contraditórios. Entre as consequências que este processo provoca na organização social, Simmel assinala a formação de uma economia de mercado e o desenvolvimento das grandes organizações burocráticas, instrumentos adequados para a racionalização e a despersonalização exigidas pela complexidade urbana. A partir disto o círculo se fecha sobre si mesmo e é possível compreender o tipo humano "metropolitano", centrado sobre sua individualidade e sempre livre em relação a ela.[3]

Ora, se, na obra de Simmel, sobra uma ambiguidade entre uma civilização metropolitana concebida como fonte eventual de desequilíbrio social e um novo tipo de personalidade que se adapta exacerbando sua liberdade individual, nas profecias de Spengler, o primeiro aspecto predomina abertamente e a cultura urbana está ligada à última fase do ciclo das civilizações, na qual, estando rompidos todos os elos de solidariedade, o conjunto da sociedade deve autodestruir-se na guerra. Mas o que é interessante em Spengler, é a ligação direta que ele estabelece, por um lado, entre as formas ecológicas e "o espírito" de cada etapa da civilização, e, por outro lado, entre a "cultura urbana" e a "cultura ocidental", que se manifestaria sobretudo nesta parte do mundo, devido ao desenvolvimento da urbanização.[4] Sabemos que Toynbee fundamentou-se nestas teses para propor a assimilação pura e simples entre o termo "urbanização" e o "ocidentalização" (*westernization*...). A formulação de Spengler tem, sem dúvida, a vantagem da clareza, quer dizer, ele vai às últimas consequências da perspectiva culturalista, fundamentando as etapas históricas num "espírito" e ligando sua dinâmica a um tipo de evolução natural e indiferenciada.[5]

O conjunto destes temas foi retomado com muita ênfase pelos culturalistas da escola de Chicago, a partir da influência direta que teve Park, o fundador da escola, durante seus estudos na Alemanha. Foi sob este viés que se fundou a sociologia urbana, como ciência das novas formas de vida social que aparecem nas grandes metrópoles. Para Park, tratava-se, primordialmente, de utilizar a cidade, e particularmente a surpreendente cidade que era a Chicago dos anos 20, como um *laboratório social*, como um local de emergência das indagações, mais do que uma fonte de explicação dos fenômenos observados.[6]

Ao contrário, as proposições de seu discípulo mais brilhante, Louis Wirth, visam a verdadeiramente definir os traços característicos de uma *cultura urbana* e explicar seu processo de produção a partir do conteúdo desta forma ecológica particular que é a cidade. Trata-se, provavelmente, do esforço teórico mais sério que já se fez no interior da sociologia urbana. Seus ecos, trinta anos depois, ainda dominam o debate. O que nos compromete, ao mesmo tempo, a tentar uma exposição sucinta, mas fiel, de sua perspectiva, a fim de definir os temas teóricos sobre a "cultura urbana", através do mais sério de seus pensadores.

Para Wirth,[7] o fato característico dos tempos modernos é a concentração da espécie humana em gigantescos aglomerados a partir dos quais reluz a civilização. Diante da importância do fenômeno, é urgente estabelecer uma *teoria sociológica da cidade*, que ultrapasse, por um lado, os simples critérios geográficos e, por outro lado, não a reduzam à expressão de um processo econômico, por exemplo, a industrialização ou o capitalismo. Dizer-se "sociologia", para Wirth, equivale a concentrar-se sobre os seres humanos e sobre as características de sua relação. A partir disto, toda problemática se assenta numa definição e numa interrogação. Uma definição sociológica da cidade: *"Localização permanente, relativamente grande e densa*, de indivíduos *socialmente heterogêneos."* Uma interrogação: quais são as novas formas de vida social que são produzidas por estas três características essenciais de *dimensão, densidade* e *heterogeneidade* dos aglomerados urbanos?

São estas relações *causais* entre características e formas culturais que Wirth empenha-se em valorizar. Primeiro, no que diz respeito à *dimensão* de uma cidade: quanto maior ela é, maior o leque de variação individual e maior também a diferenciação social; o que determina o afrouxamento dos elos comunitários, substituídos pelos mecanismos de controle formal e pela competição social. Por outro lado, a multiplicação das interações produz a segmentação das relações sociais e suscita o caráter "esquizoide" da personalidade urbana. Os traços distintivos de um tal sistema de comportamento são então: o anonimato, a superficialidade, o caráter transitório das relações sociais urbanas, a anomia, a falta de participação. Esta situação tem consequências sobre o processo econômico e sobre o sistema político: por um lado, a segmentação e o utilitarismo das relações urbanas levam à especialização funcional da atividade, à divisão do trabalho e à economia de mercado; por outro lado, já que a comunicação direta não é mais possível, os interesses dos indivíduos só são defendidos pela representação.

Em segundo lugar, a *densidade* reforça a diferenciação interna, pois, paradoxalmente, quanto mais próximos estamos fisicamente, tanto mais distantes são os contatos sociais, a partir do momento em que se torna necessário só se comprometer parcialmente em cada um dos relacionamentos. Há portanto uma justaposição sem mistura de meios sociais diferentes, à que gera o relativismo e a secularização da sociedade urbana (indiferença a tudo que não esteja diretamente ligado aos objetivos próprios de cada indivíduo). Enfim, a coabitação sem possibilidade de expansão real resulta na selvageria individual (para evitar o controle social) e, consequentemente, na agressividade.

Por sua vez, a *heterogeneidade social* do meio urbano permite a fluidez do sistema de classes, e a taxa elevada de mobilidade social explica por que a afiliação a grupos não é estável, mas ligada à posição transitória de cada indivíduo: há portanto predomínio da *associação* (fundamentada na afinidade racional dos interesses de cada um) sobre a *comunidade*, definida pela filiação a uma classe ou status. Esta heterogeneidade social coincide também com a diversificação da economia de mercado e uma vida política fundamentada nos movimentos de massa.

Enfim, a diversificação das atividades e dos meios urbanos provoca uma forte desorganização da personalidade, o que explica a progressão do crime, do suicídio, da corrupção, da loucura, nas grandes metrópoles...

A partir das perspectivas assim traçadas, a cidade recebe um conteúdo cultural específico e torna-se sua variável explicativa. E a cultura urbana se propõe como modo de vida (*Urbanism as a way of life*). O essencial das teses concernentes à cultura urbana propriamente dita constituem variações em torno das proposições de Wirth. Entretanto, elas foram utilizadas como instrumento de interpretação evolucionista da história humana, através da teoria desenvolvida por Redfield, do *Folkurban continuum*, cuja ressonância foi enorme na sociologia do desenvolvimento.[8]

Com efeito, Redfield retoma a dicotomia rural/urbana e a substitui por uma perspectiva de evolução ecológico-cultural, identificando *tradicional/moderno e folk/urban*. Com a diferença de que, partindo de uma tradição antropológica, ele concebe a sociedade urbana com relação a uma característica *folk*: trata-se de uma sociedade "de dimensão restrita, isolada, analfabeta, homogênea, com um sentido extremamente forte da solidariedade de grupo. Suas formas de vida são codificadas num sistema coerente chamado "cultura". A conduta (que predomina nela) é tradicional, espontânea, acrítica e pessoal; não há legislação nem hábito de experimentação e reflexo para fins intelectuais. O sistema de parentesco, suas relações e instituições são diretamente derivados das categorias da experiência e a unidade de ação é o grupo familiar. O sagrado domina o secular; a economia é muito mais um fator de status do que um elemento de mercado.

O *tipo urbano* define-se por oposição simétrica ao conjunto de fatores enumerados, e está portanto centrado na desorganização social, na individualização e na secularização. A evolução de um polo para outro se faz naturalmente, pelo aumento da heterogeneidade social e das possibilidades de interação, à medida que a sociedade aumenta; também a perda do isolamento, provocada pelo contato com outra sociedade e/ou uma outra cultura, acelera consideravelmente o processo. Esta construção sendo ideal-típica, nenhuma sociedade lhe corresponde plenamente, mas qualquer sociedade coloca-se ao longo deste *continuum*, ainda que os diferentes traços enunciados se propaguem em condições diversas conforme o grau da evolução social. Isto indica bem que as características definem o eixo central da problemática das sociedades e que, consequentemente, a densificação progressiva de uma coletividade, com a complexidade social que ela provoca, é o motor natural da evolução histórica, o que se exprime materialmente através das formas de ocupação do espaço.

É neste sentido que as críticas de Oscar Lewis às teses de Redfield mostrando que a comunidade "*folk*", que lhe servira de primeiro terreno de observação, estava dilacerada por conflitos internos e concedia um espaço importante às relações comerciais, são um pouco distorcidas (apesar de seu brio), pois a teoria do *folk urban continuum* visa mais a descrever uma realidade que definir os elementos essenciais de uma problemática da mudança social.[9]

Ao contrário, a crítica fundamental de Dewey ("O *continuum* rural-urbano: um fato real, mas sem grande importância")[10] coloca em questão mais profundamente esta perspectiva, assinalando que, se existem evidentemente diferenças entre cidade e campo, elas são apenas a expressão empírica de uma série de processos que produzem ao mesmo tempo toda uma série de efeitos específicos em outros níveis da estrutura social. Em outros termos, há uma variação concomitante entre a evolução das formas ecológicas e das formas culturais e sociais sem que, no entanto, possamos afirmar que esta covariação seja sistemática, nem que, sobretudo, as segundas sejam produzidas pelas primeiras. A prova disso é que pode haver difusão da "cultura urbana" nos campos, sem, no entanto, anular as diferenças das formas ecológicas entre as duas. Seria necessário então conservar para a tese do *folk urban continuum* seu caráter descritivo, mais do que fazer dele uma teoria geral da evolução das sociedades.

Essa crítica de Dewey é uma das raras, na literatura, que vai ao fundo do problema, pois, em geral, o debate sobre a cultura urbana, tal como o formularam Wirth e Redfield, girou em torno de uma pura questão empírica, buscando estabelecer a existência ou a inexistência histórica de tal sistema, bem como sobre a discussão dos preconceitos antiurbanos da escola de Chicago, mas sem ultrapassar a problemática do terreno culturalista onde ela se definira. Assim, os autores como Scott Greer[11] ou como Dhooghe[12] assinalam a importância das novas formas de solidariedade social nas sociedades modernas e nas grandes metrópoles, mostrando os preconceitos românticos da escola de Chicago, incapaz de conceber o funcionamento de uma sociedade de outra forma que não a de uma integração comunitária que caberia evidentemente reservar para as sociedades primitivas e pouco diferenciadas. Relançando o debate, outros sociólogos tentaram renovar a exposição das teses de Wirth, seja no plano teórico, como Anderson,[13] seja "verificando-as" empiricamente pela enésima vez, como tentou Guterman, para citar um exemplo[14] dos mais recentes.

Mais sérias são as objeções levantadas com relação às eventuais conexões causais entre as formas espaciais da cidade e o conteúdo social característico da "cultura urbana". Num nível bem empírico, Reiss mostrou, há muito tempo, a independência estatística (nas cidades americanas) da "cultura urbana", com relação ao tamanho e à densidade da população.[15] Mais ainda, Duncan, numa pesquisa extensa, não encontrou correlação entre o tamanho da população, por um lado, e, por outro, a renda, as classes, a idade, a mobilidade, a escolarização, o tamanho da família, a filiação étnica, a população ativa, todos os fatores que deveriam especificar um conteúdo "urbano".[16] Por sua vez, a grande pesquisa histórica de Sjoberg[17] sobre as cidades pré-industriais mostra a diferença total de conteúdo social e cultural entre estas "cidades" e as "cidades" dos primórdios da industrialização capitalista ou das regiões metropolitanas atuais. Ledrut explicou com detalhes e mostrou na sua especificidade os diferentes tipos históricos das formas urbanas, com os conteúdos sociais e culturais extremamente diferentes e que não se situam num *continuum*, pois se trata de expressões espaciais e sociais, qualitativamente diferentes umas das outras.[18]

Seria necessário então, como Max Weber[19] ou Leonard Riessman[20] reservar o termo de *cidade* a certos tipos de organização espacial definidos, principalmente, em termos culturais (as cidades do Renascimento ou as cidades "modernas", quer dizer capitalistas adiantadas)? Que seja, mas então escorregamos para uma definição puramente cultural do urbano, fora de toda especificidade espacial. Ora, é esta fusão-confusão entre a conotação de uma certa forma ecológica e a indicação de um conteúdo cultural específico que está na base de toda a problemática da cultura urbana. Basta examinar as características propostas por Wirth para compreender que o que chamamos de "cultura urbana" corresponde bem a uma certa realidade histórica: o tipo de organização social ligada à industrialização capitalista, em particular na sua fase competitiva. Ela não se define portanto unicamente por oposição à *rural*, mas por um conteúdo específico que lhe é próprio, sobretudo num momento em que a urbanização generalizada e a interpenetração das cidades e dos campos tornam difíceis sua distinção empírica.

Uma análise detalhada de cada um dos traços que a caracterizam mostraria sem dificuldade o elo causal, por patamares sucessivos, entre a matriz estrutural característica do tipo de produção capitalista e o efeito produzido sobre alguns domínios do comportamento. Por exemplo, a famosa "segmentação de papéis", que está na base da complexidade social "urbana", está diretamente determinada pelo status de "trabalhador autônomo" cuja necessidade de assegurar uma rentabilidade máxima da utilização da força de trabalho foi demonstrada por Marx.

O predomínio das "relações secundárias" sobre as "primárias", bem como a individualização acelerada das relações exprimem também esta necessidade econômica e política do novo modo de produção de constituir em "cidadãos livres e iguais" os sustentáculos respectivos dos meios de produção e da força de trabalho.[21] E assim por diante, sem que possamos desenvolver aqui um sistema completo de determinação das formas culturais nas nossas sociedades, sendo o objetivo de nossas observações unicamente o de tratar este conteúdo social somente através de uma análise em termos de *urbano*. Todavia, poder-se-ia levantar uma objeção maior contra esta interpretação da cultura urbana. Como as cidades soviéticas não capitalistas apresentam traços análogos aos das sociedades capitalistas, não estaremos diante de um tipo de comportamento ligado à forma ecológica urbana? A resposta pode ser dada em dois níveis: efetivamente, se entendemos por capitalismo a propriedade privada jurídica dos meios de produção, este caráter não basta para fundamentar a especificidade de um sistema cultural. Mas, de fato, nós empregamos o termo "capitalismo" no sentido empregado por Marx em *O Capital*: matriz específica dos diversos sistemas na base de uma sociedade (econômica, política, ideológica). No entanto, mesmo nesta definição vulgar do capitalismo, a semelhança dos tipos culturais se deveria não à existência de uma mesma forma ecológica, mas à complexidade social e técnica, que está na base da heterogeneidade e da concentração das populações. Tratar-se-ia então, principalmente, de uma "cultura industrial". O fator tecnológico da industrialização seria então o elemento principal determinante da evolução das formas sociais. Estaríamos próximos então das teses sobre a "sociedade industrial"...

Mas, por outro lado, se nos ativermos a uma definição científica do capitalismo, o que podemos afirmar é que, em certas sociedades existentes historicamente, onde foram feitos estudos sobre a transformação das relações sociais, a articulação do modo de produção dominante chamado capitalismo pode prestar contas do aparecimento de tal sistema de relações e, ao mesmo tempo, de uma nova forma ecológica.

A constatação de comportamentos semelhantes nas sociedades onde podemos presumir que o modo de produção capitalista não é dominante não invalida a descoberta anterior, pois é preciso recusar a dicotomia grosseira capitalismo/socialismo enquanto instrumento teórico. Ao contrário, isto levanta uma interrogação e exige uma busca que deveria ter por objetivo: 1. determinar se, efetivamente, o conteúdo real e não apenas formal destes comportamentos é o mesmo; 2. ver qual é a articulação concreta dos modos de produção diferentes na sociedade soviética, pois, indiscutivelmente, o modo de produção capitalista está presente nela, mesmo se ele não predomina; 3. estabelecer os contornos do novo modo de produção pós-capitalista, pois, se a teoria científica do modo de produção capitalista foi elaborado em parte (em *O Capital*), falta-lhe o equivalente para o modo de produção socialista; 4. elaborar uma teoria das passagens entre a articulação concreta dos vários modos de produção na sociedade soviética e os sistemas de comportamento (cf. I).

É evidente que em tal momento, a problemática da cultura urbana não é mais pertinente. Todavia, esperando uma tal pesquisa, podemos dizer, intuitivamente: que existem determinantes tecnológicos semelhantes, que podem resultar em semelhanças de comportamentos; que isto é reforçado pela presença viva de elementos estruturais capitalistas; que as analogias formais dos comportamentos só têm sentido quando referenciadas à estrutura social a qual pertencem. Pois, se raciocinássemos de outra forma, terminaríamos por afirmar a unidade das sociedades, pelo fato de que todos comem e dormem mais ou menos regularmente.

Dito isto, por que não aceitar denominar de "cultura urbana" este sistema de comportamento ligado à sociedade capitalista? Porque, como o assinalamos, tal denominação sugere que estas formas culturais foram produzidas pela forma ecológica específica que é a cidade. Ora, basta refletir alguns instantes para descobrir o absurdo de uma teoria de mudança social fundamentada na complexificação crescente das coletividades humanas a partir de um simples crescimento demográfico.

Com efeito, nunca houve, nem pode haver, na evolução das sociedades, fenômenos apreensíveis unicamente em termos físicos, por exemplo de "tamanho". Toda evolução da dimensão e da diferenciação de um grupo social é o produto e expressão de uma estrutura social e de suas leis de transformação.

Consequentemente, a simples descrição do processo não nos informa sobre o complexo técnico-social (por exemplo, sobre as forças produtivas e as relações de produção) em obra na transformação. Existe portanto uma produção *simultânea e concomitante* de formas sociais nas suas diferentes dimensões e, em especial, nas suas dimensões espacial e cultural. Podemos colocar-nos o problema de sua interação, mas não partir da proposição segundo a qual uma das formas produziria a outra. As teses sobre a cultura urbana desenvolveram-se numa perspectiva empirista, na qual tomou-se como fonte de produção social o que era seu quadro.

Um outro problema, *nosso problema*, é saber quais são o lugar e as leis de articulação deste "quadro", quer dizer, das formas espaciais, no conjunto da estrutura social. Mas, para poder tratar desta questão, é necessário primeiro romper a globalidade desta sociedade urbana compreendida como uma verdadeira resultante da história na modernidade. Ora, se é verdade que, para identificá-los, denominamos os novos fenômenos de acordo com seus lugares de origem, temos que a "cultura urbana", tal como a apresentamos, não é nem um conceito nem uma teoria. *Ela é, propriamente dito, um mito, já que o narra, ideologicamente, a história da espécie humana.* Consequentemente, os temas sobre a "sociedade urbana", que se fundamentam diretamente neste mito, constituem as palavras-chave de uma ideologia da modernidade, assimilada, de modo etnocêntrico, às formas sociais do capitalismo liberal.

"Vulgarizados", se assim podemos dizer, estes temas tiveram e ainda têm uma enorme influência sobre a ideologia do desenvolvimento e a "sociologia espontânea" dos tecnocratas. De um lado, é nos termos de uma passagem da sociedade "tradicional" para a sociedade "moderna"[22] que transpomos a problemática do "folk-urban continuum" para a análise das relações interiores do sistema capitalista (cf. *supra*, I, A *urbanização dependente*).

Por outro lado, a "cultura urbana" está na base de toda uma série de discursos que substituem a análise da evolução social no pensamento das elites dirigentes ocidentais e que, por isto, são amplamente veiculados pelos *mass media* e fazem parte do contexto ideológico cotidiano. É assim, por exemplo, que o Comissariado-Geral no Plano, numa série de estudos sobre as cidades, publicados em 1970 para preparar o VI Plano francês, consagrou um pequeno volume à "sociedade urbana",[23] que constitui uma verdadeira antologia desta problemática.

Partindo da afirmação de que "toda cidade é o local de uma cultura", o documento tenta colocar as condições de realização de modelos ideais, de concepções de cidade-sociedade, levando em conta as "restrições da economia". Veja-se o que é característico de um certo humanismo tecnocrático: a cidade (que não é outra coisa senão a sociedade) é constituída a partir das iniciativas, livres, dos indivíduos e dos grupos, que se encontram *limitados*, mas não determinados por um problema de meios. E o urbanismo torna-se então a racionalidade do possível, tentando ligar os meios de que dispomos e os grandes objetivos a que nos propomos.

Pois o fenômeno urbano é "a expressão do sistema de valores em curso na cultura própria a um local e a uma época", o que explica que "quanto mais uma sociedade está consciente dos objetivos que ela persegue... tanto mais suas cidades são tipificadas". Enfim, na base de tal organização social, encontramos os fatores ecológicos propostos há muito tempo pelos clássicos do culturalismo urbano: "O fundamento da sociedade urbana encontra-se no reagrupamento de uma coletividade importante em número e em densidade, que implica uma divisão mais ou menos rigorosa das atividades e das funções e torna necessárias as mudanças entre os subgrupos dotados de um status que lhes é próprio: diferenciar-se e religar-se". Temos exposta aí toda uma teoria da produção das formas sociais, espaciais e culturais, a partir de um simples fenômeno orgânico de crescimento — como se se tratasse de uma espécie de movimento ascendente e linear da matéria para o espírito...

Ora, se é óbvio que há especificidades culturais nos diferentes meios sociais, também é evidente que a divisão não passa mais pela separação cidade/campo e a explicação de cada modo de vida exige que a articulemos ao conjunto de uma estrutura social, em lugar de nos atermos à pura correlação empírica entre um conteúdo cultural e sua localização espacial. Pois o que está em questão é simplesmente a análise do processo de produção social dos sistemas de representação e de comunicação ou, se preferirmos, da superestrutura ideológica.

Se estas teses da "sociedade urbana" têm uma tal difusão, é justamente porque elas permitem fazer a economia de um estudo da emergência das formas ideológicas a partir das contradições sociais e da divisão em classes. A sociedade assim fica unificada e desenvolve-se de modo orgânico, segregando tipos globais que se opõem no tempo, em termos de defasagem, mas nunca no interior de uma mesma estrutura social, em termos de contradição; isto, aliás, não impede absolutamente que se tenha pena deste "Homem unificado", às voltas com as contradições naturais e técnicas que perturbam o desabrochamento de sua criatividade. A cidade — considerada, ao mesmo tempo, como expressão complexa de sua organização social e como meio determinado por restrições técnicas bastante rígidas — torna-se, alternadamente, centro de criação e local de opressão pelas forças técnico-naturais suscitadas. A eficácia social desta ideologia vem do fato de ela descrever os problemas cotidianos vivenciados pelas pessoas, ao mesmo tempo em que propõe uma interpretação em termos de evolução natural, de onde está ausente a divisão em classes antagônicas. Isto possui a força do concreto e dá a impressão tranquilizadora de uma sociedade integrada, juntando as forças frente aos "problemas comuns"...

Notas

1. Cf. Manuel CASTELLS, "Théorie et idéologie en sociologie urbaine", *Sociologie et Societés*, t.I, n° 2, 1969, pp. 171-191.
2. P.H. MANN, *An Approach to Urban Sociology*, Routledge and Kegan Paul, Londres, 1965.
3. Cf. sobretudo G. SIMMEL, "The Metropolis and Mental Life" em K. WOLFF (ed.), *The Sociology of Georg Simmel*, The Free Press of Glencoe, 1950.
4. O. SPENGLER, *The Decline of the West*, t. II, G. Allen und Unwin, Londres (publicado em 1928).
5. O texto de M. WEBER, *La ville*, publicado de início em 1905, mas que, na realidade, faz parte de *Wirtschaft und Gesellschaft*, foi interpretado algumas vezes como uma das primeiras formulações da tese da cultura urbana. Na realidade, na medida em que ele especifica muito as condições econômicas e políticas desta autonomia administrativa que, segundo ele, caracteriza a cidade, nós pensamos que, ao contrário, trata-se de uma localização *histórica* do urbano, contra as teses evolucionistas da corrente culturalista, para a qual urbanização e modernização são fenômenos equivalentes.
6. Cf. R.E. PARK, "The City: Suggestions for the Investigation of Human Behaviour in the Urban Environment", R.E. PARK, E. W. BURGESS, R.D. McKENZIE, *The City*, The University of Chicago Press, 1925.

7. L. WIRTH, "Urbanism as a Way of Life", *American Journal of Sociology*, XLIV julho de 1938, pp. 1-24; para uma seleção da obra de Wirth, cf. a compilação de textos: On Cities and Social Life, The University of Chicago Press, Chicago, 1964.
8. Cf. R. REDFIELD, "The Folk Society", *American Journal of Sociology*, janeiro de 1947, p. 294; R. REDFIELD e M. SINGER, "The Cultural Role of Cities", *Economic Development and Cultural Chance*, t. IV, 1954; e sobretudo R. REDFIELD, *The Folk Culture of Yucatan*, University of Chicago Press, 1941; H. MINER, "The Folk-Urban Continuum", *American Sociological Review*, t. 17, outubro de 1952, pp. 529-537.
9. O. LEWIS, "Tepoztlan Restudied. A Critique of the Folk-Urban Conceptualization of Social Changes", *Rural Sociology*, t. 18, 1953, pp. 121-134.
10. R. DEWEY, "The Rural-Urban Continuum: Real but Relatively Unimportant", *American Journal of Sociology*, t. L.XVI 1, julho de 1960, pp. 60-57.
11. S. GREER, *The Emerging City*, The Free Press of Glencoe, 1962.
12. J. DHOOGE, "Tendances actuelles en sociologie urbaine", *Social Compass*, t. 8, n° 3, 1961, pp. 199-209.
13. N. ANDERSON, "The Urban Way of Life", *International Journal of Comparative sociology*, t. 74, março de 1969, pp. 492-499.
14. STANLEY S. GUTERMAN, "In Defense of Wirth's Urbanism as a way of Life", *American Journal of Sociology*, t. 74, março de 1969, pp. 492-499.
15. O. D. DUNCAN e A.J. REISS, *Social Characteristic of Urban and Rural Communities*, Nova York, J. WILEY, 1956.
16. O. D. DUNCAN e REISS, *op. cit.* (1956).
17. G. SJOBERG, "Cities in Developing and in Industrial Societies: A cross-cultural Analysis", em Ph. HAUSER e LEO F. SCHNORE (eds.), *op. cit.*, 1965, pp. 213-265.
18. Cf. R. LEDRUT, *Sociologie Urbaine*, PUF, Paris, 1968, Cap. 1.
19. M. WEBER, *op. cit.*, 1905.
20. L. RIESSMAN, *The Urban Process*, Free Press, Nova York, 1964.
21. Cf. as análises de N. POULANTZAS sobre a determinação social do status jurídico e ideológico do cidadão, no *Pouvoir politique et classes sociales de l'Etat capitaliste*, Maspero, Paris, 1968, pp. 299 e seguintes.
22. D. LERNER, *The Passing of Traditional Society*, Free Press, Nova York, 1958.
23. Commissariato Général du Plan, *Les villes: la societè urbaine*, A. Colin, Paris, 1970.

2

DA SOCIEDADE URBANA
À REVOLUÇÃO URBANA

> *Bem antes de mim, os historiadores burgueses descreveram o desenvolvimento histórico desta luta de classes e os economistas burgueses exprimiram a anatomia econômica da mesma. O que eu fiz de novo foi: 1. demonstrar que a existência de classes só está ligada a fases de desenvolvimento histórico determinado da produção; 2. que a luta de classes leva necessariamente à ditadura do proletariado; 3. que esta ditadura, por si só, constitui apenas uma transição para a abolição de todas as classes e para uma sociedade sem classes.*
>
> K. MARX, CARTA A KUGELMANN, 1852

A ideologia urbana possui profundas raízes sociais. Ela não está encerrada na tradição acadêmica nem nos meios do urbanismo oficial. Está, primordialmente, na cabeça das pessoas. Chega mesmo a penetrar no pensamento dos que partem de uma reflexão crítica sobre as formas sociais da urbanização. E é aí que ela faz a maior devastação, pois abandona o tom integrador, comunitário, bem-educado, para se tornar um discurso sobre as contradições. Sobre as contradições... urbanas. Ora, este deslocamento deixa intactos os problemas teóricos que acabamos de levantar, e ainda acrescenta novos problemas, *políticos*, muito mais graves. Esta flexibilidade na tonalidade demonstra bem o caráter ideológico do tema da "sociedade urbana", que pode estar "à esquerda" ou "à direita" conforme as preferências, no entanto, mudando somente o sentimento positivo ou negativo que colocamos nisso, reconhecendo a sociedade urbana como um tipo histórico específico com caracteres bem definidos e mesmo como o ponto de chegada da evolução humana.

A expressão mais notória desta "versão de esquerda" das teses ideológicas sobre a sociedade urbana é sem dúvida o pensamento urbanístico daquele que foi um dos maiores teóricos do marxismo contemporâneo: H. Lefebvre. Uma capacidade intelectual desta ordem, aplicada à problemática urbana, devia necessariamente produzir efeitos decisivos neste domínio, não só em termos de influência, mas também em vista de cultivar novas pistas, detectar problemas, propor hipóteses. Todavia, a problemática acabou submergindo o pensador e, partindo de uma *análise marxista do fenômeno urbano*, ele desemboca, cada vez mais, através de uma evolução intelectual bastante curiosa, *numa teorização urbanística da problemática marxista*... É neste sentido, por exemplo, que depois de ter definido a sociedade emergente como urbana, declara que a revolução também, a nova revolução, logicamente, é *urbana*.

Em que sentido? Tentemos precisá-lo pois nos encontramos diante de um pensamento complexo, cheio de nuanças e de modulações teóricopolíticas, que não podemos apreender como um todo coerente. Mas mesmo assim, se olhamos atentamente, e apesar de seu caráter aberto e assistemático, existe um *núcleo* de proposições em torno do qual se ordenam os eixos centrais da análise. Resumiremos brevemente e com a maior fidelidade possível este núcleo, para estarmos em condição de discutir *concretamente* suas principais implicações para o estudo da urbanização e, indiretamente, para o estudo do marxismo.

Apesar da diversidade e do alcance do pensamento de Lefebvre (que sem dúvida é o esforço intelectual mais profundo que foi feito para compreender os problemas urbanos *atuais*) dispomos, no início de 1971, de três textos para entendê-lo: uma compilação de seus escritos sobre o problema, que compreende os textos mais importantes até 1969: *Do rural ao urbano* (que anotaremos daqui para frente como DRU[1]); um pequeno livro polêmico: *O direito à cidade* (1968) (DC[2]); e, principalmente, a primeira exposição de conjunto sobre o assunto no *A revolução urbana*, 1970 (RU[3]); e finalmente, um pequeno texto, *A cidade e o urbano*, 1971 (CEU), resume de forma bem clara as teses principais.[4] (Nós forneceremos cuidadosamente o conjunto de nossas referências textuais, mesmo que isto pese na apresentação.)

A exposição urbanística de Lefebvre "constrói-se sobre uma hipótese segundo a qual a crise da realidade urbana é a mais importante, mais central do que outra qualquer crise" (CEU, p. 3).

Esta crise, que existiu sempre em estado latente, foi mascarada, e até freada, por assim dizer, por outras urgências, em particular durante o período da industrialização: por um lado pela "questão da habitação", por outro lado, pela organização industrial e a planificação global. Mas, enfim, esta temática se deve impor cada vez mais, pois "o desenvolvimento da sociedade só pode ser concebido na vida urbana através da realização da sociedade urbana" (DC, 158).

Mas então o que é esta "sociedade urbana"? Este termo "designa a tendência, a orientação, a virtualidade, mais do que um fato concluído; ela resulta ao mesmo tempo da urbanização completa da sociedade e da concretização da industrialização (poderíamos até denominá-la 'sociedade pós-industrial')" (RU, 8, 9).

Este é um ponto central desta análise: a sociedade urbana (cujo conteúdo *social* define a urbanização como processo, e não o contrário) é produzida por um desdobramento histórico que Lefebvre concebe como um modelo de sequência dialética. Com efeito, a história humana define-se pela sucessão *emaranhada* de três eras, campos ou continentes: *a agrária, a industrial e a urbana*. A cidade política da primeira fase cede lugar à cidade mercantil, que é varrida pelo movimento de industrialização, negador da cidade; mas, no final do processo, a urbanização generalizada, suscitada pela indústria, reconstitui a cidade num nível superior: é assim que o urbano ultrapassa a cidade que o contém em germe, mas sem poder desabrochá-lo; pelo contrário, o reino do urbano permite-lhe tornar-se causa e indutor (RU, p. 25).

Nesta evolução, há duas fases críticas: a primeira é a subordinação da agricultura à indústria; a segunda, que vivemos atualmente, é a subordinação da indústria à urbanização; é esta conjuntura que dá um sentido à expressão de "revolução urbana", concebida como "o conjunto das transformações que atravessa a sociedade contemporânea, para passar do período em que predominam as questões de crescimento e a industrialização, ao período na qual a problemática urbana prevalecerá decisivamente, em que a busca das soluções e das modalidades próprias à *sociedade urbana*, passará ao primeiro plano" (RU, 13).

Mas o que é significativo, é que estes *campos*, ou etapas, na história humana (o que os marxistas chamariam de *modos de produção*) não são definidos por *formas* (espaciais) ou *técnicas* (agricultura, indústria); são, principalmente, "modos de pensamento, de ação, de vida" (RU, 47). A evolução torna-se assim mais clara, se associamos a cada era um conteúdo propriamente social:

Necessidade — Rural
Trabalho — Industrial
Fruição — Urbana (RU, p. 47)

O urbano, nova era da humanidade (RU, 52), representaria assim a liberação dos determinismos e restrições das fases anteriores (RU, 43). É de fato a conclusão da história, no seu limite: uma pós-história. Na tradição marxista, diríamos: "o comunismo"... Verdadeiro *epistema* de uma época final (cujos anos presentes se situariam na fronteira das duas idades), o urbano se realiza e se exprime sobretudo por um novo humanismo, um humanismo concreto, definido no tipo de *"homem urbano"* "por quem e para quem a cidade e sua própria vida cotidiana na cidade tornam-se obra, apropriação, valor de uso" (DC, 163 — cf. para o desdobramento do conjunto da problemática em termos de transformações históricas: RU, pp. 13, 25, 43, 47, 52, 58, 62, 80, 99, 100 etc.)

É claro que esta análise remete a um tipo histórico de sociedade, a *sociedade urbana*, definida por um conteúdo cultural preciso ("um modo de vida, de ação"), como foi o caso nas teses sobre a cultura urbana ou sobre a sociedade urbano-moderna, *mesmo se o conteúdo difere*. Com efeito, o essencial, aqui e lá, é a identificação de uma forma, a *urbana*, com um conteúdo (para uns, a sociedade capitalista competitiva, para outros, a sociedade "tecnocrata moderna"; para Lefebvre, o reino da liberdade e do novo humanismo).

Num primeiro nível de crítica, poderíamos discutir a concepção libertária e abstrata de Lefebvre sobre o reino da sociedade pós-histórica ou comunista, na qual não percebemos nenhum processo concreto de construção de novas ligações sociais, através da transformação revolucionária das diferentes instâncias, econômica, política, ideológica, por meio da luta de classes, e portanto da *ditadura do proletariado*. Mas este debate só faria, no essencial, reproduzir os argumentos teóricos propostos, há mais de um século, pelo marasmo contra o anarquismo, debate no qual a história do movimento operário ressaltou-se com mais força do que qualquer demonstração rigorosa... Não tendo a pretensão de acrescentar grande coisa de novo a uma polêmica amplamente ultrapassada pela prática política (com o espontaneísmo se autodestruindo sempre em nome de sua incapacidade teórica de *dirigir* os processos reais), não teríamos nada a dizer quanto à retomada das utopias milenaristas no pensamento de Lefebvre. É seu direito, se quer batizar de "urbana" a sociedade utópica na qual não haveria repressão das livres pulsões do desejo (RU, 235) e qualificar de urbanas, igualmente, as transformações culturais, ainda mal identificadas, que emergem nas metrópoles imperialistas.

Mas o problema todo está aí: o termo urbano (como na "cultura urbana") não é inocente; ele sugere a hipótese de uma produção de um conteúdo social (o urbano) por uma forma trans-histórica (a cidade) e, além disso, ele exprime toda uma concepção geral da produção das relações sociais, quer dizer, em definitivo, uma teoria da mudança social, *uma teoria da revolução*. Pois "o urbano" não é apenas uma utopia libertária; tem um conteúdo relativamente preciso no pensamento de Lefebvre: trata-se da *centralidade*, ou melhor ainda, da *simultaneidade, do agrupamento* (RU, 159, 164, 174; CEU, 5). No espaço urbano, o que é característico é "que sempre se passa alguma coisa" (RU, 174), é o local onde domina o efêmero, além da repressão. Mas este "urbano", que portanto nada mais é que a espontaneidade criadora liberada, é *produzido*, não pelo espaço nem pelo tempo, mas por uma *forma* que, nem sendo objeto, nem sujeito, define-se principalmente pela dialética da centralidade, ou de sua negação (a segregação, a dispersão, a periferia — RU, 164).

Estamos portanto diante de teses muito próximas das de Wirth no que diz respeito ao mecanismo de produção das relações sociais. É a densidade, o calor do agrupamento que, aumentando a interação e a comunicação, favorecem o livre desabrochar, o imprevisto, a fruição, a sociabilidade e o desejo ao mesmo tempo. Para poder justificar este mecanismo de produção da sociabilidade (que se liga diretamente ao organicismo), Lefebvre necessita propor uma hipótese mecanicista que nada justifica: a hipótese segundo a qual "as relações sociais se revelam na negação da distância" (RU, 159). E é finalmente isto, a essência do urbano. Porque a cidade não cria nada, mas, centralizando as criações, ela permite que elas brotem. No entanto, Lefebvre está consciente do caráter excessivamente grosseiro da tese segundo a qual o simples agrupamento espacial permite a eclosão de novas relações, como se não houvesse organização social e institucional fora da disposição do espaço. É por isto que ele acrescenta uma condição: *que este agrupamento escape de toda repressão*; é o que ele chama, definitivamente, o *direito à cidade*. Mas a introdução desta correção destrói toda relação causal entre a *forma* (a cidade) e a *criação humana* (o urbano), pois se pode haver cidades repressivas e liberdades sem local (utopias), isto quer dizer que as determinações sociais desta inatividade, a produção das condições de emergência da espontaneidade, passam por outra via que não a das *formas*, passam através de uma prática política, por exemplo. Que sentido pode ter, por conseguinte, a formulação do problema da liberdade nos termos do urbano!

Poderíamos acrescentar numerosas observações sobre o erro teórico e histórico da determinação suposta do *conteúdo* pela *forma* (hipótese estruturalista, se o for), constatando, de início, que se trata, quando muito, de uma *correlação*, que ainda é necessário teorizar, inserindo-a numa análise da estrutura social em seu conjunto. E mesmo assim, ocorre que esta correlação se revela *empiricamente falsa*. Assim, quando Lefebvre fala de urbanização generalizada, incluindo Cuba e China, está ignorando dados estatísticos e históricos dos processos que descreve, em particular para a China, onde o crescimento urbano limitou-se ao crescimento natural das cidades (sem imigração de camponeses) e onde assistimos, ao contrário, a um deslocamento *permanente* e maciço para os campos, reforçado pela constituição das comunas populares, como formas que integram cidade e campo. Se a ausência de informação sobre as experiências chinesa, cubana e vietnamita não autoriza conclusões muito afirmativas, ela permite em todo caso rejeitar desde já a afirmativa em que nos anunciam a generalização do urbano como forma única, característica tanto do capitalismo quanto do socialismo... Porque sendo o urbano, para Lefebvre, uma "força produtiva", nos orientamos favoravelmente para superar a teoria dos modos de produção, relegada ao plano do "dogmatismo marxista" (RU, 220), e para substituí-la por uma *dialética das formas*, como explicação do processo histórico.

Assim, por exemplo, a luta de classes ainda parece ser considerada como motor da história. Mas *qual luta de classes*? Parece que, para Lefebvre, a *luta urbana* (compreendida *ao mesmo tempo* como referindo-se a um espaço e veiculando uma proposta de liberdade) desempenhou um papel determinante nas contradições sociais, inclusive na luta operária. Assim, por exemplo, a Comuna, vira uma "prática urbana revolucionária" na qual os "operários, expulsos do centro para a periferia, retomaram o caminho do centro ocupado pela burguesia"... E também, quando Lefebvre se pergunta "como e por que a Comuna não foi concebida como *revolução urbana*, mas sim como revolução feita pelo proletariado industrial visando à industrialização, o que não corresponde à verdade histórica" (RU, 148, 149). A oposição entre *formas* sem conteúdo estrutural preciso (a indústria, o urbano) permite sustentar que brincando com as palavras, uma revolução proletária deve visar à industrialização e que uma revolução urbana está centrada na cidade. O fato de que, para Lefebvre, o Estado seja também uma forma (sempre repressiva, independente do seu conteúdo de classe) permite esta confusão, pois sendo o poder político a palavra de ordem central de todo processo revolucionário, sua escamoteação remete a uma oposição interminável entre todas as formas possíveis da luta de classes (industrial, urbana, agrária, cultural etc.), e dispensa de uma análise as *contradições sociais* que são o *fundamento delas*.

Esta perspectiva, levada ao extremo, conduz até mesmo a consequências politicamente perigosas, que nos parecem alheias ao pensamento de Lefebvre, ainda que bem próximas de sua escrita. Assim, por exemplo, quando a análise do processo de urbanização permite-lhe afirmar que "a visão ou concepção da luta de classes em escala mundial parece ultrapassada hoje em dia. A capacidade revolucionária dos camponeses não aumenta; ela se reabsorve, preferencialmente, ainda que desigualmente" (RU, 152) e opomos, à cegueira do movimento operário, a clarividência, sobre este tema, dos romances de *science fiction* (RU, 153)... Ou ainda, quando propomos suplantar pela *práxis urbana* uma *práxis industrial*, agora concluída. O que é uma maneira elegante de falar do fim do proletariado (RU, 184) e leva à tentativa de *fundar* verdadeiramente uma nova estratégia política não a partir das estruturas de dominação, mas da alienação da vida cotidiana.

Sugere-se mesmo que a classe operária não tem peso político porque ela não propõe nada em matéria de urbanismo (RU, 245). No entanto, ela permanece um agente essencial, mas que deve receber do exterior o sentido de sua ação. Retorno ao leninismo? Nunca! O que poderia aclarar as opções da classe operária é bem conhecido; é a *filosofia* e a *arte* (DV, 163). No cruzamento destas duas, o *pensamento urbanístico* desempenha portanto um papel estratégico e pode ser considerado como um verdadeiro precursor, capaz de orientar a revolução das novas condições sociais (revolução urbana) (RU, 215).

Se tais propósitos se alçam para as regiões metafilosóficas, longe do modesto alcance do pesquisador, ou mesmo, simplesmente, das pessoas às voltas com os "problemas urbanos", poderíamos, ao contrário, nos perguntar o que elas nos trazem de novo, ou de original sobre a questão urbana propriamente dita, a saber sobre o espaço e/ou sobre o que chamamos institucionalmente de urbano. E é aí que nos damos conta plenamente do caráter profundamente ideológico das teses de Lefebvre, quer dizer de seu alcance *social* mais que *teórico*.

Com efeito, o espaço, finalmente, ocupa um lugar relativamente modesto e subordinado em toda análise. A cidade, segundo uma fórmula famosa e justa no essencial, projeta no terreno uma sociedade inteira, com suas superestruturas, sua base econômica e suas relações sociais (DRU, 147). Mas quando se trata de especificar estas ligações ou de mostrar a articulação entre problemática social e espacial, a segunda é mais percebida como pura ocasião de desdobramento da primeira. Pois o espaço, "é o resultado de uma história que deve se conceber como a obra de *agentes* ou *atores* sociais, de *sujeitos* coletivos, operando por impulsos sucessivos... De suas interações, de suas estratégias, sucessos e derrotas, resultam as qualidades e 'propriedades' do espaço urbano" (RU, 171). Se esta tese significa que a sociedade faz o espaço, tudo está ainda por explicitar, em termos de tipo de determinação específica. Mas ela vai mais longe: ela indica que o espaço, como toda a sociedade, é *obra* sempre inédita desta liberdade de criação, que é o atributo do Homem, e a expressão espontânea de seu desejo. Só esposando este absoluto do humanismo lefebvriano (assunto de filosofia ou de religião) é que poderíamos impulsionar a análise neste sentido: ela seria sempre dependente de seu fundamento metafísico...

Esta espontaneidade da ação social e a dependência do espaço a seu respeito tornam-se ainda mais claras, se nos reportamos à análise sincrônica que Lefebvre faz do espaço urbano (RU, 129). O fecho da abóbada é a distinção de três níveis: global ou estático; misto ou "de organização urbana"; privado ou do "habitar". Ora, o que caracteriza a urbanização na segunda fase crítica da história é que o global depende do misto e que este tende a depender do *habitar*. O que quer dizer, concretamente, que é *o habitar*, a *vida cotidiana*, que produz o espaço. Ora, uma tal independência do cotidiano implica que recusemos concebê-lo como pura expressão das determinações sociais gerais. Ele é a expressão da iniciativa humana, e esta (quer dizer os *projetos dos sujeitos*) é então a fonte produtora do espaço e da organização urbana. Chegamos assim ao seguinte paradoxo: ainda que façamos da *prática urbana* o centro das transformações sociais, o espaço e a estrutura urbana são puras expressões transparentes da intervenção dos atores sociais. Mais uma prova antes de tudo da utilização do termo urbano para exprimir principalmente um conteúdo cultural (*a obra livre*). Mas chegamos também, ao mesmo tempo, a esta conclusão, muito mais grave, de que o conjunto da perspectiva não tem resposta específica para dar aos problemas teóricos colocados pela determinação social do espaço da organização urbana.

Dito isto, a "prática urbana", compreendida como prática de transformação da cotidianeidade, choca-se com numerosos "obstáculos" em função da dominação da classe institucionalizada. É assim que Lefebvre é levado a colocar o problema do urbanismo como coerência ideológica e como intervenção repressiva-reguladora do aparelho do Estado. Esta é a vertente *crítica* do pensamento de Lefebvre, sempre justo, brilhante, sabendo desvendar novas fontes de contradições. Uma grande parte da ressonância social da obra urbanística de Lefebvre vem do papel *político* desempenhado por uma crítica implacável do sistema do urbanismo oficial — crítica que só podemos aprovar e prosseguir, no caminho que Lefebvre teve coragem de abrir.

Mas mesmo esta crítica é vivida como problemática da alienação, como oposição da espontaneidade urbana à ordem do urbanismo, enquanto luta do cotidiano contra o Estado, independentemente (ou por baixo) do conteúdo de classe e da conjuntura específica das relações sociais. Ninguém duvida que a "cotidianeidade", quer dizer a vida social, regulada sobretudo pelos ritmos da ideologia, possa ser a expressão de novas formas de contradição na prática social. Mas que ela seja a *fonte*, mais que a expressão de relações de classe complexas determinadas, em última instância, economicamente, isto é o que derruba a problemática materialista e parte "dos homens", mais que suas relações sociais e suas técnicas de produção e de dominação.

Resta ainda o fato de que Lefebvre soube ver, por um lado, a emergência de novas contradições no domínio cultural e ideológico, e que, por outro lado, soube ligar novamente a questão urbana ao processo de reprodução ampliada da força de trabalho. Ao fazê-lo, abriu um caminho talvez decisivo no estudo do "urbano". Mas fechou-o logo após, caindo na armadilha denunciada por ele mesmo, quer dizer, tratando em termos de urbano (e portanto, atando-os de novo a uma teoria das *formas sociais*) os processos sociais que estão conotados *ideologicamente* pelo pensamento urbanístico. Ora, para ultrapassar este tratamento ideológico do problema, era necessário:

1. Tratar separadamente o espaço e o urbano, quer dizer tratar o processo de consumo coletivo em seus diferentes níveis.
2. Proceder à análise da determinação social destes processos, em particular explicando as novas formas de intervenção dos aparelhos de Estado neste domínio.
3. Estudar a organização do espaço como um capítulo da morfologia social, como Lefebvre propôs, estabelecendo a especificidade de tal forma, mas sem fazer dela um novo motor da história.
4. Enfim, sobretudo, explicar os fundamentos sociais da ligação *ideológica* entre a problemática do espaço e a da reprodução da força de trabalho ("cotidianeidade" para Lefebvre).

Ora, elaborando uma nova teoria da utopia social (ou, se quisermos, do fim da história) Lefebvre encontrou na *forma urbana* um suporte material (um *lugar*) onde atar o processo de produção das novas relações sociais (o *urbano*), através da interação das capacidades criadoras. Assim, os recortes e perspectivas que tinham aberto caminho neste domínio perdem-se nos fluxos de uma metafilosofia da história, que tem lugar de discurso teórico e tenta traduzir a espontaneidade política, bem como a revolta cultural que se manifesta nas metrópoles imperialistas. Esta nova ideologia urbana pode assim servir a nobres causas (não é muito certo que o espontaneismo seja uma delas), enquanto *mascara* fenômenos fundamentais que a prática teórica ainda tem dificuldade de apreender.

O curso teórico aberto-fechado por Lefebvre foi retomado de modo extremamente pertinente por um grupo de reflexão urbanística, o grupo "Utopia", alentado por Hubert Tonka, que chegou a definir a problemática urbana como "problemática do modo de reprodução e do modo de produção".[5] Mas, com uma grande diferença das teses de Lefebvre, estes pesquisadores não tomam o "urbano", concebido como cotidianeidade, como eixo do desenvolvimento social nem conclusão cultural da história. Ao contrário, centrando suas análises sobre a sociedade capitalista, partem do estudo da produção e da realização da mais-valia para compreender a extensão de sua lógica no mundo do consumo, extensão derivada, ela própria, do desenvolvimento das forças produtivas e da luta de classes.

Mais que substituir a problemática "industrial" pela problemática "urbana", é o movimento inverso que eles seguem, fazendo depender inteiramente os problemas da cidade das formas e dos ritmos das relações de classes e, especialmente, da luta política: "Os ditos problemas da cidade são apenas a expressão mais refinada dos antagonismos de classes e da dominação de classe, que produziu historicamente o desenvolvimento das civilizações." A "urbanização", enquanto política do poder, é tomada no sentido de "civilidade", quer dizer como tendo por finalidade essencial resolver as contradições de classe. No entanto, tal análise parece-nos escamotear completamente, por um lado, uma certa especificidade da articulação entre espaço e sociedade, e, por outro lado, subestimar as intervenções versando sobre outros domínios além dos das relações políticas de classe, por exemplo tentativas de reforma-integração, ou de regulação da economia etc. É verdade, no entanto, que em *última análise*, toda intervenção social fica marcada por seu conteúdo de classe, ainda que falhe em especificar as mediações.

Algumas análises da *Utopia* ficaram sem prosseguimento, na pesquisa concreta, dada a perspectiva essencialmente *crítica* e *de política cultural*, que o grupo assume — no que merece todo o apoio e encorajamento dos que, de um modo ou de outro, são contra a "ordem urbana" estabelecida. Todavia, elas marcam *em vão* os problemas essenciais a tratar, mesmo se não abordam o longo caminho das mediações teóricas a atravessar. Mas se uma perspectiva fecunda é aberta ela o é colocando-se em oposição às teses culturalistas e espontaneístas, quer dizer, abordando a análise das novas regiões do modo de produção capitalista através da elaboração de novos instrumentos teóricos adequados, que especificam, sem contradizê-los, os elementos fundamentais do materialismo histórico.

A ideologia urbana assim é ultrapassada e o tema da cultura urbana, nas suas diferentes versões, deve ser tratado como mito mais que como processo social específico. Todavia, se "a cidade" ou "o urbano" não podem ser a fonte social de sistemas de valores considerados na sua globalidade, certos tipos de organização do espaço ou certas "unidades urbanas" não teriam um efeito específico sobre as práticas sociais? Haveria "subculturas urbanas?" E qual seria sua relação com a estrutura social?

Notas

1. H. LEFEBVRE, *Du rural à l'urbain*. Anthropos, Paris, 1970.
2. Idem, *Le droit à la ville*, Anthropos, Paris, 1968.
3. Idem, *La révolution urbaine*, Gallimard, Paris, 1970.
4. Idem, "La ville et l'urbain", publicado na revista *Espaces et Sociétés*.
5. UTOPIE, *Urbaniser la lutte de classes*, Paris, 1970.

3
OS MEIOS SOCIAIS URBANOS

A relação entre um certo tipo de hábitat e modos específicos de comportamento é um tema clássico da sociologia urbana. É a este nível mesmo que os "construtores" procuram encontrar uma utilidade para a reflexão sociológica, em busca de fórmulas que permitam traduzir volumes arquiteturais ou espaços urbanísticos em termos de sociabilidade. A manipulação da vida social pelo arranjo do quadro é um sonho bastante acalentado pelos utopistas e tecnocratas para suscitar uma massa sempre crescente de pesquisas, que se propõem verificar uma correlação, constatada empiricamente num outro contexto.

Mas este correlacionamento entre quadro e estilo de vida também se faz espontaneamente nas representações dos indivíduos e dos grupos. As reações cotidianas estão cheias de associações derivadas de uma *certa experiência* e segundo as quais tal bairro corresponde a um tipo de vida popular, tal outro é "burguês", enquanto a cidade X "não tem alma", ou que a vila Z conserva o seu encanto... Mais além das *imagens sociais* suscitadas pelas zonas urbanas, e cuja análise faz parte propriamente das representações ideológicas com relação ao quadro de vida (cf. *infra*, III) encontramo-nos em presença da seguinte questão prática e teórica: *existe uma relação, e qual, entre o quadro ecológico e o sistema cultural*?

Ora, a análise dos *meios sociais urbanos* tropeçou tradicionalmente no amálgama confuso de vários objetivos de pesquisa. Oscilamos, com efeito, entre a monografia cultural de uma comunidade residencial, buscando geralmente "testar" a emergência de um sistema de valores "urbanos" e a tentativa de ligar certos comportamentos e atitudes a um dado contexto ecológico.

É a razão pela qual uma discussão sobre o conjunto da problemática exige uma distinção prévia das diversas questões que estão envolvidas no assunto e cuja resposta, teórica e empírica, é bastante diferente. Felizmente, dispomos neste domínio de uma extraordinária análise, que, depois de ter passado em revista o essencial da literatura anglo-saxônica até 1968, limpou o terreno deduzindo algumas clivagens fundamentais.[1] Keller assinala, a justo título, que se trata de duas séries de questões não equivalentes:

1. A existência de um sistema de comportamentos específicos com respeito à vida social local, em particular com referência aos vizinhos. Este sistema de vizinhança (*neighbouring*) compreende, ao menos, duas dimensões distintas: as *atividades* relativas à vizinhança (a ajuda e o empréstimo mútuos, as visitas, os conselhos etc.) e as *relações sociais propriamente ditas* (a saber, a ligação entre relações de amizade, familiares, de vizinhança, participação em associações e centros de interesse etc.). O conjunto destes comportamentos exprime a definição cultural do papel do *vizinho*; este papel varia em intensidade e intimidade, segundo as dimensões e segundo as normas culturais interiorizadas pelos diferentes grupos sociais.
2. A existência de uma *unidade ecológica particular* (bairro, unidade de vizinhança etc.) com fronteiras bastante específicas para haver uma divisão socialmente significativa. De fato, mesmo o problema da existência destas unidades urbanas, no seio dos aglomerados, remete imediatamente aos critérios de divisão do espaço (econômicos, geográficos, em termos de percepção, de "sentimento de filiação", funcionais etc.).

Caberia acrescentar, a estas duas questões, o problema propriamente sociológico da relação entre cada tipo de unidade ecológica, definido segundo certos critérios, e cada modo de comportamento cultural. A relação, do ponto de vista teórico, pode ser encarada nos dois sentidos, pois a determinação de um comportamento por um quadro pode ser derrubada pela influência que as práticas sociais podem ter sobre a constituição de um espaço. A problemática dos meios sociais urbanos coloca, assim, pelo menos, estas quatro séries de questões que nós tentaremos tratar, a partir das grandes tendências, nem sempre concordantes, extraídas da pesquisa. Depois desta leitura teórica *ordenada*, um sentido provisório poderá ser atribuído à massa de resultados empíricos, de maneira a sintetizar (ou retomar) a formulação do problema.

I. Existe um comportamento "urbano" caracterizando a vida social nas unidades residenciais?

Trata-se, de fato, da retomada do tema da cultura urbana no nível específico da unidade residencial. Assim, se a cidade na sua totalidade não pode ser resumida sob um só traço cultural, haveria um tipo de comportamento "urbano" caracterizado pela superficialidade dos contatos e a importância das relações secundárias: é o que Guterman, num estudo recente, tenta deduzir da correlação negativa que ele encontra entre o tamanho do aglomerado e o grau de intimidade e de amizade constatado nas relações sociais.[2] Mas trata-se de fato de alguma coisa mais sutil, pois a transcrição da cultura urbana, para unidades residenciais não se faz de modo direto, reproduzindo no nível mais baixo o tipo urbano geral. Trata-se de novas fórmulas de relação social adaptadas aos meios residenciais nos grandes aglomerados. Pois, a partir do momento em que foi possível constatar que "a cidade" não era o equivalente de "integração social", foi necessário encontrar novas formas através das quais o sistema de relações sociais se desenvolvesse na situação de urbanização generalizada.

A tipologia cultural sugerida pela sociologia funcionalista coloca-se assim em dois eixos: por um lado, a oposição entre "local" e "cosmopolita" traduz o movimento geral de segmentação dos papéis, e de dominação das relações secundárias;[3] por outro lado, o polo "local" se desdobra entre um tipo de comportamento "moderno" e um comportamento "tradicional", sendo o segundo constituído pelo retorno de uma comunidade residencial sobre si mesma, com forte consenso interno e forte divisão com relação ao exterior, enquanto o primeiro se caracteriza por uma sociabilidade aberta, mas limitada no seu compromisso, pois coexiste com uma multiplicidade de ligações fora da comunidade residencial.

Foram provavelmente as pesquisas de Willmott e Young do *Institute of Community Studies* de Londres[4] que distinguiram melhor os dois tipos de comportamento cultural, analisando sucessivamente um antigo bairro operário do leste de Londres e um novo subúrbio de classe média. Neste, a vida centraliza-se primeiro no lar, com a mulher que fica na casa e o homem que, fora do trabalho, passa a maioria do tempo nas atividades domésticas, jardinagem, consertos, ajuda nas tarefas caseiras. Mas o lar não é tudo, uma nova forma de sociabilidade se desenvolve através das organizações locais, de curtas visitas aos vizinhos, a frequência dos "pubs" e das reuniões sociais, segundo um ritmo bem definido. Ao contrário, no antigo bairro operário, a sociabilidade não tem necessidade de ser institucionalizada, as redes de ajuda mútua são inteiramente abertas e a família extensa, pivô central das relações de intimidade, estabelece a comunicação entre os elementos das diferentes gerações.

Os dois modos de comportamento foram assimilados, por um lado às novas residências do subúrbio e aos bairros da cidade central, por outro lado, ao modo de vida da classe média e ao da classe operária. Mas, em todos os casos, eles se propõem como uma *sequência*, como a passagem progressiva de um a outro. Tanto mais que a comunidade residencial de subúrbio não se opõe à preponderância das relações secundárias e das filiações em nível da sociedade global; ao contrário, elas se reforçam: assim, por exemplo, a pesquisa clássica de M. Axelrod sobre Detroit mostrou, ao mesmo tempo, a persistência das relações primárias de sociabilidade e a variação concomitante da participação nas relações sociais e nas associações organizadas.[5]

Este tipo de comportamento, na medida em que sua "descoberta" está ligada aos estudos sobre os novos meios residenciais dos subúrbios americanos, permitiu a emergência de novas teses sobre o advento de uma forma cultural que teria assim ultrapassado de alguma forma o tipo urbano. O *suburban way of life*, do qual falamos,[6] é caracterizado por um verdadeiro sistema de valores, em particular, pela importância primordial dos valores familiares (no sentido de família nuclear), uma certa intensidade das relações de vizinhança (limitadas a uma polidez cordial, mas distante), a busca constante de uma afirmação do status social e um comportamento profundamente conformista... Assim, depois de ter denominado "cultura urbana" os traços distintivos das condutas ligadas à fase competitiva do capitalismo, denominaremos agora de "cultura suburbana" as normas da "sociedade de consumo" individualizada e voltada para seu conforto estratificado, ligadas à fase monopolista e à organização padronizada da vida social.

Ora, o primeiro ponto a estabelecer seria a pretensa generalidade deste novo modo de vida social que prolonga o urbano, renovando-o, fora do quadro da cidade. Enquanto, da mesma forma que as cidades apresentaram historicamente uma diversidade de conteúdos culturais, os "subúrbios" e as unidades residenciais ostentam uma surpreendente variedade de modos de comportamento segundo sua estrutura social. Assim, por exemplo, e para citar apenas um mínimo de estudos que podem servir de pontos de referência, Greer e Orléans, em sua pesquisa sobre St-Louis, mostraram um grau muito alto de participação local e política ao mesmo tempo, e estabeleceram importantes divisões de atitudes entre as unidades residenciais, fazendo-as depender da estrutura diferencial das possibilidades que elas ofereciam.[7]

Por seu lado, Bennet M. Berger, numa pesquisa especialmente brilhante sobre um subúrbio operário da Califórnia, se empenha em demolir o mito da "cultura suburbana". Suas principais descobertas empíricas são as seguintes: uma fraca mobilidade residencial, dado às restrições econômicas que sofrem; persistência do interesse pela política nacional; em compensação, fraca participação nas associações; uma grande pobreza das relações sociais informais; papel dominante da TV; atividades voltadas para o lar, poucas saídas etc. Este quadro de vida, em contradição com o modelo de participação local ativa, leva-o a concluir que o modo de vida proposto como suburbano é, de fato, o modelo de comportamento da classe média americana e que o subúrbio não tem especificidade social, mas apenas ecológica.[8] Wendell Bell, através de uma revisão da literatura, mostra também a diversidade das relações culturais em função das características *sociais dos* meios residenciais.[9]

As coisas ficam mais evidentes, se saímos do contexto cultural americano onde o mito foi forjado. O importante estudo de Ferrarotti sobre os *borgate* de Roma apresenta um panorama completamente diferente da vida nos subúrbios. Assim, na *Borgata Alessandrina*, apesar da origem rural dos habitantes, não há praticamente relações sociais no plano local e, opondo-se ferozmente a toda ameaça de promiscuidade, a família torna-se o único ponto de apoio, numa ruptura completa com o meio ambiente.[10] Os termos são inversos, ao contrário, no sistema de relações sociais observado por Futkind na periferia de Kampala (Uganda): estando tudo integrado na vida urbana, existe uma forte comunidade local no que concerne à vida cotidiana e as redes de família, amigos e vizinhos se interpenetram profundamente.[11]

Na França, as observações concordam, apesar das divergências, em confirmar a tese da inexistência de um modelo do comportamento "suburbano" ao lado de um modelo "urbano", centrado sobre o bairro como tal.

Assim, se a interessante pesquisa de Gabrielle Sautter sobre um novo bairro de Pontoise (região parisiense) retrata uma sociabilidade local, pequeno-burguesa, bem aproximada à do "subúrbio americano",[12] Retel concluiu sua pesquisa sobre as relações sociais no subúrbio parisiense, afirmando que "a vida social urbana, depois de ter passado por uma nova fase da estruturação territorial, vai encontrar um novo alento numa estruturação propriamente sociológica entre os grupos urbanos entre eles", e teve que ver com a pobreza das relações sociais com base local,[13] enquanto Ledrut, na sua pesquisa sobre os grandes conjuntos de Toulouse encontrou ali um "clima social bastante bom", relações frequentes de vizinhança e relações fáceis, ainda que superficiais; e demonstra, além disso, que esta situação não é um acaso; ela provém do não isolamento e da heterogeneidade social do meio, pois, segundo sua hipótese, "o isolamento de uma coletividade de hábitat, densa e fracamente diferenciada, é a condição determinante da pressão social mais intensa e das tensões mais vivas".[14] Ora, uma tal perspectiva sai da simples constatação da existência ou da inexistência de um modelo de comportamento definido pelo meio residencial, para orientar-se para a busca das condições diferenciais da *relação* entre estes dois termos.

Da mesma forma, quando Chombart de Lauwe aborda a problemática cultural dos bairros, propostos também por alguns como comunidades de vida específicas, ele liga novamente esta problemática ao conjunto urbano, considerando o bairro como uma "unidade elementar" deste conjunto, com limites econômicos e geográficos e com funções urbanas e sociais determinadas;[15] isto significa que a "cultura do bairro", como a "cultura do subúrbio", algumas vezes propostas como "modelos culturais especiais, exprimem uma certa concepção da relação espaço/cultura, e que não existe problemática cultural urbana possível, sem exame prévio dos fundamentos ecológicos de tal comportamento.

II. EXISTEM UNIDADES URBANAS ESPECÍFICAS?

Se é evidente que existe uma diferenciação fracionária do espaço urbano ligada à divisão social do trabalho, não é tão claro assim que existam unidades residenciais ecologicamente delimitadas de tal forma, que elas permitam decompor um aglomerado em subconjuntos dotados de uma verdadeira especificidade. Ora, a existência de tais unidades ecológicas *parece* ser algo prévio à questão de saber se certos espaços determinam certo comportamento. Com efeito, como poderíamos colocar o problema, já que não existe verdadeira diferenciação do espaço residencial?

A tradição da ecologia urbana tinha tentado definir as condições de existência, no interior da cidade, de "áreas naturais" que, na definição clássica de Paul Hatt, eram compostas de dois elementos: 1. uma unidade espacial limitada pelas fronteiras naturais no interior das quais encontramos uma população homogênea, provida de um sistema de valores específicos; 2. uma unidade espacial habitada por uma população que estrutura relações simbólicas internas.[16] Há portanto uma *ligação* das fronteiras ecológicas e das características sociais em nível mesmo da definição da unidade urbana.

Esta ligação entre o quadro espacial e a prática social está na base da tipologia histórica estabelecida por Ledrut para diferenciar as diversas formas de coletividades territoriais.[17] Estabelecendo uma espécie de *continuum* em função da complexidade crescente da sociedade, Ledrut institui a diferença entre:

- *A aldeia*, bastante homogênea, com uma fraca diferenciação interna, e onde as relações espaciais essenciais são de *circulação* em torno dos centros de atividades.

- *A unidade de vizinhança*, definida sobretudo na base da habitação e das redes de ajuda mútua e de contatos pessoais que se travam.
- *A vila*, agrupamento de habitações às quais está associada uma atividade e que constitui, no sentido próprio do termo, uma comunidade, quer dizer "a extensão espacial concreta que representa a esfera viva da vida de cada um", onde encontramos, por exemplo, equipamentos coletivos comuns e onde o espaço está na escala do pedestre.
- *O bairro*, que tem uma dupla delimitação: também está provido de equipamentos coletivos e acessíveis ao pedestre; mas além disso, ele se constitui em torno de uma subcultura e representa um corte significativo na estrutura social, podendo chegar até mesmo a uma certa institucionalização em termos de autonomia local.
- Enfim, a *cidade* se coloca como reunião, num nível superior, dos indivíduos ou dos grupos, enquanto que a *megalópole* supõe uma exposição de unidades primárias, anunciando, talvez, uma reestruturação da vida local em outras bases.

Ora, o que perturba, mesmo numa categorização tão elaborada quanto a de Ledrut, é o enunciado constante desta ligação entre um certo espaço e uma certa cultura que seria dada através de um tipo *empiricamente referenciável* de coletividade territorial. Ora o próprio Ledrut, depois de ter definido as condições de emergência destes bairros,[18] constata sua quase inexistência no aglomerado de Toulouse[19] para concluir, numa outra obra, pela polarização da vida social em torno de dois extremos, a cidade e a moradia, sem que haja mais possibilidade de sobrevivência para os "grupos intermediários" na sociedade moderna.[20]

Da mesma maneira, a pesquisa pioneira de Ruth Glass,[21] tentando delimitar *de início* as fronteiras ecológicas das unidades de vizinhança, chega a estabelecer trinta e seis unidades econômico-sociográficas para a cidade estudada, mas estas unidades revelaram (exceto cinco) não coincidir com a utilização social do espaço. Podemos, com efeito, dividir um espaço urbano em tantas unidades quanto quisermos, com a ajuda de toda uma bateria de critérios. Mas cada divisão traz, implícita, uma proposição e, consequentemente, a especificidade *social*, de tais subconjuntos não se manifesta por si mesma. No caso da pesquisa de

Glass, é muito interessante constatar a especificidade dos cinco setores nos quais se recuperam as especificidades ecológica e social: trata-se de zonas pobres, isoladas e muito homogêneas socialmente. Por conseguinte, Suzanne Keller se empenha em demonstrar esta hipótese do mais alto interesse, segundo a qual, o que reforça a comunidade residencial parece ser justamente sua fraca capacidade de iniciativa social geral; haveria correlação inversa entre a sociabilidade local, fazendo parte de um sistema de interação generalizada, e a existência de uma forte especificidade cultural ligada a uma zona ecológica. Da mesma maneira, o sentimento de ligação ao bairro parece refletir uma atitude geral com referência às condições de vida, mais que às características do quadro ambiental.[22]

Se consideramos em seguida o ressurgimento da polêmica sobre a especificidade propriamente ecológica dos novos conjuntos residenciais de subúrbio, chegamos a resultados similares. Assim, por exemplo, o estudo de Walter T. Martin sobre a ecologia dos "subúrbios" nos Estados Unidos distingue entre os caracteres próprios a estas zonas residenciais e os que *derivam* delas.[23] Ora, todos os que pertencem ao primeiro grupo são truísmos ecológicos: localização fora da cidade central, importância das migrações alternantes, o tamanho menor, e menor densidade; mas, principalmente, os fatores derivados (predomínio de casamentos de jovens, com filhos, nível de "classe média", uma certa homogeneidade social) provêm mais da migração seletiva, que está na base da constituição destas zonas. São portanto os "segmentos deslocados" da estrutura social, mais que as coletividades locais que se estruturam com relação a um certo uso do espaço.

Encontram-se descobertas idênticas, com que brindaremos o leitor, na abundante literatura sobre os "subúrbios" americanos, em particular nos estudos clássicos de Dobriner[24] e Tauber.[25]

Na França, a pesquisa de Paul Clerc sobre os grandes conjuntos mostrou o resultado (surpreendente para a imagem social que temos em geral) de uma diferença bastante mínima entre a composição socioeconômica dos grandes conjuntos e os aglomerados urbanos de que se avizinham (exceto pela proporção de "patrões", muito inferior nos grandes conjuntos, e a dos funcionários médios, que é superior).[26] Será necessário concluir na não significação social dos grandes conjuntos?

Seria ir muito depressa, pois o fato de concentrar sobre um espaço reduzido o perfil *médio* de um aglomerado — perfil que se estende, na realidade, através de uma grande diferenciação — é em si mesmo uma situação significativa. E, por outro lado, como assinalaram Chamboredon e Lemaire,[27] seria preciso diferenciar a camada superior da população, que se renova — sendo o grande conjunto uma etapa no seu progresso social — da que fica numa permanência, constituindo assim a base social do meio de relação. Mas isto sai do quadro da especificidade ecológica dos grandes conjuntos, para inseri-los num certo processo social que falta definir.

É por esta razão que ficamos céticos, quando Chombart de Lauwe define os bairros como unidades elementares da vida social "que se manifestam ao observador atento", e de que são "testemunhas os comportamentos dos habitantes, suas expressões de linguagem".[28] Estes bairros que, para Chombart de Lauwe, parecem estruturar-se em torno, ao mesmo tempo, de equipamentos socioeconômicos e de locais de reunião (bares sobretudo) não são dados ecológicos, zonas urbanas na base do aglomerado e que se ligariam umas às outras como os elementos de um quebra-cabeças, mas, como observa o mesmo autor,[29] "eles só existem realmente nos setores onde os níveis de vida são bastante baixos"; são *produzidos*, de fato, por uma certa situação, e a comunidade de bairro parece ser o resultado de uma certa combinação de vida social, vida de trabalho e situação nas relações de produção e de consumo, todas duas ligadas através de um certo espaço, um pouco da maneira com que Henri Coing retrata a imagem de um bairro parisiense demolido pela renovação.[30]

Por conseguinte, o debate empirista sobre a existência ou a não existência de bairros na sociedade moderna, ou sobre a emergência eventual de novos *laços sociais* nos conjuntos residenciais de subúrbio, simplesmente não tem sentido, colocado nestes termos: não se descobre "bairros" como se vê mu rio; nós os construímos, determinamos os processos que chegam à estruturação ou à desestruturação dos grupos sociais no seu *habitar*, quer dizer que integramos nestes processos o papel desempenhado pelo "quadro espacial", o que resulta em negar o espaço como "quadro", para incorporá-lo como elemento de uma dada prática social.

É o que fez Henri Lefebvre quando, depois de ter analisado a ideologia comunitária que está na base do "bairro, unidade natural da vida social", propõe estudar, não as formas socioecológicas congeladas (que são, por definição, inapreensíveis), mas as *tendências* das unidades urbanas, sua inércia, sua explosão, sua organização, numa palavra, a prática do *habitar*, mais que a ecologia do hábitat.[31] A ideologia do bairro consiste justamente em tratar as formas de vida social como dados naturais ligados a um quadro.

Assim, da mesma maneira que a cultura "urbana" ou "suburbana" remete sem cessar a uma especificidade espacial, sem nomeá-la, o tema das unidades residenciais (bairros, subúrbios etc.) tem sentido apenas pela ligação implícita que é feita entre um contexto ecológico e um conteúdo cultural. A relação direta entre variáveis sociais e espaciais parece portanto estar no centro de toda problemática das subculturas urbanas.

III. EXISTE PRODUÇÃO DO SOCIAL POR UM AMBIENTE ESPACIAL ESPECÍFICO?

Descendo da filosofia da história para a pesquisa social, as teses da cultura urbana tornam-se operatórias; elas tentam mostrar a relação de certos modos de comportamento com o contexto ecológico que, segundo as hipóteses culturalistas, é sua base. Este tipo de busca tem uma longa história e continua a ser um instrumento privilegiado da "explicação pela covariação", verdadeira salvaguarda da boa consciência do "sociólogo empírico".

E ainda mais interessante esboçar a análise desta perspectiva porque, por um lado ela exprime em toda sua pureza a relação de causalidade postulada entre espaço e cultura e porque, por outro lado, ela serve de fundamento científico (já que observado) às construções teóricas mais gerais.

Assim, por exemplo, a pesquisa clássica de Farris e Dunham sobre a ecologia da marginalização, em Chicago, tentou verificar as teses de Wirth sobre o caráter desequilibrador do meio urbano, mostrando a diminuição progressiva da taxa de doenças mentais à medida que nos afastamos do centro do aglomerado.³² Ora, este estudo célebre, retomado e ampliado mais tarde em outros domínios por dezenas de pesquisadores (por exemplo, por Marshall Clinard³³ na análise da criminalidade), foi fundamentado em estatísticas relativas aos hospitais públicos, o que altera imediatamente a observação, pois se, na cidade central, o nível socioeconômico da população leva a concentrar-se nos hospitais públicos, nos subúrbios de classe média, opera-se uma diversificação, com uma forte proporção de doentes nas clínicas privadas, diminuindo igualmente a taxa de doença do setor. Mais ainda, com relação à "criminalidade", pesquisas como a de Boggs mostraram a íntima relação entre a atitude ante as normas dominantes e as categorias sociais, na base das covariações ecológicas.³⁴

Se descemos ao nível da habitação, a determinação do comportamento pelo hábitat é ainda mais incerta. Certamente o conforto das moradias, a superpopulação que temos que suportar, são socialmente significativos, mas não se trata, ainda uma vez, de uma *relação social*, pois, segundo a observação sintética de Chombart de Lauwe na pesquisa que se tornou clássica sobre o assunto,³⁵ "parece que a atitude crítica com respeito à moradia depende mais do modo de atribuição destas moradias do que do gosto arquitetural".

Por outro lado, a maneira de *habitar* (portanto os comportamentos que normalmente deveriam sofrer mais diretamente a influência do hábitat) é muito diferenciada conforme os grupos sociais, em cada uma das novas unidades residenciais estudadas por Chombart e sua equipe. Isto significa que a disposição da moradia não tenha nenhuma influência sobre o tipo de vida? Absolutamente! Mas a relação entre hábitat e *habitar* passa por uma relação complexa entre as características sociais específicas da moradia, o que afasta de toda tentativa de explicação de uma subcultura por uma forma de hábitat.

Dito isto, se o determinismo ecológico, nas suas formas mais elementares, está amplamente ultrapassado, o culturalismo urbano reforçou-se através de uma série de estudos propondo um certo meio ambiente espacial como explicativo de um ambiente social específico, sair na produção de uma comunidade "tradicional" nos bairros dos antigos núcleos urbanos, ou de um novo modo de vida (o famoso "suburbanismo" dos anglo-saxões) nos conjuntos residenciais do subúrbio.

Uma das melhores expressões desta perspectiva é, por exemplo, a pesquisa, tecnicamente impecável, de Silvia F. Fava, sobre o sistema de relações de vizinhança em três contextos diferentes (um bairro central de Nova York, a zona periférica da mesma cidade e um subúrbio da região).[36] Depois de ter controlado sete variáveis que poderiam explicar as diferenças de comportamento (sexo, idade, estado civil, nível de educação, tempo de residência, origem, tamanho da comunidade de origem), a pesquisa mostra uma importância crescente das relações de vizinhança, segundo o modelo clássico de "camada média", à medida que o contexto espacial se aproxima do subúrbio. De onde deduzimos a oposição entre os dois modelos culturais ("urbano" e "suburbano")...

Evidentemente, poderíamos citar várias outras pesquisas que chegam a resultados opostos: por exemplo, o estudo de Ross sobre duas zonas residenciais, central e periférica, da mesma cidade de Nova York, onde as diferenças de estilo de vida estão ligadas primordialmente às divisões internas de cada zona, segundo as características sociais e as divisões de idade.[37]

Mas o problema não é se decidir por um sentido ou outro: esta diversidade de situações corresponde a um conjunto de processos sociais em curso, cujas combinações concretas chegam a modos de comportamento diferentes. É esta jogada que Willmott e Young tentaram apreender em suas pesquisas comparativas entre um bairro operário de Londres e um subúrbio de classe média. Terminaram estabelecendo um *continuum* que vai de um modelo de relações comunitárias a uma sociabilidade polida e superficial, tendo num extremo, os operários habitando o bairro operário, e no outro, a classe média habitando o subúrbio e, entre as duas, os operários habitando neste mesmo subúrbio.[38]

Mas esta interação entre os dois tipos de determinantes não equivale a reconhecer uma especificidade do quadro espacial enquanto tal, pois o fato de habitar uma unidade residencial onde um grupo social é majoritário pode ser traduzido como existência de uma subcultura social, *ligada ao grupo dominante e não ao quadro espacial*, que, propondo-se como sistema de referência cultural, afeta o comportamento do grupo minoritário.[39] A influência das variáveis de filiação social, com os fenômenos anexos de condensação, distribuição, interação, parece finalmente determinante. Tanto a pesquisa já citada de Ledrut sobre os grandes conjuntos de Toulouse, quanto as observações de Whyte sobre o subúrbio residencial de Parle Forest, na região de Chicago[40] mostram o papel essencial da homogeneidade social para que um certo tipo de comportamento se desenvolva, diretamente ligado às características sociais dos residentes. Uma vez produzido este comportamento, a concentração espacial pode entrar em jogo, reforçando o sistema de relações estabelecido.

Num outro contexto, um interessante estudo de Ion Dragan sobre o novo bairro de "Crisana" na cidade romana de Slatina revela a profunda diferenciação do sistema de comportamento segundo as categorias sociais no interior do mesmo conjunto e, em particular, estabelece a ligação entre a importância das relações de vizinhança e a origem imediatamente rural dos migrantes, o que apoia ainda uma vez a tese da especificidade cultural dos grupos sociais e contradiz a ligação entre estas relações de vizinhança e o modo de vida suburbano (pois elas são bem menos praticadas pelos "suburbanos" de origem urbana).[41]

Esta predeterminação dos comportamentos pelos grupos sociais, que são eles próprios função do lugar ocupado na estrutura social, se encontra também nas análises da "vida de bairro" como demonstram numerosas pesquisas na Europa e nos Estados Unidos.[42] Entre outros exemplos, uma ilustração marcante da diferenciação da vida social no interior do mesmo quadro urbano é o registro feito por Ch. L. Mayerson da vida cotidiana de dois meninos, habitando a uma distância de alguns metros um do outro, no centro de Nova York, e sendo um deles porto-riquenho e o outro, filho de uma família abastada da classe média.[43]

Mesmo quando uma zona residencial é fortemente definida do ponto de vista ecológico, como é o caso das comunidades "marginais" constituídas na periferia das grandes cidades latino-americanas (às vezes no centro, como no Rio), a diferenciação social faz com que as normas culturais explodam em inúmeros segmentos. Aí também, dando apenas como exemplo a pesquisa do Cido sobre um enorme setor "marginal", *Manuel Rodriguez*, em Santiago do Chile, mostra que "cada uma das subpopulações — diferenciadas sobretudo em termos de recursos e de ocupação — manifesta diferentes padrões de vida, diferentes orientações de valores e vários graus de participação social" (p. 31). Mais ainda, as camadas mais populares são as que mostram uma maior coesão e um nível mais elevado de mobilização, social e política, contrário à pretensa lei que liga a participação local ao modelo de comportamento "de classe média".[44]

Isto não quer dizer que a concentração de certas características sociais num espaço seja sem efeito e que não possa haver ligação entre uma certa base ecológica e uma especificidade cultural. Os *slums* e *ghettos* norte-americanos são uma manifestação concreta da importância da organização de um certo espaço no reforço de um sistema de comportamento.[45] Mas é necessário primeiro, para que tais efeitos se manifestem, que haja produção social de uma certa autonomia cultural, e esta produção depende do lugar ocupado nas relações de produção, no sistema institucional e no sistema de estratificação social. Além disso, a maneira com que a ecologia acentua os efeitos culturais produzidos é também determinada radicalmente; no caso dos *slums* americanos, por exemplo, a discriminação racial é dupla; ela se manifesta, por um lado, pela distribuição dos "indivíduos" na estrutura social e, por outro lado, pela distribuição das moradias e das instalações no espaço. Sua forte especificidade cultural, resulta portanto desta correspondência e do sentido que ela toma no domínio das relações sociais, através das condições de organização particular da luta de classes nos Estados Unidos.

Da mesma maneira, as pesquisas clássicas que tentaram demonstrar a ligação entre a proximidade residencial e a escolha do cônjuge chegaram a isolar um certo efeito da proximidade espacial (na medida em que ela aumenta a probabilidade de interação) mas *no interior de uma definição cultural dos casais*, sendo ela mesma determinada pela Filiação a diferentes meios sociais.[46] A pesquisa de Maurice Imbert chega a conclusões semelhantes,[47] e ele mostra como o *afastamento espacial* com relação aos centros culturais *reforça* a diferenciação social determinada pela categoria socioprofissional, a instrução e a situação familiar.

Se as formas espaciais podem acentuar ou influenciar certos sistemas de comportamento, junto com a interação dos componentes sociais que se combinam, não há independência de seus efeitos e, consequentemente, não há ligação sistemática dos diferentes contextos urbanos com os modos de vida. Cada vez que uma ligação deste tipo é constatada, ela serve de ponto de partida de uma pesquisa mais do que de argumento explicativo. Os meios urbanos específicos devem então ser *compreendidos* enquanto produtos sociais, e a ligação espaço-sociedade deve ser estabelecida como problemática, como objeto de investigação mais do que como eixo interpretativo da diversidade da vida social ao encontro de uma antiga tradição da sociologia urbana.[48]

IV. EXISTE PRODUÇÃO DE MEIOS RESIDENCIAIS ESPECÍFICOS PELOS VALORES DOS GRUPOS SOCIAIS?

À medida que a pesquisa mostrou o papel secundário desempenhado pelo contexto ecológico na determinação dos sistemas culturais, operou-se uma inversão dos termos do problema, e uma poderosa corrente intelectual parece orientar-se para a consideração dos meios residenciais como especificação das normas e valores emitidos pelo grupo social preponderante em cada contexto. Haveria assim, de novo, "subculturas urbanas", mas sua especificidade proviria do fato de que *cada grupo racial escolhe e produz um certo espaço de acordo com seu tipo de comportamento*.

Na conclusão sobre a famosa problemática da nova "cultura suburbana" americana, Gist e Fava consideram que ela existe efetivamente e que exprime uma profunda reorganização no sistema de valores da sociedade americana, evoluindo de uma ética protestante individualista e puritana para uma ética "social" profundamente hedonista e baseada na sociabilidade. Os subúrbios, povoados por estas novas camadas da classe média, portadoras dos valores da "sociedade de consumo", seriam então o *local* de expressão mais conforme a tal estilo de vida.[49]

Wendell Bell vai mais longe, pois faz com que a forma ecológica dos subúrbios dependa diretamente dos novos valores das camadas médias; interdependentes, estes valores seriam de três tipos: importância da vida familiar, carreira profissional comandada por uma mobilidade ascendente regular, interesse voltado para o consumo. Os subúrbios, tanto no plano simbólico quanto em termos de instrumentalidade, ofereceriam condições adequadas para a realização destes modos de comportamento. Por conseguinte, não há nada surpreendente em que esta nova cultura seja "suburbana".[50]

Esta perspectiva foi desenvolvida com muito mais vigor por Melvin e Carolyn Webber, que analisam a relação diferencial com o espaço, compreendida por valores da elite intelectual de um lado, e da classe operária, de outro.[51] No primeiro caso, a abertura para o mundo que a elite pode usufruir favorece um tipo "cosmopolita" da relação com o tempo e com o espaço, que determina uma grande mobilidade residencial e um hábitat aberto para uma multiplicidade de relações. Ao contrário, para a classe operária, a impossibilidade de prever o futuro, a necessidade de se definir sempre *aqui e agora*, obrigam a um certo "localismo" e a um reforço da comunidade residencial em torno dos elos primários particularmente sólidos. Os diferentes tipos de meios residenciais são então a expressão ecológica direta das orientações particulares a cada um dos grupos.

Num contexto bem diferente, a excelente pesquisa de Mario Gaviria e sua equipe sobre o bairro periférico do *Gran San Blas*, em Madri,[52] chega mesmo a mostrar como a estrutura e o funcionamento de um grande conjunto de 52.000 habitantes são diretamente determinados pela concepção das relações sociais subjacentes a esta realização (neste caso preciso, o paternalismo urbano dos sindicatos falangistas); como o informe de pesquisa observava, "a concepção de um bairro inteiramente operário, socialmente diferenciado no espaço — ele se situa na proximidade das zonas industriais —, bairro no qual todas as ruas têm nomes de profissões e de tarefas, onde habita uma maioria de operários, onde todos os prédios públicos são construídos segundo os planos dos sindicatos* e no qual houve um concurso arquitetônico para erigir um monumento em honra do "produtor morto na guerra"** — semelhante concepção é um fato cheio de significação sociológica.

É o reflexo nesta situação precisa de uma sociedade dividida em classes e espacialmente diferenciada de modo planificado: zonas industriais, moradias sindicais, população operária, "monumento ao produtor". É uma forma de desenvolvimento urbanístico que corre o risco de apresentar-se cheia de surpresas.

---

* Lembremos que se trata dos sindicatos fascistas, os únicos que possuem uma existência legal na Espanha.
** Na guerra civil espanhola: trata-se também de uma instituição fascista.

O *Gran San Blas* representa obviamente um caso-limite, na medida em que o espaço residencial raramente é moldado de maneira tão direta por uma concepção social de conjunto. Mais ainda, podemos dizer que ele exprime uma relação social específica: a da dominação direta de um *habitar* (o habitar operário) por uma instituição burocrática dispondo de todas as atribuições sobre o hábitat. E mesmo neste caso, se o *espaço residencial* apresenta uma certa coerência social na sua configuração, o *meio residencial* que se constituiu não parece adaptar-se sem dificuldade à apropriação social que estava prevista. Este meio residencial resulta mais do encontro, nem sempre harmonioso, entre o quadro previsto (ligado, este, a uma certa *política* do hábitat) e a prática social dos habitantes.

E na realidade, é a necessária defasagem entre o sistema de produção do espaço, o sistema de produção de valores, e a ligação dos dois na prática social, que torna impossível a pertinência das hipóteses que concernem à constituição dos meios residenciais como simples projeção dos valores de cada grupo. Com efeito, a sociedade não é uma pura expressão de culturas em si, mas articulação mais ou menos contraditória de interesses e, portanto, de agentes sociais, que nunca se apresentam por si mesmos, mas sempre, e ao mesmo tempo, com relação a qualquer outra coisa. Além disso, o espaço residencial não é também uma página onde viria imprimir-se a marca dos valores sociais. Ele é, por um lado, historicamente constituído, e por outro, articulado ao conjunto da estrutura social, e não só à instância ideológica.

Consequentemente, quando há uma correspondência precisa entre os valores de um grupo e a comunidade residencial, enquanto unidade social e ecológica, trata-se, novamente, de uma relação social específica, que não é dada pelas simples características internas do grupo, mas sim exprime um processo social que é necessário então estabelecer.

Assim, os "meios sociais urbanos" não podem também ser considerados como produção de um quadro ecológico-social pelos valores culturais específicos a um grupo, fração ou classe social. Quando eles existem na sua especificidade, eles representam uma certa situação, cuja significação está sempre por descobrir pela análise.

Mais ainda, antes que descobrir a existência ou demonstrar a inexistência de tipos localizados de relações sociais, *seria necessário desvendar os processos de articulação entre as "unidades urbanas" e o sistema de produção das representações e práticas sociais. Este parece ser o espaço teórico conotado pela problemática dos meios residenciais.*

Várias observações e argumentos propostos no decorrer deste capítulo podem ter parecido elementares e de puro bom senso. Seria necessário nos empenharmos em lembrar que: 1. não há sistema cultural ligado a uma dada forma de organização do espaço; 2. a história social da humanidade não é determinada pelo tipo de desenvolvimento das coletividades territoriais; 3. o ambiente espacial não está na base de uma especificidade dos comportamentos e das representações?

De fato, um silêncio piedoso sobre estas digressões teria subestimado o poder e a influência da ideologia urbana, seu poder de evocação da vida cotidiana, sua capacidade de *denominar* os fenômenos nos termos da experiência de cada um, e de servir de explicação. A sociologia urbana fundamentou-se nestes temas, as análises culturais do desenvolvimento apoiam-se nisso, os discursos dos moralistas e dos políticos se inspiram nisso (utilizando uma ampla gama de registros), os teóricos da "revolução cultural" da pequena burguesia ocidental refazem o mito para dar uma "base material" às suas teses sobre a mutação de nossas sociedades. Enfim, o tratamento do problema, fundamental, da relação do "urbano" com o sistema ideológico exigia a delimitação teórica prévia de um terreno tão confuso.

Dito isto, tendo identificado a questão teórica à qual remetemos a problemática dos "meios sociais urbanos", não progredimos quase nada no seu tratamento, pois o estudo da articulação da instância ideológica com a especificidade das unidades urbanas deixa vago o essencial da dificuldade. Com efeito, se o nível ideológico, apesar de todas as dificuldades, pode ser relativamente reconhecido e definido em termos teóricos, de que falamos exatamente quando remetemos às "unidades urbanas"? A relação entre "ideologia" e "urbano" (e, neste sentido, entre "ideologia" e "espaço") não pode ser estudada sem um aprofundamento prévio do conteúdo social do "urbano", quer dizer, sem uma análise da estrutura urbana.

Notas

1. Cf. S. KLEER, *The Urban Neighbourhood, A Sociological Perspective*, Random House, Nova York, 1968: ver também, para uma abordagem útil da problemática, D. POPENOE, "On the Meaning of Urban in Urban studies", *Urban Affairs Quaterly*, VI, fevereiro de 1963.
2. Cf. GUTERMAN, *op. cit.*, 1969.
3. W. H. DOBRINER, "Local and Cosmopolitan as Contemporary Suburban Character Types", W. H. DOBRINER (ed.), *The Suburban Community*, Putnam's Nova York, 1958.
4. Cf. P. WILLMOTT e M. YOUNG, *Family and Kingship in East London*, Routledge and Kegan P., Londres, 1960; e sobretudo, *Family and Class in a London Suburb*, Routledge and Kegan P., Londres, 1960.
5. M. AXELROD, "Urban Structure and Social Participation", *American Sociological Review*, XXI, fevereiro 1956, pp. 34-37.
6. S.F. FAVA, "Suburbanism as a Way of Life", *American Sociological Review*, XXI, fevereiro de 1956, pp. 34-37.
7. S. GREER e P. ORLEANS, "The Mass Society and the Parapolitical Structure", *American Sociological Review*, 27, 1962, pp. 634-646.
8. B. BERGER, *Working-Class Suburb*, University of California Press, 1960.
9. W. BELL, "Urban Neighborhoods and Individual Behavior", em P. MEADOWS e EPHRAIM H. MIZBURCHI, *Urbanism, Urbanization and Change*, Addison-Wesley Publishing Co., Reading Mass. 1969, pp. 120-146.
10. F. FERRAROTTI, *Roma da capitale a periferia*, Laterza, Roma, 1970.
11. P.C.W GUTKIND, "African Urban Family Life and the Urban System", *Journal of Asian and African Studies*.
12. SAUTTER GABRIELLE, *Naissance de la vie sociale dans un nouveau quartier (Pontoise)*, Paris, 1930, p. 200.
13. J.O. RETEL: "Quelques aspects des relations sociales dans l'agglomération parisienne", Centre d'étude dos groupes sociaux, *L'attraction de Paris sur sa banlieu*, Les Editions ouvrières, Paris, 1965.
14. R. LEDRUT, *L'espace social de la ville*, Anthropos, Paris, 1968, p. 147.
15. P.H. CHOMBART DE LAUWE, *Paris, Essais de Sociologie, 1952-1964*. Les Editions Ouvrières, 1965, p. 67.
16. P. HATT, "The concept of natural Arca", *American sociological Review*, XI, agosto de 1946, p. 423-427.

17. Cf. R. LEDRUT, *Sociologie urbaine, op. cit.*, 1968; para uma tipologia semelhante das comunidades urbanas num outro contexto, cf. R. FRANKENBERG, *Communities im Britain*, Penguin Books, Londres, 1966.
18. Cf. LEDRUT, *L'espace social de la ville*, p. 148.
19. Idem, *L'espace social de la ville*, p. 275.
20. Idem, *Sociologie urbaine, op. cit.*, 1968.
21. Cf. R. GLASS (ed.), *The Social Background of a Plan: A Study of Middlesborough*, Routledge and Kegan P., Londres, 1948.
22. S. KELLER, *op. cit.*, 1968.
23. Cf. W. T. MARTIN, "The structuring of social relationships engendered by suburban residence". W. BODRINGER (ed.), *The Suburban Community*, Nova York, Putnam's, 1958.
24. Cf. toda a obra fundamental dirigida por Dobriner, 1958.
25. E. TAUEBER e A. F. TAUEBER, "White Migration and Socio-economic Differences between Cities and Suburbs", *American Sociological Review*, V. 1964, pp. 718-729.
26. P. CLERC, *Grands ensembles, banlieues nouvelles*, PUF, Paris, 1967.
27. J.C. CHAMBOREDON e M. LEMAIRE, "Proximité spatiale et distance sociale dans les grandes ensembles", *Review française de sociologie*, janeiro, 1970, pp. 3-33.
28. Cf. CHOMBART DE LAUWE, *op. cit.*, 1965.
29. CHOMBART DE LAUWE, *Des hommes e des villes*. Payot, Paris, 1963, p. 33.
30. H. COING, *Rénovation urbaine et changement social*, Les Editions Ouvrières, Paris, 1966.
31. H.LEFEBVRE, "Quartier et vie de quartier", *Cahiers de l' IAURP*, VII, Paris, março de 1967.
32. R.E.L. FARIS, H.W. DUNHAM, *Mental Disorders in Urban Areas*, University of Chicago Press, 1939.
33. M.B. CLINARD, "A cross-cultural replication of the relations of urbanism to criminal Behaviour", *American Sociological Review*, 25 de abril de 1960, pp. 253-257.
34. S.L. BOOGS, "Urban Crime Patterns", *American Sociological Review*, 1964, 4, pp. 522-529.
35. O. H. CHOMBART DE LAUWE, *Famille et Hábitation*, t. II, CNRS, Paris, 1960.
36. S. F. FAVA, "Contrast in Neighbouring; New York City and a Suburban Community", em W. DOBRINER (ed.), *op. cit.*, 1958.

37. H.L. ROSS; "Uptown and downtown: a study of middle class residential areas". *A S. R.* 30, 2, 1965.
38. WILLMONT e YOUNG, *op. cit.*, 1960.
39. W. BELL e M.T. FORCE, "Urban neighbourhood types and participation in formal associations", *American Sociological Review*, XXI, 25-34.
40. W. H. WHITE, *The Organization Man*, Simone and Schuster, Nova York, 1956.
41. I. DRAGAN, *Rythme de l'urbanisation et intégration urbaine des migrateurs d'origine rurale*. Communication au VIIe Congrès mondial de sociologie, Varna, 1970.
42. Cf. as observações sobre este assunto feitas sobre a América por J.A. BESHERS, *Urban Social structure*, Free Press of Glencoe, 1962; para a Inglaterra, por R.E. PAHL, *Patterns of Urban Life*, Longman. 1970; e, para a França, por nós mesmos, em "Y-a-t-il une sociologie urbaine?", *Sociologie du Travail*, I. 1968.
43. C.L. MAYERSON: *Two Blocks Apart*. Holt, Rinehart e Winston, Nova York, 1965.
44. G. MUNIZAGA e C. BOURDON, *Sector Manuel Rodriguez: Estudio de um sector habitacional popular en Santiago del Chile*, Cudu, Santiago do Chile, 1970.
45. G.D. SUTTLES, *The Social Order of the Slum*, The University of Chicago Press, 1968.
46. KATZ e HILL, "Residential Propinquity and Marital selection", *Marriage and family living*, XX, fevereiro de 1958. pp. 27-35.
47. M.IMBERT, "Aspects comparés de la vie de loisir à Paris et en banlieu", em CEGS, *op. cit.*, 1965.
48. Ver a composição de trabalhos da escola de Chicago publicada sob a direção de E.W. BURGESS E D.J. BOGUE, *Contributions to Urban Sociology*, University of Chicago Press, 1964.
49. Cf. N.P. GIST e S.F. FAVA, *Urban Society*, Thomas Y. Crowell, Nova York, 1964, pp. 183-207.
50. W. BELL, "Social Choice, Life Styles and Suburban Residence", W. DOBRINER, *op. cit.*, 1958.
51. M.C. WEBBER e C.C. WEBBER, "Culture, Territoriality and the Elastic Middle", H. WENWORTH ELDREDGE, *Taming Megalopolis, op. cit.*, 1967, t.1, pp. 35-53.
52. M. GAVIRIA e colaboradores (*Gran San Blas*), *Revista de Arquitectura*, Madri, 1968.

A ESTRUTURA URBANA

1
O DEBATE SOBRE A TEORIA DO ESPAÇO

Considerar a cidade como a projeção da sociedade no espaço é ao mesmo tempo um ponto de partida indispensável e uma afirmação muito elementar. Pois, se é necessário ultrapassar o empirismo da descrição geográfica, corremos um risco muito grande de imaginar o espaço como uma página branca na qual se inscreve a ação dos grupos e das instituições, sem encontrar outro obstáculo senão o das gerações passadas. Isto equivale a conceber a natureza como inteiramente moldada pela cultura, enquanto toda a problemática social nasce da união indissolúvel destes dois termos, através do processo dialético pelo qual uma espécie biológica particular (particular, porque dividida em classes), "o homem", transforma-se e transforma seu ambiente na sua luta pela vida e pela apropriação diferencial do produto de seu trabalho.

O espaço é um produto material em relação com outros elementos materiais — entre outros, os homens, que entram também em *relações sociais determinadas*, que dão ao espaço (bem como aos outros elementos da combinação) uma forma, uma função, uma significação social. Portanto, ele não é uma pura ocasião de desdobramento da estrutura social, mas a expressão concreta de cada conjunto histórico, no qual uma sociedade se especifica. Trata-se então de estabelecer, da mesma maneira que para qualquer outro objeto real, as leis estruturais e conjunturais que comandam sua existência e sua transformação, bem como a especificidade de sua articulação com outros elementos de uma realidade histórica.

Isto quer dizer que não há teoria do espaço que não seja parte integrante de uma teoria social geral, mesmo implícita.

O espaço urbano é estruturado, quer dizer, ele não está organizado ao acaso, e os processos sociais que se ligam a ele exprimem, ao especificá-los, os determinismos de cada tipo e de cada período da organização social. A partir desta evidência, cheia de implicações, o estudo da estrutura urbana deve ser conduzido em dois planos: trata-se, por um lado, de elaborar instrumentos teóricos suscetíveis de apreender o concreto-real de uma maneira significativa e, por outro lado, de utilizar estes instrumentos numa sucessão descontínua de análises particulares visando a dados fenômenos históricos. Este estudo foi tentado por várias correntes teóricas, com uma força testemunhada pela abundância das pesquisas. Assim, o esforço teórico da *ecologia humana*, em particular a partir da Escola de Chicago, domina ainda a apreensão da organização urbana, na literatura e na prática, seja através da retomada de seus temas clássicos ou através das críticas e reações suscitadas.[1] Com efeito, a maioria das alternativas teóricas propostas, que se situam com referência a esta tradição, dá apenas uma imagem invertida, sem redefinir os próprios termos da questão.

É impossível abordar a análise da organização do espaço sem uma discussão, mesmo que rápida, desta tradição de pesquisa. Não para fazer uma história das ideias, mas para examinar a eficácia teórica das proposições colocadas e os trabalhos realizados. Assim, a formulação da famosa teoria de Burgess sobre a evolução dos aglomerados urbanos por zonas concêntricas[2] deve ser encarada com reservas, pela sua ingenuidade etnocêntrica, enquanto presta contas de um certo processo de desenvolvimento urbano, historicamente situado em *condições* socioeconômicas que Quinn soube precisar muito bem: um certo grau de heterogeneidade étnica e social; uma base econômica industrial-comercial; propriedade privada; comércio; organizações econômicas especializadas funcionalmente e diferenciadas espacialmente; um sistema de transportes eficaz e sem muita irregularidade; um núcleo urbano central com alto valor imobiliário.[3]

Trata-se, portanto, da evolução de um aglomerado em crescimento rápido, dominado por uma industrialização capitalista inteiramente comandada pela lógica do lucro e, partindo de um núcleo urbano preexistente com fraca carga simbólica e pouco constituído social e arquiteturalmente. Assim, na Chicago estudada por Burgess, a ocupação do centro urbano (zona I) pelas sedes sociais de empresas e os centros administrativos (no local estratégico da acessibilidade e da densidade social da cidade) decorre da dominação social das empresas e da importância estratégica de seus centros direcionais concentrados no interior de um meio fortemente organizado. As zonas II e III, que correspondem à invasão do antigo espaço urbano pela indústria e residências necessárias aos trabalhadores empregados, são o resultado, por um lado, das enormes vantagens que representa para a indústria da primeira época seu enxerto no tecido urbano e, por outro lado, da possibilidade social de dominação e mesmo de destruição do quadro urbano pela implantação industrial. A zona IX residência das classes superiores, é a consequência da deterioração urbana assim produzida, e a expressão da distância social, que materializa a criação de um novo espaço residencial além da cidade, abandonada ao funcional. Enfim, a zona V, compreendendo os satélites residenciais e produtivos ainda não integrados ao aglomerado, exprime a dominação progressiva da cidade sobre o *hinterland*, através da concentração econômica e a especialização funcional.[4]

A explicitação das condições de base permite compreender que o mesmo modelo de urbanização tenha podido dar conta do crescimento de certo número de cidades americanas[5] e, parcialmente, de cidades europeias, como mostraram Chombart de Lauwe em Paris[6] ou McEirath em Roma,[7] ao mesmo tempo introduzindo esta modificação muito importante: a existência de uma residência privilegiada das categorias superiores no centro da cidade, espaço carregado de laços simbólicos e de locais de consumo cultural.

Em compensação, quando as condições de base mudam qualitativamente, a pretensão de universalidade do modelo de Burgess cai por si só. É o caso, por exemplo, do estudo clássico de Gist sobre a ecologia de Bangalore,[8] que mostra a explosão do centro e a interpenetração espacial das atividades e das populações. Mais interessante ainda é a análise de Schnore sobre a organização espacial de umas seiscentas cidades latino-americanas, que conclui com a existência de duas formas urbanas principais: o modelo "tradicional" — um centro histórico, cercado de povoados populares, que serve de sede às camadas superiores e às funções de direção — e o modelo de crescimento industrial, que reproduz parcialmente os traços fundamentais do desenvolvimento por zonas.[9]

Um exemplo ainda melhor é a própria Chicago, no meio do século XIX, bem como as grandes cidades europeias anteriores à industrialização, que estruturaram seus espaços de maneira hierarquizada em torno do centro de primeira implantação. Da mesma forma, certas cidades do sul dos Estados Unidos afastam-se consideravelmente, por sua configuração, das normas de uma organização espacial dominada pela lei do mercado, na medida em que sua composição social cede um lugar maior aos remanescentes da oligarquia agrária tradicional.[10]

As modificações que tentamos trazer para a teoria das zonas não representam um deslocamento substancial de problemática e recaem sob a mesma crítica exigente de uma especificação das condições históricas de sua validade. Assim, as *distinções setoriais* propostas por Hoyt[11] tentam adaptar o modelo às situações nas quais encontramos uma rigidez social devida à história particular de uma zona. Uma ou outra camada, implantada num setor, coloniza o conjunto de um certo raio, de dentro para fora, sem se transformar em bloco numa nova coroa. Mas o movimento ecológico e sua determinação funcional permanecem os mesmos.

Em compensação, a teoria dos *núcleos múltiplos*,[12] que tenta combinar o desenvolvimento por coroas e a divisão funcional da cidade, considerando o desdobramento espacial de cada função como uma série de processos separados, prolonga um pouco as proposições iniciais da Escola de Chicago na análise das novas regiões metropolitanas, cuja complexidade ultrapassa o quadro sumário do modelo de Burgess. É certo que, apesar destes esforços, a região metropolitana rompe completamente a formulação clássica, como o demonstram as análises concretas tão importantes quanto as de Gottmann para a costa nordeste dos Estados Unidos,[13] ou de Vernon[14] para Nova York.

O exemplo da teoria do crescimento urbano elaborado pela Escola de Chicago mostra os limites de uma pesquisa definida por sua formulação concreta, mais que por seus princípios de análise. Ora, de fato, o conjunto do trabalho de Burgess, McKenzie, Wirth etc. põe em ação uma série de noções, cujo alcance ultrapassa um estudo singular e que, na realidade, ainda estão na base de numerosos trabalhos. É este esforço para construir uma verdadeira teoria do espaço, tão pouco frequente num domínio varrido alternativamente pelo empirismo e o profetismo, que explica a persistência de concepções diretamente ligadas ao organicismo evolucionista da mais antiga estirpe.

Com efeito, na base das análises espaciais, há uma teoria geral da organização social que consideramos dirigida por dois princípios essenciais.[15]

1. *O princípio de interdependência entre os indivíduos*, fundado nas diferenças complementares (relações de simbiose) e suas semelhanças suplementares (relações de comensalismo).
2. *O princípio da função central*: em todo sistema de relação com um ambiente, a coordenação é assegurada pelo intermediário de um pequeno número de funções centrais. A posição de cada indivíduo com relação a esta função determina sua posição no sistema e suas relações de domínio.[16]

Dado o materialismo imediato (vulgar?) desta perspectiva teórica, os problemas da relação com o espaço serão um terreno de escolha para o desenvolvimento de suas pesquisas, pois a sociedade é compreendida, principalmente, como uma comunidade, que é definida como sendo "um sistema de relações entre partes funcionalmente diferenciadas e que está localizado territorialmente".[17]

A organização urbana explica-se então por um conjunto de processos que moldam, distribuem e correlacionam as "unidades ecológicas", a saber, toda expressão espacial que apresenta uma certa especificidade com relação ao seu ambiente imediato (residências, usinas, escritórios etc.). Os principais processos ecológicos são:[18] *a concentração* — a saber, o aumento da densidade de uma população num certo espaço num dado momento; a *centralização* ou especialização funcional de uma atividade ou rede de atividades num mesmo espaço, com sua articulação hierarquizada no conjunto do território regional; a centralização, com seu corolário, a *descentralização*, está na base dos processos de mobilidade da estrutura urbana, e, consequentemente, das funções de *circulação*, no sentido amplo do termo; a *segregação* refere-se ao processo pelo qual o conteúdo social do espaço torna-se homogêneo no interior de uma unidade e se diferencia fortemente em relação às unidades exteriores, em geral conforme a distância social derivada do sistema de estratificação; enfim, a *invasão-sucessão* explica o movimento pelo qual uma nova população (ou atividade) se introduz num espaço previamente ocupado, sendo rejeitada pela anterior, sendo integrada ou finalmente sucedendo-lhe como dominante na unidade ecológica visada.

Esta construção no entanto permanece num nível formal, na medida em que estes processos ecológicos, explicativos das configurações urbanas observadas (zonas, setores, núcleos, seções etc.) só se explicam por alusão às leis econômicas gerais. Ora, uma teoria da estrutura urbana deve visar às leis pelas quais diferentes conteúdos sociais exprimem-se através dos processos enunciados. O caráter de observações empíricas sobre esta ou aquela realidade urbana não permite avançar neste rumo.

A escola "neo-ortodoxa" da ecologia humana tentou uma sistematização das suas pesquisas, codificando-as nos termos de *complexo ecológico* ou *ecossistema*. Na formulação de Duncan,[19] o conjunto de uma estrutura urbana pode ser entendido como o resultado da interação entre quatro elementos fundamentais: a população (P), o ambiente, ou meio físico (A), a tecnologia (T) e a organização social (O), esta última remetendo ao conjunto de instituições e práticas sociais. Assim, por exemplo, ele tenta explicar, com ajuda destes termos, o problema da poluição do ar em Los Angeles.[20] Ora, toda a análise remete a uma formalização dos processos reais observados, através de sua codificação nestes quatro elementos. Não há transformação das observações em conceitos nem, principalmente, estabelecimento das relações entre os elementos que dão conta das sequências observadas. A única vantagem, portanto, é poder resumir, sob certas categorias, algumas constatações empíricas. Seria realmente uma vantagem? Podemos duvidar disso (assim, por exemplo, quando assimilamos os transportes à introdução de um novo equipamento industrial sob pretexto de que se trata nos dois casos de progressos tecnológicos).[21]

Por outro lado, o elemento "organização social" é um verdadeiro depósito de tudo, que permite não tratar as articulações precisas à estrutura social, fundamentando-as numa relação global entre o social e a natureza (e a técnica).

Gist e Fava tentaram enfrentar este inconveniente, acrescentando um quinto elemento, cultural ou psicossociológico, para diferenciar os valores das instituições.²² Mas sua análise do processo de suburbanização americana apresenta exatamente as mesmas características que a de Duncan, e não ultrapassa a simples categorização formal dos diferentes "fatores", historicamente combinados no processo de difusão urbana nos Estados Unidos.

A insistência dos ecologistas em tratar o conjunto da organização do espaço a partir da interação entre a espécie humana, os instrumentos criados por ela e o meio natural coloca-os numa posição extremamente forte na medida em que, efetivamente, estes elementos são os dados de base do problema e às vezes são apreensíveis diretamente, mesmo do ponto de vista estatístico.²³ Mas, sem tentar teorizar estas relações, e apresentando-as simplesmente como materiais inseridos no processo universal da luta pela vida, seu biologismo elementar prestou-se facilmente à crítica culturalista, em particular num momento em que as ciências sociais passavam pelo progresso da psicossociologia e em que a problemática dos valores situava-se no centro da pesquisa.

Assim, se as primeiras críticas aprofundadas, em particular as de Alihan²⁴ e de Gettys,²⁵ lembravam principalmente a especificidade do comportamento humano, recusando a aplicação direta às comunidades de manifestações do determinismo natural constatadas nas outras espécies, a corrente ulterior inverte abertamente os termos da questão, considerando o espaço, a partir do estudo de Walter Firey sobre Boston,²⁶ como sendo moldado pelos valores e pelos comportamentos dos grupos. Por exemplo, William Kolb²⁷ formula as condições culturais prévias à urbanização (equivalente aos sistemas de valores subjacentes à industrialização, na análise weberiana) e propõe interpretar a composição do espaço segundo as afinidades simbólicas dos diferentes grupos sociais e o papel que eles desempenham na sociedade. Form²⁸ insistiu nas repercussões espaciais dos fenômenos de dominação social e uma tradição de estudos de geografia histórica e comparativa, de Dickson²⁹ a Sjoberg³⁰ e de Max Sorre³¹ à Pierre George,³² mostrou a diversidade das formas espaciais. Devemos concluir, em consequência, por uma organização do espaço determinada essencialmente pela ação dos homens guiados por orientações culturais?

*

A crítica de Wilhelm visa mais profundamente, mostrando como, sob a capa do organicismo ecológico, um traço fundamental do espaço humano fica negligenciado, a saber, a diferenciação contraditória dos grupos sociais, o fato de que a apropriação do espaço faz parte de um processo de luta concernente ao conjunto do produto social, e que esta luta não é uma pura competição individual, mas opõe os grupos formados pela inserção diferencial dos indivíduos nos diversos componentes da estrutura social — enquanto "o complexo ecológico apresenta uma distinção sem mostrar uma diferença".[33] Esta premissa teórica manifesta-se concretamente na pesquisa, devido à utilização, como material de base, de dados do recenseamento, que caracterizam globalmente uma coletividade segundo as categorias da prática administrativa, mas não podem dar conta de sua dinâmica interna, nem da passagem das relações sociais para a organização do espaço.

Temos aqui uma nova dimensão e que desloca um pouco a oposição entre "fatores culturais" e "fatores naturais". Pois, na problemática culturalista propriamente dita, não se inclui mais o aspecto móvel da apropriação do espaço em função da diferenciação social. Assim, uma das melhores formulações recentes, a de Achille Ardigo,[34] considera a metrópole como um sistema social, transpondo os quatro subsistemas parsonianos sobre a área urbana e mostrando como as diferentes implantações espaciais seguem estes processos de adaptação e de troca segundo os valores institucionalizados.

De fato, a problemática própria a toda teoria do espaço não consiste em opor valores e fatores "naturais", mas por outro lado, no plano epistemológico, em descobrir leis estruturais ou a composição de certas situações historicamente dadas; por outro lado, no plano propriamente teórico, consiste em estabelecer hipóteses sobre o fator dominante de uma estrutura na qual, evidentemente, todas as escolas incluem o conjunto dos elementos da vida social: sua divergência essencial diz respeito ao status de cada elemento e às combinações de elementos.

Esta justaposição de problemáticas explica a confusão, na literatura, dos dois tipos de críticas dirigidas à tradição da ecologia humana: a que substitui a determinação natural por um arbitrário social de base cultural e a que lembra a especificidade do espaço histórico fazendo intervir a divisão da sociedade em classes, com os conflitos e as estratégias que resultam disso, no processo social de constituição de um espaço. Ora, esta frente comum teórica contra o naturalismo ecológico se estabelece nas posições (ideológicas) de direita, quer dizer, centradas sobre o predomínio dos valores na explicação social. Esta fusão é possível unicamente no interior de uma perspectiva historicista: os homens (os grupos sociais) criam as formas sociais (*dentre as quais o espaço*) através da produção, às vezes contraditória, dos *valores que*, orientando os comportamentos e atitudes, fundamentam as instituições, moldam a natureza. Reconhecemos nesta formulação o núcleo último de trabalhos tão importantes, entre outros, quanto os de Lewis Mumford e Alessandra Pizzorno ou de uma parte do pensamento de Henri Lefebvre.

No entanto, nós podemos questionar se este retorno de perspectiva não conclui numa análise puramente voluntarista do espaço, incapaz de integrar as aquisições da tradição ecológica, para a qual o espaço está relacionado com as condições materiais de produção e de existência de cada sociedade. Assim, por exemplo, quando Leo Schnore trata a cidade como essencialmente formada pela correlação de locais de trabalho e zonas residenciais, com as funções e espaços derivados da dinâmica suscitada por estes dois polos, ele se encaminha para um rumo fecundo, sob a condição de ultrapassar o caráter elementar deste propósito e desenvolver o aparelho conceitual em função da complexidade das pesquisas específicas.[35]

Além de todo ecletismo acadêmico, é necessário ultrapassar a oposição ideológica entre a determinação do espaço pela natureza e sua modelagem pela cultura, para unir estes dois termos numa problemática que reconhece a especificidade do social humano, sem o afirmar como criação gratuita, inexplicável segundo leis. Ao *front* comum ideológico do culturalismo e do historicismo convém opor um *front* teórico que integra a problemática ecológica, de base materialista, numa análise sociológica, cujo tema central é a ação contraditória dos agentes sociais (classes sociais) mas cujo fundamento é a trama estrutural que constitui a problemática de toda sociedade — quer dizer, a maneira pela qual uma formação social trabalha a natureza, e o modo de repartição e de gestão, e portanto de contradição, que decorre disso.

Neste esforço, os resultados obtidos pela ecologia têm mais valor para fundamentar uma teoria do espaço que as correlações socioculturais acumuladas, pois eles remetem à determinação primeira das forças produtivas e às relações de produção que decorrem delas, que não se trata de contradizer, e sim de desenvolver, articulando aos seus efeitos sobre o espaço estes dois produtos pelas outras instâncias de determinação social.

De certa maneira, podemos situar nesta perspectiva as pesquisas da escola chamada de "Social Area Analysis", iniciada por Shevky[36] e Bell; eles analisam o espaço urbano a partir da combinação de uma série de características socioeconômicas, decompostas em três grandes dimensões: "nível social" (ocupação, instrução, renda); "urbanização" (características da família); "segregação" (diferenciação étnica no espaço). Este gênero de trabalhos, retomado com intensidade por Duncan[37] e, ultimamente, pelo grupo da Universidade de Wisconsin,[38] se exprime a articulação entre a diferenciação social e a configuração do espaço, não pode explicar a produção destas formas. Seria necessário para isto colocá-las em relação com o resto dos elementos estruturando a forma e os ritmos de um aglomerado.

A tentativa de Raymond Ledrut visa, ao contrário, a reconstituir o conjunto a partir da análise, da diferenciação e da composição do espaço social.[39] Depois de ter definido diversas formas de unidades urbanas (a vizinhança, o quarteirão, o bairro, a cidade), ligando-os, em particular, a uma especificidade dos processos de consumo, ele analisa a cidade como um sistema de trocas entre diferentes setores que ocupam um lugar e preenchem uma função determinada (esta função, diz Ledrut, é "o papel que desempenha o setor no funcionamento interno da cidade"). Donde a organização do espaço segundo o caráter unifuncional ou plurifuncional de seus componentes e o tipo de articulação exercido pelos *centros*, nós de comunicação e órgãos de hierarquização da estrutura urbana. Tendo definido assim para cada setor um interior e um exterior (a partir de suas relações com os outros setores), depois de ter distinguido uma série de funções urbanas, podemos então estudar a homogeneidade e heterogeneidade de cada unidade urbana e seguir as transformações suscitadas no circuito pela realização de cada atividade.

Esta análise, que representa um progresso muito grande na teoria do espaço, permanece, ainda um pouco formal, na medida em que ela é um puro andaime metodológico. Não que careça de "dados", mas o raciocínio é conduzido por oposição ou semelhança; não comporta conteúdo teórico preciso, não se sabe de que funções se fala, nem quais são as relações sociais e funcionais entre os diferentes setores. Ora, preencher estas formas de observações empíricas só pode levar à descrição de um mecanismo particular, sem possibilidade de transcrição teórica. Pois, entre este esquema sistemático e uma dada realidade, é preciso intercalar uma divisão conceitual, que defina as funções e as relações entre funções e que permita determinar o conteúdo histórico apreendido na pesquisa concreta.

Dito de forma mais simples, não basta pensar em termos de estrutura urbana; é preciso definir os elementos da estrutura urbana e suas relações antes de analisar a composição e a diferenciação das formas espaciais.[40]

Quais são então as perspectivas, no que concerne a uma elaboração progressiva da teoria do espaço? Retomemos os elementos extraídos da discussão: trata-se de ultrapassar a descrição dos mecanismos de interação entre as implantações e as atividades, para descobrir as leis estruturais da produção e do funcionamento das formas espaciais estudadas; a oposição entre determinações natural e cultural do espaço deve ser ultrapassada a partir de uma análise da estrutura social considerada como processo dialético de correlacionamento dos dois tipos de elementos por meio das práticas sociais determinadas por suas características históricas; a diferenciação de um espaço, a distinção entre as funções e processos correlacionando as diversas unidades não têm significação, se elas não se referem a elementos teoricamente significativos, que situam o conteúdo do espaço no conjunto da estrutura social.

É a confirmação de nosso ponto de partida: não existe teoria específica do espaço, mas simplesmente desdobramento e especificação da teoria da estrutura social, para prestar conta das características de uma *forma social* particular, o espaço, e de sua articulação a outras formas e processos dados historicamente.

É, de fato, o caso para as correntes teóricas a que aludimos, apesar do enraizamento especialmente forte da ecologia humana na problemática do espaço. É o organicismo evolucionista, herança de Spencer, que está na base da ecologia humana; é a psicossociologia, disfarçada em sociologia dos valores por Parson, que influencia diretamente as análises culturalistas; e é o historicismo, de origem weberiana, que influencia os temas gratuitos da criação do espaço.

As críticas rápidas que formulamos são portanto críticas propriamente teóricas, versando sobre os próprios fundamentos da perspectiva. Elas não invalidam a massa de estudos e de resultados obtidos. Assim, foram feitas constatações, e os mecanismos sociais foram expostos na sua lógica. Mas, na medida em que estas descobertas são compreendidas e analisadas no interior de uma tentativa com dominante ideológico, dificilmente são transponíveis e são pouco cumulativas.

Se podemos assinalar os limites de uma perspectiva, é mais difícil propor novos elementos que permitam precisar a análise, não resolvida, da organização social do espaço. Pois seria pretensioso e também gratuito "fundar" uma nova teoria. Com mais modéstia, trata-se, para nós, de prolongar, no campo da análise do espaço, e tentando uma certa especificação teórica, os conceitos fundamentais do materialismo histórico, na medida em que a problemática marxista se propõe justamente a fusão dialética de seus diferentes elementos, cuja notoriedade em termos de "fatores" impede, no momento, a construção de uma teoria estrutural do espaço.

Tendo por base conceitos fundamentais do materialismo histórico, como podemos apreender a especificidade das formas do espaço social?[41]

Lembremos que toda sociedade concreta, e portanto toda forma social (por exemplo, o espaço), pode ser compreendida a partir da articulação histórica de vários *modos de produção*. Por modo de produção, não entendemos o tipo de atividades produtivas, mas a matriz particular de combinação entre as "instâncias" (sistemas de práticas) fundamentais da estrutura social: econômica, político-institucional e ideológica, essencialmente. A economia, a saber, a maneira pela qual o "trabalhador", com a ajuda de certos meios de produção, transforma a natureza (objeto do trabalho) para produzir bens necessários à existência social, determina, em última instância, a forma particular da matriz, quer dizer, as leis do modo de produção. As combinações e transformações entre os diferentes sistemas e elementos da estrutura fazem-se por intermédio das práticas sociais, quer dizer, da ação dos homens, determinada por sua inserção particular nos diferentes locais da estrutura assim definida.

Esta ação, sempre contraditória, na medida em que toda estrutura social apresenta defasagens e engendra oposições ao seu desenvolvimento, reage sobre a própria estrutura; ela não é um veículo puro de efeitos estruturados, e sim, produz efeitos novos. Todavia, estes efeitos novos não provêm da consciência dos homens, mas da especificidade das combinações de suas práticas, e esta especificidade das combinações é determinada pelo estado da estrutura. Assim pode-se explicar que as relações sociais não sejam a pura expressão de uma liberdade metafísica, mas conservem a possibilidade de influenciar, por sua especificidade sempre renovada, a estrutura que lhes deu forma. Esta capacidade de modificação nunca é ilimitada: ela permanece encerrada no interior das etapas de desdobramento de uma estrutura, ainda que possa acelerar seu ritmo e, consequentemente, modificar consideravelmente seu conteúdo histórico.

Analisar o espaço enquanto expressão da estrutura social resulta, consequentemente, em estudar sua modelagem pelos elementos do sistema econômico, do sistema político e do sistema ideológico, bem como pelas combinações e práticas sociais que decorrem dele.

Cada um destes três sistemas compõe-se de alguns elementos fundamentais interdependentes, que determinam a própria realização dos objetivos do sistema (o qual não consiste aliás em nada mais que seus elementos e suas relações).

Assim, o *sistema econômico* organiza-se em torno das ligações entre a força de trabalho, os meios de produção e o não trabalho, que se combinam segundo duas relações principais: a relação de propriedade (apropriação do produto) e a relação de "apropriação real" (processo técnico de trabalho). A expressão espacial destes elementos pode ser encontrada através da dialética entre dois elementos principais: *produção* (expressão espacial dos meios de produção), *consumo* (= expressão espacial das forças de trabalho), e um elemento derivado, a *troca*, que resulta da especialização das transferências entre a produção e o consumo, no interior da produção e no interior do consumo. O elemento *não trabalho* não tem expressão espacial específica; ele se traduz na maneira pela qual as duas relações, de propriedade e de apropriação, organizam-se com referência ao espaço, bem como na forma de espacialização de cada elemento.

Podemos dar exemplos concretos da significação destes elementos com referência ao espaço:

Exemplos de expressões concretas destes elementos:*

P (Produção): Conjunto de atividades produtoras de bens, serviços e informações.
Exemplo: a indústria, os escritórios.

C (Consumo): Conjunto de atividades relativas à apropriação social, individual e coletiva do produto.
Exemplo: a residência, as instalações coletivas.

T (Troca): Trocas ocorridas entre P e C, no interior de P e no interior de C.
Exemplo: a circulação, o comércio.

G (Gestão): Processo de regulação das relações entre P, C, T.
Exemplo: gestão municipal, planos de urbanismo.

A articulação do sistema político-institucional no espaço organiza-se em torno das duas relações essenciais definindo este sistema (relação de *dominação-regulação* e relação de *integração-repressão*) e dos locais assim determinados. A expressão espacial do sistema institucional é, por um lado, a divisão do espaço (por exemplo, as comunas, os aglomerados etc.); por outro lado, é a ação sobre a organização econômica do espaço, através da regulação-dominação que as instituições exercem sobre os elementos do sistema econômico, aí entendidos na sua tradução espacial (processo de *gestão*).

Enfim, o sistema ideológico organiza o espaço marcando-o com uma rede de signos, cujos significantes são constituídos de formas espaciais e os significados, de conteúdos ideológicos, cuja eficácia deve ser reconstruída por seus efeitos sobre a estrutura social no seu conjunto.

---

* Estes exemplos são extremamente perigosos e só possuem valor indicativo, pois não há coincidência entre um elemento teórico e uma realidade empírica que sempre contém *tudo ao mesmo tempo* (por exemplo, a moradia é econômica, política e ideológica, embora sua contribuição essencial se dê no plano da reprodução da força de trabalho). Para uma visão mais precisa dos diferentes elementos, é melhor se reportar às primeiras análises tentadas neste capítulo.

A organização social do espaço pode então ser compreendida a partir da determinação das formas espaciais:

- Por cada um dos elementos das três instâncias (econômica, político-jurídica, ideológica). Estes elementos são sempre combinados com outros elementos de sua própria instância.
- Pela combinação das três instâncias.
- Pela persistência de formas espaciais ecológicas, suscitadas pelas estruturas sociais anteriores. Estas formas articulam-se às novas, produzem então situações concretas sempre específicas.
- Pela ação diferencial dos indivíduos e dos grupos sociais sobre seu quadro: esta ação está determinada pela filiação social e espacial destes grupos, mas pode produzir efeitos novos, devido à especificidade do sistema de interações.

A exposição da estrutura espacial exigira então uma teorização prévia dos diferentes níveis assinalados (níveis abstratos, realidades concretas) e de seus *modos de articulação*. Em seguida, poderiam ser apresentadas análises concretas realizando de forma específica as leis estruturais exploradas e fazendo *assim* a demonstração das mesmas.

Ora, a situação teórica na qual nos encontramos é, como sabemos, bem diferente. É preciso então abandonar a ordem de exposição e até mesmo a ordem de pensamento para criar uma ordem de investigação, uma ordem de tarefas a realizar, de modo a progredir no nosso estudo.

Tentaremos então tornar concreta nossa problemática, tratando das condições de expressão espacial, dos principais elementos da estrutura social. A partir disto, se tornará possível uma primeira formulação sintética, em termos conceituais, relacionada à problemática do espaço. Então, e apenas *então*, nós poderemos voltar à delimitação conceitual do *urbano*, no interior de uma *teoria do espaço*, sendo ela própria uma especificação de uma *teoria da estrutura social*.

Precisemos que não se trata de partir de dados para construir em seguida a teoria. Pois as análises concretas obedecem já a uma certa teorização. Mas a análise não pode ser feita realmente, tanto que, no estudo de um elemento, por exemplo a indústria, nós não indicamos as relações estruturais que a unem a outros elementos. Teoricamente, seria necessário começar expondo o conjunto da estrutura, para deduzir em seguida o comportamento de cada elemento, sempre tomado numa dada combinação. Enquanto uma definição mínima da estrutura espacial no seu conjunto não for adquirida, precisamos conduzir pesquisas parciais cujas descobertas deverão, daqui por diante, ser teorizadas em conceitos que possam ligar-se aos fundamentos teóricos que acabamos de expor. Esta é uma aposta que fazemos, fundamentados na fecundidade do materialismo histórico, na descoberta das leis da sociedade em outros domínios. É claro que é nossa capacidade futura de explicação das formas e dos processos do espaço que, por si só, justificará o bom fundamento da tentativa.

A discussão sobre a teoria do espaço, os informes das pesquisas e ensaios de explicação concluem com um resultado duplo: por um lado, permitem-nos colocar as condições de uma análise propriamente teórica da organização do espaço, sem no entanto nos dar acesso direto aos instrumentos conceituais necessários à sua elaboração, por outro lado, fornecem-nos descobertas parciais, resultados semi-teorizados, que podem servir de pontos de referência para observar a realização de certas leis sociais, através de seus efeitos sobre a estrutura espacial.

Colocado o problema teórico, embora não resolvido, precisamos agora observar certos processos históricos relativos ao espaço, que já foram em parte teorizados, e que nos permitirão avançar na nossa pesquisa. A síntese ulterior dos resultados e dos problemas não deve ser um corpo teórico voltado sobre si mesmo, mas, ao contrário, uma série de proposições de trabalho sempre abertas, pois um campo teórico não evolui para seu fechamento, e sim para sua abertura.

Notas

[1] A obra básica continua sendo a de R. PARK, E. BURGESS e R. McKENZIE, *The City*, Chicago, University of Chicago Press, 1925. A melhor coleção de trabalhos ecológicos é a editada por G.A. THEODORSON, *Studies in Human Ecology*, Evanston, Illinois, Row, Peterson and Co., 1961, p 626.

2. E. BURGESS, "The growth of the City" em PARK, BURGESS e McKENZIE, *op. cit.*, pp. 47-62.
3. J.A. QUINN, "The Burgess Zonal Hypothesis and Its Critics", *American Sociological Review*, 5, 1940, pp. 210-218.
4. Cf. Os elementos que facilitam esta discussão em P.H. MANN, *An Approach to Urban Sociology*, Routledge and Kegan Paul, Londres, 1965.
5. Por exemplo, R. V. BOWERS, "Ecological Patterning of Rochester", Nova York, *American Sociological Review*, 4, 1939, pp. 180-189; Th.R. ANDERSON e J.A. EGELAND, "Spacial Aspects of Social Area Analysis", *A.S.R.*, 26, 1961, pp. 392-398; R. W. O'BRIEN, "Beatle Street Memphis, A Study in Ecological Succession", *Sociology and Social Research*, XXVI, maio de 1941, pp. 439-436.
6. P. H. CHOMBART DE LAUWE e colaboradores, *Paris et l'agglomération parisienne*, 2 t., Paris, PUF, 1950.
7. D.E. McFLRATH, "The social areas of Rome", *A.S.R.*, 27 de junho de 1962, pp. 389-390.
8. N.P. GIST, "The Ecology of Bangalore, India: An East-West Comparison", *Social Forces*, 35, maio de 1957, pp. 356-65.
9. L.F. SCHNORE, "On the Spatial Structure of Cities in the Two Americas", em Ph.M. HAUSER e L.F. SCHNORE (eds.) *The Study of Urbanization*, Nova York, John Wiley and Sons, 1965, pp. 347-398.
10. H.W. GILMORE, "The Old New Orleans and the New: A Case for Ecology", *A.S.R.*, 9, agosto de 1944, pp. 385-394.
11. H. HOYT, *The Structure and Growth of Residential Neighbourhoods in American Cities*, Washington, D.C., Federal Harsing Administration, 1939.
12. Cf. Ch. D. HARRIS e E. L. ULLMAN, "The Nature of cities", *The Annals*, vol. 242, novembro de 1945, pp. 7-17.
13. Cf. J. GOTTMANN, *Megalopolis, op. cit.*
14. R. VERNON, *Metropolis 1985*, Cambridge, Mass., Harvard University Press, 1960.
15. Nós nos beneficiamos, para este debate, da ajuda preciosa de L. DE LABERBIS, professor da Universidade de Montreal e antigo aluno de A. HAWLEY.
16. Cf. A. HAWLEY, *Human Ecology*, Nova York, Ronald Press, 1950.
17. A. HAWLEY, *Human Ecology, Definition and History* (Notas de cursos não publicados, Ann Arbor, Michigan, 1963).

18. Cf. R.D. McKENZIE, "The Scope of Human Ecology", *Publications of the American Sociological Society*, XX, 1926, pp. 141-154.
19. O. D. DUNCAN, "Human Ecology and Population Studies" em Ph.M. HAUSER e O. DUNCAN (eds.), *The Study of Population*, Chicago, The University of Chicago Press, 1959, pp. 681-684.
20. O. D. DUNCAN, "From Social System to Ecosystem", *Sociological Inquiry*, t. 31, n° 2, 1961, pp. 140-149.
21. O caso extremo da tecnologia ecológica é a orientação dos trabalhos, excelente aliás, de GIBBS e MARTIN. Ver por exemplo, J.P. GIBBS e W. T. MARTIN, "Toward a Theoretical System of Human Ecology", *Pacific Sociologica Review*, n° 2, 1959, pp. 29-36.
22. N. P. GIST e S.FAVA, *op. cit.*, 1964, pp. 102-103.
23. O. D. DUNCAN e L.F. SCHNORE, "Cultural, Behavioural and Ecological) Perspectives in the Study of Social Organization", *American Journal of Sociology*, LXV, setembro de 1959, pp. 132-146.
24. M.A. ALIHAN, *Social Ecology*, Nova York, Columbia University Press, 1938.
25. W. E. GETTYS, "Human Ecology and Social Theory", *Social Forces*, XVIII, maio de 1940, pp. 469-476.
26. Cf. W. FIREY, *Land Use in Central Boston*, Cambridge, Mass., Harward University Press, 1947.
27. W. L. KOLE, "The Social Structure and Functions of Cities", *Economic Development and Cultural Change*, t. 3, 1945-55, pp. 317-323.
28. W. H. FORM, "The Place of Social Structure in the Determination of Lande Use", *Social Forces*, n° 32, maio de 1954, pp. 317-323.
29. R. DICKINSON, *The West European City*, Londres, Routledge and Kegan Paul, 1951.
30. G. SJOBERG. *The Pre-Industrial City*, Glencoe, III, The Free Press, 1960.
31. M. SORRE, *Les fondements de la géographie humaine*, Paris, A. Colin, 1952.
32. P. GEORGE, *Précis de Géographie Urbaine*, Paris, PUF, 1961.
33. Ver S.M. WILHELM, "The Concept of the Ecological Complex: A Critique" no *The American Journal of Economics and Sociology*, 23 de julho de 1964, pp. 241.248.
34. A. ARDIGO, *La diffusione urbana*, Roma, AVE, 1967, pp. 41-66.
35. L.F. SCHNORE, "The City as a Social Organism", *Urban Affairs Quaterly*, t. I, 3 de março de 1966, pp. 58-69. Em geral os trabalhos do

Center for Demography and Ecology da Universidade de Wisconsin, dirigida por SCHNORE são do mais alto interesse,

36. Cf. E. SHEVKY e W. BELL, *Social Area Analysis*, Stanford, Stanford University Press, 1955.
37. O.D. DUNCAN e B. DUNCAN, "Residential Distribution and Occupational Stratification", *The American Journal of Sociology*, vol. 60, março de 1955, pp. 493-503.
38. Ver o resumo fornecido por L.F. SCHNORE no seu livro *The Urban Scene*, Nova York, The Free Press, 1965.
39. Cf. R. LEDRUT, *Sociologie Urbaine*, Paris, PUF, 1968, pp. 101-177.
40. Extrai-se facilmente esta conclusão da leitura dos relatórios das Jornadas de sociologia urbana de Aix-en-Provence, *Les fonctions urbaines et la structure de la ville*, Faculté des Lettres et Sciences Humaines d'Aix, p. 19 e 20 de janeiro de 1968, 166.
41. Cf. para os fundamentos teóricos gerais, N. POULANTZAS, *Pouvoir politique et classes sociales de l'Etat capitaliste*, Paris, Maspero, 1968, E. BALIBAR, "Les concepts fondamentaux du matérialisme historique", L. ALTHUSSER e E. BALIBAR, *Lire le Capital*, Paris, Maspero, 1968, t. 2, A. BADIOU, "Le (Re)commencement du matérialisme dialectique", *Critique*, maio de 1967, pp. 348-467.

    Para algumas análises prévias relativas aos problemas urbanos: M. CASTELLS, "Theorie et Idéologie en Sociologie Urbaine", *Sociologie et Societés*, nº 2, 1969, pp. 170-190; J. LOJKINE, "Elements pour une théorie scientifique de l'urbanisation capitaliste", Laboratoire de Sociologie Industrielle, maio de 1970.

2
OS ELEMENTOS DA ESTRUTURA URBANA

I. A ARTICULAÇÃO DO SISTEMA ECONÔMICO COM O ESPAÇO

Por sistema econômico, entendemos o processo social pelo qual o trabalhador, agindo sobre o objeto de seu trabalho (a matéria-prima), com a ajuda de meios de produção, obtém um certo produto. Este produto está na base da organização social — quer dizer, de seu modo de distribuição e de gestão, bem como das condições de sua reprodução. De fato, o produto não é um elemento diferente, mas apenas um *momento* do processo de trabalho. Pode sempre decompor-se, com efeito, em (re)produção dos meios de produção e (re)produção da força de trabalho.

Nós chamamos de elemento *produção* (P) da estrutura, o conjunto das realizações espaciais derivadas do processo social de reprodução dos meios de produção e do objeto de trabalho. Marx assinala, no *O Capital*, os elementos simples nos quais se decompõe *o processo de trabalho*: 1. atividade pessoal do homem no trabalho propriamente dito; 2. objeto sobre o qual age o trabalho; 3. meio pelo qual ele age. "O objeto de trabalho é a terra ou uma matéria-prima que se torna objeto de trabalho, depois de já ter passado por alguma modificação efetuada pelo trabalho." O meio de trabalho é uma coisa, ou conjunto de coisas, que o homem interpõe entre ele e o objeto de seu trabalho como condutores de sua ação."[1] Cabe notar que os meios de trabalho compreendem, num sentido mais amplo, todas as condições materiais que, sem entrar diretamente nas suas operações, são no entanto indispensáveis ou cuja ausência o tornaria falho... Os meios de trabalho desta categoria, já consequência de um trabalho anterior, são as oficinas, os estaleiros, os canais, as estradas etc. Se os meios de trabalho e objeto de trabalho são distintos, "se consideramos o conjunto deste movimento do ponto de vista de seu resultado — o produto — então todos os dois, meio e objeto de trabalho, apresentam-se como meios de produção".[2] Ora, é a relação do conjunto do processo com o espaço que está no centro de nossa análise.

Chamamos elemento *consumo* (C) da estrutura, o conjunto das realizações espaciais derivadas do processo social de reprodução da força de trabalho. "Sob este nome, é necessário entender o conjunto das faculdades físicas e intelectuais que existem no corpo de um homem, na sua personalidade viva, e que ele deve colocar em movimento para produzir coisas úteis."[3] Esta reprodução pode ser simples (por exemplo, moradias, equipamentos mínimos) ou amplos (ambientes socioculturais etc.).

Enfim, uma série de transferências (relações de circulação) opera-se entre P e C no interior de cada um dos elementos. Chamaremos de troca (T) a realização espacial destas transferências. Cabe notar que haverá também transferências entre os elementos do sistema econômico e os outros sistemas e que, consequentemente, a *troca* desempenhará o papel de articulação no espaço destes três sistemas. A cada tipo de transferência corresponderá então uma expressão espacial distinta, mas que não poderá ser entendida em si mesma, e sim em função dos elementos que ela coloca em relação.

Estas características são muito globais para resultar em proposições explicativas de processos reais. Cada elemento deverá ser decomposto numa série de subelementos (exprimidos espacialmente) e estes subelementos serão também estruturados, isto é, complexos, resultado da diferenciação de vários *níveis* e da articulação de vários *papéis ou funções*. Mas o desdobramento e a especificação do quadro teórico geral terão um sentido mais preciso, quando tivermos tentado uma primeira abordagem de alguns elementos essenciais da estrutura espacial na sua realidade histórica.

A. *Produção e espaço: a lógica social da implantação industrial*

Se a análise da relação entre produção e espaço compreende tanto as instalações industriais propriamente ditas, quanto o ambiente industrial e técnico e a localização dos escritórios de organização e de direção, é no nível da *unidade produtiva* (estabelecimento industrial) que podemos apreender as determinações fundamentais desta relação.

Numa sociedade onde o MPC é dominante, o sistema econômico é o sistema dominante da estrutura social e, por conseguinte, o elemento *produção* está na base da organização do espaço. Mas isto não quer dizer que toda a cidade esteja fundamentada na indústria e que esta molde o espaço sem outra lógica a não ser a do sistema econômico. Isto porque, desde que efetuemos a análise de uma situação concreta, é preciso considerar as interações entre o elemento *produção* e os outros elementos e distinguir no interior da produção, uma diversidade de tendências resultantes da justaposição dos diferentes períodos industriais e da refração, no interior da produção, dos outros elementos e dos outros sistemas.

Assim, é evidente que a política de localização de uma firma industrial capitalista será comandada por uma tendência a aumentar ao máximo as taxas de lucro. Mas esta afirmação importante fica muito geral, pois entre a busca do lucro imediato necessário à sobrevivência da pequena empresa de mecânica, e a normalização do lucro a longo prazo, derivada de uma situação de força no mercado, há uma diferença considerável no que se refere à organização do espaço.

Por outro lado, os problemas de localização são apenas uma parte dos problemas tratados pela empresa e ela mesma é uma unidade incerta, já que inserida num conjunto de relações técnicas e econômicas. O predomínio do lucro, por conseguinte, não se exprime de forma direta, na implantação espacial, em termos de preço de compra e de venda, mas a lógica deve ser reconstruída, observando as práticas correspondentes às diferentes situações técnicas, econômicas e sociais, que definem uma pluralidade de formas de unidades produtivas.

Lembraremos de início alguns traços da prática espacial das empresas no capitalismo avançado, para proceder em seguida à análise de um processo social específico, estudando o caso da região parisiense.

a. As tendências da implantação industrial no capitalismo monopolista

O que ressalta, na leitura dos estudos empíricos sobre a localização industrial, é uma liberação crescente da implantação com relação às restrições geográficas, consequência, essencialmente, do progresso técnico. Com efeito, do ponto de vista dos meios de produção, assistimos a uma homogeneização energética do espaço, sendo o carvão substituído pela eletricidade e a rede de distribuição de energia tendo-se tornado cada vez mais densa. Esta evolução será ainda mais marcante, com a utilização crescente da energia nuclear. As necessidades de matéria-prima também sofreram uma transformação considerável, já que a maior parte da indústria tem seu eixo em matérias-primas sintéticas e produtos semiacabados, reduzindo seu contato direto com os recursos naturais. Os transportes foram profundamente modificados pela difusão do traçado dos roteiros, pela rapidez e a capacidade crescente de carga dos meios utilizados. O avião tem um papel essencial nos contatos interpessoais e, em certos casos, no transporte de mercadorias ou instrumentos (por exemplo, peças de precisão). O telex aumentou as possibilidades de afastamento dos estabelecimentos de uma mesma firma, já que permite a gestão a distância.

Por outro lado, o consumo de massa supõe que, para as grandes empresas, quase não haja mais mercados específicos insubstituíveis. Cada estabelecimento insere-se numa rede de distribuição que não é mais comandada pela posição do comprador, mas pela política comercial da empresa.

Assim, P.S. Florence, depois de uma análise detalhada da indústria inglesa e da indústria americana, constata que em nível nacional, entre os vinte ramos industriais americanos mais concentrados geograficamente, somente três estavam centralizados em matérias-primas e dois dependiam da localização do mercado. Entre vinte ramos industriais ingleses de maior coeficiente de concentração geográfica, três estavam centrados em matérias-primas e nenhum no mercado.[4]

Os estudos ingleses estão de acordo em considerar que a mobilidade industrial está fundamentalmente liberada de restrições insuperáveis em nível de funcionamento. Para Luttrell, cerca de dois terços das usinas britânicas podem produzir com sucesso em qualquer região do país, devido à continuidade industrial e urbana. Para Fogarty, a escolha de uma localização está determinada sobretudo pela natureza das relações que unem uma sucursal à firma-mãe, quer dizer, as relações internas e, além disso, a contenção e a inércia devem-se essencialmente ao medo de não poder reconstituir um meio industrial. Loasby constata também esta inércia das empresas, que não tendem a se deslocar (exceto em casos de necessidade); na sua opinião, ela não se justifica pelo prejuízo que isto poderia resultar para sua atividade. A razão desta inércia está, sobretudo, para Eversley, nas resistências psicológicas de dois tipos: o medo do desconhecido, que freia o deslocamento, e o fator de prestígio social, que comanda a escolha da implantação, uma vez vencida a inércia. Sensivelmente diferente é a conclusão da pesquisa da Universidade de Glasgow sobre a descentralização que encontra como fator importante a presença de uma mão de obra adequada e "manejável", observando ao mesmo tempo uma grande liberdade no comportamento da empresa, a ponto de que os fatores que influenciam a escolha são apresentados muito mais como tendências do que como restrições.

Barnaud conclui também por uma indeterminação da implantação industrial na França, já que afirma que a mobilidade das empresas estudadas é tal que elas parecem poder implantar-se de forma válida em inúmeras regiões diferentes.[5]

Estes fatos mostram uma tendência à homogeneização do espaço do ponto de vista das condições naturais requisitadas pela atividade econômica. Evidentemente, esta homogeneização não é absoluta na escala de todo um país. Existem zonas geograficamente pouco favoráveis a uma atividade industrial e vice-versa. Mas o essencial das diferenças deve-se às defasagens históricas, à importância do que existe, nos meios urbanos e industriais constituídos em certos locais. Cada vez mais, do ponto de vista estritamente técnico, o espaço será indiferenciado para a atividade. É a passagem de um meio natural para um meio técnico que Georges Friedmann descreveu num outro contexto.[6] Esta transformação, que é apenas uma perspectiva na comparação inter-regional, já é um fato consumado para uma metrópole industrial, como no caso de Paris ou da megalópole americana. As diferenças em recursos e facilidades de funcionamento entre os diversos pontos do aglomerado são mínimas; elas são facilmente preenchidas pelos deslocamentos por uma rede de transportes cada vez mais intensa.

Todavia, esta homogeneização do espaço frente às necessidades das empresas em recursos naturais não implica uma liberação no sentido estrito. Novas restrições específicas no meio técnico limitam a escolha da implantação.

De início, as *ligações interempresas* tomam uma importância considerável, tanto para o escoamento dos produtos quanto para os problemas técnicos. A existência de um meio industrial diversificado é essencial, tanto para as empresas subcontratadas quanto para as empresas que se valem de todo um meio de atividade integrada no seu funcionamento. Este é um dos obstáculos que freia a possibilidade de uma descentralização industrial a partir de atos isolados. Assim, o estudo Sodic sobre a abertura industrial de algumas empresas parisienses insiste na existência de um meio industrial satisfatório, como condição solicitada por todos os industriais entrevistados, enquanto os problemas de transporte e de abastecimento não são colocados e o custo financeiro é fixado sem relação com a decisão espacial.[7] Segundo as análises de Jean Rémy,[8] os fatores centrais na implantação das indústrias são os que chamamos de economias do aglomerado, independentes da posição geográfica, já que elas se criam em qualquer lugar, no momento em que haja uma dimensão suficiente e uma diversidade de serviços, o que aumenta a possibilidade de uma política voluntária de localização industrial para os poderes públicos, com a condição de saber criar um meio urbano.

Em seguida, a mão de obra aparece como a restrição fundamental da indústria moderna⁹ — quer se trate de sua qualificação, no caso da indústria qualificada, ou de sua abundância, na grande indústria. Na França, o informe de Barnaud, já citado, considera que o fator mais importante na localização dos estabelecimentos descentralizados é a disponibilidade de uma mão de obra no local, o que parece justificar a afirmação de Labasse, segundo a qual as pesquisas efetuadas recentemente na França revelam que o elemento determinante da localização das indústrias é a mão de obra na proporção de 3/4 dos casos.¹⁰ Barnaud observa que a mão de obra importa mais sob o aspecto qualidade e quantidade do que sob o aspecto do custo dos salários. O estudo da Sodic sobre algumas empresas parisienses insiste também no problema maior da mão de obra. O estudo sobre os movimentos industriais na região de Chicago propõe um modelo de abertura concêntrica segundo o crescimento da cidade, e que parece comandada por dois fatores: a relação entre necessidade de espaço e preço do terreno; e, sobretudo, a mão de obra, que é o fator essencial. É a partir da disposição da mão de obra no espaço, das características técnicas das empresas e do custo de implantação, que várias zonas são definidas e vários comportamentos diferenciados.¹¹

Os problemas de mão de obra desempenham também um grande papel na localização dos estabelecimentos industriais e comerciais da região urbana de Goteborg, segundo uma pesquisa de um grupo de pesquisadores dinamarqueses, versando sobre 842 empresas.¹²

Esta importância da mão de obra na escolha de uma localização pela empresa tem pesadas consequências. Com efeito, ela não é apenas um fator de produção. Supõe, por um lado, um ambiente urbano favorável; por outro, instituições capazes de formar e reciclar uma mão de obra cujo grau de qualificação, não só em termos puramente profissionais, mas de iniciativa e de compreensão da atividade tende a subir rapidamente.

Isto introduz dois tipos de considerações, que se tornaram clássicas entre os melhores especialistas do urbanismo. Por um lado, a necessidade de mão de obra leva a empresa a se implantar num meio urbano favorável. No nível elementar, os trabalhadores exigirão possibilidades de equipamento social e cultural, escolas para as crianças, locais de comércio, um conforto mínimo. Mais ainda, haverá uma tendência a valorizar os lugares "agradáveis" pelo clima, a paisagem, o meio de relação. Pierre George assinala de modo pertinente esta perspectiva:

"Hoje em dia, a concentração continua a favorecer as atividades de gestão e da junção de estudo, de pesquisa, de criação de modelos das grandes empresas industriais. O crescimento rápido da produtividade no domínio industrial e a inversão, no cálculo da rentabilidade, das proporções entre fornecimento de energia e de matérias-primas, por um lado, remuneração de serviços de alta qualificação, amortização de grandes investimentos de fundação e de equipamento das empresas, por outro lado, *liberam a localização das indústrias das limitações anteriores...* Os ritmos de crescimento respectivo correspondem a novos dados; certas cidades, até então pouco atraentes, recebem novas funções. Indústrias apoiadas nas satisfações ou comodidades do local ou da posição assumem com vigor os dispositivos das antigas atividades (Annecy, Grenoble, e até mesmo Nice, tanto quanto Elbeuf ou Montpellier, na França). Na Alemanha, Munique recolhe uma grande parte da herança de Berlim Leste, em grande parte graças à proximidade dos Alpes."[13]

Ao mesmo tempo, a importância da formação da mão de obra para a indústria, em particular para as empresas tecnicamente avançadas, atribui um papel extraordinário às universidades e centros de formação na implantação industrial. A implantação da IBM-França em Montpellier deve-se quase exclusivamente à presença da universidade. As mais importantes empresas eletrônicas e farmacêuticas francesas fazem valer a impossibilidade de se afastar do meio científico parisiense. Além disso, é a combinação da valorização do quadro espacial e de uma atividade intelectual desenvolvida, que caracteriza as transformações das zonas mais modernistas (Grenoble e Nice, na França; a Califórnia nos Estados Unidos).

Isto dá uma nova forma à tese de Rémy, segundo a qual a cidade, como centro de produção de conhecimentos, é o meio necessário ao desenvolvimento da indústria moderna.¹⁴ Os aglomerados urbanos industriais suprem seu próprio desenvolvimento, não só em termos de funcionamento e de fatores, mas também enquanto núcleo de informações e de possibilidades de criação, base real da indústria moderna.

Gottmann mostra como a costa nordeste dos Estados Unidos, o que chamamos de megalópole, atingiu uma supremacia na vida política, econômica, cultural dos Estados Unidos, enquanto aglomerado urbano, sem possuir um subsolo rico em minerais nem vantagens energéticas ou climáticas particulares.¹⁵

Por ocasião de uma entrevista responsável pela implantação dos estabelecimentos de uma importante empresa francesa de eletrônica, foi observado que o fato de se encontrar, no subúrbio parisiense, a dez minutos de carro, uma centena de sábios e especialistas em eletrônica, era uma vantagem sem igual, que tornava inútil qualquer outra consideração na tomada de decisão.

É portanto uma concepção totalmente diferente da implantação com referência às teorias clássicas da economia espacial, de Alfred Weber a M. L. Greenhut, centradas no cálculo de rentabilidade em termos de utilidade marginal. O que não implica que esta perspectiva deixe de esclarecer certos casos específicos. Os elementos que acabamos de citar representam as limitações de funcionamento de uma empresa num meio técnico de evolução rápida. Mas se analisamos de perto os resultados dos estudos feitos, encontramos um outro elemento de importância crescente para a escolha espacial da empresa. Trata-se da valorização social do espaço enquanto tal.

Assim, por exemplo, na importante pesquisa do *Survey Research Center* sobre os aspectos psicossociológicos dos deslocamentos industriais, 51% dos industriais interrogados, constituindo uma amostra representativa da indústria do estado de Michigan, fornecem as respostas classificadas como "razões pessoais": entre estas vêm em lugar privilegiado as preferências da direção e do pessoal para com este ou aquele local, seja devido à origem geográfica dos membros da empresa, seja sobretudo por razões climáticas, de diversões, de ambiente etc.¹⁶

A mesma importância dos fatores pessoais e da busca de posição é observada na pesquisa, já citada, sobre a região de Göterborg. Ora, quando falamos dos "sentimentos" pessoais do chefe de empresa, da necessidade sentida pelos funcionários de viver num espaço agradável, da busca através da empresa de uma proximidade dos centros de decisão, tudo isto implica que, paralelamente à liberação da empresa em face do espaço enquanto realidade física, há uma diferenciação social do espaço, em especial para as indústrias que podem se permitir isto. A apropriação de elementos simbólicos ligados a um espaço desempenha um papel definido na implantação de algumas categorias de empresas.

As tendências da implantação deduzidas desta maneira são ao mesmo tempo grosseiras e muito parciais para permitir construir um quadro analítico. Foram sublinhados de propósito os fatores inovadores à teoria econômica clássica. Mas é claro que há diversos sistemas de limitações espaciais em relação à implantação das empresas, e que a diversidade das relações econômicas com o espaço gerará políticas próprias em face da localização.

Os diferentes tipos de restrições descobertos podem agrupar-se segundo a sistematização de Pierre Massé:[17]

- Indústrias de localização induzida (pelo desenvolvimento industrial e urbano);
- Indústrias de localização ligadas aos recursos naturais;
- Indústrias de localização livre.

Essa classificação, que redimensiona a de Florence, pode servir de base a uma tipologia das limitações do espaço econômico.

Estas limitações serão integradas de forma diferente pelas diversas categorias de empresas. É certo, por exemplo, que os fatores puramente sociais influenciem mais os grandes empreendimentos tecnicamente liberados das restrições econômicas e funcionais, enquanto outros fatores mais tradicionais dominam o comportamento de empreendimentos arcaicos. Colocar em relevo o comportamento renovador e social da indústria tem a finalidade sobretudo de romper com a ideia de uma racionalidade única que seria a racionalidade de objetivos e não de valores e que deveria ser aplicada a todos os tipos de empreendimentos. Não vamos voltar atrás cedendo à tentação de uma nova interpretação unitária, na qual o progresso técnico teria transformado os determinismos naturais em puro jogo social.

É necessário ainda evitar separar de um lado as limitações espaciais, e, de outro, as características das empresas. Estes determinantes econômico-espaciais não são um puro limite no interior do qual se coloca a política de implantação da empresa. Eles estão presentes na própria empresa, encontram-se na base de sua política. A caracterização da empresa com relação à sua política de implantação deve resultar do correlacionamento do tipo de atividade da empresa e do tipo de relação econômica que ela mantém com o espaço.

Estas diferentes tendências da implantação industrial mostram uma diversidade de comportamentos no espaço, respondendo à diversidade das empresas. De modo bastante geral, podemos dizer que existe evolução, a partir da submissão às condições naturais ou à posição geográfica, em direção a uma valorização social do espaço no caso das empresas mais livres. Uma outra transformação se opera paralelamente: a passagem da ligação necessária a certos pontos do espaço, para uma implantação funcional numa rede de relações no interior do meio técnico. Haveria assim, nos comportamentos de implantação observados, ao mesmo tempo uma passagem do geográfico para o social e adaptação ao quadro de organização funcional.

Os tipos de limitações espaciais deduzidos não correspondem a estes comportamentos, o que é lógico, já que não se trata de uma relação mecânica entre o espaço e o comportamento de implantação, mas da determinação social das empresas, subjacente a tal ou qual política.

b. Análise específica da lógica da implantação industrial numa grande metrópole: a região parisiense

Se estas são as tendências gerais constatadas, como explicar o processo social concreto pelo qual uma unidade produtiva se estabelece num certo espaço? Pois é a compreensão deste processo que permite conhecer a relação, do elemento *produção* com o conjunto da estrutura espacial numa dada situação. Esta situação é, no nosso caso, a região parisiense, sobre a qual efetuamos um estudo exaustivo versando sobre todas as *criações* de estabelecimentos industriais, de 1962 a 1965.[18]

A hipótese geral é que a localização espacial faz parte da política da empresa, e que esta política é determinada, fundamentalmente, pela inserção da empresa no sistema de produção. Esta inserção se exprime, essencialmente, em três planos: *técnico, relação econômica* específica com o problema tratado (neste caso o *espaço*) e *posição relativa da empresa* com relação às outras unidades de produção.

Para cada uma destas três dimensões, definimos três situações fundamentais nas quais podem ser classificadas as empresas.

No que diz respeito à dimensão técnica (condições técnicas de produção), distinguimos três tipos de empresas.

Tipo A: empresas centradas na execução de um produto e inteiramente subordinadas, do ponto de vista técnico, a outros setores industriais; por exemplo, empresas de mecânica geral. Elas lembram, de certa forma, a *manufatura*.

Tipo B: empresas centradas na organização da fabricação em série de um produto; é o caso de uma grande parte da indústria de transformação; por exemplo, a alimentação, o automóvel. É, em geral, a grande indústria.

Tipo C: empresas centradas na inovação técnica, no sentido de que seu lugar no mercado depende de sua capacidade de criar produtos novos; por exemplo, a eletrônica. Trata-se de indústrias "geradoras" no que concerne ao desenvolvimento de forças produtivas.

Com relação à *dimensão econômica*, distinguimos três tipos de relação com o espaço (segundo a classificação proposta por P. Massé e resumindo os determinantes econômicos da implantação):

Tipo 1: empresas cujo *mercado* é espacialmente determinado.

Tipo 2: empresas cujos meios de produção têm uma localização rígida.

Tipo 3: empresas sem limitação espacial do ponto de vista de seu funcionamento, no interior da *região considerada*.

Enfim, no que concerne à sua posição relativa, diferenciamos as empresas segundo sua *estratificação econômica* (capacidade financeira) em:

- Grandes empresas
- Empresas médias
- Pequenas empresas

Cruzamos nossas duas primeiras dimensões e obtivemos assim uma tipologia técnico-econômica de empresas, com nove eventualidades (A1, A2, ... C2, C3). Uma segunda tipologia, com três casos, correspondendo à estratificação econômica, deverá também intervir na análise.

Classificamos nestas tipologias as novecentos e quarenta empresas estudadas. Para isto, as dimensões foram transformadas em variáveis, a partir da obtenção para cada tipo, de um certo número de indicadores qualitativos e quantitativos, que permitiam caracterizar a empresa (estudo dos *arquivos*). Segue-se a lista:

Variável técnica

Tipo A: trabalho na unidade ou em pequena série; caráter "familiar" da empresa; alta proporção de operários profissionais; caráter de qualidade do trabalho; caráter fracamente repetitivo do produto.

Tipo B: forte mecanização, em particular a existência de cadeias de produção; produção em grande série; caráter estandardizado do produto, alta porcentagem de O. S.; métodos de organização científica do trabalho, muito importantes no funcionamento da empresa.

Tipo C: invenção de produtos novos; presença de um escritório de pesquisa; proporção elevada de técnicos e engenheiros; automatização impulsionada.

(É claro que os elementos dos três tipos A, B, e C, podem encontrar-se no interior de um mesmo estabelecimento. Neste caso, é o elemento indicador de um grau mais alto de tecnicismo que predomina na definição da empresa. Assim, um estabelecimento C pode ter também elementos B e A, *mas o inverso não existe.*)

Variável econômico-espacial

Tipo 1: um número bem pequeno de clientes; venda numa zona reduzida da região parisiense; prazos de entrega bem reduzidos; contatos de fabricação muito frequentes com os clientes; custo elevado dos transportes de entrega.

Tipo 2: em relação aos *fornecimentos localizados* (matérias-primas, água, energia, fornecedores de produtos especiais que entram na fabricação), uma mão de obra espacialmente localizada, vias de transporte; atividade importante de distribuição geográfica.

Tipo 3: empresas não classificadas no 1 ou no 2.

Variável estratificação econômica

Tendo encontrado grandes dificuldades na obtenção de informações precisas sobre a potência financeira global do conjunto das empresas, escolhemos um indicador indireto, a saber, a importância quantitativa da operação de localização efetuada, medida pelo número de m2 de soalho construídos no novo estabelecimento (preço). As empresas foram classificadas em três níveis, segundo a importância relativa das novas superfícies.

Estando as empresas assim definidas e caracterizadas, a etapa seguinte da pesquisa consiste em estabelecer uma tipologia significativa dos comportamentos observados com relação ao espaço. Foram descobertas três grandes tendências na implantação industrial recente na região parisiense, segundo o privilégio atribuído a certas características do espaço:

Localização de tipo α: adaptação ao crescimento espontâneo do aglomerado pelo crescimento de densidade do tecido urbano.

Localização do tipo β: arranjo dos problemas de funcionamento espacial da empresa, pela busca de uma boa localização na rede de transportes.

Localização do tipo γ: criação de um novo meio industrial pela implantação nos espaços socialmente valorizados.

Indicadores precisos serviram para definir concretamente, sob forma de variáveis, os tipos de espaço assim constituídos:

Indicador α: índice de densidade urbana da região parisiense, construído pelo INSEE, a partir da combinação de vários fatores.
Indicador β: índice das facilidades em meios de transporte (construídos pelos serviços técnicos da Iaurp).
Indicador γ: nível social do espaço residencial, indicado pela proporção de funcionários habitando a municipalidade.

Estas operações permitem-nos estabelecer relações observáveis entre as variáveis centrais de nossa análise. É necessário ainda delimitar hipóteses teoricamente significativas, formalizá-las de modo coerente e tentar verificá-las. Para formalizar nossas hipóteses, estudaremos o comportamento espacial dos nove tipos de empresas definidos com relação aos três tipos de espaço α, β, γ. Construímos, para cada um destes espaços, uma escala de adaptação, em três estratos; temos assim: α-1, α-2, α-3, β-1, β-2, β-3, γ-1, γ-2, γ-3 (o 1 indica o estrato superior e o 3, o inferior).

Cada um dos nove tipos de empresas receberá um valor α, um valor β, e um valor γ, conforme as hipóteses.

Proposições gerais:
1. O nível técnico das empresas libera-as das limitações do meio natural, mas submete-as às exigências de prestígio social, na medida em que elas exercem um papel privilegiado na delimitação ideológica do espaço. Consequentemente, todos os tipos de componente C terão uma forte tendência a se implantar no espaço (correspondência entre C e γ-1).
2. A relação econômica com um mercado específico é uma limitação extremamente forte, que coloca a empresa em situação de dependência, seja qual for seu nível técnico (correspondência entre as empresas do tipo 1 e os valores espaciais α-1).

3. As empresas centradas na organização da produção em grande série e/ou ligadas espacialmente aos meios de produção específicos tenderão a favorecer na sua implantação os problemas de organização funcional, o que resulta, na região urbana moderna, numa boa localização na rede de transportes (correspondência entre as características B e 2 das empresas, e os valores espaciais – 1). Esta determinação por B e 2 será no entanto menos forte do que a exercida por C e 1, na medida em que 1 estabelece uma dependência com relação à cidade e C exige da empresa sua inserção numa rede de lutas estratégicas, onde a apropriação simbólica exerce um papel decisivo. Por conseguinte, no caso dos tipos mistos (C2 ou B1), é a característica forte (C ou 1) que definirá de preferência a empresa.
4. (*Hipótese complementar* introduzida depois da observação dos dados.)
   Existe uma relação entre os tipos de implantação α e γ, bem como uma oposição entre estes dois tipos de implantação β. Com efeito, trata-se de uma oposição entre o *espaço urbano*, socialmente definido, tomado em a nos seus aspectos de densidade e em γ nos seus espaços prestigiosos ligados a uma residência de "qualidade", e o *espaço funcional*, organizado em torno dos eixos de transporte, devastado pela grande indústria e estendido na periferia da região. (*Operatoriamente*, isto quer dizer: as empresas que tenham os valores – 1 terão, ao mesmo tempo, os valores α-3 e γ-3, *e vice-versa*; por outro lado, as empresas tendo valores γ-1 terão valores α-2 e *vice-versa*, em função da proximidade entre o comportamento a e o comportamento).
5. Enfim, dois tipos de características das empresas exercem uma determinação fraca: A, enquanto empresa com poucas exigências técnicas e 3, enquanto ausência de restrições espaciais. Estes componentes levam não à "liberdade de implantação", mas à flutuação da política espacial. (*Operatoriamente*; isto quer dizer: as características A e 3 serão sempre dominadas nos seus efeitos pela outra característica definindo o tipo de empresa: o tipo A-3, sendo o mais indeterminado, ocupará uma posição média, valor 2, nas três escalas α, β, γ.)

Chegamos assim a um conjunto de vinte e sete predições empíricas, formando um sistema e em coerência com as hipóteses formuladas:

Quadro 21
Predição da posição ocupada pelos nove tipos de empresas nas escalas
dos três tipos de implantação espacial, α β γ

Tipo de empresas	Tipos de espaço		
	α (meio urbano)	β (Transportes)	γ (Prestígio social do espaço)
A_1	1	3	2
B_1	1	2	2
C_1	1	3	1
A_2	3	1	3
B_2	2	1	3
C_2	2	2	1
A_3	2	2	2
B_3	3	1	3
C_3	2	3	1

(Para maior simplicidade, introduziremos a variável *estratificação econômica* somente depois de ter dado a primeira série de resultados empíricos)

É preciso agora, à luz destas hipóteses formalizadas, examinar o comportamento estatístico dos diferentes tipos de empresas na sua implantação espacial.

Para isto, o método seguido é extremamente simples:

1. O conjunto de municipalidades da região parisiense foi classificado nos três estratos das três escalas α, β, γ, em função dos valores dos indicadores utilizados para definir nossas três variáveis α, β, γ.
2. Calculamos a frequência da implantação de cada tipo de empresa nas municipalidades do primeiro, do segundo e do terceiro estratos das três escalas.
3. Obtemos assim, para cada estrato de municipalidades, uma ordem de importância dos tipos de empresas. Esta ordem é comparada ao espaço hipotético. Por exemplo, no primeiro estrato das municipalidades classificadas segundo a escala γ, são as empresas C que devem vir à frente, em seguida os tipos 1, em seguida os B e 2. No terceiro estrato da escala γ, é o inverso que deve acontecer, enquanto no segundo estrato, são os tipos de empresas medianamente determinadas pelo espaço γ que deverão ser mais frequentemente implantados.

O quadro 22 exprime estes resultados.

Quadro 22

Frequências de implantação (+) dos tipos de empresas nas comunas da região parisiense classificadas em três estratos (+++), Segundo as escalas α, β, γ, 1962–1965. N 1 = 792, N2 = 872, N 3 = 894

Tipos de empresas	Tipos de espaço									Total de estabelecimentos implantados (N) (++)		
	Espaços de tipo estratos (1>3)			Espaços de tipo e (1>3)			Espaço de tipo (1>3)					
	1	2	3	1	2	3	1	2	3	Para N1	Para N2	Para N3
A 1	.53	.29	.18	.33	.36	.31	.32	.39	.29	264	264	264
A 2	.42	.42	.16	.36	.45	.17	.29	.49	.22	76	76	76
C 3	.47	.45	.08	.21	.42	.37	.48	.29	.23	51	60	66
A 2	.31	.35	.36	.45	.36	.19	.23	.39	.38	103	138	138
B 2	.19	.29	.52	.57	.26	.16	.23	.36	.41	84	29	34
A 3	.30	.42	.28	.38	.36	.26	.31	.42	.27	103	103	103
B 3	.21	.33	.46	.55	.29	.16	.17	.48	.35	39	52	52
C 3	.36	.44	.20	.29	.34	.37	.45	.39	.16	41	38	49
Total empresas	X2 = 88,50 p<.001			X2 = 60,88 p<.001			X2 = 104,9 p<.001			792	872	894

(+) Porcentagens calculadas sobre o total de empresas de um tipo nos três estratos.

(++) Em seguida a diferentes ajustamentos operados, o total de empresas varia ligeiramente nos três casos, α, β, γ.

(+++) N: número de empresas analisadas.

A comparação para os primeiros estratos das três escalas, entre a ordem teórica e a ordem observada, permite verificar o conjunto das hipóteses (comparação a efetuar entre os quadros 21 e 23).

Quadro 23
Posição observada ocupada pelos nove tipos de empresas nas comunas do primeiro estrato das três escalas: α, β, γ,

	α	β	γ
A_1	1	2	2
B_1	1	2	2
C_1	1	3	1
A_2	2	1	3
B_2	3	1	3
C_2	2	3	1
A_3	3	2	2
B_3	3	1	3
C_3	2	3	1

Erros: α intervenção $A_3 - A_2$ com 1 ponto de afastamento; β intervenção $A_1 - C_2$ com 2 pontos de afastamento; γ nenhum.

Falta agora introduzir a terceira variável independente, a estratificação econômica interempresas, no esquema assim construído. Procedemos a uma análise multivariada com cruzamento simultâneo das quatro variáveis, cujos dados numéricos são muito complexos para serem apresentados de modo abreviado. O essencial dos resultados altamente significativos pode ser resumido assim:

1 *Na implantação do tipo* γ, as características econômicas do tipo 1 e a importância pequena da empresa *contam ao mesmo tempo*, reforçando-se mutuamente, mas tendo uma influência autônoma. Isto quer dizer que, se uma empresa é do tipo 1, mesmo se ela é importante, ela tende a integrar-se no meio urbano. E que, se uma empresa é pequena, mesmo que não seja do tipo 1, ela segue também a mesma tendência na sua implantação.

2. Ao contrário, a *implantação do tipo* β é determinada inteiramente pelas características técnico-econômicas das empresas (B e 2), sem que sua dimensão tenha qualquer influência.

3. Enfim, na *implantação do tipo* γ (espaço de prestígio), a análise multivariada demonstra que é necessário que uma empresa seja ao mesmo tempo tecnicamente avançada e de grande dimensão para que se possa localizar em tal espaço. A simples técnica não basta. E a coincidência de uma capacidade de iniciativa técnica e de poder econômico, que está na base da formação de um novo espaço industrial, ligado à valorização social do contexto.

Qual é o significado teórico das descobertas desta pesquisa?

Lembremos que se trata do estudo do componente principal (a indústria) do elemento *produção*, elemento dominante da estrutura espacial. A análise versou não sobre os efeitos deste elemento sobre a estrutura urbana, mas sobre sua organização interna, sobre suas tendências de desenvolvimento. Ora, o que ressalta é a complexidade interior deste elemento, como também de cada elemento, sua decomposição, segundo a refração sobre ele de outros elementos da estrutura urbana, em três tendências:

- A tendência α, que exprime o desenvolvimento de P segundo as formas urbanas já constituídas, em particular em torno do meio residencial, quer dizer fundamental, segundo a situação do elemento C (consumo);
- A tendência β, na qual P segue na sua especialização o elemento T (troca), independente de toda inserção urbana;
- A tendência γ, que exprime uma preponderância da determinação ideológica do espaço (valores sociais dominantes) no interior de P.

Essa decomposição de P em três tendências não se efetua de modo arbitrário, mas segundo as características técnicas, econômicas e de poderio financeiro das unidades produtivas. Assim, a estrutura social se especifica ao mesmo tempo nas características das empresas e nas do espaço, e as práticas de implantação observadas são apenas a realização concreta das leis de relação entre os elementos técnicos, econômicos e sociais que se exprimem desta maneira.

Quadro 24
Estrutura social

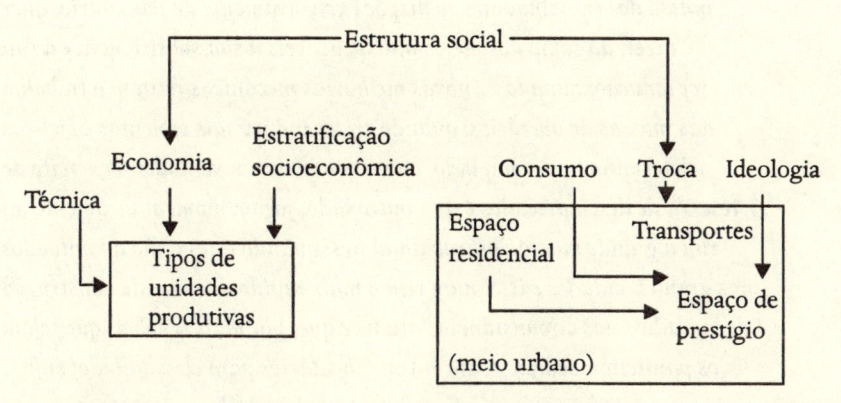

```
                    ┌──────── Estrutura social ────────┐
                    │            │                      │
                    ▼            ▼                      ▼
             Economia      Estratificação       Consumo   Troca   Ideologia
    Técnica                socioeconômica      ┌──────────────────────────┐
       │       │                │              │ Espaço         Transportes│
       │       ▼                ▼              │ residencial               │
       └──► Tipos de                           │        ──────►  Espaço de │
            unidades                           │                 prestígio │
            produtivas                         │ (meio urbano)             │
                                               └──────────────────────────┘
```

Adivinhamos o caminho que é traçado, capaz de mostrar, por um lado, a conexão específica entre as relações organizadas no que diz respeito ao espaço e às leis sociais gerais; por outro lado, a instituição de um sistema de determinações e de correspondências entre os diferentes elementos da estrutura do espaço.

Parece prematuro avançar mais neste caminho, tendo como fundamento apenas os resultados apresentados. A discussão do sistema urbano (cf. *infra*) permitirá voltarmos, mesmo com hesitação, a estes problemas.

B. *O espaço do consumo: o processo espacial de reprodução da força de trabalho.*

Sob esta categoria, podemos reagrupar um conjunto de processos complexos, que têm a ver com a reprodução simples e ampliada da força de trabalho na sua relação com o espaço, por exemplo, a habitação, e também os espaços verdes, os equipamentos e, no plano da reprodução social e ideológica, o aparelho escolar e sociocultural.

Para não tornar o texto pesado, vamos centralizar-nos nas questões relativas à habitação, sob a dupla perspectiva da relação com a moradia e da constituição do espaço residencial. Enfim, colocaremos rapidamente os problemas levantados pelo sentido subjacente ao conjunto dos processos de reprodução social no espaço, através do tema ideológico do ambiente.

a. A questão da moradia

> Uma sociedade não pode existir sem crise de moradia, quando a grande massa dos trabalhadores só dispõe exclusivamente de seu salário, quer dizer, da soma dos meios indispensáveis à sua subsistência e à sua reprodução; quando as novas melhorias mecânicas retiram o trabalho das massas de operários: quando crises industriais violentas e cíclicas determinam, por um lado, a existência de um verdadeiro exército de reserva de desempregados e, por outro lado, jogam momentaneamente na rua a grande massa dos trabalhadores: quando estes estão amontoados nas grandes cidades e isto, num ritmo mais rápido do que o da construção de moradias nas circunstâncias atuais e que, por mais ignóbeis que sejam os pardieiros, sempre se encontram locatários para eles: quando, enfim, o proprietário de uma casa, na sua qualidade de capitalista, tem não só o direito, mas também, em certa medida, graças à concorrência, o dever de obter de sua casa, sem escrúpulos, os aluguéis mais altos. Neste tipo de sociedade, a crise da moradia não é um acaso, é uma instituição necessária; ela não pode ser eliminada, bem como suas repercussões sobre a saúde etc., a não ser que a ordem social por inteiro, de onde ela decorre, transforme-se completamente.
>
> F. ENGELS, *A questão da moradia*, Paris, Ed. Sociales, 1957, p. 49.

A questão da moradia é primordialmente a de sua crise. Falta de conforto e de equipamentos, superpovoamento (apesar do subpovoamento de certas moradias), velhice, insalubridade tornam esta questão uma experiência vivenciada por grande parte da população: dois franceses em cinco vivem numa moradia superpovoada (ver, no que concerne à França, os quadros 25, 26, 27). O que caracteriza esta crise é que ela afeta outras camadas sociais além das que se encontram embaixo da escala de rendas e atinge amplos setores dos estratos médios, que se situam melhor em outros domínios do consumo, mas não podem escapar da penúria das moradias, suscitada pela concentração urbana. Esta penúria não é uma necessidade inexorável dos processos de urbanização; ela responde a uma relação entre a oferta e a procura, a qual é determinada pelas condições sociais de produção do bem, objeto do mercado, quer dizer, a moradia.

Dizemos então: relação entre a oferta e a demanda, e portanto situação no mercado, e não relação de produção.

Com efeito, sabemos que toda assimilação da relação *locatário-proprietário* à relação *operário-capitalista* é destituída de sentido e que, se a crise é geral e ultrapassa a própria classe operária, é justamente porque ela não provém de uma relação de exploração, mas de um mecanismo de distribuição de um bem particular.[19]

Quadro 25
Superpovoamento e subocupação das moradias na França, 1968
(proporção de famílias habitando uma moradia superlotada ou subocupada com relação ao conjunto de sua categoria socioprofissional)

	Inativos	Agricultores	Assalariados agrícolas	Operários	Empregados	Quadros médios	Prof. liberais e quadros sup.	Chefes industriais e Comerciais
Com superpovoamento acentuado	22,4%	13,7%	18,4%	7,6%	9,8%	15,8%	2,1%	6,7%
Com sub-ocupação acentuada	4,7%		21,5%	14,5%	8,2%	3,9%	32,1%	25,5%

Fonte: G. EBRIK e P. BARJAC, *Le Logement, dossier noir de la France*, Paris, Dunod, 1970, p. 19.

Daí a importância do tema da especulação e a dependência da questão da moradia em relação às leis econômicas que regularizam o mercado. Não conviria concluir disto tudo que a crise da moradia seja puramente conjuntural e simples questão de equilíbrio entre a oferta e a demanda. Trata-se de uma defasagem necessária entre as necessidades, socialmente definidas, da habitação e a produção de moradias e de equipamentos residenciais. É a determinação estrutural desta defasagem, bem como suas peculiaridades históricas, que precisamos estabelecer.

A moradia, além de sua escassez global, é um bem diferenciado, que apresenta toda uma gama de características, no que concerne a sua *qualidade* (equipamento, conforto, tipo de construção, durabilidade etc.), sua forma (individual, coletiva, objeto arquitetura, integração no conjunto de habitações e na região) e seu *status institucional* (sem título, alugada, casa própria, copropriedades etc.) que determinam *os papéis*, os níveis e as filiações simbólicas de seus ocupantes.

Quadro 26
Elementos de conforto na moradia, França, 1928

	% sobre o conjunto das moradias
Moradias sem água no interior	20,6%
Moradias sem pia	59,8%
Moradias sem W.C.	39%
Moradias anteriores a 1871	32%

Fonte: *Economie et Politique*, número especial de agosto-setembro de 1965.

Frequentemente consideramos os gostos, as preferências e até mesmo a sensibilidade a certas configurações míticas como o determinante "escolha da moradia" e, consequentemente, a diversidade das formas de hábitat, sua evolução, sua rentabilidade e, portanto, seu modo de distribuição. Se é inegável que as formas têm uma influência ideológica segura, e portanto material, elas apenas *reforçam*, e não suscitam, a organização mercantil deste bem peculiar que é a moradia. A problemática sociológica da moradia deve partir de uma inversão dos temas psicossociais habituais, para centralizar-se na análise do processo de produção de um certo bem durável, na sua diversidade de qualidades, de formas, de status, e em relação com o mercado econômico e, consequentemente, o conjunto social no qual ele se insere.

Para isto, devemos partir das características específicas ao bem produzido (a moradia) apoiando-nos, na medida do possível, nos dados de uma certa realidade histórica, a saber, a sociedade francesa.[20]

A moradia pode ser caracterizada, por um lado, com relação a seu lugar no conjunto do sistema econômico e por outro enquanto *produto* com características específicas.

Quadro 27
A variação global das necessidades anuais de construção, França, 1965, e número de moradias acabadas, 1965-1968

I. AVALIAÇÃO	Nº de moradias necessárias
Motivo	
Aumento do nº de lares	140.000
Migração dos franceses para as cidades	60.000
Imigração estrangeira	120.000
Realojamento dos ocupantes de habitações precárias em 5 anos	20.000
Supressão total do superpovoamento em 10 ou 15 anos	145.000 a 100.000
Supressão do superpovoamento crítico em 5 ou 10 anos	170.000 a 85.000
Renovação do parque imobiliário em 60 ou 80 anos	265.000 a 200.000
Total	815.000 a 665.000
Média do apanhado	740.000 moradias por ano
(Avaliação estabelecida por G. MATHIEU)	
II. NÚMERO DE MORADIAS CONSTRUÍDAS	
1965	411.599
1966	414.171
1967	422.878
1968	409.743

No que concerne ao primeiro ponto, a moradia é um dos elementos essenciais da reprodução da força de trabalho. Como tal, ela segue os movimentos de concentração, dispersão e distribuição dos trabalhadores e também provoca, em caso de crise, um ponto de estrangulamento importante no processo de produção.

Historicamente, a crise da moradia aparece primordialmente nos grandes aglomerados urbanos subitamente conquistados pela indústria. Com efeito, no local onde a indústria coloniza o espaço, necessita organizar, ainda que em nível de acampamento, a residência da mão de obra necessária. Em compensação, enxertando-se num tecido urbano já constituído, a industrialização aproveita a mão de obra potencial, que já reside no lugar e suscita em seguida um forte movimento migratório, cujas dimensões ultrapassam amplamente as capacidades de construção e de equipamento de uma cidade herdada de um modo de produção anterior. Assim, a penúria das moradias, as falhas de equipamento e de salubridade do espaço residencial resultam do aumento brusco da concentração urbana, num processo dominado pela lógica da industrialização.[21] Trata-se portanto de um desequilíbrio na relação população-elemento C (consumo), que resulta de uma transformação da estrutura urbana, sob o impulso dominante do elemento P.

Assim, quanto maior a taxa de crescimento industrial (capitalista), mais intenso é o crescimento urbano, maior é a tendência à concentração em grandes aglomerações e maior é a penúria de moradias como também a deterioração do patrimônio imobiliário.

É necessário contar, além disso, com os mecanismos multiplicadores da crise: em situação de penúria, desenvolve-se a especulação, os preços sobem, a rigidez social faz-se maior (e torna-se mais difícil subvencionar as necessidades suscitadas). A dificuldade do problema amortece as iniciativas para resolvê-lo, contribuindo assim para agravá-lo e para desenvolver em espiral o círculo vicioso da crise.

Se o mecanismo de *produção* da crise de moradia aparece claramente, as razões pelas quais ela se *mantém* são menos imediatas. Com efeito, as necessidades de moradia determinam uma *demanda* importante no mercado e, mais ainda, a reprodução da força de trabalho fica perturbada, com consequências possíveis, ao mesmo tempo, sobre o próprio trabalho e sobre a "paz social". Se a resposta a esta demanda continua insuficiente, é preciso buscar a razão na lógica social segundo a qual esta demanda é tratada. Porque a dominação do elemento P não se opera apenas no ritmo da estrutura urbana, mas também na lógica interna de cada elemento (neste caso, o elemento C). Mais concretamente, a moradia depende, para sua realização, das características e dos objetivos da indústria da construção. Num primeiro nível, isto quer dizer que, na ausência de intervenção pública, a única demanda que efetivamente se leva em conta é a *demanda solvável*. Ora, da comparação entre as rendas das famílias e os preços e aluguéis de apartamentos médios deduzimos a dificuldade de resolver a crise unicamente pelos mecanismos do mercado (quadros 28 e 29).

Quadro 28
Parte do aluguel nas despesas das famílias
(% do quadro, França, 1968)

Moradia confortável (cozinha, banheiro, ducha, aquecimento central)	Aluguéis	Rendas disponíveis		
		2.000 F	3.000 F	5.000 F
Paris:				
2 peças – 40 m²	620 F	31%	21%	12%
4 peças – 80 m²	1.250 F	62%	41%	25%
Subúrbio				
2 peças – 40 m²	270 F	13,5%	9%	5,4%
4 peças – 80 m²	640 F	32%	21%	13%
Província:				
2 peças – 40 m²	310 F	15%	10%	6%
4 peças – 80 m²	620 F	31%	21%	12%

Quadro 29
Distribuição da população entre as diferentes
faixas de renda, França, 1965

Renda mensal		Proporção de lares	
menos de 430 F		11%	
de 430 a 1.290 F	Menos	30%	61%
de 1.290 a 1.720 F	de 1.720 F	20%	
de 1.720 a 5.160 F		34%	
abaixo de 5.160 F		5%	

Fonte: Comissão da habitação do V Plano.

Dado que na França, em 1965, 60% das famílias urbanas tinham uma renda inferior a 1.600 F por mês, a construção privada não foi capaz de dar uma solução ao desequilíbrio criado. Não se trata unicamente de uma estratificação no consumo, como existe para todos os bens, em função da estratificação social, mensurada pelo poder de aquisição, mas, ainda mais diretamente, de uma não satisfação da demanda. A produção de moradias é tal, na situação histórica estudada, que, se deixada a seu próprio encargo ela não seria capaz de alojar a maioria da população das grandes cidades. O estudo da especificidade deste processo de produção nos ajudará a determinar as razões de tal situação.

Se partimos da ideia de que, no mercado imobiliário privado, a moradia é um bem produzido para ser vendido, quer dizer para obter um lucro, é preciso questionar quais são as características específicas de realização da mais-valia, que determinam uma maior incapacidade da indústria privada em subvencionar as necessidades elementares neste domínio, mais ainda do que nos outros itens do consumo individual. A produção da moradia resulta da articulação dos três elementos: o terreno no qual se constrói, os materiais e/ou elementos incorporados na construção e a construção do imóvel propriamente dita, a saber, a aplicação da força de trabalho numa dada organização, sobre os materiais de base, para produzir a habitação. As características dos três elementos, suas formas de articulação e sua relação com o mercado determinam uma forma específica do trabalho ou, como se diz frequentemente, uma certa "organização da profissão". Examinemos a especificidade das diferentes fases.

Em primeiro lugar, é fato notório, constatamos a enorme dependência da construção com relação à disponibilidade e aos preços dos terrenos para construção, como também com relação à especulação imobiliária resultante. Trata-se da articulação da renda imobiliária com o lucro capitalista. Mas não podemos opor, como se fez algumas vezes, a racionalidade do lucro industrial à pura especulação individual dos proprietários imobiliários. Pois se o emprego seguro do capital dos pequenos arrendatários ainda existe, o essencial do mercado imobiliário nas grandes cidades é controlado por organismos financeiros sempre presentes (por exemplo "holdings" que concedem os empréstimos para construção). Na base desta estratégia estão dois fatores: 1. A penúria das moradias, que assegura a possibilidade de aproveitamento do terreno, e isto com tanto lucro que a penúria de moradias (e portanto de terrenos) se acentua; 2. A demanda que privilegia certas localizações socialmente valorizadas e/ou funcionalmente desejáveis. Esta diferença se deve à assimetria da estrutura do espaço residencial (cf. *infra*) e ao reforço destas tendências por uma política de equipamento "secundária" (enquanto ela poderia impulsionar a descentralização). A renda imobiliária assim obtida é considerável: em 1950-65, um lucro de 21% sobre o capital inicial.[22]

As consequências para a produção das moradias são muito graves: por um lado, os preços de venda sofrem uma alta igual, sem outra justificativa a não ser a destes benefícios especulativos (assim, o preço do terreno na França aumentou em média de 60% entre 1962 e 1965; se consideramos que ele intervém em cerca de 20% do custo global de uma operação, trata-se de um aumento de 12% do preço das moradias;[23] por outro lado, dadas as taxas de lucro destes investimentos, há uma tendência dos proprietários a não vender, ou a vender apenas por preços tais que só podem ser pagos, frequentemente, por sociedades que adquirem visando à superespeculação. Isto provoca a escassez dos terrenos e reforça a crise.

Dito isto, a importância da especulação imobiliária provém, essencialmente, da penúria das moradias, *que ela contribui para reforçar*. Com efeito, numa situação relativamente equilibrada entre oferta e demanda das moradias, a especulação recai apenas sobre certas zonas (centro da cidade, zonas de boa densidade etc.) e não sobre o conjunto do aglomerado ou mesmo sua periferia. Portanto, se do ponto de vista de uma política de habitação, o primeiro obstáculo a vencer é a especulação imobiliária (pois uma vez que ela aparece, seu mecanismo absorve todos os orçamentos-moradia de que se pode dispor), *ela não está na base da enorme defasagem entre construção e necessidades de moradias*. As razões fundamentais desta defasagem devemos encontrá-las no próprio processo de produção.

*

Não há praticamente produção privada de moradia "social", ao mesmo tempo que encontramos indústrias que fabricam bens de consumo destinados a todas as faixas de renda. Se isto é verdade, podemos supor que a rentabilidade dos capitais neste setor é bem menor que nas outras indústrias, a tal ponto que são desencorajados e torna-se necessária uma intervenção pública maciça para limitar os prejuízos. Com efeito, a taxa de rotação do capital investido na construção é especialmente longa, devido à lentidão da fabricação, à carestia do produto a ser adquirido, que limita os compradores, e faz com que se opte pela solução do aluguel, à extensão do prazo de obtenção de lucro, a partir do pagamento dos aluguéis, e sobretudo devido à sensibilidade da moradia às reivindicações sociais que motivam a intervenção frequente do Estado com medidas tais como o congelamento dos aluguéis, que ameaçam o lucro. Este fato gera outros dois: a fraqueza da massa de investimentos privados neste setor, e a busca de uma alta taxa de lucro a curto termo, sem a normalização de um lucro moderado a longo termo, como é o caso dos grandes trustes industriais.

Esta situação, em interação com as *próprias características do processo de trabalho*, que tornam menos cômodas que antes tanto a mecanização quanto a padronização das operações, provoca uma organização industrial frequentemente arcaica. Atividade fracionada entre uma multidão de pequenas indústrias (cf. quadro 31), fraca inovação tecnológica, fraca qualificação e, sobretudo, um número restrito de operários por tarefa (em relação aos outros ramos industriais), o que limita igualmente as fontes de mais-valia, diminui o lucro, aumenta os preços e desencoraja os investimentos. O conjunto destas características resulta em uma *fraca produtividade*, o que, por sua vez, mantém a penúria, retarda qualquer solução e, ao mesmo tempo, exige um lucro imediato importante em cada operação, em lugar de estender as taxas para um futuro sempre imprevisível nestas condições (quadro 32).

Progressos foram feitos começando pelo setor de menor resistência, a fabricação de materiais de construção, e está ocorrendo um movimento para a concentração e a racionalização dos empreendimentos (cf. quadro 31). Mas esta evolução só foi possível pela intervenção do Estado: criando uma demanda solvável onde ela não existia, permitiu a obtenção de lucros e atraiu novos capitais, com base no movimento de concentração e de difusão das técnicas dos pré-fabricados.

A situação de escassez que se cria desta forma, a propósito de um bem de uso indispensável e num desequilíbrio permanente mantido pela aceleração da concentração urbana, permitiu a multiplicação de intermediários e a organização de toda uma rede de serviços, cuja única finalidade é especular sobre os congelamentos e as dificuldades do setor, criando uma demanda solvável onde ela não existe, e procurando atrair capitais hesitantes para operações cuidadosamente estudadas. É o caso, na França, da corretagem imobiliária, que se desenvolveu fora de toda regulamentação.[24] Na origem, o corretor foi (até 1963) um intermediário operando unicamente a partir dos fundos dos eventuais compradores, e encarregado de levar a cabo uma operação imobiliária. Depois da crise de venda de moradias, motivada por um excesso de euforia no que concerne à fabricação da demanda, a corretagem tornou-se uma verdadeira empresa, frequentemente sustentada por um banco, e que busca estabelecer um mercado da construção, pré-fabricando a demanda segundo técnicas publicitárias bastante conhecidas e jogando com a insegurança provocada pela crise da moradia nas classes médias da população, suscetíveis de comprar uma moradia, se forem oferecidos mecanismos de crédito.

Esta intervenção do corretor tem um papel duplo: ela organiza a atividade, relaciona os diferentes elementos do processo e racionaliza o mercado, no interior da lógica do lucro; por outro lado, como todo processo de concentração-racionalização capitalista, ela leva esta lógica ao extremo, elimina sistematicamente qualquer outro critério, com exceção da rentabilidade e dirige-se, consequentemente, à parte da população que pode adquirir uma moradia ou pagar um aluguel alto, livre para realizar "obras sociais" pontuais, quando a estratégia dos mercados públicos assim o exige.

Quadro 30
Preço do m² de terreno na região parisiense em 1962 e 1965, mais-valias sobre os terrenos privados e taxas anuais de aumento de preço entre 1962 e 1965

Zonas	Preço do m²		Mais-valia sobre os terrenos privados (milhões de F 1965)	Taxa anual de crescimento dos preços dos terrenos entre 1962 e 1965
	1962 em F 1962	1965 em F 1965		
A	1.500	2.200	6.800	1,15
B	800	1.300	3.100	1,18
C	550	850	7.500	1,16
1	95	200	7.550	1,24
2	200	425	12.650	1,29
3	65	125	2.800	1,24
4	150	350	2.250	1,33
5	125	225	2.600	1,22
As 8 Zonas			45.450	

Zona A.B.C: Paris, Boulogne e Issay-les-Moulineaux.
Zona 1: Saint-Germain-en-Laye, Maisons-Laffitte, Mesnil-le-Roi, Montesson, Sartrouville, Houilles, Le Vésinet, Chatou, Carrières-sur-Seine, Croinsy, Bougival, Rueil-Malmaison, Vaucresson, Garches, Saint-Cloud, Marnes-la-Coquete, Ville d'Avray, Sevres, Chaville, Viroflay, Versailhes, Meudon.
Zona 2: Nanterre, Suresnes, Puteaux, Courbevoie, Levallois-Perret, Clichy, Saint Ouen, Saint-Denis, Pierrefitte, Villeneuve, Montmagny, Deuil, Montmerency, Enghien-les-Bains, Eaubonne, Saint-Gratien, Sannois, Cormeilles-en-Parisis, Argenteuil, Bezons, Gennevilliers, Ile-Saint-Denis, Villeneuve, La Garenne, Colombes, Asniéres, Bois-Colombes, La Garenne--Colombes.
Zona 3: Aubervilliers, Paint, Pré-Saint-Gervais, Les Lilas, Bagnolet, Montreuil, Rosny--sous-Bois, Bondy, Villemonble, Gagny, Neuilly-sur-Marne, Neuilly-Plaisance, Le Perreux, Stains, Bry-sur-Marne, Champingny-sur-Marne.
Zona 4: Maisons-Alfort, Ivry-sur-Seine, Kremlin-Bicêtre, Vitry-sur-Seine, Villejuif, Thiais, Choisy-le-Roi, Orly.
Zona 5: Clamart, Vanves, Malakoff, Montrouge, Gentilly, Arcueil, Bagneux, Cachan Châtillon, Clamart, Plessis-Robinson, Fontenay-aux-Roses, Chatenay-Malabry, Sceaux, Bour-la-Reine, L'Hay-les Roses, Chevilly-la-Rue, Fresnes.

Quadro 31
Composição da indústria da construção na França pelo tamanho das empresas

A) Repartição dos trabalhos de construção (execução 1965) segundo sua natureza e segundo o tamanho das empresas (Total = 100%)

Tamanho das empresas (Número de pessoas)	Trabalhos novos – Estrutura	Trabalhos novos – Acabamento	Conservação e Melhorias
De 1 a 5	21,5%	8,4%	6,3%
De 6 a 20	4,7%	10,4%	5,5%
De 21 a 100	9,9%	13%	3,7%
Mais de 100	24,7%	9,7%	1,6%

Fonte: Federação Nacional da Construção.

B) Um movimento de concentração manifesta-se no interior destas empresas, bem como o demonstra a evolução dos efetivos:

	1955	1967
Empresas artesanais	144.000	147.000
Pequenas empresas	254.000	315.000
Empresas médias	217.000	318.000
Grandes empresas	183.000	379.000

Fonte: FNB.

O que é claro, é que a margem beneficiaria do corretor e os encargos diversos (honorários, custos financeiros, custos de gestão e comercialização) representam 26% do preço de uma moradia nova (1968) apesar de uma certa baixa recente nos benefícios exorbitantes dos corretores (ver quadro 32).

Quadro 32
Evolução, em porcentagem, da composição do preço de venda das moradias na França, por m² de superfície habitável

Ano	Terreno + encargos	Construção	Encargos diversos	Preço de custo	Facilidades à margem	Preço de venda
1964	12,3%	63,4%	9,6%	85,3%	14,7%	100
1965	12,5%	60,9%	11,6%	85%	15%	100
1966	12,7%	61%	13,1%	86,8%	13,2%	100
1967	14,9%	60,5%	13,6%	89%	11%	100
1968	13,9%	60,2%	16,7%	90,8%	9,2%	100

Fonte: Caixa de garantia imobiliária da FNB.

O resultado concreto deste processo é espetacular: de 1945 a 1946, na França, em 3.268.000 apartamentos construídos, só 13% o foram sem nenhuma ajuda pública ou qualquer outra, e 26% com auxílio moderado (6 F o m²). O que quer dizer que *60% das moradias novas não teriam sido construídas se contasse unicamente o jogo do mercado!*[25]

O conjunto do processo pode ser resumido da seguinte maneira:

**Processos de produção da crise da moradia
na economia capitalista (*)**

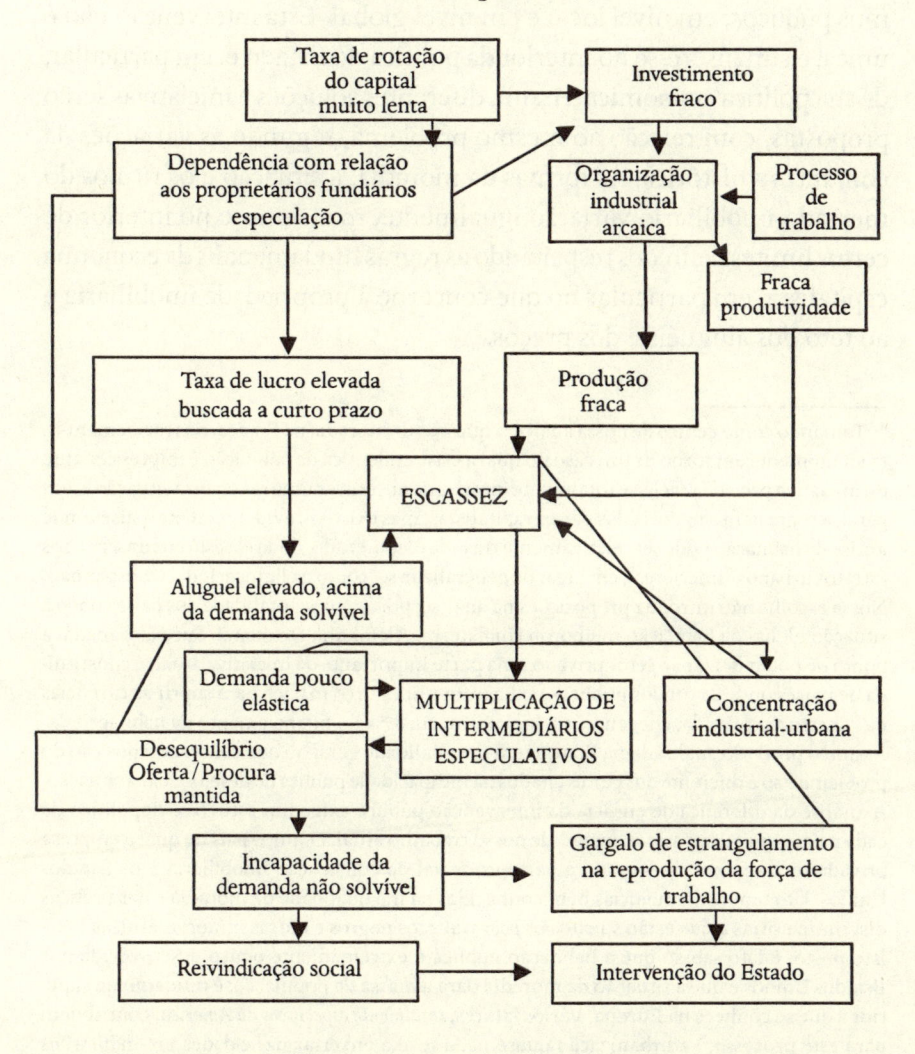

```
         ┌─────────────────┐
         │ Taxa de rotação │        ┌──────────────┐
         │   do capital    │──────▶│ Investimento │
         │   muito lenta   │        │    fraco     │
         └─────────────────┘        └──────────────┘
                  │                        │
                  ▼                        ▼
   ┌──────────────────────────┐   ┌──────────────┐   ┌──────────┐
   │ Dependência com relação  │   │ Organização  │◀──│ Processo │
   │ aos proprietários fundiários│ │  industrial  │   │    de    │
   │       especulação         │  │   arcaica    │   │ trabalho │
   └──────────────────────────┘   └──────────────┘   └──────────┘
          │                              │
          │                              ▼
          │                      ┌──────────────┐
          │                      │    Fraca     │
          │                      │ produtividade│
          │                      └──────────────┘
          ▼                              │
   ┌──────────────────────┐       ┌──────────────┐
   │ Taxa de lucro elevada│       │   Produção   │
   │ buscada a curto prazo│       │    fraca     │
   └──────────────────────┘       └──────────────┘
              │                          │
              ▼          ESCASSEZ ◀──────┘
       ┌──────────────────┐
       │ Aluguel elevado, acima│
       │ da demanda solvível   │
       └──────────────────────┘
          │
          │   ┌──────────────┐
          │   │   Demanda    │   ┌────────────────┐   ┌──────────────┐
          │   │ pouco elástica│  │ MULTIPLICAÇÃO DE│  │ Concentração │
          │   └──────────────┘   │  INTERMEDIÁRIOS │  │industrial-urbana│
          │                      │  ESPECULATIVOS  │  └──────────────┘
          ▼                      └────────────────┘
   ┌────────────────┐
   │  Desequilíbrio │
   │ Oferta/Procura │
   │    mantida     │
   └────────────────┘
          │                          ┌────────────────────────┐
          ▼                          │ Gargalo de estrangulamento│
   ┌──────────────────┐              │ na reprodução da força de │
   │  Incapacidade da │─────────────▶│        trabalho           │
   │ demanda não solvível│           └────────────────────────┘
   └──────────────────┘                         │
          │                                     ▼
          ▼                           ┌──────────────────┐
   ┌──────────────────┐               │   Intervenção    │
   │ Reivindicação social│──────────▶│     do Estado    │
   └──────────────────┘               └──────────────────┘
```

---

* Devemos assinalar que se trata aqui da tendência estrutural do capital em relação a este setor. É evidente que a taxa de rotação do capital *privado* efetivamente investido é muito alta porque só se investe numa parte rentável do mercado da moradia, uma vez que o Estado se encarrega dos investimentos de menor rentabilidade.

A incapacidade da economia privada em subvencionar as necessidades mínimas de moradias* exige a intervenção permanente dos organismos públicos, em nível local e em nível global. Esta intervenção não é única, e sim insere-se no interior da política do Estado e, em particular, de sua política econômica. Assim, diferentes soluções e iniciativas serão propostas, com relação ao mesmo problema, segundo as variações da conjuntura histórica. As formas da moradia, a situação e os ritmos do mercado imobiliário variarão igualmente, mas sempre no interior de certos limites definidos respeitando as regras fundamentais da economia capitalista, em particular no que concerne à propriedade imobiliária e ao teto dos aluguéis e dos preços.

---

* Tomando como centro de nossa análise a questão da moradia na França, nós raciocinamos, evidentemente em torno de um caso no qual a crise endêmica da habitação é impressionante e a iniciativa privada revela-se totalmente incapaz de encontrar uma saída. Esta situação é, em geral, a regra para a maioria dos países capitalistas, mas existem, evidentemente, países onde a crise de habitação pôde ser relativamente travada e, sobretudo, onde ela está circunscrita aos estratos urbanos "inferiores", em lugar de generalizar-se, como na França, Itália ou Espanha.[26] Nossa escolha não introduz proposições na análise, pois a quase totalidade dos países onde a situação global da habitação melhorou (Inglaterra, Alemanha Ocidental, Suécia, Canadá) a ponto de poder deixar ao setor privado uma parte importante da iniciativa atual, é constituída de países onde os fundos públicos realizaram um esforço maciço para suprir as carências da construção privada, chegando, na Inglaterra, até 85% do financiamento da habitação.[27]
Assim, o processo analisado na França tem uma validade geral no que concerne à posição do problema e só é diferente dos países citados na incapacidade pública de desbloquear a situação. A análise da diferença de eficácia da intervenção pública exige um estudo sociopolítico de cada país, o que ultrapassa o quadro de nosso trabalho atual. O único país no qual a empresa privada teve sempre assegurado a parte essencial da construção imobiliária é os Estados Unidos. Isto tem consequências bem conhecidas na má qualidade da moradia e nas práticas discriminatórias a que estão sujeitos os *poor white*, os negros e outras minorias étnicas.[28]
Isto posto, é fato sabido que a habitação pública é extremamente pouco desenvolvida nos Estados Unidos e que a situação da moradia para a massa da população, é nitidamente superior à que se conhece na Europa. Vários fatores, *totalmente específicos da América*, contribuem para este processo;[29] a urbanização quase nada teve a enxertar nas cidades pré-industriais mal adaptadas às novas formas espaciais; o país não sofreu destruições em consequência de guerra; o crescimento industrial permitiu uma padronização do trabalho e um grande desenvolvimento da pré-fabricação; o reinado do automóvel e a dispersão urbana facilitaram a disposição dos terrenos e a limitação da especulação: e, sobretudo, a alta real do nível de vida (devido à potência americana no mercado mundial) permitiu, ao mesmo tempo, a criação de uma demanda solvível real e a extensão do sistema de crédito individual. Quando refletimos no que representa o conjunto destes diferentes fatores, nos damos conta da dificuldade que existe em transportar para outro país a capacidade da indústria americana de construção.
A questão da moradia na França não é uma exceção mas um caso-típico no seio da economia capitalista desenvolvida, numa certa fase de sua evolução.

Já que trata-se de estabelecer um equilíbrio na situação de um determinado bem no mercado, a intervenção pública pode ocorrer em dois planos: intervenção na *demanda* com a criação de uma demanda solvável, e intervenção na *oferta*, com a construção direta das moradias e a adoção de medidas para facilitar as realizações imobiliárias e diminuir seu preço.

A ação na demanda é dupla: por um lado, ela toma a forma de uma alocação-moradia, vindo ajudar as famílias sem possibilidade de pagar um aluguel muito alto; por outro lado, trata-se de créditos para a compra de apartamentos, em particular nas habitações sociais. A primeira fórmula se assemelha, de fato, à assistência social e traduz-se num complemento para situações extremamente precárias. Em 1964, 1.300.000 famílias foram beneficiárias de alocação-habitação e receberam, para isto, 1,4 bilhão de francos antigos. Mas as tabelas de alocação, fixadas pelo Estado, são baixas demais para modificar sensivelmente a situação. E, por outro lado, são as caixas de locação familiares que asseguram o essencial do encargo financeiro, diminuindo na mesma proporção os recursos destinados para tratamento das questões sociais.

O segundo tipo de intervenção possível é a concessão de facilidades de crédito para a compra de moradias sociais ou os empréstimos com juros relativamente baixos para pessoas sujeitas a fórmulas do tipo poupança-moradia. Aí também, a importância da contribuição inicial e dos juros a serem reembolsados exclui uma massa importante da população, com rendas baixas, enquanto os membros das camadas sociais superiores gozam das facilidades de crédito para efetuar investimentos especulativos comprando apartamentos "com finalidade social".

Parece evidente que de toda forma a ação pública sobre a demanda é muito fraca, para suscitar a demanda-solvável com a qual sonha a corretagem imobiliária.[30] Isto aliás faz parte da lógica das coisas, pois uma alocação-habitação verdadeiramente eficaz equivaleria a uma redistribuição de rendas de uma dimensão considerável, através do jogo dos impostos que seria preciso aumentar para obter os fundos necessários. Se esta fórmula não é utópica, é claro também que ela não decorre da lógica do sistema, mas sim de uma certa relação de forças estabelecida pelos movimentos de reivindicação social. O desenvolvimento do crédito para a compra é, em compensação, mais plausível e com efeito, é neste sentido que a política francesa se orienta, ainda que as limitações assinaladas permaneçam válidas por bastante tempo. Mas o crédito não pode, sozinho, descongelar a situação, se não se basear num programa de construção política, desta forma rentabilizado. A construção pública oferece aliás ao Estado, sob diversas formas, uma possibilidade de intervenção eficaz na atividade econômica, bem como uma margem de manobra no terreno das "realizações sociais". E, é definitivamente, no terreno da construção, direta ou indireta, de moradias "sociais", que a intervenção pública teve uma importância decisiva (cf. quadros 33 e 34).

Desde a Lei Siegfried (1894) facilitando a construção de habitações por bom preço, o Estado francês não parou de intervir no financiamento da construção com caráter social, em particular, concedendo empréstimos de longa duração e com baixas taxas de juros aos organismos públicos encarregados de construir e gerir habitações com aluguel moderado (HLM).[31] Outras fórmulas financeiras estão previstas com condições mais onerosas (Logécos) e outras são de fato subvenções para estimular a construção privada (ILN e habitações privadas). O volume e as formas desta ajuda variaram, em função da política econômica seguida e, às vezes, da estratégia social da classe dominante. Assim, o primeiro terço do século foi dominado por dois movimentos paralelos: a intensificação da construção das H.B.M. (será necessário aguardar 1921 para que seja tomada uma decisão de conjunto e a Lei Loucheur [1928], para que se inicie um programa) e o florescimento dos loteamentos de casas pequenas depois de 1920, preparado pela Lei Ribot (1908), favorecido pela Lei Loucheur e de perfeito acordo com a ideologia integradora, que desejava parar a luta de classes fazendo de cada operário um proprietário... Fora de seu trabalho.

Quadro 33
Quadro da evolução das moradias acabadas (em milhares), França, 1943-1964

	1943 a 1954	1955	1956	1957	1958	1959	1960	1961	1962	1963	1964
Reconstrução	196,5	34,7	32,0	32,9	24,2	17,1	12,7	11,8	8,3	3,9	2,4
HLM locação	67,8	36,0	30,4	54,5	68,7	82,8	77,0	70,8	68,3	78,9	92,6
HLM acessão	18,8	14,2	15,2	18,7	18,9	18,1	18,8	20,7	20,9	22,5	24,9
Logécos	12,2	34,6	51,7	67,4	74,0	86,6	89,1	98,9	103,3	112,7	102,9
Outras moradias com auxílio	130,0	65,4	83,5	78,4	80,4	87,6	87,7	81,7	74,2	79,2	104,2
Moradias sem auxílio	183,3	25,2	22,9	21,8	25,5	28,2	31,3	32,1	33,9	39,0	41,9
Total	608,6	210,1	235,7	273,7	291,7	320,4	316,6	316,0	308,9	336,2	368,9

Quadro 34
Distribuição do orçamento global de construção das moradias,
conforme a FONTE DE FINANCIAMENTO; França, 1968
(em francos novos)

Organismo públicos	10 bilhões
Organismo privados	10,4 bilhões
Contribuição dos compradores	<u>10,8 bilhões</u>
	31,2 bilhões

Esta estratégia não durou muito, na medida em que ela só pôde concretizar a *forma* da moradia (casa individual) e seu *status* (acesso à propriedade), mas em condições econômicas tais que desintegrou o hábitat dispersando-o na periferia dos aglomerados e negligenciando todos os problemas de serviço, comunicações e ambientação em geral. O resultado foi o fracasso do conjunto do empreendimento e a constituição de um forte movimento reivindicatório entre os moradores dos chalés...[32] Na base desta política, a fragilidade do esforço financeiro que o Estado francês estava disposto a fazer neste sentido, e o caráter primordialmente ideológico, centrado na "paz social", com que se tratava o problema.

A crise econômica dos anos trinta e as destruições da guerra agravam a crise a ponto da pressão social tornar-se ameaçadora, e a penúria, disfuncional para a mobilidade necessária da mão de obra. Torna-se indispensável uma resposta pública maciça da iniciativa: entre 1945 e 1955 um conjunto de disposições (empréstimos especiais, 1% patronal, Logécos, créditos HLM) vem aliviar a defasagem enorme que ocorrera, em particular com o aumento demográfico e a concentração urbana.

Assim, em 1967, 63% das moradias foram construídas com fundos públicos. A *forma*, que estas moradias tomaram foi consequência do mecanismo que estava na base do movimento: era necessário andar depressa, com preços acessíveis, e portanto em terrenos liberados e baratos, situados na periferia das aglomerações; era preciso construir maciçamente, se possível em série, faixas inteiras de moradias coletivas. E foram os *grande conjuntos* que vieram modificar a paisagem francesa e alimentar todas as ideologias reacionárias sobre a desumanização da cidade, apoiando-se na insatisfação, perfeitamente legítima dos moradores mal acomodados,[33] e que atribuíam à forma os problemas decorrentes da insuficiência de serviços e do exílio espacial, diretamente determinados pela necessidade de um baixo custo líquido.

Este processo explica também o *status social*. Assim, se a pesquisa de Paul Clerc mostra a ausência de diferenças significativas *médias* entre os grandes conjuntos e os grandes aglomerados,[34] um estudo recente de Chamboredon e Lemaire[35] insiste na especificidade social dos grandes conjuntos, separados do subúrbio circunvizinho e diferenciados no interior entre os residentes de passagem, pertencentes às camadas médias, e os residentes permanentes, na maioria operários, que dão o tom social deste meio ecológico, constituindo as raras manifestações de vida social no interior de sua unidade de residência.

No entanto, uma vez limitadas as consequências extremas da crise, o Estado procura desembaraçar-se do encargo financeiro destinado à construção, tentando rentabilizar o setor para atrair os capitais privados. Assim, em 1964, a parte de fundos públicos no financiamento da moradia era apenas de 43%[36] e, em 1968, de 33%.[37] De 1955 a 1964, a parte dos HLM, nas moradias determinadas não parou de diminuir (cf. quadro 35).

Esta evolução está de acordo com as tendências de intervenção do setor público no capitalismo avançado: tomar o encargo direto das necessidades não rentáveis; depois tentar criar condições de rentabilidade, após o que, o setor retorna às mãos do capital privado. Para atingir este objetivo, era necessário primeiro enfrentar as necessidades mais prementes, as que, oferecendo uma base aos movimentos reivindicativos, dificilmente podiam transformar-se em demanda solvável para a construção privada. Em seguida, era preciso tomar medidas que tornassem a construção mais rentável. Nesta perspectiva se inscreve a campanha para a unidade do mercado imobiliário, buscando levantar os aluguéis dos antigos apartamentos, transferindo as famílias de rendimentos baixos que neles habitavam, realojá-las noutra parte e criar assim uma certa mobilidade entre os lares. Dada a não disponibilidade de apartamentos novos a bom preço, e em número suficiente, esta política tem como efeito real um nivelamento pelo alto e a criação de uma saída rentável para a corretagem imobiliária privada, segura de poder receber os aluguéis que acompanham o movimento inflacionário da economia.

Quadro 35

Número de moradias construídas	De 1955 a 1959	De 1960 a 1964	De 1955 a 1964
Total	1.331.600	1.646.600	2.978.200
das quais HLM (locativas e acessíveis à propriedade	357.000	495.400	852.500
Logécos	314.000	506.900	821.200
Moradias de luxo (sem auxílio ou com auxílio de 6 F o m2)	518.900	605.200	1.124.100

Um segundo tipo de ação sobre a rentabilidade da construção consiste em intervir na especulação imobiliária e na oferta de terrenos para construção. Sendo rejeitada a nacionalização do solo, o Estado recorreu ao congelamento dos preços dos terrenos em certas zonas de urbanização prioritária (ZUE) nas quais se concentra o essencial dos equipamentos comunitários com permissão de construir; da mesma maneira, nas zonas de disposição diferenciada (ZDD), um direito de preempção da administração protege contra a alta especulativa dos terrenos. Uma vez circunspecto o terreno, o organismo público o vende aos construtores, por um preço até mesmo inferior ao preço de custo. Consequentemente, o objetivo final da reserva de terras assim constituída não é de limitar a especulação, mas sim conciliá-la com os capitais investidos na construção, que se beneficiarão assim de um lucro excedente sobre os preços das moradias construídas em condições vantajosas, sem que tenham tido de pagar a alta dos preços dos terrenos. O Estado, servindo de intermediário entre os proprietários e os corretores, subvenciona indiretamente a estes últimos, sem acabar completamente com as manobras dos primeiros.

Esta perspectiva tornou-se bem mais clara com a criação das ZAC (zonas de disposição combinada) pela nova lei de orientação imobiliária de 1967. Tratam-se de zonas urbanizadas conjuntamente pelas coletividades ou pelos estabelecimentos públicos e as sociedades imobiliárias. Em troca da realização de um programa de construção nas zonas assim estabelecidas, a administração toma a seu cargo os equipamentos de base, faz as derrogações com relação às normas habituais de permissão para construir e anula o plano de ocupação do solo, o que permite, evidentemente, aumentar a densidade do conjunto das moradias construídas.

Esta fórmula, que constitui para o ministro da Habitação, M. Chalandon, "a ponta de lança da política imobiliária",[38] consagra o papel decisivo do Estado na criação de condições de rentabilidade necessárias ao desenvolvimento da indústria privada da construção.[39]

Sempre com a perspectiva de fornecer terrenos de construção para a empresa privada, foi decidido abertamente tentar a solução "americana", com a expansão dos aglomerados ao longo dos eixos de transporte, dispersando o hábitat e permitindo assim aumentar a massa de terrenos disponíveis. É também neste sentido que a política recente do ministério do equipamento, na França, enfatizou o desenvolvimento das autoestradas, em geral construídas sob concessão pelas empresas privadas, e a generalização do hábitat individual "integrado no campo".

Em qualquer caso, os fundos públicos serão empregados para compensar uma rentabilidade eventualmente insuficiente — o que é uma forma de assegurar os capitais privados. Trata-se aí da aplicação de um raciocínio estritamente econômico, que "se adapte à realidade" sem colocar o problema geral da organização urbana; este problema, de toda forma, escapa definitivamente ao controle do planificador, pois todo o dinamismo deve provir da iniciativa das sociedades privadas.

Na mesma linha de conduta, o Estado tenta favorecer o processo de concentração econômica e de racionalização técnica no seio da indústria de construção e de trabalhos públicos. Para isto, ele conta com duas séries de medidas: a organização de concorrências para a conclusão de mercados públicos e, por outro lado, com o jogo das subvenções e vantagens fiscais e jurídicas concedidas à cooperação entre as diferentes partes do processo de produção. Em particular, as concorrências serviram para desenvolver o acordo entre os diferentes grupos, reforçando ao mesmo tempo os elos entre as empresas públicas e privadas. Assim, entre os ganhadores de concorrência para casas individuais (1969), uma das mais importantes iniciativas da política de Chalandon, cinco grupos em sete se constituíram nesta ocasião. Promogim, o único grupo ganhador inteiramente privado, é composto de oito sociedades, entre as quais: a *Sociedade Química Rodoviária e de Empreendimento Geral*, a *Sociedade de Minas de Betume e de Asfalto do Centro*, o *Grupo de Empreendimentos*

Dumesny e Chapelle. Estas firmas realizaram, em 1968, um volume de negócios de 750 milhões de francos na construção.

Por outro lado, a insistência na casa individual obedece também à preocupação de facilitar a construção industrial de pré-fabricados. Não só a ligeireza do imóvel concebido desta forma torna-o mais fácil, como a maioria das patentes de pré-fabricados, de origem americana, gira em torno de casas unifamiliares, tendo feito suas provas no gigantesco processo de "suburbanização" dos Estados Unidos no pós-guerra.

Enfim, no conjunto da política assim definida, a questão da moradia é tratada segundo três abordagens complementares:

1. A empresa privada deve ser capaz agora de assegurar uma parte do mercado constituído pela demanda solvável; para isto, ela conta com a ajuda do Estado na criação de condições de rentabilidade, e com a fabricação publicitária da demanda, conforme técnicas comerciais já aplicadas aos outros bens de consumo cotidiano, tornando-se a moradia também, cada vez mais, um *objeto*.[40]
2. Para a faixa da população que pode tornar-se solvável a longo prazo, foi imaginada uma nova fórmula de moradias privadas, com acesso à propriedade, servindo-se da mais antiga tradição de integração ideológica e do mito pequeno-burguês do "sentir-se à vontade" no campo O "urbanismo revolucionário" de M. Chalandon apresenta-se querendo satisfazer a aspiração do francês médio de viver no campo, (trabalhando ao mesmo tempo na cidade, evidentemente...). Para isto, não é mais possível reeditar a infeliz aventura dos loteamentos de moradias populares; vai-se tentar construir casas (em geral pré-fabricadas) agrupando-as em locais providos de equipamentos comuns e sem estradas. Mais claro: os equipamentos serão financiados pelos fundos públicos, e as casas, construídas pelas empresas ganhadoras da concorrência, com vantagens consideráveis.

A quem se dirige esta nova fórmula de moradia? O livro publicado pelo Ministério de Equipamento descreve-o assim: ele é mais jovem que a média (menos de 35 anos); consente em poupar e aceita sacrifícios financeiros mais importantes; tem uma renda mensal de 1.780 francos; é de quadro médio (31,1%), empregado (22,3%) ou operário qualificado (33,4%); 75% possuem uma TV; 71%, um carro.

Trata-se, como se pode ver comparando com o quadro de distribuição de rendas na França, desta faixa do assalariado (*funcionários médios*, empregados e operários qualificados, em proporção bem menor) suscetível ao mesmo tempo de oferecer uma certa solvabilidade e de ser sensível à integração social oferecida pelo acesso à propriedade da moradia, revestida do mito habitacional. Assim, a ideologia da casa individual, que *molda* de uma certa forma o bem-morar, mostra de modo exemplar o jogo complexo de determinações sociais que atingem uma forma assim determinada: apoiando-se na insatisfação do consumo, vivida pelo mito compensador da calma do campo, ela resulta da combinação de uma dupla necessidade fundamental do sistema econômico (ampliação do aglomerado a construir, pré-fabricação, solvabilidade relativa dos futuros compradores) e de uma estratégia política visando ao reforço da base social de uma dominação de classe, nas camadas politicamente flutuantes. Pois o sistema de crédito colocado em ação supõe uma estabilidade de emprego e uma progressão ascendente e regular na carreira profissional.

3. Enfim, ao mesmo tempo que se prossegue, a passos lentos, a construção de HLM para as camadas da população ainda atingidas fortemente pela crise, prepara-se um programa de construção de sub-HLM, os PLR. (Programas de Aluguel Reduzido) e PSR (Programa Social de Realojamento), de qualidade bem inferior: "uma concepção sólida e rústica", como diz M. Chalandon.[41] Por exemplo, nada de lixeiras nem elevadores, nem aquecimento central. É também neste sentido que o decreto de 14 de junho de 1969 reduz as normas de construção concernentes à salubridade e à segurança.

Assim concebida, a moradia social toma abertamente a forma de um ato de assistência e aproxima-se da imagem que, em vários países, por exemplo o Canadá,[42] chegou a fazer com que a população preferisse qualquer outra solução que não a da segregação residencial. Assim se apresenta a questão da moradia, nas novas perspectivas do capitalismo francês.

*

Tratamos a moradia como um bem, analisamos as condições em que se produz e estudamos as causas e consequências de sua escassez e as diferenças na distribuição social da penúria, Será preciso acrescentar uma análise das *formas* da habitação, dos *papéis* e dos *status* que ela fundamenta, tal como assinalamos? Sem dúvida, mas esta análise não constitui o prolongamento "sociológico" da análise "econômica" precedente; ela é sua sequência lógica, pois estudar o processo de produção de um bem significa estudar igualmente suas formas, se aceitamos a hipótese de que elas são um produto ideológico (da mesma categoria que a arte) e que esta ideologia se justifica e existe, na medida em que ela reforça a função social que produziu o bem ao qual ela dá forma.

Assim, no que concerne ao status da moradia, é claro que, dado que o aluguel é uma renda de situação, que significa pagar um preço superior a seu valor de troca pelo uso de um bem que não possuímos, haverá uma tendência geral das pessoas a tornarem-se proprietárias. Mas este status será limitado pelos mecanismos de produção da moradia que nós estudamos. A distribuição dos papéis de proprietário, coproprietário, locatário, hóspede, sem-título, segue as regras da distribuição social dos bens, como mostra a análise das categorias sociais em situação de moradia "provisória".

No que diz respeito à forma da moradia, podemos combinar as duas características essenciais concentrado-disperso e individual-coletivo para obter quatro tipos fundamentais de hábitat:

	Concentrado			*Disperso*
Individual	Aglomerados secundários	II	III	Subúrbios habitacionais
Coletivo	Cidade Central	I	IV	Grandes conjuntos

Cada um destes tipos não constitui objeto de uma "escolha"; ele é produzido por um dos processos descritos. Assim, no que *concerne à França*, o tipo I torna-se praticamente o apanágio de uma elite e das residências oficiais, e sua ocupação é determinada pela capacidade seja de manter uma posição privilegiada (pela manutenção das posições relativas da família), seja pela participação nas operações de restauração e de renovação urbanas.

Seria preciso, no entanto, introduzir aqui uma terceira dimensão que não está presente no quadro: a da estratificação social, pois o tipo I cobre três situações fundamentais: os bairros burgueses e de classe média historicamente constituídos, os bairros invadidos pela renovação e a reconquista urbana, e os bairros cujo valor locativo é inferior ao valor de comércio e onde, por conseguinte, ocorre um processo de deterioração, com superocupação e recusa de reparos por parte dos proprietários, o que acelera o processo de obsolescência. A ocupação deste tipo de habitar ocorre no primeiro caso por posição familiar e/ou para manutenção do meio; no primeiro e segundo, pela fruição de uma posição vantajosa na escala social; no terceiro, ao mesmo tempo para se manter nos lugares a partir de uma geração e pela chegada à cidade através do nível inferior da escala social.

O tipo II suscitado pela extensão do aglomerado com a absorção dos aglomerados rurais e semirrurais circunvizinhos. Sua ocupação segue as regras da distribuição social, em função das vantagens funcionais (era particular, facilidade de relações com a cidade central) e anuência do quadro (o que restabelece seu status social, cf. *infra A estrutura do espaço residencial*).

O tipo III ocorreu, como mencionamos, pelo jogo sucessivo dos loteamentos das residências, do entre guerras, pela corretagem imobiliária endereçando-se a uma camada reduzida da população; enfim pela política imobiliária seguida no momento atual, devido à carestia dos terrenos nos aglomerados. A clientela variou igualmente, sempre envolvida pelo mesmo discurso ideológico relativo ao campo, mas socialmente diferenciado, segundo a forma de acesso a este habitar individual.

Enfim, nós realçamos os determinantes sociais imediatos da produção do tipo IV (grandes conjuntos) bem como a condenação ideológica paralela desta realização, à qual o Estado da burguesia se via *forçado*.

Em cada caso, a demanda é fabricada por uma pressão ideológica, de acordo com a forma da moradia, que se *tornou socialmente e economicamente necessária*. Assim a ideologia dos loteamentos exalta a sabedoria, a segurança, o aconchego, a clausura e o retiro; a ideologia da cidade exalta o orgulho consumista da elite, que tornou-se dona do centro do espaço; a filosofia da moradia social enfatiza o lado prático, ao mesmo tempo que convida a olhar para trás, para os que estão mal instalados, e para a frente na direção da utopia do campo, vivida de forma mítica e mantida como isca de mobilidade social.

A moradia é um mundo de signos, um mundo carregado de pulsões e de frustrações, e a composição de seus símbolos é expressão da inserção social e da evolução psicológica de seus habitantes.[43] No entanto, ela é um quadro pré-construído, produto de um processo socioeconômico geral e sua ocupação ocorre conforme as leis da distribuição social. (Assim, todas as pesquisas sobre a mobilidade residencial mostram a quase ausência de "escolhas" social: os movimentos ocorrem em função das necessidades da família, evidentemente segundo o tamanho, e a ocasião das possibilidades financeiras, reguladas pelo ritmo da vida profissional.)[44]

A quantidade, a qualidade, o status e a forma da moradia resultam da conjunção de quatro sistemas: o sistema de produção deste bem durável que ela representa, o sistema de distribuição social deste produto, o sistema de distribuição social dos homens (função de seu lugar na produção e na gestão); o sistema de correspondência entre os dois sistemas de distribuição.[45] O resultado assim obtido articula-se no sistema ideológico (utopias urbanísticas, imagens arquiteturais etc.) que o reforça e dá-lhe uma coerência, através da sua constituição em forma material e em mito residencial.

A profundidade significativa da moradia pode ser desvendada desta forma, a partir da compreensão do processo social que o determina.

Enfim, o que sucede quando, numa situação de congelamento, o Estado não vem ajudar a construção ou o faz de forma insuficiente? A resposta é clara: é a invasão de terrenos livres pelos que não têm casa e a organização de um hábitat rude, obedecendo às normas culturais de seus habitantes, equipados conforme seus meios, e que se desenvolve numa luta contra a repressão policial, as ameaças jurídicas e, às vezes os atentados criminosos das sociedades imobiliárias, derrotadas desta maneira em seus projetos. É um fenômeno maciço nas grandes cidades latino-americanas,[46] mas faz parte também da cotidianeidade das metrópoles ocidentais, como o testemunham as favelas do subúrbio parisiense, moradias de uma grande massa de trabalhadores imigrados.

A questão da moradia revela-se assim como estando no centro da dialética conflitual para a apropriação social do produto do trabalho.

b. A segregação urbana

A distribuição das residências no espaço produz sua diferenciação social e especifica a paisagem urbana, pois as características das moradias e de sua população estão na base do tipo e do nível das instalações e das funções que se ligam a elas.

A distribuição dos locais residenciais segue as leis gerais da distribuição dos produtos e, por conseguinte, opera os reagrupamentos em função da capacidade social dos indivíduos, isto é, no sistema capitalista, em função de suas rendas, de seus status profissionais, de nível de instrução, de filiação étnica, da fase do ciclo de vida etc. Falaremos, por conseguinte, de uma *estratificação urbana*, correspondendo ao sistema de estratificação social (ou sistema de distribuição dos produtos entre os indivíduos e os grupos) e, nos casos em que a distância social tem uma expressão espacial forte, de *segregação urbana*. Num primeiro sentido, entenderemos por segregação urbana a *tendência* à organização do espaço em zonas de forte homogeneidade social interna e com intensa disparidade social entre elas, sendo esta disparidade compreendida não só em termos de diferença, como também de hierarquia.

Se esta é a tendência geral, ela não explica por si só a composição do espaço residencial de um aglomerado concreto e nem mesmo o que ele possui de mais significativo. Pois por um lado, sendo cada cidade um emaranhado histórico de várias estruturas sociais, há misturas e combinações particulares na distribuição das atividades e dos status no espaço; por outro lado, toda sociedade é contraditória e as leis gerais do sistema são apenas *tendenciais*, quer dizer, elas se impõem na lógica da reprodução, se as práticas, *socialmente determinadas*, não vierem se opor. O que significa, na nossa perspectiva, que existe, por um lado, a interação entre as determinações econômica, política, ideológica, na composição do espaço residencial; por outro lado, que existe um reforço da segregação, um transbordamento de seus limites tendenciais ou modificação dos fatores de ocupação do solo, segundo a articulação da luta de classes no local de residência, por exemplo através da utilização simbólica de uma zona urbana, ou o reforço da comunidade de grupo pelas fronteiras ecológicas.

A complexidade desta determinação da estrutura social do espaço, constituída por uma rede de interações entre os elementos com índice de eficácia diferente, pode ser esboçada retomando-se a análise de um caso histórico tão estudado quanto mal interpretado: o espaço residencial das cidades norte-americanas, terreno de investigação privilegiado por toda uma tradição de sociologia empírica.

As análises efetuadas sobre o espaço residencial americano, muito influenciadas pela perspectiva da *Social Area Analysis*, limitaram-se frequentemente a assinalar a ausência de homogeneidade do espaço, do ponto de vista das características de sua população. Assim, o estudo, que se tornou clássico, de O.D. Duncan e B. Duncan sobre Chicago resulta nos seguintes resultados empíricos:[47] a distribuição no espaço residencial das diferentes categorias socioprofissionais é amplamente diversificada, de forma que, tanto maior a distância social entre os grupos, tanto mais diferem seus modelos de implantação social; esta tendência ainda é confirmada pelo fato de que os grupos com maior índice de segregação espacial são os grupos extremos (no nível superior e no nível inferior) na escala de estratificação ocupacional; enfim, quanto mais estamos num nível socioeconômico inferior, tanto mais estamos *concentrados* num mesmo espaço, e mais ocupamos a zona central do aglomerado.

O estudo da estratificação espacial nesta perspectiva (prolongada e aprofundada sobretudo, nos Estados Unidos, no que diz respeito à segregação étnica)[48] baseia-se no encadeamento dos seguintes mecanismos:

1. As características sociais tendem a formar cachos espaciais. Tanto mais estas características são próximas, tanto mais tendem a se reagrupar espacialmente.
2. O princípio essencial que influencia a distribuição das residências no espaço é o *prestígio social*, cuja expressão positiva é a preferência social (preferência por vizinhos semelhantes) e a expressão negativa, é a distância social (rejeição de vizinhos diferentes).

3. A distribuição diferencial da renda, expressão da sanção social (positiva ou negativa) de um certo trabalho, determina a acessibilidade ao espaço residencial desejado, já que ele está submetido à lei do mercado.

Depois de ter organizado o conjunto dos dados empíricos sobre a localização residencial nos Estados Unidos em torno destes princípios, Beshers pode então afirmar uma correspondência direta entre a teoria da estratificação social e a da composição social urbana.[49]

No entanto, certos dados sugerem novas interpretações, que não contradizem este esquema funcionalista, e sim ultrapassam-no. Assim, no estudo já citado de Duncan, observam-se certas especificidades de comportamento: os empregados não estão mais presentes nas zonas residenciais caras do que os operários qualificados mas que habitam com maior frequência os bairros de prestígio em termos simbólicos. Uma pesquisa interessante de Lautmann e Guttman,[50] relativa a cinquenta e cinco grupos de profissões, mostra a ausência de relação entre a proximidade geográfica e a proximidade ocupacional.

Poderíamos multiplicar os exemplos que mostram uma especificidade da implantação residencial dos lares, segundo a articulação diferencial das diversas instâncias sociais num mesmo indivíduo, ou numa mesma classe de indivíduos.[51]

Outrossim ocorreram singularidades com referência ao modelo geral não só em nível dos grupos sociais, como também em nível da estrutura do espaço em seu conjunto. Assim, os estudos de Schnore sobre as características sociais de trezentos subúrbios americanos mostraram a hierarquia existente entre os subúrbios, residenciais e os dominados por uma atividade produtiva, através das variações sistematicamente decrescentes, de treze indicadores de status socioeconômico nas quinze análises.[52]

Um outro estudo de Reynolds Farley[53] é abundante neste sentido, ele demonstra a persistência das características sociais em cada tipo de subúrbio. Ora, estes resultados vão de encontro à hipótese geral que se refere à existência, na estrutura urbana americana, de uma hierarquia social entre as cidades centrais e os subúrbios, com os estratos inferiores concentrados no velho núcleo urbano.

Com efeito, um novo estudo de Schnore sobre duzentas zonas urbanizadas mostrou que, nas cidades mais antigas, o status social dos subúrbios é mais elevado, mas que nas zonas recentes, ocorre o contrário, na medida em que as construções da cidade central são muito recentes para se deteriorarem, e onde o novo tipo de implantação industrial é menos incômodo para o meio social urbano.[54] Estamos portanto em presença de uma composição social do espaço diferente segundo o período (e portanto, *a conjuntura*) de urbanização.

Equivale dizer que a estratificação e a segregação urbanas não são a projeção direta sobre o espaço do sistema de estratificação social, mas um efeito da distribuição do produto entre os sujeitos, e do produto-moradia no espaço, bem como da correspondência entre estes dois sistemas de distribuição. Esta abordagem exige que se deduza a composição do espaço social a partir do estudo de seu *processo de produção*, tanto no nível das formas urbanas, quanto no da distribuição dos indivíduos entre elas.

Lembremos rapidamente as tendências gerais que definem este processo nos Estados Unidos. Uma dupla vertente caracteriza a urbanização americana do pós-guerra: a aceleração da concentração metropolitana e a difusão espacial das atividades e das populações, com um processo de *suburbanização* que provoca, de fato, o desdobramento de cada cidade grande numa nova zona, detentora do essencial do dinamismo urbano (quadro 36).

Quadro 36
Crescimento das áreas metropolitanas nos Estados Unidos por zonas, 1900-1960

	Total de áreas metropolitanas	Cidade central	Subúrbio
1900-1910	32,0	37,1	23,6
1910-1920	25,0	27,7	20,0
1920-1930	27,1	24,3	32,3
1930-1940	8,8	5,6	14,6
1940-1950	22,6	14,7	35,9
1950-1960	26,3	10,7	48,5

Fonte: U.S. Censo da População, 1960: S.M.S.A., PC(3) — ID, quadro 1.

Estas transformações tiveram consequências profundas na distribuição espacial das características sociais. O deslocamento para subúrbios confortáveis, para novas habitações e bairros afastados, exigindo um equipamento *individual* muito desenvolvido e capacidades de mobilidade individuais, foi possível principalmente para as novas camadas médias; elas beneficiam-se, com efeito, da expansão econômica e da criação de toda uma massa de empregos terciários abrindo uma possibilidade de carreira e, por conseguinte, permitindo recorrer ao crédito individual na compra de uma moradia unifamiliar. Ora, as moradias abandonadas não foram demolidas, mas reocupadas por uma nova população feita de migrantes rurais, em particular os do sul (quadro 37) e dos estratos inferiores, na parte inferior da escala de rendas e/ou vítimas de uma discriminação étnica, em especial os negros (cf. quadro 38).

Quadro 37
Migração, em cifras arredondadas, de
"não brancos" 1950-1960 por região

Nordeste	+ 541.000
Noroeste	+ 558.000
Oeste	+ 332.000
Sul	− 1.457.000

À medida que as habitações do velho núcleo urbano são abandonadas por seus ocupantes, elas são redispostas pelos proprietários e divididas em apartamentos menores, com a finalidade de obter rendas superiores, multiplicando o número dos ocupantes. Por outro lado, o proprietário para de efetuar os reparos, porque ele tem mais vantagem em acelerar o processo de deterioração. Por uma dupla razão: por um lado, o preço do imóvel está numa relação cada vez mais desfavorável com o preço do terreno, cujo valor aumenta por causa da escassez crescente da localização central (no subúrbio, ocorre o inverso); por outro lado, considerando que os novos ocupantes têm uma escolha limitada, o proprietário tem a certeza de encontrar sempre muitos locatários entre os que chegam em busca de empregos urbanos (exército de reserva em nível de moradia).[55]

Quadro 38

Distribuição das moradias nos Estados Unidos, segundo os critérios de qualidade e de superpopulação, localização rural ou urbana interior ou exterior às áreas metropolitanas, 1960 (em milhares de moradias)

QUALIDADE	Estados Unidos	Nas metrópoles				Urbano	Rural
		Total	Cidade Central	Sub.	Fora Metrô		
Total	58.318	32.535	36.378	19.617	21.940	40.757	17.561
Adequado	47.727	3.843	17.406	15.130	15.192	36.490	11.238
Deteriorado	10.591	100%	2.211	1.631	6.748	4.267	6.323
Porcentagem sobre o conjunto	100%	62%	34%	29%	38%	70%	30%
Porcentagem sobre o conjunto de moradias deterioradas	100%	36%	21%	15%	64%	40%	60%
SUPERPOPULAÇÃO							
Total de moradias ocupadas	53.024	34.000	18.506	15.494	19.024	38.320	14.704
Uma pessoa por cômodo ou menos	46.911	30.479	16.523	13.956	16.432	34.429	12.481
Uma pessoa por cômodo ou mais	6.113	3.521	1.983	1.538	2.592	3.891	2.223
Porcentagem sobre o conjunto	100%	64%	35%	29%	36%	72%	28%
Porcentagem sobre o total de moradias superpopuladas	100%	58%	32%	25%	42%	64%	36%

Fontes: FRANK S. KRISTOF, "Urban Housing Needs through the 1980's", Research Report, n. 10, National Commission on Urban Problems, Washington, D.C., 1968, p. 28.

A estratégia do proprietário portanto é simples: esperar que a construção de novos imóveis ou uma operação de renovação urbana traga-lhe uma venda interessante do terreno e, durante este tempo, obter uma renda suficiente graças às condições particulares, socialmente definidas, do mercado imobiliário no qual ele opera.

Este tipo de ocupação e de gestão da moradia acelera o processo de deterioração física dos imóveis. Mais ainda, o fenômeno não se produz isoladamente, ao contrário, inclui vastas unidades ecológicas, pois quando os estratos inferiores e os grupos étnicos dominados começam a ocupar um bairro, as famílias que, tendo meios de se instalar no subúrbio, permaneceram aí, tratam, por sua vez, de mudar. Particularmente significativo a este respeito é o papel das escolas. Dado que elas são organizadas e financiadas numa base local, permanecer numa comunidade com uma certa proporção de negros, por exemplo, equivale a aceitar a integração racial escolar, o que muitos brancos recusam. Não se trata apenas, no entanto, de uma questão de preconceitos: qualquer deterioração do nível socioeconômico de uma coletividade é acompanhada de uma diminuição dos meios materiais da escola, que reforça geralmente as práticas discriminatórias das administrações de nível superior, o que repercute sobre a qualidade da educação. Processos análogos se produzem no que concerne aos outros serviços coletivos, e ocorrem choques mais graves em nível das relações interpessoais.

O abandono de um bairro pela "classe média" e sua substituição pelos estratos sociais e étnicos inferiores leva também ao desaparecimento do terciário preexistente e sua substituição pelo comércio e "diversões" correspondendo à nova população. Os preços sobem igualmente: incluem doravante "os riscos de localização do comércio".[56]

O resultado deste processo é a ocupação da cidade central das grandes metrópoles por uma proporção importante de cidadãos "pobres" e/ou pertencentes a minorias étnicas, desfavorecidas, no mercado, do ponto de vista econômico, político e ideológico (cf. quadros 39, 40 e 41).

O movimento assim constituído deve se acelerar. Segundo as melhores previsões,[57] entre 1960 e 1985, as cidades centrais vão perder 5% de sua população branca e ver aumentar 94% sua população negra. É verdade que falamos aqui de proporções e de taxas. É preciso não esquecer que em cifras absolutas, esta concentração permanece em geral minoritária, pois os negros são apenas 12% da população americana e os "brancos pobres" constituem 10% da população branca. Mas, mesmo em cifras absolutas, as cidades muito importantes, tais como Washington DC, Newark (Nova Jersey) e Gary (Indiana), já têm uma maioria negra e prevê-se a mesma situação em 1985, em cidades como Nova Orleans, Richmond, Chicago, Filadélfia, Saint Louis, Detroit, Cleveland, Baltimore, Oakland.

Quadro 39
Nível de renda e localização no interior das regiões metropolitanas, Estados Unidos, 1959 (em porcentagem calculada sobre o conjunto da população vivendo nas mesmas condições geográficas)

Famílias com renda de	Residência Cidade-Central	Residências Subúrbio
Menos de 3.000 por ano	17,6%	12,5%
Mais de 10.000 por ano	16,5%	21,2%

Fonte: U.S. Bureau of Census, Final Report, PC (3), L.D.

Quadro 40
Porcentagem de desempregados, por grupo étnico e localização de residência nas vinte maiores regiões metropolitanas, Estados Unidos, 1967

	Porcentagem sobre o conjunto da população ativa		
	Estados Unidos	Cidade Central	Subúrbio
Total	3,8%	4,7%	3,3%
Brancos	3,4%	3,7%	3,1%
Não Brancos	7,4%	7,6%	7,0%

Quadro 41
Distribuição ecológica por raças, regiões metropolitanas, Estados Unidos, 1960, e projeção, 1985

	Milhões de pessoas			
	1960		1985	
	Cidades Centrais	Subúrbios	Cidades centrais	Subúrbios
Não Brancos	10,4	2,8	20,1	6,8
Brancos	47,9	51,8	45,4	105,7

Fonte: Hodge-Hauser, op. cit.

O essencial é o meio social que esta concentração suscita, a subcultura que ela desenvolve, as reações de hostilidade que se estabelecem entre esta comunidade e os aparelhos de Estado. Pois não são nestas zonas urbanas que encontramos o máximo de pobreza nem as moradias deterioradas, mas sim, de preferência, nas zonas rurais dos Estados Unidos ou nas cidades esquecidas do Sul. O que é socialmente significativo não é o fato de a pobreza ou da discriminação em si, mas a fusão de certas situações sociais e de uma localização particular na estrutura urbana. É desta forma que a segregação urbana se constitui enquanto fenômeno específico, e não simplesmente como reflexo da estratificação social geral.

A cidade central não é então unicamente um lugar, um estrato urbano colocado na parte inferior da escala. Torna-se a expressão ecológica dos *underdogs* na sociedade da opulência, e, portanto, cristalização de um polo contraditório, centro potencial de conflito. Ela adquire um sentido que ultrapassa a simples desigualdade da distribuição das residências no espaço, a partir do momento em que a fusão de situações sociais e de situações espaciais produz *efeitos pertinentes* quer dizer, qualquer coisa de novo, específica aos dados espaciais sobre as relações de classe e, por isto, sobre o conjunto da dinâmica social.

Todavia, se este é o modelo geral de desenvolvimento do espaço residencial americano, cada conjuntura histórica especifica as formas de urbanização e a segregação no espaço. Assim, um novo estudo de Lee F. Schnore sobre duzentos aglomerados americanos[58] mostrou uma diversidade de tipos possíveis, que podemos reagrupar *empiricamente* da seguinte maneira:

1. Os estratos superiores estão sobrerrepresentados na cidade central (por exemplo, Tucson).
2. A elite e, ao mesmo tempo, *as minorias sociais e étnicas*, estão sobrerrepresentadas na cidade central. Este tipo, cujo exemplo mais impressionante é Los Angeles, é *o mais frequente* (setenta dos aglomerados em duzentos estudados).
3. A cidade central caracteriza-se por uma concentração dos estratos inferiores (por exemplo, Nova York). É o modelo que poderíamos chamar de "clássico".
4. Nenhuma concentração particular dos estratos inferiores na cidade central, enquanto os processos socioeconômicos em curso fazem prever uma estrutura de tipo III (exemplo: Miami).

A análise das características dos aglomerados mostra algumas regularidades com referência a cada um dos tipos assim diferenciados:

- Quanto *maior* o aglomerado, tanto mais seu espaço residencial se adapta ao modelo clássico (tipo 3).
- Quanto *mais recente* a urbanização, *menos* o modelo clássico explica a estratificação social de seu espaço.
- Quanto mais alta *a taxa de crescimento*, mais a ecologia social da cidade aproxima-se do tipo 2.

Por outro lado, o exame dos dados concernentes às residências dos não brancos mostra que, no interior da minoria negra, o modelo segregativo cidade central/subúrbio não se aplica, e que é necessário substituí-lo por uma análise específica da segregação espacial no interior do gueto. Ora, acontece que, no norte dos EUA, quanto mais a residência é afastada do centro da cidade (mas sempre no gueto), mais o nível socioeconômico se eleva. Mas o fenômeno inverso ocorre nos guetos do sul, sudoeste e oeste do país.[59]

Quer dizer que, se podemos constatar uma diferenciação social do espaço, não há lei geral possível em termos de regularidades geográficas, mas sempre expressões singulares da articulação entre as relações de classe (econômicas, políticas, ideológicas) e a distribuição de um produto (a moradia) que integra, entre suas qualidades, as de seu ambiente espacial.

Por exemplo, o fato de que as cidades de urbanização mais recente tenham uma menor concentração dos estratos inferiores no seu núcleo central é, simplesmente, a consequência de uma menor importância das formas urbanas preexistindo ao fenômeno da suburbanização. Não que a segregação desapareça, mas ela se faz setorialmente, ela acompanha, de preferência, as situações desfavoráveis quanto à rede de transportes, em lugar de se definir com relação a um centro cada vez mais em extinção.[60]

Da mesma maneira, se a taxa elevada de crescimento urbano favorece a concentração neste centro dos dois extremos da escala social, é porque ao fenômeno, já descrito com relação aos estratos inferiores, soma-se a criação de um novo privilégio: o de se apropriar dos últimos vestígios da urbanidade e da centralidade em pleno movimento de explosão da cidade. Enfim, este jogo superposto de duas formas de segregação, uma social, outra étnica, cada uma desempenhando sua parte no interior da outra, manifesta a sobredeterminação da estrutura de classes americana, na qual os negros são ao mesmo tempo proletariado e exército de reserva para o proletariado branco, com, além disso, efeitos específicos no que concerne à estrutura ideológica (discriminação e racismo) que se tornou necessária pela característica da acumulação primitiva do capitalismo americano.

O processo de formação do espaço residencial, ao mesmo tempo complexo nas suas manifestações, mas respondendo às tendências gerais extremamente nítidas, pode ser apreendido também *em nível* dos sujeitos através do estudo do que chamamos de *mobilidade residencial*, quer dizer os deslocamentos dos indivíduos no espaço residencial já produzido. Apesar da proposição ideológica da maioria destes estudos (que partem das "preferências" dos indivíduos, como se se tratasse de um simples estudo de mercado), os resultados empíricos já obtidos são bastante reveladores.

Para começar, Abu-Lugbod e Fooley[61] avaliam que cerca de 30% das mudanças de moradia são "involuntárias": 10% provêm da criação de novos lares e 20% da demolição da antiga moradia, ou de uma expulsão, 50% da mobilidade intraurbana resultam, segundo as melhores pesquisas, de uma mudança nas necessidades de moradia, produzida por uma nova etapa do ciclo de vida (sobretudo nascimento ou partida dos filhos);[62] o estudo clássico de Rossi sobre a Filadélfia mostra a importância decisiva desta variável.[63]

É preciso então buscar, nas variações de composição da população (por imigração), a causa principal da mobilidade social. Na "escolha" de uma nova moradia intervém, primordialmente, o conforto e o tamanho desta moradia, bem como o ambiente social. O local e a acessibilidade em relação ao resto do aglomerado, não exercem nenhuma influência, nem mesmo o local de trabalho.[64] O fator central na decisão, o que fez com que ela seja tomada ou não, é o custo da operação, sendo este determinado pela renda, etapa ou ciclo de vida, e o tamanho da família. Mas o que é fundamental, é o fato de que a grande maioria dos deslocamentos ocorre em direção às zonas urbanas com *status social equivalente*.[65] Assim, o estudo muito importante de Goldstein e Mayer[66] sobre Rhode Island mostra que 80% dos movimentos se dirigem para aglomerados classificados no mesmo estrato ou no estrato contíguo (cf. quadro 42). Ao contrário, a distância com relação ao trabalho aumenta em geral com o deslocamento, já que assistimos a uma extensão crescente do aglomerado e a obtenção de uma nova habitação é mais fácil quando nos dirigimos aos conjuntos residenciais construídos na periferia.[67] É isto apesar da tendência constatada de morar-se *o mais perto possível do antigo lugar de residência*.

Quadro 42
Mobilidade residencial segundo o status social da zona de residência Rhode Island, EUA, 1960
(em porcentagem sobre o total do estrato social de partida)

Estrato social de partida	Estrato social de chegada				
	I (alto)	II	III	IV	V (baixo)
I (alto)	63,8	12,0	11,3	8,2	4,8
II	8,2	51,0	20,6	13,3	6,8
III	6,1	18,8	50,4	16,7	8,1
IV	5,1	13,0	21,0	52,7	8,1
V (baixo)	4,1	13,2	17,3	17,4	48,1

Fonte: GOLDSTEIN e MAYER, op. cit., p. 51.

O quadro que se esboça assim é bastante significativo. Se 20% da população americana muda de domicílio todos os anos, trata-se de movimentos de adaptação a uma situação familiar nova, em geral: a novas necessidades, e não a uma redefinição do espaço residencial a partir dos valores dos indivíduos. Da mesma maneira que a estrutura do mercado da habitação cria sua demanda, constatamos que os sujeitos circulam *biologicamente* (segundo o ciclo de vida ou a perda de sua moradia) num espaço residencial produzido (conforme o processo descrito) sem mudar suas características sociais, as quais dependem da distribuição do produto entre as classes, e do sistema de relações que as condicionam.

A segregação urbana não aparece então como a distribuição da residência dos grupos sociais no espaço, segundo uma escala mais ou menos exposta, mas como a expressão, em nível da reprodução da força de trabalho, das relações complexas e mutáveis que determinam suas modalidades. Assim, não há espaço privilegiado antecipadamente, em termos funcionais, sendo o espaço definido e redefinido segundo a conjuntura da dinâmica social.

Isto quer dizer concretamente que a estrutura do espaço residencial sofre as seguintes determinações:

Em *nível econômico*, ela obedece à distribuição do produto entre os indivíduos e à distribuição específica deste produto que é a moradia. Este fator está na base do conjunto do processo.

Sempre em nível econômico, a implantação dos locais de produção só exerce influência indireta, quer dizer através da situação na rede de transportes. Isto obriga a considerar a segregação de forma bem mais dinâmica, não só simplesmente como uma diferença de locais, mas como uma capacidade de deslocamento e de acesso em relação a pontos estratégicos da rede urbana.[68]

Em *nível político-institucional*, a "democracia local" tende a reforçar as consequências da segregação, praticando uma política de serviços em função dos interesses da fração dominante de cada unidade administrativa. Com efeito, já que os recursos locais dependem do nível econômico da população, a autonomia local perpetua a desigualdade: quanto mais alto este nível, com efeito, menos se faz necessária uma intervenção pública no que concerne aos equipamentos coletivos. Portanto, as coletividades locais "privilegiadas" terão tendência a fechar suas fronteiras, deixando ao encargo do Estado federal as subvenções necessárias para as necessidades esmagadoras das coletividades desfavorecidas. O jeffersonismo, o belo ideal igualitário, resulta então, na prática, no reforço da desigualdade entre as municipalidades e a institucionalização das barreiras[69] da distância social no espaço.

Em *nível ideológico*, a segregação residencial ocorre por dois movimentos bem diferentes.

Por um lado, a relativa autonomia dos símbolos ideológicos com relação aos lugares ocupados nas relações de produção, produz interferências nas leis econômicas de distribuição dos indivíduos entre os tipos de moradia e de espaço, como constatamos, por exemplo, a propósito da residência dos empregados. Estas especificações se situam, no entanto, no interior de certos limites econômicos determinados.

Por outro lado, a correspondência entre uma situação social e uma implantação espacial pode reforçar as tendências à autonomização ideológica de certos grupos e levar à constituição de subculturas ecologicamente delimitadas. A segregação pode favorecer a constituição de comunidades que, por um lado, reforçarão ainda mais as distâncias sociais e espaciais e, por outro, dar-lhe-ão um sentido dinâmico, transformando a diferença em contradição.

Enfim, o *nível da luta de classes* exerce também uma influência sobre as formas e os ritmos da segregação:

1. No que diz respeito às relações entre as próprias classes, uma situação de luta aberta reforça a explosão espacial, podendo chegar até mesmo à formação de "guetos proibidos", prefigurando as zonas liberadas.[70] Em compensação, onde ocorre uma subordinação total e onde a dominação de uma classe sobre a outra é aceita em todos os níveis pode haver até mesmo mistura residencial, numa espécie de paternalismo ecológico, onde as classes dominantes e dominadas habitam o mesmo bairro, ainda que em condições bem diferentes.[71]
2. Conforme a estratégia adotada pela classe dominante, presenciaremos duas intervenções possíveis do aparelho de Estado: uma intervenção *repressiva*, que se traduzirá, por exemplo, num traçado urbano permitindo o controle e a manutenção da ordem das comunidades consideradas perigosas;[72] uma intervenção *integradora*, visando à explosão da comunidade, dispersando-a no conjunto de um espaço residencial hostil.[73]

E este o conjunto de determinações hierarquizadas em ação na constituição de um espaço residencial, tal como nos referimos na análise da segregação urbana nos Estados Unidos.

Um estudo extremamente detalhado da segregação social na área de Chicago pode servir-nos para mostrar a capacidade explicativa do esquema proposto.[74]

Tendo isolado, com ajuda de um índice complexo do status social e econômico, as dez municipalidades superiores e as dez municipalidades inferiores da escala de estratificação, um estudo comparativo entre elas e com referência aos diversos setores ecológicos da área metropolitana mostra-nos as forças em ação e o jogo combinado das mesmas no processo de segregação (cf. quadro 43).

Quadro 43
Características de nível socioeconômico na área metropolitana de Chicago, por zona geográfica e por comuna, comparando os extremos da escala de estratificação urbana, 1966

Área	Posição Econômica		Proporção de emprego nas diferentes categorias profissionais						Características demográficas		Características das moradias	
	renda média por lar (dólares por ano)	Valor médio das moradias (dólares)	Profissões liberais e quadros superiores	Empregados	Artesãos, operários	Agricultores	Proprietários	Serviços	Nº de trabalhadores ociosos	Porcentagem de desempregados	Porcentagem de negros	Nº médio de crianças por família	Nº de cômodos	% construídas há menos de 0 anos
Área Metropolitana	9.400	19.910	21%	29%	36%	4%	1%	9%	137	2,2%	18%	1,4	4,8	32%
Chicago	8.100	19.800	17%	29%	37%	5%	1%	10%	123	2,7%			4,4	15%
Conjunto dos subúrbios	10.500	19.950	27%	27%	34%	3%	2%	7%	151	1,2%	28%	1,2	5,2	53%
10 comunas Status superior	22.027	40.846	54%	26%	8%	1%	7%	4%	169	0,7%			6,9	60%
10 comunas Status inferior	4.810		5%	13%	45%	19%	–	17%	–	10%	90%	2,2		

Fontes: P. DE VISE, Chicago's Widening Color Gap, Inter University Social Research Commitee, Relatório nº 2, Chicago, dezembro de 1967.

O quadro 43 mostra a forte determinação na diferenciação social do espaço conforme o lugar ocupado nas relações de produção e, por conseguinte, na distribuição do produto: são, por um lado, os que vivem de rendas, as profissões liberais e os quadros superiores; C, por outro lado, os operários, agricultores, trabalhadores de "serviços" e desempregados. Esta distribuição espacial é sobredeterminada por uma nova divisão, ideológico-política, referente à discriminação racial. Em igualdade de nível socioeconômico, os negros são objeto de uma segregação especial e formam a maioria esmagadora (90%) das dez municipalidades mais desfavorecidas. O fenômeno é geral: em 1960, 85% dos negros de Chicago viviam nos setores onde mais de 75% da população era negra.

Esta organização espacial é reforçada, como o assinalamos, pelo jogo das instituições locais. Assim, por exemplo, o imposto atribuído aos gastos escolares depende da receita de rendas próprias a cada municipalidade e ela é um reflexo fiel da assimetria socioeconômica já estabelecida.

Esta situação é a consequência lógica de uma disparidade extraordinária dos meios de trabalho e de qualificação do pessoal de ensino, revelada em todas as pesquisas neste domínio.

Acrescentamos que o conjunto de serviços públicos oferece o mesmo panorama.

O resultado no plano ideológico é o reforço da subcultura étnica; no plano da luta de classes, assistimos ao mesmo tempo à tentativa do Estado visando à dispersão do gueto[75] ou sua limitação,[76] e à consolidação destas zonas como lugar de organização da revolta das minorias étnicas americanas[77] (cf. *infra*).

A situação *descrita e analisada* nos Estados Unidos revela as leis gerais da distribuição das residências no espaço, mostrando ao mesmo tempo sua especificidade histórica determinada pela conjuntura e os ritmos da formação racial estudada. Basta pensar na organização do espaço residencial nas cidades europeias ou latino-americanas para constatar o absurdo de uma generalização das formas concretas do processo em questão. Mais ainda, no mesmo continente norte-americano, conforme as relações de classes tenham um embasamento histórico diferente, os princípios de distribuição espacial mudam na sua realização.[78] Uma comparação rápida com a ecologia racial de Montreal permitiu-nos mostrar a importância de fator étnico e cultural (anglófonos versus francófonos) na distribuição da população no espaço.

Através da diversidade das formas históricas, encontramos entretanto a ação de leis gerais de distribuição dos indivíduos nas moradias. Estas leis têm uma relação apenas longínqua com a primeira impressão do espaço — reflexo da estratificação social, pois elas colocam em ação a totalidade complexa de determinações que caracterizam cada formação social. A segregação social no espaço é portanto a expressão específica dos processos que visam à reprodução simples da força de trabalho, mas estes processos estão sempre inseparavelmente articulados com o conjunto das instâncias da estrutura social.

c. Espaço social e meio natural: a propósito do meio ambiente

Se o processo de reprodução da força de trabalho molda o espaço de forma decisiva, é conveniente especificar de que tipo de reprodução se trata, pois tal nível de generalização não permite aproximar a análise das situações concretas.

Um primeiro critério de diferenciação poderia ser a refração no interior do processo de reprodução ampliada, das diferentes instâncias, econômica, política, ideológica, presentes na base de uma formação social. Ora, uma reprodução ampliada no econômico equivale a um reforço das potencialidades da força de trabalho enquanto fonte de valor. É extremamente difícil dar uma imagem concreta dos processos em curso na ampliação das suas capacidades, pois todo um conjunto de elementos intervém, seja os de ordem biológica sejam os de ordem intelectual (aquisição de novos conhecimentos, por exemplo).

No entanto, é nossa hipótese de *que uma parte* da problemática dita ambiental remete a esta questão, na medida em que englobamos, sob este termo, a relação dos indivíduos com seu meio ambiente com suas condições de existência cotidiana, com as possibilidades que lhe são oferecidas por um certo modo de organização do consumo. "O ambiente — diz-nos um dos ideólogos franceses mais notáveis neste domínio — é tudo que torna agradável ou desagradável, sadio ou insano o meio onde vivemos, seja do ponto de vista biológico, psíquico, ou visual. Este ambiente é coletivo, por oposição ao ambiente individual (interior de uma moradia, de um local de trabalho). Assim, numa cidade, o ambiente, é a qualidade da água, do ar, dos alimentos, o nível sonoro, a paisagem urbana, a duração das migrações alternantes, a presença ou ausência de espaços verdes, ao mesmo tempo por seu papel na luta contra a poluição atmosférica e pelo contato que fornecem com a natureza."[79]

Se a ingenuidade psicologizante e a confusão ideológica deste texto impõem seu tratamento como um sintoma, ele exprime bem, ao mesmo tempo, o processo social visado (as condições de existência cotidiana dos indivíduos, e portanto de reprodução ampliada da força de trabalho enquanto tal) e a cobertura ideológica globalizante onde o encerramos (um "meio ambiente" quase natural, ou naturalmente desnaturado...).

Toda interrogação sociológica sobre a questão assim conotada deve então estabelecer uma distinção entre os diferentes níveis e temas que se entrecruzam na problemática do ambiente:

1. Uma *ideologia global* que diz respeito ao conjunto das relações sociais, tomadas como relações da espécie humana com seu meio de vida.
2. Um conjunto de questões, designadas sob o termo de *ecologia* e que remete, definitivamente, à utilização social dos recursos naturais. Estas questões concernem então ao sistema geral das ligações cultura/natureza, e não apenas ao ambiente "urbano".
3. As contradições suscitadas pela reprodução ampliada da força de trabalho na sua dimensão biológica. É neste sentido que existe uma relação entre tal processo e os problemas de equipamento e de organização do consumo coletivo no seio das unidades urbanas: trata-se aí do famoso meio ambiente.

A ideologia do ambiente caracteriza-se precisamente pela fusão que ela opera destes três domínios, ao menos, por meio de um discurso versando sobre as condições de realização do bem-estar do homem, em luta eterna contra a natureza.

A argumentação é perfeitamente idêntica, quer se trate do manual semioficial americano, *The Environmental Handbook*,[80] ou do relatório do governo francês.[81] Relacionamos industrialização, urbanização, degradação do meio de vida e "custo social" ao mesmo tempo em termos de enfraquecimento do consumo e de tensão social suscitada. Tudo se passa como se o progresso técnico, força cega e inexorável, estivesse ao mesmo tempo na base de toda a transformação de nossas sociedades e, na origem de todos os seus problemas, deteriorando o quadro de vida junto com a lógica tecnológica desencadeada. O aspecto mais marcante da ideologia do ambiente é *esta naturalização das contradições sociais*, esta redução da história humana com uma relação direta entre o Homem, enquanto realidade eterna e *indiferenciada*, e a Natureza, enquanto conjunto de recurso que preexiste a ele. Esta relação é comandada pela tecnologia e devemos então velar para que esta dominação não seja mais brutal que o necessário e não destrua um dos termos (ou os dois) do par idealista que se esboça. Mais concretamente, *a ideologia do ambiente é, no que concerne à Natureza, o equivalente da ideologia da alienação em relação ao Homem*.

Com efeito, nos dois casos referimo-nos a uma essência, a um estado prévio que está perdido, deteriorado, profanado, por uma subordinação muito estreita aos imperativos tecnológicos, num momento em que não se pode prescindir do desenvolvimento contínuo das forças produtivas. O mecanismo ideológico consiste, manifestamente, na referência a fenômenos reais, vivenciados como problemáticos pelos indivíduos, mas que são explicados ao se fazer uma correlação direta entre *entidades ideais* fora de toda produção social e em particular de toda contradição.

Mais ainda, se uma ideologia se revela por sua estrutura interna, ela se explica principalmente por seu efeito social. O da ideologia do ambiente é óbvio: trata-se de conjugar todas as falhas do que chamamos "a vida cotidiana", quer dizer as condições coletivas de reprodução da força de trabalho, sob um rótulo geral que os apresentaria como uma calamidade natural contra a qual podemos apenas mobilizar, sem exclusão, os "homens de boa vontade", esclarecidos e espaldados por seus governos. "A política", humanitária, universalista e cientista, a ideologia do ambiente transforma a desigualdade social em empecilhos físicos e funde as classes sociais num exército único de escoteiros. Ela é, desta forma, a expressão mais acabada (dado que mais generalizada) da ideologia do urbano (cf. *supra*, II).

Mas isto não quer dizer que o conjunto dos problemas conotados pela temática do ambiente só constitua uma cortina de fumaça para desviar as lutas sociais de seus objetivos (necessariamente sociais). Bem ao contrário, questões extremamente concretas são realçadas desta forma e podem ser tratadas em outros termos, contanto que se recupere suas características nas brumas suscitadas ao seu redor.

Assim, a utilização social dos recursos naturais não só impressiona a imaginação pela extensão de danos causados ao meio ecológico por *uma certa forma* de apropriação técnica e social destes recursos, ela impressiona também os grupos sociais, afeta o ser biológico no conjunto de suas dimensões. A fumaça industrial perturba as vias respiratórias, os inseticidas manifestam uma alta toxicidade, o barulho tem uma influência direta sobre o sistema nervoso etc. Em particular, as condições de trabalho do proletariado industrial envolvem bem mais diretamente o ser biológico.

Mas se continua colocada a questão das condições de visibilidade social de cada tipo de problema (por que, *então*, os problemas do "ambiente"?) trata-se aí de elementos típicos das condições de vida de uma certa população. Seria necessário acrescentar outras, que raramente são colocadas: quando milhares de operários e estudantes manifestaram-se em Nantes, em maio de 1970, para relançar a questão da liberação das margens do Erdre, lindo rio *público* que se tornou o apanágio de algumas cidades de lazer; quando os militantes franceses invadiram durante o verão algumas praias privadas reservadas à alta burguesia, eles mostraram a relação entre a escassez de certos recursos (o espaço, os planos de água, a floresta, o mar) e a determinação social desta escassez. Ou, se o preferirmos, que o valor do uso está indissoluvelmente ligado, no capitalismo, a um valor de troca e segue suas leis.

Nos Estados Unidos, sete milhões de carros todo ano vão para o ferro velho. Isto basta para suscitar imagens apocalípticas dos cemitérios de automóveis, e para que os animadores do grupo bem comportado do "Ecology Action" enterrem simbolicamente um motor de carro, ao mesmo tempo instrumento de poluição e produtor de dejetos. Ora, quão irrisório é o problema desses dejetos metálicos (inclusive inutilizáveis e inquebráveis) num momento em que depositamos tranquilamente, e regularmente, massas de dejetos radioativos nos quatro cantos dos oceanos! E sobretudo, qual é a lógica social da produção dos "danos"? Os militantes da esquerda americana empreenderam uma campanha sistemática para recolocar os problemas no seu verdadeiro nível. As críticas abstratas da modernidade, eles opõem um exame de uma dada estrutura social e de seus efeitos.[82] Assim, por exemplo, a análise do *California Water Plan* cuja realização equivale a uma generalização da poluição dos cursos de água e a uma destruição de um conjunto impressionante de lugares naturais californianos, mostra que o plano responde diretamente ao plano de irrigação de que necessitam os grandes trustes da poderosa agricultura da Califórnia.

Além do mais, o desenvolvimento do movimento reivindicativo sobre estes temas criou um mercado enorme da indústria antipoluente, cuja expansão deve acelerar-se em futuro próximo. É óbvio que os mesmos grupos industriais que contribuem à poluição atmosférica e das zonas de água estão à frente da produção deste novo mercado, em especial no que concerne à indústria química. Tudo dirigido e coordenado pelo que chamamos já de *Eco-Establishment*, sob o patrocínio do ministério federal do interior.

Se o mérito das críticas americanas é o de ter mostrado a lógica da produção social destes "danos" — lógica do lucro, que utiliza portanto *de uma certa forma* o progresso técnico —, ainda permanecem no interior de uma problemática ecológica, quer dizer naturalizante. Mesmo se tomamos a ecologia como determinada por um processo social, esta mesma exterioridade, implícita na perspectiva, deforma sua compreensão. Pois, separando de novo os dois termos (por exemplo, processo social "capitalista", de um lado, "ecologia" do outro) caímos necessariamente seja na reificação da Natureza, seja numa simples *aplicação* da estrutura social. Nos dois casos, quais são as questões? O informe introdutório do Comitê Armand, sobre o qual se fundamentou o governo francês para determinar suas "cem medidas relativas ao ambiente" enumera as principais: [83]

1. A conservação da biosfera (solos, águas, ar), das espécies animais e vegetais. Incluímos aí o conjunto dos efeitos de poluição;
2. A deterioração da qualidade do ambiente construído ("mundo do asfalto e do betume...") ou, para retomar os termos do relatório, o meio biológico e psíquico das cidades;
3. A paisagem urbana;
4. O barulho;
5. Os dejetos produzidos pelos grandes aglomerados;
6. O "espaço aberto", conotação das paisagens campestres e dos espaços verdes ao mesmo tempo.

Tal enumeração mistura intimamente os três planos assinalados (ideológico, relação com a natureza, reprodução ampliada da força de trabalho em nível do biológico), mas precisa certos pontos sobre os quais pode efetuar-se uma análise: os que englobamos geralmente sob o termo de *danos* (barulho, poluição, dejetos, falta de espaços verdes e, mais frequentemente, falta de "satisfação"). Estes *danos* são os pontos de ancoragem "concreta" do invólucro ideológico geral, os que permitem cristalizar a angústia difusa experimentada pelos indivíduos a respeito do quadro de vida.[84]

Ora, o que encontramos quando os examinamos de perto? Tomemos o barulho, por exemplo. Na base, fenômenos acústicos perfeitamente distinguíveis, e cuja intensidade produz os efeitos sobre o sistema nervoso e, por conseguinte, sobre o sistema psíquico. Mas o barulho, enquanto fato social, depende da relação estabelecida entre o emissor e o receptor, quer dizer da situação na qual ele é vivido. Donde:

1. Diferenciação social da produção do barulho: diz-se geralmente que quase 85% provêm da "rua". Mas a rua, é tudo o que não é a "moradia", e portanto o conjunto da atividade. O barulho provém da circulação? Efetivamente, mas isto é a visão do residente por trás de sua janela. E, outrossim, do habitante do centro, cada vez mais raro. O barulho industrial nas usinas ou o ruído excessivo nos escritórios atingem proporções bem mais importantes (nas caldeiras, contamos com 20% do pessoal atingido de surdez declarada). Terminamos por nos perguntar quem é este estranho habitante

fechado em si, em busca de repouso e invadido por tantos barulhos do exterior. Seria a dona de casa desocupada, rara privilegiada de um silêncio não perturbado pelos gritos das crianças? Tocamos aí a questão essencial dos *ritmos de vida*, dos tipos de emprego do tempo, a invasão do barulho revela-se sob a forma de um inimigo mítico que perturba eternamente uma calma que tínhamos *quase* atingido...

2. Pois ainda falta, com efeito, uma diferenciação social das *situações de emissão-recepção do barulho*: o barulho enquanto opressão ou o barulho enquanto expansão. A música pop, para certos "zumbis" culturais, não é um *barulho*, até mesmo infernal? Ora, é expressão para os jovens que são seus adeptos. O barulho das máquinas que temos de suportar seria o mesmo barulho, *mesmo fisiologicamente falando*, que o barulho lancinante de uma autoestrada abarrotada no decorrer de um fim de semana de liberdade imaginária?

Estas observações são elementares e são apenas um modo de dizer: o barulho-fato social não existe, não tem uma individualidade própria, é sempre situação e, enquanto tal, ele se distribui entre vários processos que redefinem e lhe dão um sentido.

Poderíamos fazer observações similares para o conjunto do que chamamos de "danos". Não que eles *não existam*, mas seu tipo de existência social não tem esta unidade sob a qual os apresentamos; perdem cada vez uma redefinição, uma precisão a cada momento. A unidade "danos" só tem um sentido ideológico, quer dizer numa relação *imaginário-negativa* com o meio ambiente e, por isto, com o modo de vida. É neste sentido que estamos em presença de uma conotação do processo de reprodução ampliada da força de trabalho *em seu conjunto*. Mas, ao querer fracionar as questões conforme sua falsa "evidência natural" (a poluição enquanto processo físico, por exemplo) esvaziamos seu conteúdo social e elas se tornam necessariamente estas entidades naturais que não podem se ligar ao vivido a não ser sob a forma positivo/negativo. Mais concretamente, o barulho, a poluição etc., não tem a mesma especificidade social que, por exemplo, a moradia. Esta, exprimindo ao mesmo tempo o conjunto das instâncias de uma sociedade, tem um lugar relativamente preciso na estrutura social, enquanto local de reprodução simples da força de trabalho. Ao contrário, os diferentes "danos" referem-se ao conjunto de processo de reprodução ampliada, mas separando-o em fatores fisiológicos e apresentando-o sob um invólucro geral e socialmente indiferenciado (o ambiente).

Inquietos pela defasagem entre as conclusões esboçadas por esta análise e a expressão do vivido "urbano", conduzimos uma rápida pesquisa sobre um caso-teste na cidade de Paris.[85] A observação resultante é, apesar da modéstia da pesquisa, bastante significativa. Ela se segue:

A imprensa apresenta diante do público a escandalosa poluição de um bairro operário periférico por uma grande fábrica de alimentação, cujos vapores sufocam e cujo barulho ensurdece os habitantes, em particular os que residem num grande conjunto de HLM construído ao lado da fábrica. Algumas petições solicitam a mudança da fábrica, mas nada a obriga a deslocar-se, já que está implantada há cento e cinquenta anos numa zona ainda classificada como ocupada pela indústria e armazéns. Conduzimos uma pesquisa direta: de início, a fábrica se declara espantada com esta "campanha" e afirma seu caráter pouco poluente e seu desejo de ali permanecer; os trabalhadores imigrados, na sua grande maioria, habitam nas proximidades e parecem encontrar vantagem nesta localização; nem o barulho, nem a poluição parecem na verdade excessivos, com exceção de uma caldeira a gás, aliás indispensável ao aquecimento das 2.000 HLM das proximidades.

De nosso pequeno relatório técnico resulta, com efeito, que não há nenhuma poluição séria da atmosfera, o gás exalado não deixa nenhum traço e os odores estão limitados a um período bem breve (vinte dias por ano). Entrevistados (*uma amostra não representativa*), *os* habitantes do grande conjunto declaram não ter nunca sofrido com a proximidade industrial (notadamente, o barulho da circulação é bem mais perturbador do que o da fábrica), e exprimem, ao contrário, um descontentamento profundo no que concerne a vários outros aspectos de sua vida cotidiana — em particular, tudo o que toca aos equipamentos de lazer (sobretudo para as crianças), a falta de creches e a ausência total de relações pessoais. Enfim, a associação de locatários que exprimiu reivindicações contra a fábrica nos declara: 1. ter dificuldade em fazer com que assinem uma petição coletiva neste sentido, quando ela prossegue normalmente outras lutas com o apoio dos locatários; 2. e sobretudo, só terem se colocado o problema após ouvir uma emissão pelo rádio, onde se falava justamente desta fábrica. Aproveitaram esta ocasião para tentar obter, então, a instalação de equipamentos coletivos no espaço liberado por um eventual deslocamento da fábrica.

Colocado desta forma o problema, a questão do barulho revelou-se quase imaginária. Falta saber o porquê de uma campanha da imprensa. Falta saber se perturbaria à empresa modernizar suas instalações no subúrbio, quando, tecnicamente, o fechamento é perfeitamente possível, seu terreno fica situado num bairro cada vez mais residencial e uma boa indenização pela desapropriação, bem como a venda do terreno, poderia quase cobrir os gastos de uma nova fábrica. Ora, o governo está à espera de gestos grandiosos na sua cruzada contra a poluição...

Mas, de uma forma mais geral, é claro que o problema concreto da poluição ou só foi vivenciado a partir do exterior (em termos de funcionalidade urbana) ou então foi tomado como materialização de um conjunto de dificuldades ligadas à organização cotidiana da vida social fora do trabalho.

Se nossa pesquisa-relâmpago corre o risco de ser caricatural, ela ilustra bastante bem, em compensação, a ambiguidade da problemática abordada. Real na sua vivência, imaginária na sua expressão, ela deve ser ao mesmo tempo delimitada em termos de uma prática concreta e recolocada num conjunto de processos sociais significativos.

Para colocar em termos sociológicos o problema do "ambiente", é preciso distinguir discurso ideológico e estudo dos "danos", referenciar historicamente cada um destes danos, articulá-los com diferentes processos da estrutura social, explicá-los desta maneira e, fechando o círculo, examinar as relações entre os processos que se esclareçam desta maneira e o discurso global sobre o ambiente, de forma a compreender o conjunto desta ideologia através de seu efeito social.

C. O elemento troca

A circulação intraurbana: em direção a uma problemática sociológica dos transportes.

Grandes avenidas submersas por rios de carros barulhentos, estações de subúrbio que formigam de rostos apressados, corredores de metrô que se tornam salas de espera...

Além das imagens impressionantes que remetem "ao problema dos transportes", concordamos geralmente em considerar a circulação de um aglomerado ao mesmo tempo como expressão de seus fluxos (e por conseguinte, de sua estrutura) e como um elemento essencial para determinar sua evolução. Com efeito, quanto mais as unidades urbanas aumentam de dimensão e complexidade (cf. *supra*) mais as relações internas tomam importância, pois nenhum setor pode bastar-se a si mesmo, e a dinâmica do aglomerado só se realiza ao nível de seu conjunto. Isto pode explicar por que o tema se preste facilmente às utopias tecnicistas e o fato de termos considerado, com frequência, o progresso técnico nos transportes como o agente das novas formas urbanas: assim, o carro teria produzido a megalópole, em seguida ao trem que estaria na base dos grandes aglomerados industriais, enquanto o helicóptero, e as escadas rolantes prefigurariam as "cidades de amanhã".[86]

Assim, o estudo do sistema circulatório se transforma, sistematicamente, em debate sobre os meios de transporte. Ora, é claro que opor o carro aos transportes em comum, *em si*, fora de uma dada situação social é uma discussão ideológica, diretamente determinada pelos interesses econômicos em questão. Ao contrário, uma problemática sociológica dos transportes deve substituir os diferentes meios técnicos numa dada estrutura social, da qual extraem seu sentido.

Com efeito, a análise da circulação urbana deve ser entendida como uma especificação de uma teoria mais geral da *troca* entre os componentes do sistema urbano, o que quer dizer, concretamente, que devemos estabelecer o *conteúdo* circulante para poder explicar o tipo de circulação. O conteúdo difere conforme o tipo de *transferência*, quer dizer segundo os elementos da estrutura urbana entre os quais ela ocorre e segundo a *direção, a intensidade, a conjuntura* que a caracterizam. Em outras palavras, uma análise da circulação (e, a partir daí, uma análise dos *transportes, definidos como meios de circulação*) coloca em questão as relações entre o conjunto dos elementos da estrutura urbana; isto é, ela coroa tal esforço, mais do que o precede.

Não se trata então de desenvolver um quadro tão complexo, mas de esboçar a perspectiva na qual poderíamos formular o problema clássico dos transportes urbanos, tão importante socialmente quanto relegado pela análise sociológica. Ao invés de partir dos transportes, ou mesmo do sistema circulatório, é necessário, alterando a perspectiva, considerar metodicamente cada uma das transferências possíveis no interior da estrutura urbana e mostrar suas diferentes *formas* de realização espacial, segundo a interação entre o conteúdo estrutural de cada translado, a especificidade histórica do espaço onde ela se realiza, e a diferenciação social do processo em questão.

Determinemos a via traçada, construindo um esquema que aproximaremos, por etapas sucessivas, das situações concretas. Partindo da distinção dos componentes da estrutura urbana em elementos P (Produção), C (Consumo), T (Troca), G (Gestão), e em subelementos definidos no interior de cada um dentre eles, nós temos, ao menos, os seguintes translados, suscetíveis de codificar teoricamente os fluxos circulatórios essenciais:

C → P ⟨ P₁	Fábricas (atividades de execução)	⎫
P₂	Atividades de direção, de organização, de emissão (escritórios)	⎬ Migrações alternantes, (deslocamentos domicílio-trabalho)
C → T	Serviços comerciais	
C → G	Aparelhos administrativos	⎭
C → C1	Residências	} Deslocamentos relações sociais
C2	Ambiente, meio físico	} Deslocamento para os "lazeres naturais"
→ C3	Equipamento escolar	} Transporte de escolares
→ C4	Equipamento cultural e locais de emissão cultural	} Deslocamento "lazeres"
T → C	Distribuição comercial	} Localização das atitudes de compra
T → T	Tráfego de mercadorias	
P → T		
P → P		
P → P₁	Tráfego industrial	
P₂ → P₁	Gestão industrial (a distância, não especialização)	
P₂ → P₂	Deslocamento de negócios	

A utilidade deste esquema não se limita a uma certa sistematização dos translados observados nem à diferenciação assim introduzida na análise da circulação. Ela deve, sobretudo, permitir a explicação do uso de tal meio de circulação mais do que de tal outro, bem como as condições de sua realização, através da especificação das leis determinando os elementos que compõem um translado. Assim, cada um dos translados terá uma série de exigências a cumprir com prioridade, no que diz respeito ao tipo de sua realização espacial. Estas "exigências" exprimem as leis da estrutura social em questão: elas são mais ou menos preenchidas segundo o mesmo tipo de determinações. Este ponto, tão essencial quanto abstrato, exige especificações.

Permitamo-nos, unicamente para fixar as ideias, introduzir uma série de "fatores" concretos que, na tradição tecnologista, caracterizam os diferentes meios de circulação e permitem avaliá-los. Digamos, por exemplo, que um certo tipo de transporte (meio de circulação) deve sempre combinar, numa certa proporção sua capacidade de *carga*, sua *rapidez*, sua *segurança*, seu *conforto* e seu *custo* (digamos imediatamente que o custo resultará da combinação dos fatores precedentes). Nossa linha de análise implica que cada tipo de translado combina com uma ponderação específica, estes diferentes fatores, e que estas combinações são a expressão concreta das leis sociais que regem os elementos na base do translado.

"Uma combinação de fatores" realizada numa certa conjuntura espacial e inserida no sistema de diferenciação social correspondente exprime-se por um dado meio de circulação, quer dizer por um tipo de transporte. Por outro lado, o que chamamos de "custo" se constitui, uma vez especificado socialmente, como modo de gestão do meio de circulação, quer dizer que exprime aí as relações de produção. Com efeito, por *modo de gestão*, nós não entendemos a propriedade jurídica dos meios de circulação, mas a lógica do funcionamento da circulação, por exemplo, se ela responde à busca de uma rentabilidade orçamentária ou se encarrega deste funcionamento, sem contrapartida direta dos usuários. Portanto temos a seguinte cadeia:

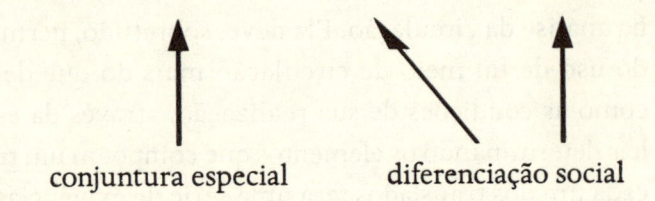

Tipo de transferência → meio de circulação → modo de gestão

↑ ↖ ↑

conjuntura especial   diferenciação social

Sem intervenção de uma conjuntura espacial concreta, qualquer determinação precisa do meio de circulação é impossível. Assim, o debate carro-estrada de ferro não pode ser introduzido ao nível do quadro geral das relações entre translados e combinações dos fatores, pois a rapidez, a capacidade e a segurança respectivas de cada um vão depender da *viscosidade* do espaço histórico onde devemos circular.

Por exemplo, se se trata de uma metrópole com zonas de atividade extremamente diversificadas e onde não há predomínio das formas urbanas pré-industriais, o ônibus ou mesmo, com certas reservas, o carro apresentam uma vantagem maior: podem preencher as condições necessárias para servir de meio para as migrações alternantes; se a situação espacial é inversa, o trem e o metrô terão maiores possibilidades. Nós não voltaremos atrás, para isso, remetendo ao exame de cada caso particular. O que chamamos de "conjuntura espacial" quer dizer essencialmente duas coisas, perfeitamente distinguíveis do ponto de vista teórico: 1. a persistência, numa formação social, de formas espaciais ligadas a um modo de produção anterior (por exemplo, os núcleos urbanos das cidades europeias); 2. a distribuição das atividades e dos grupos sociais no espaço, conforme a lógica da divisão técnica e social do trabalho.

Da mesma maneira, *o modo de gestão do meio de circulação* depende ao mesmo tempo do próprio meio e do tipo de gestão social que se liga a ele. Mais concretamente, se o progresso técnico e a evolução urbana conduzem a uma socialização crescente dos meios de circulação, não decorre necessariamente uma realização e uma gestão coletiva da troca, pois outros determinantes sociais (econômicos, políticos, ideológicos) levam a uma certa individualização dos meios de troca. Esta tendência dupla está na base da oposição clássica entre "transportes em comum" e "transportes individuais", cuja caracterização exata consiste nisto: para os primeiros, há socialização tanto das condições de troca quanto da própria troca, enquanto, para os segundos, há socialização das condições de circulação (produção das vias) e individualização do instrumento de circulação (o carro particular) donde a distorção que se segue. Se há especificação espacial e determinação do modo de gestão, há também *diferenciação social*, quer dizer distribuição desigual dos meios de transporte entre os grupos sociais (segundo, em última instância, seu lugar nas relações de produção) e distribuição desigual dos meios de transporte no espaço, ele próprio socialmente diferenciado.

Estas observações bastam para indicar que não há desenvolvimento necessário de um meio de circulação adequado a cada tipo de translado, já que uma rede complexa, mas bem definida, de interações sociais está operando. Todavia, o conhecimento das leis tendenciais para este ou aquele tipo de translado e o estabelecimento dos desvios, dos efeitos em sentido contrário etc. numa dada realidade, permitem distinguir as *contradições do sistema de circulação*, introduzindo assim à problemática da planificação (que tentará regulá-las) e dos movimentos sociais suscitados pela experiência vivida de tais situações.

Atingido este ponto, o esquema atinge uma complexidade suficiente para que só possamos falar a partir de situações concretas, que esboçaremos rapidamente a simples título de *ilustração*.

Se consideramos a região parisiense, e supondo como conhecidos os dados fundamentais de sua estrutura urbana (cf. *supra*, cap. I) podemos prever a grandeza, a frequência e a importância social dos deslocamentos para cada tipo de translado.

Num primeiro nível, a estimativa da importância proporcional de cada tipo de translado introduz na seguinte problemática:[87]

Quadro 44
Distribuição dos deslocamentos cotidianos na região parisiense pelo tipo de transferência (objeto do deslocamento), 1960

Objeto do deslocamento	Número (em milhões)	% sobre o total do deslocamento
Compras e negócios pessoais	2,5	17%
Lazer	1,5	10%
Deslocamentos profissionais	1,1	8%
Acompanhar crianças à escola e diversos	3,4	23%
Domicílio-trabalho (migrações alternantes)	6,0	40%
	14,5	

NB — Trata-se aqui de dias de trabalho.

Os únicos translados levados em conta pelas estatísticas são os que dizem respeito a pessoas, com exclusão, por exemplo, da troca de mercadorias ou do tráfico industrial. Assim, é claro que os translados entre unidades de consumo (residência) e de produção e gestão (trabalho) representam a massa mais importante e, devido à sua concentração no tempo e no espaço, vão determinar a estrutura da rede de circulação. Mas da simples avaliação dos fluxos na região, não poderemos deduzir as formas e ritmos dos transportes, sua significação social. É preciso portanto retomar metodicamente o esquema analítico proposto e tentar mostrar a especificidade das interações entre os diversos elementos na região parisiense. Podemos, por cortes sucessivos, obter uma avaliação aproximativa dos fluxos, codificados segundo a tipologia dos transportes colocando-os em relação, cada vez, com suas *características sociais e espaciais*, pois trata-se de obter dados que apresentam estas combinações empíricas, de acordo com o tipo de análise experimentado.

Os quadros 45, 46, 47 dão algumas indicações neste sentido, enquanto os conhecimentos sobre outros tipos de transporte continuam fragmentários.

Quadro 45
Translados C – P, C – T, C – G, segundo diferenciação social e relação com a centralidade urbana
Migrações alternantes
(migrações segundo a categoria socioprofissional, a atividade econômica e o sexo, região parisiense, 1960)

Categoria	Total	Não migrantes		Migrantes transpondo os limites de Paris		Migrantes sem transpor os limites de Paris	
		Efetivo	%	Efetivo	%	Efetivo	%
Artesão, pequenos comerciantes	290.900	224.940	77,3	20.400	7,0	45.560	15,7
Industriais, profissões liberais	101.920	62.100	60,9	13.880	13,6	25.940	25,5
Quadros superiores	276.180	59.240	21,4	93.260	33,8	123.680	44,8
Quadros médios	502.280	119.320	23,7	167.620	33,4	215.340	42,9
Empregos de escritório	691.920	136.820	19,8	250.840	36,2	304.260	44,0
Empregos de comércio	337.560	144.380	42,8	71.080	21,0	122.100	36,2
Exército	67.740	16.820	24,8	19.980	29,5	30.940	45,7
Contramestres operários qualificados	728.400	191.260	26,2	189.420	26,0	347.720	47,8
Operários especializadas, trabalhadores braçais	735.960	264.320	35,9	139.300	18,9	332.340	45,2
Agricultores	194.480	156.100	80,2	8.900	4,5	29.480	15,3
Outros	4.740	660	13,9	1.760	37,1	2.320	49,9
Construção e I.P.	270.400	98.200	36,3	63.560	23,5	108.640	40,2
Indústrias mecânicas	673.280	156.520	23,2	160.240	23,8	356.520	53,0
Outras indústrias de transformação	654.520	193.200	29,5	173.140	26,5	288.180	44,0
Transportes	213.460	45.580	21,4	71.760	33,6	96.120	45,0

(cont.)

Categoria	Total	Não migrantes		Migrantes transpondo os limites de Paris		Migrantes sem transpor os limites de Paris	
		Efetivo	%	Efetivo	%	Efetivo	%
Comércios e varejo	330.080	157.780	47,8	66.020	20,0	106.280	32,2
Outros comércios e similares	472.100	124.260	26,3	158.200	33,5	189.640	40,2
Serviços privados	558.300	297.580	53,3	102.420	18,3	158.380	28,4
Serviços públicos	553.300	150.000	28,1	154.440	29,0	228.860	42,9
Outras atividades. Não declaradas	226.560	152.840	67,4	26.660	11,8	47.060	20,8
Homens	2.357.200	746.260	31,7	606.340	25,7	1.004.600	42,6
Mulheres	1.574.880	629.700	40,0	370.100	23,5	575.080	36,5
das quais, mulheres casadas	840.440	338.680	40,3	204.820	24,4	296.940	35,3
Total	3.932.080	1.375.960	35,0	976.440	24,8	1.579.680	40,2

Podemos, no entanto, na base dos dados gerais referentes à região parisiense, construir um quadro ligando cada tipo de translado aos níveis de *capacidade, rapidez, segurança* e *conforto* adequados, na conjuntura histórica considerada. Por outro lado, cada uma das combinações de fatores determinará um certo "custo" à base da gestão dos meios de transporte. Para construir o quadro, daremos uma marcação de +, 0, a cada um dos fatores, conforme as exigências de cada tipo de translado, *segundo os dados conhecidos para a região parisiense*. Naturalmente, a atribuição dos pontos é amplamente arbitrária, já que um verdadeiro estudo neste sentido não foi efetuado. Mas preferimos correr o risco de uma certa margem de erro empírico para fixar as ideias na perspectiva que traçamos. O quadro seguinte resume grosseiramente os resultados desta caracterização para os diferentes translados na região parisiense.

Translado		Capacidade	Rapidez	Segurança	Conforto		Custo
[C — P1]	→	[+	+	+	−]	→	[2]
[C — P2]	→	[+	+	+	0]	→	[3]
[C — T]	→	[0	+	+	0]	→	[2]
[C — C1]	→	[−	+	−	+]	→	[0]
[C — C2]	→	[−	+	−	+]	→	[0]
[C — C3]	→	[+	+	+	0]	→	[3]
[C — C4]	→	[+	0	0	+]	→	[2]
[T — C]	→	[+	0	−	+]	→	[1]
[T — B]	→	[+	+	+	−]	→	[2]
[P — T]	→	[+	0	+	−]	→	[1]
[P1 — P1]	→	[+	0	+	−]	→	[1]
[P2 — P2]	→	[−	+	0	+]	→	[1]

Com a categoria "custo", introduzimos uma avaliação proveniente da compatibilidade dos valores negativos e positivos de cada fator, *considerando todos os fatores como equivalentes*: é evidente que a ponderação interfatores aparece como fundamental na determinação do custo real. Mas a ideia essencial que tentamos introduzir é que o custo de um meio de circulação depende da combinação de fatores, os quais dependem do tipo de translado (razão pela qual empregamos os *parênteses* nos diferentes termos do quadro).

Não justificaremos em detalhe cada atribuição de pontos, pois o essencial é prosseguir a análise, mostrando a adequação requerida entre cada uma das situações observadas e o uso de um meio de circulação e de um tipo de gestão. É necessário, para isto fazer intervir os dados relativos às características espaciais e sociais de cada translado, que estão também presentes nos dados de base. Nós nos limitaremos a estabelecer alguns traços principais.

Assim, a distribuição espacial dos empregos e das residências determina os fluxos migratórios cotidianos muito importantes entre o centro do aglomerado e o subúrbio e entre diferentes setores do subúrbio, para uma parte dos empregos industriais. Dada a concentração das atividades, a dispersão das residências e a "viscosidade" particular do centro da região parisiense, o meio de transporte adequado é sem dúvida alguma a estrada de ferro metropolitana (sob suas diversas formas). A título de comparação, por exemplo, uma estrada de ferro do tipo RER. transporta 50.000 passageiros por hora em cada sentido, enquanto uma autoestrada com três pistas transporta 6.000 passageiros por hora.

Este meio de transporte deve ser ao mesmo tempo *radial* e em forma de *malha* no seu traçado, para atender aos dois tipos de movimento observados. O *custo* é tal que não pode realizar-se a não ser através de uma gestão que vise a uma "utilidade social", quer dizer, colocando-a a serviço das funções socialmente dominantes, mas sem buscar um lucro direto na gestão da rede de circulação.

Quadro 46
Nível de adequação espacial entre C e P, T, G
Ativos segundo o lugar de residência e o lugar de trabalho, região parisiense, 1960

Local de residência / Local de trabalho	Paris	Coroa urbana Sena	Coroa urbana S e O	Coroa urbana S e M	Coroa urbana S e O	Zona de atração S e M	Zona de atração S e O	Fora do complexo S e M	Fora do complexo S e O	TOTAL
Idêntico ao lugar de residência (1)	441.240	476.400	127.560	8.740	90.420	8.280	55.800	95.980	71.540	1.375.900
Paris	764.120	484.000	105.800	8.860	111.620	6.060	24.780	10.300	10.440	1.525.940
Coroa urbana Sena	162.260	339.100	77.760	4.600	58.540	2.900	11.700	3.940	3.900	664.760
Coroa urbana S e O	12.220	24.660	38.640	1.020	15.520	140	5.220	200	2.720	100.340
Coroa suburbana S e M	180	420	420	2.020	420	560	0	360	0	4.350
Coroa suburbana S e M	5.600	10.060	6.280	580	27.440	300	3.400	500	2.580	56.740
Zona de atração S e M	120	200	80	640	140	1.760	200	1.240	60	4.440
Zona de atração S e O	4.420	6.460	5.000	80	5.080	100	17.260	240	7.420	46.060
Fora complexo do S e M	1.160	1.060	1.280	220	680	620	200	36.540	600	41.360
Fora do complexo S e O	1.440	1.500	1.020	20	2.580	100	380	740	26.220	39.000
Outros departamentos	9.100	5.160	1.680	40	1.460	60	1.020	1.200	1.400	21.130
Não declarados	18.080	15.080	4.620	620	4.720	440	3.160	3.360	1.920	55.000
Total	1.419.940	1.364.100	369.140	27.440	318.620	21.320	128.120	154.600	128.800	3.932.000

(1) Por lugar de trabalho idêntico ao local de residência, é preciso entender as pessoas que trabalham na comuna onde residem (bairro, para Paris). Observamos que 15% apenas dos parisienses trabalham fora de Paris, enquanto mais de 30% dos suburbanos trabalham em Paris.

A QUESTÃO URBANA

Quadro 47
Transferências C → C por setor geográfico, região parisiense, 1962, 1965
(Destino dos deslocamentos de lazer e de deslocamentos diversos)

Grande Zona Geográfica	Destinos dos deslocamentos de lazer (pesquisa fim 1965)	Destinos dos deslocamentos diversos (pesquisa fim 1965)	Empregos (recenseamento 1962)	População residente (recenseamento 1962)
Paris	48,6	37,0	50,8	32,8
Subúrbio noroeste	4,9	10,9	7,5	8,6
Subúrbio norte	11,7	10,6	9,0	12,5
Subúrbio leste	7,0	13,3	8,2	11,5
Subúrbio sudeste	8,2	9,5	5,9	9,3
Subúrbio oeste-sudoeste	0,6	6,6	8,5	10,6
Grande subúrbio sudoeste (linhas Saint Remy e Rambouillet)	9,5	0,8	1,0	1,7
Região de Mantes	0,0	0,8	0,7	0,7
Grande subúrbio oeste-noroeste	0,9	2,8	1,4	1,9
Grande subúrbio leste	0,4	1,4	0,8	1,4
Grande subúrbio sudeste	2,2	2,3	1,1	1,3
Resto da região de Paris	5,0	3,7	5,1	7,7
Fora da região de Paris	1,0	0,3	0,0	0,0
Total	100,0	100,0	100,0	100,0

Quadro 48
**Meio de transporte utilizado para os
deslocamentos de "lazer" (dia de semana)**

Automóvel	43%
Táxi	1%
Duas rodas	7%
Metrô	21%
Ônibus urbano	9%
Ônibus suburbano	10%
Trem	9%

NB — É preciso assinalar que as estatísticas sobre os deslocamentos referem-se a um *dia de semana*, enquanto os passeios se dão no fim de semana.

Se examinamos agora um outro tipo de transferência, muito diferente, Cl → C2 e Cl → C4 (ou seja, o que chamamos de deslocamentos centrados no "lazer") descobrimos um desequilíbrio ainda maior, já que a centralização do "lazer" cultural em Paris é total e que os "lazeres" "naturais" parecem constituir o objeto do deslocamento muito mais esporádico (*NB*). O pouco tempo que podemos conceder a estes deslocamentos, sua distribuição muito desigual nos diferentes estratos sociais, a ideologia da privatização do lazer e, sobretudo, a quantidade, no tempo anual dos lares, do número de "saídas" determinam, *nas condições sociais atuais*, um meio de circulação individual: o carro (cf. quadro 48).

Dito isto, o uso individual não equivale a uma gestão individual do transporte, pois, como assinalamos, há dissociação entre o uso e a gestão, o instrumento de transporte individualizado e a produção e a gestão das condições de circulação (vias), cujo custo é até mesmo mais alto que o das estradas de ferro e que portanto são assumidas pelo aparelho do Estado.

Tratando-se de compras (T → C) e de atividades pessoais (G → C), que representam 17% do total dos deslocamentos cotidianos, os dados são raros, mas podemos formular a hipótese de uma circulação semelhante à do uso terciário, devido à centralização do comércio e das administrações em Paris, e do subequipamento do subúrbio. A *estrada de ferro e o metrô* parecem ser uma resposta necessária a este movimento, esperando o efeito dos grandes centros comerciais periféricos, que começam a drenar para eles as correntes de circulação automobilística, meio adequado a um percurso pontual que exige uma capacidade de carga individualizada (abastecimento dos lares). A tendência, neste caso, é de uma individualização não só do instrumento de transporte, mas também de certas condições coletivas de seu uso: construção de estacionamentos nos grandes centros comerciais.

Em vez de continuar a desenvolver a lógica interna de cada tipo de translado na conjuntura da região parisiense (o que, para ser feito seriamente exigiria uma série de análises específicas fora de nosso propósito atual), cabe-nos introduzir agora *as condições históricas de existência e de funcionamento dos meios de transporte parisienses* que, evidentemente, não derivam em linha direta da lógica do sistema de circulação, mas também de um conjunto de determinações econômico-políticas. Mais ainda, um *estudo sociológico dos transportes se baseia numa análise das contradições entre a lógica interna de um sistema de circulação e as condições históricas dos meios de transporte através dos quais ele deve realizar-se.*

Enfim, estas diferentes contradições se articulam com as contradições sociais gerais, devido ao fato da circulação ocorrer num dado espaço social moldado, evidentemente, pela segregação urbana.

Se correlacionamos a lógica do sistema de circulação na região parisiense com a situação dos transportes, podemos distinguir, entre outras, as contradições seguintes:

1. Enquanto constatamos o papel essencial que deviam desempenhar as estradas de ferro urbanas nas condições concretas do sistema circulatório da região parisiense, há um excesso manifesto da capacidade destes meios de transporte com relação aos fluxos:
   • O *metrô* permanece limitado à Paris intramuros, não tendo sido aberta nenhuma nova linha desde 1939. Apesar da utilização intensiva de um material envelhecido (que determina uma rapidez bastante reduzida, de 21 km/h), o número de *lugares oferecidos por km* aumentou, de 1954 a 1960, 10%, enquanto que o tráfego aumentou de 15%.

- Cabe, então, às *estradas de ferro* propriamente ditas assegurar a relação com o subúrbio. Ora, o número de lugares oferecidos pela SNCF não variou praticamente de 1954 a 1960, o número de *lugares/km* não aumentou mais que 11%, e o tráfego 18%. Ainda mais espetacular é o caso da linha de Sceaux, complementar do metrô e servindo um subúrbio ao sul em plena expansão urbana; os lugares aumentavam 8% e o tráfego 32%; por outro lado, a combinação com a rede do metropolitano obriga a fazer uma conexão.
- O ônibus foi concebido como um meio de complementação, para suprir as inúmeras falhas da rede coberta desta forma.

    Se, neste caso, não ocorreu excesso de capacidade (+32% em lugares e +22% no tráfego para o subúrbio, -17% e -20%, respectivamente, para Paris), sofreu, no entanto, uma verdadeira paralisia, devido à densidade da circulação de automóveis e à ausência de criação de uma rede de circulação urbana reservada aos ônibus (rapidez média em 1953, de 13 km/h em Paris e 18 km/h no subúrbio; em 1970, 9 km/h e 12 km/h).

    Esta situação, quando a concentração dos empregos e das atividades aumenta e a taxa de urbanização se acelera, tem como consequência lógica uma diminuição do conforto e da rapidez, bem como um alongamento das distâncias a percorrer. O que quer dizer, concretamente, para os migrantes, duas horas de transporte em média por dia.

2. A rede é estritamente rádio-concêntrica e só se apresenta em forma de uma malha em Paris, através do metrô. Dada a importância das migrações subúrbio-subúrbio, sobretudo para os operários, seguem-se, entre outras, estas consequências:
    - Necessidade de mudar de meio de transporte, com a constituição de deslocamentos em cadeia, muito mais custosos e penosos.
    - Estabelecimento progressivo de transportadores particulares (muito mais caros, já que eles não têm concorrência) que já asseguram 5% do tráfego.
    - Uso do automóvel (1.400.000 trajetos subúrbio-subúrbio dos 5.200.000 deslocamentos cotidianos de automóvel).

3. A rede SNCF se une à segregação social no espaço, reforçando-a. Assim, enquanto a fixação operária no leste de Paris é especialmente intensa e o desequilíbrio emprego/habitação para todas as categorias é mais marcante aí, que em outros lugares, a rede de estrada de ferro nesta zona é muito menos densa.
4. Dada a profusão dos transportes em comum para os translados aos quais devem atender com prioridade, eles não existem praticamente para os outros translados e, em particular, para os que se referem ao lazer, acompanhamento de crianças etc., no subúrbio. Daí a substituição sistemática pelo automóvel, que por sua vez é favorecido por outras linhas de força (indústria automobilística, companhias de petróleo, não só como "grupos de pressão", mas enquanto desempenham um papel central no conjunto da economia). Ora, se, de 1954 a 1962, houve um aumento de 150% do parque automobilístico, a aumento do uso efetivo foi apenas de 50%, pois a criação de uma rede de vias metropolitanas capaz de acolher este fluxo de automóveis não podia acompanhar o mesmo. Vemos então que as dificuldades de funcionamento do sistema de circulação são remetidas para o nível individual, sem no entanto permitir o desdobramento desta iniciativa, pela simples razão de que o automóvel não pode preencher, na *região parisiense*, as condições necessárias para os translados que determinam as migrações alternantes.
5. Os esforços de organização da circulação automobilística versam essencialmente sobre o centro de Paris, ameaçado de paralisia (a velocidade média é de 16 km/h). Os poucos dados disponíveis parecem indicar que existem dois tipos de deslocamento automobilístico em Paris: compras e contatos de negócios (pois os deslocamentos subúrbio-Paris não ultrapassam 700.000 em comparação com 2.400.000 Paris-Paris). Se a tendência à abertura do comércio se acentuar, o famoso problema da circulação parisiense só se colocará, principalmente, para as atividades administrativas e de negócios, substituídas à noite pelas saídas de "lazer", privadas de todo meio de transporte coletivo.

6. O automóvel, como toda mercadoria, é desigualmente distribuído nos diferentes grupos sociais, e seu uso ainda mais. Por conseguinte, quanto mais ele supre as falhas da rede de transportes, tanto mais se aprofunda o afastamento entre os que moram perto do lugar de trabalho, de comércio e de lazer, que são bem servidos e têm mais veículos e maior capacidade de usá-los, e os que se encontram sistematicamente numa posição inversa.

Enfim, a análise das contradições resulta necessariamente no estudo das condições de emergência das intervenções políticas. A conjuntura do sistema de circulação que realçamos está efetivamente na base das tentativas da administração de gerir estas contradições, através, essencialmente, de dois tipos de medidas:

1. Medidas financeiras, visando a rentabilizar a exploração, o que obriga a um aumento constante das tarifas pagas pelos usuários (de 1966 a 1970, o ticket do metrô aumentou 17% ao ano).
2. Criação de novos meios e, em particular de uma Rede Expressa Regional, cuja via leste-oeste está se concretizando. Jean Lojkine mostrou[88] a lógica deste traçado, que foi preferido, por exemplo, a um prolongamento das linhas de metrô no subúrbio próximo, unindo o âmago do aglomerado à coroa operária muito densa que o cerca. O traçado leste-oeste responde, em compensação, a uma acentuação da lógica social e funcional já enunciada, que correria o risco de provocar uma paralisia da circulação, sem um novo alento na rede.

É, com efeito, o deslocamento das atividades terciárias para o Oeste, em torno de "La Défense", e a especialização residencial crescente do Sudeste, que tornaram urgente esta via de transporte; seu papel, com efeito, é de tornar suportável a nova pressão suscitada por um reforço das tendências atuais nos fluxos de migrações alternantes. Mas os efeitos deste traçado, ao mesmo tempo que tornam possível um certo tipo de funcionamento econômico na região parisiense, reforçam as contradições sociais, pois, como o assinala Lojkine, "a reprodução do capital melhora (pela ampliação do mercado de trabalho), enquanto a reprodução da força de trabalho piora (pelo alongamento da duração do trajeto)".

Este conjunto de contradições não suscita apenas a intervenção da planificação. Ele está na base de uma mobilização crescente da força de trabalho para *lutar* contra uma certa *política* dos transportes e impor um outro tipo de solução dos problemas colocados. Assim, em julho de 1970, foi criada uma federação dos comitês de usuários dos transportes em comum da região parisiense, reagrupando cerca de seiscentos comitês locais no conjunto da região. Desde então foram organizados encontros, reuniões de informação e ações de protesto. A 18 de novembro de 1970, uma manifestação, reunindo milhares de pessoas diante do apelo de várias organizações de esquerda, paralisou o centro de Paris e mostrou em pleno dia a emergência de uma nova proposta reivindicativa sobre uma questão vivenciada há muito tempo como uma fatalidade. Resta saber se este tipo de ação e de reivindicação se insere na lógica da organização socioecológica da região, tentando encontrar uma adequação mais precisa entre as exigências dos diferentes translados e os meios de circulação empregados, ou se haverá passagem de uma crítica das falhas para uma crítica do tipo mesmo de transferência, o que implica uma contestação da organização social do espaço parisiense.

Esta questão introduz portanto à problemática dos movimentos sociais, que ultrapassa a da estrutura urbana, pois devem ser introduzidas outras articulações com a estrutura social e as relações de classe (cf. *infra*). Mas é significativo mostrar esta relação indissolúvel numa dada situação histórica: a estrutura urbana se transforma através das intervenções do aparelho político e dos movimentos sociais; estas intervenções não são compreensíveis (com relação às unidades urbanas) sem uma inserção na estrutura de contradições que as constituem. Deve ficar claro que as *exigências* de cada tipo de translado não são necessidades estruturais a-históricas, mas exigências socialmente determinadas pelo conteúdo social do translado, quer dizer pelo tipo de existência dos dois polos da troca. Por outro lado, os meios de transporte não são determinados unicamente pelas exigências dos transportes, mas, como vimos no caso de Paris, por um conjunto de influências a especificar em cada caso. A complexidade do esquema e a especificidade das combinações entre os diferentes elementos poderiam ser apreendidas através de uma análise comparativa de diversas sociedades, que não cabe tratar neste nível de generalização. Mas podemos lembrar, através de algumas alusões rápidas, o papel essencial desempenhado pela especificidade histórica na análise de uma situação concreta.

Assim, nos Estados Unidos,[89] se o volume dos diferentes translados reflete uma importância quantitativa semelhante à da distribuição observada em Paris, com uma maior parte consagrada aos deslocamentos de "lazer" (cf. quadro 49), sabemos que estamos diante de uma organização ecológica muito diferente (menor concentração das atividades industriais, abertura do terciário, status social superior dos subúrbios, hábitat unifamiliar e difusão urbana) e um reinado incontestável do automóvel, o que se deve, sobretudo, ao papel desempenhado por esta produção na indústria americana, ainda que ela esteja associada com um conjunto de elementos ideológicos e relativos ao modo de vida. É verdade que a organização espacial sendo mais diversificada, o meio termina por determinar o sistema. Assim, nas grandes metrópoles onde a concentração das atividades se aproxima da concentração das cidades europeias, como Chicago e Nova York, a estrada de ferro metropolitana (que é utilizada para a maioria dos deslocamentos cotidianos) é seguida por um conjunto de vias rápidas para os automóveis, ajustado ao subúrbio por imensos estacionamentos na periferia C, no caso de Chicago, tendo a afluência direta através de um gigantesco sistema de autoestradas urbanas que levam até o Loop.

Quadro 49
Migração alternante nos Estados Unidos
Deslocamentos dos residentes urbanos segundo sua meta
Porcentagens das viagens indo a:

Área urbana (anos dos dados)	Residência	Trabalho	Negócios	Compras	Diversões	Escola	Outras	Total
Chicago (1956)	43,5	20,5	12,4	5,5	12,8	1,9	3,4	100,0
Detroit (1953)	39,5	23,5	6,9	8,2	12,1	3,0	6,8	100,0
Washington (1955)	41,7	23,4	6,6	8,2	7,1	4,4	8,6	100,0
Pittsburg (1958)	43,4	21,0	13,5	8,4	7,9	5,8	0,0	100,0
Saint Louis (1957)	40,5	20,8	6,0	10,5	12,3	3,0	6,9	100,0
Houston (1953)	37,2	18,9	7,1	10,1	10,8	4,9	7,9	100,0
Kansas City (1957)	37,6	20,6	7,9	9,9	12,9	2,8	8,7	100,0
Phoenix (1957)	40,3	18,2	6,7	11,5	11,2	5,0	9,0	100,0
Nashville (1959)	38,4	19,1	6,5	10,5	13,6	3,3	9,4	100,0
Fort Lauderdale (1959)	38,6	17,2	11,7	13,8	12,9	0,4	5,4	100,0
Charlotte (1958)	36,6	21,9	7,5	9,0	12,8	2,8	9,4	100,0
Reno (1955)	38,6	16,9	11,2	10,4	14,3	0,3	8,3	100,0
% média	39,6	20,2	8,7	9,7	11,7	3,1	7,0	100,0

Fonte: Wilbur Smith and Associates Futures Highways and Urban Growth, New Haven, Connecticut, fevereiro de 1961, p. 81.

Mais ainda, o carro age não só sobre o sistema de circulação como sobre o volume mesmo dos translados. Num estudo com base nos dados concernentes a Chicago, Detroit e Modesto, Shuldiner estabeleceu como variáveis determinantes do número de deslocamentos efetuados, a dimensão do lar e a *posse de um carro*, enquanto a posição na rede urbana (distância até o CBD) parecia irrisória.[90] Outro elemento significativo: o papel complementar ao carro, desempenhado pelos transportes públicos nos grandes aglomerados americanos. Em Pittsburgh, que no entanto, é uma cidade industrial antiga num centro de negócios saturado, vimos que mais de 85% dos deslocamentos cotidianos feitos nos transportes públicos são devidos a pessoas que, neste dado momento, não estão com seu carro, ou não podem ou não sabem dirigir...[91] O carro, na sociedade americana, desempenha assim um papel predominante no estabelecimento dos fluxos de transporte, e, por isto, da organização urbana. O fato de o instrumento constituir a função não invalida o esquema de análise apresentado, e sim convida-nos a encarar a interação entre os diferentes elementos segundo uma lógica específica historicamente determinada.

II. A ORGANIZAÇÃO INSTITUCIONAL DO ESPAÇO

Da mesma forma que existe uma leitura econômica do espaço urbano, há uma leitura possível deste espaço em termos de sistema institucional, a saber do aparelho político-jurídico da formação social considerada. Assim, por exemplo, a questão clássica da inadequação entre as unidades "reais" de organização do espaço (quer dizer as unidades econômicas), como as regiões metropolitanas e as unidades territoriais de gestão administrativa, remete à defasagem das duas instâncias, econômica e política, com relação a um mesmo espaço. Dois problemas se colocam então:

1. A divisão administrativa de espaço enquanto expressão da lógica própria do sistema institucional.

2. A eficácia social própria a esta divisão que, uma vez suscitada, articula-se com o conjunto de efeitos econômicos e ideológicos e tem uma influência direta sobre os processos sociais e a luta política (por exemplo, determinando diretamente o cenário político local no plano institucional).

Isto significa que a organização institucional do espaço não coincide com o estudo do elemento estrutural que chamamos de *gestão*, que é a expressão específica do aparelho de Estado ao nível de uma unidade urbana — o que faz levar em consideração vários outros dados que ultrapassam a organização espacial (cf. cap. IV).

Trata-se, com relação à estrutura do espaço urbano, de determinar a organização produzida pelo aparelho político-jurídico, e, em troca, precisar os efeitos desta divisão sobre os processos de organização do espaço derivados das outras instâncias.

Num nível bem geral, podemos supor que a divisão espacial institucional seguirá a lógica interna do sistema institucional, quer dizer, o conjunto das práticas que este sistema assume no seio de uma formação social. Sabemos que o sistema político-jurídico expresso concretamente através do conjunto do aparelho de Estado só pode ser entendido com referência à estrutura de classes de uma sociedade, e, em particular, das classes dominantes e de sua relação com as classes dominadas. Estas relações são bipolares e, por outro lado, tomam um sentido diferente quando têm relação com as classes dominantes ou com as classes dominadas.[92] Por bipolarização, queremos dizer que o aparelho de Estado exerce ao mesmo tempo a dominação de uma classe mas trata de regular, na medida do possível, as crises do sistema, a fim de preservá-lo.

E neste sentido que, às vezes, ele se torna *reformista*. Se as reformas são sempre impostas pela luta de classes, e, portanto, do exterior do aparelho de Estado, nem por isso elas são menos reais; elas visam a preservar e ampliar o quadro existente, consagrando assim os interesses das classes dominantes a longo prazo, mesmo que seja preciso limitar um pouco seus privilégios dentro de uma conjuntura particular.

Esquematizando muito, podemos exprimir esta dupla dialética do aparelho de Estado, da seguinte maneira:

O aparelho jurídico-político tende a assegurar a *dominação* das classes dominantes e a *regulação* das contradições que se manifestam entre elas, bem como entre as diferentes instâncias defasadas numa formação social (econômica, política, ideológica, vestígios de outros modos de produção etc.); para chegar a isto, ele desenvolve uma série de canais de *integração* com respeito às classes dominadas, exercendo ao mesmo tempo frente a estas classes, uma verdadeira *repressão*, mais ou menos aberta conforme a conjuntura.

A organização institucional do espaço é determinada, em primeiro lugar, pela expressão, ao nível das unidades urbanas, do conjunto dos processos de *integração*, de *repressão*, de *dominação* e de *regulação* que emanam do aparelho de Estado.

Assim, por exemplo, o movimento duplo de *integração-repressão* com relação às classes dominadas exprime-se, por um lado, pela *autonomia municipal* e a divisão do espaço em coletividades de base local providas de uma certa capacidade de decisão sob a influência direta da população residente (integração); por outro, pela *hierarquia administrativa das coletividades territoriais*, sua subordinação a um conjunto de instâncias progressivamente mais dependentes da lógica do aparelho institucional, e o isolamento das diferentes municipalidades entre si com forte limitação das relações horizontais e predomínio dos elos verticais com iniciativa centralizada (*repressão*).

Assim, os processos de *dominação-regulação*, expressão das classes no poder, organizam o espaço, por um lado determinando as normas de funcionamento do conjunto da divisão, e conservando a possibilidade de iniciativas centrais que transformam diretamente o espaço das coletividades locais (*dominação*); por outro lado, intervindo para ajustar a relação social com o espaço, onde os interesses contraditórios no seio do bloco no poder e/ou das defasagens estruturais produzidas correm o risco de fazer explodir ou de agravar uma crise: a planificação urbana ou as novas fronteiras administrativas (tais como os governos metropolitanos ou as circunscrições regionais) são um bom exemplo (*regulação*).

Desse modo, ao falar de *espaço institucional*, não remetemos à base espacial do aparelho de Estado (por exemplo, a implantação das diferentes administrações), mas aos processos sociais que, partindo do aparelho político jurídico, estruturam o espaço. A distribuição espacial dos aparelhos é apenas uma expressão concreta, entre outras, destes processos, que se articulam necessariamente às outras instâncias para, através das relações sociais e políticas, produzir o espaço concreto (e também, por exemplo, este espaço dos locais administrativos).

A problemática que se esboça, então, é, mais uma vez, muito vasta e muito abstrata para que possamos desenvolvê-la de outra forma que não através de pesquisas concretas sistemáticas. A título de simples *forma de expressão*, lembraremos algumas situações históricas que se tornam compreensíveis à luz dos conceitos propostos.

A. *O debate sobre os governos metropolitanos na América do Norte.*

A formação de vastas regiões metropolitanas na América do Norte, com a interpenetração das atividades e das redes sociais delas resultantes, entrou amplamente em contradição com a tradição jeffersoniana de uma profunda autonomia local, pois não há quase nenhuma decisão possível sobre os problemas fundamentais da organização urbana que não coloque em questão o conjunto ou uma parte importante da unidade econômico-espacial, a saber "o aglomerado".

Assim, Robert C. Wood pôde mostrar a selva administrativa que está na base da gestão urbana na região de Nova York,[93] e sabemos que em 1967 as 228 áreas metropolitanas dos Estados Unidos eram geridas por 20.745 governos locais, quer dizer, em média, 91 por cada área metropolitana. Haveria, então, aparentemente, um predomínio do *espaço de integração* sobre o *espaço de regulação*, no sentido de que a autonomia local é conservada, mesmo a preço de certas disfunções na organização urbana. É neste sentido que se orienta, por exemplo, Scott Greer na sua análise comparativa do sucesso do estabelecimento de um governo metropolitano em Miami, com relação às falhas da tentativa em Saint Louis e em Cleveland.[94]

Ora, vários estudos, bem sintetizados, por exemplo por Norton E. Long,[95] mostraram os processos sociais em jogo, partindo do fato fundamental de que o espaço é diferenciado socialmente e que, por conseguinte, as instituições locais respondem aos interesses dos grupos sociais majoritários. Ora, a defasagem existente na democracia burguesa, entre o igualitarismo jurídico (domínio público) e a estratificação dos indivíduos com relação ao consumo (domínio privado), é, cada vez mais, recolocada em questão pela socialização crescente do consumo nos grandes aglomerados, porque depende sobretudo dos equipamentos coletivos necessários a um consumo de massa. A manutenção do sistema de estratificação exige uma separação dos espaços, sem o que assistiríamos a uma verdadeira redistribuição das rendas, sendo as comunidades ricas obrigadas a contribuir para o financiamento dos equipamentos coletivos necessários sobretudo nas comunidades dos estratos sociais inferiores, os mais desprovidos em termos de meios de consumo individual. Particularmente marcante é o efeito deste financiamento local sobre o nível e a orientação do aparelho escolar, instrumento essencial da reprodução da desigualdade.

Assim, a fragmentação administrativa do espaço metropolitano, se ela serve aos interesses das comunidades residenciais abastadas (é o argumento proposto de forma clássica), que assim podem se entrincheirar no seu particularismo, serve também e sobretudo ao *processo de dominação social*, assegurando a reprodução das relações sociais, em particular através de uma diferenciação estrita do aparelho escolar e cultural. Compreendemos, nestas condições, que as diferentes autoridades não chegam a "estar de acordo"... É preciso ainda assegurar a ultrapassagem destas contradições que ficam reforçadas nos processos de integração e de regulação, por um lado, elaborando planos "de assistência social" ao encargo do governo federal, e por outro lado, criando organismos *ad hoc* de planificação urbana, para responder aos problemas de controle em termos funcionais, sem redefinir o aparelho político local no conjunto de suas dimensões.

Em certos casos, a redefinição do espaço institucional coloca em questão a organização ou a desorganização dos grupos sociais sobre a qual baseia-se a dominação política, sendo então direta a contradição entre os processos de dominação e de controle. Assim, por exemplo, enquanto Toronto soube dotar-se de um governo metropolitano, com poderes bastante extensos, a *Corporação da Montreal Metropolitana*, criada em março de 1959, chocou-se com dificuldades crescentes e não resultou numa instituição supracomunal real. Um exame rápido da questão[96] parece indicar que a base social do poder provincial predetermina a saída do conflito: enquanto em Ontário, Toronto está na base de um poder provincial amplamente conseguido à custa do desenvolvimento industrial, em Quebec, a Montreal terciária e industrial sempre esteve adiantada, socialmente, ao conjunto do país, dominado por uma coalizão de notáveis agrícolas e de interesses capitalistas estrangeiros. Nestas condições, uma Montreal metropolitana poderosa, onde se desenvolvem rapidamente movimentos de contestação da gestão local, suscetíveis de pesar sobre as decisões, corria o risco de dar uma força política a este vasto movimento social, formado no Quebec nestes últimos anos. Consequência: o governo provincial freou, habilmente, toda tentativa *real*, ao mesmo tempo que colocava em funcionamento órgãos de gestão do aglomerado de Quebec, mais "seguros" politicamente. O desaparecimento da União nacional, nas últimas eleições e sua substituição pelo partido liberal "modernista", não altera quase nada a situação: tendo deslizado para a esquerda, uma Montreal metropolitana daria uma sede melhor ao Partido de Quebec no piano institucional e ao FBAP, de tendência reformista de esquerda, no plano da mobilização de massa (cf. *infra*, cap. IV).

O debate sobre o governo metropolitano na América do Norte demonstra diretamente os processos em ação no aparelho de Estado e indica as questões sociais e políticas que determinam a divisão institucional do espaço.

B. *As dificuldades do "urbanismo combinado" no aglomerado de Grenoble.*

Num contexto histórico diferente, mecanismos semelhantes estão em ação, quando se trata de redefinir o aparelho administrativo de intervenção no espaço num aglomerado com crescimento econômico e demográfico tão rápido quanto o de Grenoble. Uma excelente pesquisa sociológica[97] permite compreender o processo desencadeado pelo estabelecimento de instituições intercomunais de estudo (Siepurg em 1967) e de realização (Sirg em 1968) urbanas, que se fizeram necessárias pela complexidade crescente e o caráter coletivo dos problemas a tratar. Com efeito, a forte diferenciação econômica e social, e portanto política, de trinta e uma municipalidades do aglomerado suscita uma pluralidade de situações, de interesses e de estratégias:

- A cidade-central, Grenoble, eleva seu nível social, concentra as funções principais e visa a dirigir o desenvolvimento do conjunto do aglomerado.
- As municipalidades do subúrbio operário, centradas nos problemas de habitação e equipamentos coletivos, e tentando basear-se nelas mesmas.
- As municipalidades residenciais, procurando preservar um meio social e exercer uma influência sobre o conjunto do desenvolvimento por outros canais além dos planos de urbanismo.
- As pequenas municipalidades agrícolas, exercendo seu particularismo em termos de constituição de reservas de terras, a reboque do crescimento industrial do aglomerado.

Desde então, foi fácil adivinhar que as instituições intermunicipais seriam de preferência um meio de diálogo e de expressão dos interesses divergentes, sem que lhe fossem concedidos verdadeiros poderes. Mas, o que é mais interessante é o fato de que, apesar desta diversidade e o fracasso aparente, o Siepurg parece desempenhar um papel mais eficaz na redefinição das capacidades de intervenção urbanística. Com efeito, cobrindo as iniciativas dos organismos técnicos como a Agência do aglomerado, ele é de fato dominado pelo conjunto dos responsáveis, em especial os da cidade de Grenoble; municipalidades em desacordo só podem opor-lhe uma atitude negativa; elas preparam assim o terreno para uma retomada pela via hierárquica, como foi o caso depois do fracasso das discussões sobre o Plano de modernização e de equipamento, solucionados, finalmente, pela intervenção do prefeito.

Assim, a especificidade dos interesses intermunicipais não resolve sozinha o problema da reorganização das competências espaciais. É preciso ainda saber quais são estes interesses e qual é sua ligação com os aparelhos de Estado centrais. No caso de Grenoble, a criação de instituições intermunicipais se revela incompatível com um consenso social que se torna impossível em função da segregação urbana e das oposições de classe subjacentes, mas ela contribui de certa maneira para a criação de um espaço de aglomeração, tornando possíveis certas intervenções centrais urbanísticas. O processo de controle se impõe às exigências da integração (autonomia municipal) na medida em que assegura, nesta conjuntura, o alargamento da dominação nas condições novas criadas por um crescimento acelerado, sendo sempre possível o recurso à hierarquia (repressão) e agindo de fato por uma espécie de dissuasão implícita.

C. A batalha de Dunquerque

Dunquerque é hoje em dia algo mais que um local histórico. É um dos mais formidáveis desafios do capitalismo monopolista francês, com as implantações industriais modernas de grande dimensão (Usinor, Creusot-Loire, Vallourec, Air Liquide etc., além de uma refinaria e de estaleiros navais) e um porto gigantesco em construção. Prevê-se, portanto, um crescimento de um terço do aglomerado entre 1965 e 1975, e solução proposta para o quase desaparecimento das atividades mineiras no Norte. E já é o afluxo maciço de uma mão de obra que, nos ZUP, é encerrada como a da Grande-Synthe, preparada exclusivamente para servir de força de trabalho à Usinor, ou quando se trata de imigrados, nas favelas mais ou menos disfarçadas.

Esta transformação não poderia deixar imutável a divisão institucional do espaço. O processo complexo de redefinição das competências administrativas foi posto em movimento. E este processo revela a interação das duas lógicas que assinalamos: a do aparelho político no posto e a dos interesses sociais contidos em cada unidade de espaço social.

Resumindo grosseiramente o problema,[98] quatro tipos de municipalidades compõem o aglomerado dunquerquense no momento da grande arrancada econômica:

- Municipalidades nas quais as classes médias têm um peso importante (mesmo se são muito "populares") e nas quais as funções urbanas são relativamente constituídas (Dunquerque, Rosendael,

com o acréscimo da única municipalidade residência burguesa: Malo-les-Bains).
- Municipalidades operárias constituídas há muito tempo (por exemplo, Saint Pol-sur-Mer).
- Municipalidades dominadas por novas implantações industriais e nas quais se concentra de forma acelerada uma enorme população operária de origem recente (Grande Synthe).
- Municipalidades semirrurais, que constituem, sobretudo, reservas de terra com relação ao enorme complexo urbano que está se formando.

Esta polarização deve se acentuar num futuro próximo, pois prevê-se um crescimento do terciário no centro, uma extensão da zona residencial no litoral oriental e um desenvolvimento vertiginoso do porto e das indústrias (com a construção de cidades operárias) no litoral ocidental.

Para tratar dos problemas que se colocam assim na escala do aglomerado, era lógico pensar num organismo supramunicipal e Dunquerque é o único caso na França onde uma comunidade urbana, compreendendo dezoito municipalidades, foi criada em 1968 a *pedido das municipalidades interessadas*. Mas esta "evidência" funcional (processo de regulação) é encarada de forma divergente, segundo os interesses em questão.

Em primeiro lugar, segundo a lógica da *dominação* é preciso sobretudo assegurar a instalação de um aparelho local que, mantendo a ordem, não perturbe a expansão de um complexo fundamental no plano nacional. Ora, o mecanismo da comunidade corre o risco de dar um peso cada vez maior às municipalidades operárias que vão se desenvolver no Oeste, e que poderiam impor uma política de equipamento e um controle social suscetíveis de perturbar o desenvolvimento industrial, numa zona onde o reinado sem contestação do capital é uma das maiores atrações para os investidores. A aritmética eleitoral confirmando esta tendência, a maioria gaullista, que controla a cidade central, tenta manter a comunidade em vigília, esperando constituir primeiro o Grande Dunquerque, isto é, a fusão das municipalidades centrais do aglomerado, onde a minoria operária ficaria subordinada a uma estrutura incluindo representantes de todas as classes, e cujo peso seria bastante para ser o motor de uma comunidade transformada assim numa companheira harmoniosa e de integração do crescimento econômico.

Em nome de uma lógica da *autonomia*, as municipalidades operárias recusam até mesmo a filiação à comunidade, remetendo ao contraprojeto de lei sobre as comunidades urbanas apresentadas à Assembleia Nacional pelo PCE e que previa evidentemente uma representação proporcional e uma maior autonomia com respeito ao poder central. Esperando dispor de uma verdadeira capacidade de ação, as municipalidades operárias temem ficar ligadas, em nome do interesse comum, a uma organização em benefício das empresas: elas preferem entrincheirar-se numa reivindicação particularista dos equipamentos necessários às populações que elas representam, mesmo que, no momento, façam parte da comunidade, e desconfiem dela.

Enfim, a comunidade é defendida pela maioria das municipalidades do aglomerado, obtida graças ao jogo duplo eleitoral dos socialistas: aliança com o centro nas comunas onde coexistem diversas classes, e com a esquerda nas municipalidades operárias. Esta defesa da comunidade faz-se segundo uma lógica da *autonomia-integração*, que reivindica um mínimo de distância com relação aos programas econômicos, sem recolocá-los em questão: em suma, companheiro "leal" dos industriais, mas representando os interesses materiais e razoáveis das populações operárias (por "razoável", entenderemos os que os industriais estão dispostos a aceitar).

Esta estratégia "centrista" corresponde à base social pluriclassista que fundamenta esta tendência eleitoral: não que não existam municipalidades operárias reivindicativas que não sejam socialistas (por exemplo, o novo conselho municipal de Grande Synthe é fortemente reivindicativo), mas a tendência de conjunto, expressa pela presidência da comunidade urbana, é de representar os interesses de toda a população para gerir as recaídas sociais, uma vez aceita a direção do dinamismo urbano por um crescimento econômico correspondendo a uma estratégia nacional.

Assim, Grande Dunquerque, autonomia municipal e comunidade urbana, são três formas distintas de organização institucional do espaço: elas correspondem à diversidade contraditória dos interesses sociais, redobrada pelos efeitos de conjuntura, expressos pelos aparelhos políticos locais.

A análise do espaço institucional lembra assim a determinação econômica da estrutura urbana e introduz à dinâmica social, quer dizer à luta política, que está no centro de toda análise concreta da transformação de uma cidade.

III. O SIMBÓLICO URBANO

O espaço está carregado de sentido. Suas formas e seu traçado se remetem entre si e se articulam numa estrutura simbólica, cuja eficácia sobre as práticas sociais revela-se em toda análise concreta. Mas esta estrutura simbólica não é o equivalente de um *texto urbano* organizado pela cristalização formal da ação social. Com efeito, sob a influência da linguística, vimos nascer uma tendência perigosa para desenvolver uma análise semiológica do espaço urbano, segundo a qual este é *significante* do *significado-estrutura social*; ora, trata-se aí ou de uma "evocação" do espaço como fato social (o que remete simplesmente ao conjunto da análise estrutural do espaço urbano) ou, muito mais de uma prioridade concedida à análise das formas na apreensão do fenômeno urbano.

Com efeito, desde o momento em que distinguimos significante e significado, colocamos uma certa separação, tensão e autonomia entre os dois termos, com duas consequências importantes:

1. Existe uma organização própria aos *significantes*, que é a organização do urbano.
2. A chave desta organização encontra-se na relação com o significado social, e o estudo do urbano é assim remetido às leis de composições destes signos espaciais, permitindo descobrir, conforme as afirmativas de Lévi-Strauss, a história de uma sociedade seguindo os traços de suas pedras... No entanto, esta análise só é possível se reduzirmos a ação social a uma *linguagem* e as relações sociais a sistemas de comunicação. O deslocamento ideológico operado nesta perspectiva consiste em passar de um método de descoberta dos traços da prática social a partir de seus efeitos sobre a organização

do espaço, a um princípio de organização deduzido das expressões formais inventoriadas, como se a organização social fosse um código e a estrutura urbana, um conjunto de mitos. Nesta perspectiva, estamos em presença de uma simbolização própria à estrutura espacial *enquanto forma*.

Partindo de bases teóricas muito distantes do estruturalismo, Kevin Lynch[99] chega aos mesmos resultados separando a imagem urbana do "observador" e analisando seu desdobramento autônomo enquanto forma. Para Lynch, uma *imagem urbana* tem uma série de conteúdos físicos precisos, que concorrem juntos para a formação de cada imagem específica: ela é composta pelos *percursos, limites, zonas, nós* e *marcas* (pp. 47-48) que se combinam de forma a conferir-lhe uma *identidade*, inserida numa *estrutura* e provida de um *sentido* (p. 8). Mas, se a identidade de uma imagem e sua filiação a uma estrutura podem permanecer no interior de um puro desenvolvimento das formas (remetendo-se umas às outras conforme um código), a introdução de um *sentido* coloca em jogo, necessariamente, o processo de produção destas formas, sua inserção num *conteúdo socialmente determinado*. Existe assim, em Lynch, uma contradição entre sua perspectiva de "designar", implicando uma lógica autônoma da forma, e os resultados de suas análises, que remetem sem cessar a um *sentido social* sempre exterior e, por conseguinte, amplamente arbitrário. É curioso encontrar, neste terreno, o par clássico de toda semiologia estruturalista: a estrutura (reinado da necessidade a-histórica) e o acontecimento (reinado do acaso e do sentido histórico).

No entanto, sabe-se desde Bachelard que a imagem se estabelece numa cooperação do real e do irreal, pelo concurso da função do real e da função do irreal, e que, "se a casa é um valor vivo, é preciso que ela integre uma irrealidade. É preciso que todos os valores tremulem. Um valor que não tremula é um valor morto".[100]

Só existe imagem quando ligada a uma prática social. Não só porque ela é produzida socialmente, mas porque não pode existir ("tremular" ...) a não ser dentro das relações sociais, da mesma forma que, definitivamente, não existe linguagem sem palavra. É neste sentido que

Raymond Ledrut tenta corrigir as tentativas de Lynch, estudando a imagem da cidade a partir das práticas sociais,[101] em particular a partir das representações que os cidadãos fazem da sua cidade. Fazendo isto, ele reverte os problemas sem no entanto resolvê-los, pois a especificidade das formas espaciais e de sua relação com a prática social são substituídas pela "ideia" que os habitantes fazem da cidade, isto é, por uma análise da ideologia do urbano, mais do que do efeito social das formas do espaço. Ora, se as representações do "urbano" merecem um estudo aprofundado (cf. *supra*, cap. II), o simbólico urbano deve sua especificidade precisamente à articulação das formas culturais do quadro espacial de vida com o sistema geral das ideologias e, em particular, à sua expressão formal.

É este o campo de análise que nós quisemos assinalar, delimitando-o através do relato de uma série de abordagens sucessivas do tema do simbólico urbano — abordagens que têm em comum a recusa de *uma autonomia articulada* do sistema de formas do espaço e do campo das práticas sociais. Ora, para encontrar uma analogia, é preciso partir de uma separação entre a língua e a palavra, sabendo-se que a primeira só tem sentido e se transforma em relação a certas exigências históricas da segunda.

Precisemos os termos da questão assim colocados: da mesma forma que existe uma eficácia própria do econômico ou do político-institucional através de sua modulação espacial e seu lugar nas "unidades urbanas", existe uma certa especificidade da instância ideológica ao nível do espaço urbano. Esta especificidade ideológica se manifesta, principalmente de duas maneiras:

1. Pelo componente ideológico que, ao nível de uma realidade histórica, está presente em todo elemento da estrutura urbana. Assim, por exemplo, toda moradia ou todo meio de transporte se apresenta sob uma certa forma, produzida pelas características sociais deste elemento, mas que, ao mesmo tempo, reforça-os, pois ela dispõe de uma certa margem de autonomia.

2. Pela expressão, através das formas e dos ritmos de uma estrutura urbana, das correntes ideológicas produzidas pela prática social. *É neste nível da mediação, pelo espaço urbano, das determinações ideológicas gerais, que devemos colocar o tema do simbólico urbano.*

Se existe acordo em considerar as formas espaciais como formas culturais e, por conseguinte, como expressão das ideologias sociais, uma análise destas formas deve então partir do encontro entre uma teoria geral das ideologias e a consideração do ritmo próprio às formas culturais existentes. É assim que pôde ser compreendida a arquitetura por toda uma tradição, ilustrada por Panofsky.

Será preciso então, para prosseguir neste domínio, aplicar-lhe os mesmos princípios de análise que os que concernem à instância ideológica em geral. A saber, sobretudo, que *uma ideologia não se define por si só, mas por seu efeito social*, o qual permite compreender, por sua vez, os contornos próprios ao discurso ideológico.

Este efeito social, apesar de sua diversidade, pode ser resumido pela dupla dialética do efeito de *legitimação* e do efeito de *comunicação*.[102] O primeiro significa que toda ideologia racionaliza certos interesses, a fim de apresentar sua dominação como expressão do interesse geral. Mas o que faz a força de um discurso ideológico, é que ele constitui sempre um código a partir do qual a comunicação entre os indivíduos se torna possível; a linguagem e o conjunto dos sistemas expressivos são sempre processos culturais, isto é, constituídos por um conjunto ideológico de dominação. É preciso também observar que esta comunicação efetua-se por um processo de *reconhecimento* entre os indivíduos (reconhecimento da posse do mesmo código) e que este *reconhecimento é* ao mesmo tempo um *desconhecimento*, na medida em que está fundamentado num código de domínio ideológico, que torna possível a comunicação através de uma falsa apreensão da situação vivenciada; assim, o "cidadão" pode compreender "a democracia" na medida em que ele se toma como individualidade jurídica formal para além de sua filiação de classe.

Se a ideologia pode ser caracterizada pelo efeito social assim definido, as *práticas ideológicas* remetem necessariamente a um processo social, e toda análise concreta deve poder distinguir as diferentes posições que podemos ocupar neste processo. Se consideramos uma prática ideológica como uma mensagem, por analogia com a teoria da informação, poderíamos distinguir as posições de *emissor, canais*, e *receptor* no processo global da produção de um efeito ideológico.

De que maneira estas observações relativas à teoria geral das ideologias nos ajudam a compreender o simbólico urbano? Antes de mais nada é preciso especificar que não se trata de meras práticas ideológicas sem relação com as formas espaciais, nem de um efeito puramente derivado da estrutura formal de um espaço. Existe um *simbólico urbano a partir da utilização das formas espaciais como emissores, transmissores e receptores das práticas ideológicas gerais*. Isto quer dizer que não existe leitura semiológica do espaço, que apenas seja uma simples decifração das formas (traço esfriado da ação social); ela estuda as mediações expressivas através das quais se concretizam processos ideológicos produzidos pelas relações sociais numa dada conjuntura.

Nesta perspectiva, o espaço urbano não é um texto já escrito, mas uma tela permanentemente reestruturada, por um simbólico que se modifica à medida da produção de um conteúdo ideológico pelas práticas sociais que agem na e sobre a unidade urbana. No entanto, o espaço urbano não é simplesmente uma página branca onde se inscrevam as práticas ideológicas. Há uma certa *densidade*. Mas esta densidade, para ser algo além de uma entidade metafísica, deve poder ser decomposta socialmente. Aí encontramos, essencialmente:

1. Efeitos de conjuntura, quer dizer as formas urbanas já existentes, produto histórico acumulado e combinado socialmente.
2. A carga simbólica própria às formas espaciais, não em função de seu lugar na estrutura urbana, mas de sua inserção na história cultural das formas, por exemplo, os arranha-céus são a combinação ao mesmo tempo do simbólico que lhes é atribuído pelas práticas ideológicas mediatizadas pelo espaço, e do simbólico que eles recebem da conjuntura cultural onde elas se encontram (arte, design, tecnologia, materiais etc.)

O conjunto do processo de determinação do simbólico urbano poderia ser esquematizado assim:

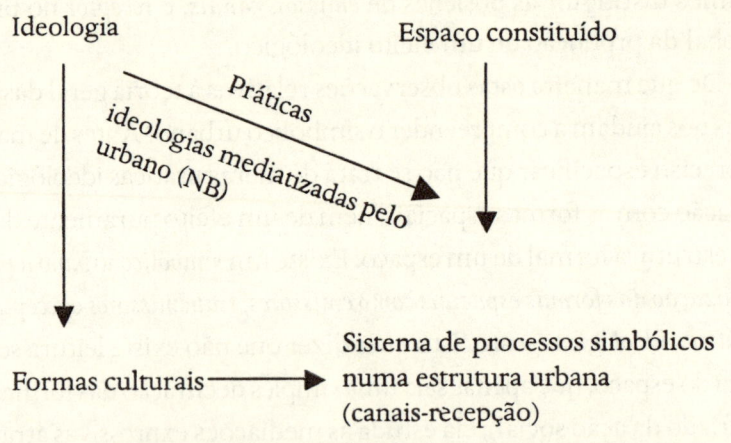

```
    Ideologia                    Espaço constituído
         \                              |
          \  Práticas                   |
           \ ideologias mediatizadas    |
            \ pelo urbano (NB)          |
             \                          |
              ↓                         ↓
                              Sistema de processos simbólicos
    Formas culturais  ──→     numa estrutura urbana
                              (canais-recepção)
```

NB — Prática ideológica: Produção de efeitos de *legitimação-comunicação*

O esquema proposto é excessivamente abstrato e é bem difícil atribuir formas concretas às posições e às funções indicadas em relação aos processos ideológicos. Podemos, no entanto, a título de ilustração amplamente abusiva, dar algumas imagens concretas.

Assim uma análise semiológica das operações de renovação urbana não pode partir da estrutura simbólica do conjunto do espaço, o que remeteria a uma matriz que se alarga ao infinito; ela deve partir do conteúdo ideológico veiculado à operação, a qual por sua vez deriva do efeito desta operação de urbanismo, ao mesmo tempo sobre a estrutura urbana e sobre as relações sociais. Conhecendo estes efeitos, haverá uma multiplicidade de mensagens que, logicamente, devem ser emitidas pelas novas formas urbanas: algumas serão dominantes, por exemplo, a modernidade técnica, o prestígio social, a comodidade consumista etc. Ora, se as formas arquiteturais (ou sua colocação no tecido urbano) podem desempenhar um papel emissor, as coisas se complicam consideravelmente ao nível da *recepção*, pois não existem só os compradores do programa, existe o efeito encadeante sobre a zona ambiental e, muito mais, há o efeito simbólico geral visando ao conjunto da população.

O conteúdo das mensagens nos diferentes níveis depende de uma série de correspondências ou de defasagens entre as formas emissoras e as formas receptoras. Mas, poderemos dizer, são indivíduos e não formas que recebem a mensagem. Claro, mas esta mensagem tem um componente espacial e é dele que se trata. Mais claramente: a mensagem "formal" aqui é a mesma para os habitantes dos grandes conjuntos, para os das casas populares dos subúrbios ou para os do bairro popular perto das zonas afetadas pelo programa de renovação. As diferenças de comunicação se explicam inteiramente pelas distinções de filiação de classe? Qual é a margem de especificidade formal dos "quadros urbanos" de recepção?

Indo mais longe, é preciso, evidentemente, introduzir também os "canais urbanos", a saber as mediações simbólicas permitindo a tradução dos códigos ou a fusão de várias mensagens numa só com fins de recepção. Por exemplo, a "modernidade" emitida pelos conjuntos renovados altera-se, conforme seja percebida de carro, ou a pé, em função de uma experiência cotidiana de transportes em comum associada ao centro da cidade.

Por outro lado, sempre falamos das "formas", mas podemos também raciocinar em termos de fluxo, de ritmos urbanos, de espaços vazios, de orçamentos-espaço etc.

Enfim, o conjunto dos processos não são nem as "vontades" nem as estratégias, mas os efeitos sociais necessários produzidos na ideologia por uma relação social com o espaço. O que quer dizer que, às vezes, os efeitos ideológicos contradirão os efeitos econômicos de uma operação, pois não há controle sistemático do conjunto dos efeitos. Em linguagem falada, se tratará de algo "incrustado", algo rebarbativo, o que demonstra também os limites desta situação, pois a lei *tendencial* da lógica dominante tende a eliminar as experiências contraditórias, sem nunca consegui-lo...

Os elementos "concretos" de tal processo devem ser compostos, *encontrados* pela análise. Ora, nossas observações elementares visam apenas a *indicar um vazio* e delimitar um espaço teórico que está para ser preenchido e cuja existência constatamos, em aberto, no decorrer de pesquisas onde estes efeitos simbólicos eram, ao mesmo tempo, materialmente identificáveis, por sua refração em outros domínios, mas intelectualmente incompreensíveis por falta de instrumentos de pesquisa.

Em todo caso, o essencial, neste domínio, é operar uma inversão em relação à semiologia estruturalista e procurar determinar" a carga simbólica de uma estrutura urbana a partir da apropriação social do espaço que é feita pelos indivíduos. Talvez, à maneira dos trabalhos de H. Raymond ou de K. Burlen. Ainda é necessário que um procedimento que parta das práticas ideológicas não incorra no subjetivismo, pois as práticas só podem ser compreendidas em relação ao conteúdo ideológico veiculado e na posição que ocupam no processo de conjunto. Partir das práticas ideológico-espaciais para descobrir a linguagem das formas, inserindo suas conexões no conjunto das relações sociais de uma unidade urbana, seria uma perspectiva complexa mas bem definida, que caberia desenvolver a partir deste tema, rico e inexplorado.

IV. A CENTRALIDADE URBANA

A problemática da centralidade coroa as utopias urbanísticas e teorias da cidade. Ela conota a questão-chave das relações e articulações entre os elementos da estrutura urbana, mas, investida inteiramente pela ideologia, ela tende a tornar-se o revelador mais seguro da concepção das relações cidade/sociedade subjacente à análise.

Dar uma perspectiva sociológica ao estudo do centro urbano exige, previamente, uma série de delimitações conceituais e históricas, sem as quais não podemos avançar num terreno tão minado pela ideologia.[103]

Com efeito, como é frequente em matéria de sociologia urbana, o termo de centro urbano designa ao mesmo tempo um local geográfico e um conteúdo social. De fato, podemos distingui-los facilmente, mas a confusão se transforma em conotação, quer dizer que, mesmo se existe uma disjunção teórica, supomos que, na prática, o conteúdo social assim definido será localizado num certo ponto ou em vários, o que equivale a uma fixação do conteúdo social da centralidade urbana considerada em si mesma fora de toda relação com o conjunto da estrutura.

Para o urbanista médio,[104] o centro é a partida da cidade que, delimitada espacialmente, por exemplo situada na confluência de um esquema radial das vias de comunicação, desempenha um papel ao mesmo tempo *integrador e simbólico*. O centro é o espaço que permite, além das características de sua ocupação, uma coordenação das atividades urbanas, uma identificação simbólica e ordenada destas atividades e, daí, a criação das condições necessárias à comunicação entre os atores. A imagem clássica, nesta perspectiva, é a posição da cidade medieval, dominada pela catedral, sede dos prédios da autoridade local, e na qual se efetua o agrupamento espontâneo e hierarquizado dos cidadãos, por ocasião dos momentos predeterminados de cerimônia ou de festa.[105]

Há mais que uma imagem de Epinal nesta visão do centro. Há uma ideia de *comunidade urbana*, quer dizer de um sistema específico de relações sociais e de valores culturais, sistema hierarquizado, diferenciado e integrado. Se, efetivamente, existe uma comunidade urbana e se sociedade e espaço estão necessariamente em interação, a organização ecológica tende a exprimir e a reforçar esta integração, através da centralização dos símbolos e de um sistema de comunicação com base na participação espacial nos valores assim centralizados.[106]

Seria perigoso associar muito intimamente a ideia de *centro comunitário* ao tipo histórico da cidade medieval. Com efeito, os centros que tentamos desenvolver nos grandes conjuntos de habitação para criar um meio local,[107] os centros cívicos das novas cidades inglesas e escandinavas,[108] as operações de renovação urbana,[109] são inspirados pela ideia de reconstituir uma unidade social em torno da sede de comunicação criada por um local central. Mais ainda, a ideologia presente nos planos de urbanismo tende a outorgar ao centro um papel essencial, justamente nesta perspectiva de elemento integrador.[110] Poderíamos resumir o denominador comum da ideologia urbanística na proposição: "Mudar o meio ambiente, é mudar as relações sociais." Ora, os planos de urbanismo, suscitados geralmente pelo desejo de frear a "desorganização social urbana", são animados por um espírito reformador e, portanto, integrador.[111] Onde existe um corte das relações sociais ou fraca interiorização dos valores, trata-se de criar um polo integrador, visível e organizado em função das unidades urbanas que queremos integrar. As características ecológicas deste centro são: concentração das atividades destinadas a favorecer a comunicação, acessibilidade com referência ao conjunto da zona urbana da qual assume a centralidade, divisão interior dos espaços centrais.

Ao lado desta concepção do centro, intimamente misturada à do centro integrador, mas nitidamente distinta do ponto de vista teórico, aparece a interpretação do centro como *o que faz as trocas e coordena* as atividades descentralizadas. É sobretudo a corrente da ecologia urbana que desenvolveu mais esta perspectiva, como se devia numa concepção estritamente associada à análise dos processos de divisão do trabalho e de especialização funcional que caracterizam o predomínio industrial sobre o organismo urbano. Trata-se, em particular, do conjunto das pesquisas e das proposições ligadas ao *Central Business District*, que contribuíram para estabelecer a imagem dos grandes aglomerados.[112] As atividades fundamentais agrupadas num centro deste tipo são: o comércio e a gestão administrativa, financeira e política. Existe portanto uma *troca* de bens e serviços, *coordenação* e *direção de* atividades descentralizadas.

Este tipo do centro é essencialmente funcional, sob seu duplo aspecto. Por um lado, representa a especialização do processo de divisão técnica e social do trabalho, com a gestão centralizada das atividades produtivas executivas nos estabelecimentos industriais. Por outro lado, podemos defini-lo como especialização geográfica de um certo tipo de unidades de consumo e de serviços, o que Labasse e Rochefort chamaram de "terciário superior". O centro é esta parte da cidade onde estão implantados serviços que se endereçam ao maior número de consumidores ou a usuários específicos, e a proximidade espacial não intervém absolutamente na utilização dos serviços oferecidos.[113] É fácil explicar a implantação destas atividades no centro, se vemos na economia do mercado o regulador do esquema espacial urbano. Encontramos aí os estabelecimentos aos quais a centralização oferece um benefício suficiente para compensar o preço elevado dos terrenos e os problemas de organização derivados da congestão deste espaço. As atividades atraídas pelo centro são então atividades de caráter muito geral, tributárias ao mesmo tempo de sua proximidade mútua e de uma certa equidistância, bem mais social que ecológica, com referência ao conjunto da área urbana.[114] O que equivale a identificar, em termos de cálculo econômico, o mesmo tipo de atividades cuja análise ecológica da ocupação do solo constatava a implantação central: troca, distribuição, gestão, emissão da informação.[115]

Enfim, resta uma outra caracterização do centro, objeto de toda uma literatura semilírica da parte dos amadores de prospectiva urbana. É o centro enquanto núcleo lúdico, concentração de lazeres e base espacial das "luzes da cidade". Não se trata apenas do aspecto diretamente funcional dos espetáculos e centros de diversão, mas da sublimação do ambiente urbano, através de toda uma gama de escolhas possíveis e a valorização de uma disponibilidade de "consumo", no sentido próprio do termo.

Nenhuma destas três categorias de centros, que possuem uma forte carga de expressão concreta, existe por si, mas sim enquanto resultado de um processo social de organização do espaço urbano. Quer dizer que o centro urbano, como a cidade, é *produto*: por conseguinte, ele exprime as forças sociais em ação e a estrutura de sua dinâmica interna. Uma análise sociológica deveria estudar o centro simbólico enquanto resultado do processo pelo qual uma sociedade se organiza com relação aos valores expressos no espaço; o centro de trocas, enquanto expressão do processo de expansão urbana durante a fase de industrialização, de divisão social do trabalho, de especificação funcional e de ocupação do solo conforme a lei do mercado; o centro lúdico, enquanto expressão do processo de formação de uma sociedade valorizando, de maneira crescente, o consumo, com diferenciação espacial dos lazeres segundo a dicotomia cidade/natureza, correspondendo a uma separação definitiva do hábitat e do trabalho, e a uma organização horizontal da cultura, ao mesmo tempo de massa e fortemente privada.

Estas caracterizações prematuras têm apenas a finalidade de mostrar até onde vai a divergência entre concentração de certas funções no espaço e o papel central de uma parte da cidade com relação ao conjunto da estrutura urbana. Da mesma maneira que atualmente admite-se que o centro urbano não tem nada a ver com a centralidade geográfica numa área urbana, e que esta posição central, quando ela existe, é o resultado de um processo funcional, deveria ser igualmente entendido que a concentração de certas funções e sua equidistância aproximativa com relação ao aglomerado são apenas as consequências de um processo específico: o da expansão urbana acelerada segundo a lei do mercado.[116]

O centro urbano então não é uma entidade espacial definida de uma vez por todas, mas a ligação de certas funções ou atividades que preenchem um papel de comunicação entre os elementos de uma estrutura urbana. Quer dizer que não podemos *assentar* o centro urbano, e sim que é necessário defini-lo com relação ao conjunto da estrutura urbana.[117] É conveniente separar nitidamente a noção de centro urbano das imagens de ocupação do espaço que ele evoca, e dar-lhe uma definição *deduzida* de sua análise estrutural.

De fato, a noção de centro, utilizada pelos urbanistas, é uma noção sociológica, na medida em que ela exprime mais um conteúdo do que uma forma. Mas existe uma assimilação sistemática do conteúdo e da forma, como se cada elemento da estrutura urbana devesse necessariamente ter uma expressão material direta. Devemos então, como sempre na sociologia, operar a ruptura entre o espaço concreto e o elemento "centro" da estrutura urbana. Quais serão as formas espaciais da centralidade urbana, é uma outra questão, objeto de pesquisa mais do que de debate. Com efeito, a grande controvérsia sobre o desaparecimento do centro, e portanto da cidade, nas novas formas de urbanização,[118] não tem sentido sem uma especificação destes termos. É verdade que a concentração de certas atividades de troca num espaço em relação simétrica com as diversas zonas urbanas está cedendo o lugar a uma estrutura multinuclear ou a uma espécie de difusão urbana (cf. *infra*). No entanto, isto não implica que exista maior correlação entre os elementos da estrutura urbana; simplesmente, esta nova centralidade pode operar através de outras formas espaciais.

Em resumo, é conveniente:

1. Distinguir entre o elemento *centro* definido em relação à estrutura urbana e o que chamamos os "centros" ou o "centro" numa aglomeração;
2. Estabelecer os níveis de análise da estrutura urbana e deduzir a noção de centro para cada um destes níveis;
3. Assegurar a passagem entre cada noção de *centro* nos diferentes níveis e sua expressão espacial mais ou menos mediatizada. Ou,

mais concretamente, mostrar o sentido exato, com relação a uma decomposição analítica da estrutura urbana, das formas espaciais consideradas como centros numa aglomeração.

Para substituir a centralidade nos diferentes *níveis* de uma estrutura social especificada numa unidade urbana, é necessário, então, definir os processos conotados com cada um destes níveis:

1. Com relação ao nível *econômico*, a centralidade exprime uma certa correlação dos diferentes elementos econômicos da estrutura urbana (produção, consumo, troca) bem como as relações internas de cada elemento. Trata-se então de um conjunto de processos incluídos na problemática geral dos *translados* na estrutura urbana (cf. *supra*).

É fácil ver nesta definição do centro urbano a síntese teórica de toda orientação propriamente ecológica, que situa o centro com relação ao conjunto do organismo metropolitano, sendo este último aliás determinado, do ponto de vista espacial, pela importância do próprio centro.[119] Não que o centro defina a estrutura urbana, mas porque sua influência é tomada como um indicador de fronteiras. Um texto clássico de Johnson define o centro como "a área na qual se situam as pessoas e as instituições altamente especializadas, que exercem um papel de direção, de coordenação e de influência sobre as atividades de mercado do conjunto da região metropolitana. Sua localização assinala o centro ecológico, mas não forçosamente o centro geográfico da região. Por comunidade metropolitana, designamos um esquema espacial e simbiótico, do qual as partes são tributárias, assim que uma cidade atingiu a fase na qual a direção das empresas, as tarefas administrativas e o controle financeiro tornaram-se as funções econômicas dominantes."[120]

O que é discutível é a não distinção entre a função do centro e a contiguidade espacial necessária às atividades enunciadas. As pesquisas da ecologia urbana se orientaram posteriormente para a compreensão do centro ecológico como um conjunto de atividades espacialmente diversificadas.[121] No entanto, seja qual for a tradução espacial numa forma histórica determinada, podemos reter uma primeira noção fundamental do centro, enquanto *intermediário* entre os processos de *produção* e de *consumo* na cidade; ou, mais simplesmente entre a atividade econômica e a organização social urbanas. O processo de troca urbana compreende ao mesmo tempo um sistema de fluxo, isto é, a circulação, e as placas giratórias de comunicação, ou seja, os *centros*.

O *centro urbano-permutador é* portanto a organização espacial dos canais de troca entre os processos de produção e o processo de consumo (no sentido de organização social) num aglomerado urbano.

2. Com relação ao nível *político-institucional, é* preciso lembrar a conotação, pela problemática da centralidade, da ideia de *hierarquia*, enquanto expressão da ordem social e de sua transcrição institucional. Quem diz centro diz distância (proximidade-afastamento) e ordenamento socioespacial "com referência a". A expressão espacial desta centralidade depende da especificidade histórica dos aparelhos de Estado e, em particular, da importância respectiva dos aparelhos locais e nacionais, de sua influência direta sobre "a sociedade civil", de seu caráter mais ou menos ligado à expressão da autoridade (por exemplo, a especialização do aparelho da Igreja às vezes desempenha um papel decisivo no estabelecimento de uma centralidade). É preciso, em particular, distinguir cuidadosamente este *centro político*, de um lado, do *centro simbólico*, que é sobretudo um emissor de valores; de outro lado, os centros de decisão considerados como centros de negócios, e que provêm de uma análise em termos de transferências no interior do sistema econômico. A centralidade política define-se sobretudo pelo estabelecimento das formas urbanas, cuja lógica é servirem de canais para os processos internos ao aparelho institucional: eles constituem os nós correspondentes à estrutura institucional do espaço urbano. Com relação a isto, falando de centro político, temos como referência o palácio presidencial, os ministérios ou as prefeituras, mas desde que nos separamos de uma imagem pontual, a centralidade político-institucional ostenta ainda mais os pontos fortes do aparelho de Estado: o aparelho repressivo (rede de comissariados); o aparelho ideológico (rede de estabelecimentos escolares, implantação das casas dos estudantes), o aparelho econômico (distribuição ecológica das percepções etc.).

O *centro político-institucional* é portanto a articulação dos pontos fortes dos aparelhos de Estado com referência a uma dada estrutura urbana.

3. Ao nível *ideológico*, como vimos, "uma cidade não é apenas um conjunto funcional capaz de gerir sua própria expansão, ela é também "uma *estrutura simbólica*",[122] um conjunto de signos, que permite a passagem entre sociedade e espaço, que estabelece uma relação entre natureza e cultura. Não só o plano de uma cidade exprime com uma pureza mais ou menos grande "o inconsciente urbano", mas sobretudo, a organização do espaço deve *marcar* os ritmos e as atividades, a fim de permitir a identificação dos atores entre si e com referência a seus quadros de vida, ou dito de outra forma, a comunicação não de funções, mas de representações. Desde que exista a cidade, existe ao concomitante funcionamento urbano, uma *linguagem urbana*. Se o *sistema ecológico* permite apreender a inter-relação das atividades que fazem viver uma cidade, o *sistema semiológico* torna compreensível a comunicação dos atores entre si, através de sua "situação semântica" na diversidade do quadro espacial.

Nesta perspectiva, o centro ou os centros de uma cidade seriam os pontos fortes do campo semântico do aglomerado urbano, representando, por conseguinte, a especialização dos signos que formam o eixo do sistema simbólico. Ora, estes signos não podem ser definidos enquanto tais, mas com referência, ainda uma vez, à estrutura que os suscita. Por exemplo, a catedral da Idade Média só é centro simbólico numa estrutura social e espacial que coloca os valores religiosos no âmago do código, de interação, ligando a interação assim definida a um lugar central a partir do qual a comunidade se integra em relação aos valores, e se hierarquiza em função das normas.[123]

Caracterizar uma cidade por seus monumentos não basta para desvendar sua estrutura simbólica. É preciso ainda, por um lado, estender os signos urbanos a outras formas além de seus "monumentos" e, por outro lado, determinar o sentido preciso de cada monumento, não historicamente, mas na sua transcrição segundo o código de interações, que organiza efetivamente as relações sociais.

O *centro simbólico*, portanto, é a organização espacial dos pontos de intersecção dos eixos do campo semântico da cidade, quer dizer o lugar ou os lugares que condensam de uma maneira intensa uma carga valorizante, em função da qual se organiza de forma significativa o espaço urbano.

4. Existe ainda um domínio conotado pelo tema do centro urbano e que está articulado às diferentes instâncias sociais: é o centro como "meio de ação e de interação" ou, se preferirmos, a articulação com a estrutura urbana dos diferentes *modos de relações sociais*. Aí também, a ideologia domina amplamente as análises conduzidas nesta perspectiva, pois o centro torna-se um espaço provido de uma virtude quase mágica de inovação social, de produção de novos tipos de relação, em nome da simples interação e densidade entre os indivíduos e os grupos heterogêneos. Sem seguir caminhos mistificadores como este, podemos redefinir este tema, no interior de uma problemática dos meios sociais urbanos, buscando as condições de inserção da estrutura urbana nos processos de *produção* (mas também e sobretudo de *reprodução*) de relações sociais, de uma forma que não seja uma simples descrição da facilidade espacial da interação social.

Assim, os *lugares* podem ser a expressão ampliada de uma reprodução de gestos (por exemplo, bairros modernos, na última moda), mas podem também aumentar e concentrar um processo de transformação das relações sociais dominantes (Nanterre e Sorbonne, 1968, grandes fábricas nos momentos de luta operária). Dessa forma, o centro, como meio social, se afasta de uma visão "bem comportada" enquanto "espaço da liberdade" (utopia de urbanista que enquadra a "liberdade" como um elemento a mais numa *zoning*) para se ampliar ao conjunto das situações (tanto de reprodução quanto de inovação) caracterizando as articulações entre estrutura urbana e relações sociais.

O centro-meio social aparece assim como a organização espacial dos processos de reprodução e transformação das relações sociais de uma estrutura urbana, se bem que a interação dos elementos urbanos presentes acrescenta um conteúdo social específico, qualitativamente diferente da simples adição dos elementos sociais que fazem parte dela.

Esta redefinição teórica sumária da problemática da centralidade deve permitir um tratamento sistemático de cada um dos fenômenos sociais assim conotados. Para reforçar esta perspectiva, é útil sugerir, brevemente, uma leitura teórica das transformações dos centros urbanos nas grandes metrópoles,[124] com a condição de considerá-la como um simples meio de comunicação de nossas hipóteses, mais do que como resultados de uma pesquisa que não está feita.

De uma forma bastante esquemática, podemos resumir os seguintes traços característicos:

A. Difusão do simbólico no espaço urbano

O centro simbólico desaparece enquanto tal, isto é, enquanto local que serve de canal para a identificação da linguagem urbana. Fica faltando, é claro, "os monumentos", mas que não condensam mais as expressões vividas e devem ser reinterpretados enquanto elementos do novo sistema de signos espaciais. Por outro lado, a assimilação impressionista do arranha-céu à catedral, como expressão da modificação do sistema de valores, pode servir de incitação para se traçar o caminho de uma pesquisa semiológica, mas não como transposição simples e direta de uma forma central a uma outra.

O sistema de signos tende a ser um conjunto de relações, seguindo uma referência recíproca, entre o traçado da cidade e os fluxos de circulação. O simbólico metropolitano se prolonga pelas autoestradas urbanas e se distribui pelos espaços verdes, mais do que fica concentrado em lugares.[125] A única exceção é dada pelas operações que visam a *marcar o espaço* pontualmente, seja segundo os signos da potência (realizações de prestígio) ou como concretização plástica dos valores tecnocráticos (conjuntos modernistas voltados para o interior deles mesmos, mais que para sua relação com a estrutura urbana).

B. Desconcentração e descentralização da função comercial

Assistimos cada vez mais a uma perda do papel propriamente comercial do centro, à medida que a cidade se estende, que a mobilidade dos cidadãos aumenta e que se desenvolvem outras formas de compra além do contato direto.[126] A população cotidiana do centro de negócios não basta mais para a manutenção de uma concentração da função comercial, e se esta implantação ainda permanece uma característica dos centros ecológicos das áreas metropolitanas, é sobretudo a inércia que entra em jogo, e é também financeiramente mantida, de modo frequente, pelo montante de negócios dos centros comerciais periféricos. A função comercial do centro se reduz à manutenção de alguns grandes mercados geralmente destinados a um público popular e, na outra extremidade da escala de estratificação, à localização de *boutiques* especializadas em venda de produtos que se endereçam a uma clientela sem localização precisa.

Deste ponto de vista, o critério proposto por R. Ledrut, para definir o centro, parece-nos convir ao novo tipo de troca, altamente especializado, que se mantém aí. No entanto, arriscamo-nos, adotando este critério, a continuar a colocar a função de troca na base da constituição do centro. O que ocorre, na realidade, é que exatamente quando esta função se descentraliza, é que o velho centro urbano se define cada vez mais por seu papel de gestão e de informação, e que os novos centros se caracterizam sobretudo pela criação de meios sociais.

A desconcentração da função comercial conduz à criação de *centros de troca periféricos*, servindo às áreas urbanas determinadas, ou aproveitando-se de uma situação na rede dos fluxos cotidianos da metrópole. Dependendo desses centros comerciais periféricos serem puramente funcionais ou se introduzirem no tecido das relações humanas, eles podem impulsionar o desenvolvimento urbano em duas vias diferentes. Os *shopping centers* ao longo de uma autoestrada, com facilidades de estacionamento, representam um dos fatores essenciais da difusão urbana.

Ao contrário, a implantação comercial sobre um ponto de "ruptura de carga" dos fluxos urbanos cotidianos (por exemplo, pontos de correspondência entre trens de subúrbio e rede metropolitana) suscita um núcleo de troca e estrutura as comunicações.

Tanto num caso como no outro, a desconcentração geográfica da função comercial exprime, em nível de implantação, o desaparecimento do pequeno comércio, sua substituição pelas cadeias de grandes mercados, com divisão técnica social e espacial da gestão e da venda, padronização dos produtos e um espaço quadricular em termos de distribuição.

C. Criação de "minicentros" no interior dos conjuntos de habitação

A perda da relação direta com o centro e o desaparecimento dos bairros, com seus serviços locais na região urbana, conduzem ao mesmo tempo à organização de centros comerciais ligados às zonas de nova urbanização.

O papel destes "minicentros" ainda está muito mal estudado, em particular num ponto essencial: saber se além da função de serviços, eles não representam a condensação de um novo meio social característico da difusão urbana. De fato, eles devem estar situados com respeito às relações sociais nos grandes aglomerados; na verdade, uma resposta global sobre seu papel seria impressionista, e é preciso considerar a estrutura social do meio de habitação no qual eles se inserem.

A partir de algumas pesquisas americanas,[127] poderíamos deduzir que, quanto maior a homogeneidade social no conjunto de habitações, mais o minicentro pode desempenhar um papel de interação. O que, em todo caso, pode ser assinalado, é a importância considerável da compreensão desses centros para a análise das relações entre os pontos fortes da difusão urbana e o conjunto do aglomerado.

D. Especialização crescente do antigo centro urbano nas atividades de gestão e de administração

Na medida em que o papel simbólico e a função comercial do velho centro urbano têm uma tendência crescente à abertura espacial, e em que a residência praticamente desapareceu neste setor, a expressão de "centro de negócios" torna-se a mais adequada para designá-lo, com a condição de compreender "negócios" num sentido suficientemente amplo para incluir a gestão pública, política e administrativa. O centro torna-se o *meio de decisão*, ao mesmo tempo por desejo de marcar uma função apropriando-se de um certo espaço e, sobretudo, pela existência de uma rede informal de relações, baseada não só nos contatos face a face, mas também numa certa comunidade de extensão da existência cotidiana.

Esta especialização do centro na gestão não é um puro acaso, mas consequência, de início, da liberação espacial das outras atividades com relação ao quadro urbano; depois, da ligação crescente das técnicas decisórias à existência de um meio de informação e de inovação, enfim, de uma cadeia de inter-relações não reprodutíveis a partir de um certo limiar de complexidade administrativa. O centro de decisão não é a expressão espacial da burocratização, mas bem ao contrário, a consequência lógica, em nível de desenvolvimento urbano, do processo de tecnocratização das sociedades altamente industrializadas. Isto quer dizer que o que conta, não é a distância entre ministérios e administrados, mas a proximidade dos núcleos decisórios interdependentes, e todos igualmente tributários da função renovadora exercida pelo meio de informação e de produção de conhecimentos, constituído no centro da cidade através de um longo processo de trocas sociais.

Nesta evolução, é normal que permaneça no velho centro, além da atividade decisória, tudo o que concerne à produção e à emissão de informações, de qualquer tipo que seja — em particular os *mass media*, a edição etc. — amplamente dependentes do meio de troca de ideias e do conteúdo social do centro, enquanto expressão do ambiente urbano.

E. *Dissociação do centro urbano e das atividades de lazer*

Mesmo continuando a ser uma imagem típica, não há especialização do centro do aglomerado na localização das atividades de lazer.[128] Para estabelecer quais são as novas relações do espaço e do lazer,[129] seria necessário passar por uma análise da relação lazer/evolução social. Mas, no que se refere ao centro, é preciso partir de uma dicotomia natureza/técnica ou campo/cidade no lazer, o que pode facilmente corresponder ao par dia/noite. Na medida em que o lazer "natural" se desenvolve cada vez mais, há uma perda de rapidez da atração do centro em termos de lazer,[130] enquanto o lazer "cultura clássica" torna-se símbolo de status para certas categorias sociais, mais que função urbana própria do centro.[131]

A implantação dos espetáculos tende, como é lógico, a seguir a dispersão da residência no conjunto do aglomerado; se os *drive-in* americanos são ainda pouco conhecidos na França,[132] ao contrário, em Paris, assistimos a uma desconcentração bastante insólita de alguns dos melhores grupos teatrais. De fato, há um reagrupamento dos espetáculos, em vários níveis geográficos e sociais, segundo os meios de transporte do aglomerado e a estratificação residencial. No entanto, ocorrem certas especializações centrais para os espetáculos de tipo único e, evidentemente, para tudo o que concerne à vida noturna.

Em termos de lazer, a estrutura urbana opõe, de fato, a cidade e o subúrbio, ou, se preferirmos, o ambiente urbano e a residência urbana. O que é característico do centro é menos este ou aquele tipo de espetáculo, de museu ou de paisagem, do que a possibilidade de imprevisto, a escolha de consumo, a variedade da vida social. O centro urbano torna-se então a zona de resíduo do "funcional", contrapartida obrigatória (e também funcional) da especialização espacial das atividades e da residência. Já que toda atividade tem seu enquadre, é preciso também estabelecer o espaço de escolha, onde a única característica comum é uma certa disponibilidade, um certo predomínio do expressivo sobre o instrumental. O centro não é então a "zona de lazer", mas sim o espaço de ação de um lazer possível, a ser estruturado pelos "atores" segundo determinantes sociais gerais.

Estas características são muito descritivas para apreender o movimento de transformação do conjunto da estrutura, conotada pelo tema da centralidade. Mas elas manifestam uma certa adequação entre as tendências sociais e os instrumentos de interpretação que acabamos de propor. Descobrir os "centros-urbanos" não é partir do dado ("o centro da cidade") mas retraçar as linhas de força do conjunto de uma estrutura urbana mostrando suas articulações. Se o tema da centralidade tem um tal poder evocador, é porque existe esta qualidade específica de ser, ao mesmo tempo, o resumo condensado de uma estrutura urbana e sua sublimação ideológica.

NOTAS

1. K. MARX, *Le Capital*. L. I, 39 seção, cap. 7, 1.
2. K. MARX, *op. cit.*

3. K. MARX, *op. cit.*, cap. 6, 1.
4. P. S. FLORENCE, *The Logic of the British and American Industry*, Routledge and Kegan Paul, Londres, 1953, e também: *Investment, Location and Size of Plant*, Cambridge University Press, Londres, 1948.
5. BARNAUD, *Rapport sur les motivations déterminantes dans le choix de la localisation des établissements industriels*. Ministère de la Construction, Paris, 1961.
6. G. FRIEDMANN, *Villes et campagnes*, A. Colin, Paris, 1953, p. 400.
7. SODIC-AURP, *Examen concret de cas de desserrement industriel*. Paris, les Editions Ouvrières, Bruxelas, 1966, p. 53.
8. J. REMY, *La Ville, phénomène économique*, les Editions Ouvrières, Bruxelles, 1966, p. 53.
9. ISARD, *Location and Space Economy*, p. 14.
10. LABASSE, *op. cit.*
11. Cf. Department of City planing, City of Chicago, *Industrial Movements and Expansion, 1947-1957*, Chicago, janeiro 1961.
12. Cf. Institute for Center-Planneling, *Motivations de localisation des établissements dans la région urbaine de Goteborg*, traduzido do dinamarquês, pela Iaurp, 1965
13. P. GEORGE, *Précis de Géographie urbaine*, p. 219.
14. Cf. também sobre este ponto o número especial da revista *Prospective* sobre a urbanização, junho de 1964.
15. GOTTMANN, *Megalopolis*, pp. 4-8.
16. Cf. Survey Research Center, ISR, Universidade de Michigan, *Industrial Mobility in Michigan*, dezembro de 1950.
17. Citado por LABASSE, *L'Organisation de l'espace*, p. 196.
18. Cf. e informe de pesquisa, *La mobilité des entreprises industrielles dans la région parisienne*, publicado pelos Cadernos da Iaurp, Paris, 1968, vol. 11, p. 88 (em colaboração com V. AHTIK, A. TOURAINE, S. ZYGEL); por um desenvolvimento teórico, cf. nossa tese *Les politiques d'implantation des entreprises industrielles dans la région parisienne*, Faculté des Lettres de Nanterre, maio de 1967, p. 350.
19. Cf. para as bases teóricas da exposição que se segue, F. ENGELS, *La question du logement* (1872), Editions Sociales, Paris, 1957. É óbvio, no entanto, que o tratamento aprofundado da questão no capitalismo monopolista deve ir muito mais longe, mas na mesma perspectiva.
20. Os dados essenciais podem ser encontrados na coleção do *Immobilier* e do *Moniteur du Bâtiment et des Travaux Publics*; por outro lado, foram

utilizadas quatro obras básicas pela riqueza de suas fontes: o excelente livro de G. MATHIEU, *Peut-on loger les Français?* Editions du Seuil, Paris, 1963; o número especial da revista *Économie et Politique* sobre a crise da moradia, nº 1, agosto-setembro de 1965, pp. 33-34; a recente obra de orientação liberal, de G. EBERIK e P. BARJAC, *Le Logement, dossier noir de la France,* Dunod, Paris, 1970, e o do Comissariat Général du Plan, *Le Logement,* A. Colin, Paris, 1970.

P.S.: Após a redação deste texto surgiram, em 1971, dois documentos indispensáveis à questão da habitação na França: *Pour que le droit au logement devienne une realité, da* CNL e o texto coletivo elaborado pelo "Logement" do Secours Rouge.

21. Cf. A. HUZARD, "Un siècle de crise", *Économie et Politique,* agosto de 1965, pp. 31-38.
22. Cf. P. GOMEZ, "La spéculation foncière", *Economie et Politique,* agosto 1965, pp. 77-84.
23. Cf. B. CAGE, J.J. GRANELLE e E. VALETE, *Sur la formation de l'offre par la promotion immobilière privée,* Paris, Adires, abril.
24. ADIRES, *Contribution à la connaissance de la promotion immobilière privée,* Paris, abril de 1970. p. 67 Quando estas linhas foram redigidas (verão de 1970), o informe de pesquisa de Christian Topalov sobre a especulação imobiliária na França (Centro de sociologia urbana, Paris, 1970), não tinha ainda sido divulgado... Este estudo extraordinário, o mais completo que conhecemos, consona com o conjunto de nossa análise, desenvolvendo e afinando o mesmo esquema.
25. Cf. MATHIEU, *op. cit.,* p. 27.
26. Cf. J.B. "La agravacion del problema de la vivienda en España", *Cuadernos Ruedo Ibérico,* número 5, fevereiro de 1966.
27. Cf. W. ASHWORTH, *The Genesis of Modem British Towm Planning,* Routledge and Kegan Paul, Londres, 1954.
28. Cf. R.M. FISHER, *Twenty Years of Public Housing,* Harper Brothers, Nova York, 1959.
29. Cf. para a compreensão do modelo de desenvolvimento americano, R. VEPNON, *The Myth and the Reality of our Urban Problems,* Harvard University Press, Cambridge, Mass., 1962.
30. Cf. MATHIEU, pp. 68-70.
31. R.H.GUERRAND, *Les Origines du logement social en France,* Editions Ouvrières, 1966.

32. M.G. RAYMOND, *La Politique pavillonaire*, CRU, Paris, 1966.
33. Cf. P.H. CHOMBART DE LAUWE, *Famille et Hábitation*, C.N.R.S., Paris, 1959 e 1960, 2 volumes.
34. P. CLERC, *Grands ensembles, Banlieues nouvelles*, PUF, Paris, 1967.
35. Cf. J.C. CHAMBOREDON e M. LEMAIRE, "Proximité spatiale et distance sociale dans les grands ensembles", *Revue française de sociologie*, janeiro-março, 1970, pp. 3-33.
36. Cf. MATHIEU, p. 54.
37. Cf. EBRIK e BARJAC, p. 78.
38. M. CHALANDON, Interview accordée à *Transport, Equipement Logement*, número 38.
39. Para o conjunto dos problemas concernentes à nova política da habitação na França, nós nos fundamentamos nos resultados de J. BOBROFF, A. NOVATIN e R. TOUSSAINT, *Étude de la Politique du Ministre de l'Equipement et du Logement, M. Albin Chalandon*. Grupo de Sociologia Urbana, Faculdade de Letras de Nanterre, 1970.
40. Cf. J. ION, "La promotion immobilière: du logement à e'habitat", *Sociologie du Travail*, número 4/1970, pp. 416-426.
41. Circular do Ministério da Construção, número 61-38, 7 de agosto de 1966.
42. Cf. Informe do Ministério Federal da Habitação, *Le Logement au Canada*, janeiro de 1969.
43. Cf. neste sentido as pesquisas do Instituto de Sociologia Urbana (Paris).
44. Cf. *Infra*, em particular os resultados obtidos por FOOTE ("La structure de l'espace résidentiel") bem como para Paris. As pesquisas de Mme TAISNE PLANTEVIN, da Iaurp.
45. D. BERTHAUX, *Nouvelles perspectives sur la mobilité sociale*, Communication au VIIe Congrès Mondial de Sociologie, Varna, 1970.
46. Cf. número especial de *Espaces et Societés* (n° 3), 1971, "Impérialisme et Urbanisation en Amérique Latine".
47. I.D. DUNCAN e B. DUNCAN, "Residential Distribution, and Occupational Stratification", *American Journal of Sociology*, t. 60, março de 1965, pp. 493-503.
48. Sobretudo nos trabalhos de S. LIEBERSON, *Ethnics Patterns in American Cities.*, Nova York, The Free Press, 1963.
49. Cf. a obra muito importante de J.M. BESHERS, *Urban Social Structure*. The Free Press, Glencoe, 1962. p. 207.

50. E.O. LAUMANN e L. GUTTMAN, "The Relative Associational contiguity of Occupation in an Urban Setting", *American Sociological Review*, t. 31, 2, abril de 1966. pp. 169-178.
51. Ver, por exemplo, as observações e referências dadas por W. BELL no seu artigo "The City, the suburb and the Theory of Social Choice", em S. GREER; D.L.MCELRATH; D.W MINOR; P. ORLEANS, (eds.)., *The New Urbanization*, St. Martin Press, Nova York, 1968.
52. L.F. SCHNORE, "Characteristics of American Suburbs", Sociological Quaterly, t. 4, 1963, pp. 122-134.
53. R. FARLEY, "Suburban Persistence", *American Sociological Review*, 1, 1964, pp. 38-47.
54. L.F. SCHNORE, "The Socio-Economic Status of Cities and Suburbs", *American Sociological Review*, t. 28, fevereiro de 1963, pp. 76-85.
55. Cf S. GREER, *Urban Renoval and American cities*, The Bobbs-Merrill, Co, Indianopolis, 1965.
56. A melhor fonte de dados para o conjunto da evolução urbana nos Estados Unidos é o informe da *National Comission on Urban Problems to the Congress and to the President of the United States, Building the American City*, 919 Congresso, primeira Sessão, House Document número 91-34, dezembro de 1968, p. 504
57. Cf. P. L. HODG E e PH. M. HAUSER, *The Challenge of America's Metropolitain, Outlook*, 1960 a 1985, Praeger, Nova York, 1969, 90 p. mimeo.
58. L. F. SCHNORE, "Urban Structure and Suburban Selectivity", *Demography* 1.1, 1964, pp. 164-176.
59. A. TAUBER e I. TAUEBER, *Negroes in Cities*, 1965.
60. H. HOYT, "Recent Distortions of the Classic Models of Urban Structure", *Land Economics*, XL, maio de 1964, pp. 199-212.
61. J. ABU-LUGHOD e M.M. FOOLEY, "Consumer Strategics", in Nelson N. Foote (ed.), *Housing Choices and Housing Constraints*, Nova York, 1960.
62. Cf. S. GOLDSTEIN, *Patterns of Mobility* 1910-1950, Philadelfia, 1958; J.B. LANSING e L. KISH, "Family Life Cycle as an Independem: Variable", *American Sociological Review*, t., 22, 1957, pp. 512-519; R. WILKSON e D.M. MERRY, "A Statistical Analysis of Attitudes to Moving", *Urban Studies*, t. 2., 1965, pp. 1-14.
63. P.H. ROSSI, *Why Families Move*, Glencoe, 111. Free Press, 1955.
64. ROSSI, *op. cit.*, 1951, p. 85; H.S. LAPIN, *Strucfuring The Journey to Work*, Filadélfia, 1964.

65. Cf. Th. CAPLOW; "Incidence and Direction of Residential Mobility in a Minneapolis Sample", *Social Forces*, t. 27, 1948-49. pp. 413-417; W. ALBIG, "The Mobility of Urban Population", *Social Forces*, t. 11, 1932-33, pp. 351-367.
66. Cf. S. GOLDSTEIN e K.B. MAYER, *Metropolization and Population Change in Rhode Island*, Providence, 1961.
67. Cf. LAPIN, *op. cit.*, 1964; B. DUNCAN, "Intra-Urban Population Movement", in P.K. HATT e A.J. REISS (eds.), *Cities and Society*, Free Press 1964, pp. 297-309.
68. B. DUNCAN, "Variables in Urban Morphology", in E. BURGESS e D. BOGUE, *Contributions to Urban Sociology*, University of Chicago Press, 1964, pp. 17-31.
69. Cf. as análises de N.E. LONG (ver *infra*, "A organização institucional do espaço").
70. Cf. M. OPPENHEIMER, *The Urban Guerrilla*, Quadrangle Books, Chicago, 1969.
71. Cf D. McENTIRE, *Residence and Race*, 1960.
72. CL E. HOBSBAWN, "La ville et l'insurréction", *Espaces et Societés*, n° 1, 1970, pp. 137-149.
73. Cf. P.K. ROSSI e R.A. DENTLER, *The Politics of Urban Renoval*, The Free Press of Glencoe, 1961.
74. P. DE VISE, *Chicago's Widening Color Gap*, Inter University Social Research Committe, Report Number 2, Chicago, dezembro de 1967.
75. G.D. SUTTLES, *The Social Order of the Slum*, The University of Chicago Press, 1968.
76. M. MEYERSON e E. BANFIELD, *Politics, Planning and the Public Interest*, The Free Press of Glencoe, 1955.
77. Cf. ROSSI, *op. cit.*, e também a análise feita por nós do processo de renovação urbana nos Estados Unidos (cap. IV).
78. CF. *Report of the National Advisory Commission of Civil Disorders*, março de 1968.
79. CH. GARNIER, "Des progrès contre nature", *Le nouvel observateur*, 18 de maio de 1970.
80. G. DE BELL (ed.), *The Environmental Handbook*. Prepared for the First National Environmental Teach-In. Ballantine Book, 1970.
81. Cf. "Pour une politique de l'environnement", número especial da revista 2.000, *Revue de l'Aménagement du Territoire*, 1970.
82. Cf. em particular o número especial de *Ramparts*, maio de 1970.

83. Conselho de ministros de 10 de junho de 1970.
84. Cf. o número da revista 2000 sobre o "ambiente", dezembro de 1969.
85. Pesquisa dirigida por Mlles. COOPER, MEHL, OBRADORS e PATRIARCA e por M. FERREIRAS, em 1971, no quadro do Ateliê de Sociologia Urbana da *Ecole Pratique des Hautes Etudes*.
86. Cf. número especial da revista 2000 sobre "Os Transportes", outubro de 1970.
87. Os dados essenciais foram extraídos da obra bem documentada de P. MERLIN, *Les Transports parisiens*, Masson, Paris, 1967, p. 495 Também foram examinados em detalhe, os volumes 4-5 dos *Cahiers* de Fiaurp e a pequena brochura, muito instrutiva, da Fcutcrp, *Livre Noir des Transports Parisiens*, Paris, 1970.
88. *La création de l'axe Ouest-Est de RER. Saint-Germain-Boissy-Saint Léger*, informe não publicado, 1970, p. 127.
89. Podemos encontrar um excelente resumo da pesquisa sobre os transportes urbanos nos Estados Unidos em J.F.KAIN, "Urban Travel Behaviour", em L. SCHNORE (ed.) *Social Science and The City*, N. Y. PRAEGER, 1968, pp. 161-192, Cf. também J.R. MEYER, "Urban Transportation", em J.Q. WILSON (ed.) The Metropolitan Enigma, Harvard University Press, 1968 (pp. 44-76 da edição *paperback*, 1970).
90. Cf. WALTER OI e P. SHULDINER, *An Analysis of Urban Transportation Demands*, Northwestern University Press, Evanton, III, 1962.
91. Pittsburgh Area Transportation Study, Study Findings, t. I, Pittsburgh, nov. de 1961, p. 52.
92. Cf. N. POULANTZAS, *Pouvoir politique et classes sociales de l'Etat capitaliste*, Maspero, Paris, 1968.
93. Cf. R. C. WOOD, 1400 *Governments*, Nova York, Anchor Books, Doubleday, 1964.
94. S. GREER, *Metropolitics*, John Wiley, N. Y. 1963.
95. Cf. N. E. LONG, "Political Science and The City", em L.F. SCHNORE (ed.) *Social Science and the City*. Frederick Praeger, Nova York. 1968. pp. 243-262. Ver também neste sentido, as análises contidas em E. BANFIELD (ed), *Urban Government*, Free Press, Glencoe, 1961.
96. Pesquisa efetuada sob minha direção por Mlle La ROCHE, da Universidade de Montreal em 1969.
97. S.BIAREZ, P.KUKAWA, CH., MINGASSON, *Les élus locaux et l'aménagement urbain dans l'agglomération grenobloise*, Université de Grenoble, Institut d'Etudes Politiques, julho de 1970, p. 124.

98. No momento de redigir estas páginas (março de 1971) estava em curso uma pesquisa sobre a política urbana em Dunquerque, em colaboração com Francis Godard. Mesmo que nosso conhecimento do terreno fosse insuficiente, o progresso da pesquisa confirmou estas análises. Cf. M. CASTELLS e F. GODARD, *Monopolville. L'Entreprise, l'Etat, l'urbain*, Mouton, Paris, 1974, p. 500.
99. Cf. K. LYNCH, *The Image of City*. The MIT Press, 1960.
100. G. BACHELARD, *La poétique de l'espace*, PUF, Paris, 1957, p. 67.
101. R. LEDRUT, "L'image de la ville", *Espaces et Sociétés*, n° 1, 1970.
102. L. ALTHUSSER, "Les appareils idéologiques d'État", *La Pensée*, junho de 1970.
103. Para uma discussão teórica sobre as contribuições sociológicas recentes ao estudo do centro urbano, incluindo o informe de algumas evoluções históricas, cf. o valioso relatório de pesquisa de C. SOUCY, *La crise des centres*, 2 t., Centro de Sociologia Urbana, Paris, 1969, 83 e 99 p. — ainda que não partilhando a concepção do autor sobre o centro da cidade, (cf. nota 43, p. 14 do t. II).
104. Cf. por exemplo, G. BARDET, *L'urbanisme*, Paris, PUF, 1963, e com maior utilidade, G. CHOAY, *L'Urbanisme: utopies et réalités*, Paris, Seuil, 1965.
105. Cf. entre outros, L. MUMFORD, *La cite à travers l'histoire*, Paris, Seuil, 1964.
106. Cf. A.J. REISS, JR. "The Sociological Study of Communities", *Rural Sociology*, vol. 24., junho de 1959.
107. Ver P. Clerc, *Grands ensembles et banlieues nouvelles*. Paris, PUE, INED, 1967.
108. Ver os relatórios de pesquisas que apareceram nos *Cahiers de PIA*, U.R.P., vol. 7.
109. Cf. P. MARRIS, A Report on Urban Renewal in the United States, em L.J. DHUL (ed.), *The Urban Condition*, N.Y. Basic Books, 1963, pp. 113-134.
110. P.H. CHOMBART DE LAUWE frequentemente denunciou esta ideologia. Cf., por exemplo, *Des hommes et des villes*, Paris, Payot, 1965.
111. C.D.L. FOLEY, "British Town Planning: One Ideology or Three?" no *British Journal of Sociology*, t. XI, setembro de 1960, pp. 211-231.
112. Cf. entre outros, A. HAWLEY, *Human Ecology*, 1950, cap. XIII; "The Function of the Central Business District in the Metropolitan Community", em HATT e REISS, *Cities and Society*, Glencoe, The Free Press,

1957, pp. 248-259; G. BREESE, "The Daytime Population of the Central Business District", em BURGESS e BOGUE, "Contributions to Urban Sociology", University of Chicago Press, 1964, pp. 112-128.
113. Cf. R. LEDRUT, *Sociologie urbaine*, Paris, PUF, 1968, p. 140.
114. Cf. HAWLEY, *op. cit.*
115. H. BARIHOLOMEW *Urban Land Uses*, Harvard University Press, 1932, p. 78 e seg.
116. Cf. neste sentido, P. GEORGE, *Précis de Géographie urbaine*, Paris, PUF, 1964, p. 107 e seg.
117. Seguindo a linha de pesquisa clássica sobre este assunto desde o trabalho, já citado, de BRESSE.
118. À maneira de um GUTKIND, para citar o mais brilhante dos sonhadores.
119. D.J. BOGUE, *The Structure of Metropolitan Community*, Universidade de Michigan. 1949.
120. JOHNSON, *op. cit.*, p. 248.
121. Neste sentido, HORWOOD e BOYCE, *Studies of the Central Business District and Urban Freeway Development*, Eattle University of Washington Press, 1959, bem como o resumo dos resultados de pesquisa feito por E. G. ERICKSEN, em Urban Behaviour; Nova York, Mac Millan, 1954, p. 241 e seguintes, e L.F. SCNORE, *The Urban Scene*, The Free Press, 1965.
122. Cf. K. LYNCH, *The Image of City*, MIT, 1964.
123. Segundo os trabalhos de PANOFSKY.
124. Cf. para os dados de base, sobretudo americanos, V. GRNEN, *The Heart of Cities*, Simon and Schuster, Nova York, 1964.
125. J. JACOBS, *The Death and Life of Great American Cities*, Nova York, Random House, 1961.
126. Cf. E. HORWOOD e R. BOYCE, *op. cit.*; E.M. HOOVER e R. VERNON, *Anatomy of a Metropolis*, 1959, p. 122; G. STERNLIEB. The Future of Retailing in the Downtown Core, *Journal of the American Institute of Planners*, 29 de maio de 1963, pp. 102-112; R. VERNON, *The Changing Economie Function of the Central City*, Nova York, Committee for Economic Development, 1959; J. LABASSE, *L'organisation de l'espace*, Paris, Hermann, 1966; A. ARDIGO, *La diffusione urbana*, Roma, AUE, 1967, cap. 4; bem como, na França, as pesquisas de M.M. BOUTILE (Iaurp).
127. W. H. WHYTE, *The Organization Man*, Nova York, 1965: W. M. DOBRINER (ed.), *The Suburban Community*, 1958.
128. C. QUINN, *op. cit.* cap. 14.

129. Neste sentido, para a França, cf. o conjunto das pesquisas que J. DUMAZEDIER e M. IMBERT efetuaram sobre este tema (alguns resultados publicados; *Espace de loisir*, Paris, CRU, 1967), da mesma forma que os estudos efetuados por M. MAUREL na Iaurp.
130. B. LAMY, in C. CORNUAU e outros, *L'attraction de Paris sur sa banlieu*, Les Editions Ouvrières, 1965.
131. B. LAMY, "La frequentation du centre-ville par les différents catégories sociales", *Sociologie du Travail*, 2/1967.
132. Acaba de ter inaugurado um deles em Rungis.

3

DO ESTUDO DO ESPAÇO À ANÁLISE DA "CIDADE": O SISTEMA URBANO

I. A DELIMITAÇÃO TEÓRICA DO URBANO

Se, por um lado, através de análises teóricas breves e de alguns exemplos concretos traçamos um campo de estudo da estrutura do *espaço*, por outro lado permanece uma total ambiguidade no que concerne à delimitação do *urbano*.

Num primeiro nível, poderíamos considerar este problema como puramente acadêmico e nos atermos a uma análise da estrutura e dos processos de organização do espaço, qualquer que seja seu conteúdo. Poderíamos, com efeito, organizar o conjunto da temática em torno da relação específica com o espaço de uma dada estrutura social, seja este espaço "urbano" ou não, uma vez constatada a fragilidade e a relatividade histórica dos critérios concernentes ao urbano.[1]

Ora, de fato, entregando-nos a este pragmatismo de bom senso, só fugimos ao problema, ocultando-o sob uma falsa evidência: *o espaço. Pois o que é o espaço?* Qualquer que seja a perspectiva teórica que adotemos, deveremos aceitar que todo espaço é construído e que, por conseguinte, a não delimitação teórica do espaço tratado (por exemplo, chamando-o de *espaço urbano ou espaço de troca* etc.) faz com que o relacionemos a uma divisão culturalmente prescrita (e portanto *ideológica*). Sendo o espaço físico o desdobramento do conjunto da matéria; um estudo "sem a priori" de qualquer forma e manifestação "espacial" redundaria no estabelecimento de uma história da matéria... Por esta redução ao absurdo, pretendemos fazer surgir a evidência deste "espaço" e lembrar este postulado epistemológico elementar: a necessária construção, seja teórica, seja ideológica (quando se "apresenta") de todo objeto de análise.

Sendo assim, a famosa especificidade "espacial" da estrutura social é apenas a expressão "evidente" de uma especificidade relativa a uma das instâncias fundamentais da estrutura social ou às suas relações. É esta questão teórica, conotada pelos debates sobre a definição de espaço ou a delimitação do "urbano", que é preciso examinar. No fundo, ela não é muito diferente da discussão sobre a delimitação de uma formação social, pois as fronteiras políticas nunca foram o bastante para estabelecer um critério de especificidade (por exemplo, antes de 1962, quem afirmaria seriamente que a Argélia fazia parte da "formação social" francesa?)

Enfim, especificamente, não se trata de propor um mundo à parte, mas de assinalar a eficácia historicamente determinada de uma certa delimitação, com todas as articulações e interações a estabelecer entre este subconjunto e a estrutura social onde ele se insere.

Colocar a questão da especificidade de *um espaço* e em particular do "espaço urbano" equivale a pensar nas relações entre os elementos da estrutura social, no interior de uma *unidade* definida numa das instâncias da estrutura social. Mais concretamente, a delimitação "de urbano" *conota* uma unidade definida seja na instância ideológica, seja na instância político-jurídica, seja na instância econômica.

O *urbano-unidade ideológica é* a posição geralmente mais difundida e resumida nas teses da *cultura urbana e* suas variantes. A cidade como forma específica de civilizações, eis aí primeiro fundamento de delimitação, tanto social quanto espacial, do qual podemos extrair a ausência de base científica e as suas bases ideológicas (cf. *supra*, cap. II, "A ideologia urbana").

O *urbano-unidade do aparelho político-jurídico* foi, efetivamente, o fundamento da existência da "cidade" em certas conjunturas históricas, fossem *polis* gregas ou as cidades medievais, centradas no status jurídico dos "burgueses". Mesmo hoje em dia, a "comuna", ou seu equivalente, aparece em certas sociedades ou em certos casos, como uma divisão que tem sua própria espessura social. No entanto, no capitalismo avançado e em particular nas regiões metropolitanas, constatamos uma inadequação quase completa entre estas fronteiras políticas e a especificidade de seu conteúdo social, sendo que esta especificidade se define cada vez mais ao nível do econômico. E não é por acaso, pois tudo ocorre como se *as unidades espaciais se definissem em cada sociedade conforme a instância dominante, característica do modo de produção* (político-jurídico no feudalismo, econômica no capitalismo).

"O *urbano*" *unidade econômica*? Que seja, mas é preciso ainda indagar se o processo conotado corresponde ao conjunto do processo de trabalho ou a um de seus elementos, e a qual. Ora, apesar das brilhantes análises efetuadas por Jean Rémy neste sentido,[2] não parece que "a cidade" ou uma "região urbana" sejam uma divisão significativa ao nível do conjunto do sistema econômico: estamos tratando, com efeito, de uma estrutura complexa, em termos de monopólios (relação de propriedade) e setores de produção (relações técnicas) ou, se o consideramos diacronicamente, em termos de ciclos e fases.

Ora, entre os dois elementos fundamentais do processo econômico — os meios de produção e a força de trabalho —, a busca de uma especificidade do primeiro remete muito mais ao que chamamos de problemas regionais, quer dizer, à administração dos diferentes elementos técnicos da produção, tendo em conta recursos naturais e produtivos e os movimentos de capitais. A "questão regional" se situaria, na nossa opinião, na conjunção desta especificidade e das fissuras deixadas numa formação social pelas contradições no processo histórico de sua constituição.

Por outro lado, "o urbano" parece-nos conotar diretamente os processos relativos à força de trabalho e não a sua aplicação direta no processo de produção (mas não sem relações, já que toda a sua reprodução está lixada).

O espaço urbano torna-se então o espaço definido por uma certa parte da força de trabalho, delimitada, ao mesmo tempo, por um mercado de emprego e para uma unidade (relativa) de seu cotidiano. Podemos pensar, por exemplo, na dificuldade de estabelecer a unidade de uma região urbana como elemento produtivo (pois os fluxos econômicos formam um encadeamento contínuo), ainda que o mapa das migrações alternantes sirva, geralmente, para delimitar uma área urbana. O "urbano", enquanto conotação do processo de reprodução da força de trabalho, e o "espaço urbano", como o que auxilia a exprimir as unidades articuladas deste processo são noções que nos permitem, assim o acreditamos, abordar teoricamente as questões que acabamos de colocar.

Dito isto, estas delimitações dizem respeito unicamente às bases teóricas sobre as quais convém estabelecer as fronteiras das unidades estudadas, sem nos entregarmos aos falsos "dados" espaciais. Qualquer que seja esta fronteira, encontramos, no interior da unidade considerada, o conjunto dos elementos da estrutura social, especificados com relação a seu desdobramento espacial, e combinados conforme as leis gerais do modo de produção. Mas não é indiferente saber com relação a que instância se opera esta especificação, pois disto se deduzem duas problemáticas estreitamente associadas:

1. A distribuição espacial de cada elemento da estrutura social, fazendo parte, num nível muito geral, de uma teoria das formas. Haverá, assim, um espaço ideológico, um espaço institucional, um espaço da produção, da troca, do consumo (reprodução), todos se transformando, sem cessar, pela luta de classes.
2. A constituição de unidades espaciais que combinam, de modo específico o conjunto dos processos que acabamos de citar, no interior de um certo processo. Propomos esta hipótese: *nas sociedades capitalistas avançadas, o processo que estrutura o espaço é o que concerne a reprodução simples a ampliada da força de trabalho; o conjunto das práticas ditas urbanas conotam a articulação do processo ao conjunto da estrutura social.*

Essa definição produz efeitos particulares na combinação dos elementos da estrutura social, nas unidades (espaciais) deste processo. As "unidades urbanas" seriam assim para o processo de reprodução o que as empresas são para o processo de produção, com a condição de não imaginá-las apenas como *locais*, mas sim como estando na origem de efeitos específicos sobre a estrutura social (da mesma maneira, por exemplo, que as características de uma empresa — unidade de produção — afetam a expressão e as formas das relações de classes que se manifestam).

É para conceber estas relações internas e sua articulação com o conjunto da estrutura que propomos o conceito de sistema urbano.

II. O SISTEMA URBANO

Por sistema urbano, entendemos a articulação específica das instâncias de uma estrutura social no interior de uma unidade (espacial) de reprodução da força de trabalho.

O sistema urbano organiza o conjunto das relações já enunciadas entre os elementos da estrutura espacial, relações que assinalaremos de novo rapidamente. Ele se define por:

1. O conjunto de relações entre os dois elementos fundamentais do sistema econômico e o elemento que deriva dele.

    - Elemento P (Produção): Meios de produção específicos.
    - Elemento C (Consumo): Força de trabalho específica.

    O elemento *não trabalho* aparece como um efeito necessário do sistema econômico na *reprodução*, que se divide em três produtos:

    - Reprodução dos meios de produção.
    - Reprodução da força de trabalho.
    - Apropriação do produto pelo não trabalho.

    - Estratificação social ao nível da *organização social* (sistema de distribuição).
    - Funcionamento das *instituições* (aparelhos políticos e ideológicos).
    - Ao nível das estruturas isto pode recair também na reprodução de meios de produção e/ou da força de trabalho.
    - Elemento T (Troca) entre P e C, no interior de P, no interior de C, e com outras instâncias.

2. Elemento G (Gestão). Chamamos de *gestão* a regulação das relações entre P, C e T em função das leis estruturais da formação social, quer dizer em função da dominação de uma classe. É a especificação urbana da instância política, o que não esgota as relações entre esta instância e o sistema urbano.
3. Elemento S (Simbólico), que exprime a especificação da ideologia ao nível das formas espaciais, sem que possa ser compreendido em si mesmo, mas na sua articulação com o conjunto do sistema urbano.

Todavia, dizer que o elemento *consumo* especifica a reprodução da força de trabalho, ou o elemento produção, a reprodução dos meios de produção em nível da unidade urbana, remete a uma problemática muito ampla para ser traduzida diretamente em proposições explicativas. É necessário portanto decompor estes elementos, estabelecendo sua estrutura interna.

A análise interna de cada elemento do sistema urbano, para não permanecer intuitiva, deve empregar um mesmo princípio. As especificações não devem introduzir novos elementos em relação aos que já foram definidos teoricamente. Diremos, então, que cada elemento se decompõe em subelementos definidos pela refração de outros elementos sobre ele (inclusive ele mesmo) e/ou outras instâncias da estrutura social. As coisas ficarão mais claras, quando empregarmos este princípio, e daremos, em cada caso, exemplos concretos (lembremos que os exemplos só têm um valor indicativo, pois nunca um conceito coincide com a realidade).

A. Consumo

O elemento consumo exprime, em nível da unidade urbana, o *processo de reprodução da força de trabalho*. Faremos então a distinção entre reprodução simples e ampliada da força de trabalho, e distinguiremos na reprodução ampliada a refração dos três sistemas, econômico, político-jurídico e ideológico.

		Exemplo
Reprodução simples da força de trabalho	C1	Moradia e equipamento material mínimo (esgotos iluminação, manutenção das ruas etc.)
Reprodução ampliada da força de trabalho		
Ampliação no interior do sistema econômico (reprodução biológica).	C2	Espaços verdes, poluição, barulho etc. (Ambiente)
Ampliação no sistema institucional (político-jurídico) (desenvolvimento das capacidades socialização) (aparelhos ideológicos do Estado)	C3	Equipamento escolar
Ampliação no sistema ideológico (fora dos AEI)	C4	Equipamento sociocultural

B. Produção

Distinção fundamental a fazer-se entre os instrumentos de trabalho e o objeto de trabalho (matéria-prima especialmente) por um lado e, por outro, a articulação da produção com outras instâncias.

			Exemplo
Elementos internos ao processo de trabalho	Instrumentos de trabalho	(P1)	Fábricas Matérias-primas
	Objeto de trabalho	(P2)	
Relação entre o processo de trabalho e a instância econômica no seu conjunto		(P3)	Ambiente industrial (meio técnico)
Relação entre processo de trabalho e outras instâncias		(P4)	Gestão, informação (escritórios)

C. Troca

O elemento troca, por definição, pode se decompor em tantos subelementos quanto o número de transferências possíveis no interior ou entre os elementos e instâncias da estrutura social com relação a uma dada unidade urbana:

Transferência	Subelementos	Exemplo
Produção → Consumo	T1	Comércio e distribuição
Produção → Produção	T2	Migrações alternantes (transportes urbanos
Produção → Produção	T3	(Transportes mercadorias) (Ordens e gestão)
Consumo → Consumo	T4	Circulação (Mobilidade residencial)
Consumo → Ideológico	T5	Emissão de informação, espetáculos etc.
Produção → Ideológico	T6	Monumentos
Consumo → Política	T7	Centros de decisão
Produção → Política	T8	Centros de negócios

D. Gestão

O elemento *gestão* articula o sistema urbano à instância política e regula as relações entre o conjunto de seus elementos. Ele se define portanto por sua posição, numa dupla dicotomia Global/Local (representando o conjunto do sistema político ou ligado às condições locais) e versa, seja sobre um dos elementos do sistema urbano, seja sobre o conjunto (Específico/Geral). O que determina quatro subelementos possíveis:

	Local	Global
Específico (versando sobre elemento)	G1 Adminstração urbana	G3 Organismo de planificação
Geral (versando sobre as relações entre os elementos)	G2 Municipalidade	G4 Delegação de autoridade central (Prefeito)

E. Simbólico

Trata-se da especificação da instância ideológica ao nível das formas espaciais da unidade de consumo coletivo (a expressão "formas" é tomada no seu sentido mais amplo).

O simbólico tomará as configurações particulares conforme a importância relativa dos diferentes elementos e lugares da instância ideológica. Esta caracteriza-se por um duplo efeito: ao nível das *práticas*, um efeito de desconhecimento-reconhecimento-comunicação, ao nível das *instâncias estruturais*, um efeito de legitimação (marcação do espaço por exemplo, no nosso caso). Por outro lado, a instância ideológica, enquanto produtora de *mensagens*, comporta as posições de emissor, de receptor, e de canais. A combinação destes dois efeitos com estas diferentes posições deve permitir estabelecer subelementos do simbólico, mais adequados à apreensão da complexidade formal de todo o conjunto urbano.

F. Subelementos e sistema de lugares

Esta decomposição interna de cada elemento permite abordar situações concretas na medida em que especifica-se muito mais a análise. Mas se indicamos o *lugar* de uma contradição, faz-se ainda necessário que esta possa exprimir-se socialmente pela distribuição diferencial destes elementos nos agentes-suportes. Portanto cabe definir, no interior de cada subelemento, as posições entre as quais se repartirão os suportes, segundo sua posição na estrutura social. São as diferenças entre as posições ocupadas pelos agentes-suportes que explicam as práticas sociais contraditórias e permitem transformações no sistema urbano, que é necessário então decompor em subelementos como também *diferenciar*, precisando no interior de cada subelemento, *níveis* e *papéis*.

Assim, por exemplo, em C1 (Moradia)

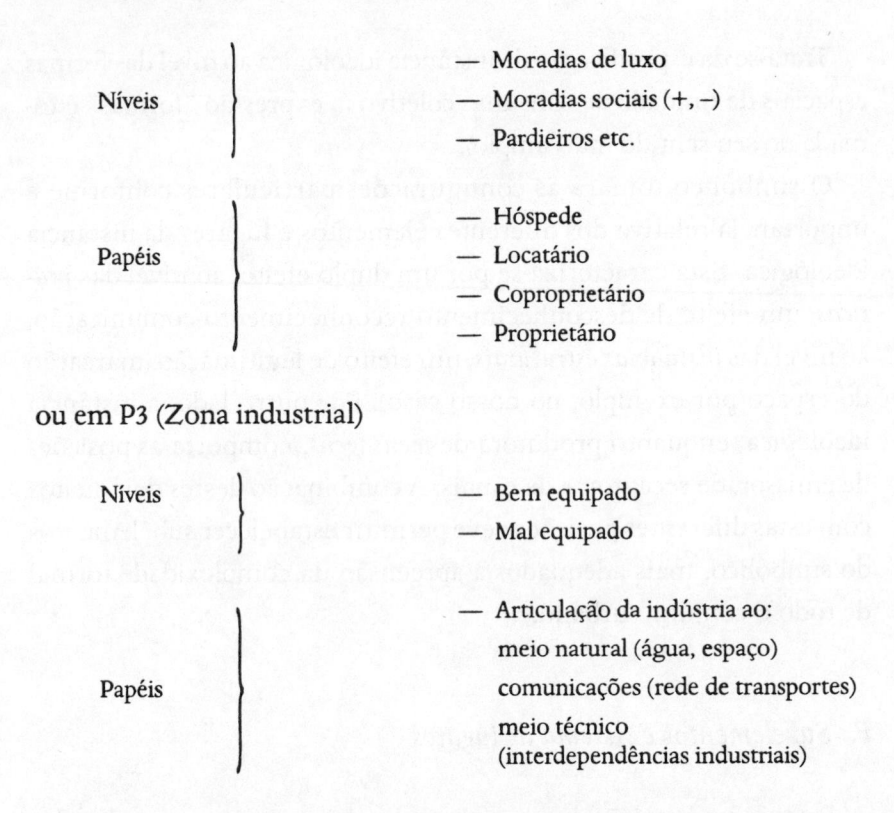

Níveis
— Moradias de luxo
— Moradias sociais (+, –)
— Pardieiros etc.

Papéis
— Hóspede
— Locatário
— Coproprietário
— Proprietário

ou em P3 (Zona industrial)

Níveis
— Bem equipado
— Mal equipado

Papéis
— Articulação da indústria ao:
meio natural (água, espaço)
comunicações (rede de transportes)
meio técnico
(interdependências industriais)

As relações que os diferentes subelementos do sistema urbano mantêm entre si e com a estrutura social, seus papéis e seus níveis, definem a conjuntura do sistema urbano. A inserção dos agentes-suportes na trama estrutural assim constituída definirá as práticas sociais urbanas, as únicas realidades significativas para nossa pesquisa.

As regras de funcionamento do sistema urbano são fáceis de determinar, pois elas apenas especificam as regras gerais do modo de produção. Assim, no capitalismo, o sistema urbano é um sistema de domínio: é, no plano dos elementos, o elemento P (meios de produção) e, no plano das relações, a relação de propriedade, mais que a da apropriação real. Dito isto, o esquema se complica, quando se faz necessário reproduzir a lógica ao nível dos subelementos e, sobretudo, quando é preciso abordar não mais o funcionamento (reprodução) do sistema, mas sua transformação. Pois é necessário então estudar o encadeamento das contradições, quer dizer a passagem de uma defasagem parcial para a condensação das oposições numa contradição principal que, encarnada no confronto das práticas sociais, faz surgir novas regras estruturais, impossíveis de deduzir do simples mecanismo de funcionamento e de sua reprodução ampliada.

De fato, *o sistema urbano* é apenas um conceito e, enquanto tal, tem como única utilidade a de esclarecer as práticas sociais, as situações históricas concretas, ao mesmo tempo para compreendê-las e deduzir suas leis. Se nossa construção em termos de estrutura urbana permite *pensar* situações sociais, ela não pode apreender o processo social de sua produção sem uma teorização das práticas através das quais se realizam estas leis estruturais; isto exige a introdução de agentes sociais e a ligação específica entre o campo estrutural que acabamos de traçar, a problemática das classes sociais e a do cenário político, através da análise, concomitante, das intervenções do sistema institucional e de seu questionamento pelos movimentos sociais. Já que não existe estrutura social sem contradições, isto é, sem luta de classes, *a análise da estrutura do espaço prepara e exige o estudo da política urbana.*

Notas

1. Para uma discussão mais ampla destes problemas de delimitação teórica, remetemos a nossos artigos, "Y-a-t-il une sociologie urbaine?" *Sociologie du Travail*, nº 1, 1968, e "Théorie et idéologie en sociologie urbaine", *Sociologie et Sociétés*, nº 2, 1969.
2. J. RÉMY, *La ville phénomène économique*, Les Editions Ouvrières, Bruxelas, 1966.

A POLÍTICA URBANA

Quando abordamos a análise de uma situação concreta, o eixo essencial de sua interpretação deriva sobretudo de sua inserção no processo político, quer dizer de sua relação com o poder. Com a condição de especificarmos que o poder e *a* política não estão instalados de forma preferencial numa instância específica da estrutura social e que a problemática do poder condensa e exprime o conjunto das relações sociais. Definiremos as relações de poder como as relações entre as classes sociais e as classes sociais como combinações de posições contraditórias definidas no conjunto das instâncias da estrutura social, sendo então o poder a capacidade de uma classe ou fração de classe de realizar seus interesses objetivos à custa das classes ou conjunto de classes contraditórias.[1]

Ora, se ao nível dos princípios de estruturação de uma sociedade, o econômico é, em última instância, determinante, toda conjuntura (momento atual) é organizada inicialmente em torno da luta de classes e, em especial, da luta política de classes, a que tem como objetivo a preservação ou a destruição-reconstrução do aparelho de Estado. É neste nível, por conseguinte, que podemos descobrir os indícios de modificação de uma formação espacial, o que se transforma, o que permanece, o que adota novas formas para tratar, conforme a mesma lógica social, novos problemas.

Portanto, é normal colocar que toda análise sociológica versa principalmente sobre os processos políticos. Mas é preciso acrescentar logo duas observações fundamentais.

1. É claro que a análise do processo político não esgota uma dada realidade, mas ela constitui seu elemento primeiro, pois é a política que estrutura o conjunto do campo e determina seus modos de transformação.

2. Para ser capaz de estudar o processo político de maneira objetiva, isto é, não somente voltado para ele próprio, é necessário fazer um desvio pela análise estrutural de seus elementos e pelas leis da matriz social onde ele se inscreve. Por exemplo, para compreender a luta política proletária, é preciso começar por desvendar a estrutura do modo de produção capitalista e estabelecer as leis das relações estruturalmente antagônicas entre os detentores dos meios de produção e suportes da força de trabalho, sem o quê os movimentos sociais e políticos, no seu conjunto, tornam-se mero mercado de comoções, expressão da "irracionalidade" dos humanos...

A maioria das situações de impasse nas ciências sociais provém justamente desta separação entre, por um lado, o estabelecimento das leis de uma estrutura (esquecendo que estas leis são apenas tendenciais, que são sempre maleáveis e transformadas pela política social) e, por outro, a apreensão direta dos movimentos sociais e das instituições políticas, somente tendo como referência seu "passado" e com seu "futuro" — o que só fornece uma simples crônica de seu nascimento e de sua morte.

O princípio metodológico segundo o qual só a matriz estrutural (com predomínio) de uma sociedade torna-a inteligível, e que só a análise do processo político permite compreender uma situação concreta e sua transformação, ultrapassa o par ideológico estrutura/acontecimento e se encaminha para um estudo científico, seguindo aos clássicos do materialismo histórico, de Lenine a Mao, passando por Gramsci.

Ocorre o mesmo com a questão urbana.

A análise da estrutura urbana, ao mesmo tempo que esclarece as formas espaciais historicamente dadas, onde se exprime a lógica interna da reprodução da força de trabalho, tropeça sistematicamente, cada vez que se trata de apreender o processo de produção destas formas e destas práticas, cada vez que queremos estabelecer suas leis de desenvolvimento e de transformação. Com efeito, as estruturas só existindo nas práticas, a organização específica destas práticas acaba por produzir efeitos autônomos (ainda que determinados) que não estão todos contidos no simples desdobramento das leis estruturais.

O âmago da análise sociológica da questão urbana está no estudo da política urbana, isto é, da articulação específica dos processos designados como "urbanos" no campo da luta de classes e, por conseguinte, na intervenção da instância política (aparelho de Estado) — objeto, centro e mecanismo da luta política.

A evolução da temática da sociologia urbana segue também neste sentido, à medida que os problemas urbanos tornam-se *abertamente* problemas políticos, quer dizer, à medida que, nas sociedades capitalistas adiantadas, as contradições se ligam mais estreitamente e que a dominação de classe se faz mais visível nos setores (o mundo do consumo) nos quais ela permanecia marcada pelos efeitos da desigualdade social considerados como quase naturais.

Resultado ao mesmo tempo, portanto, de uma necessidade própria a qualquer análise do social em profundidade, e da evolução histórica recente nas sociedades capitalistas industriais, o campo de estudo da política urbana se estruturou progressivamente, num desenvolvimento contraditório que continua repleto de ensinamentos.

Nota

1. Cf. N. POULANTZAS, *op. cit.*, 1968.

1

A EMERGÊNCIA DO CAMPO TEÓRICO DA POLÍTICA URBANA

Na tradição sociológica, o tema da política urbana está intimamente imbricado com o do poder local, entendido ao mesmo tempo como processo político no âmago de uma comunidade e como expressão do aparelho de Estado ao nível local. Ora, esta fusão, historicamente determinada pela autonomia das comunidades locais norte-americanas, traz muitas consequências, na medida em que ela volta a tratar a gestão dos problemas urbanos como essencialmente determinada pelo cenário político local, considerado como expressão de uma espécie de microssociedade, a "comunidade". Assim, introduzindo um dos melhores apanhados de pesquisas sobre o tema, Morris Janowitz afirma que, a "comunidade produz um processo de decisão autônomo e pode ser conceitualizada como um sistema independente de decisão política, e que para o conjunto dos estudos reunidos (a comunidade urbana), é a arena na qual o poder político se exerce... Não é um lugar de pesquisa, mas um objeto de análise".[1]

É através do desenvolvimento sucessivo das contradições teóricas às quais chegaram os estudos de comunidades, que o campo da política urbana se revelou pouco a pouco.[2]

Na base, existe o debate, que se tornou clássico em todos os manuais escolares, entre as teses de Hunter[3] e de Dahl[4] sobre a estrutura do poder local (teses aliás inscritas concretamente em seus procedimentos metodológicos). Lembremos que Hunter, fundamentando-se nas suas pesquisas sobre Atlanta, considera a sociedade local como uma pirâmide de poderes, em cujo cume encontramos uma elite, mais frequentemente formada por homens de negócios da comunidade, reconhecidos como poderosos pelo conjunto (abordagem reputacional). Dahl, ao contrário, parte da ideia de uma pluralidade política, expressão de interesses divergentes, mas não forçosamente contraditórios; mostra, a partir do estudo de New Haven, como as alianças se fazem e se desfazem, como os sócios mudam, como as estratégias obtêm resultados diferentes conforme o que está em jogo, sendo que o resultado não é absolutamente determinado previamente e o todo depende do processo de decisão (abordagem decisional).

De fato, é fácil, para Nelson Poisby,[5] mostrar a falta de fundamentos empíricos e teóricos das teses de Hunter, pois é apenas nas situações-limite que assistimos a uma concentrarão dos diferentes poderes nas mãos de um grupo concreto de pessoas; Hunter reduz então a problemática da dominação de classe à "usurpação" material das formas de comando do aparelho político. Mas as consequências que extrai disso, e, com ele, toda a corrente liberal na trilha de Robert Dahl, conduzem à indeterminação social do jogo político, já que tudo é função dos mecanismos do processo de decisão, em particular, das estratégias, e que estas dependem da conjuntura. Mesmo que não ousemos negar a disparidade inicial dos papéis sociais com relação ao processo decisório, assumimos uma grande rotação das funções (com ajuda da complexidade social) e concedemos toda a liberdade de ação aos atores para acabar com sua inferioridade, a partir da gama de alianças possíveis.

Esta autonomia do cenário político com relação ao conteúdo social foi colocada em questão no próprio interior da sociologia americana das comunidades, por diversos trabalhos: por exemplo, os de Robert Presthus,[6] que correlaciona a especificidade socioeconômica das duas comunidades estudadas com o processo político desvendado; os de Robert C. Wood[7] que, depois de ter estudado 1.467 unidades políticas do Estado de Nova York, conclui pelo pouco peso das diferentes estratégias municipais com relação ao fator determinante do crescimento econômico, cujas decisões escapam quase totalmente ao quadro local; ou enfim, as perspectivas que desenvolve, com muito vigor, Robert. T. Alford, que, em conclusão à sua análise da literatura recente sobre o assunto, sintetiza perfeitamente o problema teórico em questão nestes termos:

"Se consideramos que uma estrutura de poder é um conjunto de pessoas, então o fato de encontrar pessoas diferentes comprometidas em diferentes questões leva à conclusão de que existe uma estrutura pluralista do poder. Se uma estrutura de poder é um conjunto de instituições, então é indiferente saber se os indivíduos que têm os recursos e posições institucionais similares agirão sempre no mesmo sentido. Preferencialmente, os dois aspectos devem ser considerados separadamente e os recursos não devem ser vistos simplesmente como atributos dos indivíduos que escolhem agir ou não em vista de certos objetivos políticos em situações específicas, mas sobretudo enquanto consequências sistematicamente atribuídas da estrutura institucional da sociedade e do sistema político."[8]

Este debate, que, de fato, começa a tomar vulto, estruturou o campo de estudo em torno de dois postulados:

1. Há um acordo geral em considerar a política urbana como *processo político*, usando de forças sociais com interesses específicos ou, na terminologia liberal, atores buscando realizar seu projeto por meio de diferentes estratégias.
2. Se o cenário político local está diretamente ligado ao tratamento conflitual dos "problemas urbanos", estes ultrapassam-no amplamente e fazem com que levem em consideração as determinações da estrutura social.

Numa primeira abordagem, a dificuldade foi fazer esta distinção nem sempre clara, nas pesquisas, entre a especificidade local do processo político geral e o tratamento político das questões urbanas, em qualquer nível que estejam.

O que Scott Greer e Peter Orleans chamam de a "parapolítica"[9] retoma, de fato, o tema clássico das associações voluntárias, consideradas sob o ângulo de sua implantação local, já que ela constitui sua principal sede organizacional. Mas a investigação que efetuaram em Saint Louis demonstra bem o jogo combinado do compromisso político local e global em função do lugar ocupado pelos indivíduos numa estrutura social, sem que os contextos urbanos tenham uma influência sobre o processo, tanto mais que eles são tratados em bloco como "locais".

Este predomínio do cenário político local no tratamento da política urbana aparece particularmente nos trabalhos de Edward Banfield, o mais brilhante politicólogo liberal dos problemas urbanos nos Estados Unidos, para quem o governo local é a questão final, na medida em que deve combinar a "função de serviço" (gestão dos problemas sociais) e a "função política" (regulação do conflito em escala local nas questões de interesse público). Mas ele concebe a orientação deste governo local como a resultante da interação dos diferentes atores que estão na base da política urbana e cujos principais são a imprensa, as firmas (em particular as grandes lojas e as sociedades imobiliárias), as administrações municipais, as associações voluntárias e os sindicatos operários.

Ao contrário, Robert C. Wood soube centrar os termos do problema invertendo-os, quer dizer, considerando de início as influências urbanas, mas acrescentando em seguida que elas só se tornam socialmente significativas através do processo político que se formou ao seu redor.[10] Podemos generalizar o esquema que ele propõe em seguida, diferenciando, na literatura e na realidade, três grandes vias de emergência e de tratamento político dos problemas urbanos:

1. A gestão destes problemas pelo sistema institucional (nacional ou local, geral ou específico). É o que podemos agrupar sob o tema de *planificação urbana.*
2. A emergência e a expressão dos contextos urbanos a partir da mobilização e do conflito dos diferentes grupos sociais, quer dizer (para nos atermos a uma simples designação no momento) a *luta política, urbana* (participação, reivindicação, contestação).
3. A junção das duas problemáticas assim traçadas é feita pelo estudo das *instituições políticas locais,* na medida em que elas são ao mesmo tempo expressão da relação das forças sobre o cenário político local e lugar de articulação dos problemas urbanos ao nível do sistema institucional.

Esta definição dos campos não implica por si só o predomínio de uma abordagem teórica sobre uma outra, o que reforça sua fecundidade analítica. Com efeito, nas pesquisas conduzidas sobre os três temas, podemos encontrar a mesma oposição fundamental entre as duas grandes correntes intelectuais que dominam o campo: a análise liberal e análise centrada nas determinações da estrutura social, nas versões mais ou menos marxistas. Este debate (cujos dois polos se encontram às vezes no âmago de uma mesma pesquisa concreta...) é o verdadeiro debate teórico que se travou atualmente (1970) no campo da política urbana e, talvez, na própria sociologia.

No que diz respeito à *planificação urbana*, se todo mundo está de acordo com Ledrut em considerá-la como "um meio de controle social da ordem urbana"[11] e, por conseguinte, como um empreendimento político, as divergências são profundas quanto à significação social deste meio. Para toda a corrente de análise liberal americana,[12] a planificação urbana é um instrumento de mediação, fundado no "poder dos especialistas", ou ainda, o conhecimento do possível, entre os diferentes interesses em jogo, o denominador comum mínimo entre os fins particulares dos atores e certos objetivos de conjunto partilhados geralmente numa medida mais ou menos ampla (por exemplo, o crescimento econômico ou a luta contra a poluição). Existe uma planificação na medida em que existe previsão e vontade de atingir certos objetivos. Mas esta previsão só é possível numa sociedade pluralista se existe, por um lado, uma concordância quanto aos próprios fundamentos do sistema e a utilização de meios institucionais na base da planificação e, por outro lado, discussão, negociação, harmonia e acordo entre os diferentes atores, de forma a encontrar objetivos não questionáveis em suas grandes linhas, e que possamos nos centrar no problema dos *meios*, o que pode ser resolvido *racionalmente*, já que a racionalidade é definida (de acordo com a famosa dicotomia weberiana) como adequação dos meios aos objetivos. A análise da planificação urbana torna-se então o estudo do processo decisório engajado a um problema urbano (por exemplo, moradia), por ocasião de uma iniciativa da administração.[13] Ela se acompanha frequentemente por uma análise dos planificadores, que consideram que este é seu papel profissional e que insistem em particular na sua ação mediadora.[14]

O esquema proposto por Michel Corzier para estudar a planificação econômica francesa sintetiza perfeitamente a perspectiva elevando seu nível teórico.[15] Adversário do que ele considera um debate "ideológico" sobre os fins da planificação, ele prefere dar prioridade ao estudo dos meios, dos mecanismos considerados como amplamente autônomos com relação ao conteúdo social que eles veiculam e capazes de suscitar uma dinâmica própria, que pode até mesmo influir no *resultado final do processo* (no quadro dos limites do sistema). Esta abordagem é ainda mais sedutora porque corresponde a um certo realismo inteligente, a uma espécie de relativismo histórico: ela toma o que é dado, os conflitos políticos ou as decisões administrativas em questão, para desmontar a rede encadeada dos interesses em jogo. Mas ela não se limita à descrição de um mecanismo: ela sistematiza suas constatações, compõe processos e dá-lhes um sentido, constituindo-os em estratégias intencionais. Ela parte da observação dos comportamentos (proposições, conflitos, alianças, compromissos) e atribui-lhes um verdadeiro sentido imediato, tomando-os como uma quantidade de ensaios de maximização da satisfação individual (ou, se o preferirmos, do sucesso de uma estratégia). A sociologia torna-se uma vasta sociometria.

Esta perspectiva que, em nome de sua facilidade e sua adaptação em responder aos problemas concretos que se colocam "aqueles que decidem" toma uma importância cada vez maior, no rastro da análise da "sociedade bloqueada" — repousa inteiramente numa base ideológica, pois ela se fundamenta num postulado metafísico, sem o qual torna-se mera descrição empírica. Este postulado coloca que é preciso "enfatizar, finalmente, a liberdade do homem, que permanece, qualquer que seja sua situação, um agente autônomo, capaz de negociar sua cooperação".[16] Efetivamente, só a partir do momento em que afirmamos esta individualidade irredutível (indivíduos ou grupos) é que podemos conceber a ação social como uma rede de estratégias propostas a partir de uma multiplicidade de centros *autônomos*. Toda a construção teórica baseia-se nesta primeira afirmação, que é uma questão de crença.

Quem são finalmente estes "atores"? Podem ser definidos em si, sem referência ao conteúdo social que eles exprimem? Por que haveria uma realidade concreta que escaparia ao trabalho necessário de redefinição teórica (passagem do objeto empírico ao objeto teórico) que toda pesquisa científica exige? Ora, responderão: "Mas afinal de contas estamos lidando com homens". Sim, mas apreendidos de que maneira? Como "cidadãos", ou como membros de uma classe social ou fração de classe? Em qual de seus diferentes papéis? Colocados em que contradição social? Submetidos a que comunicação ideológica? Comprometidos em qual processo político? Como passar por cima de toda esta diversidade de tipos de existência destes "homens-concretos", e unificá-los numa única entidade primeira, irredutível a toda divisão e fonte autônoma de intencionalidade?

Não é possível afirmar a pura transcrição das estruturas sociais nas práticas; é situando os elementos da estrutura social num contexto teórico prévio que conseguiremos tornar significativas as práticas concretamente observadas e então, e somente então, podemos encontrar esta famosa "autonomia" dos "atores", isto é, sua determinação num segundo nível, devido à combinação específica das práticas que se produzem numa conjuntura. O sentido social dos atores se apresenta, portanto, como *resultado* da pesquisa, e não como uma fonte originária de um fluxo vital que, se expandindo, criaria as formas sociais.

Para precisar o problema: a análise, que parte dos atores-concretos e de suas estratégias se encerra necessariamente num impasse: se estes atores são meros objetos empíricos, ela se torna simples descrição de situações particulares; se eles são realidades primeiras, portanto essenciais, ela depende de uma metafísica da liberdade; se são "algo diverso", e portanto combinações de situações sociais particulares, é impensável defini-las independentemente do conteúdo das posições sociais que ocupam e, por conseguinte, analisar os processos que se desenvolvem entre si como pura troca, já que esta troca dependerá da situação dos atores na estrutura social e sua "mensagem", e mais da informação transmitida que do código empregado.

O impasse teórico da perspectiva liberal orientou progressivamente as pesquisas para uma análise em profundidade dos determinantes sociais da planificação urbana como processos de regulação-dominação emanando da instância política; esta orientação se manifesta tanto na literatura anglo-saxônica (por exemplo, nos trabalhos de Norton E. Long, de Robert T. Alford, ou de Herbert J. Gans) quanto na literatura francesa, em particular através de estudos como os de Alain Cottereau sobre a história da planificação urbana na região parisiense,[17] de Marina Melendres e Françoise Lentin sobre as novas cidades na França[18] ou a de Jean Lojkine, Claude Liscia, Françoise Orlic e Catherine Skoda, sobre a planificação urbana em Paris e Lyon.[19]

Assim, por exemplo, Alain Cottereau — cuja obra torna-se cada vez mais rica e pertinente, à medida que seu autor passa de uma perspectiva de tipo estratégico a uma análise em termos de estruturas sociais — depois de ter estabelecido que as "contradições da urbanização capitalista têm suas fontes numa contradição entre a socialização dos objetos imobiliários de consumo e a apropriação fracionada dos objetos-média[20] — chega a definir planificação urbana como uma intervenção da instância política sobre a instância econômica, visando a ultrapassar certas contradições da urbanização capitalista, por meio de uma coletivização dos objetos-média urbanos; desenvolvendo seu esquema, ele pôde propor uma interpretação precisa da significação social que revestiu a planificação parisiense do metrô, nos anos 1930.

Assim, por exemplo, "pela escolha a favor de um metropolitano local, procurava-se unir melhor os diversos bairros da cidade, reduzir os aluguéis, facilitar a construção na periferia, e salvaguardar o centro. Tratava-se de formar certos efeitos úteis de aglomeração e coletivizar sua repartição, graças ao controle de um novo equipamento de transportes, ultrapassando as contradições habituais da concessão industrial dos equipamentos coletivos".[21]

O caminho percorrido é longo, e, no entanto, as condições teóricas para uma análise sociológica da planificação urbana estão apenas esboçadas...

A mesma divisão teórica ocorre no estudo dos processos de reivindicação e mobilização, concernentes aos problemas urbanos, ainda que a escassez das pesquisas sobre o assunto não permita quase apreciar seu alcance.[22] A título de ilustração, podemos no entanto mostrar a oscilação constante, entre as duas problemáticas, de um dos raros estudos recentes sobre este tema na França, o de Bernard Poupard sobre La Rochelle.[23] Buscando favorecer uma decisão acertada sobre a organização da circulação no centro da cidade, o autor prossegue o debate suscitado com relação ao conjunto das questões urbanas. Ele parte de três grupos definidos empiricamente: os "responsáveis locais", os "técnicos" e os "usuários"; são encontrados, no final, três outros grupos, definidos por sua relação com o campo urbano e com a decisão e que não coincidem termo a termo com os três primeiros: "Os realizadores", centrados na eficácia técnica a curto prazo; "Os inovadores", adeptos da participação e desejosos de um campo urbano bem flexível e mutável, e os "contestadores", centrados na utilização concreta de seu espaço cotidiano e opostos ao monopólio da cidade pelos grupos no poder. O que leva o autor a concluir que "o papel de certos grupos específicos parece determinante", e que é preciso centrar-se sobretudo nas imagens da cidade, emitidas pelos grupos. Mas, por outro lado, vemos que "estes grupos foram traídos com relação à decisão", que eles "estruturam a problemática da decisão e são estruturados por ela", que existe uma forte correspondência entre as posições sociais e os grupos "informais" e que os "grupos refletem as organizações e os meios que se perfilam atrás"...

O que sobra de autonomia dos grupos com relação ao conteúdo da decisão? Tomado por uma profunda contradição, o autor termina por observar, com muita franqueza, que "o problema não é o das modalidades da tomada de decisão, do processo que intervém. O problema é que a decisão é "tomada", que ela é um poder nas mãos de alguns. Não podendo escapar de uma definição de seu objeto centrado nos atores (os grupos), este estudo, aliás de grande sagacidade, oscila entre uma apreensão voluntarista dos conflitos urbanos (os projetos dos grupos) e um retorno final em direção a uma problemática da manipulação pelas "potências ocultas", próxima às teses de Hunter... E, no entanto, ao longo deste estudo podemos ler as contradições estruturais subjacentes às tomadas de posição destes grupos, que só fazem reafirmar sua posição objetiva. Esta pesquisa mostra, de forma exemplar, a emergência de uma problemática do conflito socialmente determinado no interior de um espaço teórico ainda dominado pelo psicologismo.

Em compensação, a questão é tratada com muito mais clareza em certos textos da extrema esquerda italiana: é o caso, por exemplo, de uma análise do *Potere Operaio*, de Pisa, sobre o trabalho político dos bairros populares.[24] Este estudo parte da necessidade, para o sistema em vigor, de obter um *isolamento político* dos bairros populares, a fim de poder operar um processo de reprodução e de consumo sem choques. Uma vez revelada a significação social desta situação urbana, o texto mostra então os mecanismos (aparelhos) de produção deste efeito de isolamento (a Igreja, os centros sociais, os *mass media*, as administrações descentralizadas das habitações populares), e, em compensação, o efeito de ruptura deste isolamento sobre certas ações políticas efetuadas nos bairros (incursões selvagens, imprensa alternativa, cinema), sua relação, enfim, com as lutas nas fábricas. Esta caracterização permite então situar as intervenções do "Movimento estudantil" neste domínio e deduzir seu alcance com relação a seus objetivos políticos. Esta é uma perspectiva verdadeira, aberta a partir da reflexão rápida que uma prática concreta exigiu de alguns militantes...

Enfim, a análise da *política municipal* aborda os dois aspectos do processo político urbano, sem, entretanto, esgotá-lo, já que, por um lado, os outros escalões do aparelho de Estado intervém também, e cada vez mais, neste domínio e que, por outro lado, um bom número de lutas reivindicativas se desenvolvem fora do quadro institucional.

Este tema continua dominado, em geral, pela análise de tipo decisório, cujo melhor representante é Banfield,[25] apesar de alguns trabalhos isolados, como os de Schnore e Alford; estes autores demonstram a determinação do tipo de governo local (mais ou menos descentralizado) pelas características socioeconômicas dos trezentos subúrbios analisados;[26] eles verificam a hipótese segundo a qual quanto mais alto o status socioeconômico, tanto maior o predomínio da preocupação de eficácia (as formas são então centralizadas e não eleitas); inversamente, quanto mais se trata de subúrbios populares, tanto mais os problemas de representação dos cidadãos são importantes (preferimos então, neste caso, as formas descentralizadas, escolhidas no sufrágio universal). O esforço ambicioso de Terry N. Clark se situa na estrutura das três correntes (reputacional, decisória, estrutural), cuja síntese tentamos fazer.[27]

O propósito de Clark é ultrapassar o estudo puramente decisório em termos de *"quem* governa" para determinar *quem* governa, *quando* e com *que efeitos*. Ele se interessa sobretudo pelos resultados diferenciais que, no plano urbano, são obtidos através dos processos de decisão local. Na sua pesquisa mais importante, ele estudou cinquenta e uma municipalidades americanas (tendo em média 250.000 habitantes) e correlacionou três séries de variáveis: 1. as características "estruturais" das municipalidades (economia, população etc.), bem como certas características sociopolíticas (associações voluntárias, tipo de governo local); 2. as características do processo de tomada de decisão e, em particular, seu nível de centralização/descentralização: 3. os "outputs" urbanos, entre os quais o pesquisador escolhe para analisar os gastos orçamentários gerais e os gastos para a renovação urbana.

Por meio de uma análise da dependência, ele estabelece uma série de correlações entre as três séries de variáveis (a maioria delas muito mais fraca do que o deixa entrever um texto muito afirmativo). Estes resultados permitem-lhe estabelecer a fórmula geral seguinte: "Quanto mais importante a diferenciação horizontal e vertical num sistema social, maior a diferenciação entre as elites eventuais, e mais a estrutura da tomada de decisão fica descentralizada; sem o estabelecimento de mecanismos de integração, esta estrutura conduz a uma menor coordenação entre os setores e a um nível mais fraco de "outputs." Salvo que, para as despesas de renovação urbana, a relação que constatamos é inversa da que é formulada...

Mas o essencial é a tentativa de ligar os dados da situação social de uma comuna com o estudo da tomada de decisão. No entanto, assim fazendo, Clark procede a uma extensão do raciocínio decisório sem mudar sua orientação. Com efeito, ele explica o processo de decisão pela situação da municipalidade, mas, em seguida, confere-lhe uma influência autônoma sobre os outputs em função de características formais (centralização/descentralização), sem levar em consideração o sentido específico do processo de decisão conforme o conteúdo social que lhe é imposto pelas alternativas em questão.

A tentativa de Clark vai tão longe quanto é possível na análise decisória sem mudar fundamentalmente de problemática, ainda que ela integre de forma muito inteligente um certo número de objeções endereçadas a Dahl. Mas ela prepara a eclosão, no próprio interior de seu campo, da outra grande tendência intelectual que emerge cada vez mais nitidamente no estudo da política urbana.

É neste sentido que é apaixonante desvendar a evolução da melhor equipe francesa na matéria, a do IEP de Grenoble,[28] que levou a cabo, consoante à perspectiva de Clark e em colaboração direta com ele, uma pesquisa sobre a estrutura de poder local em dezessete municípios da região Rhône-Alpes.[29] Empregando o método tipológico, eles caracterizaram as cidades conforme sua atividade econômica, sua situação na estrutura urbana e o predomínio dos grupos sociais por um lado e, por outro, segundo os traços essenciais do processo político local, correlacionando-os em seguida (cf. o esquema I, que nós reproduzimos por causa de seu interesse). Podemos endereçar críticas muito sérias no que concerne à interpretação de certas variáveis: assim, o domínio de uma classe social é interpretado conforme o peso demográfico das categorias socioprofissionais na comuna, o que, ainda que surpreendente, é lógico, se *partimos* de uma apreensão empírica dos grupos sociais e se centramos as relações políticas (inclusive as de classe) ao nível do voto. Mais ainda, a pesquisa, apesar de seu interesse, é restrita: com efeito, ela limita sua problemática a uma diferenciação dos mecanismos formais do funcionamento do sistema institucional, e recorre, em última instância, a uma psicologia dos valores expressa em termos da orientação do poder (esquema I).

Ora, tal defasagem entre o procedimento e o conteúdo da pesquisa é o resultado necessário da mistura das duas problemáticas, pois a análise de Clark, cheia de ecletismo, vem enriquecer as informações que dispomos com referência ao único problema que interessa realmente à análise decisória: *de que maneira as decisões são tomadas*, como funciona um sistema institucional. A partir disso, qualquer reintrodução lateral de urna problemática em termos de classes sociais fica artificial e equivale, aproximadamente, a questionar a relação entre o nível de consciência proletária e o lugar da orquestra municipal no organograma da administração.

A contradição teórica contida na perspectiva de Clark devia necessariamente se decantar de um lado ou do outro. Mas este tipo de modificação geralmente é obra de pesquisadores exteriores que retomam o trabalho no ponto onde a crítica já fez alguma alteração favorável. Ora, no presente caso, a equipe de Grenoble, dando prova de uma extraordinária lucidez intelectual, realizou sua própria crítica e colocou as bases teóricas e empíricas necessárias para lançar uma nova pesquisa sobre a *natureza e o papel* das instituições municipais, em termos que nos parecem circunscrever perfeitamente a questão e, pela primeira vez, fazer uma análise científica, de forma bastante nítida dos aparelhos políticos locais.[30] Seu projeto de pesquisa define seus objetivos da seguinte maneira:

"A determinação concreta da natureza e do papel das instituições municipais será pesquisada através de uma correlação das intervenções das instituições comunais com a situação estrutural do meio urbano estudado e do estado das relações sociais nestes meios urbanos."

"A produção do espaço urbano pode ser analisada como uma série de processos que a análise pode decompor, a fim de fazer com que apareça a lógica social que lhe está subjacente."

Esta análise permite situar a significação da intervenção dos grupos sociais nestes processos:

a. Por um lado, pela posição que os grupos sociais venham a ocupar ou não no processo estudado (esta posição está com efeito determinada pela análise estrutural do processo).
b. Por outro lado, pelas transformações que estas intervenções e os conflitos que podem acompanhá-los podem trazer ao conteúdo estrutural inicial do processo.

Esquema I
Estrutura socioeconômica e decisão política local nas 17 comunas da região Rhône-Alpes, 1969

	Relações de classes sociais	Porte e situação	Fundamento do poder	Orientação do poder	Lógica do desenvolvimento
1. Grandes cidades diversificadas (Lyon-Saint Etienne)	Neutralização recíproca dos grupos	Porte Cidade-centro	Arbítrio político	Regulador	Desenvolvimento induzido pelo sistema capitalista. Importância das decisões políticas nacionais para as metrópoles regionais
2. Subúrbios diversificados (Oullins, Bron, Bourg-lès-Valence)	Neutralização recíproca dos grupos	Subúrbios	Arbítrio político	Regulador	Desenvolvimento induzido pela cidade-centro
3. Subúrbio com classes média e superior majoritárias (Tassin-Demi-Lune)		Subúrbio	Gestionário	Expansionista	Desenvolvimento induzido pela cidade-centro
4. Cidades-centro com classe média e superior majoritárias (Annecy, Valencia)	Grupos dominantes: empregados, quadros médios e superiores, industriais	Annecy: cidade-centro fora eixos de desenvolvimento	Gestionários	Annecy: expansionista	Desenvolvimento apoiado nas iniciativas locais
		Valencia: cidade-centro no eixo de desenvolvimento	Gestionários	Valencia: conservador	Desenvolvimento induzido pelo sistema capitalista
5. Comunas com classe média tradicional (Albertville, Montélimar)	Grupos dominantes: patrões e artesão	Autônomos	Notáveis	Expansionista	Desenvolvimento apoiado na iniciativa local

(cont.)

	Grupo dominantes: agricultores, patrões e artesão	Autônomos	Notáveis	Conservador	Desenvolvimento induzido por decisão política nacional (CEA)
6. Comuna agrícola com industrialização brutal (Pierrelatte)	Relações de classes sociais	Porte e situação	Fundamento do poder	Orientação do poder	Lógica do desenvolvimento
7. Comuna de industrialização antiga com problemas de reconversão (Bourgoin, Villefanche)	Grupo dominante: operários	Zona de influência do aglomerado lionês	Gestionários	Expansionista	Contradição entre duas tendências: — desenvolvimento comprometido pelo sistema capitalista — iniciativa local
8. Comunas estagnantes da bacia mineira (Le Chambon-Firminy)	Grupo dominante: operários	Bacia mineira do Loire	Chambon: notáveis Firminy: gestionário	Conservador	Desenvolvimento comprometido pelos sistema capitalista e conservadorismo local Desenvolvimento apoiado na iniciativa local
9. Subúrbios comunistas (Fontaine, Vénissieux)	Grupo dominante: operários	Subúrbio	Gestionários	Expansionista	Desenvolvimento induzido pela cidade-centro Redistribuição dos recursos por iniciativa local

"O procedimento consiste então em trazer à tona a coerência de um processo, fundamentando-se na existência de uma relação entre relações estruturais (elementos e combinações que definem a estrutura social) e relações sociais (ou sistema de atores). É com referência a estes processos analisados desta maneira, principalmente fazendo com que apareçam os interesses setoriais que estão em jogo e as contradições a tratar, que se torna possível estudar a significação das intervenções, diretas ou indiretas, das instituições municipais, com relação a estes processos.

"Cada intervenção resituada com referência ao processo estudado contribuirá então":

a. Por um lado, para esclarecer este mesmo processo, na medida em que a intervenção esclarece a configuração das relações sociais determinadas pelo contexto particular e revela, pelo apoio dado a certos interesses, o domínio destes últimos.

b. Por outro lado, para precisar a natureza e o papel da instituição municipal em suas relações com os grupos sociais e o Estado.

"Estas intervenções da instituição municipal podem ser analisadas como intervenções do político sobre o econômico, ou do político sobre si mesmo ou sobre o ideológico, entendido que a maioria destas intervenções preenche ao mesmo tempo vários papéis. Assim, a título de exemplo, a criação de uma Agência de urbanismo do aglomerado é ao mesmo tempo uma intervenção econômica (organização planificação), política (institucionalização das relações do aglomerado) e ideológica (por exemplo, afirmação de uma ideologia tecnocrática).

"O problema, portanto, é o de apreendê-los em sua complexidade, especificando seu objeto principal.

"O tipo de análise proposto aqui implicará que sejam levadas em conta, no estudo do papel da instituição municipal com relação aos processos de produção do espaço urbano, certas determinações exteriores ao meio urbano considerado: por exemplo, a consequência das políticas de organização do território, políticas governamentais em matéria de instituições regionais e urbanas, de circunscrições administrativas locais, de sistemas eleitorais, ou ainda políticas imobiliárias, políticas de moradia etc."

As fronteiras teóricas traçadas assim, aparecendo lentamente através de um desdobramento contraditório no interior do campo ideológico, da "politicologia urbana", marcam uma mudança qualitativa que se trata então de consolidar e de tornar fecunda.

Notas

1. Cf. M. JANOWITZ (ed.) *Community Political Systems*, The Free Press of Glencoe, 1961, pp. 14-15.
2. Ver, sobre este assunto, a interessante nota crítica de Catherine SCHMIDT: "Quelques recherches recentes sur le problème du pouvoir dans les communautés locales", *Sociologie du Travail*, n° 2, 1965.
3. F. HUNTER, *Community Power Structure*, The University of North Carolina Press, 1953.
4. R.A. DAHL, *Who Governs?*, New Haven, Yale University Press, 1961.
5. N. POLSBY, *Community Power and Political Theory*, New Haven, Yale University Press, 1963.
6. R. PRESTHUS, "Men at the top. A study" in *Community Power*, Nova York Oxford University Press, 1964.
7. R.C. Wood, 1400 *Governments*, Nova York, Anchor Books, Doubleday, 1964.
8. R.R. ALFORD, "The Comparative Study of Urban Politics" in Leo F. SCHNORE (ed.) *Social Science and the City*, Frederick Praeger, Nova York, 1968, pp. 263-302.
9. S. GREER e P. ORLEANS, "The Mass Society and the Parapolitical structure", em Scott Greer e outros (eds.) *The New Urbanization*, St. Martin's Press, 1968, pp. 201-221.
10. Cf. R.C. WOOD, "The Contributions of Political Science to Urban Form" em Werner Z. HIRSCH (ed.), *Urban Life and Form Holt*, Rinehart and Winston, Nova York, 1963, pp. 99-129.
11. Cf. R. LEDRUT, *Sociologie Urbaine*, Paris, PUF, 1968, p. 43.
12. Existe uma bibliografia tão importante quanto aborrecida sobre o tema da planificação urbana nos Estados Unidos. Talvez o mais sintético dos textos e sem dúvida o mais interessante seja o de HERBERT J. GANS, *People and Plans*, Basic Books, Nova York, 1968, p. 395.

Cf. também A. ALTHUSSER, *The City Planning Process*, Cornell University Press, 1965 e, sobretudo, o volume II da compilação organizada por H. WENWORTH ELDEREDGE, *Taming Megalopolis*, II. *How to Manage an Urbanized world*, Anchor Books, Doubleday, Nova York, 1967.
13. Cf. por exemplo, M. MEYERSON e E. BANFIELD, *Politics, Planning and The Public Interest*, Glancoe, Free Press, 1955.
14. Cf. por exemplo, R.T. DALLAND e S.A. PARKER, "Roles of the Planner in Urban Development", in F. STUART CHAPIN e SH. F. WEISS, *Urban Growth Dynamics*, John Wiley, Nova York, 1962, pp. 182-223.
15. M. CROZIER, "Pour une analyse sociologique de la planification française", *Revue Française de Sociologie*, VI, 1965, pp. 147-163.
16. CROZIER, *op. cit.*, p. 150.
17. A. COTTEREAU, "L'apparition de l'urbanisme comme action collective: l'agglomération au début du siècle", *Sociologie du travail* n° 4, 1969; e, sobretudo, "Les débuts de la planification urbaine dans l'agglomération parisienne: Le mouvement municipal parisien", *Sociologie du Travail*, n° 4, 1970.
18. M. MELENDRES-SUBIRATS e F. LENTIN, "La planification urbaine face au marche du logement: trois projets de villes nouvelles en France", *Sociologie du Travail*, n° 4, 1970.
19. C. Jean LOIKINE, *La politique urbaine dans la région parisienne*, Mouton, Paris, 1973: Jean LOJKINE, *La politique urbaine dans la région lyonnaise*, Mouton, Paris, 1974.
20. Ibidem; Objeto-média: "Valor de uso cuja unidade é formada pela articulação de suportes materiais de outros valores de uso".
21. COTTEREAU, *op. cit.*, 1970, pp. 385-386.
22. Para os Estados Unidos, certos problemas foram colocados, muito tangencialmente por M. OPPENHEIMER, *The Urban Guerilla*, Quadrangle Books, Chicago, 1969, bem como pelos trabalhos de J.Q. WILSON, centrados na participação; na França, um dos raros relatórios de pesquisa, instrutivo, sobre este assunto é o de A. SAUVAGE, P. BOLLE, C. BURLEN, J. GIAMI, R. LEDRUT, C. POUYET, P. VERGES, *L'information, l'éducation et la participation des citoyens dans les processus de dévelopment urbain*. Ministère de l'Equipement, dezembro de 1968, p. 243; cf. também o estudo de A. ANTUNES e C. DURAND sobre Poitiers, distribuído pelo Ministère de l'Équipement.

23. B. POUPARD, *Contribution à une sociologie de la politique urbaine*, Ministère de Équipement et du Logement. Paris, 1970, p. 45.
24. *Potere Operaio*, "Pour un travail politique dans les quartiers populaires" (document), 1970.
25. E. HANFIELD (ed.), *Urban Government*, The Free Press of Glencoe, 1961, 593 p.
26. L.F. SCHNORE, R.R. ALFORD, "Forms of Government and Socio-economic Characteristics of Suburb", *Administrative Science Ouaterly*, t. 8, n° 1, junho de 1963.
27. CLARK, TERRY N., "Community structure, decision-making, budget expenditures and urban renewal in 51 American cities", *American Sociological Review*, 33, Agosto de 1968, pp. 576-593.
28. Equipe dirigida, no estudo de 1969, por P. KUKAWKA, C. MINGASSON, C. ROIG, no seio do Centro de Estudos e de Pesquisa sobre Administração Econômica e Organização do Território, Universidade de Grenoble.
29. P. KUKAWKA, C. MINGASSON, C. ROIG, *Recherche sur la structure du pouvoir local en milieu urbain*, Grenoble, julho de 1969, p. 86.
30. Estas proposições se encontram expostas nas duas notas sucessivas, feitas em janeiro e março de 1971, pelo conjunto da equipe integrada por S. BIAREZ, C. BOUCHET, G. DU BOIS BERRANGER, P. KUKAWKA, C. MINGASSON, C. POUYET

2

INSTRUMENTOS TEÓRICOS PARA O ESTUDO DA POLÍTICA URBANA

Tentemos localizar agora de forma mais precisa os diferentes elementos teóricos que deduzimos e experimentemos fazer um primeiro ensaio de construção de instrumentos conceituais suficientemente específicos para abordar análises concretas.

I. Delimitação do campo teórico

O campo da "política urbana" remete a três especificações teóricas: *o político*, *a política*, "*o urbano*". Já assinalamos em que sentido podemos reinterpretar esta fronteira ideológica que é o urbano. Lembremos rapidamente o conteúdo preciso dos dois outros eixos que delimitam este espaço teórico:

- *O político* designa a instância pela qual uma sociedade trata as contradições e defasagens das diferentes instâncias que a compõe, e reproduz as leis estruturais ampliando-as e assegurando assim a realização dos interesses da classe social dominante.
- *A política* designa o sistema de relações de poder. O espaço teórico do conceito de poder é o das relações de classes. Entendemos por poder a capacidade de uma classe social em realizar seus interesses objetivos específicos à custa dos outros. Por interesses objetivos, entendemos o predomínio dos elementos estruturais (que definem, por sua combinação, uma classe) sobre os outros elementos que estão em contradição.

Se o campo de experiência assim definido possui uma unidade própria, a saber a articulação do *poder* e do *urbano*, sua apreensão pode ser feita essencialmente a partir de duas perspectivas complementares, conforme enfatizemos as estruturas ou as práticas ou, mais claramente, conforme a análise verse sobre uma modificação das relações entre as instâncias dentro da lógica da formação social, ou sobre os procedimentos de sua transformação, a saber, as relações sociais enquanto expressão direta ou refratária da luta de classes.

Se esta diferença de perspectiva é essencial ao procedimento concreto de uma investigação, ela deve, no final, prestar contas do conjunto do processo, qualquer que seja o ponto de partida, pois as estruturas são apenas práticas articuladas e as práticas, relações entre certas combinações de elementos estruturais.

O estudo da política urbana se decompõe em dois campos analíticos *indissoluvelmente ligados à realidade social: a planificação urbana* sob suas diferentes formas, *e os movimentos sociais urbanos*.

Existe portanto, por um lado, o estudo da intervenção dos aparelhos de Estado, em todas suas variantes, sobre a organização do espaço e sobre as condições sociais de reprodução da força de trabalho. Por outro lado, o estudo da articulação da luta de classes, compreendendo aí também a luta política, no campo de relações sociais assim definido. A intervenção dos aparelhos de Estado sendo também uma expressão da luta de classes, a unidade teórica de nosso campo de estudos é evidente neste aspecto. Em compensação, é muito menos evidente a conexão entre as questões relativas à organização do espaço e as que concernem aos processos de consumo. Esta ligação existe, no entanto, no momento atual:

1. Na prática social (especialização dos problemas de "equipamento").
2. Na ideologia do ambiente e seus derivados (prolongando a tradição da "sociedade urbana").

Temos portanto, ao mesmo tempo, razões para *suspeitar* e razões para *estudar* esta articulação. O horizonte de nossa pesquisa, por conseguinte, é duplo:

1. Conhecimento de certas práticas sociais concretas.
2. Redefinição teórica do campo ideológico, que é nosso objeto inicial.

Podemos agora, em nível geral, dar uma primeira definição dos dois tipos de práticas visados por nossa análise:

1. *Processo de planificação*: intervenção do político nas diferentes instâncias de uma formação social (inclusive no político) e/ou sobre suas relações, com a finalidade de assegurar a reprodução ampliada do sistema; de regular suas contradições não antagônicas e de reprimir as contradições antagônicas assegurando assim os interesses da classe social dominante e a reprodução estrutural do modo de produção dominante.
2. *Movimento social*: organização do sistema dos agentes sociais (conjuntura das relações de classe) tendendo a produzir um efeito qualitativamente novo sobre a estrutura social (efeito pertinente). Por efeito qualitativamente novo, podemos entender essencialmente duas situações:
    - Ao nível das estruturas: uma mudança na lei estrutural da instância dominante (no MPC, no econômico no que concerne à relação de propriedade).
    - Ao nível das *práticas*: uma modificação das relações de força, indo ao encontro da dominação social institucionalizada. O indício mais característico é uma modificação substancial do sistema de autoridade (no aparelho político-jurídico) ou na organização da contradominação (reforço das organizações de classe).

II. O SISTEMA DE DETERMINAÇÃO DAS PRÁTICAS POLÍTICAS URBANAS

Todo "problema urbano" se define estruturalmente por seu lugar na conjuntura de um dado sistema urbano, por sua significação social e seu tratamento na prática de que faz parte.

No entanto, ele não se define unicamente por seu lugar no sistema urbano; também se define pela determinação simultânea de:

- Seu lugar no sistema urbano.
- Seu lugar na estrutura social geral, e evidentemente:
    - No processo de produção;

- No ideológico, em particular nos aparelhos ideológicos do Estado;
- No político-jurídico além de em nível local.

- Seu lugar na *organização social* (organização social: formas sociais historicamente dadas, resultando da articulação específica das estruturas e práticas sobre um domínio do real: é o que poderíamos chamar de *efeitos de conjuntura*) e evidentemente seu tratamento.
- Pelo sistema de distribuição do produto entre os agentes-suportes.
- Pelo sistema organizacional (sistema de meios).
- Pelas formas materiais específicas no domínio tratado (formas ecológicas no caso dos problemas urbanos).

Os elos entre estes diferentes sistemas e entre os diferentes problemas assim tratados não podem se estabelecer por uma ligação estrutural, e sim por intermédio dos "atores-suportes", estes homens-que-fazem-sua-história-em-condições-sociais-determinadas. Estes "atores", na medida em que não existem em si, mas sim pelos elementos que veiculam, devem também ser definidos em relação específica ao sistema urbano, em conexão com o lugar que ocupam nas outras instâncias da estrutura social. Portanto, é oportuno definir um *sistema de agentes urbanos*, pela apropriação diferencial das posições em cada elemento do sistema urbano, e articulá-lo com:

1. As posições definidas nas outras instâncias.
2. As práticas sociais que versam sobre domínios específicos distintos dos "problemas urbanos" e que deveriam ser tratadas conforme a mesma decodificação (conjunto de relações de classes).

Podemos então definir:

- *A planificação urbana*: intervenção do político sobre a articulação específica das diferentes instâncias de uma formação social no âmago de uma unidade coletiva de reprodução da força de trabalho, com a finalidade de assegurar" sua reprodução ampliada, de regular as contradições não antagônicas, assegurando assim os interesses da classe social no conjunto da formação social e a reorganização do sistema urbano, de forma a garantir a reprodução estrutural do modo de produção dominante.

- *O movimento social urbano*: sistema de práticas resultando da articulação de uma conjuntura do sistema de agentes urbanos e das outras práticas sociais, de forma que seu desenvolvimento tende objetivamente para a transformação estrutural do sistema urbano ou para uma modificação substancial da relação de forças na luta de classes, quer dizer, em última instância, no poder do Estado.

Cabe observar que "movimentos sociais" e "planificação urbana" são tratados nos mesmos termos, e que não há possibilidade de estudar estruturalmente uma política sem passar pelo campo das práticas. A distinção entre os dois temas se liga, simplesmente, a uma diferença de procedimento; no entanto ela não está isenta de efeitos práticos, na medida em que possamos nos interessar por detalhes do mecanismo de emergência de um movimento social urbano, sem aprofundar o conjunto de suas implicações estruturais.

Mesmo que estejamos ainda em um nível de generalização muito grande, podemos tentar resumir o conjunto destas articulações nos termos do esquema II.

A partir daí, é necessário estabelecer com precisão o conjunto das determinações do sistema de práticas "urbanas", articulando sistema urbano, estrutura social geral e conjuntura especifica em relação à qual se efetua a análise de uma situação concreta.

III. Articulação do sistema urbano com a estrutura social geral

O sistema urbano não é exterior à estrutura social; ele a especifica e faz parte dela. Mas em toda prática concreta, é preciso levar em conta sua articulação com outros níveis além dos especificados no sistema urbano. Esta articulação se faz pela inserção necessária dos agentes urbanos no sistema de posições econômicas, políticas e ideológicas da estrutura social, bem como nas diferentes relações entre as posições, que definem os sistemas na sua estrutura interna.

Concretamente, os agentes urbanos terão um valor (que também pode ser o valor-negativo O) nas três instâncias:

Esquema II (+)

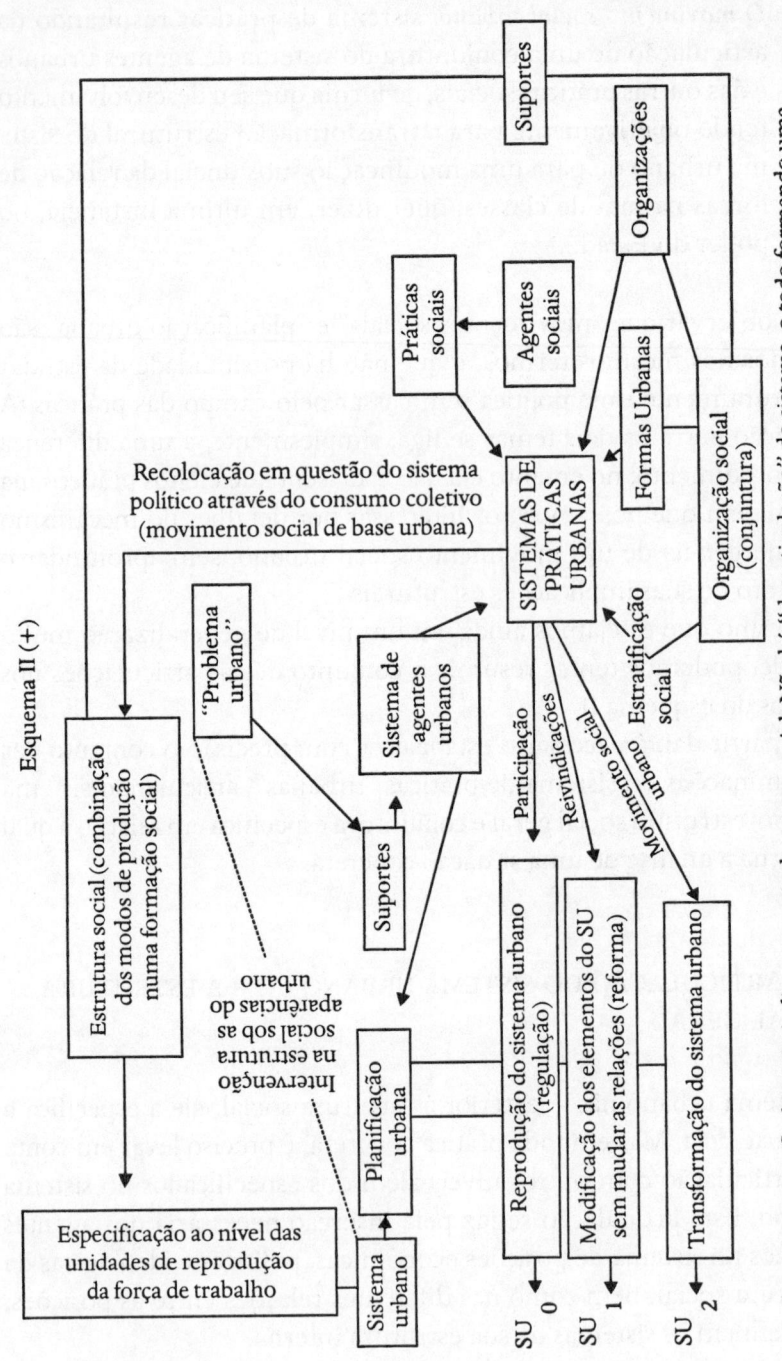

Diagrama:

- Estrutura social (combinação dos modos de produção numa formação social)
- Especificação ao nível das unidades de reprodução da força de trabalho
- Sistema urbano
- Planificação urbana
- Intervenção na estrutura social sob as aparências do urbano
- "Problema urbano"
- Sistema de agentes urbanos
- Suportes
- Práticas sociais
- Agentes sociais
- Organizações
- Suportes
- Formas Urbanas
- Organização social (conjuntura)
- Estratificação social
- SISTEMAS DE PRÁTICAS URBANAS
- Recolocação em questão do sistema político através do consumo coletivo (movimento social de base urbana)
- Participação → Reprodução do sistema urbano (regulação) — SU 0
- Reivindicações → Modificação dos elementos do SU sem mudar as relações (reforma) — SU 1
- Movimento urbano → Transformação do sistema urbano — SU 2

(+) Importante: as flechas não indicam uma ordem sequencial. Não há "desarticulação" do sistema, o todo formando uma unidade complexa sempre "em desequilíbrio" porque sempre em luta (de classe).

380 | Manuel Castells

Posições	Relações definidas entre as *posições*
Econômica	
Meios de produção Não trabalho	— *Relação de propriedade*
Força de trabalho	— Relação de apropriação real
Político-jurídica	
Dominante	— Regulação-integração (estruturas; práticas)
Dominada	— Manutenção da ordem-dominação (estruturas; práticas)
Ideológica	
Emissão	— Comunicação-reconhecimento-desconhecimento (práticas)
Recepção	
Transmissão	— Legitimação (estruturas)

IV. ARTICULAÇÃO DO SISTEMA URBANO COM A ORGANIZAÇÃO SOCIAL (EFEITOS DE CONJUNTURA)

Em toda sociedade historicamente considerada, os processos estruturalmente determinados se inserem nas formas sociais cristalizadas, que constituem a especificidade de cada momento. As práticas "urbanas" surgem a partir da inserção do sistema urbano articulado na estrutura social geral, nas formas sociais, a partir desta tríplice determinação dos atores de apoio e do campo das práticas assim constituído.

A organização social evoca muitos domínios e se refere a muitas formas, o que nos obriga de certa forma a selecionar certas características especialmente significativas para o problema abordado.

Consideramos como fundamentais com relação a nosso objeto as três dimensões das *formas ecológicas* (ou relativas à organização do espaço), a *estratificação social* (distribuição do produto entre os agentes) e o *sistema organizacional*, administração formal dos sistemas de meios específicos.

- *Posições no sistema de estratificação* (nível de rendimento; instrução, influência etc.)

- Enfim, o problema da *organização*, verdadeiramente central na nossa pesquisa, se ele se apresenta teoricamente como forma social, exige, para sua exposição, que tenhamos esclarecido a articulação das práticas no sistema de agentes, pois é *em relação à fusão, à separação ou à transformação destes grupos de práticas, que a organização desempenha um papel* essencial. Tentaremos precisar este papel depois de ter esboçado o quadro geral das determinações estruturais dos agentes e de suas práticas.

V. A DETERMINAÇÃO ESTRUTURAL DAS PRÁTICAS URBANAS

Entendemos por prática urbana qualquer prática social relativa à organização interna de unidades coletivas de reprodução da força de trabalho, ou que, visando aos problemas gerais do consumo coletivo, toma como campo de ação as unidades urbanas (já que elas são as unidades destes processos de consumo).

As práticas urbanas formam um sistema. Mas elas não têm uma significação por si só. Sua única significação é a dos elementos estruturais que elas combinam. Estas combinações se realizam por meio dos agentes, a partir da determinação e da filiação multidimensional destes agentes de apoio. *O campo das práticas urbanas é um sistema de combinações entre determinadas combinações de elementos estruturais.* Ele realiza e manifesta, ao mesmo tempo, as leis estruturais do sistema, tanto de sua reprodução quanto de sua transformação, de sua organização quanto de suas contradições.

O esquema III resume o conjunto das determinações possíveis. Apesar de sua complexidade, ele é só um quadro possível e podemos ler um processo social segundo diferentes níveis de profundidade. Pode ser, com efeito, que exista aí um correlacionamento das práticas, das consequências e das situações estruturais com uma classificação simples que combina alguns elementos fundamentais ou, ao contrário, a análise de um processo particular entre os subelementos. A cada objeto de pesquisa corresponde um alargamento, uma retração ou uma organização particular do campo das práticas e, por conseguinte, uma redefinição do sistema de agentes de apoio. Numa palavra, tudo depende do "problema" tratado. Falamos de posições e não de indivíduos.

Lugares nas formas ecológicas

	FUNÇÕES			
	Plurifuncionalidade	*Produção*	*Consumo*	*Monofuncionalidade* *Troca*
	1	5	9	13
	2	6	10	14
	3	7	11	15
	4	8	12	16

$\left.\begin{array}{l} \text{I} \\ \text{II} \\ \text{III} \\ \text{IV} \end{array}\right\}$ *Tipos urbanos*

	CONCENTRAÇÃO/DISPERSÃO	
CENTRALIDADE	I *Centro*	II *Permutadores*
PERIFERIA	III *cidades novas*	IV *subúrbio*

A QUESTÃO URBANA | 383

Qual é a contribuição real deste esquema?

Se nos colocamos do ponto de vista das *estruturas* (estudo da "planificação urbana") o esquema permite estudar os *inputs-outputs* de cada problema tratado; ou, mais claramente, dada uma situação de defasagem ou de contradição num dos processos, quais são as consequências para o sistema, tanto no que diz respeito à regulação de suas instâncias quanto ao exercício da dominação de classe?

Se nos colocamos do ponto de vista das práticas, o esquema permite ao mesmo tempo desvendar os processos de formação de algumas delas (por exame das combinações estruturais que estão na base) e defini-las por seus efeitos e não por sua subjetividade. De súbito, a própria subjetividade é esclarecida na medida em que desempenha um certo papel na estrutura social. *O sentido só tem sentido fora de si mesmo.* Mas este "fora" só pode ser a produção de um efeito socialmente identificável, e portanto inserido num quadro predefinido.

Com relação a uma prática urbana, podemos então:

- Definir a combinação estrutural (manifestada pelas características dos agentes) que a suscitou.
- Denominar (ou tipologizar) a prática, pela análise de seu *horizonte* (consequências estruturais previsíveis na lógica de seu desenvolvimento).

Por exemplo:
  - Reprodução do sistema urbano (regulação).
  - Modificação de um elemento do sistema (reforma).
  - Reprodução, por meio do sistema urbano, de uma outra instância estrutural (manutenção da ordem).
  - Transformação da lei estrutural do sistema urbano (movimento social urbano).
  - Recolocação em questão da instância política (movimento social com base urbana).
  - Nenhum efeito, com exceção da própria prática (movimento demagógico).

- Estabelecer a história natural de cada uma destas práticas; donde a necessidade de caracterizar o conjunto das práticas que se articulam e se opõem e perceber em que medida sua carga estrutural inicial e seu horizonte diferencial fazem-nas desaparecer, se subordinar ou se impor. O estudo de um movimento social urbano (definido por sua determinação e seu horizonte) torna-se então o estudo deste conjunto de práticas contraditórias, que efetua as leis gerais, mas é sempre único, dado que conjuntural.

No entanto, se este quadro permite uma codificação (o que facilita o acúmulo e o correlacionamento dos resultados da pesquisa, além de sua diversidade empírica), ele não garante por si só uma maior capacidade explicativa e, sobretudo, ele ainda não teve suas hipóteses formuladas.

A única resposta possível a esta dúvida é a da pesquisa concreta. Podemos no entanto ter uma certa confiança na força analítica dos conceitos marxistas que, até o presente, aumentaram a legibilidade da trama social, com a condição de terem sido suficientemente especificados com relação ao objeto em questão. Ora, em relação aos problemas urbanos esta tradução ainda está por ser feita.

Avançar hipóteses sobre todas as combinações possíveis no quadro parece ao mesmo tempo excessivamente complicado e totalmente supérfluo. Com efeito, não se trata de esgotar todas as situações possíveis, mas de dividir uma realidade com a ajuda destes conceitos e obter, ao mesmo tempo, a testagem das leis gerais já conhecidas e a descoberta das novas relações, que mostram o desdobramento diferenciado da mesma lógica.

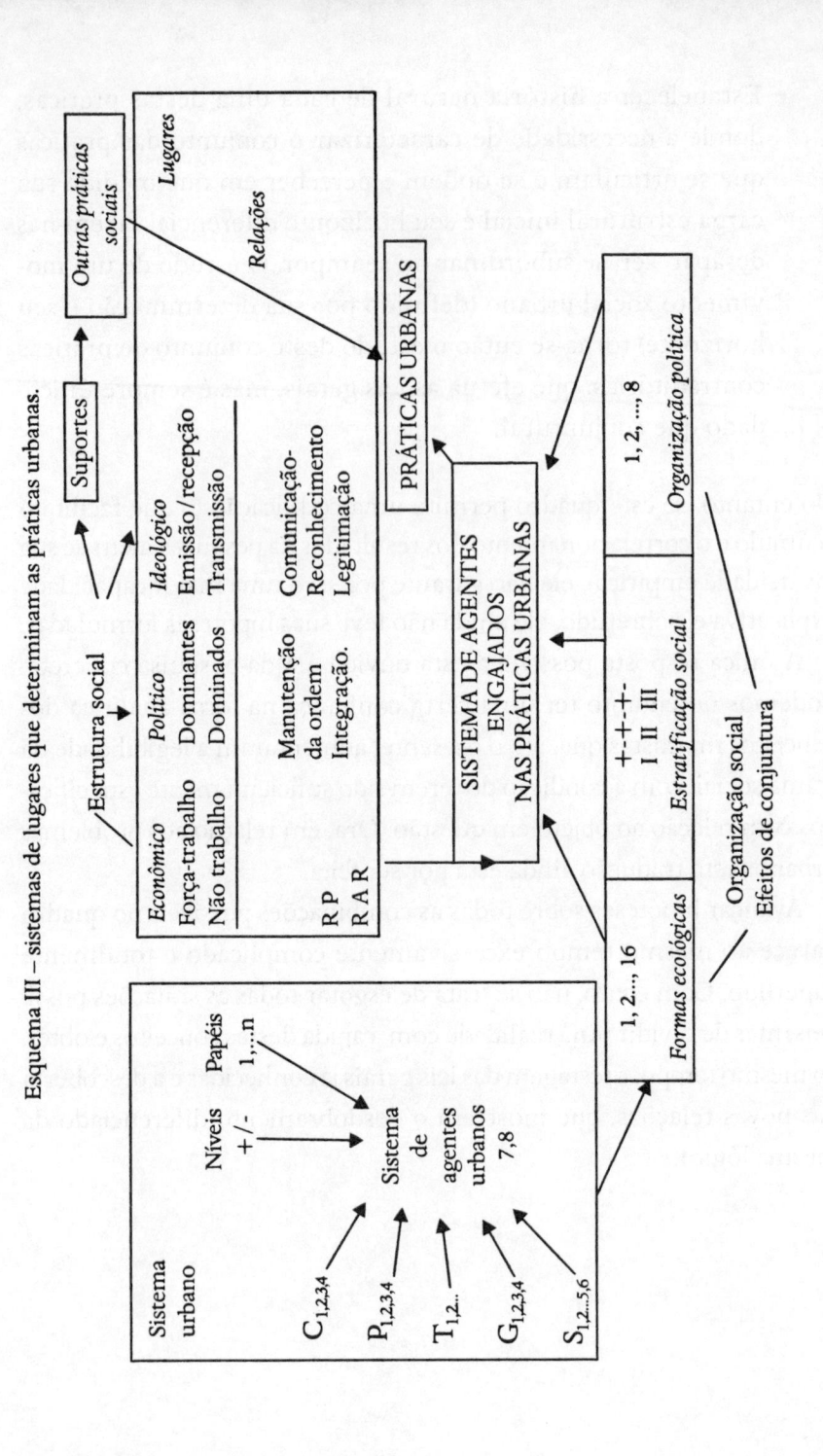

Esquema III – sistemas de lugares que determinam as práticas urbanas.

Por esta razão, diremos que não há hipóteses relativas ao quadro, e sim limites e regras operatórias. Daremos apenas algumas indicações para nos fazermos compreender melhor, mas eles não têm um alcance demonstrativo, que só pode provir de pesquisas ulteriores. Distinguiremos, mais uma vez, duas linhas de raciocínio, uma centrada no político (estudo da planificação), outra sobre a política (estudo dos movimentos sociais).

VI. Hipóteses para o estudo da planificação urbana

Lembremos que nosso estudo se centra sobre uma sociedade onde o modo de produção capitalista é dominante. Não dissemos tudo fazendo esta afirmação (pois, evidentemente, é preciso, no mínimo, identificar o período e a conjuntura), mas já colocamos os limites.

Com efeito, o sistema urbano é um sistema com dominante, a dominante sendo o elemento P. Por outro lado, a relação de propriedade não pode ser afetada fundamentalmente (ao nível do sistema produtivo, mesmo que ela o seja ao nível jurídico).

Por exemplo, se nos reportamos às determinações do sistema sobre a planificação urbana no modo de produção capitalista (MPC), sabemos que existe uma defasagem entre o controle privado da força de trabalho e dos meios de produção e o caráter coletivo da (re)produção destes dois elementos. Para nos referirmos concretamente à nossa questão ao nível da reprodução dos meios de produção, há uma contradição entre o lucro mais elevado obtido por um empreendimento que se implanta no meio industrial já constituído de um grande aglomerado, e a disfunção suscitada pela generalização é sempre ulterior à expressão social da defasagem; ela se efetua como complemento da intervenção direta de P sobre C; ela exprime, na sua forma, o efeito do ideológico sobre o econômico; sobretudo, ela depende diretamente do estado da política, quer dizer da pressão social exercida pela força de trabalho. Quando a defasagem em questão se fundamenta sobre um estado de P, a intervenção de G sobre P tende a se fazer através das intervenções sobre os outros elementos do sistema, em particular sobre E.

Em geral duas contradições são fundamentais: entre força de trabalho e não trabalho e entre relação de propriedade e relação de apropriação real (forças produtivas). A problemática urbana oscila em torno de dois polos essenciais: o elemento C (consumo) em nível de relação de propriedade; o elemento P, em nível da RAR. Assim, qualquer defasagem do sistema que favoreça o consumo ao nível RP, arrisca-se a excedê-lo. Inversamente, qualquer defasagem provindo de uma prioridade de P, em nível de RAR, arrisca-se a desequilibrá-lo por um hiperdomínio do elemento P afetando a força de trabalho.

As contradições serão tanto mais profundas:

- Quanto visem ao sistema econômico;
- Quanto visem à relação de propriedade (relações de produção).;
- Quanto questionem a dominação do elemento P (organização das forças produtivas).

Qualquer contradição fundamental não regulada pelo sistema resulta numa contradição sobredeterminada no interior do sistema político.

Enfim, surgem contradições entre as posições dos diferentes sistemas conforme um conteúdo definido pela (ou pelas) relação(ões) que caracterizam a função do sistema na estrutura social (por exemplo, para o sistema político, a função-relação-de-regulação-dominação define as posições de "dirigentes-gerentes" do conjunto do sistema e de "dirigidos" centrados sobre seus interesses particulares); estas posições, ocupadas pelos diferentes agentes de apoio, definem oposições (situações contraditórias), tanto mais profundas quanto sejam determinadas pelas oposições mais gerais (ideológico-políticas) ou mesmo relativas à instância dominante (econômica).

VII. Hipóteses para o estudo dos movimentos sociais urbanos

Um movimento social nasce do encontro de uma dada combinação estrutural, que acumula várias contradições, com um certo tipo de organização. Todo movimento social provoca, por parte do sistema, um contramovimento que nada mais é do que a expressão de uma intervenção do aparelho político (integração-repressão) visando à manutenção da ordem.

a. *O acúmulo de contradições* faz-se pela inserção dos agentes em lugares contraditórios no interior de um mesmo elemento do sistema urbano, estrutura social ou organização social ou de elementos diferentes no interior de uma relação (por exemplo: papel de locatário, ou proprietário no interior do elemento consumo (moradia); ou força de trabalho/não trabalho no interior da relação de propriedade, ou força de trabalho/meios de produção (C/P) no interior da relação de apropriação real).
Podemos dar as seguintes regras:
- Quanto mais contradições acumuladas, maior a carga social, potencialmente mobilizadora.
- Quanto mais as contradições estão no econômico ou derivam-se de contradições nesta instância, maior a sua importância. Ao contrário, quanto mais sejam puramente políticas ou ideológicas, tanto mais integráveis numa regulação do sistema.
- Quanto mais as contradições estejam sendo tratadas de modo fracionado, menores as possibilidades de confronto e de mobilização.
- O confronto direto entre práticas fundadas sobre estas combinações estruturais cujas oposição provém de uma contradição fundamental, não pode resolver-se a não ser por uma regulação do sistema ou uma articulação com uma outra contradição. Assim, qualquer contradição não resolvida mas estabelecida entre elementos complementares e opostos resulta numa outra contradição. O encadeamento das contradições (*manifestada por modificações no sistema*) desemboca no local de condensação das contradições do sistema: *o sistema político*.
- Quando existe uma não correspondência entre os elementos que definem os "atores" em presença, as contradições não podem se exprimir a não ser através da articulação destes elementos isolados, em outros campos de práticas sociais.

- A articulação de outras práticas com práticas urbanas produz um aumento da contradição, quando elas são definidas por contradições fundamentais e vice-versa.
- A intervenção da ideologia tem uma importância particular ao nível das *formas* de expressão do movimento: a intervenção do político, ao nível de seu *conteúdo* historicamente determinado; a intervenção econômica, ao nível de sua *dinâmica* (horizonte estrutural).

b. O papel da *organização* (como sistema de meios específicos a um objetivo) é fundamental, pois, se os agentes de apoio permitem a constituição de combinações entre os elementos estruturais, é a organização que é o local de fusão ou de articulação com as outras práticas sociais. Quando não existe organização, as contradições urbanas se exprimem seja de maneira refrativa, através de outras práticas, seja de maneira "selvagem", mera contradição vazia de horizonte estrutural.

A gênese da organização não provém da análise dos movimentos sociais, pois só os seus efeitos são importantes. Ela é a cristalização de práticas sociais e suas características vão determinar as consequências que terá sobre certas combinações estruturais expressas no sistema de atores.

Uma organização se define, estruturalmente, como uma intervenção, a partir de uma certa combinação estrutural (*horizonte de filiação* definido como combinação das características dos agentes de intervenção) sobre uma outra combinação estrutural diferente e que a integra (*horizonte de referência* soma das combinações dos agentes que a compõem, se os objetivos da organização são realizados).

O papel da organização na formação de um movimento social é o de *unir* as diferentes contradições presentes nas combinações estruturais com as quais se relaciona. O papel da organização para destruir o movimento social é o de desunir as *contradições*.

Por outro lado, a organização pode nascer do sistema de agentes urbanos ou ser importada de outras práticas.

Hipótese fundamental: se a organização nasce de um simples correlacionamento dos elementos contidos numa parte do sistema de agentes urbanos, ela não modifica qualitativamente a orientação e assegura unicamente a ação fracionada determinada pelas diferentes posições. É o nível O da organização (coordenação da espontaneidade) que não pode suscitar um movimento social. Portanto, para que exista movimento social, é preciso necessariamente a concatenação de um encadeamento de contradições em profundidade, o que só pode ser feito por uma organização importada de outras *práticas*. A organização unicamente "urbana" pode ser, no máximo, instrumento de *reforma* (cf. nossa tipologia das práticas urbanas).

Em todos os demais casos, a organização, embora intervenha no sistema de agentes urbanos, tem uma origem exterior e só pode ser (por ordem de seus objetivos, definidos fora do sistema urbano):

1. Instrumento de formação
   Integração (luta de classes em favor da classe dominante)

   Instrumento de contestação
   (luta de classes em favor das classes dominadas):

   2. Contestação econômica
   3. Contestação política
   4. Contestação ideológica
   5. 2 + 3
   6. 2 + 4
   7. 3 + 4
   8. 2 + 3 + 4

A organização não é o *Deus ex machina* do movimento social. Sua explicação escapa a uma análise específica do urbano (na medida em que ela é cristalização de outras práticas). Mas a nova organização, própria ao movimento social urbano, é perfeitamente analisável a partir da fusão das características da organização "importada" e das combinações estruturais presentes no sistema de agentes. Haverá movimento social na medida em que a prática e o discurso da organização unam as contradições sustentadas pelos agentes sem desuni-las de forma fracionada (ideologia reformista) e sem fundi-las numa única oposição globalizante (utopia revolucionária).

Há movimento social urbano quando há correspondência entre as contradições estruturais do sistema urbano e uma linha exata de uma organização formada a partir da cristalização de outras práticas. Por linha exata, podemos entender a prática política, cujo horizonte estrutural corresponde aos objetivos da organização, eles próprios dependentes dos interesses de classe representados pela organização numa dada conjuntura.

VIII. A PESQUISA COLOCADA EM PRÁTICA

Se é perfeitamente arbitrário abordar os problemas metodológicos sem ter delimitado previamente um objeto concreto, podemos ao menos assinalar o estilo de trabalho, a fim de reatar as preocupações teóricas que tratamos até agora, aos resultados de pesquisas aos quais é preciso chegar.

Em primeiro lugar, já podemos precisar por onde devemos começar o estudo dos movimentos sociais urbanos. Ou mais exatamente não se trata de começar por onde o fazemos habitualmente, que é pelas *organizações*. Trata-se de indicar as contradições ("problemas") ou assinalar as mobilizações específicas a estes problemas. A partir disso, é preciso:

- Indicar os fatores (ou fator) e codificá-los em termos estruturais.
- Indicar os grupos sociais intervenientes com relação a cada processo e codificá-los *nos mesmos termos*, em diferentes níveis de profundidade, segundo o esquema III.
- Caracterizar as organizações e determinar sua articulação com o sistema de agentes de apoio.

Em seguida, procederemos à análise concreta da situação, que será ao mesmo tempo a demonstração de uma lei, na medida em que a concretiza tornando-se inteligível através do correlacionamento dos elementos reais submetidos à nossa codificação teórica.

Teremos de vencer as dificuldades, clássicas na pesquisa quantitativa, de aplicação do método experimental a uma situação não experimental. Partiremos então da hipótese de um campo fechado, considerando como constantes todos os elementos não compreendidos em cada análise específica (é o equivalente dos procedimentos correntes de controle na pesquisa quantitativa).

A técnica de verificação experimental que parece a mais adequada é a de um modelo de simulação que funcionaria como se segue:

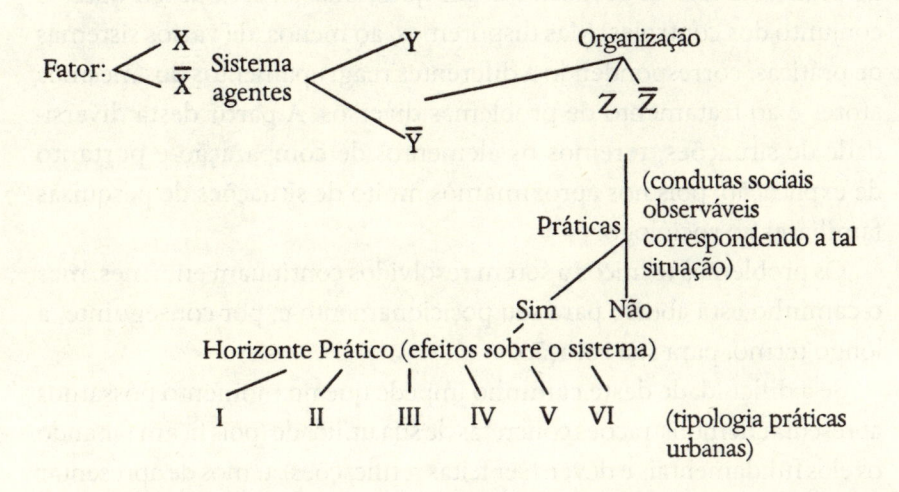

Fator: $\begin{cases} X \\ \overline{X} \end{cases}$ Sistema agentes $\begin{cases} Y \\ \overline{Y} \end{cases}$ Organização $\begin{cases} Z \\ \overline{Z} \end{cases}$

Práticas (condutas sociais observáveis correspondendo a tal situação)

Sim / Não

Horizonte Prático (efeitos sobre o sistema)

I   II   III   IV   V   VI   (tipologia práticas urbanas)

É claro que este esquema pode ser tão complexo ou tão simples quanto o desejemos:

- Desenvolvendo cada elemento.
- Mudando a ordem de verificação (ordenamos o modelo com referência a um tipo de prática, por exemplo).
- Combinando os fatores entre si.

Mas de qualquer forma, existem duas regras operatórias:

1. A verificação se faz conforme um esquema presença/ausência e conforme a determinação de cada encadeamento por uma única combinação de elementos.
2. O procedimento de controle consiste em ver a organização diferencial das práticas conforme a divisão específica do sistema de agentes. Por exemplo, no interior dos agentes definidos por sua filiação a um baixo nível do papel locatário de Cl — moradia — fazemos os cortes acrescentando um outro critério, refração da estrutura social ao nível do sistema econômico (empregados, operários) e comparando

seu comportamento por referência à prática estudada (por exemplo, greve dos aluguéis).

Normalmente, já que a situação não é experimental, mas trata-se de práticas e não de respostas a um questionário, será difícil obter o conjunto dos controles. Mas disporemos, ao menos, de vários sistemas de práticas, correspondendo a diferentes reagrupamentos dos mesmos atores e ao tratamento de problemas diversos. A partir desta diversidade de situações, teremos os elementos de comparação e portanto de explicação, pois nos aproximamos muito de situações de pesquisas familiares ao sociólogo.

Os problemas técnicos a serem resolvidos continuam enormes, mas o caminho está aberto para seu posicionamento e, por conseguinte, a longo termo, para sua solução.

Se a dificuldade deste caminho impede que no momento possamos apresentar demonstrações concretas de sua utilidade (pois ficam faltando os elos fundamentais e devem ser feitas retificações), temos de apresentar algumas análises concretas que, em sua diversidade, mostram tanto a dificuldade da tarefa quanto os pontos de compreensão que começam a brilhar aqui e ali. É mais como experiência, permitindo uma retificação, do que como *prova* de nosso esquema que as apresentamos, a fim de permitir à corrente coletiva que surge neste domínio utilizar nossos trabalhos para ultrapassá-los, sem no entanto abandonar a perspectiva fecunda com a qual nos comprometemos.

3
PESQUISAS SOBRE A PLANIFICAÇÃO URBANA

A partir das delimitações teóricas precedentes, podemos compreender que a planificação urbana não tem significação social unívoca (pois o único sentido que poderíamos extrair de modo uniforme faria referência obrigatoriamente a uma *racionalidade não histórica*) mas que ela deve ser interpretada a partir do efeito social produzido pela intervenção da instância política sobre o sistema urbano e/ou sobre a estrutura social.

Alguns estudos de casos nos ajudarão a precisar o alcance de nossa análise. A este respeito, devem ser feitas duas observações importantes:

1. Não é necessário identificar planificação urbana e planos de urbanismo, se bem que estes constituam a maior massa de intervenções na matéria. Com efeito, frequentemente, os planos de urbanismo, enquanto documentos que só exprimem uma doutrina ou um *parti pris* urbanístico, sem fornecer os meios de realização, são sobretudo *textos ideológicos*, o que não tira nada de sua eficácia social, mas caracteriza a intervenção do político como dirigida não sobre o sistema urbano, mas sobre a instância ideológica geral. Nossa escolha, em termos de terreno de pesquisa, versa mais sobre as operações efetivamente realizadas ou em cursos de execução, na medida em que seu efeito é, apesar de tudo, mais direto que nos casos dos "esquemas diretores" ou dos "relatórios".

2. Por outro lado, assinalemos, uma vez mais, que numa análise concreta, a distinção entre planificação urbana e movimentos sociais

não tem muito sentido, pois a planificação é *também* uma certa forma de prática política de classe e os movimentos sociais ou reivindicativos afetam diretamente o conteúdo e o processo de toda operação de urbanismo (ainda que no vazio, quando eles não existem). Aliás nossos estudos concretos sobre os dois temas mostraram constantemente esta ligação. Assim a distinção operada não tem sentido porque nosso objetivo, nestas páginas, é menos o de dar conta de modo aprofundado de uma realidade histórica determinada, *do que colocar à prova, muito parcialmente, certos instrumentos teóricos que podem efetivamente ter traços específicos* tanto *no* político quanto *na* política.

Enfim, é claro que os estudos de casos apresentados não concretizam o conjunto do esquema elaborado, tanto mais que este esquema foi desenvolvido, remanejado, precisado, paralelamente à pesquisa concreta *e que portanto antecipe-se a ela na medida* em que, no momento, buscamos sobretudo conseguir instrumentos de trabalho mais do que nos encerrar na alternativa da descrição cega ou do hermetismo precoce de um modelo teórico. No entanto eles podem mostrar as dificuldades *concretas* e as contribuições provisórias da perspectiva delineada.

I. AS NOVAS CIDADES BRITÂNICAS

Um grande prestígio continua a cercar a experiência urbanística britânica, frequentemente apresentada como exemplo da continuidade de um projeto urbano, desde as *Garden Cities* de Howard, até a construção, em vinte anos, de dezoito novas cidades, abrigando, em 1966, 650.000 pessoas e se propondo como plano de vida comunitário (14 cidades foram fundadas entre 1946 e 1950).

Ora, em vez de nos ocuparmos com o debate sobre o "modelo de cidade" assim elaborado, preferimos estudá-lo como processo social e extrair o sentido desta operação urbanística a partir da análise das contradições subjacentes à intervenção, e do conjunto das relações sociais, políticas e institucionais, que se mesclaram a partir desta situação, Como a experiência inglesa é amplamente conhecida, não nos demoraremos na exposição dos dados históricos e urbanos, que só serão relatados para fundamentar a análise que for feita.[1]

As novas cidades foram, em primeiro lugar, uma resposta à crise urbana (social e funcional) da região de Londres, cuja origem encontra-se na superconcentração industrial produzida pela evolução técnica e econômica do capitalismo inglês, seguindo o movimento bem conhecido de formação das regiões metropolitanas. Esta concentração no entanto, revestiu-se de um caráter especial na Inglaterra, devido às transformações produzidas no interior da antiga base industrial, centrada em matérias-primas e nos conglomerados têxteis tradicionais. Nos termos de nossa análise das tendências da implantação industrial, poderíamos dizer que assistimos à passagem de um domínio β para um predomínio γ e α combinados, ambos centrados no urbano, ao mesmo tempo como mercado e como meio técnico.

Esta tendência, própria à indústria, é duplicada, por um lado, pela "terciarização" crescente do sistema produtivo, e a constituição de grandes organizações; por outro, pelas disparidades regionais produto do desenvolvimento desigual do capitalismo. O interesse particular de cada empresa, buscando maximizar seu lucro, entra assim em contradição com o equilíbrio do conjunto, no sentido de que uma tal concentração espacial da atividade, entregue a si mesma, produz toda uma série de contradições no interior do sistema urbano da região de Londres, acentuando o desequilíbrio entre as regiões. Para não tornar a exposição mais cansativa, resumimos no esquema IV os efeitos produzidos por esta evolução do sistema produtivo, sobre os diferentes elementos do sistema urbano, e as principais consequências que é possível extrair. (Para cada um dos processos indicados, pressupomos o conhecimento das análises do Capítulo 3, sobre a determinação social dos efeitos urbanos aqui tratados; contentamo-nos então em lembrá-los por abreviações ou formulações gerais.)

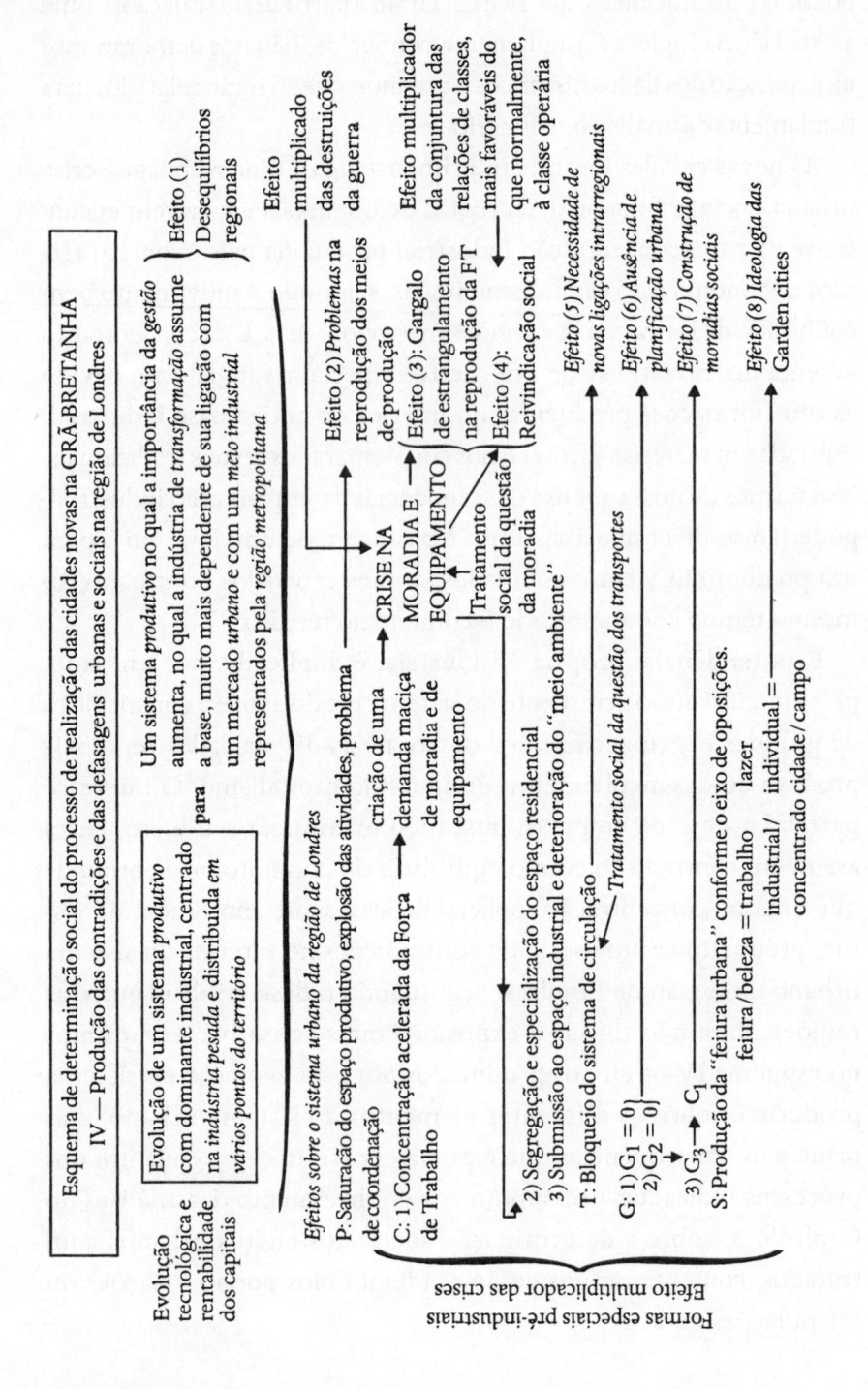

Esquema de determinação social do processo de realização das cidades novas na GRÃ-BRETANHA
IV — Produção das contradições e das defasagens urbanas e sociais na região de Londres

Evolução tecnológica e rentabilidade dos capitais

Evolução de um sistema produtivo com dominante industrial, centrado na *indústria pesada e distribuída em vários pontos do território*

para

Um sistema *produtivo* aumenta, no qual a importância da *gestão* assume a base, muito mais dependente de sua ligação com um mercado *urbano* e com um *meio industrial* representados pela região metropolitana

} Efeito (1) Desequilíbrios regionais

Efeito multiplicador das destruições da guerra

Efeito multiplicador da conjuntura das relações de classes, mais favoráveis do que normalmente, à classe operária

Efeitos sobre o sistema urbano da região de Londres
P: Saturação do espaço produtivo, explosão das atividades, problema de coordenação
C: 1) Concentração acelerada da Força de Trabalho → criação de uma demanda maciça de moradia e de equipamento → CRISE NA MORADIA E EQUIPAMENTO

Efeito (2) *Problemas na reprodução dos meios de produção*
Efeito (3): Gargalo de estrangulamento na reprodução da FT
Efeito (4): Reivindicação social

Tratamento social da questão da moradia

2) Segregação e especialização do espaço residencial
3) Submissão ao espaço industrial e deterioração do "meio ambiente"
T: Bloqueio do sistema de circulação → *Tratamento social da questão dos transportes* → Efeito (5) *Necessidade de novas ligações intrarregionais*

G: 1) $G_1 = 0$
   2) $G_2 = 0$
   3) $G_3 \rightarrow C_1$

→ Efeito (6) *Ausência de planificação urbana*

S: Produção da "feiura urbana" conforme o eixo de oposições.
feiura/beleza = trabalho / lazer
industrial / individual =
concentrado cidade/campo

→ Efeito (7) *Construção de moradias sociais*

→ Efeito (8) *Ideologia das Garden cities*

Formas especiais pré-industriais
Efeito multiplicador das crises

Posto isto, esta situação crítica se mantém há muito tempo, agravando-se, é verdade, cada vez mais, mas sem suscitar outras reações além das indispensáveis, ao mesmo tempo, para a manutenção da ordem e a reprodução da força de trabalho. Por parte do sistema institucional, a única intervenção reguladora deste plano referiu-se à habitação; a empresa privada mostrava-se absolutamente incapaz de responder às necessidades mínimas, devido à ausência de uma demanda solvível: de 1919 a 1937, os 2/3 das habitações operárias foram subvencionadas pelo governo. Mas fora isto, nenhuma instância reguladora foi instalada antes da guerra.[2] No que concerne às forças sociais, a experiência das cidades industriais do século XIX já havia suscitado a reação utópica do movimento dos *garden cities*, movimento muito ambíguo na medida em que exprimia uma reivindicação profundamente vivenciada pelas camadas populares, mas sem um invólucro ideológico passadista, num acordo íntimo com os valores dominantes emanados do *Establishment*,[3] o que foi mostrado por Donald Foley.

Então, por que 1944? Por que o Plano Abercrombie? E sobretudo, por que o vigor com o qual foi efetuada a intervenção a partir da *New Town' Act* de 1946? De certo, o Relatório Bralow já tinha colocado claramente os problemas em 1939, mas, como girava sobretudo na descentralização industrial, ele não fornecia, por si só, um instrumento de intervenção eficaz.

As destruições causadas pelos nazistas agravaram consideravelmente a crise de habitação: no condado de Londres, nove casas em dez foram danificadas. Mas o elemento decisivo, sem dúvida alguma, foi a conjuntura política, com o crescimento da classe operária e o triunfo eleitoral trabalhista que, ao mesmo tempo, reforçou a pressão reivindicativa e exigiu satisfações sobre o plano da demanda, a fim de não radicalizar a luta de classes (dada a ótica de reformas sociais do *Labour Party*). Nas eleições gerais de 1945, 98% dos candidatos trabalhistas e 84% dos conservadores mencionaram o problema urbano em seus discursos eleitorais.

FUNCIONAMENTO ADMINISTRATIVO E FINANCEIRO DO PROGRAMA DAS NOVAS CIDADES

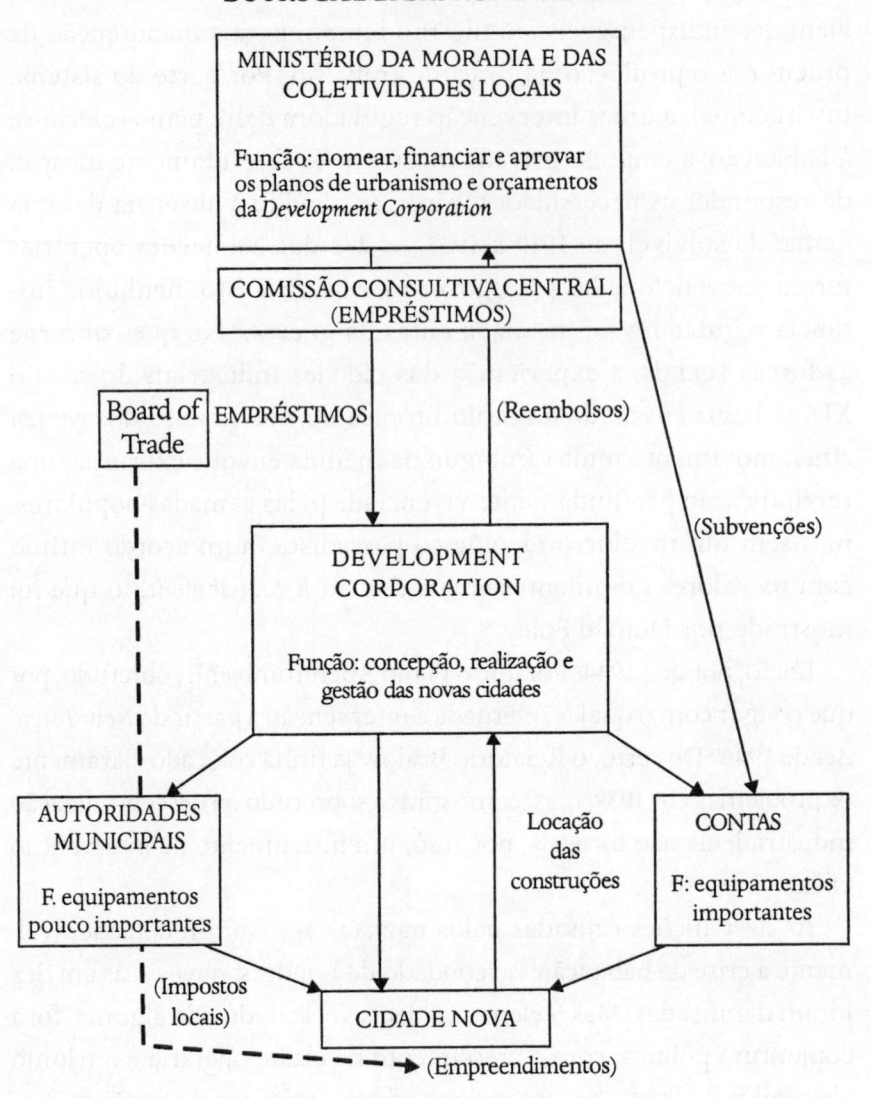

```
                    ┌─────────────────────────────────┐
                    │ MINISTÉRIO DA MORADIA E DAS     │
                    │ COLETIVIDADES LOCAIS            │
                    │                                 │
                    │ Função: nomear, financiar e aprovar │
                    │ os planos de urbanismo e orçamentos │
                    │ da Development Corporation      │
                    └─────────────────────────────────┘
                                    ▲
                    ┌─────────────────────────────────┐
                    │ COMISSÃO CONSULTIVA CENTRAL     │
                    │ (EMPRÉSTIMOS)                   │
                    └─────────────────────────────────┘

   ┌────────┐
   │ Board of│ EMPRÉSTIMOS        (Reembolsos)
   │ Trade  │
   └────────┘
                                                      (Subvenções)
                    ┌─────────────────────────────┐
                    │   DEVELOPMENT               │
                    │   CORPORATION               │
                    │                             │
                    │ Função: concepção, realização e │
                    │ gestão das novas cidades    │
                    └─────────────────────────────┘

   ┌──────────────┐                                ┌──────────────┐
   │ AUTORIDADES  │         Locação                │   CONTAS     │
   │ MUNICIPAIS   │         das                    │              │
   │              │         construções            │ F: equipamentos│
   │ F. equipamentos│                              │ importantes  │
   │ pouco importantes│                            │              │
   └──────────────┘                                └──────────────┘
            (Impostos
             locais)      ┌──────────────┐
                          │ CIDADE NOVA  │
                          └──────────────┘
                       ──▶ (Empreendimentos)
```

No entanto, o Plano Abercrombie foi bastante além de um simples programa de habitação e de equipamento coletivo. Seguindo a tendência do Relatório Barlow, visava a descerrar as atividades da região da Grande Londres, parar seu crescimento e estruturá-la por meio de um zoneamento em quatro anéis concêntricos: 1. uma coroa urbana, correspondendo à zona já urbanizada em 1944, cuja densidade deveria ser diminuída; 2. uma coroa suburbana, caracterizada por um hábitat disseminado e de fraca densidade; 3. o cinturão verde, constituído de terrenos agrícolas onde seriam organizados equipamentos recreativos e o crescimento urbano seria muito controlado; 4. a coroa externa que deveria acolher a população do centro de Londres, que se repartiria em oito cidades novas e pelas cidades existentes e em desenvolvimento.

As novas cidades eram portanto um elemento de ordenação de um programa, cujo núcleo era a descentralização e a constituição de conjuntos urbanos, economicamente autônomos e socialmente bem equipados, no qual os bairros, voltados para as residências, unifamiliares, fariam com que se recuperassem ao mesmo tempo o campo e o sentido comunitário.

Ora, é evidente que esta reorganização do espaço, que, como a maioria dos *documentos* de urbanismo, conservava uma coerência interna e visava a um modelo de desenvolvimento urbano, implicava uma intervenção direta no sistema produtivo (G → P) essencialmente no que concerne à relação de apropriação real, mas também à relação de propriedade (em termos de lógica do controle social, e não unicamente de propriedade *jurídica*, como para as nacionalizações). Com efeito, o Plano propunha essencialmente: 1. que nenhuma nova indústria fosse admitida no condado de Londres ou nos condados limítrofes e que uma regulamentação controlasse o crescimento das indústrias já implantadas; 2. que várias indústrias fossem deslocadas para além do *"Cinturão Verde"*. Ora, estes foram os meios realmente utilizados para intervir em P:

A partir de 1945, as empresas que desejassem operar numa extensão de mais de 1.500 metros quadrados deveriam obter uma autorização especial do governo (descobriu-se mais tarde a ineficácia da medida e baixou-se o limite, em 1965, para 300 metros quadrados para o sudeste da Inglaterra). Depois da guerra, a política oficial do governo favoreceu a localização das indústrias nas novas cidades em volta de Londres, o quer dizer que o "Board of Trade" orientou as empresas em busca de nova implantação. Hoje em dia, recorre-se a medidas mais concretas de incitação (mas nunca de coerção) concedendo às empresas que aceitam instalar-se nas cidades novas da Escócia ("região em desenvolvimento") subvenções que representam 25% do custo de construção, 10% do custo do equipamento e vantagens fiscais sob forma de períodos de amortização menores. Além disso, os *development corporations* das novas cidades efetuaram uma propaganda junto aos chefes de empresa e propuseram-lhes fábricas-padrão e escritórios já construídos, ou então terrenos equipados, alugados pela corporação, para construir. Mas *nenhuma medida legislativa* foi tomada para controlar a utilização dos escritórios em Londres antes de 1964, quando se produzia um crescimento e uma concentração acelerados das atividades de informação e de gestão.

Assim, se existe uma intervenção em certas organizações do meio industrial (G → P_3) o essencial do movimento de P, e portanto do conjunto do sistema urbano, não é afetado: realização específica, por conseguinte, leis fundamentais da planificação urbana capitalista; dificuldade da intervenção sobre P e dependência de qualquer outra intervenção com referência à primeira.

No que concerne à *ação sobre as trocas*, praticamente podemos dizer *que ela inexistiu*. Com efeito, no espírito dos planificadores, uma opção de desconcentração industrial e residencial deveria permitir, indiretamente, regular o problema das trocas, através do fim *das migrações alternantes* em direção a, e proveniente de Londres. As novas cidades, numa distância média de 40 quilômetros de Londres, foram pensadas em termos de centros autônomos graças à instauração de um equilíbrio da relação emprego/população ativa. A Comissão Reith (1945) recomendava situar as novas cidades ao longo de uma via férrea (para o transporte comercial, industrial e os deslocamentos esporádicos da população para a cidade-mãe) e na proximidade dos grandes eixos de rodovias da região, de forma a que pudessem ligar-se a ela o mais diretamente possível. Como vemos, esta política não traz uma resposta direta ao problema, já que sua solução depende de intervenções prévias sobre as fontes das transferências intraurbanas.

Era assim uma intervenção no consumo, na habitação e nos equipamentos, mas também no "ambiente" urbano que, de fato, se situava no prolongamento do programa de habitação social (*housing estates*), ampliando ao mesmo tempo suas dimensões. No entanto, as novas cidades não resultam de um simples programa de equipamento: apresentadas como a realização concreta da antiga utopia inglesa, reputadas como uma resposta à intensa corrente de reivindicação popular, elas manifestam esta utopia na forma ecológica em que foram realizadas.

Caracterizam-se, primeiro, pela preocupação em constituir comunidades "completas", quer dizer, com muitos empregos no local; em seguida, pelo isolamento, a ausência quase voluntária de ligações com a metrópole; enfim, e sobretudo, pelo modo de vida que se desejou criar ali: residências unifamiliares constituindo unidades de vizinhança, espaços verdes abundantes, centros comunitários, ausência quase total de equipamentos lúdicos (dancings, cinemas) enquanto as igrejas e animadores sociais proliferam... É a retomada da velha ideologia da reforma social pela modificação do meio ambiente. Em todo caso, esta *forma* e sobretudo, o tipo de indústria atraída por semelhante situação determinaram a natureza da população residente — quadros médios, técnicos e aristocracia operária. É esta intervenção sobre o simbólico urbano que deu seu "caráter" às novas cidades, e esta intervenção deve ser entendida como algo que se apresenta à realização do modelo urbano proposto, ali onde havia um simples programa de equipamento.

Estes traços fundamentais das novas cidades explicam o processo institucional de sua realização. Como se tratava, ao mesmo tempo, de uma intervenção direta do aparelho de Estado no consumo e de uma tentativa de criação de um quadro urbano adequado ao projeto ideológico, a iniciativa veio do setor do aparelho encarregado do consumo (ministério da habitação) mas este aparelho, de acordo com o projeto comunitário, delegou seus poderes a um organismo de Estado em nível local (as *Development Corporations*), munido de "todos os poderes" no quadro da lógica geral enunciada... (cf. o organograma da realização institucional das novas cidades). As autoridades locais tinham pouco peso, pois como se tratava de *construir* uma cidade, tudo dependia de um único organismo centralizado, dotado de meios financeiros e jurídicos, mantido pelas organizações populares (já que era a resposta às suas reivindicações) e sem nenhuma interferência das empresas que não sofriam qualquer restrição e que, ao contrário, eram solicitadas. Isto explica a rapidez e a eficácia da realização de um programa reunindo as melhores condições com que pode sonhar um tecnocrata... Resta assinalar que estas condições, por sua vez, eram assim devido ao conteúdo urbanístico preciso que acabamos de estabelecer.

O que restava, então, fora as "novas cidades, sedes de novas relações sociais harmoniosas"? Pouca coisa: a região da Grande Londres abandonada a si mesma... O Plano Abercombrie havia decidido que ela não cresceria mais. Que engano! Mas esta hipótese dependia da realização das condições do controle urbano (G → P), implícitas no Plano. O erro teórico do Plano foi socialmente determinado: para ser coerente com ele mesmo, teria de ser incoerente em relação a uma realidade percebida como um mero "obstáculo à modificação", sem interesses de classe. Ora, a região de Londres aumentou, entre 1946 e 1966, em 1,7 milhão de pessoas, e as novas cidades só absorveram 19% deste crescimento... Todos os problemas reapareceram, de forma ainda aguda. Diante do desregramento da reprodução dos meios de produção, foi posto em vigor um novo ritmo de planificação, centrado diretamente no funcionamento econômico e intervindo sobre P muito indiretamente, através da ação sobre os transportes e de um sistema complexo de incitações e de organizações. As expressões mais concretas desta nova orientação foram o plano regional da região do sudeste e a reforma administrativa de 1964, tentando reformular tecnicamente as instituições locais (cf. esquema V que resume o essencial das determinações do processo).

As "novas cidades" foram engendradas por esta vasta maré e tornaram-se satélites, talvez um pouco mais bem equipadas, dependendo de outros aglomerados menos "novos".

Primeiro, no plano de trabalho: nas cidades mais bem providas (as primeiras construídas, como Harlow e Crawley), 20% da população trabalha em outros lugares, pois os empregos de escritório não seguiram a evolução demográfica; mas numa das mais recentes comunidades da Escócia, 50% da população trabalha fora. É sobretudo durante o fim de semana que se observa os habitantes destas novas comunidades desertarem de suas "aldeias de escoteiro" e procurarem o centro dos aglomerados, em busca das miragens que o consumo de massa não poderia deixar de projetar sobre estes "novos" lugares de antigamente: na ausência de boas ligações coletivas com a metrópole, a taxa de motorização individual atingiu proporções extraordinárias. Enfim, o hábitat também se ressente disso.

Esquema de realização das novas cidades na GRÃ-BRETANHA
Determinação do conteúdo e forma das novas cidades e de processo institucional

Notas: P1: Usinas; P2: Matérias primas; P3: Ambiente industrial; P4: Escritórios; Su: Sistema urbano; P: Produção; C: Consumo; T: Troca; G: Gestão; S: Simbólico.

A lenda do urbanismo inglês dilui-se no cotidiano uniforme dos subúrbios residenciais da grande metrópole.

II. A RENOVAÇÃO URBANA NOS ESTADOS UNIDOS*

A renovação urbana americana é. um dos programas mais gigantescos que já foram empreendidos, mesmo se as suas proporções se tornam mais modestas, quando comparadas com o poderio da indústria da construção civil nos EUA.[4] Sucede que entre 1949 e 1968, mais de US$ 7 bilhões foram empregados pelos organismos renovadores e 1.946 projetos foram aprovados concernindo 912 municipalidades.

Além de suas dimensões, o que chama a atenção é o caráter de fator político deste programa, tanto para a Casa Branca, que fez disso, durante anos, um dos temas de sua propaganda pseudorreformadora, quanto para os "reformistas honestos", que viam nele um meio de lutar contra a pobreza e a discriminação, e para os grandes contestatários, que não pararam de denunciar a sujeição do programa aos interesses das empresas.

Que contradições sociais justificavam este esforço acelerado ao longo dos anos, e o tornaram visivelmente conflitantes? Com efeito, outras iniciativas federais, como o programa de construção de autoestradas ou as subvenções à agricultura, foram mais importantes financeiramente. E se é evidente que a renovação desempenhou um papel ideológico ao nível da imagem externa que Johnson queria dar de sua *Great Society*, tratava-se apenas de um efeito secundário, logo esquecido, como um brinquedo, em favor do *Model Cities Program, e* francamente relegado a um segundo plano, *em termos de publicidade*, em favor da "mania" de Nixon e Moynihan: o tema do meio-ambiente, do qual a renovação urbana torna-se um simples elemento. O próprio programa transformou-se profundamente desde que começou lentamente a desatrelar-se do *Housing Act* de 1949, dando cada vez mais prioridade aos problemas do "quadro urbano" em vez de à habitação, em particular com as emendas de 1954 e 1961.

---

* Esta análise fundamenta-se numa pesquisa realizada em 1969 nos Estados Unidos, com o apoio da Universidade de Chicago. Embora tenhamos efetuado várias visitas e contatos pessoais, a base do trabalho foi fornecida pela massa de dados e de documentos reunidos. Considerando as finalidades da pesquisa (deduzir as grandes linhas do fenômeno, assentando um método de abordagem) julgamos relativamente secundário um tratamento estatístico dos dados apresentados.

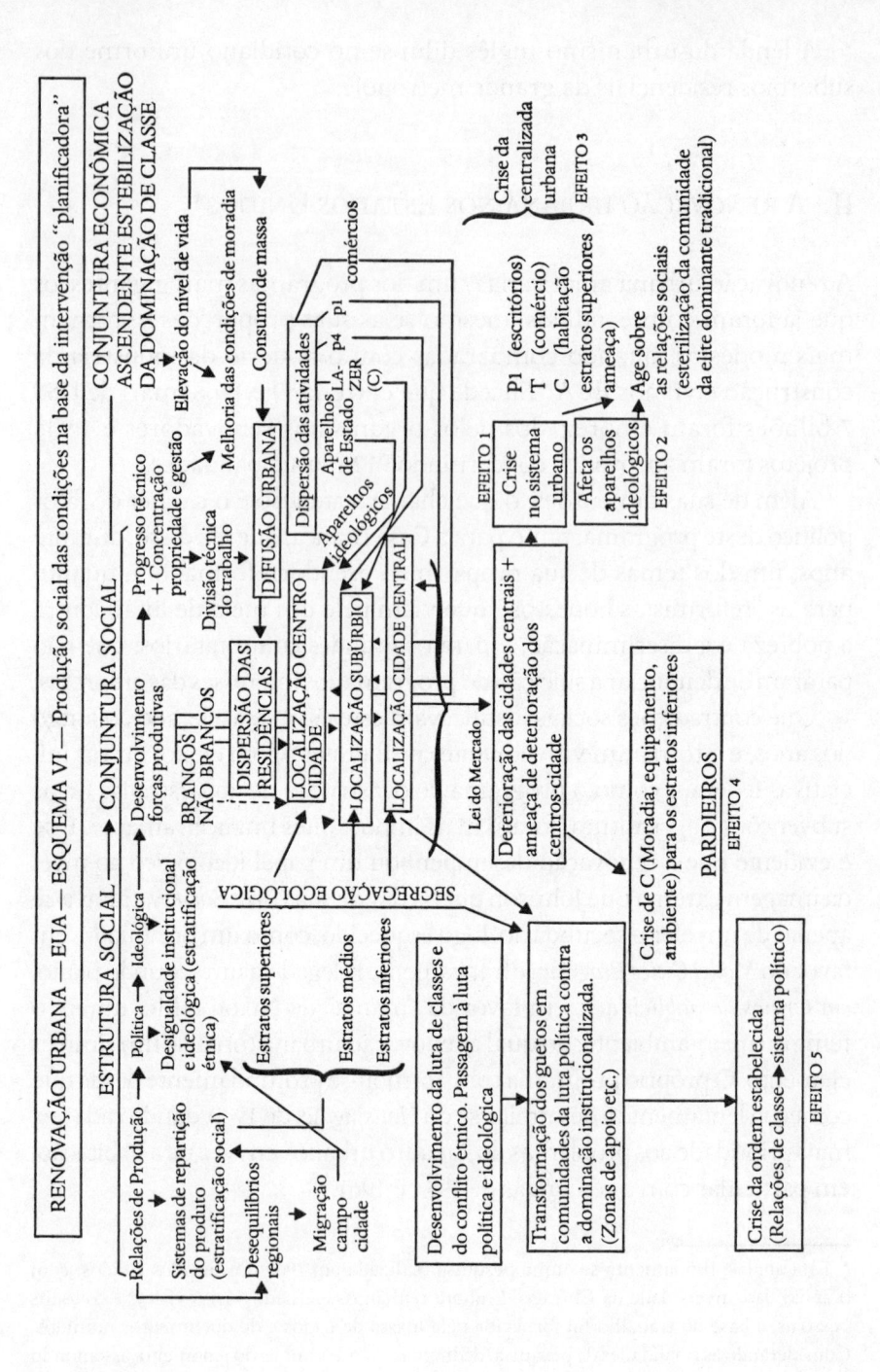

RENOVAÇÃO URBANA — EUA — ESQUEMA VI — Produção social das condições na base da intervenção "planificadora"

Se os textos e os discursos sobre este tema retomam o conjunto da problemática urbana, podemos centrar a eficácia social da renovação, estudando as características do espaço renovado e o conteúdo social e funcional das operações realizadas. No entanto, estas intervenções são, por sua vez, determinadas pelas contradições presentes na estrutura urbana das grandes metrópoles americanas, cujo modelo de desenvolvimento nós esboçamos em outro lugar (cf. *supra*, cap. I e cap. III). O esquema VI lembra os principais processos na base destas contradições, a partir da produção de cinco "efeitos sociais" que, indo ao encontro dos interesses das classes dominantes e perturbando o funcionamento do sistema urbano, "solicitavam" uma intervenção, sendo esta "solicitação" veiculada pelas instituições e grupos sociais diretamente envolvidos em cada caso (cf. o esquema VII, que apresenta o conjunto do processo de renovação).

Existem, portanto, três contradições principais na base do programa de renovação:

1. A deterioração da habitação nas cidades centrais e a formação de pardieiros;
2. O desenvolvimento das lutas sociais, em particular da comunidade negra;
3. A crise do que podemos chamar de centralidade urbana nas grandes metrópoles (cf. *supra*, cap. III), com seus diversos componentes.

Nossa pesquisa consistirá em examinar a maneira como estas três contradições foram tratadas pelo programa de renovação urbana, ou melhor, como este programa e os processos que se articularam em torno dele foram determinados pela natureza das questões que os suscitaram. Raciocinaremos ao nível do conjunto dos Estados Unidos. Embora este procedimento seja tosco, considerando-se a extraordinária variedade das situações locais, é suficiente para deduzir a significação social profunda da renovação, sob a condição de demonstrar em cada caso, a especificidade da realização deste conteúdo.

A. A luta contra os pardieiros

Se quiséssemos realmente empreender uma campanha para eliminar o hábitat deteriorado, seria mais necessário se ater às residências rurais e às pequenas cidades do que às áreas metropolitanas: 64% das moradias deterioradas estão fora das zonas metropolitanas, 60% estão situadas em localidades rurais.

No entanto, os bairros pobres das grandes cidades exibem suficientemente a miséria para que as almas bondosas possam ali encontrar assunto. Seria este um dos determinantes da renovação urbana americana?

Se se tratasse de demolir os pardieiros, não haveria dúvidas: 400.000 moradias já foram demolidas; em 1963, 609.000 pessoas foram deslocadas pelo programa de renovação e as previsões para 1972, segundo os programas em curso, anunciavam 3.800.000 ocupantes desalojados.

Mas, e esta é a questão, é preciso ainda reinstalar as pessoas e, para isto, construir alojamentos suficientes e acessíveis às famílias desalojadas. Ora, se as 400.000 moradias demolidas estavam, evidentemente, com um aluguel baixo, dentre as 125.999 projetadas para os mesmos locais, 62,3% só poderiam interessar a moradores de renda média e elevada. Apenas 41.850 moradias de preços módicos foram construídas. Isto quer dizer que apenas um pouco mais de 10% das 400.000 habitações de aluguel moderado demolidas foram reconstruídas *in loco*.

Não poderia ser de outra forma, já que o programa destina-se a criar condições para que a iniciativa privada possa dar um novo impulso ao centro da cidade (cf. *infra*). Em consequência, os empreendedores só constroem, e assim mesmo nem sempre, aquilo a que são obrigados por uma agenda de encargos muito liberal.[5]

Mas não podemos tirar conclusões sobre os "objetivos de alojamento" da renovação, considerando apenas as realizações definidas neste único quadro institucional. Com efeito, poderíamos supor que o programa de renovação destinava-se apenas a reanimar a cidade e representava apenas uma alternativa do plano global, completado, no que concerne à função residencial, pelo programa de habitações públicas. Assim, as famílias deslocadas seriam realojadas em outros lugares, em condições mais confortáveis. Mas o programa de habitações públicas ficou aquém dos limites a que se propusera. Em 1949, o Congresso autorizou a construção de 810.000 moradias em seis anos. De fato, em 1967, 480.000 estavam construídas. Devemos procurar a razão deste fracasso essencialmente na oposição da opinião pública "classe média" a este tipo de habitação. Com mais de 50% de ocupantes negros e tuna forte concentração dos estratos inferiores, ele torna-se alvo de todos os preconceitos. O acúmulo de famílias em situação "marginal" com referência à cultura dominante contribuiu para o descrédito do único programa público de ajuda aos que estão mal alojados e retardou irremediavelmente seu ritmo de realização.[6] Assim, se compararmos, cidade por cidade, as moradias com aluguel baixo demolidas e as habitações públicas construídas, teremos um balanço que, não só não é positivo, como chega até a ser negativo (cf. quadro 50). Se, em lugar de levar em consideração as unidades construídas antes de 1949, como o faz o quadro, compararmos as demolições e construções realizadas durante o período em que vigorou o programa de renovação urbana (1949-1967) o saldo negativo, nas setenta e quatro cidades recenseadas, é de 166.492 habitações.

Quadro 50
Comparação entre moradias públicas e moradias demolidas pela renovação urbana nos Estados Unidos. Dados relativos a 74 cidades.

Cidades	Moradias públicas construídas			Moradias demolidas				Excedente déficit
	Em gestão 1949	Construídas 1949-67	Total	Total dem. equivalente	Dem. par Ren. urb.	Total demol.		
Nova York, NY.	14.171	50.462	64.633	22.717	33.697	56.414		+ 8.219
Chicago, Ill.	8.483	24.477	32.960	5.338	26.058	31.396		+ 1.564
Los Angeles, Calif.	3.468	5.819	9.287	1.689	4.641	6.330		+ 2.957
Filadélfia, Pen.	3.248	12.471	15.719	6.280	15.856	22.136		– 6.417
Detroit, Mich.	4.879	3.301	8.810	847	11.216	12.063		– 3.883
Baltimore, Md.	5.021	5.314	10.335	8.810	8.661	17.741		– 7.136
Houston, Texas	2.251	348	2.599	2.210		2.210		+ 389
Cleveland, Ohio.	5.179	2.279	7.458	3.977	5.095	9.072		– 1.614
Washington, D.C.	3.147	6.909	10.056	1.941	7.127	9.068		+ 988
Saint Louis, Mo.	1.315	5.930	7.245	2.022	9.156	11.178		– 3.933
Milwaukee, Wis.	651	2.415	3.066	423	3.703	4.126		– 1.060
São Francisco, Calif.	1.741	4.142	5.883	3.234	5.554	8.788		– 9.905
Boston, Mass.	5.102	5.871	10.973	8.480	8.906	17.386		– 6.413
Dallas, Rex.	1.750	4.622	6.372	946		946		+ 5.426
Novas Orleans, Lui.	5.381	6.889	12.270	4.071	342	4.413		+ 7.857
Pittsburg.	4.463	4.771	9.234	3.330	7.191	10.521		– 1.287
San Antonio, Texas	2.554	3.009	5.563	1.858	1.622	3.480		+ 2.083
San Diego, Calif.								

(cont.)

Cidades	Moradias públicas construídas			Moradias demolidas				Excedente déficit
	Em gestão 1949	Construídas 1949-67	Total	Total dem. equivalente	Dem. par Ren. urb.	Total demol.	
Seatles, Wash.	1.068	2.452	3.520	511	190	701	+2.819
Buffalo, NY	2.571	1.799	4.370	1.800	2.715	4.515	−145
Cincinati, Ohio	3.818	2.404	6.222	3.084	9.012	12.096	−5.874
Memphis, Tenn.	3.305	1.740	5.045	1.928	3.233	5.161	−116
Denver, Colo.	770	2.826	3.396	3.030	852	3.882	−286
Atlanta, Ga.	5.188	3.794	8.982	5.466	6.264	11.730	−2.748
Minneapolis, Minn.	464	2.825	3.289	305	7.364		−4.380
Indianópolis, Ind.	748		748				+748
Kansas City		2.383	2.383	1.171	3.173	4.344	+1.961
Columbus, Ohio	1.352	1.529	2.881	1.193	3.309	4.502	−11.621
Fenix, Arizona	604	1.000	1.604	733		733	
Newark, NJ	2.711	8.180	10.891	3.517	5.486	9.003	+1.888
Louisville, Ky.	3.005	1.957	4.962	4.182	6.456	10.638	−5.676
Portland, Oreg.	400	1.059	1.459	51	1.654	1.705	−246
Okland, Calif.	922	1.094	2.016	920	1.674	2.594	−578
Forth Worth, Texas	502	572	1.074	2.082			−1.008
Long Beach, Calif.							
Oklahoma City	354	464	818		368	368	+450
Rochester, NY		256	256	2.423	767	767	−511
Toledo, Ohio	1.440	513	1.953	356	943	3.366	−1.413

(cont.)

	Moradias públicas construídas			Moradias demolidas				
Cidades	Em gestão 1949	Construídas 1949-67	Total	Total dem. equivalente	Dem. par Ren. urb.	Total demol.	Excedente déficit
St. Paul, Minn.		2.354	2.354	1.280	2.107	2.463	−109
Norfolk, Va.	730	2.990	3.720	1.347	4.763	6.043	−2.323
Omaha, Nebr.	1.078	1.370	2.448			1.347	+1.101
Honolulu, HI	361	2.149	2.150	1.763	1.763	1.842	+668
Miami, Flórida	1.318	3.140	4.458	442	959	2.695	+1.763
Akron, Ohio	550	219	769	772	1.201	1.643	−874
El Paso, Texas	660	990	1.650	3.095		722	+928
Jersey City, NJ	1.600	2.204	3.804	2.037	1.199	4.294	−490
Tampa, Florida	1.682	2.010	3.692	1.622	1.470	3.507	+185
Dayton, Ohio	1.191	1.143	2.334		3.359	4.981	−2.647
Tulsa, Oklahoma		72	72	837	822	822	−750
Camden, NJ	1.102	932	2.034		713	1.550	+484
New Haven, Conn.	1.035	1.092	2.217	917	3.801	4.718	−2.591
Nashville, Tenn.	1.578	3.310	4.888	1.228	3.201	4.429	+459
Providence, RI	1.056	1.916	2.972	2.705	3.245	5.950	−2.978
Siracuse, NY	678	981	1.659	642	1.310	1.952	−293
Hartford, Conn.	1.879	666	2.545	1.165	1.769	2.934	−389
Peterson, Minn.	300	1.990	2.290	896	1.280	2.176	+114
Scranton, Penn.		888	888	490	1.251	1.741	−853
Mobile, AL	398	3.005	3.403	390	1.566	1.956	+1.447

(cont.)

Cidades	Moradias públicas construídas			Moradias demolidas				Excedente déficit
	Em gestão 1949	Construídas 1949-67	Total	Total dem. equivalente	Dem. par Ren. urb.	Total demol.		
White Plains, NY					74	74		−74
Litle Rock, Arkansas	250	914	1.164	482	2.598	3.080		−1.916
Winston Salem, CN		1.538	1.538	149	2.400	2.549		−1.011
Kansas City		554	554		1.849	1.295		
Atlantic City, NJ	610	288	898	610	287	897		+1
Sacramento, Calif.	478	282	760	767	1.087	1.575		−1.094
Frene, Calif	210	909	1.119	279	1.296	1.854		−464
Springfield		392	392		1.411	1.411		−1.019
Nova Inglaterra	340	290	630	452	761	1.213		−583
Stamford, Conn.	398	429	827	717	459	1.176		−349
Huntsville, AL		555	466	818	1.284	1.555		+271
Wercester, Mass.		939	939	711	534	1.245		−306
Erie, Penn.	264	622	886	316	610	925		−39
Cambridge	618	365	983	634	277	911		+72
McKeesport, Penn.	406	598	1.014	717	550	1.267		−263
Total 74 cidades	126.496	230.795	357.291	142.021	255.266	397.287		40.004

Fonte: National Comission on Urban Problems.

Mas, perguntar-se-á, dever-se-ia então deixar as pessoas morando nessas condições miseráveis? Obviamente não, mas a questão não é esta. É saber para onde vão as pessoas quando as casas são demolidas. Deixemos de lado toda a problemática da destruição da "vida comunitária", frequentemente idealizada, e perguntemos simplesmente: para onde vão? É aqui que a segunda série de dados tende a constatar o fracasso da renovação urbana *do ponto de vista de seu impacto sobre o problema da habitação*. Falamos de uma tendência, porque uma aura de mistério cerca os dados estatísticos sobre a relocação das pessoas deslocadas pelos projetos de renovação urbana.

Para auxiliar os desalojados, foram previstas verbas especiais, e de até US$200 por família. Na realidade, até 1967, os pagamentos efetuados foram os seguintes (quadro 51):

Quadro 51
Alocações de realojamento (até 1967)

	Número e casos		Gastos de despejo (alocações pagas)
Famílias	158.543	$ 95,32	(em média para cada família)
Indivíduos	64.224	$ 65,58	(em média para cada indivíduo)

Fonte: National Comission, p. 163.

Os pagamentos foram bem inferiores ao teto legal, e não atingiram todos os desalojados. Ora, esta é a única compensação financeira que recebem os locatários obrigados a se transferir.

Os dados sobre o tipo de pessoas deslocadas são contraditórios. Um estudo feito pela Universidade da Califórnia do Sul, em 1961, e versando sobre 47.252 famílias de quarenta e uma cidades, mostrava que 25,9% se mudaram para as habitações recomendadas pelas autoridades locais. Dentre elas, apenas 30% se alojaram de novo em habitações insalubres. Mas entre os 74,1% que encontraram sozinhas uma nova moradia, 90% estavam em habitações deterioradas.[7]

O exame de dados que abrangem várias cidades americanas leva Chester Hartman a concluir que uma grande proporção das famílias desalojadas se encontra em habitações deterioradas pagando aluguéis mais altos; este é o caso de 43% dos desalojados em Chicago em 1957-1958, 72% na Filadélfia, 18% em Nova Iorque e Manhatantown e 22% em Boston-West-End.[8]

É por esta razão que os resultados de uma pesquisa oficial, feita em 1964, sobre o tipo de pessoas realojadas foram acolhidos com grande ceticismo.

Com efeito, segundo uma pesquisa realizada por amostragem representativa, 94% das famílias haviam sido realojadas convenientemente.[9] O resultado é surpreendente, pois se, efetivamente havia tantas habitações boas disponíveis e acessíveis para as famílias modestas, por que razão elas continuavam nos pardieiros? Adivinha-se a hipótese subjacente a estas cifras: trata-se da "resistência à mudança" muito mais do que de um problema real...

Sérias críticas foram feitas a esta pesquisa, em particular sobre o tamanho da moradia escolhida e que não foi encontrado (1/6 da amostra), ao fato de só ter sido levado em consideração as famílias e não os indivíduos isolados e principalmente sobre a utilização de uma definição "generosa" de moradia conveniente...[10]

De qualquer modo, as cifras concordam que houve uma alta considerável do aluguel para as famílias realojadas; com efeito, ele representa 28% do orçamento familiar (em lugar de 25), para a média da distribuição.

A habitação pública não segue o ritmo da demolição (cf. quadro 52) e as pessoas desalojadas não têm outro recurso além dos que lhes são oferecidos pelo mercado. Ora, enquanto uma habitação nova custa US$150 por mês, 50% das famílias dos *slums só* podem pagar entre 35 e 50, e a outra metade entre 65 e 110.[11]

Quais são as chances de mercado para 13,3% de "pobres" na população americana? Sabemos também que certas famílias não têm nem os meios de serem aceitas em habitações públicas.[12]

Quadro 52
Estimativa do número de moradias demolidas nos Estados Unidos
no quadro dos programas governamentais, até 1967

Programa que desencadeia a demolição	Período	N° de moradias demolidas (milhares)
Renovação urbana	1949-67	404
Rodovias	1958-67	330
Construção de moradias públicas	1937-67	177
"Demolições equivalentes"	1937-67	143
Disposições locais	1937-67	?
Total		1.054

Fonte: National Comission (*op. cit.*, p. 82).

Ora, ocorre que as pessoas desalojadas pela renovação urbana são justamente as que estão na posição mais desfavorável no mercado, em termos de renda, de instrução e de filiação étnica.

Agindo sobre a expressão da pobreza, mas sem modificar seu curso, a renovação desloca os problemas no espaço, mas não os resolve; ela torna portanto mais aguda a questão de moradia, uma vez que não existe um programa público adequado para responder às necessidades de habitação.[13]

Segundo os próprios termos da Comissão sobre problemas urbanos, "é preciso concluir que a principal razão de fracasso deste programa (a renovação urbana), depois de dezoito anos de experiência, é que muitos funcionários locais e federais, assim como inúmeros de seus partidários, não o levaram a sério. Em lugar de ser a grande investida contra os pardieiros e a deterioração, como parte integrante da campanha para uma habitação conveniente e um ambiente adequado para cada família americana, a renovação foi considerada, e ainda o é, uma possibilidade, financiada pelo governo, de dispor-se de um terreno por um bom preço para toda uma série de empreendimentos de lucro ou de prestígio".[14]

Uma primeira conclusão se impõe: a renovação urbana americana não só não é um programa de habitação, *mas agravou a falta de moradias baratas*. A intervenção reformadora que responde à reivindicação social numa operação antipardieiros não existe, já que ela se limita a deslocar o problema no espaço, tornando-o ao mesmo tempo mais agudo.

B. Romper os guetos

Quando demoliram os "pardieiros", não se demoliu qualquer tipo de pardieiro, mas aqueles diretamente ligados à manutenção de uma subcultura, cuja oposição crescente colocava em perigo a sociedade americana. O fato do projeto nem sempre ser *consciente* em nada modifica a realidade. E mesmo no plano do explícito, fica claro que, nas representações coletivas americanas (por exemplo os *mass media*) cidades grandes, pobreza, guetos negros, rebeliões e renovação circulam numa mesma onda de sintonia.

Sem dúvida alguma as operações de renovação urbana tiveram como alvo prioritário os quarteirões negros. Com efeito, segundo Scott Greer, como os Negros ocupam cerca de 25% *das moradias deterioradas, quase 70% das moradias visadas pelos programas de renovação urbana são ocupadas por negros.*

Anderson fornece as seguintes cifras a respeito das pessoas deslocadas pelas operações do centro urbano (quadro 53).

Também a proporção de famílias *"não brancas" entre as realojadas* em seguida à operação de renovação urbana oscila de 62% em Nova York até 100% em Baltimore, Washington e Chicago. No conjunto do país, cerca de 80% das famílias realojadas são "não brancas".[15]

Quadro 53
Proporção de negros e de porto-riquenhos entre
as pessoas deslocadas pela renovação urbana

Ano	Porcentagem
1957	76%
1959	71%
1960	68%
1961	66%

Fonte: Anderson, *op. cit.*, p. 65

Isto torna compreensível a afirmação de um dos melhores analistas do problema negro nos EUA: "o golpe de misericórdia veio com os primórdios da renovação urbana. Em todas as cidades, este programa foi utilizado para eliminar os pardieiros e dar aos terrenos usos mais rentáveis, deslocando os negros pobres para dar lugar aos brancos ricos. O slogan crítico *negro removal* foi amplamente justificado".[16]

Mas deslocar os bairros negros não resolve o problema da tensão racial. Embora os dados sobre as características ecológicas das zonas para as quais se transferem as pessoas desalojadas sejam muito raros, é praticamente certo que elas se orientam para áreas urbanas semelhantes, pois os mecanismos de base do processo de segregação não são afetados, em particular, a organização do mercado imobiliário e as práticas de discriminação racial. Apesar de a política federal proclamar a necessidade de aplicar" dispositivos legais contra a discriminação habitacional, o estudo efetuado em 1966 pelo National Commitee Against Discrimination in Housing concluiu que estas práticas persistiam. Por exemplo, o fraco deslocamento dos negros de Chicago para o subúrbio entre 1950 e 1960, dirigiu-se para os guetos suburbanos em 63% dos casos.[17] Até a Casa Branca reconheceu que a renovação urbana tinha contribuído para reforçar a segregação ao invés de atenuá-la.[18]

Com a radicalização recente da luta racial, a administração, em seus diferentes níveis, tenta frear este processo favorecendo a construção de habitações públicas, ocupadas na maioria pelos negros nos bairros residenciais de brancos. Um dispositivo recente (1969) obriga a este tipo de localização nos projetos de moradias públicas em Chicago. Trata-se de uma política deliberada para enfrentar a polarização ecológica, que tende pouco a pouco a desagregar a base espacial do gueto. Resta-nos aguardar o futuro deste dispositivo, pois conhecemos as resistências encontradas, também em Chicago, pelos projetos de implantação destas habitações nos bairros de nível econômico superior.[19] Por outro lado, o isolamento destes "pequenos guetos" num mar branco corre também o risco de ser pouco apreciado por uma comunidade negra cujos membros mais politizados reivindicam a autonomia mais do que a integração.

Enfim, podemos duvidar da eficácia desta política de integração ecológica com referência a seu objetivo de *"tension management"*. O excelente estudo de Lieberson e Silverman sobre 76 motins raciais, entre 1913 e 1963, mostra a independência destes com referência às características demográficas e à localização da moradia nas cidades implicadas, ao mesmo tempo que mostra a sua determinação pela estrutura ocupacional e pelo funcionamento das instituições locais, em particular a polícia.[20]

Mais uma vez, a segregação ecológica exprime e reforça a segregação social. Uma política urbana não substitui a política propriamente dita. O que quer dizer que a despeito de algumas orientações recentes visando a uma integração residencial, a renovação urbana agiu sobretudo defensivamente no que diz respeito à eliminação dos guetos. Se houve efetivamente um "Negro removal", foi mais para estabelecer barreiras e reforçar limites do que para desagregar o gueto.

Limites sim, mas com referência a quê? Barreiras contra quem e para proteger o quê?

C. *Centralidade urbana e "defesa da civilização"*

Quando apresentamos a renovação urbana como o meio de relançar a cidade, é preciso imediatamente precisar os termos, pois ninguém pensa seriamente em fazer reocupar as cidades centrais ou em frear o processo de expansão urbana.

Como a centralidade urbana se decompôs e desconcentrou em novas formas adaptadas à região metropolitana, e como as mudanças de população na ocupação das cidades centrais correspondem à evolução social profunda da sociedade americana, a renovação urbana não pode, por si só, reverter a corrente, mas pode efetuar as organizações necessárias, para que o processo não provoque maiores alterações.

A renovação urbana é, de fato, o mecanismo de ajustamento destinado a permitir socialmente a passagem entre duas formas urbanas, a grande cidade industrial e a megalópole.

O que é necessário ajustar? Trata-se, essencialmente, de dois conjuntos de problemas: gerir as tensões produzidas pela acentuação do processo de segregação e a consolidação de vastos *slums*; salvar os restos da "civilização urbana", preservar o que for útil na cidade central para o conjunto da megalópole. Em outras palavras, essencialmente, o centro da cidade, ao mesmo tempo, no plano funcional e enquanto emissor cultural.

Para que o centro de negócios continue a desempenhar um papel, para que o comércio que permanece no CBD* possa continuar a existir, é preciso que seu ambiente, seja preservado da deterioração física e *social*. A renovação, tão elogiada, do *Golden Triangle* em Pittsburg, fundamentou-se na concentração do poder financeiro da Pensilvânia neste setor. A necessidade de manter este meio de decisão e de gestão, no qual trabalham milhões de pessoas, é acompanhada da atenção necessária concedida a este ambiente. Ora, com efeito, sabemos que o essencial das operações de renovação urbana se concentra nos centros das cidades que, no entanto, ocupam uma pequena superfície e desempenham um papel menor no que concerne à residência.[21]

Assim, entre os 435 projetos aprovados entre 1966 e 1968, 65% diziam respeito ao centro da cidade; além disso, 9% dos projetos se situavam nos centros de negócios periféricos.

Esta defesa do centro da cidade contra a degradação social de seu ambiente (cujo indicador mais *visível é* o aumento do número de *underdogs*, em particular de negros) não se explica unicamente em termos funcionais. E todo o apego elitista aos valores da cultura urbana que está em jogo, é a defesa dos grupos da *intelligentsia* liberal, das sedes de expressão cultural, tradicional: teatros, concertos, museus, locais de encontro, instituições religiosas, comércio seleto, espetáculos de qualidade etc. Façamo-nos entender: não pretendemos que este conjunto de expressões culturais seja o apanágio exclusivo da elite, mas, simplesmente, que uma *certa, cultura* se exprime ecologicamente no velho centro, enquanto novas expressões "de massa" encontraram outras localizações (por exemplo os *drive-in*) ou, simplesmente, não têm mais localização especifica (os *mass media*, as bibliotecas ambulantes).

---

* Central Business District.

Este superconsumo de valores culturais por uma elite apegada ao centro da cidade explica-se menos em termos de acúmulo de informação do que em termos de status, de símbolo de filiação. A existência dos museus no centro da cidade não é uma dificuldade importante para a massa das pessoas, que só tem poucas ocasiões de visitá-los. E ela não significa quase nada para o conjunto dos excluídos culturais que moram nas cidades centrais. Mas a preservação destes locais para a elite tradicional é um ponto-chave da autodefinição desta elite. Os imóveis de luxo que se erguem, cheios de imponência, no lugar dos *slums* demolidos não teriam explicação sem esta análise. Eles reconstroem, em nível bem superior, a noção de comunidade: membros da classe gerencial, ao lado de seu local de trabalho, superconsumidores dos valores culturais urbanos de que se apropriaram, estas novas "urbanidades" reencontram o meio perdido na maré da "sociedade de massas" e têm como única preocupação elevar barreiras protetoras contra as águas negras e movediças que o cercam.

Assim, depois de ter desfeito a velha cidade, esta sociedade recria uma nova cidade para a elite, longe dos subúrbios anônimos, e cujo direito é recusado aos novos ocupantes do que foi a cidade industrial.

A melhor ilustração deste processo é o conjunto de projetos de renovação urbana dirigidos pelas universidades.[22] Com efeito, algumas das mais importantes universidades americanas se viram ameaçadas pela deterioração de seu ambiente, à medida que a parte da antiga cidade onde se encontravam sofreu o processo descrito. Sua própria existência estava em jogo, pois tornava-se difícil manter a noção de *campus* nestas condições, ao mesmo tempo que os liberais universitários descobriam a dificuldade do liberalismo cotidiano, quanto este afetava seu status e seu meio de relações. Diante desta situação, em vista da baixa efetiva das inscrições e do número crescente de demissões de professores, algumas universidades tiveram de escolher entre o deslocamento ou uma renovação de seu ambiente. As mais poderosas dentre elas optaram pela segunda solução, fortemente apoiadas pelos residentes da zona, na maioria ligados à comunidade universitária, e pelas autoridades locais, que viram neste empreendimento um extraordinário aliado para frear a fuga dos estratos superiores para os subúrbios.

O exemplo mais marcante e mais bem sucedido, é a renovação do bairro Hyde Park-Kenwood, sede da universidade de Chicago desde 1886 e verdadeiro reduto no gueto negro.[23] A renovação urbana empreendida em 1949 e que prosseguiu incansavelmente, até nossos dias, propunha-se a eliminar os *slums* no interior de um dado perímetro e construir uma comunidade liberal compreendendo uma minoria de negros de classe média. Apoiou-se para isto numa poderosa comissão de urbanismo, respaldada por uma organização voluntária muito influente, A Hyde Park-Kenwood Community Conference, formada essencialmente por profissionais e universitários brancos e negros. Ao eliminar os estratos inferiores e residentes, na maioria negros, o projeto conseguiu estabilizar a comunidade, melhorar a qualidade das moradias e serviços, desenvolver as instalações da universidade e, com base na classe média, dar vida a um dos raros bairros racialmente integrados dos Estados Unidos.

Em outros casos, a universidade tomou muito menos providências em relação ao ambiente social e tentou, sobretudo, assegurar seu próprio desenvolvimento. Foi o caso da Universidade de Columbia, em Nova York, tendo como resultado uma insurreição no bairro, cujos últimos ecos levaram há pouco tempo os estudantes de esquerda da universidade a fazer deste projeto um dos pontos de sua oposição à administração.

A universidade da Pensilvânia que, em 1951, cogitava transferir suas instalações da Filadélfia, reagiu, organizando uma instituição, a "West Philadelphia Corporation", que agrupa vários estabelecimentos científicos, e empreendeu a renovação e conservação de seu meio ambiente.

Para favorecer esta política das universidades, foi aprovada uma emenda no Housing Act (conhecida como seção 112), em 1959; concedia amplas facilidades de crédito aos programas de renovação de universidades. Em 1965, 75 projetos de renovação urbana foram aprovados desta forma, orçados em US$ 70 milhões e visando a 198 instituições universitárias.

Não só as universidades "urbanas" recusaram ser deslocadas, como se revelaram um excelente instrumento de penetração nas zonas deterioradas, e de reanimação das cidades centrais. O novo campus da Universidade de Illinois, em Chicago, cercado de vários guetos étnicos, e relativamente próxima ao Loop, exibe suas construções ultramodernas em pleno coração da cidade e prepara-se para se tornar um foco de reconquista urbana. Ali, ainda existe forte ambiguidade neste processo, orientado ao mesmo tempo para a integração social e confrontado cotidianamente com a realidade da existência das minorias étnicas e sociais.

Não se trata então de salvaguardar a cidade, mas de salvaguardar uma parte da herança das formas urbanas preexistentes, a saber certas funções ainda instrumentais para a megalópole e certas atividades estritamente ligadas à produção dos valores sociais, à sua visibilidade social e à sua apropriação simbólica por certos grupos sociais.

D. O processo institucional e político da renovação urbana americana

O esclarecimento do papel social efetivamente desempenhado pela renovação urbana permite compreender sua organização institucional e sua inserção no processo político.[24]

No plano institucional, conhecemos a fragmentação administrativa das coletividades locais americanas (cf. *supra*, Cap. III). O resultado é um aumento da incapacidade das cidades centrais metropolitanas de assumir as despesas necessárias ao seu funcionamento.[25] Entre 1945 e 1965, os gastos das municipalidades americanas aumentaram 571%, no momento em que o produto nacional bruto aumentava "apenas" 259%. As municipalidades das cidades centrais foram especialmente afetadas por estas despesas, das quais 40% destinavam-se à educação. Os impostos locais fornecem a metade das receitas necessárias. O restante deve ser buscado em fontes diversas. Ora, é nestas cidades centrais com orçamento deficitário que se coloca o problema de operações de renovação muito custosas.

Isto explica por que o governo federal contribui com ajuda financeira e por que as municipalidades das cidades centrais tem maior interesse em aprovar projetos que melhoram o centro da cidade e que *representam uma fonte de rendas para o futuro*. Portanto é lógico que os imóveis de empresas, comércio e os apartamentos de luxo tenham a prioridade na nova ocupação do solo renovado. Não esqueçamos que a iniciativa do projeto retorna às autoridades locais. E em função desta estratégia especial que é necessário compreender o conteúdo urbanístico das operações propostas.[26]

O funcionamento concreto de um projeto de renovação é o seguinte: as autoridades locais apresentam um programa e submetem-no a autoridades federais que, se o aprovam, asseguram 2/3 do financiamento por meio de diversas fórmulas. Munidos do direito do *eminente domínio* e desta forma cobertas financeiramente, as autoridades locais procedem à compra do terreno e dos imóveis afetados. Elas demolem as construções existentes e colocam em condição as superfícies assim liberadas. Uma vez equipado, o terreno é vendido a empreendedores privados que constroem novas estruturas e exploram-nas normalmente, conforme o jogo do mercado. O preço de venda do terreno é fixado, em média e aproximadamente, em 30% do custo total para deixá-lo em condições. É esta perda que é coberta com os 2/3 do governo federal.

De fato, Anderson calculou que o empreendedor não deve desembolsar mais do que 3% dos fundos necessários em dinheiro à vista.

Quadro 54
Resumo do custo da renovação urbana por item (até 1967)

Item	% das despesas comprometidas sobre o custo final
Estudo e planificação	1,8%
Compra e disposições do terreno (65% das quais para a compra dos imóveis)	63,7%
Realojamento (sem incluir as alocações de mudanças)	0,5%
Demolição	3,3%
Colocação do terreno em condições	10,6%
Instalação de serviços	9,1%
Crédito para as despesas de moradia pública	2,1%
Educação ou saúde	
Juro	3,9%
Administração do projeto	4,0%
Conservação e reabilitação	0,3%
Diversos	0,7%

Fonte: NCUP Final Report, p. 162.

A transformação das zonas urbanas realizou-se baseada no terreno liberado por fundos públicos, tendo como despesa essencial, as somas pagas aos proprietários dos imóveis deteriorados (cf. quadro 54).

A importância crescente das eleições municipais dentro da oposição negra advém em grande parte deste fato: para a maioria branca, perder o controle da cidade significa abandonar o instrumento essencial de resistência à transformação ecológica de seu espaço cotidiano.

Da mesma maneira, no que concerne à "participação" na renovação urbana, o objetivo dos projetos determina o sentido desta participação, qualquer que seja sua intensidade ou sua extensão.[27] Como se trata de preservar um certo modo de vida ou funções ou instituições necessárias ao conjunto do aglomerado mais do que os residentes da zona, a organização desta participação se apoia nos grupos de classe média suscetíveis de continuar no bairro renovado, e nas instituições a preservar. Busca-se então um apoio de *classe* e, em muitos casos, etnicamente homogêneo, para vencer as eventuais resistências dos "outros cidadãos".

Rossi e Dentler formularam claramente o problema, analisando a renovação de Hyde Park-Kenwood, o bairro da universidade de Chicago: "Parece provável que a renovação urbana nas grandes cidades terá êxito — considerando como êxito sua aceitação no interior e no exterior da zona renovada — sobretudo nos bairros que têm uma poderosa organização comunitária autônoma, ou naqueles nos quais uma instituição exterior chega a implantar uma associação semelhante. Se esta organização não existe, a renovação física talvez possa realizar-se, mas é provável que o bairro perca seu caráter característico ao mesmo tempo que o tipo de população que ali residia."[28]

Mas de que organização se trata? De uma associação suficientemente poderosa e enraizada localmente para representar e influenciar os residentes, mas que esteja suficientemente de acordo com os urbanistas para não impedir a operação em curso, quer dizer uma organização que seja mais um canal de transmissão. "Eis as condições para realizar o plano com o consentimento popular, mas sem mudá-lo." A *Hyde Park-Kenwood*

Community Conference era esta organização e sua existência contribuiu para o sucesso da operação. Mas é claro que este tipo de participação só pode existir através do acordo sobre os objetivos essenciais entre os participantes e o projeto de renovação. Ora, quando sabemos da mudança que em geral se produz na ocupação do solo, podemos duvidar do futuro desta modalidade e inclinamo-nos mais a prever conflitos do que participação.

Reconhece-se a confirmação desta análise nas imensas dificuldades encontradas pelo mesmo organismo que efetuou a renovação do Hyde Park-Kenwood, quando tentou prosseguir os trabalhos no setor vizinho, em Woodlawn.[29] A população desta zona, constituída de negros de renda modesta, na sua grande maioria, formou uma federação de clubes e organizações locais e se opôs, com extremo vigor, aos projetos urbanísticos da universidade de Chicago. Foi efetuada uma prolongada negociação em 1965, no fim da qual foram introduzidas modificações substanciais em favor dos residentes. Este projeto e os confrontos consequentes estão em curso hoje em dia (1969).[30]

A mesma situação ocorreu em Newark (Nova Jersey) em 1967 e 1968, quando a comunidade negra se opôs à implantação de uma escola de medicina no centro da cidade mediante o deslocamento dos residentes. Depois de um conflito bastante intenso, origem da revolta de 1967, a área pretendida foi reduzida em quase dois terços, e foram concedidas facilidades de relocação.

Renovação urbana EUA: ESQUEMA VII – Determinação da intervenção planificadora e sistema de efeitos sociais resultantes.

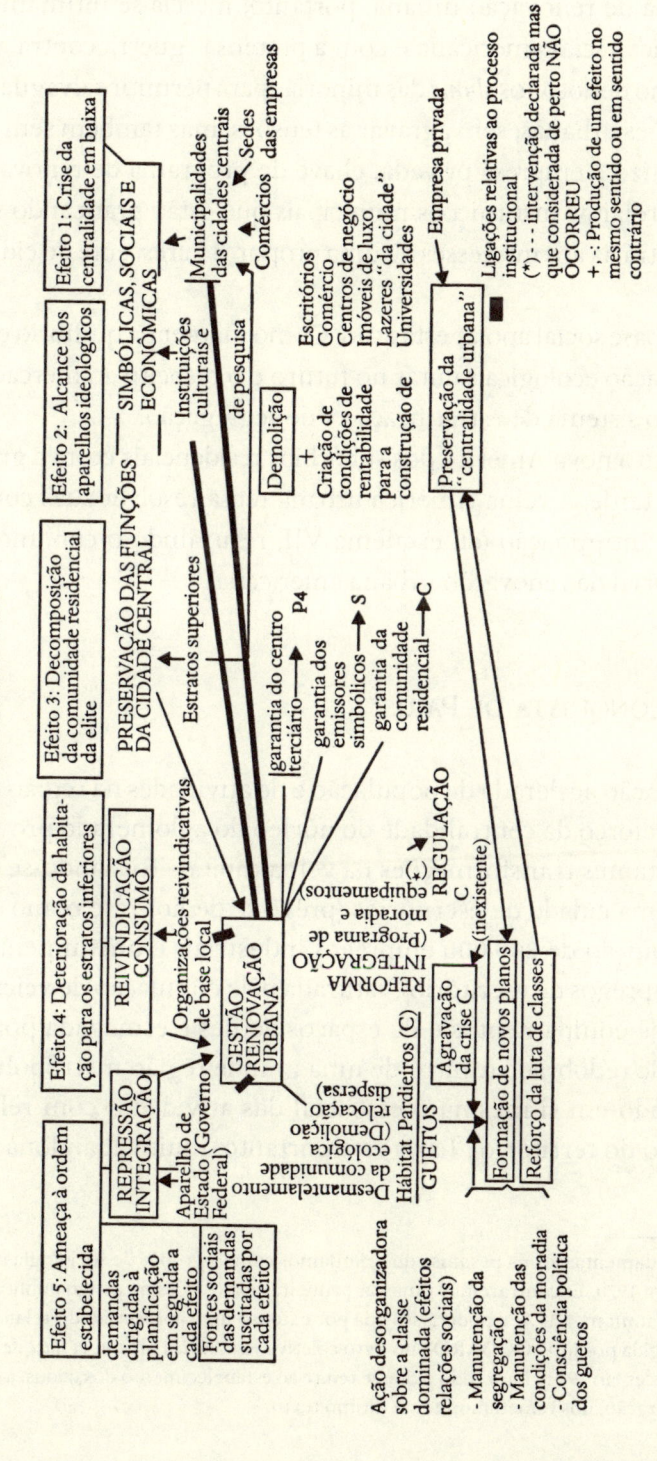

(Diagrama/esquema)

Efeito 1: Crise da centralidade em baixa
- Municipalidades das cidades centrais
- Comércios
- Sedes das empresas

Efeito 2: Alcance dos aparelhos ideológicos
SIMBÓLICAS, SOCIAIS E ECONÔMICAS
- Instituições culturais e de pesquisa
- Escritórios
- Comércio
- Centros de negócio
- Imóveis de luxo
- Lazeres "da cidade"
- Universidades

Demolição
+
Criação de condições de rentabilidade para a construção de

Preservação da "centralidade urbana"

Empresa privada

Ligações relativas ao processo institucional
(*) - - - intervenção declarada mas que considerada de perto NÃO OCORREU
+, - : Produção de um efeito no mesmo sentido ou em sentido contrário

Efeito 3: Decomposição da comunidade residencial da elite
PRESERVAÇÃO DAS FUNÇÕES DA CIDADE CENTRAL
- Estratos superiores
- garantia do centro terciário → P4
- garantia dos emissores simbólicos → S
- garantia da comunidade residencial → C

REGULAÇÃO C (inexistente)

REFORMA INTEGRAÇÃO (Programa de moradia e equipamentos)

Efeito 4: Deterioração da habitação para os estratos inferiores
REIVINDICAÇÃO CONSUMO
- Organizações reivindicativas de base local

GESTÃO RENOVAÇÃO URBANA

Desmantelamento da comunidade ecológica (Demolição relocação dispersa)
Habitat Pardieiros (C)
GUETOS

Agravação da crise C

Formação de novos planos

Reforço da luta de classes

Efeito 5: Ameaça à ordem estabelecida
REPRESSÃO INTEGRAÇÃO
Aparelho de Estado (Governo Federal)

- demandas dirigidas à planificação em seguida a cada efeito
- Fontes sociais das demandas suscitadas por cada efeito

Ação desorganizadora sobre a classe dominada (efeitos relações sociais)
- Manutenção da segregação
- Manutenção das condições da moradia
- Consciência política dos guetos

A QUESTÃO URBANA | 429

A política de renovação urbana, portanto, mescla-se intimamente com a política racial americana e com a pretensa "guerra contra a pobreza". Como deslocar os *slums* das minorias para permitir salvaguardar certas funções urbanas, sem agravar as tensões, mas também sem ocasionar prejuízo à empresa privada, chave do programa de renovação? Como controlar as instituições municipais que estão praticando uma política contrária aos interesses de uma proporção crescente de cidades centrais?

Em que base social apoiar esta ação? Como manter o equilíbrio entre uma integração ecológica salutar no futuro e o respeito ao mercado e, portanto, ao sistema de estratificação e de segregação?

Enquanto a nova América dos subúrbios residenciais corta a grama domingo à tarde, a velha América urbana tenta resolver suas contradições pela intimidação (cf. esquema VII, resumindo o conjunto do processo social da renovação urbana americana).

III. A RECONQUISTA DE PARIS*

A concentração acelerada de população e de atividades na região parisiense e o reforço da centralidade do núcleo do aglomerado provocaram importantes transformações na velha capital. Tornando-se cada vez mais uma cidade de escritórios (prevê-se de hoje até o ano 2000 uma diminuição de 200.000 empregos industriais e um aumento de 300.000 empregos de escritório), saturada pela circulação de veículos, com falta de equipamentos e de espaços verdes e esmagada por sua centralidade redobrada (centro de uma grande região metropolitana concentrando em si mesma o essencial das atividades com relação ao conjunto do território), Paris está portanto, muito abandonada às

---

* Nós nos fundamentamos na pesquisa que efetuamos com os grupos de sociologia urbana de Nanterre em 1970. Encontraremos uma das primeiras exposições no artigo publicado na *Sociologie du Travail* nº 4/1970 e poderá ser lida por extenso uma apreciação do relatório de pesquisa (redigida por M.F. GODARD), no livro coletivo *Renovation urbaine et lutte de classes à Paris* (a aparecer em 1972). Para tudo o que se refere ao estabelecimento dos dados, a bibliografia e a realização, nós remetemos a este último texto.

tendências sociais dominantes, sofrendo apenas algumas intervenções reguladoras precisas por parte do aparelho de Estado (concernentes sobretudo à organização das vias de circulação). Isto é ainda mais significativo porque o município de Paris, ao contrário das outras municipalidades francesas, está diretamente submetido à autoridade do Prefeito e, através dele, a do Primeiro-Ministro, sem que o Conselho de Paris (eleito) possa desempenhar um papel verdadeiramente significativo.

Nesse contexto assume toda sua importância o programa que município de Paris batizou de "Reconquista urbana de Paris", e que consiste numa série de operações de conservação, reabilitação e renovação; esta iniciativa pública (tanto no plano financeiro quanto no plano administrativo) visa a modificar a ocupação do espaço em inúmeros bairros parisienses. Como ele é uma das raras iniciativas de envergadura da planificação urbana no município de Paris, e inspirada diretamente pelo governo, ela permite estabelecer, ao mesmo tempo, o conteúdo social da política urbana francesa e a significação de Paris, com relação às diferentes questões econômicas políticas, ideológicas. Pois, apesar de suas proporções bem modestas (31 operações encetadas, de 1955 a 1970, 381,6 hectares renovados, *ou em curso*, dentre os 1.500 previstos pelo esquema diretor da Municipalidade de Paris) o caráter espetacular de certas realizações e a evicção cada vez mais acentuada dos antigos habitantes dos bairros populares, suscitaram de início vivas polêmicas, e em seguida, conflitos sociais (cf. *infra*). A "Reconquista de Paris", que tencionava ser a sequência histórica da obra de Haussmann, está perto de sê-lo em todos os planos e, em particular, também no plano propriamente político.

Determinar a significação social de um programa tão carregado ideologicamente e que pretende, certamente, ser ao mesmo tempo a nova grandeza parisiense e o remédio para os problemas agudos colocados no plano do consumo coletivo, exige, ainda uma vez, que nos distanciemos da subjetividade dos projetos urbanísticos e das forças sociais comprometidas no contexto. Para isto, já que existe uma ação sobre um espaço já constituído, examinaremos inicialmente as características deste espaço, a razão de escolha deste espaço e não de outro: em seguida, estabeleceremos o conteúdo social das operações de renovação, observando quais foram as modificações trazidas por cada elemento da estrutura urbana; a comparação dos espaços a renovar e do conteúdo das operações (futuro espaço renovado) permitirá estabelecer as lógicas sociais que agem na operação; a partir disso, o processo institucional do programa se tornará compreensível pois conheceremos os interesses que estão em jogo, enfim, estaremos em situação de estabelecer a ligação desta intervenção no urbano com a conjuntura das relações sociais na sociedade francesa.

Esta leitura das transformações do espaço exige, evidentemente, uma moldura teórica que nos será fornecida por uma elaboração em termos de sistema urbano. Mas é necessário, de imediato, precisar que este se refere a uma *unidade urbana* (no sentido de unidade de reprodução coletiva da força de trabalho), enquanto no caso do Município de Paris estamos tratando apenas de uma *parte* desta unidade que é a região parisiense. Será preciso então levar em conta o caráter desta *parte*, que varia segundo os diferentes elementos da estrutura urbana. Estudar a renovação urbana em Paris é estudar a transformação de todos os elementos da estrutura urbana da região, ao nível *de um dos polos* do processo social considerado.

A) O espaço que se quer eliminar

Se as primeiras operações de renovação (1955-1958) ligadas a um programa muito modesto de eliminação dos pardieiros tiveram como alvo alguns redutos insalubres, o essencial deste programa (e é esta a sua força) não visa à assistência aos bairros parisienses deteriorados. Com efeito, uma comparação entre o mapa dos redutos insalubres e o das operações de renovação mostra uma grande defasagem. Qual é então a especificidade deste espaço cujo destino queremos mudar?

Podemos determiná-la estudando o local ocupado nos diferentes elementos da estrutura urbana parisiense pelos setores renovados. Ou se preferirmos, em termos operatórios, qual é o desvio, com referência à média parisiense, das diversas variáveis expressivas de cada um dos elementos estruturais? Quanto maior o desvio, mais estas variáveis especificam o setor e mais estes elementos ou subelementos devem estar na base do processo de renovação, quer dizer, fornecer sua lógica.

Assim, o elemento *consumo* (= reprodução da força de trabalho, quer dizer, habitação e características sociais do espaço residencial) deve desempenhar um papel preponderante no programa de renovação, pois fornece o seu pretexto. Mas a questão essencial é saber qual dos dois conjuntos de variáveis (deterioração do ambiente ou composição social do espaço) age com maior força sobre a transformação da ocupação do solo. Ou, em outros termos, se se trata de uma intervenção ao nível dos equipamentos ou ao nível social da população residente.

Para responder, comparamos os valores percentuais de um certo número de variáveis conhecidas tanto para o conjunto de Paris quanto para o conjunto dos setores renovados antes da *renovação* (para a maioria, 1962; para alguns, 1954). A partir destes dados, estabelecemos um índice de diferenciação para a renovação urbana (IDru) construído como se segue:

$$\text{IDru} = \frac{\textit{Valor da variável (em porcentagem) no conjunto dos setores renovados}^*}{\textit{Valor da variável (em porcentagem) no conjunto da cidade de Paris}}$$

(É evidente que o valor 0 do índice corresponde à ausência de especificidade dos setores renovados.)

A classificação das variáveis assim obtida indica, do maior ao menor valor, a influência, positiva ou negativa, de cada variável sobre as operações de renovação urbana.**

---

* Os cálculos foram efetuados em 23 das 30 operações de renovação, para as quais havia dados disponíveis por grupo.
** Lembremos que se trata de um estudo exaustivo versando sobre todas as operações terminadas ou em curso.

Quadro 55
Influência das variáveis de moradia e de composição social da população sobre a renovação urbana, Paris, 1954 a 1962

Variável	Índice de diferenciação (IDru)
Proporção de argelinos na população	+ 1,529
Proporções de quadros superiores e profissões liberais	− 0,575
Proporção de OS e serventes	+ 0,602
Moradias sem água	+ 0,590
Superpovoamento nas moradias	+ 0,504
Moradias sem W.C.	+ 0,380
Proporção de estrangeiros	− 0,259
Proporção de pessoas idosas (mais de 65 anos)	− 0,189
Taxa de atividade feminina	− 0,070
Proporção de artesãos e comerciantes	+ 0,056
Proporção de jovens (menos de 19 anos)	− 0,055
Taxa de atividade da população	+ 0,052

São as variáveis indicativas da estratificação social que agem com maior força sobre a renovação, embora a qualidade da moradia venha em seguida como determinante. Ao contrário, as variáveis relativas às características da população, mas sem relação com o nível social, como a idade ou as taxas de atividade, especificam de modo muito fraco os setores renovados.

Ao nível do conjunto de Paris era difícil separar completamente o efeito da estratificação social e o efeito da moradia deteriorada, devido à sua íntima correlação. Mas o predomínio do primeiro conjunto de variáveis e, em particular, daquele que se proclama cada vez mais representativo da deterioração social (a proporção de argelinos é expressiva da implantação de trabalhadores imigrados) leva a conduzir a análise neste sentido.

Tentamos então avaliar, o efeito de cada variável, não mais sobre a determinação do setor a renovar, mas sobre a importância da operação. Para isto calculamos um coeficiente de correlação de classes (teste de Spearman) para vinte e três operações de renovação estudadas, entre sua classificação por ordem de grandeza (em hectares renovados) e sua classificação com referência ao conjunto de variáveis já indicadas. Os resultados (cf. quadro 56) indicam que a operação é tanto mais importante quanto existam pessoas idosas, OS (trabalhadores especializados numa só função) e trabalhadores braçais, estrangeiros, mulheres ativas e argelinos. E, ao contrário, existe uma relação fraca mas *inversa*, com as variáveis concernentes à deterioração da moradia.

Quadro 56
Correlação de posição entre o porte das operações, de renovação e as variáveis de moradia e de composição social da população Paris, 1954 e 1962 (Teste de Spearman)

+	1		
—.	50		
—.	36	:	Mais de 65 anos
—.	24	:	OMS. (Proporção de operários especializadas e serventes)
—.	23	:	Estrangeiros, mais mulheres ativas
—.	20	:	Muçulmanos da Argélia
—.	17	:	Artesãos
—.	16	:	Quadros e profissões liberais
—.	0	:	
—.	7	:	Superpopulação
—.	14	:	População ativa
—.	16	:	Moradia sem água
—.	19	:	Moradia sem W.C.
—.	31	:	Menos de 19 anos
—.	50		

Portanto é a *mudança de ocupação social do espaço, mais do que o mau estado da habitação, que parece estar na base das operações de renovação*. Não que estas moradias não estejam deterioradas, mas não o estão mais do que as de outros bairros poupados pela renovação.

No que diz respeito ao elemento *produção*, a questão central era considerar a relação do programa de renovação com a transformação em curso da Paris industrial numa Paris local de direção e de organização. Para isto classificamos as operações de renovação num espaço diferenciado pela:

1. *Importância da ocupação industrial anterior à renovação*, considerando o número de assalariados industriais produtivos por zona (assalariados no local de trabalho e não no local de residência).
2. *Importância das mudanças de instalações industriais*, considerando as cifras de demolição de locais industriais no período 1960-1966 inclusive.
3. *A importância da implantação de escritórios*, pelo número de escritórios em 1962, em superfície linear.
4. *Taxa de crescimento de implantação de escritórios* pelo aumento do número de escritórios entre 1962-1968.

Enfim, com relação ao elemento *troca*,[31] estudamos: o comércio e o fluxo urbano. O número médio de assalariados por estabelecimento fornecia um indicador conveniente do *vulto do comércio*.

Quanto à *concentração espacial do comércio*, sabíamos o número de ruas, onde se localizavam mais de 15 lojas a cada 100 metros.

Avaliamos a *distribuição do comércio* pelo número de assalariados para 1.000 consumidores e o *tipo de comércio*, e a proporção de negócios excepcionais e ocasionais. Para o estudo dos fluxos urbanos, calculamos o número de linhas que passam por cada estação. Temos para todas as operações de uma zona o número de estações ponderado pelo número de linhas: isto constituiu nosso indicador chamado de *serviço de metrô*. Para completar, temos o número de locais de estacionamento disponíveis por zona, a fim de avaliar *sua capacidade de estacionamento* em "parkings".

Em todos os casos, tratava-se de classificar os setores, bairros e zonas, conforme um valor forte e fraco para cada variável e de constatar a porcentagem de hectares renovados em cada um dos espaços diferenciados deste modo (cf. quadro 57).

As grandes tendências constatadas podem ser assim resumidas:
- A renovação urbana acompanha a passagem de um espaço industrial para um espaço de intensa implantação de escritórios onde estes não existiam.
- Ela opera num espaço onde há alta densidade de pequeno comércio, centrado no consumo cotidiano e bastante disperso; em

compensação, as grandes áreas comerciais quase não existem. Portanto, é também um instrumento de concentração do setor comercial.
- Ela raramente (19%) incide sobre zonas onde o serviço de metrô é bom. O que parece indicar que as conexões privilegiadas pelo fluxo de circulação não são as relativas às migrações cotidianas inter-regionais, mas às do meio interno (centro de negócios) e às do campo de ação dos centros gerenciais (a província: na proximidade das estações como polos estruturantes).

Quadro 57

Estrutura urbana — Classificação das operações de renovação ponderadas por sua superfície, na estrutura urbana parisiense (cifras: número de hectares renovados ou em curso, % calculada sobre o total dos hectares renovados ou em curso). (*)

Valor da variável	Espaço industrial	Movimento industrial	Implantação de escritórios em 1962	Novas implantações de escritórios 1961-1962	Comércio Tamanho	Comércio Tipo (quotidianos ou não)	Comércio (concentração espacial)	Comércio Distribuição
—	0	0	323,2	144,9	381,6	355,2	381,6	381,6
	0	0	751%	381%	1001%	931%	100%	100%
=	135,3	76,9	0	58,4	0	26,4	0	0
	35,5%	20,1%	0	151%	0	7%	0	0
+	246,3	304,7	58,7	178,3	0	0	0	0
	64,51%	79,9%	15%	47%	0	0	0	0
TOTAL	381,6	381,6	381,6	381,6	381,6	381,6	381,6	381,6
	100%	100%	100%	100%	100%	100%	100%	100%

Valor da variável	Serviço de Metrô	Locais de estacionamento
—	50,5	335,9
	13%	88%
=	259	45,7
	68%	12%
+	72,1	0
	19%	0
TOTAL	381,6	381,6
	100%	100%

(*) Zonas e setores renovados, classificados em três grupos conforme o valor da variável indicada na coluna.

Por outro lado, os lugares de estacionamento são quase inexistentes no espaço circunjacente. Novo gargalo de estrangulamento, que pode oferecer aos empreendedores uma saída interessante para futuras operações anexas à renovação urbana...

Enfim, duas observações concernentes ao conteúdo *institucional e simbólico* do espaço visado pela renovação.

Como o campo de intervenção definido no interior das fronteiras da cidade de Paris, e as diferentes zonas não têm nenhuma autonomia, não há especificidade institucional possível no espaço parisiense. O que não quer dizer que não exista uma íntima relação entre a renovação urbana e o sistema institucional, como veremos. Mas esta relação não é reconhecida pela divisão administrativa do espaço.

Ao contrário, é certo que existem diferenças sensíveis entre os espaços renovados e outros bairros de Paris no plano do simbólico urbano. Embora não as tenhamos especificado, podemos dizer, que elas se exprimem ao longo dos dois eixos: "Paris burguesa/Paris popular" e "Paris histórica/Paris dos *faubourgs*." Parece que a renovação diz respeito sobretudo aos bairros *populares* e aos mais *modernos*, enquanto nos bairros históricos, como o Marais, encontramos ou operações de reabilitação obedecendo a uma lógica específica, ou operações *ad hoc* muito mais centradas na expressão direta do poder do Estado ("les Halles"), ou operações suficientemente rentáveis para se exporem às iniciativas precisas dos empreendedores. Isto talvez explique a razão das zonas centrais de Paris, às vezes mais deterioradas do que as outras (por exemplo a 3ª e a 4ª) quase não serem atingidas pela renovação.

B. *O espaço que construímos*

Modificar o espaço parisiense: mas com que finalidade? Pois, de qualquer modo, a renovação urbana *não é um programa de habitação*: foi prevista a demolição de 29.059 moradias, a construção de 36.495, enquanto, no quadro da iniciativa privada, de 1954 a 1964, 6.000 moradias demolidas deram lugar a 52.500; ao mesmo tempo foram construídas outras 41.000 sem demolição prévia.

É pouco o que se pode precisar sobre a especificidade do novo espaço pós-renovação— pois, no essencial, ele ainda está sendo construído ou mal foi esboçado (1970) —, mas podemos esboçar o sentido da transformação analisando o conteúdo dos *programas de renovação*, procedendo a toda uma série de correções e de estimativas cuja exposição seria muito cansativa. É preciso, evidentemente, conservar o mesmo esquema de leitura usado para o espaço pré-renovação, a fim de estabelecer as mudanças previsíveis.

A questão-chave concernente ao *consumo* é sempre a de saber se se trata de uma *lógica de equipamento*, visando a restabelecer o equilíbrio do consumo coletivo, ou de uma *lógica relativa ao nível social do espaço*. Com efeito, vimos que o espaço visado era o de nível social inferior. Mas nada nos diz que ele ainda permanece neste nível. Já que não existem senão dados muito limitados sobre a mudança das categorias sociais no espaço, avaliaremos as mudanças futuras consoante a porcentagem de habitações sociais (HLM) nos programas de renovação (pois todos os outros tipos de alojamento parecem escapar às possibilidades da imensa maioria dos antigos moradores):

Quadro 58
Repartição das operações, pelo número de hectares renovados, conforme a operação de moradias HLM, por construir no conjunto de moradias da operação

	– de 30% de HLM	de 30% a 50% HLM	+ de 50% HLM	Total
Nº de hectares renovados	245,3 ha 66%	65,8 ha 17,5%	60,1 ha 16,5%	371,2 100%

Ora, é preciso acrescentar que um número razoável de residentes não possui recursos para alugar as HLM (20%, 33%, 50% conforme o núcleo habitacional) e que, por outro lado, uma parte essencial dos programas não tem fins residenciais. Podemos dizer então que a *tendência é a evicção da maioria dos antigos residentes e da ocupação do novo espaço por categorias sociais de status superior*.

Seria este o preço a pagar para obter-se um melhor equipamento? Com efeito, o esquema administrativo de Paris fixava como objetivo: "promover uma política de reconstrução dos bairros desprovidos de equipamentos e com superfícies mal utilizadas."

Uma análise de alguns equipamentos sobre os quais foi possível recolher dados seguros (equipamentos escolares, creches, espaços verdes) mostra que:

- A renovação não traz equipamentos escolares novos, limitando-se a cobrir, em média, as necessidades da nova população. Em certos caos, (XIII, XIX) ela inclusive aproveita o equipamento existente, um pouco mais desimpedido, para saturá-lo ao mesmo nível do conjunto de Paris.
- Cinquenta e seis porcento da superfície renovada está *abaixo* da média parisiense das superfícies com espaços verdes (0,8m^2 por habitante), 21% se situam acima da média mas sem atingir os objetivos mínimos fixados pelo próprio esquema.

Assim, a renovação também não é mais uma operação de equipamento.

Será necessário encontrar sua razão de ser na organização funcional das novas condições de *produção*?

Parece, com efeito, que a organização de novas implantações de escritórios é um dos eixos essenciais do programa: 62,6% dos hectares renovados preveem uma concentração de escritórios superior à média parisiense. Ora, este dado coincide perfeitamente com a lógica de estratificação residencial, pois "extensão de escritórios e multiplicação de bairros novos caminham juntas" (cf. esquema diretor de Paris) seguindo as oscilações do mercado imobiliário.

Em contrapartida, a atividade industrial propriamente dita foi riscada do mapa no que diz respeito às empresas e fortemente entravada em relação ao artesanato: em 56,8% da superfície renovada não está previsto o artesanato e o restante projeta uma profunda conversão dos artesãos já instalados (tornando-se por exemplo mecânicos a serviço de novos imóveis).

Também, em relação à troca, a transformação parece significativa: 95% da superfície renovada integra as *instalações comerciais*, mas, o que é mais importante, é que, para 71,3% desta superfície, trata-se de um *comércio em grandes áreas o* que não existia anteriormente, abrangendo até a criação de "núcleos comerciais de bairro", que podem desempenhar o papel de centros secundários de Paris com relação ao conjunto do aglomerado. O caráter reestruturante dos centros sociais parece ser uma das opções maiores do programa, que estende e organiza desta forma o predomínio da cidade de Paris sobre a região.

Enfim, ao nível do *simbolismo urbano*, são introduzidas modificações importantes, mas ainda mal detectadas, no programa. A importância atribuída às torres e a insistência em materiais "funcionais", bem como a ostentação de certas construções parecem marcar o espaço com uma certa modernidade tecnocrática centrada na exibição do desempenho técnico da construção em altura, sem grande preocupação com espaços vazios ou interrompidos que são deixados em volta. Por outro lado, grandes superfícies de lajotas e a busca de efeitos "de luxo" nas galerias de lojas parecem prefigurar uma simbologia do consumo, centrada no espetáculo da compra possível e que, evidentemente, não apresenta nenhuma contradição com a primeira. Seja como for, está claro que estamos em presença de uma ruptura com a simbologia anterior centrada na rua, no trabalho e no pequeno comércio, dominada então pela imaginária do bairro (sem que no entanto possamos nos pronunciar sobre a persistência da comunidade de bairro, fortemente atingida pela difusão das relações sociais).

C. O sentido da "reconquista" de Paris com relação a um sistema urbano: a renovação-reprodução de um espaço.

Podemos reagrupar o conjunto de nossos dados sob a forma de um quadro de probabilidades combinando as características do espaço antes da renovação e o conteúdo urbanístico do programa em curso com relação aos diferentes elementos inferidos. Com efeito, sabemos quantos hectares renovados correspondem a cada divisão do programa, com referência às diferentes variáveis tratadas. Como dispomos dos efetivos marginais de cada tabela cruzada, podemos reconstruir as casas, e padronizando-os com relação ao total dos hectares renovados, obter a proporção de superfície renovada, que apresenta ao mesmo tempo as duas características. Comparando entre si as diversas probabilidades, podemos deduzir a influência quantitativa diferencial de cada elemento em relação à renovação, o que nos permite deduzir o sentido das probabilidades marginais (no fim da linha e da coluna), resumindo assim a diferenciação que cada variável introduz no programa de renovação. Podemos então comparar a influência respectiva de cada fator (quadro 59).

Assim, por exemplo, seja i a característica "alta proporção de argelinos no espaço antes da renovação" (com seu complementar, ī) e j a característica "alta proporção de HLM no programa" (com seu complementar J). Dicotomizando-os e cruzando-os, nós obtemos:

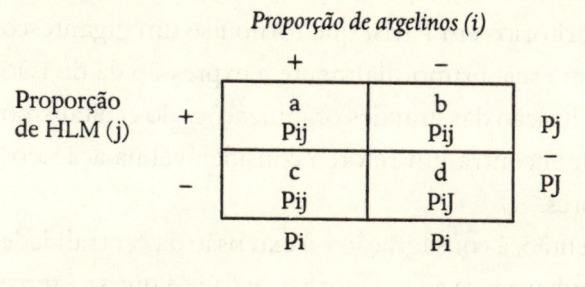

	Proporção de argelinos (i)		
	+	−	
Proporção de HLM (j) +	a Pij	b Pij	Pj
−	c Pij	d PiJ	PJ
	Pi	Pī	

$$N = a+b+c+d$$
$$P = 1$$

$$Pij = pi \times pj = \frac{(a+c) \times (a+b)}{N}$$

Pij é a probabilidade de renovação de um certo setor urbano do tipo i afetado por uma operação de característica j.

É claro que estas "probabilidades" só extrapolam as tendências atualmente em curso e não são fatais. Servem no entanto para precisar a importância relativa da renovação com relação aos diferentes elementos estudados. O quadro 59 resume o conjunto destes resultados.

Não vamos comentá-lo em detalhes limitando-nos a assinalar a significação social que é possível extrair.

O que mais chama a atenção é a tendência sistemática da lógica renovadora de prolongar a tendência "espontânea" (quer dizer, determinada conforme a linha geral da evolução social) do sistema urbano da região parisiense, e isto, ao nível de todos os seus elementos.

Assim, ela desenvolve e acentua a segregação residencial, ampliando a ocupação de Paris-cidade pelos estratos superiores e repelindo as camadas populares para o subúrbio subequipado. Este modelo de segregação urbana, ligado à carga cultural, histórica e funcional da capital parisiense, tende a relegar cada vez mais para um nível secundário as divisões históricas entre o Leste e o Oeste.

Mais importante ainda é o papel da renovação ao nível da reprodução ampliada da especialização do espaço reproduzido, cuja lógica estabelecemos anteriormente (cf. *supra*, Cap. 1). O aumento constante da implantação de escritórios em Paris, que tornou-se um gigantesco centro terciário, embora seja primordialmente a expressão da divisão do trabalho e da constituição das grandes organizações do capitalismo monopolista, também encontra um reforço considerável na ação dos organismos renovadores.

Como assistimos, então, à consagração e à extensão da centralidade parisiense que se estendeu agora ao conjunto da cidade e que se exerce simultaneamente sobre sua região e sobre a França, com vistas à Europa, torna-se necessária uma regulação nos canais de troca funcional, fluxos urbanos e centros comerciais. O programa de transportes ao nível do distrito fica encarregado do primeiro aspecto, e é à renovação que cabe o lançamento destes novos *centros comerciais* que devem se tornar ao mesmo tempo *emissores culturais*, tendo como eixo os valores consumistas (o todo, sempre na linha das tendências sociais em curso; quer dizer, segundo a lógica espacial dos setores mais dinâmicos do capitalismo monopolista internacional).

Quadro 59
A mudança do espaço parisiense pelas operações de renovação urbana

CARACTERÍSTICAS DO ESPAÇO RENOVADO ANTES DA RENOVAÇÃO

		População %			Moradia + de 65 anos sobre PA. residente			Estrutura urbana – 19 anos			Sistema institucional Argelinos		
		+	=	–	+	=	–	+	=	–	+	=	–
HLM	+	0	.004	.160	.043	.0775	.045	.113	0	.051			
	=	0	.055	.169	.046	.082	.047	.120	0	.054			
	–	0	.019	.640	.173	.310	.180	.455	0	.204			
ESCRITÓRIOS	+	0	.018	.606	.164	.293	.170	.431	0	.193			
	=	0	0	0	0	0	0	0	0	0			
	–	0	.011	.363	.98	.176	.102	.255	0	.116			
COMÉRCIO	+	0	.012	.390	.105	.189	.110	.278	0	.124			
	=	0	.009	.303	.082	.147	.085	.215	0	.097			
	–	0	.009	.303	.082	.147	.085	.215	0	.097			
EDIFÍCIOS	+	0	.008	.275	.074	.113	.077	.195	0	.088			
	=	0	.016	.572	.155	.277	.161	.407	0	.182			
	–	0	.012	.397	.107	.192	.111	.282	0	.187			
ESPAÇOS VERDES	+	0	.006	.218	.059	.105	.061	.155	0	.069			
	=	0	.006	.203	.055	.098	.057	.144	0	.065			
	–	0	.016	.548	.148	.265	.152	.369	0	.175			
GRUPOS ESCOLARES	+	0	.003	.106	.028	.051	.030	.075	0	.034			
	=	0	.008	.261	.071	.126	.073	.186	0	.082			
	–	0	.018	.601	.163	.291	.169	.427	0	.192			
	+	0	.33	.97	.263	.47	.273	.69	0	.31	=		

CLASSIFICAÇÃO DAS OPERAÇÕES DE RENOVAÇÃO CONFORME O CONTEÚDO DO PROGRAMA DE REALIZAÇÕES PREVISTO

Proporção da superfície renovada conforme as características do espaço antes da renovação e conforme as da operação de renovação (unidade de contagem: ha em renovação; procedimento contável: total de ha igual a 1; proporções (na base da unidade), calculadas sobre o otal de ha. Símbolos: +: forte prop. da característica indicada; / =: média prop. da característica indicada; / –: fraca prop. da característica indicada.

(cont.)

		CARACTERÍSTICAS DO ESPAÇO RENOVADO ANTES DA RENOVAÇÃO													
		Estrangeiros			% de operários especializados e serventes			% de pró liberais e quadros superiores			Artesãos comerciantes			
	%	+	=	-	+	=	-	+	=	-	+	=	-
HLM	+	.006	.010	.148	.116	.047	.001	0	.007	.157	.051	0.67	.045
	=	.007	.011	.157	.183	.050	.011	0	.008	.167	.055	.071	.048
	-	.026	.039	.594	.465	.187	.006	0	.029	.630	.207	.268	.181
ESCRITÓRIOS	+	.025	.037	.562	.441	.177	.006	0	.028	.596	.196	.254	.171
	=	0	0	0	0	0	0	0	0	0	0	0	0
	-	.015	.022	.337	.264	.106	.003	0	.016	.368	.118	.118	.103
COMÉRCIOS	+	.016	.024	.362	.284	.114	.004	0	.018	.384	.126	.164	.110
	=	.012	.018	.281	.220	.089	.003	0	.013	.298	.098	.127	.085
	-	.011	.017	.255	.200	.080	.002	0	.012	.270	.089	.115	.050
EDIFÍCIOS	+	.023	.035	.531	.416	.167	.005	0	.026	.563	.185	.240	.162
	-	.016	.024	.369	.289	.116	.004	0	.018	.391	.129	.166	.112
ESPAÇOS VERDES	+	.009	.013	.202	.158	.063	.002	0	.010	.214	.069	.091	.061
	=	.008	.012	.183	.148	.059	.002	0	.009	.200	.066	.085	.057
	-	.022	.033	.518	.398	.160	.005	0	.025	.529	.177	.229	.155
GRUPOS ESCOLARES	+	.004	.006	.099	.077	.031	.001	0	.004	.104	.034	.044	.030
	=	.010	.016	.243	.191	.076	.002	0	.012	.257	.085	.109	.074
	-	.024	.037	.558	.437	.176	.006	0	.027	.592	.195	.252	.170
	+	.04	.06	.90	.706	.284	.01	0	.045	.955	.315	.407	.275
	=	=	=	-	+	=	-	+	=	-	+	=	-

CLASSIFICAÇÃO DAS OPERAÇÕES DE RENOVAÇÃO CONFORME O CONTEÚDO DO PROGRAMA DE REALIZAÇÕES PREVISTO

		CARACTERÍSTICAS DO ESPAÇO RENOVADO ANTES DA RENOVAÇÃO												
		Superpopulação			Moradias sem água			Implantação de escritórios 1962			Crescimento de escritório 1962-1968			
	%	+	=	–	+	=	–	+	=	–	+	=	–	
H.L.M	+	.136	.003	.024	.037	.026	.100	.024	0	.124	.077	.024	.062	
	=	.145	.003	.025	.040	.028	.106	.026	0	.131	.082	.026	.066	
	–	.547	.013	.097	.151	.105	.400	.099	0	.495	.310	.099	.025	
ESCRITÓRIOS	+	.518	.012	.092	.148	.100	.379	.093	0	.468	.293	.093	.237	
	=	0	0	0	0	0	0	0	0	0	0	0	0	
	–	.311	.007	.055	.086	.060	.238	.056	0	.281	.176	.056	.145	
COMÉRCIOS	+	.344	.008	.059	.092	.064	.244	.60	0	.302	.189	.060	.153	
	=	.259	.006	.046	.072	.053	.189	.046	0	.234	.147	.046	.119	
	–	.235	.005	.042	.065	.045	.172	.042	0	.213	.113	.042	.105	
EDIFÍCIOS	+	.489	.011	.087	.135	.094	.356	.088	0	.442	.277	.088	.224	
	=	.340	.008	.060	.093	.065	.248	.061	0	.307	.192	.061	.155	
	–	.186	.004	.037	.051	.036	.136	.033	0	.168	.105	.033	.085	
ESPAÇOS VERDES	+	.154	.004	.031	.048	.029	.127	.031	0	.157	.098	.031	.079	
	=	.468	.011	.083	.119	.090	.342	.084	0	.423	.265	.084	.214	
	–	.091	.002	.016	.025	.017	.066	.016	0	.82	.051	.016	.041	
GRUPOS ESCOLARES	=	.224	.005	.039	.062	.043	.163	.040	0	.202	.126	.040	.102	
	–	.514	.012	.091	.142	.099	.376	.093	0	.465	.291	.093	.235	
	+	.83	.02	.148	.23	.16	.607	.15	0	.75	.047	.15	.38	

CLASSIFICAÇÃO DAS OPERAÇÕES DE RENOVAÇÃO CONFORME O CONTEÚDO DO PROGRAMA DE REALIZAÇÕES PREVISTO

(cont.)

		CARACTERÍSTICAS DO ESPAÇO RENOVADO ANTES DA RENOVAÇÃO											
		Implantação industrial			Abertura industrial			Porte dos comércios			Tipo de comércios (irregulares quotidianos)		
	%	+	=	–	+	=	–	+	=	–	+	=	–
HLM	+	.106	.058	0	.131	.033	0	0	0	.165	0	.011	.153
	=	.112	.062	0	.140	.035	0	0	0	.175	0	.012	.162
	–	.425	.234	0	.527	.132	0	0	0	.66	0	.46	.613
ESCRITÓRIOS	+	.403	.221	0	.499	.125	0	0	0	.625	0	.43	.584
	=	0	0	0	0	0	0	0	0	0	0	0	0
	–	.241	.133	0	.299	.075	0	0	0	.375	0	.026	.348
COMÉRCIOS	+	.259	.143	0	.322	.081	0	0	0	.403	0	.028	.374
	=	.201	.110	0	.250	.063	0	0	0	.313	0	.021	.291
	–	.183	.100	0	.227	.057	0	0	0	.284	0	.019	.264
EDIFÍCIOS	+	.380	.244	0	.471	.118	0	0	0	.50	0	.041	.548
	=	.264	.154	0	.327	.082	0	0	0	.41	0	.028	.381
	–	.145	.079	0	.180	.045	0	0	0	.225	0	.015	.209
ESPAÇOS VERDES	+	.135	.074	0	.167	.042	0	0	0	.21	0	.014	.195
	=	.364	.200	0	.451	.113	0	0	0	.565	0	.039	.528
	–	.070	.039	0	.087	.022	0	0	0	.11	0	.007	.102
GRUPOS ESCOLARES	+	.174	.096	0	.216	.054	0	0	0	.27	0	.018	.254
	=	.340	.220	0	.495	.124	0	0	0	.62	0	.043	.575
	–	.645	.355	=	.799	.201	=	+	=	–	+	.07	.093

(cont.)

(cont.)

CARACTERÍSTICAS DO ESPAÇO RENOVADO ANTES DA RENOVAÇÃO

	%	Concentração espacial das áreas fechada			Área de distribuição dos comércios			Serviço metrô			Preço m2 moradias antigas			Preço m2 moradias recentes		
		+	=	-	+	=	-	+	=	-	+	=	-	+	=	-
HLM	+	0	0	.165	0	0	.165	.033	.112	.021	0	.024	.140	0	.94	.070
	=	0	0	.022	0	0	.175	.035	.119	.022	0	.026	.148	0	.099	.075
	-	0	0	.66	0	0	.66	.132	.448	.085	0	.099	.561	0	.376	.283
ESCRITÓRIOS	+	0	0	.625	0	0	.625	.118	.425	.081	0	.093	.531	0	.356	.268
	=	0	0	0	0	0	0	0	0	0	0	0	0	0	0	0
	-	0	0	-.375	0	0	.375	.071	.255	.048	0	.56	.318	0	.213	.166
COMÉRCIOS	+	0	0	.403	0	0	.403	.080	.274	.052	0	.060	.342	0	.219	.173
	=	0	0	.313	0	0	.313	.062	.212	.040	0	.046	.266	0	.178	.134
	-	0	0	.284	0	0	.284	.056	.193	.036	0	.042	.241	0	.161	.122
EDIFÍCIOS	+	0	0	.59	0	0	.59	.118	.401	.076	0	.088	.501	0	.336	.253
	=	0	0	.41	0	0	.41	.082	.278	.053	0	.061	.348	0	.233	.176
	-	0	0	.225	0	0	.225	.045	.153	.029	0	.033	.191	0	.126	.096
ESPAÇOS VERDES	+	0	0	.21	0	0	.21	.042	.142	.027	0	.031	.178	0	.119	.090
	=	0	0	.565	0	0	.565	.113	.384	.073	0	.084	.480	0	.322	.242
	-	0	0	.11	0	0	.11	.022	.074	.014	0	.016	.093	0	.062	.047
GRUPOS ESCOLARES	+	0	0	.27	0	0	.27	.054	.183	.035	0	.040	.229	0	.153	.116
	=	0	0	.62	0	0	.62	.124	.421	.080	0	.093	.527	0	.353	.266
	-	0	0	.1	0	0	.1	.20	.68	.12	0	.15	.85	0	.57	.43
	+	+	=	-	+	=	-	+	=	-	+	=	-	+	=	-

CLASSIFICAÇÃO DAS OPERAÇÕES DE RENOVAÇÃO CONFORME O CONTEÚDO DO PROGRAMA DE REALIZAÇÕES PREVISTO

(cont.)

		CARACTERÍSTICAS DO ESPAÇO RENOVADO ANTES DA RENOVAÇÃO														
		Voto esquerda municipais				Implantação PCF				Segurança UDR				Independência UDR		
	%	+	=	-	+	=	-	+	=	-	+	=	-	+	=
HLM	+	.118	.046	0	.118	.028	.018	.006	.035	.124	.01	.037	.09	.165	+
	=	.126	.049	0	.126	.030	.019	.007	.037	.181	.011	.06	.10	.175	=
	-	.475	.184	●	.475	.112	.072	.026	.138	.495	.041	.231	.386	.66	-
ESCRITÓRIOS	+	.450	.175	0	.450	.106	.068	.025	.131	.468	.40	.218	.366	.627	+
	=	0	0	0	0	0	0	0	0	0	0	0	0	0	=
	-	.210	.185	0	.276	.063	.041	.015	.078	.281	.040	.131	.219	.375	-
COMÉRCIOS	+	.29	.112	0	.29	.068	.044	.016	.084	.302	.025	.141	.236	.403	+
	=	.225	.087	0	.225	.053	.034	.012	.065	.234	.019	.085	.183	.313	=
	-	.204	.079	0	.204	.048	.031	.011	.059	.213	.017	.099	.166	.284	-
EDIFÍCIOS	+	.424	.165	0	.424	.100	.064	.023	.123	.442	.038	.206	.345	.59	+
	=	.295	.114	0	.295	.069	.045	.016	.086	.307	.025	.143	.24	.41	=
	-	.162	.063	0	.162	.038	.02	.009	.047	.168	.014	.068	.131	.225	-
ESPAÇOS VERDES	+	.151	.058	0	.151	.035	.023	.008	.044	.157	.013	.073	.123	.21	+
	=	.406	.158	0	.406	.096	.062	.022	.118	.423	.035	.097	.331	.565	=
	-	.079	.030	0	.079	.018	.012	.004	.023	.082	.006	.038	.064	.11	-
GRUPOS ESCOLARES	+	.194	.083	0	.194	.045	.02	.010	.056	.202	.017	.094	.158	.27	+
	=	.446	.173	0	.446	.105	.068	.024	.13	.465	.039	.217	.383	.62	=
	-	.72	.28	0	.72	.17	.11	.04	.21	.75	.03	.35	.586	-	-

CLASSIFICAÇÃO DAS OPERAÇÕES DE RENOVAÇÃO CONFORME O CONTEÚDO DO PROGRAMA DE REALIZAÇÕES PREVISTO

Enfim, alguns elementos de que poderíamos dispor com referência à simbologia urbana caminham também no sentido da reprodução das tendências sociais ao nível das formas urbanas, tendo, no entanto, a especificidade importante de serem tendências mais avançadas no interior da lógica dominante; assim, por exemplo, os edifícios, expressão das formas mais carregadas de valores tecnocráticos (modernidade, eficiência, racionalidade) terão primazia sobre as formas puramente conservadoras (por exemplo, os imóveis de cantaria).

A "reconquista de Paris", portanto, é sem dúvida alguma, uma intervenção do aparelho de Estado sobre o espaço; ela visa à reprodução ampliada do sistema urbano da região parisiense, do ponto de vista de sua centralidade, do nível superior do aparelho produtivo e da estratificação urbana.

Coloca-se então a questão de saber porque é necessária intervenção do Estado para ampliar o desenvolvimento de tendências sociais cuja força se pode constatar. Se é verdade que a superconcentração das funções centrais necessita uma intervenção reguladora, a renovação aparece mais como um acelerador do processo. Desde então, mais do que resposta a uma crise do sistema urbano, ela aparece como uma iniciativa emanando de início do aparelho do Estado e que deve ser compreendida a partir da lógica interna do político.

D. A determinação político-ideológica da "reconquista de Paris"

Toda a intervenção do aparelho de Estado pode ser compreendida através de seus efeitos sobre o econômico, o político-institucional (quer dizer ele próprio), o ideológico, ou diretamente, sobre as relações sociais. É na ligação da renovação urbana com as diferentes instâncias que podemos ver desdobrar-se o conjunto de sua significação.

Ora, sua relação com o econômico nada mais é do que o que acabamos de expor: reprodução de um espaço central sob o efeito do processo de concentração regional e urbano do aglomerado parisiense, que por sua vez é produto da evolução do sistema produtivo. Como a renovação não acrescenta nenhum efeito novo neste nível, uma interpretação que permanecesse na instância econômica deveria se limitar a ver no programa de renovação uma simples manipulação dos órgãos de gestão urbana, a fim de criar ocasiões de lucro para os empreendedores, o que faz parte de lógica do sistema. Mas se existem fatos neste sentido, eles nos parecem mais o *resultado* do papel social da renovação, determinado em relação a outras instâncias.

Quadro 60
Distribuição, em hectares, das operações de renovação urbana nos bairros e zonas de Paris, classificados conforme seu voto nas eleições municipais de 1965 e nas eleições legislativas de 1967

	Lista de Esquerda		Implantação do PCF.		Situação eleitoral da UNR.			
	Nº Ha	%	Nº Ha	%			Nº Ha	%
Setores com valor forte (+)	238,7	66,5	263,7	73,4	Forte	(+)	109,0	30
					Médio	(=)	26,2	6,7
Setores com valor fraco (−)	120,2	33,5	95,2	26,6	Fraco	(−)	223,7	62,3
	358,9	100%	358,9	100%			358,9	100%

Assim, no plano institucional, podemos nos perguntar que interesse tem o Estado em modificar as funções e a ocupação social do espaço parisiense. Vem ao espírito uma primeira ideia: mudar o eleitorado. Com efeito se cruzamos alguns resultados de voto significativos pela importância das operações de renovação urbana (quadro 60), eis o que constatamos:

1. Ela visa sobretudo aos setores de esquerda do eleitorado e, em particular, o comunista. Isto é lógico, dadas as camadas sociais que moram nestes setores. Mas o fato de estabelecer uma correlação com uma outra variável não retira a significação do fato político em si. Mudar esta população, é mudar a tendência política do setor.
2. Ela é forte onde a implantação eleitoral da "maioria" é fraca, o que é inverso ao resultado anterior. Mas o espaço menos visado pela renovação não é o espaço onde os gaullistas estão bem enraizados

mas onde sua dominação é certa, o que parece decorrer de um tríplice movimento: a) mudar os setores de esquerda; b) lançar operações prestigiosas nos setores onde a direita está consolidada; c) organizar as zonas indecisas no momento

Se é este o caso, não parece que ele possa por si só, no entanto, poder dar conta da estratégia do aparelho do Estado, pois seria preciso ainda explicar a razão pela qual é necessário ocupar eleitoralmente o espaço da cidade de Paris.

As coisas se esclarecem um pouco mais, fazendo intervir na análise o papel desempenhado pelas operações de prestígio em Paris no plano ideológico... Não só na simbologia urbana, como na emissão ideológica em geral. A mitologia da grandeza francesa e a afirmação dos novos valores das grandes empresas internacionais parecem combinar-se para lançar uma campanha de envergadura que faria da Paris capital a exibição de uma certa prosperidade e de uma capacidade de iniciativa pública. Aos projetos de renovação, marcados sobretudo pelos valores capitalistas de vanguarda, o Estado acrescentaria sua vontade de distinguir o centro de Paris através da mudança dos Halles (mercado), com o todo se unindo no centro de negócios da "Défense", oferecido pelo aparelho de Estado aos monopólios do ano 2000.

Assim, a contradição da burguesia francesa (De Gaulle)/capitalismo internacional (Pompidou) parece ultrapassada numa nova fase que, no plano urbano, consagra a articulação da região parisiense com os eixos econômicos europeus e o papel de Paris como centro de negócios e emissor em nível continental.

No entanto, a marcação ideológica de um espaço nunca é um fim em si, na medida em que toda emissão ideológica só existe pelo efeito que produz em sua recepção. Quer dizer que, tanto a intervenção na base eleitoral parisiense, quanto o efeito de demonstração ideológica parecem ter por horizonte as *relações sociais* ou, mais exatamente, parecem caminhar no sentido de uma transformação profunda do conteúdo de classe do município de Paris. E isto, não no sentido banal de estratificação social (mudança da ocupação social do espaço), mas no sentido profundo de permear todas as instâncias, da articulação do espaço à luta de classes. Aqui atingimos o mundo do hipotético, mas a análise parece convergir para este ponto bem mais difícil de apreender do que os dados estabelecidos até o presente. Com efeito, por que razão a luta de classes passaria pela ocupação de um certo espaço? Por que é significativo que os gaullistas controlem o município de Paris, mais do que o subúrbio, ou a província?

Esboçamos duas hipóteses:

A primeira diz respeito à *conjuntura* da luta política na França, a saber a tentativa da grande burguesia, desde 1958 e sob a direção de um líder poderoso, de formar um grande partido hegemônico, incondicionalmente ligado às orientações do capitalismo monopolista e solidamente enraizado no eleitorado. Ora, se o embasamento eleitoral foi obtida através de combinações sutis e aproveitando-se de elementos conjunturais, nitidamente falta solidez ao partido que não está enraizado no conjunto das camadas sociais; uma vez desaparecido o seu líder, ele corre o risco de uma fragmentação entre as diferentes facções da burguesia, que não o reconhecem mais como um instrumento político *relativamente autônomo*. Este embasamento popular, particularmente ao nível das instituições locais, está em mãos ou das forças operárias ou das forças políticas burguesas e pequeno-burguesas tradicionais. É neste nível que a UDR tenta, desesperadamente, penetrar e constituir uma base gerencial local que lhe dê uma estrutura de "personalidades" para fundamentar um partido e escapar aos acasos da conjuntura. Como as grandes cidades de província são, em regra geral, sustentadas solidamente por outras forças, Paris torna-se um caso privilegiado, onde, dependendo diretamente do governo, pode ser empreendida uma ação de grande alcance para transformar pouco a pouco suas condições sociais e políticas, e quando chegar o momento, dar-lhe, com precaução, um status de autonomia local e torná-la a base de apoio popular do grande partido neocapitalista.

Além do mais não podemos subestimar o papel desempenhado por Paris na *história da luta das classes na França*. Pensamos instantaneamente na Comuna, mas o movimento de maio, também, teve Paris como núcleo e *cenário*: o apoio da população parisiense foi um elemento de primordial importância no *processo concreto* de luta. Qual o motivo dessa importância? Diremos. Por que, por exemplo, as lutas nas grandes fábricas têm necessidade de exprimir-se em Paris? Aqui, a reflexão necessariamente se torna ainda mais nebulosa. Mas poderíamos supor (e é esta a nossa segunda hipótese) que esta importância se deve às condições concretas da organização política da França atual. Com efeito, as lutas nas grandes fábricas, ou nas faculdades, para conseguir um verdadeiro alcance político, devem reportar-se à problemática da tomada de poder, mesmo que seja a um nível muito inferior. Isto exige, evidentemente, uma expressão organizada, ou se preferirmos, no sentido mais amplo, um partido. Ora, sabemos que o movimento de maio e as tendências revolucionárias que se desenvolvem na França já há algum tempo caracterizam-se justamente pela ausência de expressão organizada de um tal movimento (ou, se preferirmos, pela proliferação de grupos). O único ponto de agrupamento, o único tipo de expressão política organizada deste movimento, tanto em maio como em 1970, é a rua. "O poder está na rua" não era apenas uma palavra de ordem "anarquizante"; era a referência ao único espaço orgânico que, acima dos conflitos puramente ideológicos, aglutinava o movimento de revolta.

Uma Paris burguesa é uma Paris cortada das eventuais expressões contestatórias que deverão oscilar entre a dispersão das lutas nos "redutos" e o afrontamento direto à repressão no isolamento político das ruas de Paris, enquanto se espera o Partido...

É evidente que não há um projeto consciente da burguesia dotada de uma tão grande clarividência, mas parece-nos que os efeitos da renovação caminham neste sentido e são, consequentemente, percebidos como positivos, sob outras formas, às vezes veladas pela ideologia dos próprios burgueses interessados nisso. Mas, se os representantes de uma classe social nem sempre sabem se reconhecer, a classe conhece seus interesses, no sentido de que sua lógica inconsciente, tende a banir o que não lhe serve.

ESQUEMA VIII
A lógica social em ação no programa de reconquista urbana de Paris

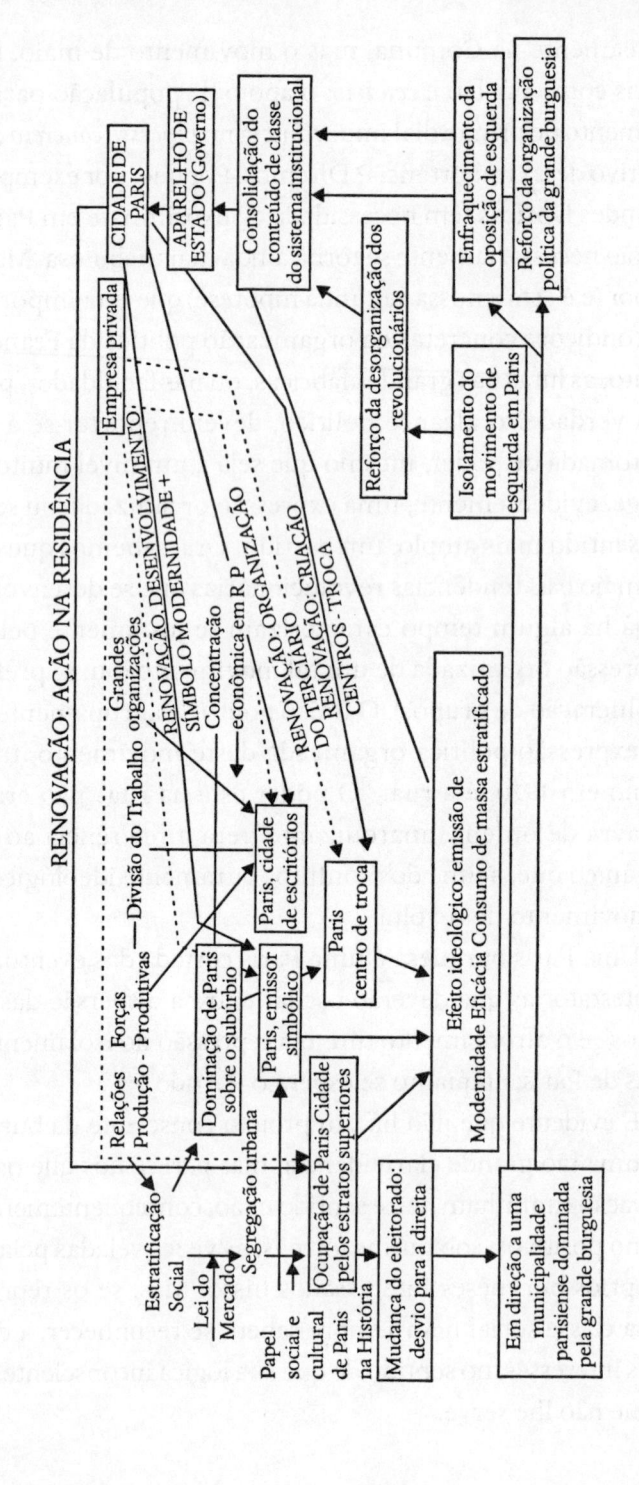

RENOVAÇÃO: AÇÃO NA RESIDÊNCIA

- Empresa privada
- CIDADE DE PARIS
- APARELHO DE ESTADO (Governo)
- Consolidação do conteúdo de classe do sistema institucional
- Enfraquecimento da oposição de esquerda
- Reforço da organização política da grande burguesia
- Reforço da desorganização dos revolucionários
- Isolamento do movimento de esquerda em Paris
- Grandes organizações
- RENOVAÇÃO: DESENVOLVIMENTO + SÍMBOLO MODERNIDADE
- Concentração econômica em R P
- RENOVAÇÃO TERCIÁRIO: ORGANIZAÇÃO DO TERCIÁRIO CRIAÇÃO DE RENOVAÇÃO CENTROS - TROCA
- Relações Produção - Produtivas
- Forças Produtivas
- Divisão do Trabalho
- Paris, cidade de escritórios
- Dominação de Paris sobre o subúrbio
- Paris, emissor simbólico
- Paris centro de troca
- Efeito ideológico: emissão de Modernidade Eficácia Consumo de massa estratificado
- Estratificação Social
- Lei do Mercado
- Segregação urbana
- Ocupação de Paris Cidade pelos estratos superiores
- Papel social e cultural de Paris na História
- Mudança do eleitorado: desvio para a direita
- Em direção a uma municipalidade parisiense dominada pela grande burguesia

456 | Manuel Castells

Por outro lado, a renovação é apenas isto. Ela é, sobretudo, a reprodução ampliada do sistema urbano da região parisiense no sentido descrito, e neste sentido ela concretiza a lógica social na base da estrutura da região parisiense. Mas o que é preciso explicar, é a razão pela qual existe uma coincidência direta entre os interesses econômicos de classe, diretamente expressos no espaço, e a lógica própria ao aparelho de Estado ao qual atribuímos uma autonomia relativa. E pensamos que talvez pudéssemos explicar esta coincidência e este reforço mútuo, através do impacto da renovação sobre as *relações sociais*, com seus efeitos redobrados sobre o econômico, o político-institucional e o ideológico (cf. esquema VIII).

Enfim, é verdade que existe uma grande distância entre as proporções modestas do programa de renovação e a amplitude dos objetivos implícitos que lhes atribuímos. Mas este programa desempenha um papel piloto, abrindo uma brecha nos bairros populares e criando as condições para que a empresa privada prossiga e multiplique as atividades neste sentido. É assim que é preciso entender a tendência cada vez mais acentuada a ceder lugar à renovação particular e o desenvolvimento de medidas de ação concordantes.

Nesta perspectiva, a "reconquista urbana de Paris" parece adquirir uma significação bem precisa. É a reconquista da Paris popular pela burguesia tanto ao nível das atividades, quanto ao da residência. O grande sonho dos senhores de Versailhes seria então realizado. Arrancada de suas raízes históricas, esvaziada de seu fundamento social, a Comuna finalmente estaria morta!

IV. ALGUMAS CONCLUSÕES GERAIS SOBRE A PLANIFICAÇÃO URBANA COMO PROCESSO SOCIAL

As pesquisas apresentadas descortinam mais uma problemática do que uma demonstração rigorosa. No entanto, a partir delas, certos resultados podem ser enunciados de forma provisoriamente geral, de modo a serem retificadas ou desenvolvidas através do exame da especificidade de outras situações concretas. A *título de exemplo*, enunciaremos algumas delas.

- As operações de planificação urbana estudadas desenvolvem a lógica estrutural capitalista e respeitam os limites assim impostos. Esta afirmação não esgota a análise, já que é preciso ver especificamente de que maneira se desdobra esta lógica. Mas se ela não diz tudo, diz *muitas coisas* e, principalmente, com relação às capacidades de intervenção de G sobre P, ao nível do sistema urbano, tal como o assinalamos nas hipóteses gerais.
- A simples existência de uma situação de crise no sistema urbano não ocasiona forçosamente uma intervenção do planificador: ela deve de início se exprimir socialmente, em seguida ser transcrita em termos do aparelho político que sempre começa a se organizar ao nível do sistema urbano (constituição ou reorganização de G).
- Em compensação, pode haver uma intervenção do planificador urbano, sem crise propriamente urbana, em função da lógica interna, do aparelho de Estado.
- Qualquer intervenção exigida por uma contradição manifesta, mas não concretizada (devido a uma lei estrutural que a impede, ou por causa da conjuntura das relações de força) é substituída por uma *intervenção correspondente sobre o ideológico*.
- A prioridade concedida às intervenções deriva da relação de forças existente ao nível das relações de classe. Assim, se se trata sobretudo de fazer frente à reivindicação popular (Grã-Bretanha) a ação versará essencialmente sobre o *consumo*; tratando-se de uma ofensiva da classe dominante (reconquista de Paris) o *conjunto dos elementos* será o objeto de uma intervenção reguladora.
- Parece, na pesquisa concreta, que devemos consagrar particular atenção à produção de esforços sociais em cadeia e que a significação social de uma intervenção pode não provir da intervenção constatada, mas do alcance desta intervenção em relação a um outro domínio do social (por exemplo, a renovação urbana americana, como meio de luta política contra os militantes negros).
- As "imutabilidades sociais", produzidas pela permanência de formas cristalizadas herdadas de outros modos de produção e

períodos (por exemplo, a cidade pré-industrial) agem sobretudo como multiplicadores das defasagens e contradições da estrutura dominante, e não como sua fonte.

- O processo institucional tem uma autonomia relativa, no sentido de não ser a transcrição direta e mecânica dos efeitos sociais da intervenção planificadora. *Mas não depende de forma alguma do acaso nem da liberdade dos atores.* Ele é determinado, em segundo grau, no sentido de que a especificidade de sua lógica se explica pela análise do conteúdo social das intervenções.

- Quando, na base da operação, existe uma reivindicação, temos fortes chances de encontrar uma correspondência entre a ideologia da reivindicação e as *formas* urbanas suscitadas, mais do que entre seus respectivos conteúdos sociais (novas cidades britânicas).

As proposições deste gênero poderiam ser organizadas num sistema axiomático, combinadas entre si, donde poderíamos deduzir outras etc. Falta ainda a base material de pesquisas concretas para começar um tal empreendimento. Mas o caminho está traçado.

Notas

1. Nossa análise está fundamentada, por um lado, na pesquisa pessoal efetuada por ocasião de uma visita às novas cidades inglesas em 1966; por outro lado, numa pesquisa histórica e documentária efetuada em 1969 na Universidade de Montreal no contexto da seminário de pesquisa sobre a planificação urbana. MELLE ROBITAILLE e M. LEDUC fizeram, sob minha direção, um estudo bem documentado no qual se baseia o essencial deste texto. Para os dados básicos, entre as principais obras de referência sobre este tema, podemos citar: W. ASHWORTH, *The Genesis of Modern British Town Planning*, Routledge and Kegan Paul, Londres, 1954; D.L. FOLEY, *Controlling London's Growth*, University of California Press 1963; L. RODWIN, *The British New Towns Policy*, Harvard University Press 1956; H. ORLEANS,

Stevenage a Sociological Study of a New Town, London Routledge and Kegan Paul, 1952; P. ABERCROMBIE, Town and Country Planning, Londres, Oxford University Press, 1959; F.J. OSBORN e A. WHITTICK, The New Towns Program In Britain", *Journal of the American Institute Of Piapitter*, 28, nov. 1962; Mission d'étude de FIAURP, "Villes Nouvelles en Grand-Bretagne" e "Urbanisme en région de Londres", *Cahiers de Fiaurp*, Paris, t. 8, junho de 1967; P MERLIN, Les villes nouvelles, PUF, Paris, 1969.

2. O Greater London Regional Planning Comitee, criado em 1927, foi "por água abaixo" dez anos mais tarde, sem ter nunca tomado a menor iniciativa.
3. Cf. o excelente texto de D.L. Foley, "British Town Planning: One Ideology or three?", British Journal of Sociology, t. II, 1960, pp. 211-231.
4. A documentação sobre a renovação urbana nos Estados Unidos é ao mesmo tempo muito vasta e insuficiente. Com efeito, inúmeros estudos, mais técnicos do que sociológicos, foram consagrados às operações específicas, mas é difícil estabelecer comparações a partir de definições diferentes, e por conseguinte, impossível deduzir as tendências profundas a partir de uma acumulação de dados particulares. Uma primeira síntese foi tentada, de forma extremamente brilhante, por M. ANDERSON, então estudante em Harvard. Sua tese de doutorado, *The Federal Bulldozer, A Critical Analysis of Urban Renewal 1949-1962*, MIT Press, Cambridge, Mass., 1964, p. 272, é uma apresentação polêmica dos dados oficiais sobre a renovação urbana. Apesar de sua tendência ideológica conservadora (pois trata-se de demonstrar que a empresa privada é um melhor instrumento de solução dos problemas urbanos), é a melhor fonte de dados e de referências, *para o período estudado*, quer dizer, até 1962. Ora, desde então, um grande número de novos projetos foi realizado. Para estes últimos anos, o documento básico é um relatório que sintetiza os problemas urbanos americanos. Trata-se das conclusões da Comissão Nacional sobre os problemas urbanos, constituída por solicitação do Congresso para reunir as informações básicas e fazer uma análise sobre a política urbana americana. Cf. *Report of the National Comission on Urban Problems to the Congress and to the President of the United States, Building the American City*, 919 Congresso, primeira sessão, House Document, n· 91-34, dezembro, 1968, p. 504.

A melhor exposição das análises da renovação urbana é a obra interdisciplinar publicada sob a direção de J.Q. WILSON, Cambridge, Mass., 1966, paperback edition, 1967, p. 683. Uma outra obra coletiva que retoma amplamente a que foi efetuada por WILSON é a de J. BELLUSH e M. HAUSKNECHT (eds.) *Urban Renewal: People, Politics and Planning*, Anchor Books, Garden City, Nova York, 1967, p. 542.

Duas outras obras pretendem-se sínteses analíticas do programa de renovação urbana. A de S. GREER, *Urban Renewal and American Cities*, The Bobbs-Merril Co., Indianópolis, 1965, p. 201, é uma apresentação clara e inteligente dos processos sociais que condicionam o conteúdo urbanístico. Nós lhe devemos algumas das principais ideias de nossa análise. Ao contrário, a obra de Ch. ABRAMS, *The City is the Frontier*, Nova York Harper and Row, 1965, é um ensaio muito geral, que se diz comparativo, e que traz poucos dados novos.

Para uma defesa das realizações da renovação urbana, do lado da administração federal, cf. W. L. SLAYTON, "The Operations and Achievment of the Urban Renewal Program", J.Q. WILSON (ed.), *op. cit.*, pp. 189-229, e também R.C. WEAVER, *The Urban Complex*, Doubleday and Co., New York, 1964, paperback editions 1966, pp. 401-42, em particular.

Para uma crítica relativamente "progressista" do programa, cf. H.J. HANS, "The failure of Urban Renewal", *Commentary*, abril de 1965, pp. 29-37, bem como a coleção de ensaios do mesmo autor *People and Plans*, Basic Books, Nova York, 1968, 395 p., em particular, cap. 15.

Uma boa narrativa jornalística, repleta de dados e de referências é a de J.R. Lowe, *Cities in a Race with Time: Progress and Poverty in America's Renewing Cities*, Nova York, Random House, 1967, p. 601.

Para a obtenção de fontes oficiais diretas, cf. *Journal of Housing*, publicado pelos funcionários federais da renovação urbana e da habitação, bem como *Housing and Planning References*, publicado pelo US Department of Housing and Urban Development, Washington, DC.

Enfim, outras informações e referências foram fornecidas pelas seguintes obras: W.L.C. WHESTON, *Housing, Renewal and Development*, Berkeley, Department of City and Regional Planning, Universidade da Califórnia, 1968, p. 44; M.S. STEWART, *Can we save our cities? The Story of Urban Renewal*, Nova York, Public

Affairs Committee, 1965, p. 28, K. A. DOXIADIS, *Urban Renewal and the Future of American City*, Chicago, Public Administration Service, 1966, 174 p. National Planning Association, *The Scope and Financing of Urban Downton, Revitalization*, Institute of Community and Area Development, Universidade da Georgia, 1967, p. 118. A. ROSE, "The crisis in urban renewal", *Hábitat*, t. XI, 3, 1968, pp. 2-8; Ch. Rapkin e W.C. GRIGSBY, *Residential Renewal in the Urban Core*, Philadelphia, University of Pennsylvania Press, 1960.

Enfim, esta análise retoma os temas de nosso artigo "A renovação urbana nos Estados Unidos", *Espaços e Sociedades*, n° 1, 1970, sob uma forma diferente, ao mesmo tempo mais condensada e mais desenvolvida no plano teórico.

5. O *Housing Act* de 1968 tentou abordar este problema obrigando a destinar a metade das moradias construídas nas áreas renovadas para habitações de aluguel baixo ou moderado. Levará algum tempo até que sejam sentidos os efeitos desta lei, pois ela diz respeito aos futuros projetos e não aos projetos que já foram aprovados. O ponto fraco deste dispositivo é que ele não fixa o total de moradias a serem construídas mas faz com que este dependa do número total da construção residencial. Sabendo a proporção crescente de instalações não residenciais nas zonas renovadas, podemos temer que esta medida estimule a tendência para a diminuição do papel das moradias nos projetos de renovação.

6. R.M. FISHER, *Twenty Tears of Public Housing*, Nova York, Harper Brothers, 1959, bem como J. LOWE, *op. cit.*, e L. SCHORR, "How the Poor are Housed in the U.S.", in S.E. FAVA (ed.) *Urbanism in World Perspective* T.Y. CROWELL, Nova York, 1968, pp. 485-496.

7. REYNOLDS, "What Do We Know about our experience with Relocation", *Journal of Inter Group Relation*, p. 342, 1961.

8. Ch. HARTMAN, "The Housing of Relocated Families", *Journal of the American Institute of Planners*, t. 30, n° 4, 1964, pp. 226-286. Para uma boa exposição, fundamentada em dados inteiramente ultrapassados sobre a re-habitação nos EUA, cf. J. MELTZER, "Relocation of Families Displaced in Urban Redevelopment, Experience in Chicago", in COLEMAN WOODBURY (ed.) *Urban Redevelopment: Problems and Practices*, Chicago, University of Chicago Press, 1953.

9. U.S. Housing and Home Finance Agency, *The Housing of Relocated Families: Summary of a Census Bureau Survey*, in J.Q. WILSON (ed.) *op. cit.*, pp. 336-352.
10. Cf. Ch. HARTMAN, "A Comment on HHFA Study of Relocation", *Journal of the American Institute of Planners*, nov. 1965. E sobretudo as audiências diante da National Comission on Urban Problems, "Ribicoff Hearings", part. I., pp. 100-144 (1968), bem como os comentários do relatório final da mesma comissão, op. cit., p. 93.
11. NCUP, *op. cit.*, p. 10.
12. Cf. a propósito disto, a comparação entre as exigências mínimas de renda para ser aceito numa moradia pública e os níveis de pobreza — comparação estabelecida por NCUP, *op. cit.*, quadro 14, p. 133. Outros impedimentos são de ordem "social"; assim, até uma data bem recente, as moradias públicas em Nova York não aceitavam mulheres com filhos ilegítimos.
13. Recentemente, o programa de habitação pública parece ter tomado um novo impulso. De setembro de 1967 a outubro de 1968, 74.859 novas moradias foram construídas. As estimativas para 1969 previam a edificação de 75.000 unidades suplementares; 130.000 para 1970 e 190.000 para 1971. (*Journal of Housing*, outubro de 1968, p. 454). Dito isto, lembremos que o relatório da Comissão Nacional sobre os problemas urbanos estipulava as necessidades de moradia num mínimo de 2.000.000 por ano, dentre as quais 500.000 para famílias de renda baixa (*op. cit.*, p. 180.)
14. National Comission, 1965.
15. C.P. MARRIS, "A Report on Urban Renewal in the United States", em L.J. DUHL (ed.), *The Urban Condition*, Basic Books, Nova York, 1963, pp. 113-133, e também no caso de Chicago, B. DUNCAN e Ph. HAUSER, *Housing a Metropolis*, The Free Press Glencoe, 1960, pp. 85-86; lembremos que em 1960 só havia 10% de negros na população americana.
16. Th. F. PETTIGREW, "Racial Issues in Urban America", B.J. FRIEDEN e W. NASH Jr. (eds.), *Shaping an Urban Future*, the MIT Press, Cambridge, 1969, p. 59.
17. K. TAUENER e A. TAUBER, *Negros in Cities*, Aldine Publishing Co., Chicago, 1965.

18. White House Conference, "To fulfill these Rights", 1966, pp. 57-69.
19. Cf. a experiência analisada por M. MEYERSON e E.C. BANFIELD, *Polities, Planning* and *the Public Interest*, The Free Press, Glencoe, 1955, p. 351.
20. S. LIEBERSON e A.R. SILVERMAN, "The precipitants and underlying conditions of race riots", ASR, t. 30, n° 6, dezembro de 1965; pp. 887-898. A conclusões semelhantes chega o *Report of the National Advisory on Civil Disorders*, março de 1968.
21. Cf. B. FRIEDEN, *The Fature of Old Neighbourhoods*, Cambridge, MIT Press, 1964.
22. Cf. a exposição bastante completa da questão por K.C. PARSONS, "The Role of Universities in City Renewal", in H.W ELDREDGE (ed.), *Taming Megalopolis*; parte dois, *How to Manage an Urbanized World*, Anchor Books, Nova York, 1967, *paperback edition*, pp. 979-1002.
23. Uma análise aprofundada desta experiência foi publicada por P.K. ROSSI e R.A. DENTLER, *The Polities of Urban Renewal. The Chicago Findings*, The Free Press, Glencoe, 1961, p. 308.
24. Cf. J. BELLUSH e M. HAUSICNECHT (eds.), *Urban Renewal: people, polities and planning*, Garden City, Nova York, Anchor Books, 1967, p. 542. Também, para a análise de um caso particular H. KAPLAN, *Urban Renewal Polities: Slum Clearance in Newark*, Nova York, Columbia University Press, 1963.
25. Cf. N.E. LONG, "Local Government and Renewal Polities", in J.Q. WILSON (ed.), *op. cit.*, pp. 422-434.
26. Cf. J. C. WEICHER, *Municipal Services and Urban Renewal*, Ph. D. THESIS, Universidade de Chicago, março de 1968, p. 160.
27. I.J.Q. WILSON, "Planning and Politice": Citizen Participation in Urban Renewal", Journal of the American Institute of Planners, t. 29, n° 4, nov. 1963, pp. 242-249.
    W.C. LORING, F.L. SWEETSER e Ch. F. ERNST, *Community Organization for Citizem Participation in Urban Renewal*, Cambridge Press, 1957.
28. P.H. ROSSI e R.A. DENTLER, *op. cit.*, p. 292.
29. Cf. K.C. PARSONS, *op. cit.*
30. Para informações por extenso sobre este assunto, remeto a W SWENSON, *The Continuing Colloquium on University of Chicago Demonstration*

Projects in Woodlawn. Aspects of a Major University's Commitment to an Inner-City Ghetto. The Center for Urban Studies, Universidade de Chicago, nov. 15, 1968, p. 200.

31. Deixamos de lado aqui a análise do processo institucional e financeiro da renovação que viria tornar ainda mais cansativo um texto já complexo por sua significação social. Remetemos o leitor aos textos citados.

4
PESQUISAS SOBRE OS MOVIMENTOS SOCIAIS URBANOS

Observação importante

Embora exista uma certa defasagem entre os elementos teóricos propostos para orientar nossas tarefas e as primeiras pesquisas sobre a planificação urbana, ambos se situam, num mesmo universo conceitual, onde as análises concretas respondem, ao menos em parte, às questões teóricas, e os instrumentos teóricos chegam a esclarecer certos processos.

A situação é bem diferente no que concerne aos movimentos sociais urbanos.

Com efeito, esta problemática só existe no vazio, quer dizer, ela foi descoberta, por um lado, na ideologia (a expressão de conflitos políticos em termos urbanos), por outro, por uma análise teórica, no sentido de que podemos prever uma certa especificidade da articulação da problemática urbana nos diferentes domínios da luta de classes. Ora, a ausência de pesquisas neste domínio (na perspectiva de *estudo dos movimentos sociais*, oposta a da *participação local*) obriga a uma prudência extrema, quando se trata de empreender uma pesquisa concreta. Os problemas de *tática de pesquisa dominam os da perspectiva teórica.* Pois, é preciso antes de mais nada, saber a respeito do que falamos, quer dizer, aprender a reconhecer os "movimentos sociais urbanos", colocar um pouco de vida, isto é, de história concreta, no que ainda permanece um espaço teórico mal delimitado ou uma referência ideológica globalizadora.

Antes de efetuar análises demonstrativas, ou até mesmo ilustrativas da perspectiva teórica traçada, é preciso discernir nosso objeto concreto através de uma longa fase exploratória. Mas isto não significa recair no empirismo, limitar-se a uma simples observação que, por si só, nunca poderia fazer outra coisa a não ser acumular anedotas. Isto significa tratar os fenômenos que supostamente estão carregados de contradições do ângulo da emergência das reivindicações sociais e das mobilizações políticas, ao mesmo tempo em que se busca as leis de sua articulação com a luta de classes em geral. Mas esta apreensão deve ser feita em termos tais que, embora mais próximos do concreto do que o esquema teórico apresentado, conservemos sua temática, os tipos de articulação, o tipo de raciocínio. Portanto, nós nos empenhamos na elaboração de instrumentos capazes de apreender mais diretamente um processo político, sem ter de reconstruir o conjunto das combinações estruturais subjacentes, tais como as que são apresentadas no esquema teórico geral.

Os instrumentos são mais *descritivos* e visam a mostrar as articulações de um dado processo, de maneira a deduzir as leis estruturais. Portanto, eles não representam uma alteração do conteúdo com relação à perspectiva teórica. São adequados a uma fase exploratória, situada a um nível semidescritivo, mas estão impregnados da problemática exposta anteriormente. Pois não há por que ter vergonha de confessar que no momento em que redigimos estas linhas (janeiro de 1971), ainda não resolvemos os problemas práticos colocados pelo desenvolvimento do esquema global em termos de pesquisa concreta. Mas nos fixamos nele, abordando todas as mediações necessárias. A fase exploratória, com seus instrumentos conceituais específicos, é uma fase essencial. É a razão pela qual nos atemos a apresentar os primeiros passos nesta direção, neste texto que se pretende sobretudo uma comunicação de experiências e de perspectivas e não uma exposição concluída.

É também a razão pela qual, mais do que acumular uma série de *casos* sobre os quais possuímos atualmente resultados (exploratórios) de pesquisa, preferimos desdobrar o processo *de uma única luta, localizada num bairro de Paris*, a fim de mostrar as referências sucessivas através das quais tentamos apreender o nascimento de uma nova realidade. O fato de tratar-se de uma oposição ao projeto de renovação urbana cuja lógica acabamos de analisar, pode ajudar à sua compreensão.

Enfim, na articulação entre luta "urbana" e luta política, é muito arriscado limitar-se a estudar um único sentido da relação, pois temos fortes chances de encontrar um máximo de movimento de transformação exatamente onde a luta política de classe é o elemento central da mobilização "urbana", assim redobrada em sua expressão. Eis por que, através de elementos muito fragmentários, tentaremos colocar o problema de sua relação referindo-nos a dois processos históricos plenos de ensinamentos: os "comitês de cidadãos" em Quebec e o movimento dos *pobladores* no Chile em 1970.

I. A CONTESTAÇÃO DA RECONQUISTA URBANA DE PARIS: A LUTA PELO REALOJAMENTO NA "CIDADE DO POVO"*

Velho bairro popular parisiense, com alta proporção de população operária, com forte concentração de comunidades étnicas, de operários imigrados. Em compensação, ao contrário de uma certa imagem, a deterioração do patrimônio imobiliário não é superior à dá média parisiense, embora o superpovoamento seja neste caso sensivelmente mais pronunciado, *devido às características da população bem mais do que as do bairro* (cf. quadro 61).

O local apresenta qualidades consideráveis para uma eventual moradia de passagem e a proximidade dos bairros de negócios em expansão cria as condições básicas para uma operação de "reconquista urbana" visando à mudança física, social, funcional e simbólica da ocupação do solo.

---

* Os elementos desta análise provêm de uma pesquisa em curso que efetuamos sobre "os movimentos sociais urbanos na região Parisiense", com Madame F. LENTIN (CNRS). Como a reflexão e o trabalho são comuns, evidentemente é impossível dissociar-se aqui a contribuição de Madame LENTIN. Meus agradecimentos por ela ter permitido que eu apresentasse nosso trabalho nesse texto.

Disfarçamos de propósito toda indicação concreta a fim de que a pesquisa seja um simples elemento de compreensão da dinâmica interna de um movimento social e não se preste a operações de "pacificação" urbana. É suficiente saber que se está em Paris intramuros e que a pesquisa foi feita em 1970.

Dois tipos de renovação urbana se sucederam: a primeira, iniciada lentamente em 1958, visava à demolição de alguns quarteirões insalubres, em estado particularmente deteriorado. Um segundo movimento, encetado por volta de 1965-66, e que atingiu sua plenitude no momento atual, diz respeito, sobretudo, às transformações do espaço, típicas das operações de "reconquista urbana".

A ênfase nesta orientação, e, por conseguinte, no ritmo dos trabalhos, provoca uma alteração das preocupações e das demandas da população em questão. A reivindicação de uma habitação decente por um aluguel acessível e próxima ao local de trabalho passou para segundo plano diante da ameaça de expulsão, diante do grande temor de se ver sem abrigo ou confinado a uma *cidade de trânsito*.

Houve reações espontâneas às intervenções organizadas, reivindicativas e/ou políticas, houve uma certa mobilização em torno desta questão: queriam permanecer na moradia enquanto não recebessem uma oferta satisfatória no que concerne ao tamanho, conforto, preço e localização. A questão, portanto, é comum às diferentes ações encetadas na "Cidade do Povo", uma contradição entre, por um lado, as *condições de moradia da população específica*, e, por outro lado, o *projeto de renovação urbana de Paris* (nos planos social, funcional, simbólico) *articulado com o lucro dos empreendedores imobiliários*. Dito isto, o primeiro polo (concernente à população) recobre uma diversidade de situações (locatário, hóspede, proprietário, coproprietário, comerciante etc.) e pode eventualmente se decompor em termos de contradições internas (por exemplo, entre proprietário e locatário).

Com relação à mesma questão objetiva, as particularidades da *base social* em questão em cada setor e o *tipo de intervenção* que origina o processo de mobilização produzem uma variedade de formas de luta e resultam num amplo leque de situações políticas e de estruturas urbanas. É este conjunto de processos específicos que tentamos explicar, apoiando-nos em particular, na análise de dois bairros da "Cidade do Povo", onde a mobilização foi mais sensível que em outras partes e onde uma variedade de orientações foi submetida à prova da prática.

É necessário, antes de mais nada, retraçar a evolução das ações reivindicatórias efetuadas sob a bandeira da habitação no conjunto do setor.

Quadro 61
Características socioeconômicas e condições de habilitação na Cidade do Povo com relação à média parisiense

	(Valor em percentagem na Cidade do Povo / Valor em percentagem para toda a Cidade de Paris) — 1
% da população de mais de 65 anos	− 0,22
% da população de menos de 19 anos	+ 0,09
% de muçulmanos da Algéria	+ 0,90
% de estrangeiros	− 0,11
% de quadros superiores e profissões liberais	− 0,50
% de OS e trabalhadores braçais	+ 0,34
% de artesãos e pequenos comerciantes	− 0,24
% da população ativa	+ 0,01
% de mulheres ativas	− 0,09
% de pessoas vivendo em estado de superpopulação	+ 0,36
% de moradias sem água	0
% de moradias sem WC	+ 0,08

A. Ações reivindicatórias para a construção de habitações sociais

Quando as ameaças ligadas ao processo de renovação ficaram patentes, houve um desenvolvimento de ações reivindicatórias a partir da base operária e de pequenos comerciantes que constituíam o elemento dinâmico da zona. Na origem destas ações, encontra-se a iniciativa de uma organização nacional de locatários, com forte implantação local e contando com sólido apoio político, embora se declarasse apolítica em seus estatutos e tentasse efetivamente sê-lo em sua prática. A política nacional desta organização, enfatizando essencialmente o aumento do número de habitações sociais construídas pelo Estado, encontrou um eco especialmente favorável na Cidade do Povo, na medida em que os habitantes vivenciavam direta e concomitantemente a experiência dos pardieiros e a ameaça de não ter moradia.

Em 1965, no contexto de uma campanha conjunta visando a relançar a construção das HLM em Paris, foram construídas 430 habitações (enquanto constavam no fichário 100.000 famílias como mal alojadas e a construção de 7.000 moradias poderia ter sido iniciada nos terrenos já livres, pertencentes à OHLM de Paris); operou-se uma vasta mobilização na Cidade do Povo, para obter a construção de um grande bloco de HLM no local das instalações industriais transferidas.

A reivindicação foi levada essencialmente à municipalidade e à Prefeitura de Polícia, a fim de obter primeiro a reserva dos terrenos para a construção de moradias; em seguida diante da OHLM, para conseguir os créditos necessários. A renovação de todo um quarteirão e a ameaça de expulsão de seus habitantes aceleraram o movimento. Foram assinadas várias petições; organizaram-se encontros, discursos em praça pública no domingo de manhã.

A Prefeitura expôs argumentos contrários: ela visava, de início, à criação de uma zona industrial, em seguida, alegou o excesso de barulho neste bairro.

Foi organizada uma grande manifestação de rua diante dos portões da fábrica desapropriada e que continuava a ocupar o terreno objeto da reivindicação. A tensão aumenta e a polícia exerceu diversos tipos de pressão sobre os militantes conhecidos. A manifestação ocorreu, no entanto, com calma e com a participação de várias centenas de habitantes no bairro.

O terreno, finalmente, foi reservado para a construção de HLM de acordo com a Municipalidade de Paris. Por outro lado, uma certa porcentagem de HLM foi concedida à operação de renovação em curso no setor mais afetado. A pressão reivindicatória foi mantida, visando a obter a construção definitiva das moradias. O ponto em questão, conforme apresentado numa declaração distribuída após esta primeira vitória é o seguinte:

- Conseguimos que o terreno seja reservado para a construção de moradias HLM, apesar de numerosas recusas dos poderes públicos.
- A *Square Gaité*, apesar de vários processos, prometeu prosseguir as obras de moradias HLM imediatamente, se fossem concedidos os créditos necessários.

Obtivemos êxito e devemos felicitar-nos, *mas a reserva dos terrenos ainda não é a construção*. Com efeito, o preço-teto de construção imposto ao gabinete de HLM e acima do qual o governo não aceita conceder créditos, não lhe permite construir, já que nenhuma empresa aceita encarregar-se dos trabalhos por este preço. Consequentemente, no período de dois anos, nenhuma moradia HLM foi iniciada na nossa zona, embora numerosos terrenos já estejam livres.

"A nefasta política habitacional do governo favorece a especulação em torno dos terrenos, deixa livre curso ao maior preço de oferta e assim favorece a construção privada por parte das grandes sociedades imobiliárias em detrimento da construção social."

"Disto resulta que, no momento atual, em Paris, 35.000 moradias com aluguéis exorbitantes estão vagas, enquanto milhares de famílias estão morando em pardieiros ou ameaçados de expulsão."

"Esta situação torna-se cada vez mais angustiante e devemos prosseguir esta ação em comum para:

- Que não haja expulsão sem realojamento.
- Que o preço-teto da construção imposta ao Gabinete da HLM da Municipalidade de Paris corresponda ao preço de lucro da construção e que lhe sejam atribuídos os créditos necessários.
- Que a especulação em torno dos terrenos seja rapidamente freada.
- Que a metade do 1% patronal seja revertida ao Gabinete da HLM a fim de permitir que os trabalhadores das empresas sejam realojados nas HLM e não em imóveis de aluguel muito alto.
- Que a construção social na nossa zona se torne efetiva e corresponda às necessidades da população dos nossos bairros, com aluguéis acessíveis às famílias modestas.
- Que por meio da operação-gaveta possam ser realojados:
  - Os habitantes de nossos quarteirões que serão renovados.
  - Os mal alojados que moram em pardieiros, nos hotéis etc.,
  - Os jovens casais que não encontram onde morar e que, com frequência, moram na casa dos pais onde logo ficarão reunidas, amontoadas, três gerações na mesma moradia, com todas as dificuldades que isto acarreta etc.

- Que sejam previstas habitações para os velhos trabalhadores correspondendo às suas necessidades — e às suas possibilidades. A limitação e o controle dos aluguéis atuais, a forma e a extensão da alocação-moradia.
- Que sejam previstos os equipamentos sociais e culturais, escolas, creches. Casas dos jovens, praças etc., e estejam terminados ao mesmo tempo que a construção dos imóveis. — A manutenção e a modernização dos imóveis antigos em bom estado."

No momento atual, as HLM são construídas e ocupadas no local previsto. Portanto, houve, de início, sucesso de uma ampla ação reivindicatória para a construção de moradias sociais, que partiu de uma mobilização essencialmente operária em confronto com os organismos públicos (prefeito, municipalidade de Paris, OHLM) encarregados dos equipamentos e da moradia, por *ocasião de um processo de renovação urbana*. Ora, para nós, trata-se de estabelecer o sentido desta ação como processo social e, por conseguinte, de medir seus efeitos em relação aos próprios atores e ao conjunto da dinâmica social nela engajada.

Com efeito, o ponto essencial é o seguinte: as HLM foram efetivamente construídas (a metade das que foram solicitadas durante a campanha reivindicatória) *mas a imensa maioria da população ameaçada do bairro* que formou a base da mobilização, não foi realojada. A razão é bem simples; elas se atêm ao mecanismo administrativo de atribuição de moradias sociais, que devem passar por uma lista de espera comum ao conjunto do departamento. Por conseguinte, as moradias obtidas pela luta dos residentes da Cidade do Povo foram atribuídas às famílias mal alojadas do conjunto de Paris, que há anos esperavam. Existe uma inadequação, então, entre a base de mobilização e a resposta possível a esta reivindicação, já que a administração não pode ultrapassar as disposições de sua atribuição. Ora, se está claro que podemos considerar que as ações locais visavam a uma política de conjunto (da mesma maneira que os operários de uma fábrica podem fazer greve para fazer fracassar um plano de estabilização em nível nacional) lembremos, que se tratava de fornecer habitação para pessoas às voltas com um processo de expulsão. E era esta a situação que estava na base de sua capacidade de mobilização.

Havia no entanto, uma reivindicação capaz de restabelecer o elo entre a situação na origem do problema e o objetivo a atingir: a exigência de operações-"gavetas" no quadro de cada programa de renovação. Quer dizer, a construção antes de demolição, e nos mesmos locais, de habitações para realojar, por aluguéis acessíveis, as famílias expulsas. Mas esta reivindicação se opõe ao próprio fundamento da operação de renovação que visa, acima de tudo, a transformar socialmente o bairro, desencadear um forte dinamismo *consumidor* (que exige maior poder aquisitivo) e uma conotação *simbólica* (ligada ao status social dos residentes). Essas são alternativas que colocam diretamente em conflito os residentes em perigo de expulsão e a poderosa máquina do programa de renovação urbana de Paris.

Esta exigência figurava no programa reivindicatório da campanha que acabamos de descrever. Mas como sua natureza era muito diferente da simples exigência de construção de HLM (que quase não atingia o próprio programa de renovação), o nível de luta necessário para obter sucesso era bem superior. Seria irrealizável? O que quer que seja, uma nova problemática, que está no centro de nossa análise, começa a delinear-se: o que sucede a este movimento reivindicatório de massa que se encontra, de súbito, mal embasado com referência a ele mesmo?

Reconstruiremos os efeitos deste processo a partir da análise (efetuada em 1970) de dois setores muito importantes ao mesmo tempo no plano da operação de renovação e no da mobilização efetiva.

É conveniente, no entanto, examinar rapidamente uma ação de outro estilo que, sem grande realce em si mesma, sugere, no contexto de todo o processo, algumas hipóteses interessantes.

B. *As condições de uma ação antiespeculativa*

Um quarteirão de bons imóveis no meio do bairro. Construídos por volta de 1905, em cantaria, com balcões, eles são divididos em apartamentos e alugados a funcionários de carreira. Nada permite entrever alguma ameaça sobre este setor. Aliás, nada as justifica do ponto de vista urbanístico. No entanto, a proximidade de um parque, o alto padrão desta parte do bairro em relação aos outros, cria a possibilidade de uma ação especulativa visando à compra dos imóveis e sua demolição para construir novas residências de luxo. O organismo renovador compra os imóveis e promete-se aos locatários inquietos com a nova situação, uma relocação... num grande subúrbio!

Diante desta ameaça, os locatários afluem à sede de sua associação e de imediato é formado um comitê, que promove reuniões no quarteirão. Inicia-se uma campanha para alertar a opinião pública: entrevistas à imprensa, cartas aos deputados, aos conselheiros municipais, providências junto à administração.

A administração retruca (embora não se esteja no quadro de uma operação pública!). Convoca-se a delegada da Associação no imóvel para um serviço oficial e esta recebe a proposta de um ótimo apartamento em condições muito vantajosas. Ela recusa.

Tendo alertado a opinião pública quanto ao caráter puramente especulativo de uma operação que visava a imóveis cujo estado estava bem acima da média, o comitê obtém plena satisfação. A sociedade imobiliária perde o interesse no assunto a partir do momento em que é afastada a ideia de demolição e revende para uma outra sociedade, que por sua vez revende aos locatários por preços muito vantajosos, e *muito mais baixos já que sua atitude fora dura durante o período reivindicatório*. Certos locatários, que não puderam comprar, tiveram que se transferir, mas puderam obter uma boa indenização. Os imóveis não foram tocados.

Apoiando-se nas camadas médias, depois de uma ação centrada nas providências institucionais e num alerta da opinião pública, a associação conseguiu impedir totalmente o que se apresenta como uma *operação restrita* e puramente *especulativa*. Mas é significativo que seja apenas a conjunção destes três elementos que tenha dado força à campanha efetuada:

1. O caráter restrito permitia uma oposição localizada e não colocava em questão um conjunto mais vasto representando interesses consideráveis.
2. Tratando-se de pura especulação, era difícil fazer intervir os procedimentos públicos de expropriação. Isto mostra a importância concreta da fusão entre o tema da renovação-pardieiro e da

renovação-conquista, servindo a primeira, na maioria das vezes, de cobertura para a segunda.
3. Mas, em todo caso, a ação pode ser concluída, devido ao fato de se apoiar numa base social bastante específica e que tinha capacidade social e econômica para se opor a uma intervenção limitada. Concretamente, os apartamentos tendo sido vendidos entre oito a quinze milhões de francos antigos, não houve mudança de ocupação na medida em que os moradores puderam desembolsar esta soma.

Assim, o caso de uma ação muito centrada na opinião pública e em providências institucionais que obtiveram absoluto sucesso, apresenta uma especificidade que convida a refletir. Haveria uma adequação entre o tipo de ação geralmente efetuada no bairro e a defesa da moradia das camadas médias? Este tipo de ação se encontraria mal assentado quando em face de um grande programa como a renovação urbana?

C. Face a face com a Renovação

Se houve mobilização no bairro, foi menos por causa das más condições de moradia que aí reinavam (no que não difere dos outros bairros parisienses) do que por causa do programa de renovação empreendido com o apoio da administração e que fazia pairar uma ameaça constante de expulsão sobre os habitantes.

Na reunião de seu congresso parisiense, a associação dos locatários com implantação nacional decide efetuar uma campanha vigorosa contra a Renovação e colocar em ação comitês de defesa para se opor ao desalojamento, não importa em que condições.

Esta posição exprime-se com grande clareza na resolução do Congresso sobre a Renovação urbana que reproduzimos aqui:

A RENOVAÇÃO

"Sobre o problema da renovação, todos concordaram que ela deva ocorrer, para que os pardieiros cedam lugar a moradias providas de conforto.

"Por exemplo:

- *Realojamento no local ou nas proximidades*, em novos imóveis, submetidos à legislação HLM com aluguéis regulamentados e proporcional aos salários dos habitantes.
- *Facilidade de transferência*, sobretudo para as *pessoas idosas e aquelas economicamente desprovidas ou semelhantes* (com abatimento de aluguel por atribuição de alocações compensadoras).
- *Indenização razoável* permitindo aos *comerciantes* e *artesãos* sua reinstalação, ficando entendido que os empreendimentos não insalubres serão mantidos nos bairros.
- *Fórmula aceitável* projetada para os *coproprietários e proprietários de imóveis*.
- *Para facilitar estas renovações públicas*, a Comissão *solicita a limitação do preço dos terrenos com ou sem construções e prioridade de compra concedida à municipalidade de Paris* para seu escritório público HLM ou para as sociedades imobiliárias, como acaba de ocorrer com a avenida da Itália e dos Altos-de-Belleville.

"Seguramente, a prática deste método na renovação não ocorrerá sozinha. Estas reivindicações só poderão ser obtidas pelo agrupamento *de todos os tipos de interessados* que vivem nos quarteirões insalubres destinados à renovação. Uma ação incessante, compreendendo assinatura de petições, edição de boletins ou folhetos, detecção de terrenos livres, delegações junto aos eleitos e aos poderes públicos, organização de reuniões, tudo deve ocorrer de forma racional. Sem esquecer a *manutenção regular de um pequeno plantão* e a constituição dê comitês por imóveis."

"Para isto, a constituição do Comitê de Defesa nestes quarteirões é indispensável.

"Este foi o segundo ponto, o *ponto principal* examinado pelos membros da Comissão, aquele que nitidamente havia motivado a criação da referida comissão.

"A discussão foi muito útil e demonstrou o quanto era necessária e, em seguida, como é necessário também *prevenir nossos militantes de seção*.

"Com efeito, *falou-se tanto de moradia social, de construção, de renovação*, de comitês disto ou daquilo, que criou-se uma certa confusão no espírito de alguns de nossos militantes."

A discussão portanto foi muito útil e seu resultado — que é bom lembrar! — é o seguinte:

"A *construção social* com constituição de Comitês muito amplos fazendo apelo a associações muito diversas sobre a iniciativa de nossas seções deve ser *encorajada, desenvolvida*. Mas isto *é uma coisa*".

"*Os Comitês de Defesa são outra coisa*. Naturalmente, eles devem também ser muito amplos, constituídos considerando unicamente a renovação, mas, essencialmente, eles devem *depender de nossas seções* (e serem representados na comissão executiva) e só incluir nossos adesistas — ao menos entre os locatários. Nós não devemos deixar para *outras organizações muito menos representativas*, o cuidado de promover estes comitês."

"Nestes últimos, serão, por ocasião de uma assembleia geral dos interessados, designados os membros de Administração e será feito um apelo aos representantes dos coproprietários, dos comerciantes e dos artesãos. Como, organicamente, nós não podemos remeter cartas da organização aos coproprietários, se possível, será convocado quando da constituição do comitê, o concurso de um delegado da Associação nacional dos coproprietários. É ele que lhes remeterá, eventualmente, uma carta. Os coproprietários de boa-fé e que residem em suas moradias poderão seguir e participar de perto de nossos trabalhos e se houver ocasião para delegações importantes, os representantes da Associação nacional dos coproprietários podem nos acompanhar. É indicado promover reuniões especiais para os comerciantes e artesãos."

Ainda que a expressão operação-gaveta não figure, a fórmula proposta praticamente dá no mesmo... Em todo caso, como diz o relatório, esta formula se opõe fundamentalmente à lógica do programa de renovação e só pode ser *imposta* pela luta dos comitês de defesa. A preocupação com um controle estrito da atividade destes comitês explica muito bem, aliás, a impressão de que batalhas muito acirradas de cunho político podiam ocorrer em torno desta questão.

Nesta perspectiva pudemos reconstruir a ação efetuada em dois setores muito importantes (no interior da Cidade do Povo: *Square Gaité* e a *Presqu'île*).

A. A *Square Gaieté*

Núcleo de uma das mais importantes operações de renovação, foi durante muitos anos o lugar de reunião das ações reivindicatórias do bairro. Como indica o quadro, ela se caracteriza por uma deterioração do hábitat, nitidamente mais pronunciada que o conjunto do bairro (em particular, o indicador mais revelador para este aspecto é a proporção de moradias sem água) mas — por um nível social nitidamente acima da média do bairro: menos OS e muito menos argelinos e sobretudo, super-representação de artesãos e de comerciantes.

Este setor formou a frente da mobilização descrita, que levou a construção das HLM Mas depois dos acontecimentos que conhecemos (não realojamento sistemático nos imóveis obtidos), "operou-se uma certa flutuação" (entrevista dos militantes). A operação de renovação prosseguiu, as expulsões foram muitas, o realojamento foi a questão prioritária. E como não pode ser prevista nenhuma solução coletiva no quadro do programa de renovação, a associação ficou reduzida ao papel de intermediária e de conselheira em toda uma série de negociações individuais e fracionadas que, segundo consta, conseguiu realojar um bom número de residentes expulsos: alguns nas HLM construídas no programa, outros em Paris, outros em subúrbio... Em todo caso, o que ocorreu foi um processo de realojamento individual, com ou sem o apoio da associação, e sem opor uma recusa frontal à expulsão, já que não se trata de defender os pardieiros. A maioria dos militantes da associação foi realojada e os novos, nos anos 1968-70, foram recrutados sobretudo entre os recém-chegados ao grande conjunto HLM, com reivindicações bastante específicas, muito distantes do problema das expulsões.

Depois deste processo de filtragem e de relocação, e quando a maior parte do programa de renovação estava comprometida, sobrou no Square Gaieté um refúgio de pessoas que não partiram ou porque não puderam, ou porque não se sentiam visadas diretamente, ou porque haviam decidido "lucrar" até o fim com o aluguel baixo, dispostos a arriscar uma relocação às pressas, em caso de expulsão por parte das autoridades.

Em torno deste refugio, cuja melhor expressão foi o beco Philippe, enxertou-se uma nova intervenção mobilizadora, quando a associação nacional de locatários abandonou o terreno.

Quadro 62
Características socioeconômicas e da moradia nos setores Square Gaité e Presqu'île. Comparações com a Cidade do Povo e entre os dois setores, 1962

	Presqu'île		Square Gaité	
	Valor médio %	Comparação: Presqu'île – Cidade do Povo 1	Valor médio %	Comparação: Sq. Gaité Cidade do Povo – 1
+ 65 anos	11,2	0	+ 0,13	12,5
– 19 anos	22,0	– 0,09	– 0,11	21,5
Argelinos	3,3	+ 0,10	– 0,77	0,7
Estrangeiros	9,2	+ 0,61	– 0,13	5,0
OS e trabalhadores braçais	24,0	+ 0,14	– 0,13	16,2
Quadros superiores	1,5	0,30	– 0,06	4,7
Profissionais liberais	8,0	0	+ 0,30	10,0
Artesão-comerciantes Popul. ativa	50,0	0,10	+ 0,07	58,0
Mulheres ativas	42,4	0	0	42,9
Superpopulação	40,0	0,76	+ 0,30	31,3
Moradias sem água	14,3	+ 0,58	+ 0,44	4,0
Moradias sem WC	80,0	+ 0,75	– 0,10	43,0

Na origem desta intervenção, uma conjuntura de agitação na universidade e um grupo de estudantes que decide fazer um trabalho sistemático na Cidade do Povo, tentando *ao mesmo tempo*, apreender concretamente uma situação social e acionar um processo político com relação aos habitantes do bairro. Agitação de rua, discursos em praça pública denunciando o embargo da renovação pelos empreendedores: o movimento busca um ponto de apoio. Eles acreditam encontrá-lo na defesa dos residentes que se pretende desalojar à força. Eles fazem uma sindicância. O caso mais dramático é o dos porteiros, que não têm direito ao realojamento. O organismo renovador é rígido. Quando não há obstáculo jurídico, usa a força pura e simples. Esta é a ação de protesto que foi desencadeada, tal como é descrita pelo boletim do comitê antirrenovação:

"Para não pagar indenizações aos dois velhinhos que ficaram sós, o organismo renovador está pronto a demolir a casa deles.

"Eles esperavam desencorajar estes dois porteiros idosos que moram no andar térreo, demolindo o teto do imóvel. Quando chovia, a água infiltrava-se na moradia, as demolições vizinhas provocavam vazamentos de água e de gás, e estes crápulas da renovação não tinham pressa em realojá-los mas esperavam que partissem ou que a casa ruísse em cima deles.

"Inválidos e sem recursos, os dois velhos permaneceram; então a sociedade usou de intimidação. Amarraram um cabo no canto do imóvel, tudo tremeu, e pedras caíram sobre a soleira da porta.

"Diante da solicitação de alguns camaradas que foram alertados, os operários vão demolir mais adiante. Mais tarde, o responsável pela obra intervém e decreta que não há nenhum perigo e que é preciso retomar a demolição.

"Diante destes monstros sem escrúpulos prontos a assumir o risco de matar dois velhos, os camaradas se apresentam no escritório da sociedade para exigir o realojamento imediato dos velhos. 'F...' este 'tira' da renovação, intima-os a ir embora, depois chama a polícia. Seis camaradas foram levados ao comissariado e em seguida soltos, depois que os tiras reconheceram o escândalo da rua...

"Diante desta mobilização, a sociedade recua, e realoja os velhos dois dias mais tarde.

"Mas foi apenas uma semivitória, pois o organismo renovador relocou o velho casal num outro pardieiro, de onde certamente será novamente expulso em seis meses. Nossa mobilização não foi tão grande: a renovação recomeça a querer lançar os moradores na rua, é preciso que a maior parte da população se mobilize; em face da nossa união e nossa determinação, a sociedade cederá."

Apoiando-se na repercussão que esta iniciativa teve no bairro (ela foi, em geral, bem acolhida, pois o assunto dos porteiros foi considerado escandaloso) eles empreendem uma campanha sistemática, em particular a respeito de uma unidade ecologicamente bem delimitada, o beco Philippe, exatamente no limite das obras de renovação e onde permanecem algumas dezenas de lares diretamente ameaçados pela expulsão. Quando chegam as cartas dando um prazo, diante do procedimento de expulsão, o CA intervém, coloca cartazes nos muros do beco, e os militantes batem de porta em porta, coletando assinaturas para uma petição *coletiva* que solicita do organismo renovador certas definições quanto à data e às modalidades do desalojamento-realojamento. "Esta proposta, nós a fazemos porque percebemos que a preocupação comum a todos os moradores do beco, era justamente saber com que molho o organismo renovador desejava devorá-los, e este deixava-os na mais completa ignorância para fazê-los aceitar não importa o que desde que fosse qualquer coisa com a qual eles pudessem contar" (relatório interno do CA). Mas, neste ínterim, a sociedade envia uma carta a cada um dos locatários, fazendo-lhes um certo número de propostas bem circunscritas, referentes a cada caso. A individualização do problema retira todo interesse da carta coletiva. As propostas foram assinadas por dez locatários que, aliás, jamais puderam reunir-se. Cada residência tratando seu problema separadamente, o CA perdeu o contato e sua ação finalmente diluiu-se. A pesquisa que efetuamos direta e quase exaustivamente junto aos locatários do beco, que ainda permanecerão lá por três meses, revela que não há praticamente nenhum traço desta intervenção, nem na memória nem na prática dos locatários, que só falam para referir-se "aos esquerdistas que eu coloquei no olho da rua..."

Elementos conjunturais podem explicar, em grande parte, a esterilização desta ação: caráter externo ao bairro do CA, amadorismo, fraca regularidade das permanências; mais ainda, o fato de chegar ao fim do processo: quando as condições são dadas, os militantes mais aguerridos já haviam partido, a base é fraca e a operação está no ponto culminante. No entanto, poder-se-ia do mesmo modo pretender que a conjuntura era propícia para organizar um novo estilo de resistência à expulsão. Ora, justamente o que nos parece característico, é a existência de uma reivindicação muito concreta e de um estilo de ação institucional no que concerne os locatários (petição etc.), revestidas de uma linguagem abertamente ideológica e de ações espetaculares paralelas. Há oscilação e não conexão entre um ataque memorável contra a injustiça, e a prática reivindicatória respeitadora da lei, tal como era praticada, anteriormente, pela associação dos locatários.

Afora isto, quase não há implantação local, e a população sai de uma experiência reivindicatória que foi liquidada pela individualização dos problemas. Desde então, uma ação reivindicativa de meios fracos, justaposta a uma contestação ideológica pronta à ações minoritárias exteriores, estava, por força de sua própria lógica, exposta à repressão e, sobretudo, à indiferença. A desagregação completa do CA é relativamente lógica.

Os que permanecem no beco Philippe — o velho cego que só conhece esta rua entregue à demolição, as numerosas famílias que aguardam sua transferência para as cidades de trânsito, os proprietários que tentam lucrar até o último momento — todos eles fazem parte de um outro mundo, o mundo da deportação, com respeito à nova Paris.

B. A Presqu'île

Se, em termos gerais, tudo é igual, o quadro aqui é mais dramático. Em primeiro lugar, do ponto de vista da população: ela é caracterizada por uma nítida predominância de OS e trabalhadores braçais, de trabalhadores imigrados e de comunidades étnicas. Por outro lado, o nível de deterioração do hábitat é muito maior do que no conjunto da Cidade do Povo (cf. quadro 62). E, no entanto, o programa de renovação está nitidamente menos avançado do que no Square Gaieté. Mais resistência da população? Em parte, já que este setor esteve à frente da luta reivindicatória na cidade, durante muitos anos e que, além disso, no local foi formado um comitê dos mal alojados, ligado à Associação de Locatários de, alcance nacional, mas centrada na especificidade da situação: o Comitê associa resistência à expulsão e solicita moradias decentes.

Aí, a renovação não é mal vista, *desde que se faça em benefício dos moradores*; especifiquemos que se trata de camadas muito modestas e particularmente sensíveis às práticas discriminatórias que poderiam ser exercidas contra ela num ambiente eventual e sobre o qual não teriam nenhum controle. A reivindicação adequada portanto, foi a da *operação-gaveta*, com moratórias (por exemplo, realojamento de uma parte da população na região, se não pudesse ser feita no local, construção de um albergue para as pessoas idosas etc.). Em torno deste objetivo, assistiu-se a uma mobilização muito intensa de *uma parte* dos moradores (os imigrados e as comunidades étnicas — judeus, norte-americanos — permanecendo fora). Foram feitas reuniões e encontros durante muito tempo, e os moradores fizeram frente às ameaças de expulsão (tal como a senhora idosa que viveu durante um ano num canto da casa, sob os entulhos de uma obra em construção, até que fosse realojada...), foram assinadas inúmeras petições (foi possível contar 700 assinaturas numa única tarde). As delegações apresentaram estas solicitações à municipalidade de Paris, à Prefeitura de Polícia. Mas, de fato, a resposta deveria vir, por um lado, da OHLM, e por outro, do organismo renovador. A primeira, no entanto, não tem obrigação jurídica de dar preferência aos moradores da Presqu'île, para realojá-los nas HLM da zona. Para o organismo renovador, a solução só pode ser o realojamento noutra parte. No local, o plano de massa só prevê 150 HLM Isto é tudo o que foi obtido desta mobilização, enquanto que eram necessárias 2.500 moradias para substituição.

Ainda mais, as 150 HLM estão longe de estarem asseguradas. Não encabeçam as propriedades e *além disso*, foram previstas para o local da atual capela, que então deve ser demolida, mas cuja demolição se choca com a oposição do arcebispo. Este arranjo do plano de massa beira o maquiavelismo... Ele já provocou uma cisão religiosa no seio do Comitê com a maioria laica preferindo aceitar esta promessa em vez de nada e a minoria católica recusando-se a lutar pela demolição da capela, requisito indispensável, no calendário da renovação, à realização desta "minioperação-gaveta".

Então, ocorre o confronto, com os habitantes decididos a permanecer, numa primeira fase, e o organismo renovador, "entrando em ação" para reduzir a única resistência séria no conjunto da zona.

Inútil detalhar a panóplia de medidas de intimidação utilizadas: janelas muradas de imediato quando conseguida uma partida; roubos frequentes (ou tentativas de roubo); parca inspeção das ruas (exceto com reclamação enérgica); ameaças quanto à dificuldade-crescente de um realojamento satisfatório etc. E sobretudo, operação por etapas visando a separar os casos e diminuir as oposições, estendendo-as no tempo e no espaço.

O conflito era muito agudo para que as reivindicações se impusessem facilmente Apesar da multiplicidade das providências institucionais, este tipo de ação não teve peso suficiente nesta ocasião. A apreciação, em junho de 1970, das últimas entrevistas com os responsáveis, é uma constatação do fracasso:

"A propósito de nossa magnífica comemoração de início de ano, que reuniu uma centena de pessoas, nossa Comissão tomou a decisão de ir ao encontro dos eleitos para expor-lhes nossos problemas, cujo essencial apresentamos:
- A construção imediata das 150 HLM prometidas há muito tempo.
- A reserva de moradias para os habitantes do bairro dentre as 1.789 que foram construídas no terreno da antiga fábrica.
- A construção imediata de lares asilos para as pessoas idosas.

"Nossa primeira providência foi dirigida aos eleitos da circunscrição. Em primeiro lugar, nós vimos os conselheiros municipais cujo representante era S.

"No Sr. S. nós encontramos um interlocutor que estava bem a par das preocupações do bairro (suas intervenções na Câmara Municipal são um testemunho evidente disto). Ele concluiu dizendo que lamentava que os votos lançados da tribuna estivessem frequentemente fadados ao fracasso, porque os conselheiros favoráveis às nossas reivindicações não tinham maioria na câmara municipal.

"Nossa segunda providência foi tomada, no mesmo dia, junto a M., deputado. Depois de ter escutado nossas reivindicações, ele nos declarou que tudo isto não era da sua competência, mas cabia ao Conselho municipal. No entanto ele nos prometeu fazer tudo o que pudesse para nos ajudar.

"Foi assim que nós o encontramos no escritório do Sr. A., encarregado da missão junto ao Sr. V.

Ambos rejeitaram a responsabilidade das decisões sobre a câmara municipal e a "separação das administrações". No decorrer desta entrevista. M. nos disse que tinha ido ver o prefeito para lhe expor nossas queixas e que este último "batendo com o punho na mesa tinha se zangado, e depusera diante dele o projeto de construção de nossas 150 HLM.

"Nós fomos recebidos pelo Sr. P., encarregado de missão junto ao prefeito ao qual levamos nossas queixas.

"No que diz respeito às 150 HLM por construir, Sr. P. nos disse, contrariamente ao Sr. R., que a permissão para construir só poderia ser entregue depois da aprovação do plano de massa proposto pela renovação. Ora, no momento atual, é o quarto projeto que está sendo examinado. Os três primeiros foram recusados pelos serviços de urbanismo por insuficiência de equipamentos sociais.

"O Sr. P. declarou-nos que o Departamento de HLM não tinha nenhuma obrigação de realojar nos imóveis construídos no local da antiga fábrica, os locatários da sociedade.

"Ele nos disse, em compensação, que logo seriam iniciadas as obras de um lar de velhos (80 quartos de moradia com equipamentos coletivos) e um outro também com 80 quartos, no setor... Mas quanto a este último, os planos ainda não foram aceitos...

"Com efeito, afora um asilo com 80 quartos e as 150 HLM prometidos no início, nada foi obtido."

O êxodo começa. Em alguns meses, mais de 1.000 casas se esvaziaram, com acertos individuais, às vezes negociados com o apoio moral e jurídico do comitê, mas sempre numa relação de negociação desfavorável. Os que permanecem são, por um lado, os que não pensam estar em perigo imediato (trata-se de toda uma parte do bairro que pertence à segunda etapa da operação); por outro, alguns raros militantes e os que não têm a possibilidade de transferir-se e cuja situação é desesperadora. Tal como, por exemplo, a situação desta casa (relatório de visita):

"*Mobiliado* (onde permanecem pouquíssimos ocupantes); imóvel em péssimo estado.

"Um lar operário de alvenaria, 5 crianças (de 1 a 8 anos) numa única peça pequena.

"As crianças vivem ou nas camas, ou sentadas numa banqueta (a situação melhorou desde que passaram a frequentar o colégio); seus brinquedos: o jardim de infância nas quintas-feiras, onde podem correr. Os efeitos: uma criança disléxica, uma criança inadaptada (o médico do dispensário diz que esta criança precisa de um quarto só para ela). Efeitos sobre a saúde do marido, que tem uma dispneia nervosa.

"Reação à expulsão: a mulher (muito calma, bem vestida, organizada) toma providências incansáveis para obter uma unidade na HLM; uma destas providências quase deu certo (HLM); eles tinham visitado os locais, mas o marido teve uma dispensa-por-doença — recusa da atribuição.

"Motivo invocado: a insegurança que recairia sobre esta família com a obrigação de pagar um aluguel (eles estimam que com o seguro doença e as alocações familiares, sem contar uma eventual alocação/moradia, restava-lhes o suficiente para viver). Segunda providência: processo constituído com a ajuda da assistente, processo remetido à prefeitura, porque um trecho chegara com atraso — motivo: pensou-se que eles haviam renunciado. Ela envia de novo seu processo à prefeitura, e outrossim, procura auxílios para as crianças, um atendimento competente (ortofonia etc.).

"Ele, revoltado, desesperado: Eles não me farão sair enquanto não me tiverem dado uma moradia decente. Os polícias podem provocar, eu tenho duas vasilhas de gás butano.

"Foi adepto da Associação, mas não é mais, pois recusa pagar seu aluguel, desde que não há mais água no andar.

"O responsável pelo comitê, um militante devotado, muito bem entrosado no bairro, confessa seu desencorajamento quanto ao *plano local*, ao mesmo tempo que reinicia as lutas no conjunto da região."

Nestas condições desesperadoras, surge um novo tipo de intervenção, cujo exemplo mais claro é a evolução da luta numa das zonas da Presqu'île, a rua da Boue.

A rua da Boue é um pardieiro habitado, principalmente por operários não qualificados, imigrantes ou judeus norte-africanos!

O Comitê dos Mal-Alojados está mal implantado neste local, especialmente devido às barreiras culturais. E no entanto, as condições de habitação são piores do que em outros lugares, já que, em especial, os riscos de desabamento são grandes e as condições de higiene estão completamente fora das normas mínimas (abundância de ratos por exemplo). E no entanto os habitantes estão diretamente ameaçados pela expulsão. Desejam partir. Como não o desejariam, vivendo nestas condições há dez, quinze ou vinte anos? Mas, salvo em casos muito raros, recusaram-se a partir sob quaisquer condições. Querem permanecer *juntos*. Originários da Tunísia estes judeus consideram essencial ficar num bairro onde o emprego e a residência agrupem os judeus (os empregadores pertencendo em geral à comunidade achkenaze, no local há 30 anos) e onde os laços no interior do grupo possam ter preservados. Ora, seus recursos financeiros sendo extremamente parcos, eles têm menos condições do que outros para recusar o subúrbio. Então permanecem. Como os velhos, como as famílias de trabalhadores braçais iugoslavos, como as numerosas famílias de OS desfavorecidos, vivendo amontoados e vendo-se-lhes recusada uma habitação nas HLM, porque a pesquisa revela que "eles não são limpos".

Neste terreno ocorre a intervenção de uma nova organização, diretamente centrada na contestação política e que se apresenta como tal aos moradores. Composta de jovens operários e de estudantes proletarizados que *habitam o bairro*, ela se dedica sobretudo a estabelecer uma relação cotidiana com os moradores. Por exemplo, eles ajudam a efetuar os reparos, organizam brincadeiras para as crianças, que serão as melhores propagandistas do Comitê, propõem transformar um terreno baldio lamacento em terreno de jogos. A partir deste contato, renovado de porta em porta, incessantemente, e pela presença cotidiana, eles organizam um comitê de defesa dos locatários, que tem por finalidade obter a *relocação no mesmo bairro e com aluguéis acessíveis*.

Enquanto esperam, eles propõem aos habitantes efetuar os reparos, criar os equipamentos no local (num bairro próximo, ocupam uma praça, e tentam organizar uma creche) e resistir às expulsões e às manobras de intimidação. Ligam imediatamente esta reivindicação à luta política geral:

"O que quer dizer renovar?

"Quer dizer: construir imóveis de grande vulto perto do Parque."

"E os pobres que moram nos velhos imóveis que se desmantelam, eles querem mandar para os arredores.

"Mas diante da cólera que já se faz ouvir, encaram a possibilidade de construir algumas HLM (2.500 famílias expulsas, 135 HLM previstas). Aí eles amontoarão o máximo de pessoas por m², porque quanto mais alto o 'coeficiente de ocupação do solo', maiores os lucros dos empreendedores.

"E a salubridade? E a poluição do ar?

"E as creches? E os espaços verdes?

"E os terrenos de esportes?

"Não, é sempre a grana que comanda.

"Milhares de trabalhadores estrangeiros que o patronato faz vir para a França, amontoam-se em favelas, nos locais velhos e sujos, porque são superexplorados por salários de fome ou reduzidos ao desemprego.

"É insuportável!

"*Vida cara... Vida de escravo! ... Basta!*

"Organizemo-nos para forçar a Cidade do Povo a permanecer um bairro popular, arejado e com moradias novas.

"Na luta e pela luta nós romperemos nossas correntes.

"*Juntos Levaremos A Burguesia Ao Fracasso!*

O organismo renovador acelera o ritmo na rua da Boue. Ele deixa os Squatters, operários iugoslavos recém-chegados, ocuparem alguns apartamentos vazios e sua presença aterroriza os vizinhos. Um belo dia, chega uma equipe para cortar a água. Mobilização geral. Os militantes estão lá. Mas todas as donas de casa da rua também estão lá. E as crianças espalham a notícia pelo bairro. A água não será cortada. A polícia renuncia a intervir.

Uma pesquisa direta junto aos locatários mostra a manutenção e a simpatia de que gozam os membros do Comitê "apesar" de suas filiações políticas abertamente expressas. Se as pessoas não tomam completamente em suas mãos a atividade do Comitê, elas se sentem respaldadas por esta ação, meio ao abandono e na hostilidade geral das administrações e serviços com os quais tiveram que lidar.

Mas a reivindicação do Comitê (*renovação em benefício dos habitantes do bairro*) é desproporcional em relação à fragilidade do foco de resistência constituído. Pouco a pouco, as energias se esvaem. Uma reunião convocada para tratar do relançamento da ação (e aprovada pelos locatários de porta em porta) se esvazia frente à pequena assistência. As crianças são diretamente ameaçadas pela polícia. ("Você irá para a prisão por toda a vida, se brincar com aquelas pessoas".) São produzidos desabamentos parciais. A inquietação se generaliza. Às partidas se aceleram. A curto prazo, o despejo, seguindo as fórmulas individuais (à mercê do organismo renovador) é inevitável.

Os militantes sabem disso. Mas, para eles, não se tratava de ganhar uma batalha reivindicatória cuja amplitude ultrapassava suas forças. "O essencial, é que isto ocasiona mudança *na cabeça das pessoas.*" O fracasso reivindicatório resulta assim na radicalização política. Exato?

A partir daí, o Comitê precisava generalizar a luta na Cidade do Povo, aumentar a ação. Uma manifestação ocorre em praça pública, com estandartes-fotos, cartazes, discursos. O processo recomeça. E as etapas da Renovação se sucedem, sem grande modificação dos projetos previstos. A luta política, no sentido estrito, retoma a base. Se, para a classe dominante, a Renovação urbana parece ser um meio de matar a Comuna, para os militantes, a defesa dos moradores inscreve-se numa perspectiva diretamente oposta à primeira; cem anos depois de 1871, um manifesto distribuído nos bairros de Paris onde se organiza a resistência à Renovação traz um título significativo: *Comuna viva...*

C. A luta pelo realojamento como processo social

Se a exposição articulada das principais ações reivindicatórias revelou em alguns momentos uma certa lógica, é claro que o desenrolar de um mecanismo não pode servir de explicação. Como nossa finalidade é mais descobrir as condições de emergência de movimentos sociais no domínio "urbano" do que nos determos numa dada conjuntura, tentaremos estabelecer, sumariamente, os componentes principais de cada uma das ações (ou conjunto de ações relacionadas em torno de *um objetivo* e de um tipo de *intervenção*) e determinar suas inter-relações, em particular com relação ao tipo de efeito produzido na estrutura urbana e/ou na conjuntura das relações sociais.

Procederemos, com todas as precauções de hábito, a uma classificação semiteórica, semidescritiva, dos componentes de cada ação, no esquema apresentado.

Não estamos em condições de interpretar de modo sistemático as ligações que surgem através deste esquema. Faltam-nos muitos elos. Podemos, no entanto, fazer com que algumas destas relações ressaltem, em primeiro lugar analiticamente, entre os diferentes elementos, em seguida, sinteticamente, recompondo a lógica de uma ação.

a. As relações entre os elementos de uma ação

- Quanto mais um fator geral (ameaça de expulsão) é duplicado por *um fator específico* (condições de moradia), tanto mais duro o confronto e tanto mais intensa a mobilização.
- *A força social* mobilizada é sempre uma especificação da *base social*. Elas não são paralelas. Esta especificação provém em linha direta do tipo de *organização* (e, por conseguinte, das reivindicações propostas).
- Relação entre base *social* e tipo de *organização*:

  - Quanto mais a base é *operária* e etnicamente francesa, mais forte é a implantação da organização nacional reivindicativa.

- Quanto mais baixa socialmente é a base social, maior a implantação política revolucionária (condição *sine qua non*: ela deva ser de base local).
- Toda intervenção exterior fica separada da base social, qualquer que seja ela.

• Quanto mais diversificado e global o adversário, mais chances para que se atinja uma certa reivindicação. Mas as chances não variam no que concerne às reivindicações relativas ao programa de Renovação. Digamos que as chances de sucesso aumentam, *desviando a reivindicação*.

• Quanto maior a correspondência entre os interesses imediatos da base social é *a reivindicação*, maior a *intensidade* de ação. Esta correspondência, que é o fato da organização, deve estender-se no sentido de uma resposta *material* imediata à situação que está na origem desta reivindicação.

• O efeito *urbano* depende diretamente das alternativas e do *nível de mobilização*. Mas podemos resumir o mecanismo da seguinte maneira:

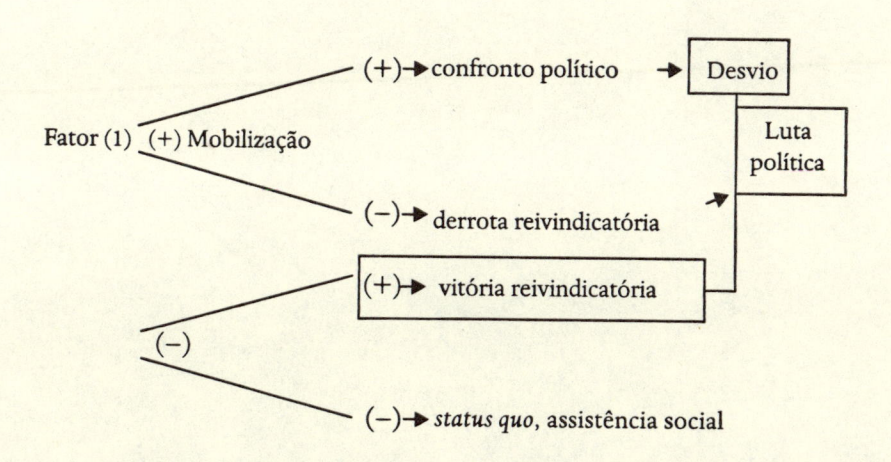

```
                    (+) → confronto político  →  Desvio
                   ╱                                │
Fator (1) (+) Mobilização                       Luta
                   ╲                           política
                    (−) → derrota reivindicatória ↗
                    
                    (+) → vitória reivindicatória ┘
           (−)
                    (−) → status quo, assistência social
```

• O efeito *político* depende do efeito *urbano*, *do nível* de *mobilização* e do tipo de organização. Podemos analisar a relação entre os elementos conforme o esquema seguinte:

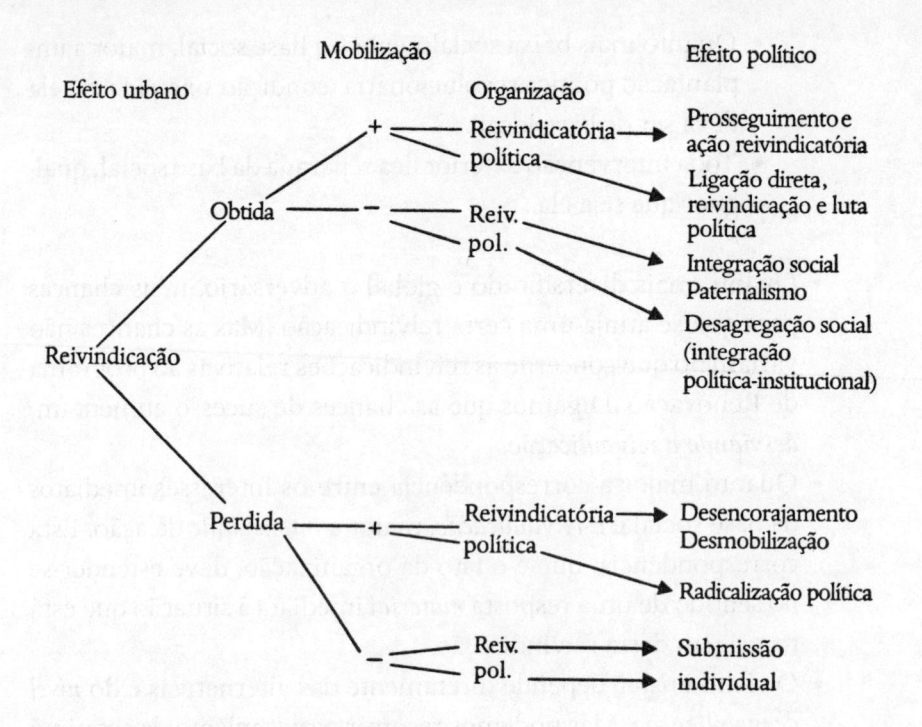

```
                    Mobilização                      Efeito político
Efeito urbano
                                  Organização
                          +  ──── Reivindicatória ──→ Prosseguimento e
                                  política              ação reivindicatória
              Obtida   ── ── ──── Reiv.              Ligação direta,
                                  pol.                 reivindicação e luta
                                                       política
                                                     Integração social
                                                     Paternalismo
Reivindicação                                        Desagregação social
                                                     (integração
                                                     política-institucional)

                          +  ──── Reivindicatória ──→ Desencorajamento
              Perdida             política            Desmobilização
                                                    ──→ Radicalização política
                          ── ──── Reiv.           ──→ Submissão
                                  pol.            ──→ individual
```

Esquema IX
Processos de luta para o realojamento na "Cidade do Povo"

	Situação	Base social	Organização	Força social
(1) Square Gaité	Lucro promotor + Programa Renovação (Moradia dos residentes)	• Várias classes exceto quadros superiores • Importância dos artesãos e comerciantes	• Associação dos locatários reivindicativa de alcance nacional com forte implantação local	Operários com apoio dos comerciantes
(2) Presqu'île	+ Não reparação Condições Moradias + Lucro promotor + Programa Renovação	• Nítido predomínio OS-serventes imigrantes e estrangeiros	• Associação nacional de locatários	Operários não qualificados
(3) Beco Philippe	Mesma situação que Square Gaité	• Mais operário, mais velho, e com mais imigrantes que a Place Gaité	• Comitê de ação exterior ao bairro *unindo a reivindicação econômica à contestação ideológica*	Estudantes exteriores ao bairro
(4) Rua da Boue	Mesma situação que Presqu'île	• Nítido predomínio de judeus norte-africanos e operários não qualificados	• Comitê de ação local que liga reivindicação econômica + contestação política + contestação ideológica (com dominante política)	• Comerciantes (poucos) estudantes proletarizados morando no bairro.

	Adversário	Reivindicação	Ação	Efeitos urbanos Efeitos políticos
(1) Square Gaité	Cidade de Paris Prefeituras — HLM Organismo renovador misto	Construção. HLM Realojamento	• Propaganda • Petição • Delegação • Manifestação de rua	1) Construção de HLM mas sem relocar aí a população 2) Realojamento de uma parte, negociada individualmente 3) Sobra um refugo para ser expulso 4) Desmobilização
(2) Presqu'île	Cidade de Paris Prefeitura OHLM Organismo renovador misto	Operação gaveta	+ Não partida dos locatários + Reuniões constantes e permanência mantida	1) = 1 2) = 2 3) 150 HLM prometidas, para realojar no local uma parte da população 4) Sobra uma grande parte para relocar 5) Desencorajamento Intervenção mantida
(3) Beco Philippe	Organismo renovador misto	• Realojamento do local com aluguel equivalente • Resistência à expulsão	• Ocupação dos escritórios (confronto com a polícia) • Ação-Prop. • Petição a assinar pelos locatários	1) Realojamento provisório de um velho casal expulso 2) Recusa de petição coletiva da maioria dos residentes 3) Réplica, depois extinção do CA (10 meses de existência) 4) "Salve-se quem puder" individual dos lares que ficaram
(4) Rua da Boue	Organismo renovador misto	• Equipamento no local • Realojamento equivalente perto do local e moradia	• Agitação • Ajuda e entreajuda cotidiana • Resistência coletiva aos cortados de água etc. • Petições • Reuniões porta a porta	1) Recuo do organismo no que concerne aos atrasos 2) A curto prazo, despejo 3) Apoio da população na resistência contra a expulsão 4) Uma certa radicalização política

b. *A determinação social das ações:*

Encontramo-nos em presença de quatro ações, que retomaremos na ordem do quadro.

- No *primeiro caso*, houve adequação entre base social, organização, nível de mobilização e reivindicação, mas o confronto político que resultou disso, foi *desviado* (reivindicação transformada) e houve portanto, a partir daí, uma defasagem entre reivindicação e situação, o que, por conseguinte, provocou a desmobilização.
- No *segundo caso*: houve a correspondência todo o tempo e ela terminou em *derrota*, devido aos limites de uma mobilização puramente reivindicatória.
- No *terceiro caso*, à parte a conjuntura particularmente desfavorável, o tipo de organização, exterior à base social e sem implantação local parece ter condicionado a *não fusão* dos elementos, característica deste fracasso.
- Enfim, no *quarto caso*, base social, organização e reivindicação se correspondem, mas o processo parece esvaziar-se numa derrota reivindicatória (relação de forças presentes) que poderia resultar numa radicalização política.

Deve-se assinalar que o conjunto da análise desenrolou-se tendo como cenário uma incapacidade total de passar para o plano da luta política institucional, devido ao funcionamento muito especial do Conselho Municipal e do bloqueio, pela maioria, de toda iniciativa que fosse ao encontro dos projetos de renovação. Nestas condições, cada derrota reivindicatória que não é politizada no sentido de uma radicalização é *também* uma derrota política, já que a passagem para o cenário institucional não pode se produzir.

Estes esboços de análises, que não desenvolveremos dado o caráter extremamente limitado das áreas observadas, nos indicam caminhos para estabelecer sistemas de detecção dos movimentos sociais, o que, como sabemos, é o problema principal de nossa pesquisa.

II. A RELAÇÃO ENTRE LUTA URBANA E LUTA POLÍTICA: AS EXPERIÊNCIAS DE QUEBEC E DO CHILE

Se um movimento social se distingue por seus *efeitos pertinentes* nas relações de poder, é claro que a problemática dos movimentos sociais urbanos tem como núcleo as formas de articulação entre lutas "urbanas" e lutas "políticas", quer dizer as condições nas quais uma reivindicação urbana torna-se uma possibilidade política e a forma pela qual cada processo específico resulta num tratamento político distinto; ou, em outros termos, que contradições e que mobilizações são reprimidas, quais dentre elas são integradas, e quais delas chegam a criar uma situação nova nas relações políticas de classes, e enfim quais as que não chegam a se articular de forma precisa com outros escalões das relações sociais.

Tentaremos colocar este problema através da discussão, forçosamente sumária e esquemática de duas experiências históricas, que têm, neste plano, um interesse excepcional.

A. *Os comitês de cidadãos em Montreal*[1]

Da ajuda social a luta reivindicativa

Esta foi talvez a longa caminhada, desde a conversa nas ruas até a transformação da sociedade, em meio à alegria do povo e a boa vontade dos cidadãos, formando uma frente comum face aos poderes do mal e do dinheiro.

Os *comitês de cidadãos* que se desenvolveram em Quebec, em particular em Montreal, a partir de 1963, com base nos problemas da vida cotidiana dos bairros, eram com efeito, de início, uma perfeita expressão desta sociedade estranha e apaixonante que é a sociedade de Quebec, embebida, ao mesmo tempo, do velho comunitarismo cristão e da ingenuidade política do liberalismo norte-americano, da animação social e da capacidade de mobilização das "pessoas honestas" quando estão às voltas com injustiças flagrantes.

Estas são, com efeito, as raízes históricas de um dos movimentos mais importantes de luta urbana nos últimos anos: os bairros pobres e arruinados, os assistidos sociais às voltas com o desemprego, a doença, a falta de equipamentos coletivos, segundo a lógica liberal do *laissez-faire*; os animadores sociais, que, pagos pela municipalidade de Montreal (Conselho das obras) para serem manipuladores das necessidades, tentam voltar às origens dos problemas; alguns membros da Companhia dos Jovens Canadenses, organismo de assistência do governo federal, que passam pouco a pouco da ajuda institucional à consciência política...

Todo o cenário para um imenso conto de Natal estava pronto, a neve como fundo. Mas o desenvolvimento das reivindicações urbanas fazia parte de um processo global: radicalização das contradições estruturais; emergência dos movimentos sociais em Quebec, depois da "Revolução tranquila":[2] passagem para uma nova fase econômica das grandes firmas norte-americanas. É assim que os comitês de cidadãos vão se defrontar, na sua prática, com diversas contradições novas:

- A crise da pequena-burguesia de Quebec e sua radicalização política, expressa através do desenvolvimento do movimento nacionalista de independência, com todas as suas variantes, do terrorismo individual à independência pró-americana da direção do grande Partido de Quebec constituído depois de um processo de absorção dos diferentes grupos burgueses e pequeno-burgueses mobilizados em favor do despertar nacionalista.
- A politização crescente do mundo estudantil e a constituição em seu seio de tendências nacionalistas e marxistas no momento em que sua importância numérica aumenta e que suas possibilidades profissionais sofrem uma retração.
- A orientação "de esquerda" dos sindicatos de Quebec, em particular do antigo sindicato cristão (a Confederação dos Sindicatos Nacionais, CSN) e também da ETQ[3] (ramo em Quebec da AFCL — CIO.), consequência ao mesmo tempo da crise política geral e de uma economia estagnante que resultara num desemprego crescente. Esta evolução se manifesta concretamente no CSN pela abertura de uma "segunda frente" no domínio do consumo e do modo de vida e pelo aumento do número de efetivos de ação

política que, mantidos pelo poderoso aparelho sindical, vão permitir, pela primeira vez em Quebec, a emergência de militantes operários politizados extravasando o quadro do eleitoralismo.

Participando deste movimento global, os comitês de cidadãos passaram da assistência à reivindicação e seus quadros transformaram-se progressivamente, ao mesmo tempo em termos de recrutamento (cada vez havia mais estudantes politizados que desejavam "ir ao povo") e do ponto de vista de sua orientação: a política lhes parecia uma sequência lógica das lutas parciais nos bairros.

Esta reviravolta suscitou, de início, um movimento de "coordenação da experiência": a 19 de maio de 1968, os representantes de uma vintena de comitês de cidadãos de toda Quebec encontraram-se em Montreal e entabularam o processo da passagem da reivindicação localizada para uma generalização e uma politização de sua ação. Do ponto de vista das lutas, a mesma tendência acorria: no início de 1969, a campanha dos residentes do bairro da *Petite-Bourgogne*, contra a renovação urbana, que os expulsava sem uma nova moradia conveniente, culminou numa confusão-monstro quando da visita do primeiro-ministro canadense ao setor renovado.

O escândalo da cidade de Montreal

Este endurecimento foi determinado não só pela tensão social crescente em Quebec, como também pelas próprias condições da reivindicação urbana em Montreal. Com efeito, a situação das habitações e dos equipamentos coletivos em geral não cessava de se deteriorar: mais de um quarto das moradias da cidade era constituído por pardieiros e um terço das famílias era mal alojado; 75% dos habitantes de Montreal eram locatários, enquanto que em Toronto esta proporção caía para 33%. Ora, estes locatários consagravam 25% de seu orçamento familiar à moradia, uma das taxas mais altas do mundo. Diante desta situação, não só quase não havia habitação social (a moradia representa 0,4% do orçamento da cidade), como também, demolia-se sem substituir, 2.000 alojamentos todos os anos para favorecer os projetos de renovação urbana, para a construção de imóveis imponentes. Da mesma forma, não havia serviços de saúde nos bairros populares de Montreal, e apenas 10% das crianças dos colégios tinham um serviço médico satisfatório (o orçamento saúde representa 1,5% do orçamento municipal). No plano dos transportes coletivos, assistia-se a um desinteresse total pelo preço do transporte, enquanto que a inauguração do metrô limitara-se a uma operação de prestígio sem uma extensão das redes e as tarifas aumentavam 66% a cada dois anos.

Em compensação, a municipalidade conduzia uma política grandiloquente, com realizações de prestígio e com a organização da exposição universal de 1967, em íntima conexão com as grandes companhias financeiras. Controlada rigorosamente já de longa data pelo prefeito local Jean Drapeau e seu "Partido cívico" (simples súcia eleitoral a serviço do chefe), a Prefeitura de Montreal tornara-se um mero instrumento técnico dos interesses da grande burguesia montrealense, não permitindo qualquer possibilidade de oposição dentro do conselho municipal e praticava uma política terrorista de repressão com respeito às hesitantes tentativas de mobilização nos bairros. Foi assim, por exemplo, que no outono de 1969, o Comitê executivo municipal denunciou o organismo federal de ajuda social, a "Companhia dos Jovens Canadenses", como um instrumento de subversão revolucionária...

Uma politização municipal: o FRAP e suas ambiguidades

Esta atitude de ignorância sistemática, apesar de algumas medidas de tipo paternalista (organização de uma monitoria de esportes para as crianças dos bairros pobres, por exemplo), fomentou consideravelmente a radicalização dos comitês de cidadãos na medida em que não era possível nenhuma negociação. Foi assim que a partir de um nível muito fraco de politização, os habitantes dos bairros pobres começaram a manter posições mais reivindicatórias de "animadores sociais" e a considerar meios de *impor* suas exigências. Mas, dadas as alternativas (a mudança completa de toda a política de consumo coletivo da cidade), precisavam de meios adequados para conseguirem uma posição de força face, ao mesmo tempo, aos interesses financeiros e ao aparelho burocrático municipal. Surgiu então a ideia, em favor da vasta mobilização nacionalista e da agitação social do fim de 1969, de um reforço da coordenação dos comitês de cidadãos e de um prolongamento das lutas reivindicatórias urbanas no plano da política municipal. Ora, as eleições municipais se aproximavam: fixadas para o outono de 1970, elas ofereciam a oportunidade de lançar uma campanha de popularização das lutas efetuadas até então de modo disperso. Ocasião tanto mais favorável porque os sindicatos operários — que num primeiro momento desconfiavam destes comitês frequentemente assimilados ao lúmpen — haviam decidido criar uma verdadeira estrutura orgânica para a política de segunda frente e viam com bons olhos esta divisão do trabalho entre a frente de produção e a frente consumo-política que desviava eventuais veleidades "esquerdistas" de seu campo tradicional de intervenção. Foi assim que, em 1970, constituiu-se o FRAP (Frente de Ação Política), com base num reagrupamento dos principais comitês de cidadãos e de militantes de ação política dos sindicatos. Desde o início, estabeleceu-se uma ambiguidade fundamental entre vários projetos sociopolíticos:

- Por parte da base social dos comitês de cidadãos e de um certo número de animadores sociais, tratava-se de conseguir um instrumento para que as reivindicações obtivessem resultados, fazendo pressão de forma permanente sobre a administração.
- Para os sindicatos, o FRAP, era *ao mesmo tempo*, um início do sindicalismo de consumo e uma experiência visando à constituição de um partido trabalhista, enquanto expressão institucional dos interesses específicos dos assalariados.
- Para alguns militantes, especialmente os estudantes, bem como para uma minoria de membros dos comitê de cidadãos, o FRAP devia dar a oportunidade para a constituição de um movimento de massa, no seio do qual uma corrente revolucionária destacada do nacionalismo pequeno-burguês podia surgir e se desenvolver.

As ambiguidades, reconhecidas de fato por todos, exprimiram-se diretamente nos objetivos e no desenrolar da campanha eleitoral. A primeira tendência, desejava obter um êxito eleitoral, elegendo alguns candidatos na esteira dos progressos dos independentes nas eleições provinciais de 1970. Para os mais politizados, o objetivo prioritário era aproveitar a campanha e desenvolver uma agitação político-ideológica relacionando os "dissabores" da vida cotidiana a uma lógica estrutural capitalista, e à sujeição necessária a esta lógica de todos os partidos políticos de Quebec considerados, portanto, como burgueses. O programa eleitoral do FRA[4] exprimia esta dupla tendência: dirigindo um questionamento impiedoso sobre as condições de vida nos bairros de Montreal, ele estabelecia bastante bem a conexão com os mecanismos de exploração capitalista, mas para propor uma panaceia adequada a partir de um programa de uma nova gestão municipal. Do mesmo modo, a estrutura organizacional que foi dada ao movimento tinha um duplo aspecto: constituída a partir de comitês de ação política (CAP), baseados nos bairros, prolongava as tendências localistas e de reivindicação imediata dos comitês de cidadãos, mas organizou ao mesmo tempo, um aparelho central com várias comissões e um secretariado permanente que tentava coordenar e destacar algumas iniciativas politicas centrais. Uma relativa divisão entre os dois níveis e uma tensão permanente entre secretariado e CAP locais mostraram, ao longo da vida do FRAP, o equilíbrio frágil entre exigências às vezes divergentes, às vezes contraditórias.

No entanto, numa primeira fase da implantação, podia haver acordo de diferentes tendências, em torno da mesma prática, na medida em que era necessário empreender a construção de um verdadeiro movimento popular partindo de um nível de consciência reivindicatória e política extremamente fraca, apesar da combatividade das lutas parciais efetuadas ocasionalmente nos bairros: luta contra a renovação imobiliária específica no Milton Parc, exigência de construção de um hospital em Saint-Henri, luta por um centro comunitário em Maison-neuve etc.

A crise política em Quebec e o movimento popular

Ora, sucede que a grave crise política que agitou Quebec no outono de 1970 transformou inteiramente as condições de intervenção eleitoral e obrigou o FRAP a se definir abertamente contra a ordem social estabelecida.[5] Depois de um discurso do prefeito Drapeau na televisão ventilando a possibilidade de uma situação "onde o sangue correria pelas ruas" se o FRAP ganhasse as eleições; depois de uma campanha onde as viaturas da polícia seguiam ostensivamente, os candidatos do FRAP no seu trabalho de porta em porta pelos bairros, as eleições, realizadas neste clima de terror, viram o desmoronar do FRAP que só obteve, em média, 17% dos votos nos setores onde tinha candidatos. Com exceção de dois ou três bairros, especialmente Saint-Jacques, onde uma sistemática de ajuda social existia de há muito, o apoio popular ao FRAP esfacelou-se diante da rápida politização da situação. Preso em sua própria armadilha o municipalismo para bons cidadãos, o FRAP foi incapaz de responder com outro tipo de argumentos políticos e viu desfazer-se, em alguns dias, o trabalho de organização eleitoral e as bases objetivas de uma frente de luta comum às diferentes tendências.

A crise no âmago do FRAP após a derrota eleitoral foi grave: o presidente (que, de fato, representava os sindicatos operários) se demitiu em protesto contra uma politização considerada "esquerdista"; os diferentes comitês de bairro cessaram suas atividades, não sabendo no que se apoiar para uma orientação geral; o secretariado passava o tempo procurando compromissos organizacionais suscetíveis de preservar um aparelho tão frágil, sem no entanto abordar os problemas políticos profundos. De fato, o FRAP entrou em recesso e foi preciso esperar o "Congresso de reorientação" em março de 1971 para enxergar mais claro e escolher novas orientações.

Se podemos explicar o fracasso eleitoral por conjunturas repressivas equivocadamente suscitadas, não é tão fácil compreender porque a organização foi atingida, quando ninguém estava empenhado seriamente na real tomada do poder municipal.[6] Se houve uma crise política no interior do FRAP e na relação entre os comitês e as populações dos bairros, foi porque, desde o início, existia uma ambiguidade na estratégia do FRAP a respeito da utilização das reivindicações urbanas e da plataforma eleitoral como um meio de agitação política ou como uma finalidade em si mesma. Ora, este oportunismo político voltou-se, contra os comitês a partir do momento em que a conjuntura política geral colocou questões as quais não se podia fugir Com efeito, parece que a expressão *direta* das reivindicações urbanas no plano político, sem a transformação qualitativa destas reivindicações em objetivos de luta propriamente política, atingiu uma espécie de "trade-unionismo de consumo" às vezes até a existência de um verdadeiro grupo de pressão que só tem chance de sucesso se se apoiar sem delongas nas organizações e quadros diretamente orientados para a defesa exclusiva dos equipamentos coletivos. A articulação entre reivindicações urbanas e luta política não ocorre sozinha: é preciso uma intervenção organizada, capaz de fazer ligações com a prática política das massas. Ora, nos comitês de cidadãos, a conexão entre o urbano e o político não ocorreu na prática. Ela talvez tenha sido enunciada, através da constituição de uma organização, o FRAP, mas esta organização só agrupava, sob a forma de programa político, as reivindicações urbanas sem relacioná-las a uma estratégia visando à tomada de poder. Com efeito, o objetivo perseguido era a constituição de uma representação institucional que permitisse fazer pressão para resolver estes "problemas cotidianos concretos". O urbano — expresso no plano político institucional em termos de reivindicação e não de questão suscetível de encadear uma politização das massas — torna-se então a base objetiva em torno da qual se forma um grupo de pressão buscando obter melhores condições de vida para os desfavorecidos no interior do sistema social estabelecido. É unicamente nesta perspectiva, que corresponde ao processo de formação do FRAP, que o campo da *política municipal* torna-se um tema central. Isto, certamente, estava em contradição com a subjetividade e a ideologia dos quadros mais ativos, que tendo vivido um processo de radicalização em favor das poderosas lutas populares nos anos precedentes, buscavam, por este expediente, assegurar bases populares para o desenvolvimento de um movimento de extrema-esquerda centrado na classe operária. Na medida em que a crise obrigou o FRAP a sair do imediatismo e a elaborar uma estratégia, o conflito estourou não só entre as tendências no interior da organização, como também a propósito das práticas divergentes de luta nos bairros. Desde então, colocou-se o problema de saber de que forma a luta urbana e a luta política se articulam — ou estão separadas; e também quais eram os efeitos do predomínio de uma ação sobre a outra quanto ao nível de mobilização e da situação de poder conseguido pelas massas nos bairros.

Entre a caridade e a ideologia

Obrigados a definir a ação política em termos de objetivos de classe social, os comitês de ação política e os conselhos de cidadãos têm reações diametralmente opostas: por um lado, voltam atrás, adotam objetivos imediatos, defendem as condições de vida nos bairros, tentando fazê-lo de maneira eficaz; por outro lado, dão um passo à frente, empreendendo um trabalho revolucionário de longo alcance, sem ambiguidade, e, para isto, lançam uma campanha de formação ideológica profunda. A melhor ilustração desta primeira tendência é a evolução do CAP Sainte-Anne; a da segunda, o comitê de bairro de St. Jacques. Parece-nos útil analisar suas práticas na medida em que ambas são reveladoras da dialética entre o urbano e o político.

O CAP Sainte-Anne tinha como campo de ação preferencial um velho bairro popular às margens do Saint-Laurent (La Pointe Saint Charles), habitado, na maior parte por assistidos sociais (40%) e por desempregados temporários (20%), morando em verdadeiros pardieiros. Sempre foi um dos bairros "privilegiados" de assistência social: neste local abundavam os comitês de todos os tipos (habitação, equipamento, saúde etc.). O terreno estava bem preparado para a organização do CAP Aliás, os resultados das eleições não foram inteiramente decepcionantes. Mas depois da "crise", os militantes não serão mais aceitos nas atividades coletivas do bairro a não ser se aderirem às iniciativas que lhes escapam e que se caracterizam por um não engajamento político: canais de transmissão local dos organismos de ajuda pública, empresas de crédito, cooperativas de produção etc. Os militantes tentam ganhar terreno, mas logo aparece a divergência entre as "Pessoas do bairro", preocupadas unicamente com os problemas de equipamento e os militantes "exteriores"[7] (às vezes morando a um quilômetro do local ...) que visam sobretudo a politizar cada ação. Esta clivagem separa o que existe entre a antiga base dos comitês de cidadãos e os militantes políticos que aderiram diretamente ao FRAP Nestas condições, nenhuma ação durável e autônoma foi empreendida: o CAP consagra-se à discussão das teses, à preparação do Congresso do FRAP, e depois à discussão das novas orientações... Depois de um ano de trabalho, ocorre um completo esgotamento do comitê, sua desaparição. No entanto, os comitês de cidadãos continuam a existir e a conduzir a pequena guerra cotidiana, enquanto "grupos de pressão dos pobres".

Segundo a análise feita pelo CAP Sainte-Anne, o fracasso deveu-se a um problema de transição entre os comitês de cidadãos não estruturados e que perseguiam objetivos extremamente precisos e uma organização de trabalhadores mais estruturada, mais ampla e que perseguia objetivos mais políticos. Se este foi o problema, é preciso perguntar a razão pela qual esta transição não pode ser assegurada até articular os dois elementos (militantes e população do bairro) necessários a todo processo de mobilização. A resposta parece ser diferenciada: por um lado, a base social, subproletária, é o terreno escolhido para obras de caridade e deve percorrer o longo caminho que, da opressão cotidiana, leva à consciência política; por outro lado, e isto em parte é uma consequência das características do bairro, como as possibilidades reivindicativas se inseriam na ótica da assistência social, elas nunca questionaram as relações de poder. Definitivamente, o CAP (dirigido por antigos animadores sociais) parece não ter tido unia linha de massa: oscilou entre ligar-se às reivindicações sem discuti-las, pelo simples fato de provirem "das pessoas" e relegar a um segundo plano todo trabalho que não fosse diretamente político. Assim, na Pointe Saint-Charles, os bons cidadãos permanecem com eles, enquanto os militantes que permaneceram tentam criar um órgão de coordenação geral (o conselho de bairro) para preparar uma "ponte de ligação entre os comitês de cidadãos e uma organização mais estruturada de trabalhadores"... se, um dia, esta última chegar a existir...

No bairro de Saint-Jacques, as características sociais são as mesmas (40% de desempregados), e a problemática idêntica a manifestada em Pointe Saint-Charles, mas as orientações e a prática política que resultaram são fundamentalmente diferentes. Ora, na origem, no CAP Saint-Jacques, encontramos a assistência social, com a particularidade de que aqui ela foi especialmente eficaz: organizando inicialmente uma cooperativa, depois uma verdadeira clínica de bairro administrada pelos próprios cidadãos, o comitê soube ganhar a estima de uma ampla fração da população, o que lhe valeu um relativo êxito eleitoral (perto de 30% dos votos) e um número de militantes locais bastante importante. Mas, embora mais politizado que os outros CAP do FRAP, criado há muito tempo, menos influenciado pelos animadores sociais cristãos, o CAP Saint-Jacques tornou-se de repente a consciência política da FRAP (alguns diriam "má consciência") e viu na crise de 1970 o exemplo da fragilidade de uma posição não definida do ponto de vista político. Enaltecendo a necessidade de uma linha marxista rigorosa e de militantes formados em consonância, o CAP decidiu centralizar todas as suas energias na constituição de um núcleo "mais qualitativo do que quantitativo", prefigurando na sua linha e na sua organização um verdadeiro partido revolucionário, cujo trabalho essencial deveria ser dirigido para a classe operária. Tratava-se portanto de aproveitar a base local obtida pela prática reivindicativa urbana para desenvolver um núcleo de militantes de vanguarda.

Nestas condições compreendemos as duas maiores exigências do CAP Saint-Jacques em relação ao FRAP: a autonomia completa dos CAP de base, pois o secretariado era visto como o elemento motor da linha socialdemocrata; a ênfase dada à formação de militantes e à atividade de propaganda ideológica, sendo a etapa que viviam analisada como uma fase preparatória. Assim, o CAP Saint-Jacques tornou-se um núcleo ideológico, aliás extremamente sólido e dinâmico, inclusive no trabalho concreto de pesquisa e propaganda, mas excluiu ás reivindicações urbanas de sua prática na medida em que era necessário concentrar suas forças na contradição principal (a luta operária) e no aspecto principal desta contradição (a construção de uma vanguarda ideológica para o conjunto da sociedade de Quebec a partir do comitê do bairro Saint-Jacques).

A relação entre luta, urbana e luta política,

As duas experiências conduziam, por caminhos diferentes, à negação do projeto inicial do FRAP: a construção de um partido popular a partir das experiências locais das lutas urbanas. Portanto é normal que os outros comitês de base tenham tido que se definir em relação a esta polêmica e que alguns deles tenham tentado voltar a uma prática ao mesmo tempo reivindicativa e política, articulando os dois aspectos na experiência cotidiana. Esta tentativa foi conduzida com um vigor especial em duas outras experiências repletas de ensinamentos.

O CAP de Côte-des-Neiges, muito politizado mas sem a experiência prévia de um comitê de cidadãos (na medida em que se tratava, no essencial, de estudantes e de professores da universidade de Montreal), dirigia-se a um bairro bem pequeno-burguês. Tentou de início aderir ao nível de consciência do bairro, sem se desencorajar e só visando algo a longo prazo após uma campanha reivindicatória muito concreta. Duas "batalhas" foram conduzidas, e a escolha dos temas foi inteiramente determinada pelas características sociais da população. Inicialmente houve a democratização da gestão de uma caixa de poupança, depois, foi estabelecida, pela primeira vez no bairro, uma associação de locatários. Ora, é preciso reconhecer que entre a subjetividade revolucionária dos militantes e as intervenções em assembleia geral para fazer valer os direitos dos acionistas na gestão de sua poupança individual, havia uma grande distância para que ocorresse uma junção. Da mesma forma, com a associação de locatários, a vontade de ser concreto e eficaz levou o CAP a se desgastar com a organização de um serviço administrativo extremamente pesado e que funcionava como um verdadeiro conselho jurídico, em particular graças a consultas telefônicas. Disso resultou que o comitê conseguiu ter uma certa audiência e reunir algumas dezenas de locatários, mas estes ("o povo") recusaram-se a tomar em suas mãos a associação e até a eleger os representantes ao posto: ora, para que, já que estes jovens eram tão competentes nos serviços (gratuitos!) prestados?... A desilusão do CAP Côte-des-Neiges transformou-se em autocrítica: era necessário politizar qualquer intervenção desde o início, sem no entanto separá-la dos problemas concretos. Mas, então, o CAP perdia sua razão de ser frente a sua base local, uma camada pequeno-burguesa em mobilidade ascendente. O novo estilo de trabalho implicava uma outra localização e a intervenção a partir de uma coordenação central no FRAP. O fracasso provisório de uma ação abria assim o caminho para esta conclusão fundamental: era necessário unir luta urbana, luta operária e luta política, a partir de intervenções centralizadas estrategicamente, mas sempre concretas e localizadas, nos temas *conjunturalmente pertinentes*.

Tal situação produziu-se efetivamente no decorrer da mobilização dirigida pelo CAP do bairro Hochelaga-Maisonneuve contra o projeto da autoestrada leste-oeste que exigia a demolição de milhares de moradias.

Ali conjugaram-se todos os trunfos para atingir a tão esperada união de lutas. O quarteirão conta com uma maioria de operários, dentre os quais muitos são sindicalizados — quarteirão ao mesmo tempo popular e dinâmico. Um comitê de cidadãos fora implantado há muito tempo e obtivera uma grande adesão conduzindo uma longa e dura batalha em favor da criação de um centro comunitário, projeto que se chocou com uma posição de não acolhimento por parte da administração. Os residentes do bairro foram portanto mobilizados socialmente e advertidos do paternalismo social das instituições urbanas.

A situação na qual foi lançado o comitê também era exemplar: tocava concretamente a população (casas demolidas, perturbação no bairro, barulho e poluição afetando um amplo setor da cidade): enredava-se com o caso de acordos financeiros muito sutis entre o governo provincial de Quebec e o governo federal canadense, enquanto que o eixo de circulação projetado só era útil dentro do quadro de uma planificação urbana que ignorava deliberadamente os transportes coletivos. A campanha, entabulada no início de 1971, foi efetuada com grande seriedade, ao mesmo tempo no bairro e em toda Montreal. Constituiu-se uma frente de organizações que agrupava sindicatos e organizações populares, e que obteve apoio do partido de Quebec no Parlamento provincial. Circularam boletins de informação, foram feitas várias reuniões, e uma petição, levada de porta em porta, foi assinada por milhares de pessoas, foram organizadas manifestações de massa, uma delas de carro, seguindo o traçado da futura autoestrada.

Não obstante, o projeto foi mantido, as adesões diminuíram, a população do bairro se cansou: definitivamente o comitê ficou só e dificilmente pôde fazer frente ao imenso aparelho financeiro e político subjacente à "racionalidade dos transportes urbanos". Os slogans reivindicatórios nunca foram abandonados, mas foi necessário reconhecer o fracasso total da campanha, na medida em que as máquinas voltaram a funcionar. Por que este desfecho, se estavam reunidas as condições que acabamos de enumerar? Justamente, devido a importância do assunto. Frente a interesses tão poderosos, embora fosse inteiramente correto iniciar uma luta que necessariamente devia *resultar num combate político a partir de uma reivindicação urbana*, era imperativo possuir os meios para tanto. Ora, só o comitê (e através dele o FRAP) estava preparado para este combate — acima das oposições mais ou menos respeitadas. Uma crise interna assolava o FRAP, por um lado as diversas tendências, os objetivos de ajuda social, por outro, levavam à fragmentação. Assim, a fraqueza da organização central, *suscitada pelos erros das intervenções locais*, voltava-se contra as lutas nos bairros e impedia que se desenvolvesse num nível político superior à luta reivindicatória de massas, encetada em condições excelentes, a respeito de um assunto portador de contradições fundamentais. A prática mostrava assim a relação dialética necessária entre centralização das forças e concentração das lutas que tinham, de fato, um alcance político geral. Mas a consciência disso só foi adquirida ao preço de uma nova derrota. Ela foi apenas o balanço da experiência visando a uma nova iniciativa.

Enfraquecido pela cisão de esquerda do CAP Saint-Jacques, pela cisão correlata à tendência da animação social, pela desintegração de vários CAP após estes fracassos, o FRAP devia transformar-se.

O "Congresso de reorientação" de 1971 foi apenas uma consagração da autonomia local como uma transição para a fragmentação, e o FRAP tenta, desde o início de 1972, operar uma reconversão total a partir dos escombros dos antigos CAP, a partir de uma iniciativa central fortemente estruturada que tem como objetivo a construção de um partido popular, onde o urbano seria apenas um dentre os temas de reivindicação. Levando avante a necessidade da organização política da classe operária, instrumento essencial na luta contra a classe capitalista, "com a ideia de que é para o Estado e o poder do Estado que esta organização deve se voltar", um novo FRAP tenta se constituir. A partir destas perspectivas são lançadas novas iniciativas no início de 1972, em particular a constituição de uma frente de organizações políticas e sindicais, o Conselho operário de transportes sob a direção do FRAP para se opor à nova lei de transportes urbanos, preconizando uma reorganização dos transportes coletivos e recusando a franquia aos grupos financeiros dos serviços públicos, em particular dos táxis. Os primeiros sucessos registrados no decorrer desta vigorosa campanha parecem ser a expressão de uma prática de ação de massa por parte de núcleos de militantes preparados pelas crises sucessivas dos comitês de ação política.

Mas a nova organização que tenta relançar a luta, leva em conta os fracassos passados em sua tentativa de articulação das reivindicações urbanas e da mobilização política. E os militantes sabem agora que não se pode confundir o terreno de intervenção, as condições concretas da conexão com as massas na luta e as bases políticas que fundam uma organização. Simplesmente, eles sabem que tentando construir um partido revolucionário por extrapolação direta dos movimentos de reivindicação urbana, corre-se o risco de permanecer numa revolução municipal...

B. O movimento dos pobladores no Chile

O *movimiento de pobladores* no Chile é o movimento formado pelos Comitês dos Sem Habitação e pelos *squatters* que ocuparam ilegalmente terrenos urbanos, neles construindo sua casa. Os *campamentos* são unidades de habitação "selvagens" oriundas de uma ocupação e reforçadas por recém-chegados que se instalam, uma vez estabilizada a situação. Existe uma diferença fundamental entre estes "campamentos" e as favelas que formam a periferia das grandes metrópoles em todos os países capitalistas dependentes: é que os "campamentos" não resultam de um processo de ocupação lenta, mas são a consequência de uma invasão maciça e combinada, numa base organizada previamente por um acordo de vários comitês dos sem habitação. Aliás, estas invasões são quase sempre dirigidas por uma força política, e os "campamentos" que resultam dela têm, no início, uma certa homogeneidade política, traduzida por uma sólida organização interna. É claro que esta situação não é imutável e que as formas organizacionais e as relações políticas mudam, à medida em que se desenrolam os processos sociais nos "campamentos". Existe portanto uma nítida diferença entre três tipos de hábitat que o observador superficial chamaria de "favelas": as favelas em sentido estrito (*callampas*) que são habitações casuais construídas por iniciativa individual de cada morador; as cidades de urgência (*poblaciones*), construídas em geral pelo governo, e que se definem por uma atribuição e uma organização emanada da administração pública; os "campamentos", experiência original chilena, unidades de habitação coletivas oriundas de uma invasão-construção maciça, organizada e dirigida politicamente. Vemos então a especificidade social e política dos acampamentos, que estão na base ativa do *movimiento de pobladores*. São estes "campamentos" que constituíram o objeto de nossa pesquisa.

Os acampamentos dos *pobladores*, que estão no âmago do processo de mobilização social e política que transforma o Chile, constituem ao mesmo tempo uma experiência única de luta política, e de organização urbana, e o pretexto permanente de uma mitologia multiforme.

Refúgio do lumpemproletariado e terreno de cultivo da delinquência, como pretende um jornal editado no Chile?[8] Ou trata-se, ao contrário, do caminho que vai da ocupação à tomada do poder?[9] Ou mais simplesmente, de um meio de manifestação das massas urbanas chilenas — para obter o direito de fincar os pés numa terra que seja delas? Porque em última instância, na base de todo o processo, está a incapacidade estrutural do capitalismo dependente de subvencionar, mesmo parcialmente, as necessidades de habitação das classes populares.

Com efeito, o déficit de habitação atingiu, em 1960, a cifra de 488.574 habitações, para uma população total de 7.372.712. Em 1970, o déficit foi de 585.000 moradias, e o conjunto da população viveu, entre 1960 e 1970, em condições críticas.[10] Se acrescentamos a estas considerações, uma tendência para diminuir os investimentos do setor público na construção e o fato de que é o setor privado que controla este ramo, mesmo quando financiado pelo setor público, devemos concluir que a crise do sistema produtivo da habitação atingiu uma fase crítica.

Os critérios utilizados pelo setor privado de habitação traduzem-se por uma oferta de moradias para as classes de rendas média e alta e por um aumento considerável do preço do metro quadrado. (Em 1968, o preço do metro quadrado triplicou em relação a 1960).

A gravidade da crise de moradia explica, bastante bem, o fato dos quadros institucionais responsáveis pelos problemas urbanos terem sido extrapolados, mas isto não implica uma solução automática, já que se trata de um processo social, submetido como tal ao jogo das forças em ação, ou mais precisamente, dependendo da dialética repressão-integração do aparelho de Estado. Mas sobretudo, a significação deste processo provém de sua articulação com o conjunto da dinâmica social, e em particular de sua inserção no sistema cambiante das relações de classe e nas estratégias políticas correspondentes.

Em muitos outros países latino-americanos (Peru, Colômbia, Venezuela etc.)[11] ocorreram ocupações ilegais e maciças de terrenos, algumas delas dirigidas por organizações populares; no Chile, a originalidade e a importância do processo de invasão dos terrenos urbanos, se encontram precisamente na sua relação íntima com a questão do poder. O que é significativo no Chile, não é tanto a presença das organizações populares nas ocupações (já que é normal que onde está o povo, estejam também seus militantes), mas o papel diretamente político destas ações e reciprocamente, a determinação de seu conteúdo pela conjuntura especial na qual elas se desenvolvem. Esta é a razão pela qual é necessário lembrar a situação que está na base do processo de formação dos acampamentos chilenos, referindo-se à evolução recente das alianças de classe e das estratégias políticas.

O triunfo eleitoral da Democracia Cristã em 1966 foi, como sabemos, o ponto de partida de uma vasta tentativa de reformismo populista, baseada numa aliança entre a burguesia dinâmica, ligada ao capital internacional, e os numerosos setores populares, sob a hegemonia da primeira. Isto se traduziu concretamente na recuperação de uma parte dos camponeses, graças à Reforma agrária, e pelo lançamento de um programa de assistência e de participação social no domínio da habitação e dos problemas urbanos. Esta iniciativa não dizia respeito apenas ao *"lumpen hinterland"*, como foi afirmado numa temática deformada pela ideologia da marginalidade; ela se endereçava a amplas camadas populares que não tinham nenhuma solução para o problema de moradia, e entre elas uma grande parte da classe operária e mesmo uma fração dos empregados. Mas se a tentativa populista incluiu os operários na sua possível clientela, ela não o fez enquanto operários, mas enquanto *pobladores*, quer dizer, mobilizando-os com relação a uma contradição secundária do sistema econômico, levando-os a exigir do Estado uma resposta à sua solicitação. Ao mesmo tempo, organizava-se a rentabilidade dos setores médios através das empresas privadas. A *Operacion Sitio* e outras soluções de urgência para o problema da moradia, e uma certa extensão do crédito popular (os PAP),[12] foram os instrumentos práticos desta política. Aliás, as *Juntas de Vecinos* esforçavam-se para canalizar as vantagens políticas obtidas criando um aparelho político-administrativo capaz de responder prontamente em termos de implantação e de mobilização popular aos sindicatos operários, e isto, na linha da burguesia de esquerda.[13]

Não podemos negar que, num primeiro momento este programa despertou grandes esperanças, a tal ponto que alguns projetos de ocupação de terrenos dirigidos pela esquerda em 1965 ficaram completamente isolados e foram violentamente reprimidos.[14]

No entanto, com o tempo, os limites da gestão governamental aparecem claramente, e as esperanças se transformam em impaciência. Com as eleições municipais de 1967, vemos aumentar bruscamente o número das invasões ilegais de terrenos em Santiago. Mas as ocupações são um ato ilegal, e o governo, incapaz tecnicamente de satisfazer uma exigência imediata, responde pela repressão. A partir daí, há duas possibilidades: o processo da *Operacion Sitio*, e a brusca diminuição da construção popular, se opõem à corrente reivindicatória despertada pela nova conjuntura, corrente que só suscita como resposta a "legalidade burguesa" e a repressão.

Na brecha assim aberta, se introduzem duas estratégias políticas diferentes, ambas opostas ao projeto populista. Por um lado, os partidos operários tentam conduzir a luta política no terreno escolhido pela democracia cristã, fornecendo a prova concreta da incapacidade gerencial — desta última, prefigurando assim a campanha eleitoral de 1970, e por outro lado, o movimento de esquerda, resolvido a assumir a luta armada. Este movimento encontra na situação explosiva, criada pelas contradições internas do processo, uma confirmação das suas próprias teses, e a oportunidade de um confronto entre a massa e o aparelho repressivo, e através dele, com o sistema no seu conjunto.

Nos dois casos, o processo seguido é o mesmo. Uma organização política (muito raramente algum grupo cultural ou socialmente próximo) organiza durante um certo tempo um *Comitê Sin Casa* (Comitê Sem Casa), com uma base local ou profissional. Quando se está de acordo quanto à ocupação, vários *Comitês Sin Casa* se reagrupam, a unidade política ocorre, e um grupo de ação assume a responsabilidade dos preparativos secretos a fim de surpreender a polícia. Quando a ocupação é decidida, fincam-se, durante a noite, tendas e bandeiras chilenas, e a ação é apoiada por personalidades importantes ou por uma ação política. Nos dias seguintes, os outros membros da família chegam e são aceitos novos *pobladores*, com a anuência do comitê do acampamento. Assim, cria-se um novo meio de vida.

Desta forma, a questão urbana se situa num dos eixos da luta social no Chile no período que precede as eleições de 1970. Esta luta se situa em geral num nível superior ao das lutas operárias nas fábricas. A explicação deste aparente paradoxo se encontra no fato de que as três correntes citadas fazem desta contradição um tema central e convergente, mesmo se suas razões são totalmente diferentes.

Se a Democracia Cristã precisava de um objetivo que fosse ao mesmo tempo popular, mobilizador *e policlassista*, a Unidade Popular estava também interessada no desenvolvimento de uma reivindicação cuja exacerbação não colocasse *diretamente* em questão a ordem capitalista (se preferirmos, estava centrada mais no modo de distribuição do que no de produção), na medida em que a luta política em curso exigia a chegada ao poder por via legal, e a partir daí, a busca de mudanças nas relações de poder do sistema econômico. Enfim, para o movimento de esquerda, preocupado sobretudo com o problema da construção do Partido, tratava-se de uma questão tática: ele podia dispor assim de uma via de penetração nos setores operários, facilitada ao mesmo tempo pela inorganicidade do movimento dos *pobladores* e pela relação direta entre estas teses do partido e a violência da situação assim criada.

A primeira leva de ocupação de terrenos devida a esta situação (1969), vê-se-lhe opor uma forte resistência institucional. Embora o massacre de *Puerto Mont* (março de 1969) desperte indignação, só mesmo passo a passo é que se amplia a brecha no controle da ordem urbana. O respeito à legalidade (e em consequência o peso da opinião pública), ainda é, até este momento, um problema que não encontrou solução entre as classes dominantes. Assim, a primeira grande ocupação do MIR em Santiago (26 de janeiro de 1970), teve de enfrentar uma grande repressão que só foi superada graças ao espírito de decisão política dos participantes. No entanto, na medida em que a campanha eleitoral se desenvolve, e em que as posições de Tomic como candidato da Democracia cristã se afirmam, a repressão diminui, e o mecanismo que acompanha as ocupações produz um movimento cada vez maior, movimento que redobra de intensidade depois de pesada crítica à repressão de *Puente Alto* (julho 1970). A indignação suscitada obriga o governo a renunciar ao emprego da força. A Democracia Cristã, ultrapassada como aparelho de governo, tem que se inserir no processo de ocupações ilegais, para manter sua posição entre os *pobladores*.

Quadro 1
Ocupações de terrenos urbanos

	1966	1967	1968	1969	1970	1971 (6 maio)
Santiago (*)	0	13	4	35	103	?
Conjunto do país (**) (inclusive Santiago)	?	?	8	23	220	175

A vitória eleitoral de Allende e a indecisão política que se seguiu, estão na origem, no período de transição que vai até 4 de novembro, de uma nova onda de ocupações, que chega à constituição de acampamentos de todas as tendências políticas, como podemos deduzir dos dados parciais mais significativos do quadro 1.

Depois da tomada do poder pela Unidade Popular (UP), a esquerda controla as ocupações em Santiago, e tenta reagrupar e distribuir os acampamentos segundo um critério urbanístico, a fim de encontrar uma solução rápida para o problema da habitação. Em compensação, a Democracia Cristã, buscando recuperar o terreno político perdido, encoraja as reivindicações, multiplica as ocupações e estende o movimento para a ocupação de apartamentos recém-construídos. No interior, a UP não freia o movimento na mesma extensão que em Santiago, a fim de evitar o reflexo inicial de uma emigração maciça para os acampamentos da capital.

De forma complexa e diferenciada, cada operação tendo seu próprio estilo e cada acampamento, seu próprio conteúdo, uma nova realidade urbana acaba de surgir. A importância quantitativa deste fenômeno é pouco conhecida. Dados que requerem confirmação, indicam, para Santiago 55.000 famílias em abril de 1971,[15] o que representa aproximadamente 275.000 pessoas, quer dizer 10% da Grande Santiago. Mas a significação social é ainda maior. Pela concentração no tempo e no espaço, por sua especificidade no quadro do processo de transformações sociais (encontrando-se ao mesmo tempo no nível mais baixo de consumo individual e coletivo, próximo aos aparelhos políticos, e portanto em contato direto com as fontes de poder, e ao mesmo tempo se opondo firmemente a um sistema institucional que não pode nunca tolerá-lo completamente), o processo de formação dos acampamentos é o terreno ideal para uma análise da natureza da mudança social.

Esta realidade tão complexa exige que a estudemos a partir de uma problemática séria, o que quer dizer, concretamente, que a analisemos a partir de pressupostos teóricos e políticos bem definidos e que busquemos a resposta às questões que se colocam a partir da prática social observada.

O problema fundamental é a determinação da significação social objetiva dos acampamentos chilenos com relação às relações de classe e seu alcance enquanto experiência de transformação social. Podemos fazer a análise em dois níveis:

1. A forma da prática social observada nos acampamentos, no plano da existência material, de modo de vida, da organização local etc. Neste caso, trata-se de detectar as experiências socialmente inovadoras, e sobretudo os fatores estruturais e conjunturais que favorecem ou retardam a emergência destas práticas nos seus diferentes aspectos.
2. O modo de articulação do movimento dos *pobladores* com o conjunto das contradições sociais, em particular com as do sistema de produção e com as que têm sua origem na luta política.

Trata-se de conhecer as condições que determinam uma forte articulação num ou noutro destes planos, bem como as consequências de cada uma delas sobre as relações de poder entre as classes.

No primeiro caso, a finalidade é determinar o nível de transformação do modelo social de existência que representam os acampamentos. No segundo caso, trata-se de determinar a importância precisa desta transformação na luta pela conquista do poder político.

No decorrer da pesquisa fomos levados a sublinhar o papel decisivo que desempenhou a intervenção dos aparelhos políticos no processo social suscitado. Daí foi dada uma atenção especial à análise destas intervenções, com o objetivo de determinar as condições de sua eficácia, explicando seu sucesso ou seu fracasso, sua coerência e sua pertinência, por condições que lhes são exteriores a fim de evitar incorrer num subjetivismo total baseado no reconhecimento da impotência absoluta dos aparelhos políticos.

Através de uma pesquisa direta nos acampamentos chilenos que buscamos os elementos necessários para responder a questões de importância política e da dificuldade teórica, procurando determinar as fontes de uma informação até agora inexistentes, e que logo desaparecerão à medida que os acampamentos estejam integrados.

Selecionamos 25 acampamentos, tentando cobrir toda a gama política e ter uma grande variedade de situações ecológicas (extensão, localização etc.). Os acampamentos foram todos escolhidos em Santiago, com exceção de Valparaíso e de Caracas, que foram estudados para controlar as variações na capital. Utilizamos a entrevista direta, segundo um método de informação padrão, aplicado a um grupo de informantes escolhidos do acampamento. Em cada caso fizemos:

1. Uma pesquisa sobre a evolução do processo social no acampamento. Também foram tratadas aqui todas as relações do acampamento com o exterior. Esta investigação, em geral, foi feita entre os dirigentes do acampamento.
2. Uma pesquisa dirigida aos membros dos *Comitês Sin Casa* que estavam na origem do acampamento, a fim de determinar as causas fundamentais da criação do acampamento.
3. Uma pesquisa dirigida aos responsáveis das organizações políticas do acampamento. A pesquisa foi feita no decorrer do mês de agosto e de setembro de 1971, mas levou em conta a evolução do acampamento desde sua criação.

A informação obtida foi codificada e organizada em torno de umas setenta variáveis, diferenciadas conforme a problemática exposta, utilizando sobretudo uma tipologia de níveis de capacidade de transformação social para cada prática social observada. A resposta às questões colocadas só virá da análise sistemática da informação codificada, sobretudo a partir da constatação das relações necessárias entre os elementos que se supõe estarem na base de cada prática estudada. Este trabalho em curso constituirá a relação final da pesquisa.

No entanto, acreditamos justificado, devido à urgência e atualidade do assunto, apresentar uma primeira análise dos traços mais importantes da realidade observada. As reservas que fazemos quanto a exatidão concernem, por um lado, à impossibilidade de fazer uma demonstração rigorosa de nossas hipóteses, e por outro lado, à necessidade de deixar de lado uma grande parte da informação reunida no decorrer da pesquisa. Acreditamos no entanto, que o que propomos neste artigo, não diferirá muito do resultado final.

Enfim, assinalemos que a confiança que nos foi testemunhada pelos *pobladores* nos fez depositários de uma informação cuja importância exige de nós rigorosa discrição. Por conseguinte, deixamos de lado todo detalhe que permita a identificação dos locais, das pessoas e das organizações. Esta decisão não foi motivada por uma impossível "neutralidade científica", mas por nossa vontade de reservar, ao povo e aos seus representantes, o dom mais precioso que um povo pode ter: a experiência de sua luta.

1. A ORGANIZAÇÃO SOCIAL DOS ACAMPAMENTOS

As condições em que surgem os acampamentos coloca-os em total contradição objetiva com a ordem social. Isto os obriga a recorrer a formas especiais para resolver os diversos problemas da vida cotidiana. Por outro lado, na medida em que representam uma reivindicação no plano da moradia e dos equipamentos coletivos, eles tendem a evoluir progressivamente para uma "normalização social", conforme a resposta que as instituições públicas dão a esta exigência social. Não podemos portanto falar da existência de uma microssociedade "à margem" da organização social geral. Em compensação, é possível estudar, na etapa de transição onde os acampamentos existem enquanto tais, o aparecimento de novas soluções para os problemas que se colocam, bem como novos organismos encarregados de resolvê-los. No decorrer do processo, algumas destas soluções se desenvolvem, e constituem novas experiências capazes de serem generalizadas em outros setores populares, sobretudo se a relação de forças evolui em seu favor.

Os acampamentos poderiam então ser fontes de inovação social, e algumas destas formas sociais novas seriam o início de novos modos de vida e de relações, prefigurando a sociedade que, por sua luta, o povo chileno está em vias de construir.

Existem efetivamente experiências inovadoras? E quais são os fatores que favorecem seu desenvolvimento?

As mudanças mais significativas com relação à ordem social estabelecida, estão relacionadas, ao que parece, com a *vigilância*, a *disciplina* e a *justiça*.

A situação de ilegalidade objetiva dos acampamentos obrigou-os, sobretudo na primeira etapa, a estabelecer um aparelho de autodefesa, contra uma eventual agressão policial, e a criar um sistema próprio de prevenção e de repressão da delinquência, capaz de ser ao mesmo tempo juiz e árbitro nas desavenças devidas à vida comum no acampamento. A guarda, os comitês de vigilância e/ou as milícias populares, parecem ter estado estritamente ligadas à evolução do acampamento; eles adquiriram uma autoridade particular numa situação de confronto eventual ou real e perderam-na uma vez superada esta situação. No momento atual, estes comitês praticamente desapareceram na maioria dos acampamentos, na medida em que, com o novo governo, aceita-se exigir a intervenção do aparelho de proteção legal, ao qual se confere um novo caráter. Mas este aparelho de proteção foi insuficiente para combater a delinquência, o que obrigou a manutenção permanente de um sistema de guarda noturna em alguns acampamentos, e mesmo a restabelecer serviços de segurança em inúmeros casos.

Em si, a existência destes serviços não altera profundamente o sentido da atividade coletiva do acampamento, e em certos casos eles foram um instrumento repressor a serviço dos interesses de um grupo. Em compensação, articulados com um verdadeiro aparelho judiciário autônomo do qual são o setor executivo, estes serviços tornam-se verdadeiros órgãos da expressão popular. Esta justiça popular sem capacidade de intervenção repousa unicamente na interiorização de sua autoridade moral, e portanto está restrita ao pequeno círculo de *pobladores* tendo uma alta consciência política.

Houve experiências de *justiça popular* na maioria dos acampamentos (o que demonstra a necessidade desta justiça e o germe de sua existência). Estas experiências foram feitas em níveis diferentes:

- Num primeiro nível trata-se de um poder de arbitragem exercido por um líder com autoridade moral sobre o acampamento.
- Num segundo nível, a autoridade moral, em termos de arbitragem, pertence à direção do acampamento.

O sistema muda qualitativamente quando a direção do acampamento se arvora em juiz, aplicando um conjunto de normas explícitas ou implícitas ou tomando decisões que deverão ser executadas. Onde a prática da justiça popular se desenvolveu sobremaneira, o Poder Judiciário se exerce em todos os níveis da organização do acampamento. Há então todo um sistema de apelo às diversas instâncias, desde um primeiro julgamento ao nível da rua, até o julgamento da Assembleia do acampamento, sendo a direção do acampamento a instância intermediária.

Nas experiências mais adiantadas, assistimos à constituição de um poder judiciário popular separado dos órgãos de gestão do acampamento, embora ainda não exista nenhum caso estável deste tipo.

É preciso, para fazer a análise da capacidade de inovação neste domínio, levar em conta o caráter orgânico e a *estabilidade* das experiências, já que mesmo nos casos de um alto nível de organização (por exemplo, um julgamento pronunciado diante de todo o acampamento constituído em Assembleia), trata-se de experiências sem sequência nem continuidade, não estando reunidas as condições para seu desenvolvimento.

Quais são estas condições? A análise dos três únicos acampamentos que fizeram a experiência de uma atividade jurídico orgânica e estável, exercida através da estrutura organizada do acampamento fornece-nos algumas indicações. Embora estes três acampamentos tenham tendências políticas diferentes, eles têm em comum um alto nível de mobilização e de organização política. No primeiro caso, esta mobilização é canalizada numa luta política institucional e se origina na coerência e na firmeza de sua orientação política. Nos outros dois casos, trata-se de uma experiência particularmente intensa de confronto, eventual ou real, com o aparelho de Estado, levando os *pobladores* a criar, eles próprios, uma outra legalidade, oposta à que lhes negava o direito de existência do acampamento. No entanto, nos três casos, a eficácia e a iniciativa da organização política dominante parecem ter desempenhado um papel decisivo.

Estes três acampamentos possuem um outro traço comum essencial: uma base social com predomínio operário, com uma fraca proporção do subproletariado. Se examinamos a especificidade do pequeno número de acampamentos onde não houve criação de justiça popular, vemos que são aqueles onde domina o lumpemproletariado e cuja direção política repousa em *caudillos* com autoridade pessoal, portanto, acampamentos que não têm uma base de massa.

A experiência de justiça popular não se traduz apenas pelo aparecimento de novos órgãos de poder, mas também pela emergência de uma nova justiça embasada na afirmação de novos valores sociais. Isto aparece claramente na definição de alguns delitos que não são considerados como tais pela sociedade. São protegidos ao mesmo tempo, os valores coletivos e os individuais que a lei burguesa relega na esfera privada. Por exemplo, considera-se como uma falta, a não participação nas reuniões, ou a má direção de uma assembleia, se exerce especial vigilância sobre a vida interna da família.

A embriaguez é provavelmente um dos atos mais reprimidos, a tal ponto que em alguns acampamentos o álcool é proibido, e em outros, se proíbe a entrada daqueles que chegam embriagados.

O que é mais difícil ainda é conceber um novo tipo de sanção pois, no acampamento, os meios de aplicação são limitados, e para tornar eficaz uma justiça não repressiva, é necessário transformar previamente as relações sociais em seu todo. Se a prática da autocrítica é bastante corrente e se houve experiências onde os culpados deviam estudar textos revolucionários e refletir sobre sua aplicação, encontramos também casos de repressão física ou de internação. As sanções mais comuns são a admoestação, a explicação e o entendimento entre as partes. As retratações, que foram de início correntes como método coercitivo, são cada vez menos utilizadas por causa de seu efeito negativo sobre a consciência política dos *pobladores*. A pena mais grave é a expulsão do acampamento, mas a assembleia nem sempre tem o poder necessário para aplicá-la. Enfim, a inovação mais importante reside nos procedimentos de reeducação.

As experiências mais adiantadas parecem ter um limite, na medida em que elas não podem agir em profundidade sem uma mudança qualitativa do aparelho de Estado. O projeto de *Tribunales Vecinales* representou um encorajamento considerável para estas experiências, mas sem a generalização de tais medidas e sem uma sanção social da atividade judiciária popular, os germes reais que surgiram prontamente pereceram, evoluindo para projetos utópicos.

Existe um outro domínio social onde os acampamentos mostraram sua força de inovação, a busca de uma solução para o problema do desemprego (*cesantia*). Sabemos que a falta de trabalho é, no plano individual e social (na medida em que se apresenta no conjunto das atividades coletivas), o problema essencial no movimento dos *pobladores*. E isto não porque eles pertençam às camadas mais desfavorecidas, já que a grande maioria dos *pobladores* é operária, mas porque o próprio fato de viver no acampamento aumenta o desemprego; sobretudo na primeira etapa quando não podem se ausentar do acampamento que devem defender e organizar e na etapa que seguiu ao triunfo de Allende, devido às represálias patronais contra os operários mais ativos.

Aqui também, é preciso distinguir diferentes níveis de experiência.

Por um lado, a constituição de comitês de desempregados que buscam soluções individuais para seus membros graças aos contatos políticos no interior do aparelho administrativo. Embora estas iniciativas pressuponham uma ajuda efetiva aos *pobladores*, elas não diferem fundamentalmente das experiências já em curso, e nem mesmo das previstas pela lei de *Juntas Vecinales* da democracia cristã.

A remuneração pelo acampamento dos desempregados que trabalham nos serviços coletivos, tais como vigilância, serviço de limpeza etc., representa uma inovação ainda maior, mesmo se, algumas vezes, está em contradição com a prática de trabalho voluntário, encorajado nos acampamentos mais combativos.

Em compensação, a constituição pelos desempregados de "brigadas de trabalhadores", empregados na construção de moradias para os próprios *pobladores* (com fundos públicos) e funcionando de fato, como uma empresa de construção, significa algo totalmente novo. Trata-se, ao mesmo tempo de um elo direto do movimento dos *pobladores* com as tarefas produtivas, e de um exemplo de solução direta dos problemas dos trabalhadores pelos próprios trabalhadores.

É muito importante constatar que esta experiência se efetua nos três acampamentos onde a concepção de justiça popular é a mais adiantada, e naqueles onde, de uma forma geral, existe um grande dinamismo social. Trata-se então de uma série de atividades anexas, que se reforçam mutuamente e são determinadas pela capacidade política geral do acampamento e condicionadas pelo aparelho do governo local.

A existência de um *órgão de governo* do acampamento não é em si mesma uma nova forma social, já que na prática, ela reproduz as funções e as atribuições das *Juntas de Vecinos*. Mas, a importância do *órgão de governo* como elemento aglutinante do conjunto do processo é muito grande. E mais, a direção é o elemento essencial do acampamento. E isto nem tanto por causa dê seu caráter, quanto porque faz a ligação entre os agentes exteriores (aparelho de Estado e sobretudo organizações políticas), e os problemas internos do acampamento.

Quanto às formas organizacionais do acampamento, particularmente três acampamentos têm características bem definidas:

1. A Direção como elemento fundamental, sem outra contrapartida a não ser a Assembleia do acampamento, numa estrutura análoga à da *Junta de Vecinos*. Esta forma corresponde aos acampamentos que tem o nível mais baixo de politização, nos quais o modelo de gestão reproduz o da democracia parlamentar.
2. A Direção e a Assembleia são completadas e impulsionadas pelos antigos *Comitês Sin Casa*, que se mantêm reunidos em torno do núcleo político que os criou e dirigiu. Trata-se da expressão organizacional da linha destes comitês, que, sem discutir a estrutura local fundamentada nas *Juntas de Vecinos*, tentam assegurar a orientação e a direção em função de uma estratégia política geral.
3. A Direção e apenas a expressão mais alta de uma organização que implica na permanência do conjunto dos *pobladores*, participa *dos comitês de ruas*, e das diferentes frentes de *trabalho*. A orientação subjacente desta organização é desenvolver um movimento autônomo dos *pobladores* de tal forma que o acampamento possa, se for

o caso, unir-se à luta política geral, através de uma organização de massa calcada no movimento sindical.

Em toda esta problemática, a questão da democracia enquanto ideia geral não aparece como essencial. Cada um dos três tipos surge como realização de um modelo particular de democracia. Sua apreciação depende por conseguinte da concepção que se tem de democracia.

O que podemos afirmar com certeza, é que a coerência e a estabilidade de uma Direção, sua ascendência sobre os *pobladores*, dependem sobretudo de sua capacidade de solucionar os problemas concretos do acampamento. É desta maneira que a Direção se consolida ou, ao contrário, se enfraquece. No plano local, a Direção mobiliza os *pobladores* para a obtenção de melhores condições de vida. Em caso de êxito, ela terá seu apoio, o que lhe permitirá iniciativas mais ambiciosas.

Isto explica em grande parte a quase-inexistência de inovações nestes domínios, na medida em que sua realização necessariamente coletiva diminui a capacidade dos acampamentos para afirmar uma realidade diferente ao nível do desenvolvimento social geral. Em matéria de educação, por exemplo, as tentativas de educação de adultos não tiveram sequência; uma experiência de autogestão na escola de um acampamento foi sobretudo um instrumento de pressão para atrair a atenção do Estado para o problema educacional; uma tentativa num outro acampamento visando a controlar o conteúdo ideológico dos programas, provocou o boicote dos professores, o que obrigou os dirigentes a moderar seu zelo revolucionário; enfim, a verdadeira mudança qualitativa nesta frente, foi a decisão do Estado de instaurar escolas permanentes em ônibus equipados para esta finalidade e destinados ao mesmo tempo aos acampamentos e ao corpo docente. E se é verdade que esta medida generalizou a iniciativa espontânea de alguns acampamentos, também é verdade que foi no Estado que elevou qualitativamente o nível de serviço educacional. A única experiência original é talvez a de um acampamento esquerdista onde a alfabetização foi empregada como instrumento de educação política.

Da mesma maneira, no que concerne à saúde, os grupos de "auxiliadores" e as brigadas de saúde do início dos acampamentos, não puderam continuar a se desenvolver a não ser onde o Serviço Nacional da Saúde estabeleceu um serviço permanente. É preciso assinalar que a distribuição de leite prometida no programa da UP, frequentemente marcou o início de uma organização de assistência no domínio da saúde. De fato, paradoxalmente, existe uma correlação entre a existência de uma brigada de saúde formada pelos próprios *pobladores*, e a ação orgânica do Serviço Nacional da Saúde. Isto demonstra que este último não tem. um papel de substituto, mas ao contrário, age em função da capacidade de negociação de cada acampamento.

Quanto à *urbanização do terreno* e *à construção de habitações*, às soluções provisórias iniciais (lâmpadas elétricas penduradas nos tetos das casas, bicas d'água etc.) seguiu-se a estagnação do equipamento, esperando uma solução definitiva graças à "Operação Inverno". Esta iniciativa da UP, revelou-se um sucesso, na medida em que através dela, produziu-se uma mudança qualitativa no equipamento material da maioria dos acampamentos, seja para a moradia (*mediaguas*), seja para o equipamento urbano (pavimentação das ruas, esgotos etc.).

Ora, no plano da organização geral, um tal processo (materialmente necessário) não podia ocasionar o aparecimento de novas formas de solução. Além disso, o tipo de intervenção do Estado neste momento, sua subordinação ao conjunto do processo político e econômico, levaram a uma participação muito fraca dos *pobladores* no plano da urbanização e na escolha das características das habitações definitivas atualmente em construção. Assim, num acampamento, com forte mobilização, os projetos estabelecidos pelos *pobladores* foram rejeitados, sob o pretexto de considerações de ordem geral, o que os *pobladores* aceitaram porque apoiavam a UP.

Num outro caso, a Direção do acampamento impusera como princípio a discussão entre os *pobladores* do projeto de hábitat. Conseguiram modificações puramente quantitativas (mesmo que reconheçamos que estas modificações se traduzem por uma melhor utilização do espaço interno). Mas de fato, a iniciativa espontânea dos *pobladores* não trouxe a menor inovação arquitetônica ou espacial. Cada um deseja ardentemente uma casa individual (a ponto de considerar como uma discriminação o fato de ter sido alojado num dos apartamentos), e solicita a separação do terreno vizinho e a delimitação de um espaço particular murado. Isto confirma também o atraso dos progressos culturais em relação às reivindicações econômicas e aos processos de mobilização política.

Com efeito, observa-se, no domínio das atividades culturais e de lazer, uma atividade mais fraca e uma inércia maior do que na prática habitual, a tal ponto, que elas se reduzem praticamente aos tradicionais acampamentos esportivos, e às não menos tradicionais atividades femininas nos *Centros das Mães*.

Entretanto num acampamento altamente mobilizado, existe um grupo de teatro popular que apresentou, entre outras, algumas peças sobre a luta operária em algumas empresas. Este grupo, em conexão com uma reivindicação cultural global, participou da ocupação do Teatro Municipal para protestar contra sua atitude reacionária.

Onde existem iniciativas de formação ideológica, elas estão sempre ligadas a um grupo político e não ao acampamento enquanto tal. A "revolução cultural" parece exigir, ao mesmo tempo, um alto nível de mobilização política e uma série de modificações sociais profundas, que extrapolam os estreitos limites do acampamento.

Mas se os acampamentos não constituem, de forma geral, sedes propriamente ditas de inovação cultural, representam no entanto fontes de inovação social em certos casos e em certos domínios. Mais concretamente, nos casos onde existe ao mesmo tempo uma base social, fundamentalmente operária e uma linha política que se exprime com decisão e coerência, orientada para a mudança social.

A inovação social não é generalizada, ela se produz nos acampamentos que representam uma oposição significativa à ordem social, e na medida em que uma intervenção do aparelho de Estado não assume a solução dos problemas.[16] Isto explica o fato de no primeiro estágio da formação dos acampamentos, quer dizer antes do governo da UP, as inovações sociais terem sido mais numerosas, enquanto que no momento atual, o poder de inovação só subsiste nos acampamentos onde, devido à gravidade cio problema, o governo não dispõe de poder suficiente para mudar sua lógica estrutural, quer dizer o aparelho de justiça e a construção de moradias. (Isto por causa da influência, ainda decisiva, da Câmara Chilena de Construção.)

Numa outra frente, a da saúde, encontramos uma nova dinâmica que se origina na intervenção do Estado e numa serie de experiências da própria base, como as brigadas de saúde, onde com a palavra de ordem "os médicos a serviço do povo", ultrapassa-se o estilo clássico ainda, predominante neste meio profissional. A frente de saúde situa-se num nível intermediário no que diz respeito à capacidade de intervenção do Estado (que dispõe do Serviço Nacional da Saúde, mas se choca com a hostilidade do meio profissional). É ao mesmo tempo um serviço de assistência rigoroso e um meio relativamente bom para novas experiências.

Chegamos assim a uma primeira conclusão geral segundo a qual as experiências de inovação social produzem-se a partir da fusão de três elementos fundamentais: *a importância estrutural da contradição em questão, a pouca capacidade de intervenção do aparelho de Estado neste terreno, e a presença de uma linha política coerente, mantida organicamente, e cujo objetivo é a defesa dos interesses dos* pobladores.

Assim o movimento dos *pobladores* articula-se objetivamente, por um lado com a política da UP que consiste em satisfazer as necessidades coletivas, e por outro, com a mobilização social necessária, para conquistar os centros de poder que se opõem à ordem social prefigurada pelos acampamentos.

2. A PRÁTICA DOS ACAMPAMENTOS E O SISTEMA DE CONTRADIÇÕES SOCIAIS

A articulação do processo dos acampamentos com os processos que têm sua origem nas contradições das outras instâncias da estrutura social, permite-nos julgar sua capacidade de transformação das relações de classe em conjunto, quer dizer, esta articulação nos permite caracterizar a eficácia específica dos acampamentos enquanto movimento social. Não nos referimos aqui ao poder de mobilização política ou sindical que os acampamentos poderiam ter sobre os *pobladores* enquanto indivíduos isolados, mas à convergência do movimento dos *pobladores* com outros processos contraditórios ou mobilizadores graças à participação de certos acampamentos nas lutas sociais externas.

Para fazer uma análise tão complexa, é necessário considerar sucessivamente as diferentes dimensões da estrutura social a fim de detectar em cada caso, o nível e o tipo de articulação e os fatores que a determinam:

1. Com relação às contradições, procedentes da *esfera da produção*, a articulação com as lutas operárias é em geral fraca ou inexistente, com exceção de dois acampamentos cuja orientação política é claramente radicalizada (um deles até mesmo instalou-se intencionalmente no centro de um setor industrial buscando ligar-se estreitamente com as lutas nas empresas. E atingiu sua finalidade). Nestes dois casos, os acampamentos enquanto tais dirigiram e participaram de várias ocupações de fábricas, considerando esta ação como ligada, necessariamente, a toda ação contestatória da ordem social.

Nestes dois acampamentos encontramos uma conexão orgânica permanente com a luta operária, através do comitê de coordenação dos *pobladores* e dos operários em luta *no mesmo setor geográfico*.

Em outros acampamentos não encontramos nem uma participação direta nas lutas, nem unia relação orgânica na base. Ao contrário, nos acampamentos onde os grandes partidos operários exercem uma forte influência, existem comitês de coordenação que estão em conexão com os *dirigentes* do movimento sindical.

Disso podemos concluir que:

a. os acampamentos, enquanto tais, não tendem a fazer conexão com as lutas operárias, exceto onde existe uma intervenção de uma direção política;
b. para os partidos operários, a coordenação entre os movimentos dos *pobladores* e o movimento sindical se faz ou ao nível da direção dos dois movimentos, o movimento sindical sendo preponderante, ou na prática cotidiana pela fusão dos dois movimentos no interior do partido;
c. a nova esquerda, para a qual os acampamentos foram apenas um caminho de penetração e de implantação entre os trabalhadores, criou, ao contrário, condições de uma articulação direta entre a luta dos *pobladores* e a luta operária, ao mesmo tempo na organização e na ação.

Essas três situações parecem determinadas por uma trajetória histórica diferente. A experiência ainda é muito restrita para que possamos tirar uma conclusão sobre as consequências políticas destas diversas atitudes.

Tanto mais que no momento atual, a nova esquerda tendo adquirido uma certa implantação operária, parece orientar-se para um modelo análogo ao dos outros partidos operários de esquerda, servindo-se da organização política para fazer um elo entre os dois processos.

2. No domínio do *consumo coletivo* (moradia, equipamento, saúde etc.), os acampamentos têm grande capacidade de participação nas ações reivindicatórias exteriores, mesmo nos acampamentos fracamente politizados. Isto mostra que a capacidade de mobilização é mais espontânea para os acampamentos, movimento reivindicativo urbano, quando se trata de uma mesma frente de luta.

Por exemplo, existe uma forte mobilização dos acampamentos em torno da luta por moradia, chegando até a ocupação de imóveis e vias públicas, sendo curioso constatar que os acampamentos mais ativos nestas lutas mudam completamente de orientação conforme a conjuntura política. Enquanto que sob o governo da democracia cristã, os acampamentos revolucionários se encontram à frente deste tipo de lutas, depois do 4 de Setembro (vitória de Allende) os acampamentos de esquerda abandonam esta forma de ação que então se desenvolve maciçamente nos acampamentos de oposição ao governo de UP.

Ao contrário, noutras ações no mesmo domínio, indo da ocupação de hospitais para solicitar serviços, até a de escritórios para protestar contra dificuldades burocráticas, existe uma participação importante, tanto dos acampamentos moderados quanto dos acampamentos esquerdistas, na medida em que a luta contra a burocracia central ou local não parece se opor à manutenção do governo popular.

Existe então grande capacidade de luta nesta frente, já que a luta inicial neste plano continua num momento em que o governo faz um esforço importante neste domínio. Esta luta só diminui na medida que o apoio político que os acampamentos dão à UP adquire uma certa confiança no ritmo das realizações do governo. Mas um atraso importante na satisfação das reivindicações, poderia provocar um descontentamento que poderia ser utilizado pelos adversários da UP que não perderam totalmente sua implantação entre os *pobladores*.

3. A contribuição dos acampamentos para a transformação do *consumo individual*, em particular pelo controle do comercio e da organização dos comitês de abastecimento, parece muito mais fraco. Não há comitês de vigilância, semelhantes aos que foram criados em certos bairros de Santiago, e as raras experiências de cooperativas, encorajadas pela direção do acampamento, até agora fracassaram.

Em compensação, existe na maioria dos casos, um controle de preços nas lojas do acampamento. Este controle é exercido por um *caudillo* local que tem uma grande autoridade, pela direção em colaboração com os serviços oficiais (quando a direção pertence a um partido político de UP) ou pelos próprios serviços do acampamento (quando se trata de um acampamento de esquerda). A não participação dos acampamentos numa luta mais geral não deve surpreender, já que não existe no Chile uma luta de massa neste domínio. Isto parece normal num país onde até uma data recente, para a maioria o problema essencial não era o tipo de consumo, mas o acesso a um mínimo de produtos indispensáveis.

4. O lugar dos acampamentos na *luta política* constitui um dos eixos principais de nossa análise. Fazendo a análise das diversas experiências, distinguimos imediatamente duas formas de *luta política*: a que poderíamos chamar de *luta política com predomínio institucional*, a participação nas campanhas eleitorais e nas eleições, por exemplo, e uma outra *extrainstitucional*, com outros meios de luta popular. Certas formas podem aliás ser comuns, como por exemplo a participação em grandes manifestações de massa, organizadas pelo acampamento e a partir dele.

Assim, podemos observar diversas formas de comportamento dos acampamentos, cujos fatores determinantes são muito estáveis:

Acampamentos com fraca participação política

São às vezes dominados mais por um *caudillo* que por um grupo político. Aí encontramos os acampamentos moderados e de esquerda, acampamentos de alto nível social e outros nos quais predomina o lumpemproletariado, o que parece provar que a variável-chave é aquela que definimos.

Acampamentos com nível médio de participação política institucional

Trata-se fundamentalmente dos acampamentos dominados pelo conflito entre tendências políticas diversas.

Acampamentos com alto nível de participação política institucional.

São ao mesmo tempo os acampamentos dirigidos pelos partidos operários da UP e aqueles controlados pelos adversários políticos da UP.

Acampamentos com fraco nível de participação institucional

Por exemplo, recusa de eleições e, com alto nível de luta política extrainstitucional, todos os acampamentos de orientação de esquerda.

Acampamentos com alto nível de participação nas duas formas de luta

Trata-se de um único acampamento que, ao mesmo tempo em que apoia a UP, possui uma orientação política de esquerda.

As pesquisas feitas foram bastante sistemáticas para que se possa chegar à seguinte conclusão: a forma e o nível da participação dos acampamentos na luta política dependem exclusivamente das características da *organização política* dominante no acampamento. Isto não significa que o partido tenha sempre a última palavra, pois sua influência e sua eficácia devem coexistir. Mesmo se o partido não for suficientemente eficaz para assegurar o desenvolvimento político do acampamento, sua presença é absolutamente necessária e marca profundamente a orientação da luta.

5. Finalmente, os processos de *expressão ideológica* parecem ter pouca importância nos acampamentos, exceto nos acampamentos de esquerda, onde as forças políticas tentam, sobretudo nos primeiros tempos, impregnar a comunidade inteira com um novo sistema de valores. Mas uma vez estabilizada a situação, as tarefas cotidianas passam para primeiro plano e o interesse

pela transformação ideológica geral parece limitar-se ao folclore popular e a uma maior difusão dos autores marxistas. Neste ponto, também, a fragilidade fundamental não parece residir nos próprios acampamentos, mas na quase inexistência de um movimento de "revolucionarização" ideológica sobre o qual possam se articular.

As conexões com o movimento estudantil, agente ideológico influente, parecem puramente ocasionais e preferencialmente centradas em campanhas para o trabalho benévolo, e se tiveram um efeito ideológico foi mais sobre os estudantes do que sobre os *pobladores*. Seja por tática, seja por um certo grau de "economismo", o movimento dos *pobladores* participa da apatia da luta ideológica que caracteriza o Chile.

Assim, pelas formas diversas que tomam as contradições sociais, e com exceção do nível das reivindicações urbanas, vemos o papel fundamental dos fatores políticos em cada acampamento. Esta conclusão exige, para não cair num subjetivismo absoluto, que "expliquemos o explicativo", quer dizer, determinemos as condições sociais que tornam possível o desenvolvimento de cada linha política.

3. As condições da intervenção dos aparelhos políticos[17]

A análise parte de uma primeira constatação que é fundamental: se a maioria das organizações políticas possuem uma linha específica de ação nos acampamentos, esta linha só se aplica em alguns dos acampamentos controlados pela organização correspondente, enquanto em outros acampamentos da mesma tendência, ela é freada ou desaparece simplesmente da prática cotidiana do acampamento. Existem portanto, condições que tornam possível ou, ao contrário, que impedem o desenvolvimento de cada linha política específica. Quais são estas condições?

Só podemos apresentar aqui um esboço de resposta, específico a cada uma das linhas seguidas pelas principais organizações políticas.

Isto nos obriga a analisá-las uma a uma, denominando-as de linhas A, B, C, D, E, sem que se trate em absoluto de uma tipologia abstrata, mas ao contrário, de partidos políticos chilenos definidos por sua prática concreta nos acampamentos estudados.

Linha política A (essencialmente, MIR)

Trata-se da linha que busca radicalizar politicamente o processo. Para ela, as ocupações de terrenos representam um confronto direto com a legalidade burguesa. Ela transforma em seguida os acampamentos em locais de agitação, ligados à luta operária e à política revolucionária.

Três dos acampamentos analisados formaram-se sob a influência desta linha. No entanto, sua prática e sua evolução diferem substancialmente. No primeiro caso, a linha definida foi posta em prática de uma forma notável e obteve-se um alto grau de mobilização social geral no acampamento. No segundo caso, a mobilização política foi fraca e a atenção centralizou-se por um lado, na organização de serviços para o acampamento, e por outro, na participação *individual* dos *pobladores* na atividade sindical. No final do processo, este acampamento rejeita a orientação política originária. No terceiro caso, ocorreu uma desorganização social total: oscilação política constante, aparecimento da delinquência organizada, culminando numa cisão política no interior do acampamento.

A análise da especificidade do processo em cada um destes três acampamentos, permite definir claramente as diferenças entre eles nos seguintes termos:

1. a base social;[18]
2. a cessão social dos grupos que integram o acampamento;
3. a forma de direção política;
4. as características dos dirigentes.

Estas quatro variáveis, que constituem um sistema de relações, determinam a evolução diferente de cada acampamento.

Linha, política B (essencialmente, PC)

É a linha que mobiliza os *pobladores* para obter ao mesmo tempo a satisfação de suas reivindicações em matéria de moradia, e o triunfo eleitoral. Tendo obtido isto, trata-se de criar as vias necessárias para acelerar a solução dos problemas concretos do acampamento através de uma intervenção do Estado racionalmente planificada. Enquanto mediador do Estado, o aparelho político desenvolve sua implantação e sua influência buscando atrair novos adeptos. Na etapa de transição, e enquanto espera a integração definitiva dos acampamentos, a organização toma sob sua responsabilidade o funcionamento efetivo do acampamento. Nesta base desenvolve-se uma forte mobilização política institucional. A integração no movimento sindical se produz, assim, de cima para baixo.

Três dos acampamentos estudados e dois setores desligados de outros acampamentos, organizaram-se segundo esta *linha B*. Dos cinco casos, só os dois primeiros, e em especial, um deles, praticam a linha política aconselhada pela organização. Da análise das diferenças dos cinco processos, destacam-se algumas variáveis explicativas:

1. a base social;
2. a forma de direção política;
3. a existência de conflitos internos com a linha A, ou conflitos superados;
4. o predomínio do elemento assistência social ou do elemento proselitismo político na estratégia concreta da organização política.

Linha política C (essencialmente PS)

Mais do que de uma linha C, para refletir fielmente o que dissemos, deveríamos falar de uma organização de forma C, sendo que a especificidade de tal organização (na frente dos *pobladores* e na prática observada) consiste numa alternância constante entre as linhas A e B, mas com a particularidade de que o apoio organizacional da linha política B, no interior da organização C, repousa numa pronunciada tendência para o *caudillismo*, o que conduz a resultados bastante diferentes dos obtidos pela organização B.

Os três acampamentos organizados segundo esta linha possuem uma evolução diferente, em função da composição interna da organização.

Num primeiro acampamento, o *caudillismo* centrado na assistência material e no proselitismo eleitoral encontra um clima favorável num vazio político total e no predomínio do lumpemproletariado entre os *pobladores*.

Num segundo caso, as características do acampamento, muito próximas das do caso típico da linha B, predispõem uma tal orientação, mas com uma evolução trancada, cujas diferentes etapas refletem o vai-e-vem entre as duas linhas políticas. A linha pró-A impõe-se finalmente através de um processo suficientemente modificado para chegar a um acampamento "sui generis" tendo ao mesmo tempo características da linha A e características da linha B.

Em compensação, no terceiro caso, o conflito interno das tendências, resolve-se a favor da *linha caudillista* pró-B, sem no entanto chegar a uma prática B típica, na medida em que uma menor eficácia do modelo organizacional chega a níveis de assistência de uma qualidade inferior.

A variável que pode explicar fundamentalmente a diferença dos resultados no plano político, resultados entretanto semelhantes nos dois acampamentos, é a trajetória diferente da luta. No caso do segundo acampamento, a luta representou um confronto constante com o aparelho repressor, enquanto que no terceiro caso, trata-se de um acampamento criado em outubro de 1970 e que gozou desde o início de um clima de assistência material altamente favorável.

Linha política D e suas formas derivadas
(essencialmente, democracia cristã)

A análise desta política, de uma grande importância na medida em que representa um tipo de acampamento em plena evolução — é muito difícil, pois esta linha política muda completamente de finalidade e de orientação, conforme o conjunto da conjuntura política. Com efeito, num primeiro momento, ela colocou em primeiro plano a assistência material com o apoio da organização política, mas sobretudo com a ajuda do aparelho do Estado, buscando uma base eleitoral. Mas, depois da mudança de orientação do aparelho de Estado, a linha D se transforma numa linha puramente reivindicativa frente ao Estado. Na medida em que a base de toda a mobilização repousava diretamente na expectativa de uma ajuda social, os acampamentos influenciados pela linha D sofreram profundamente o impacto da mudança de colorido político do Estado. É preciso então determinar os fatores responsáveis pelo afastamento da política assinalada pela linha D, e da aproximação mais ou menos rápida da nova fonte de ajuda social.

A partir da análise dos sete acampamentos que tiveram no início a mesma orientação, e que evoluíram diferentemente e até mesmo de forma oposta, pode-se observar uma série de mecanismos. Em primeiro lugar, a criação do acampamento (antes ou depois do 4 de setembro) já está marcada por seu caráter reivindicatório ou, ao contrário, por seu caráter de assistência material. É preciso observar também que quanto mais suas reivindicações são rapidamente atendidas pelo novo aparelho de Estado, tanto mais a força da luta reivindicatória diminui e favorece uma mudança de orientação.

No entanto, a base social parece desempenhar um papel determinante, já que quanto mais baixo for o nível de politização, tanto maior será a predisposição para buscar um novo modelo.

Enfim, o grau de conexão orgânica dos acampamentos com a organização D, e a penetração de fatores políticos opostos, influem também na aceleração do processo de mudança de orientação.

Linha política E (essencialmente, partido radical)

Poderíamos apresentar aqui a mesma definição que a da linha política de forma D no seu início, mudando-lhe apenas a coloração política. Os acampamentos são organizados pelo aparelho de Estado, como se se tratasse de um caso normal com a finalidade de obter o reconhecimento dos beneficiários, mas sem tentar obter qualquer tipo de mobilização que iria além dos hábitos tradicionais. Encontramos precisamente esta linha política num acampamento organizado diretamente pelo Estado em 1971, e num outro da mesma época, dirigido por uma organização que adotou esta estratégia. A operação é facilitada pelo nível social excepcionalmente alto dos *pobladores* (uma forte proporção de empregados).

Podemos assim fazer uma ideia do que poderiam ser os acampamentos "purificados" de toda mobilização política.

Assim, cada uma das linhas políticas coerentes implantadas nos acampamentos, tem êxito, fracassa ou se modifica, conforme as condições sociais, as conjunturas, e os processos que elas próprias desenvolvem. Os traços permanentes poderiam ser analisados de forma sistemática e interpretados a um nível mais geral a fim de explicitar todas as suas consequências. Mas no momento, o que é importante, é desmistificar a crença quase mágica na capacidade exclusiva de uma dada linha política e isto, mostrando a ação dos diversos fatores, que, em cada caso, determinam sua intervenção. Se não podemos ainda formular leis, podemos adiantar desde já a proposição geral segundo a qual:

"A política determina o conteúdo de um processo, as características estruturais e conjunturais deste mesmo processo, impõe-lhe limites e mostram-lhe os mecanismos da política passíveis de serem adotados."

CONCLUSÃO

A realidade dos acampamentos é, portanto, uma realidade diversificada. Ao lado da desorganização social que constatamos em alguns casos, podemos observar comunidades altamente mobilizadas, da mesma forma que a simples assistência material alterna com a inovação social na busca de uma solução para os diversos problemas que o acampamento deve resolver.

Não quisemos cair num relativismo banal. Ao contrário, tentamos determinar os fatores sociais dos processos de transformação nos diferentes níveis. Neste sentido parece evidente que a significação social do conteúdo político dos acampamentos muda conforme a conjuntura, e que tal conteúdo é determinado pela interação dos três elementos fundamentais que se destacam na análise:

- a estrutura objetiva de cada frente de intervenção;
- a base social;

- a linha política aplicada, dependendo de uma série de fatores específicos.

Por outro lado, estes elementos produzem processos que têm uma influência relativamente autônoma sobre as etapas seguintes da evolução do acampamento.

Definitivamente, trata-se de uma estrutura mutável, em interação constante com o conjunto das contradições da sociedade chilena.

O futuro dos acampamentos depende então, menos de sua própria evolução do que da dinâmica geral do processo do qual fazem parte.

Notas

1. As informações em que esta análise se fundamenta provêm de várias fontes:

    - Uma experiência pessoal, em particular no Movimento de Ação Política Municipal, por ocasião de minha estada em Montreal em 1969.
    - Trabalhos de estudantes de Quebec nos meus seminários de política urbana, em 1969, na Universidade de Montreal; em 1970 e 1971, na Universidade de Paris.
    - Longas palestras com um dos dirigentes da Frente de Ação Política (FRAP), em 1971.
    - Discussões com Evelyne Dumas, autora de uma série de artigos sobre estes temas no The Montreal Star.
    - Troca contínua de informações e ideias com Ginette Truesdell, socióloga de Quebec, autora de um estudo sobre este tema.
    - Boletins, publicações e informes internos do F. R. A. P. e dos comitês dos cidadãos em Montreal.

    Não é preciso dizer que nenhuma destas pessoas ou fontes é responsável pelos erros e propósitos que eu possa ter tido. São, em contrapartida, responsáveis por muitas das informações fornecidas e das análises efetuadas.

Neste capítulo, não censurei os nomes de lugares nem as circunstâncias ou acontecimentos, na medida em que todos eles são públicos e estão publicados, devido às características particulares de Quebec...

Enfim, excluímos qualquer julgamento político, no sentido estrito, sobre esta experiência: cabe às massas de Quebec e a seus militantes tirarem suas conclusões.

2. A "Revolução Tranquila" é o nome dado ao triunfo eleitoral, em 1960, do Partido liberal, representando os interesses da burguesia anglo-canadense, sobre a União nacional, partido do ditador Duplessis que, apoiado pela pequena burguesia rural, entregara Quebec às sociedades mineiradoras americanas. Para uma análise sumária, mas bastante clara, das grandes linhas da situação sociopolítica, remetemos ao texto de LUC RACINE e ROCH DENIS, "La conjoncture politique québécoise depuis 1960", *Socialisme Québécois*, nº 21-22, Montreal, abril de 1971.
3. Federação dos trabalhadores de Quebec.
4. Cf. o pequeno livro *Les salariés au pouvoir*, FRAP, Montreal, 1970.
5. Lembremos os grandes traços da crise: membros do FLQ raptam um funcionário inglês e um ministro quebequense, para liberar os prisioneiros políticos. Diante da intransigência do governo, o ministro do Trabalho é executado. Quebec entra em estado de guerra. O exército ocupa Montreal. Centenas de pessoas são presas, todas as organizações populares atingidas, a censura da imprensa é estabelecida. O prefeito de Montreal serve-se da crise para acusar a FRAP de manter a Frente de liberação do Quebec (F. L. Q.) c, depois de uma campanha de manipulação, obtém um "grande triunfo eleitoral" (cf. Quebec occupé, Parti Pris, Montreal, 1971, 249p.).
6. Cf. o excelente texto de Emílio de Ipola "Le FRAP devant la crise", em Quebec occupé, Montreal, 1971.
7. Parece claro que a "exterioridade" deve ser compreendida em termos de origem de classe.
8. Ver a seção "Santiago Comunal" do El Mercúrio.
9. Declaração da Junta Provisional Revolucionaria.

10. As cifras foram tomadas do estudo "Aspects d'un diagnostic de la problématique structurale du secteur-hábitation", de Eduardo Santos e Sérgio Seelenberger, Seminário de grado, Facultad de Arquitectura, Universidad de Chile, 1968, e das estimativas recentes da Oficina de Planificacion Nacional de Chile (Odeplan). Ver também Rosemond CHEETHAM, "La industria privada de la construcion", Eure, 3, 1971.
11. Ver, por exemplo, quanto à Colômbia, os trabalhos de Ramiro Cordona; para o Peru, os de Etiene HENRY; para o Brasil, a pesquisa de Janice PERLMAN sobre o Rio e de Lúcio Kowarick sobre a Bahia.
12. Operacion Sitio: "Solution au problème du logement", colocado em prática pelo governo de Eduardo Frei (1964-1970). As pessoas, que se encontravam numa situação critica, podiam obter por um sistema de crédito, um terreno semiurbanizado. A Operacion Sitio chegou na realidade a um aumento da segregação espacial, e a uma institucionalização das condições miseráveis de existência.
PAP: Plano de Ahorro Popular (Plano de Poupança Popular), sistema imaginado pela Democracia Cristã (1964-1970), que fez da poupança popular, através dos canais individuais, o único meio de adquirir uma moradia ou um terreno, para as famílias menos abastadas. Havia diferentes PAP conforme o número de pagamentos. Assim, tinha-se o direito de escolher entre um terreno semiurbanizado e uma moradia urbana. Os critérios para os pagamentos eram os mesmos para todos. O governo da Unidade Popular propôs uma modificação a este sistema: os setores populares deverão pagar o equivalente de 10% de sua renda total. Por conseguinte, as possibilidades de aceno a uma moradia se ampliam.
13. Ver Franz VANDESCHUEREN, "Significado político de la Junta de Vecinos", Eure, n° 2, 1971.
14. Ocupação do terreno no setor La Victoria, dirigido pelo Partido Comunista (PC).
15. Dados da Oficina Nacional Pobladores, comunicados por Duque.
16. A intervenção do Estado não exclui necessariamente a inovação social. Mas é o Estado que tende a se tornar o fator de inovação e não o movimento dos *pobladores*.

17. Aqui a tentativa de análise é provavelmente mais complexa, sobretudo porque tem consequências sobre a prática política. Por esta razão fazemos desde já todas as reservas possíveis e lembramos que não podemos, no nível atual da análise, demonstrar com todo rigor as hipóteses que adiantamos. Trata-se de algumas tendências fundamentais que se destacam à primeira vista nas pesquisas feitas.
18. A base social destes acampamentos foi determinada rigorosamente, graças a uma minuciosa pesquisa estatística que faz parte do estudo ainda não publicado de Joaquin Duque, de Flacso. Remetemos à sua análise para uma teorização em profundidade de alguns aspectos.

Conclusão:
Teses exploratórias sobre a questão urbana

O trabalho teórico efetuado ainda não conduz a descobertas; no entanto, permite uma reformulação das questões colocadas numa perspectiva que intenta ajudar a criar as condições de um tratamento científico e de um avanço social, por meio de uma prática política justa. Eis porque se pode falar em sondagem, tentativas, produção de uma dinâmica de pesquisa, e não de "resultados" que, em sua positividade, atualmente só poderiam ser uma justaposição de descrição e formalismo.

No entanto, um produto teórico pode estar relativamente acabado, sem por isto assumir a força de um conhecimento. Pode situar-se num certo nível de desenvolvimento da pesquisa, de forma a preparar a descoberta propriamente dita. Qual é o nível atingido em nossa prática? Em que ponto nos encontramos nesta fase exploratória? Podemos agrupar em forma de "teses", para fixar as ideias, alguns pontos essenciais que podem ser extraídos diretamente das análises efetuadas. Mas é pela dinâmica por elas engendrada que cabe avaliar sua pertinência.

1. A questão urbana, tal como se formula na prática social e nas "teorias" sociológicas e urbanísticas, é uma questão ideológica, no sentido preciso de que confunde num mesmo discurso a problemática das formas espaciais, a que se refere ao processo de reprodução da força de trabalho e a da especificidade cultural da "sociedade moderna".
2. Esta ideologia define-se por um duplo efeito social:

a) No plano da produção do (des)conhecimento, ela assimila uma certa forma histórica de reprodução da força de trabalho à "cultura" de toda a sociedade e faz com que esta última dependa de um processo de complexificação crescente de sua base territorial; desta forma, a cultura dominante mascara seu caráter classista pois, por um lado, ela se apresenta como geral para todos os membros da sociedade e, por outro lado, ela parece resultar de uma evolução quase necessária, já que determinada pelo tipo de relação com a Natureza.

b) No plano das relações sociais, ela naturaliza as contradições sociais no processo de reprodução da força de trabalho e interpreta como uma dissociação entre "Natureza" e "Cultura" o que é o efeito de lima matriz social particular, determinada pelas relações de produção dominante. Esta ideologia portanto desloca o eixo das contradições para uma mobilização geral da "sociedade" para reparar os danos de seu progresso técnico, danos que, aliás, aparecem como inevitáveis; a integração social assim se reforça ainda mais.

3. A base social que permite o enraizamento da ideologia urbana é formada pelas contradições vividas cotidianamente pelos indivíduos e grupos sociais, no que diz respeito ao processo de reprodução simples e ampliado de sua subsistência e das relações sociais a ela vinculadas.

O desenvolvimento destas contradições, devido à importância crescente dos processos exteriores ao próprio ato produtivo no capitalismo avançado, reforça extraordinariamente a capacidade de difusão desta ideologia, sem modificar essencialmente seus contornos.

4. O esclarecimento desta ideologia não pode provir de uma simples denúncia. Exige o desenvolvimento de um estudo propriamente teórico de cada uma das questões fundidas-confundidas nesta problemática: as formas sociais do espaço, as condições de realização do processo de reprodução da força de trabalho, a relação dos dois primeiros elementos com sistemas culturais de cada formação social.

5. É tão pouco possível fazer uma análise do espaço "em si" quanto fazer uma análise do tempo... O espaço como produto social, é sempre especificado por uma relação definida entre as diferentes instâncias de uma estrutura social: a econômica, a política, a ideológica e a conjuntura de relações sociais que dela resulta. O espaço portanto é sempre uma conjuntura histórica e uma *forma* social que recebe seu sentido dos processos sociais que se exprimem através dele. O espaço é suscetível de produzir, em troca, efeitos específicos sobre os outros domínios da conjuntura social, devido à forma particular de articulação das instâncias estruturais que ele constitui.
6. A compreensão da estrutura espacial passa por sua caracterização, sua decomposição e sua articulação, nos termos próprios à teoria geral das formações sociais. Assim é preciso analisar o espaço econômico, político-jurídico, ideológico, especificando de maneira precisa estas categorias com relação ao domínio em questão, e deduzir disso as *formas* (conjunturas espaciais) a partir dos elementos assim enunciados.
7. O tema do "urbano" parece conotar os processos de reprodução simples e ampliada da força de trabalho, enfatizando as condições específicas de sua realização. Mais concretamente, nas sociedades capitalistas avançadas, assistimos a uma coletivização crescente das condições subsequentes a estes processos, já que existe uma interpenetração técnico-social das produções e atividades que aí se fazem necessárias e já que a concentração dos meios de produção e de sua gestão leva a uma concentração paralela dos meios de consumo. Em tal situação, o urbano não remete apenas a uma forma espacial, mas exprime a organização social do processo de reprodução.
8. A ligação, na prática social, do "urbano" e do "espaço" não é um simples efeito ideológico. Ela se deve à natureza social da delimitação do espaço no capitalismo avançado e à estrutura interna do processo de reprodução da força de trabalho. Há unidades urbanas na medida em que existem unidades deste processo de reprodução, definidas com base em um certo espaço cotidiano da força de trabalho. A unidade urbana é para o processo de reprodução o que a empresa e para o processo de produção: unidade específica arti-

culada com outras unidades que formam o conjunto do processo. Tal especificidade do urbano é histórica: ela decorre do domínio da instância econômica dentro da estrutura social — o espaço da produção sendo o espaço regional e o da reprodução sendo chamado de espaço urbano.

9. A ligação entre o espaço, o urbano, e um certo sistema de comportamentos, considerados como típicos da "cultura urbana", só tem como fundamento o ideológico: trata-se de uma ideologia da modernidade, visando a mascarar e naturalizar as contradições sociais. Em compensação, a relação entre o espaço urbano e meios sociais específicos é um objeto de pesquisa legítima, suscetível de fazer compreender a emergência e a eficácia das subculturas específicas. No entanto, para poder colocar o problema da articulação entre estes dois elementos, é necessário defini-los precisa e previamente, o que, no plano do urbano, exige uma teorização adequada da estrutura urbana.

10. A compreensão das unidades urbanas nos diferentes níveis exige seu recorte articulado em termos de estrutura urbana, *conceito* que especifica a articulação das instâncias fundamentais da estrutura social no interior das unidades urbanas consideradas. É assim que a instância econômica, a instância político-jurídica e a instância ideológica especificam, *ao menos*, cinco elementos fundamentais da estrutura urbana (Produção, Consumo, Troca, Gestão, Simbólico) que a constituem nas suas relações e *apenas nas suas relações*.

11. Como a estrutura urbana é um conceito, ela prepara a análise de uma situação concreta, mas não é capaz de exprimi-la, na medida em que toda situação concreta é feita de sistemas de práticas, definidos por sua posição estrutural, mas cujos efeitos secundários exprimem uma autonomia relativa, capaz de redefinir a situação além de sua carga estrutural. Estas práticas se estruturam essencialmente em torno das práticas que condensam e resumem o conjunto do sistema, a saber as práticas políticas. Por práticas políticas, entendemos as que, mais ou menos diretamente, têm por objeto as relações de classes e por objetivo o Estado. Elas, portanto, definem-se, para a classe dominante, sobretudo através das intervenções do aparelho político-jurídico e para as classes dominadas, através da *luta política*

de classe. No que diz respeito à problemática urbana, o campo teórico que corresponde à intervenção do Estado pode ser denominado "planificação urbana"; o relativo à sua articulação com a luta política de classe, de "movimentos sociais urbanos". Assim, o campo da "política urbana" é centro de toda análise do fenômeno urbano, da mesma forma que o estudioso dos processos políticos está na base da ciência das formações sociais.

12. Por planificação urbana, entendemos, mais precisamente, a intervenção do político sobre a articulação específica das diferentes instâncias de uma formação social no seio de uma unidade coletiva de reprodução da força do trabalho, com a finalidade de assegurar sua reprodução ampliada, de regular as contradições não antagônicas suscitadas e de reprimir as contradições antagônicas, assegurando assim os interesses da classe social dominante no conjunto da formação social e a reorganização do sistema urbano, de forma a garantir a reprodução estrutural do modo de produção dominante.

13. Por movimento social urbano, entendemos um sistema de práticas que resulta da articulação de uma conjuntura definida, ao mesmo tempo, pela inserção dos agentes de apoio na estrutura urbana e na estrutura social, e de tal modo que seu desenvolvimento tenda objetivamente para a transformação estrutural do sistema urbano ou para uma modificação substancial da relação de força na luta de classes, quer dizer, em última instância no poder do Estado.

14. As contradições sociais "urbanas" caracterizam-se sobretudo por dois traços fundamentais:
    a) Elas são "pluriclassistas", no sentido de que as divisões que operam não são paralelas com a oposição estrutural entre as duas classes fundamentais, e distribuem preferencialmente as classes e frações numa relação cujos termos em oposição variam amplamente conforme a conjuntura. Deduzimos que a "política urbana" é um elemento essencial na formação de alianças de classes, em particular com relação à pequena burguesia.
    b) São contradições estruturalmente secundárias, no sentido de que não colocam diretamente em questão as leis fundamentais do modo de produção e que, por conseguinte, sua articulação com

um processo que vise a conquista do poder de Estado atravessa um conjunto de mediações. Posto isto, podem ocorrer conjunturas nas quais ela se torna a principal com relação ao critério do desenvolvimento da tomada de poder. São as conjunturas nas quais a cristalização operada a seu redor permite dar um passo adiante, decisivo, para a constituição de uma ofensiva das classes dominadas (por exemplo, facilitando uma aliança de classes indispensável ou permitindo uma autodefinição ideológica da classe explorada).

15. Deduzimos disso que a definição precisa de um problema urbano coloca como questão essencial a de sua articulação com as contradições estruturais e com a articulação das diferentes práticas da luta de classes. O resultado será então extremamente diferente conforme a definição, em termos de estrutura urbana, do "problema" abordado.

16. Algumas consequências destas teses para uma prática política sobre o "urbano" podem ser esboçadas lembrando que:

    1. É preciso começar desmembrando a falsa unidade de problemática enunciada nestes termos e identificando o lugar de cada questão nas contradições da estrutura social.
    2. Quanto mais importante a aliança de classes numa conjuntura tanto mais essencial a relação com o urbano.
    3. Inversamente, quanto mais a construção da autonomia proletária está em causa, tanto menos este tema é prioritário.
    4. Existe, em todo caso, a necessidade de dissociar a. intervenção política sobre o urbano da questão da organização baseada no bairro. Se elas podem coincidir na prática, trata-se de dois processos teoricamente autônomos.
    5. A intervenção com relação a uma operação de planificação urbana deve ser determinada, em objetivos e em intensidade, ao menos por três considerações:
        a) O lugar que ela ocupa no sistema geral de contradições sociais.
        b) Seu sentido enquanto regulação dos interesses próprios das classes dominantes.
        c) Seu sentido enquanto expressão do domínio de classe.

d) Pela articulação de uma contradição inerente à estrutura urbana com outras contradições econômicas, políticas e ideológicas.

Assim, por exemplo, a contradição existente ao nível dos transportes urbanos está *diretamente ligada* à contradição capital-trabalho; a que se exprime cada vez mais ao nível da organização espacial do equipamento escolar está em relação com o movimento de revolta da juventude etc.

6. A comunidade ideológica baseada em uma unidade urbana provém de uma certa recuperação da especificidade econômica, política e ideológica com a divisão territorial. Ela pode ser reforçada ou desagregada a partir de uma intervenção específica, visando, através dela, à realização de objetivos sociais definidos. Esta enumeração poderia prolongar-se indefinidamente.

Os exemplos citados servem para ilustrar a adequação, quase imediata, destas análises aos *problemas concretos* colocados pela prática política.

17. Entre as consequências resultantes para a prática teórica sobre o urbano, podemos assinalar o seguinte:

    1. Toda análise específica neste domínio deve começar por uma delimitação prévia do campo teórico estudado, a rim de efetuar uma primeira depuração do discurso ideológico que invade o conjunto da problemática, ao mesmo tempo *explicando* esta ideologia enquanto processo social, sem no entanto servir-se dela para a definição das tarefas de investigação.
    2. E preciso especificar as instâncias estruturais com relação à unidade urbana ou ao espaço objeto da análise. Em seguida, mostrar sua articulação interna com as diferentes instâncias no conjunto da estrutura social, o que supõe que se enfrente a questão teórica da passagem de um raciocínio ao nível do modo de produção, a uma análise das formações sociais.
    3. Estas articulações se exprimem em termos de relações e historicamente só existem nas práticas. O que quer dizer que o problema teórico central a resolver é o de analisar as práticas sociais sem alterar a perspectiva, mas inteirando-se da especificidade

produzida pela distribuição dos "agentes sociais" nas diferentes posições estruturais.
4. Enfim, existe uma autonomia relativa do sistema de práticas. Autonomia, porque a organização das práticas, dominada em particular pelo *princípio de contradição* no contexto de uma sociedade de classes, produz efeitos novos, com relação à carga estrutural veiculada e, em particular, é capaz até mesmo de modificar as leis da estrutura. Relativa, porque esta produção de novos efeitos está também submetida a leis que dependem da determinação estrutural na base das práticas suscitadas.
5. Toda análise concreta sobre um "problema urbano" coloca em questão, necessariamente, o conjunto das questões teóricas assinaladas, pois, na prática social, ocorre a presença simultânea das instâncias estruturais, das relações sociais e dos efeitos de conjuntura, embora exista uma hierarquia de dominância entre os diferentes elementos. Dito de outro modo, não há outra possibilidade de avançar no caminho da solução destas questões teóricas a não ser através da realização de análises concretas que permitam progredir ao mesmo tempo em três planos: produção de conhecimento, sempre parcial, sobre certas práticas sociais historicamente determinadas; produção de conceitos e da articulação de conceitos suscetíveis de fazer compreender de forma específica um certo domínio do social, o que exige necessariamente sua articulação com o conjunto dos processos da sociedade; produção de uma certa experiência prática de pesquisa, que permita resolver pouco a pouco os consideráveis problemas metodológicos que se colocam em relação aos instrumentos de experimentação exigidos por essa perspectiva teórica.
18. Agora, podemos compreender a razão de ser deste livro. Ele é apenas a expressão de uma problemática e uma proposta de caminhos teóricos para sua elucidação progressiva. É necessário começar colocando os problemas para poder resolvê-los. Numa prática concreta de pesquisa quase nunca é este o caso, e não foi o nosso. Estes caminhos teóricos, nós os descobrimos progressivamente, à medida que tentamos desenvolver análises que remetem incessantemente a uma série de questões não resolvidas. Mas os progressos da prática

teórica (que dependem em *última instância* das condições sociais, C portanto da prática política) não são nunca obra de um "projeto" individual (indivíduo ou grupo). Caminhos novos só podem surgir através da retomada e retificação constantes, por diferentes "indivíduos teóricos" que se definem em relação a uma diversidade de situações concretas, *nos limites da situação histórica. da produção de conhecimentos*. Esta, portanto, é uma razão poderosa para comunicar a emergência de uma problemática concernente às bases da análise em relação à questão urbana. Produto de uma experiência, o ato de comunicação permite sua superação fundamentada num movimento de retificação contraditória que poderia resultar, por um lado, numa melhor compreensão destas práticas "urbanas" desconhecidas-reconhecidas pelos indivíduos, e por outro lado na sua própria superação através de uma articulação cada vez mais forte com outras regiões do materialismo histórico.

As longas digressões teóricas, as mediações necessárias para desbloquear a pesquisa concreta num campo eminentemente ideológico não devem nos desviar da finalidade última das tarefas empreendidas: romper os mitos tecnocráticos e/ou utopistas sobre o "urbano" e mostrar os caminhos precisos da articulação das práticas subjacentes às relações sociais, quer dizer à luta de classes.

Posfácio, 1975*

Este livro, escrito em 1970-1971, pretendia-se um instrumento de trabalho. De trabalho teórico, de trabalho de pesquisa científica. Também, por meio de numerosas mediações, de trabalho político. Contudo, produzido em circunstâncias históricas dadas, ele teve (e tem), em relação ao seu enfoque, limites muito sérios e erros teóricos. Apesar de uma certa consciência dos problemas implícitos ao trabalho realizado, sua publicação procura comunicar uma reflexão, a fim de ultrapassar algumas destas dificuldades numa prática coletiva. Por isso, dizíamos: "Este texto visa apenas a comunicar algumas experiências de trabalho, objetivando produzir uma dinâmica de pesquisa, mais do que estabelecer uma demonstração, irrealizável na atual conjuntura teórica." Particularmente, estes objetivos começaram a ser atingidos na medida em que as críticas e sugestões expressas fazem parte de uma extensa corrente de pensamento, pesquisa e prática sobre os "problemas urbanos", corrente que se desenvolveu em vários países durante os últimos anos. Mas, ao mesmo tempo, tem sofrido, como tantas outras obras, um determinado processo de fetichização, que se cristalizou em princípios teóricos, os quais não eram senão balbucios surgidos numa fase de trabalho que abrangia, antes de mais nada, a crítica às ideologias do urbano e o reconhecimento do campo histórico. Ainda mais, o progresso realizado pela pesquisa marxista urbana permite-nos, hoje, retificar algumas concepções confusas ou, simplesmente, inúteis, que foram desenvolvidas neste livro. Uma tal retificação não deve tomar a forma escolástica de uma reescrita do texto.

---

* Publicado pela primeira vez no Brasil pela Associação dos Geógrafos Brasileiros, seção São Paulo, em 1978, e pelo número 1 da Revista *Espaço e Debates*, em janeiro de 1981.

Este livro é o que é, e deve permanecer um produto historicamente datado. Mas, já que temos a ocasião de rever e completar uma nova edição, pode ser útil fornecer ao leitor alguns referenciais sobre o estado atual (1975) das questões debatidas, deixando o essencial do texto na forma original. Estas retificações traduzem-se em novos trabalhos teóricos que nós, dentre numerosos outros colegas de trabalho, temos efetuado após a publicação do livro. Tentaremos também, portanto, fornecer uma breve abordagem destas análises e algumas referências das novas pesquisas neste domínio.

1. Algumas retificações e precisões teóricas

a. Com a perspectiva que fornece, não o tempo, mas a prática, talvez as dificuldades mais sérias deste livro provenham de um salto muito rápido de uma crítica teórica a um sistema teórico extremamente formalizado. Particularmente, a *construção teórica em termos de sistema urbano*, com elementos e subelementos, foi somente um quadro de classificação, e não um instrumento de produção de conhecimentos, no sentido forte do termo. Não que seja "falso" falar de sistema urbano, ou que os elementos definidos não sejam "bons". Na realidade, tal construção revelou-se muito cômoda para organizar nossas informações no decorrer de nossas investigações.¹

O problema é menos o de sua exatidão que o de sua utilidade. Na realidade, o "sistema urbano", com seus elementos e suas relações, é uma construção formal, onde o essencial, isto é, o dinamismo de suas articulações, é produzido por leis de desenvolvimento histórico e organização social, das quais esta "teoria do urbano" não se inteira. O mais importante, do ponto de vista da fase atual do trabalho teórico, não é, portanto, definir elementos e formalizar sua estrutura, mas detectar as *leis históricas em ação* nas contradições e práticas ditas urbanas. É prematuro, atualmente, tentar atingir o nível de formalização estrutural proposto, pois *as leis históricas determinam as formas das estruturas mais do que o inverso*.

Deste ponto de vista, nosso trabalho foi influenciado *por uma determinada interpretação de Althusser* (mais do que pelos próprios trabalhos de Althusser), objetivando construir um conjunto teórico codificado e formalizado *antes* de ir em direção à pesquisa concreta, o que conduz necessariamente a uma justaposição de formalismo e empirismo, acabando-se portanto num impasse. O que está em jogo é, de fato, o próprio estilo do trabalho teórico, a postura epistemológica em questão. É preciso optar entre, de um lado, a ideia de uma "grande teoria" (mesmo marxista), a qual se verifica *em seguida* no empirismo, e, de outro lado, a proposição de um *trabalho teórico*, que produz conceitos e suas relações históricas, no interior de um processo de descoberta de leis de dadas sociedades em seus modos específicos de existência. Não se trata somente de "fazer pesquisas empíricas". Trata-se mais do fato de que a "teoria" não é produzida fora de um processo de conhecimento concreto. Tal é a experiência do materialismo histórico e tal é a lição que deveríamos ter levado em consideração de maneira mais rigorosa. Certamente, há mediações e momentos teóricos onde é preciso deter-se sobre a discussão de alguns conceitos. Mas é preciso nunca perder o cordão umbilical entre estas elaborações e as leis históricas da prática social. Mais concretamente, a tradução de problemas urbanos, em termos de reprodução da força de trabalho e sua formalização em meio ao sistema urbano, é útil somente na medida em que é uma etapa, para exprimir formas de articulação entre as classes, a produção, o consumo, o Estado e o urbano. O ponto fundamental não é, portanto, aquele de uma transformação da linguagem (que pode tornar-se, no limite, puro símbolo de dependência de uma família intelectual), mas o do *conteúdo histórico* de relações assim formalizadas. Isto dito, é preciso rejeitar com a maior energia os ataques dos que criticam um "jargão" para lhe opor outro (funcionalista, por exemplo), ou para substituí-lo pela "linguagem corrente", isto é, por um código ideológico que lhes é conveniente estruturalmente. A ruptura epistemológica entre a percepção cotidiana e os conceitos teóricos é mais necessária que nunca no domínio urbano, tão fortemente organizado pela ideologia. A questão é efetuar esta ruptura e esta produção de conceitos num *processo de trabalho teórico*, e não simplesmente numa combinação formal que pode vir a ser somente uma operação técnica subsequente e secundária. Ora, no momento, o sistema urbano, tal como é definido neste livro, não é um conceito mas um instrumento formal. Ele será o que for feito dele, em função de pesquisas concretas, produzindo *ao mesmo tempo* conhecimentos históricos e meios conceituais destes conhecimentos. E deve ser utilizado somente enquanto ajudar no desenvolvimento destas pesquisas.

b) Um segundo problema, que levantou um bom número de confusões e mal-entendidos, foi o mau emprego terminológico efetuado e, particularmente, *a definição do urbano em termos de reprodução coletiva da força de trabalho, e da cidade em termos de unidade deste processo de reprodução.*

Por que uma cidade seria somente isso? Replica-se. Numa cidade, há também fábricas, escritórios, todas as modalidades de atividades. Por outro lado, o processo de acumulação do capital, a realização da mercadoria, a gestão da sociedade, fazem-se, no essencial, nas cidades e configuram de maneira decisiva os problemas urbanos.

Lógico!

O mal-entendido advém da dificuldade da reviravolta epistemológica que devemos efetuar. Pois trata-se de:

- Mostrar que o conjunto dos problemas ditos "urbanos" são apreendidos por meio de categorias de uma determinada ideologia (a ideologia urbana) que, ao mesmo tempo, impede sua compreensão e realiza os interesses sociais das classes dominantes.
- Reconhecer que a importância crescente desta problemática ideológica não advém de uma pura manipulação, mas do fato de que ela organiza simbolicamente, de certa maneira, os problemas experimentados pelas pessoas na sua prática cotidiana. Trata-se, portanto, de identificar esses problemas em termos empíricos, de os tratar teoricamente, por meio de um instrumental adequado e

explicar, por fim, as raízes sociais do desenvolvimento da ideologia do urbano. O momento fundamental da análise é, no entanto, a análise concreta desses "problemas novos", ou do papel novo desses problemas antigos, na fase atual do modo de produção capitalista.
- É neste sentido que dizemos que o essencial dos problemas que se consideram urbanos estão, de fato, ligados aos processos de "consumo coletivo", ou ao que os marxistas chamam de organização dos meios coletivos de reprodução da força de trabalho. Isto é, dos meios de consumo objetivamente socializados e que, por razões históricas específicas, são essencialmente dependentes, por sua produção, distribuição e gestão, da intervenção do Estado. Esta não é uma definição arbitrária. É uma hipótese de trabalho que pode ser verificada pela análise concreta de sociedades capitalistas avançadas, nas quais nos temos fixado.

Isto colocado, a confusão gerada por nossa "definição do urbano" (que não é uma) é tal, que é preciso ao mesmo tempo *uma precisão e uma longa explicação*.

Uma precisão: uma cidade concreta (ou uma aglomeração, ou unidade espacial dada), não é somente uma unidade de consumo. Ela é, naturalmente, composta de uma grande diversidade de práticas e funções.

Exprime, de fato, a sociedade no seu conjunto, embora por meio da forma histórica específica que ela representa. Portanto, qualquer um que deseje estudar uma cidade (ou uma série de cidades) deveria estudar o capital, a produção, a distribuição, a política, a ideologia etc. Mais ainda, não se pode entender o processo de consumo sem o ligar à acumulação do capital e às relações políticas entre as classes. O problema fica em saber qual é a especificidade deste processo de reprodução da força de trabalho e quais são as relações entre reprodução coletiva da força de trabalho e problemática urbana.

É neste momento que uma *longa explicação* parece necessária para retificar efeitos teóricos nefastos produzidos por determinada leitura de nosso trabalho. Vejamos, gradativamente, como se coloca o problema da redefinição teórica do "campo urbano" em relação aos objetivos enunciados.

Na pesquisa urbana, somos prisioneiros de noções (e consequentemente de um *determinado* corte do real) que correspondem aos termos da linguagem corrente, dominada, frequentemente, no que nos diz respeito, pela ideologia do urbano. Consequentemente, a partir do momento em que se tenta partir de outros fundamentos teóricos, é preciso que empreguemos uma outra linguagem, formada de conceitos não limitados a um campo específico de experiência, mas comuns à ciência social em geral. É o que tentamos efetuar neste momento, ao empreendermos a análise do consumo coletivo, a partir do modo de produção, percorrendo, sucessivamente, os problemas teóricos levantados no estudo da infraestrutura do modo de produção capitalista, e em seguida na superestrutura. Como boa lógica, tal passo é autossuficiente. O único problema, e é o essencial, é reatar este desenvolvimento conceitual a práticas históricas concretas, de modo a estabelecer leis sociais que deem conta dos fenômenos objetivados, ultrapassando as construções puramente formais. Do ponto de vista do vocabulário científico, poderíamos nos eximir de usar, neste momento, as noções correntemente utilizadas, os termos da prática social ("linguagem", portanto ideologia), tais como "urbano", "cidade", "região", "espaço" etc. Deste ponto de vista, o problema da definição (ou redefinição) do urbano nem se coloca. Termos como "urbano", carregados de um conteúdo ideológico *preciso* (e não somente porque são ideológicos) são inteiramente *estranhos* no nosso encaminhamento.

Isto dito, *o trabalho teórico não se desenvolve no vazio social; deve articular-se com o estado de conhecimentos-desconhecimentos sobre as práticas observadas*, deve levar em conta a *conjuntura* e constituir uma verdadeira tática de investigação. Assim, quanto mais impregnado, constituído pela ideologia acha-se um domínio do social, mais se deve, *ao mesmo tempo*, distanciar-se do que diz respeito à produção dos instrumentos conceituais para sua análise e estabelecer *ligações* entre a conceituação teórica e a compreensão ideológica dessas práticas. Caso contrário, um processo esquizofrênico se instaura, tornando incomunicável a experiência das massas e o trabalho científico.

Compreendamos bem. Não se trata de trocar um termo por outro, aproximando-o de uma linguagem que nos seja mais familiar ou mais simpática (em termos de afinidade ideológica). Trata-se de assegurar, paralelamente, o desenvolvimento de determinados conceitos (não, portanto "palavras", mas instrumentos de trabalho teórico, remetendo sempre necessariamente a determinado lugar num certo campo teórico) e a inteligibilidade destes conceitos em relação à experiência vivida, mostrando o que existe de comum no objeto real de referência, entre tal conceito e tal noção ideológica. Naturalmente, tal correspondência pode existir somente termo a termo: tal noção resumirá, de fato, todo um processo; tal outra será um puro artefato ideológico, sem nenhuma correspondência direta com uma prática real. Todavia, partimos da hipótese de que determinados domínios, construídos (delimitados) ideologicamente, assentam-se sobre determinada unidade, especificidade, da experiência prática. É baseando-se nessa homogeneidade da prática vivida que uma ideologia pode tomar raízes sociais, deslocando-se a experiência vivida em direção a um campo de interpretação suscitado pela ideologia dominante. Isso significa dizer que a ideologia do urbano se assenta numa determinada especificidade do urbano como domínio da experiência, mas como este "urbano" é compreensível somente nas visões de determinada ideologia, é preciso ao mesmo tempo colocar em evidência a realidade assim conotada e inteirar-se de sua especificidade.

Comecemos, portanto, pelo *espaço*. Eis uma coisa bastante material, elemento indispensável de toda atividade humana. Entretanto, esta mesma evidência retira-lhe toda especificidade e o impede de ser utilizado diretamente como uma categoria na análise das relações sociais. Efetivamente, o *espaço*, como o *tempo*, é uma grandeza física que não nos diz nada, *enquanto tal*, sobre a relação social expressa ou sobre seu papel na determinação da mediação da prática social. Uma "sociologia do espaço" pode ser somente uma análise de determinadas práticas sociais dadas num determinado espaço, portanto sobre uma conjuntura histórica. Da mesma forma que, falando-se do século XIX (expressão aliás discutível), não se faz alusão a um corte cronológico, mas a um determinado estado das formações sociais, da mesma maneira, falando-se da França, ou de Auvergne, do bairro de Ménilmontant, de Mato Grosso, ou do bairro de Watts, faz-se referência a uma certa situação social, a uma determinada *conjuntura*. Naturalmente, há o "sido", as condições "geográficas", mas interessam à análise somente enquanto suporte de uma certa trama de relações sociais, pois as características espaciais produzem efeitos sociais extremamente divergentes segundo as situações históricas. Portanto, do *ponto de vista social* não há o *espaço* (grandeza física, mas entidade abstrata-enquanto prática), porém um *espaço-tempo* historicamente definido, um espaço construído, trabalhado, praticado pelas relações sociais. Ele não amolda, por sua vez, as ditas relações sociais? Não há uma determinação espacial do social? Sim, mas não enquanto "espaço", e sim enquanto uma certa eficácia da atividade social expressa numa certa forma espacial. Um espaço "de montanhas" não determina um modo de vida: os sofrimentos do meio físico são mediatizados, trabalhados, transformados pelas condições sociais. De fato, não há escolha entre o "natural" e o "cultural" na determinação social, porque os dois termos são unificados indissoluvelmente na única realidade material do ponto de vista social: *a prática histórica*. Aliás, todas as "teorias do espaço" que têm sido produzidas são teorias da sociedade ou especificações destas teorias (cf. sobre isto análises detalhadas no Cap. 3, 1). O espaço, socialmente falando, assim como o tempo, é *uma conjuntura*, isto é, a articulação de práticas históricas concretas.

Segue-se alguma coisa de fundamental para nossa análise: a significação social das diferentes formas e tipos de espaço, a divisão significativa do espaço; as unidades espaciais não têm sentido fora do corte da estrutura social em termos científicos, em termos, portanto, de modo de produção e formações sociais. Isto significa que cada modo de produção e, enfim, cada estágio de uni modo de produção implica uma divisão distinta do espaço, não somente em termos teóricos, mas em termos das relações reais instauradas entre os diferentes espaços. Diremos, de modo geral, que a especificidade destes tipos de espaço corresponderá, no essencial, à instância não somente, determinante, mas também *dominante*, de um modo de produção no caso do capitalismo: *o econômico*. Por outro lado, todo espaço será construído conjunturalmente, portanto, em termos de formação social, portanto em termos da articulação de modos de produção, de tal maneira que a dominância exprimir-se-à sobre um fundo de formas historicamente cristalizadas do espaço.

O que significa uma divisão do espaço, sob o domínio do modo de produção capitalista, em termos de divisão econômica? Significa, por um lado, uma organização do espaço específica para cada um dos elementos do processo de produção imediata (força de trabalho e reprodução da força de trabalho, meios de produção e reprodução dos meios de produção); por outro, uma organização do espaço específica à gestão do processo de trabalho; enfim, o espaço do processo de circulação do capital.

Coloca-se o fato de que, ao menos no que diz respeito ao estágio monopolista do modo de produção capitalista, os dois últimos processos, referentes à gestão e à circulação do capital, caracterizam-se por sua deslocalização, sua movimentação em escala mundial. Trata-se da eliminação *tendencial* do espaço enquanto fonte de especificidade. O tempo, ao contrário, torna-se mais e mais central no processo, fracionando-o em operações específicas segundo a velocidade diferencial de realização. Resta, naturalmente, demonstrá-lo. As consequências destas afirmações são consideráveis para toda nova "teoria do espaço", e é preciso, por sua vez, empreender a busca sistemática destas pistas de pesquisa.

A especificidade espacial dos processos de reprodução da força de trabalho e dos processos de reprodução dos meios de produção introduzem muito mais diretamente nossa problemática.

Pensamos, efetivamente, que os meios de produção não se organizam no plano espacial ao nível de uma empresa, numa economia tão complexa como a do capitalismo avançado. O meio de interdependências técnicas, os recursos comuns, as "economias externas", como dizem os marginalistas, realizam-se numa escala muito maior. Na escala de uma aglomeração, então? Nem sempre. Pois se determinadas aglomerações (as áreas metropolitanas particularmente) possuem uma especificidade ao nível da organização do aparelho de produção (no interior, certamente, de uma interdependência generalizada), outras unidades residenciais (aglomerações) são somente uma engrenagem inteiramente heterônoma do processo de produção e distribuição. *A organização do espaço em unidades específicas e articuladas, segundo os arranjos e os ritmos dos meios de produção nos parece relegada às distinções da prática em termos de regiões.* Efetivamente, se considerarmos, por exemplo, a questão regional, expressa em termos de desequilíbrios econômicos no interior de um mesmo país, a realidade conhecida de modo imediato e o que a tradição marxista trata como efeitos do desenvolvimento desigual do capitalismo, isto é, desenvolvimento desigual das forças produtivas e especificidade na organização dos meios de produção, segundo um ritmo diferencial ligado aos interesses do capital. *Desenvolvimento* desigual dos setores econômicos, exploração desigual dos recursos naturais, concentração dos meios de produção nas condições mais favoráveis, criação de meios produtivos ou "unidades de produção complexas", eis as bases econômicas daquilo a que se chama as regiões e as disparidades regionais.[2]

A organização espacial da reprodução da força de trabalho parece, ao contrário, desembocar em realidades geográfico-sociais bem conhecidas: a saber, as aglomerações no sentido estatístico comum do termo. O que é uma aglomeração? Uma unidade produtiva? De maneira nenhuma, na medida em que as unidades de produção se localizam numa outra escala (no mínimo, regional). Uma unidade institucional? Não, absolutamente, já que se conhece a não coincidência quase sistemática entre as unidades urbanas "reais" o a divisão administrativa do espaço. Uma unidade ideológica, em termos de modo de vida próprio de uma "cidade" ou de uma forma espacial? Isto é desprovido de sentido a partir do momento em que se recusa a hipótese culturalista da produção de ideologias pelo quadro espacial. Não há uma "burguesia parisiense", salvo em termos de detalhes folclóricos. Há um capital internacional e uma classe dominante francesa (na medida em que existe a especificidade de um aparelho de Estado); há especificidades ideológicas *regionais* (e não citadinas) nos termos da especificidade espacial da organização dos meios de produção. Mas tal ou tal forma particular do espaço residencial (remeto ao Cap. 2, 3 — "os meios sociais residenciais" — para uma discussão deste ponto).

Então, o que se chama uma unidade urbana? Ou de modo mais geral, uma aglomeração? Este termo da prática social e administrativa designa antes — ver-se-á facilmente — *uma certa unidade residencial*, um, conjunto de habitações com os "serviços" correspondentes. Uma unidade urbana não é uma unidade em termos de produção. Ao contrário, ela apresenta uma determinada especificidade em termos de residência, em termos de "cotidianidade". Ela é, em suma, o espaço cotidiano de uma fração delimitada da força de trabalho. Não é muito diferente da definição, corrente entre os geógrafos e economistas, de uma aglomeração a partir do mapa de migrações alternantes. Ora, o que aquilo representa do ponto de vista da divisão em termos de modo de produção? *Trata-se do processo de reprodução da força de trabalho*: eis a exata designação, em termos de economia marxista, do que se chama a "vida cotidiana". Certamente, sob a condição de compreendê-la nos termos explicitados, a saber, articulando-a à reprodução das relações sociais e ritmando-a segundo a dialética da luta das classes.

É preciso, entretanto, diferenciar dois grandes tipos de processo de reprodução da força de trabalho: o consumo coletivo e o consumo individual. Qual dos dois estrutura o espaço? Em torno de qual se organizam as aglomerações? Vai daí que os dois processos estão articulados na prática; consequentemente, aquele que dominará o conjunto do processo estruturará o outro na sua lógica. Ora, a organização de um processo será tanto mais concentrada e centralizada, e portanto estruturante, na medida em que o grau de socialização objetiva do processo é avançado, a concentração de meios de consumo e sua interdependência são maiores, a unidade de gestão do processo é mais forte. É ao nível do consumo coletivo que estes traços são mais evidentes, e é, portanto, em torno destes processos que o conjunto do consumo reprodução da força de trabalho-reprodução das relações sociais se estrutura.

Podemos, portanto, retraduzir em termos de reprodução coletiva (objetivamente socializada) da força de trabalho a maioria das realidades conotadas pela noção de urbano e analisar as unidades urbanas e os processos aí apreendidos enquanto unidades de reprodução coletiva da força de trabalho, no modo de produção capitalista.

Por outro lado, uma alusão intuitiva aos problemas que se consideram "urbanos" na prática basta para observar a coincidência (que se reflete, no sentido estrutural, no modo de produção de questões como habitação, equipamentos coletivos, transportes etc.).

Então, *que é uma cidade*? No sentido atual, ela é somente uma conotação genérica de unidades urbanas, de diferentes tipos de unidades.

Que fazer então da diferença entre cidades e campos, entre rural e urbano? As aldeias não são, elas também, unidades de reprodução da força de trabalho?

Efetivamente, e neste sentido, é preciso substituir a dicotomia rural/urbana *por uma diversidade descontínua de formas espaciais* e por uma pluralidade diferenciada de unidades de reprodução da força de trabalho, o lugar ocupado pela unidade deste processo e, sobretudo, o tipo específico da força de trabalho que se trata de produzir.

Ao nível das formas espaciais, não há somente a "cidade" e a "aldeia" para se estabelecer a diferença, mas, antes, uma grande diversidade de formas ("aldeia", "burgo", "cidade média", "capital regional", "grande aglomeração", "metrópole", "megalópole" e outros termos utilizados pelos geógrafos) que remetem a uma diferenciação de formas espaciais e, portanto, a uma pluralidade de unidades "espaciais", de unidades de consumo coletivo, irredutíveis a uma pura dicotomia em termos de rural/urbano (ver sobre este assunto os trabalhos de Bernard Kayser e sua equipe sobre a relação entre espaço rural e espaço urbano). Por que a "cidade média" estaria mais próxima da aldeia que da metrópole? Ou o inverso? E, simplesmente, *outra coisa*. Mas esta outra coisa não se estabeleceu em termos impressionistas, tipológicos, descritivos, mas em termos de lugar específico no seio do processo de consumo coletivo.

Mas então não existiria mais separação entre "cidade" e "campo"? E a "urbanização generalizada"? Na realidade, esta problemática não tem sentido (outro que ideológico) como tal, colocada nos termos em que se coloca mais frequentemente. Porque ela pressupõe já a distinção e mesmo a contradição entre rural e urbano, oposição e contradição que não tem sentido no capitalismo. Os espaços de produção e consumo na fase monopolista do capitalismo estão fortemente interpenetrados, imbricados, segundo a organização e o desenvolvimento desigual dos meios de produção e dos meios de consumo, não se fixando enquanto espaços definidos senão num dos polos da divisão social ou técnica do trabalho. Quando se fala de "urbanização do campo" (por meio do turismo em particular) ou de "ruralização das cidades" (a extensão dos subúrbios residenciais de habitações coletivas), têm-se sintomas de uma inadequação da problemática que se coloca explicitamente no interior mesmo da ideologia. Isto dito, uma tal imbricação não significa o fim das contradições sociais expressas *através* e pela *mediação* das formas espaciais, mas unicamente a não redutibilidade a uma oposição dicotômica entre as cidades e os campos como contradição principal.

Pode-se explicar, ao contrário, a persistência desta problemática e a difusão deste tema que Marx e Engels haviam retomado na *Ideologia Alemã*. Efetivamente, a contradição entre "cidade e campo" exprimiria, na análise de Marx e Engels, a contradição social entre os produtores diretos trabalhando a terra e os administradores do produto cuja existência se fundara na apropriação do excedente agrícola. Historicamente, houve possibilidade de "cidades", isto é, concentrações residenciais, não vivendo de um produto agrícola diretamente obtido pelo trabalho da terra, *no mesmo sítio*, a partir do momento em que houve excedente agrícola e apropriação deste excedente por uma classe de não trabalhadores. Assim, enquanto a base essencial dá economia foi a economia agrária e o trabalho dos camponeses sob diferentes formas de relações sociais, as "cidades" foram a forma espacial e de organização social, exprimindo por sua vez a gestão-dominação da classe exploradora e o lugar de residência (e de consumo) desta classe e de seus aparatos e serviços, enquanto o "campo" era o mundo onde vivia e trabalhava a "massa fundamental" (cf. Mao Tsé-tung, *Sobre o conceito de massa fundamental*) dos explorados. A contradição entre cidade e campo, identificando-se quase completamente a separação entre trabalho manual e trabalho intelectual e aí exprimindo a bipolaridade da contradição principal entre exploradores e explorados, tem portanto um sentido profundo. Ao contrário, a partir do momento em que há deslocamento da contradição principal, com a dominação do modo de produção capitalista, a contradição cidade-campo perde a univocidade de seu sentido. Porque aí não há contradição entre camponeses-trabalhadores e proletariado urbano, no momento em que uma identidade de interesses sociais se coloca entre capital industrial e capital agrícola numa economia rural mais e mais dominada pelo capital monopolista. As contradições ditas cidade-campo tornam-se então contradições secundárias entre setores produtivos, entre frações de capital. Trata-se da dialética do desenvolvimento desigual que temos esboçado sob a denominação de "problemas regionais", mas aí não há, de maneira nenhuma, bipolaridade contraditória unívoca, como era o caso numa situação escravagista, despótico-asiática ou feudal ou, ainda, como era o caso na oposição entre os senhores feudais e as cidades burguesas na transição para o capitalismo. Certamente há especificidades, aliás tanto econômicas como ideológicas, na situação do camponês parceiro e do trabalhador agrícola, em relação às outras classes e camadas exploradas. Mas tais especificidades são tratadas numa trama maior de relações sociais, ao mesmo tempo em que as formas espaciais da atividade humana se diversificam, de tal forma que a dicotomia rural/urbana, ainda que traduzida nos termos clássicos de oposição entre cidade e campo, não é senão um suporte material da ideologia culturalista reacionária de evolução da "sociedade tradicional" à "sociedade moderna".

Isto tem uma consequência imediata sobre nosso encaminhamento, a saber, que a "tradução teórica" da problemática urbana em termos de consumo coletivo e o tratamento das "unidades espaciais", enquanto unidades de reprodução da força de trabalho, têm sentido somente *histórico*, e que portanto *tal análise é específica do modo de produção capitalista* e não pode ser aplicada às "cidades" de outros modos de produção. (E assim, por exemplo, que a autonomia político-administrativa das cidades da Renascença, ligada à escalada da burguesia mercantil em oposição aos senhores feudais, está na base da especificidade das "cidades" europeias, cuja lembrança está por trás, ainda hoje, do tipo ideal de cidade.)

Mais ainda, é muito duvidoso que a problemática urbana conote as mesmas dimensões da estrutura social em sociedades colocadas numa situação diferente e mesmo oposta da cadeia articulada de formações sociais que constituem o sistema imperialista mundial. É o caso, em particular, de sociedades dependentes, onde os "problemas urbanos" remetem frequentemente à chamada problemática da "marginalidade", isto é, da não exigência, do ponto de vista do capital, de reprodução de uma boa parte da população que está estruturalmente fora da força de trabalho e cujo papel não é senão ser requisitada como exército de reserva.[3] Uma transposição *direta* de nossas análises sobre o capitalismo avançado em tais situações, em lugar de utilizar um estilo de raciocínio análogo, pode ter efeitos intelectuais inteiramente paralisantes.

Isto dito, nas sociedades capitalistas avançadas, que fazer, então, dos temas "urbanos" que não estão ligados diretamente à reprodução da força de trabalho? Por exemplo, devemos deixar de lado temas importantes como o lugar ocupado pelo crescimento urbano nos investimentos do capital e a especulação financeira? A ocupação dos centros urbanos pelos edifícios de serviços públicos não é um tema urbano?

Várias precisões são necessárias a esse respeito:

1. Não se confundir a especificidade social de um processo (o da reprodução da força de trabalho) e das unidades que deles resultam, com a produção social deste processo e destas unidades, de sua estrutura interna, de seu desenvolvimento e de sua crise. Assim, quando se fala do papel desempenhado pelo capital e pela renda imobiliária no "urbano", não se trata de afastar o sujeito, porque ele não tem relação direta com a reprodução da força de trabalho, mas antes, de o tratar enquanto se realizando neste processo de reprodução. Igualmente, a produção do "centro urbano" é processo do capital e do aparelho político, mas ignoramos o que é o "centro urbano" enquanto não o tivermos decodificado teoricamente. Portanto, e sabendo qual o lugar estrutural do produto visado que poderemos compreender a forma específica de realização dos interesses do capital na sua produção.

2. A análise dos componentes espaciais não é, por si mesma, uma análise dos processos de reprodução da força de trabalho, não é uma análise urbana e, consequentemente (o que é importante), não responde às regras particulares descobertas no domínio do urbano. Mas ela é, muito frequentemente, a *causa da divisão do espaço em unidades específicas a partir do processo de reprodução da força de trabalho*. O "centro urbano" é urbano porque a forma espacial e as relações sociais que aí se exprimem *são um elemento do funcionamento e da mudança das unidades de reprodução coletiva da força de trabalho das unidades "urbanas"*.

3. O ponto fundamental é este: o fato de que o processo de reprodução da força de trabalho tenha uma certa especificidade, baseada na autonomia relativa do "urbano" e das "unidades urbanas", não significa que ele seja independente do conjunto da estrutura social. *Mais ainda, e estruturado ele mesmo (como todo processo social) por uma combinação específica, organizada pela contradição principal entre as classes, elementos fundamentais da estrutura social. É esta estruturação interna do processo de reprodução coletiva da força de trabalho que nós chamamos estrutura urbana"*. Ela é composta da articulação específica de instâncias econômicas, políticas e ideológicas de modos de produção na formação social, *no interior do processo de reprodução da força de trabalho*. Isto, que parece ser terrivelmente complicado e abstrato, *é* entretanto o modo de raciocínio correntemente utilizado pelos marxistas nas outras esferas da estrutura social; a dificuldade advém, antes, da desorientação causada pela obscuridade da ideologia do urbano.

Efetivamente, todos estão de acordo em "situar" estruturalmente uma fábrica ao nível do econômico, mais precisamente, no processo de reprodução dos meios de produção. Entretanto, uma fábrica não é apenas isso. Mas ela é *primeiro isso*. No seu interior realizam-se processos de reprodução de relações sociais ideológicas, exercem-se relações de dominação políticas, têm lugar também, em determinado sentido, processos que concorrem para a reprodução da força de trabalho (por exemplo, medidas de segurança no trabalho). Todavia, este conjunto de processos realiza-se no interior de um processo de produção imediato, e a articulação dos elementos da estrutura social é aqui específica, é neste sentido que ela responde a regras modernas, diferentes, por exemplo, daquelas que articulam a estrutura social no interior do aparelho de Estado (o leitor poderá se desprender da imediaticidade empirista da análise em termos de "fábrica" no exemplo utilizado e generalizar o raciocínio para o processo de produção no seu conjunto).

Assim, a mesma estruturação interna do conjunto da estrutura social ao nível das cidades realiza-se de modo específico pelo processo de consumo coletivo. Não é, portanto, indiferente saber qual o processo que especifica esta estruturação, porque as práticas históricas enraizadas num tal processo levam sua marca.

Convém, além disso, recordar que não se trata de meras "combinações formais" de elementos estruturais, mas de articulações historicamente determinadas, especificando *sob uma forma própria a contradição entre capital e trabalho* (portanto, a luta de classes) e as contradições que daí resultam.

Para que serve tudo isso? E como se justifica?

Serve para desenvolver uma pesquisa científica sobre os problemas conhecidos (portanto, para orientar a prática social correspondente), e justifica-se somente pela fecundidade dos resultados de pesquisa adquiridos a partir destas novas bases.

Assim, por exemplo, se se parte de uma análise culturalista do urbano, esforçar-se-á em estabelecer e comparar "estilos de vida" diferentes segundo as formas de espaço e em revelar neles os vínculos de causalidade subjacentes. Se se parte da contradição entre "cidade" e "campo", estabelecer-se-ão as características destes dois termos e mostrar-se-á em seguida o efeito próprio destas características geográficas e econômicas sobre as relações sociais que daí resultam. Se se permanece numa análise da produção do espaço, escolher-se-á tal ou tal processo econômico ou político e mostrar-se-á o resultado ao qual eles conduzem no que concerne à forma espacial (do adorno do caixilho à funcionalidade da disposição dos volumes construídos).

Se se parte da análise que temos efetuado, centrar-se-á, antes de mais nada, sobre a análise dos meios coletivos de consumo, estudando-os de modo diferencial, segundo o tipo da força de trabalho que é preciso reproduzir e as contradições de classe que nele se exprimem de maneira específica.

Se tais hipóteses são justificadas, uma análise concreta dos processos de consumo coletivo deve esclarecer, *ao fim do caminho*, o essencial dos problemas que chamamos "urbanos" na linguagem corrente.

Tal é a demonstração possível (em termos de eficácia social) da validade de nosso ponto de partida, para além dos raciocínios lógicos e dos recursos à autoridade moral dos autores clássicos.

Assim, por exemplo, quais são os problemas concretos através dos quais, há vinte anos, se exprime a importância crescente do urbano?

1. A concentração urbana crescente, isto é, a concentração da população em aglomerações cada vez mais gigantescas, com tudo o que daí decorre.
2. A intervenção maciça do Estado na produção e distribuição dos equipamentos coletivos e no arranjo urbano.
3. O desenvolvimento das "lutas urbanas", as novas formas de conflitos sociais.
4. O desenvolvimento vertiginoso dos discursos sobre o urbano, da "tomada de consciência sobre estes problemas" e da sua colocação em primeiro plano pelos aparelhos institucionais oficiais.

Uma análise destes fenômenos históricos em termos de consumo coletivo tenderia a assinalar a correspondência e a causalidade entre estas "realidades" e as tendências estruturais fundamentais do capitalismo monopolista de Estado:

1. Socialização objetiva da reprodução da força de trabalho e concentração dos meios de consumo em seguida à concentração e centralização dos meios de produção e de sua gestão.
2. Intervenção necessária e permanente do aparelho de Estado para atenuar a rentabilidade diferencial dos setores de produção dos

meios de consumo e assegurar o funcionamento de um processo cada vez mais complexo e interdependente.
3. Reivindicação das classes dominadas no que se refere mais e mais ao "salário indireto" na medida em que ele toma um lugar maior no seu processo de reprodução simples e ampliada.
4. Tratamento deste conjunto de problemas novos pela *ideologia dominante*, deslocando-os, naturalizando-os, especializando-os: desenvolvimento da ideologia do urbano que se universaliza sob a forma de ideologia do meio.

Segue-se daí que algumas aproximações não podem representar o papel de unia demonstração. Elas nos servem, entretanto, para indicar a forma pela qual nós compreendemos a problemática urbana, hoje dominada pelo idealismo culturalista ou pelo empirismo espacial.

HIC RHODUS, HIC SALTA! como se diria...

c. Uma última retificação teórica, muito importante, referente às análises expostas neste livro, *é a que se refere ao estudo dos movimentos sociais urbanos*.

O grande perigo da perspectiva que desenvolvemos nas últimas páginas de *A questão urbana* é o do subjetivismo na análise das práticas que se teriam juntado a um certo estruturalismo na análise do sistema urbano. Efetivamente, como escreveu Jordi Borja em um dos melhores textos sobre estes temas, "a análise do fenômeno urbano sofre, nas suas formulações teóricas, de uma dificuldade particular para explicar *ao mesmo tempo* a estrutura urbana e os movimentos urbanos... A ruptura de natureza idealista, entre as estruturas e as práticas paralisa a análise dialética e desenvolve uma dicotomia analítica entre uma *teoria da reprodução* ("a cidade do capital") e *uma teoria da mudança* do tipo historicista (a cidade transformada pelos "movimentos sociais urbanos"). A análise dialética concebe toda estrutura como uma realidade contraditória e em mudança contínua. Essas contradições objetivas suscitam conflitos sociais que aparecem como *agentes imediatos* da mudança. Não há estruturas que não sejam outra coisa senão um conjunto de relações sociais contraditórias e conflituais, mais ou menos cristalizadas, mas sempre em processo de mudança. E não existem movimentos urbanos, dos quais participem todas as classes sociais em graus diferentes, que não se situem no interior de estruturas, exprimindo-as e modificando-as de forma constante. Não se poderia dizer melhor.

Ora, deste ponto de vista, se as análises deste livro não nos parecem poder ser tachadas de estruturalistas (porque lembram, sem cessar, que as estruturas não existem senão nas práticas e que a "estrutura urbana" é somente uma construção teórica, na qual a análise passa necessariamente pelo estudo da política urbana), pelo contrário, elas se prestam a desvios subjetivistas no que se refere aos movimentos-sociais urbanos. De modo mais preciso, nosso quadro de análise dos movimentos urbanos, tal qual apresentado no livro, leva em consideração somente as características internas do movimento e seu impacto sobre a estrutura social. De fato, o estudo dos movimentos urbanos se faz somente observando-se a interação entre os interesses estruturais e os agentes sociais que constituem o movimento e os interesses e os agentes sociais que se lhes opõem. O que significa dizer que o quadro de análise dos movimentos urbanos deve considerar ao menos quatro planos em constante interação:

a. A situação do movimento, definido pelo conteúdo estrutural do problema tratado.
b. A estrutura interna do movimento e os interesses e atores que nele estão presentes.
c. Os interesses estruturais contrários ao movimento, expressão organizativa destes interesses, as práticas concretas desta oposição.
d. Os efeitos do movimento sobre a estrutura urbana e sobre as relações políticas e ideológicas.

Nossos trabalhos sobre estes temas colocam em prática há três anos esta metodologia, com resultados bastante encorajadores.[4]

Por outro lado, é preciso delimitar mais claramente a diferença entre o estudo das *lutas urbanas* (enquanto prática histórica) e a descoberta de *movimentos sociais urbanos* (enquanto prática histórica transformadora).

Estudamos os primeiros para neles descobrir os elementos suscetíveis de desenvolver movimentos sociais, quer dizer, sistemas práticos suscetíveis de transformar a lógica estruturalmente dominante. E uma de nossas hipóteses centrais, que deve ser lembrada uma vez mais, é que não há transformação qualitativa da estrutura urbana que não seja produzida por uma articulação de movimentos urbanos por outros movimentos, em particular (nas nossas sociedades) pelo movimento operário e pela luta política de classe. Neste sentido, não afirmamos que os movimentos urbanos sejam as *únicas origens* da mudança urbana.[5] Dizemos, antes, que os movimentos de massa (entre eles os movimentos urbanos) produzem transformações qualitativas, no sentido amplo do termo, na organização urbana por meio de uma mudança, pontual ou global, da correlação de forças entre as classes. E isto passa, necessariamente, por uma modificação, local ou global, da relação de forças políticas, geralmente traduzida na composição e orientação das instituições políticas.

As três retificações-precisões que fazemos não esgotam — longe disso — os problemas colocados em relação às questões tratadas neste livro. Não se trata, porém, de rever tudo, mas somente de indicar os principais pontos que podem levar à confusão e de comentar a evolução atual, não só de nossos trabalhos, mas também do desenvolvimento, bem mais amplo, da pesquisa marxista que se desenvolve acerca dos problemas urbanos.

Todavia, o ponto essencial não é voltar incessantemente às delimitações conceituais necessárias para empreender o trabalho, mas provar o movimento em marcha, fazendo-se progressos na análise específica dos problemas, que chamamos urbanos, do capitalismo avançado, isto é, no estudo de novas contradições ligadas aos processos de consumo coletivo e à organização capitalista do território. Se não se trata de empreender aqui — nas anotações de uma etapa anterior de nosso trabalho — tal estudo, poderíamos assinalar a direção de nossas reflexões neste sentido, a fim de melhor articular este livro, para o desenvolvimento dos trabalhos que nele se inspirarem.

2. Sobre a teoria do consumo coletivo no capitalismo avançado e sua relação com as contradições políticas urbanas

Talvez a fonte dos principais problemas teóricos encontrados para um desenvolvimento das teses expostas em *A questão urbana* seja o fato de que o encaminhamento geral deste livro se coloca numa contracorrente. Isto é, em lugar de partir de bases teóricas próprias (as do marxismo) e de definir seus próprios alvos (a lógica social subjacente aos meios de consumo e/ou à organização social do espaço), ele percorre a problemática urbana, libertando-se progressivamente da ideologia implícita, através de um movimento que combina a crítica, a pesquisa concreta e a proposição, ainda balbuciante, de novos conceitos. Não se pode proceder de outro modo, porque todo campo teórico novo emerge de contradições que se desenvolvem a partir de um corpo anterior.

Mas, uma vez desenvolvido o essencial da crítica, é preciso inverter o encaminhamento intelectual. É preciso partir de uma definição nova, teórica e histórica dos problemas e proceder à pesquisa. Na realidade, um dos maiores problemas encontrados para o desenvolvimento de uma pesquisa marxista aplicada à nossa época é que os intelectuais marxistas empregam muito tempo tentando justificar o fato de serem marxistas. É bem mais importante se ater às tarefas de pesquisa, de elaboração e de investigação que nos esperam. O fruto de nosso trabalho é o desenvolvimento de uma prática científica e de uma prática política de massa. A força de nossas análises deve provir de sua capacidade explicativa e não de sua habilidade polêmica. Eis por que *A questão urbana* é somente uma prévia à pesquisa, um desbravamento do terreno obscurecido pelo idealismo sociológico. A partir disto, uma nova postura deve se desenvolver (e de fato se desenvolve) de modo autônomo, colocando suas próprias questões.

Eis por que neste texto, que pretende articular um livro já escrito em um movimento que lhe é ulterior, gostaríamos de adiantar algumas ideias sobre a análise materialista dos processos de consumo, particularmente do consumo coletivo no capitalismo avançado, porque eles parecem estar na base das situações reconhecidas-desconhecidas, pela problemática urbana.⁶

2.1 Classes sociais e processos de consumo

Por consumo entendemos o processo social de apropriação do produto pelos "homens", isto é, as classes sociais. Mas o produto decompõe-se em reprodução dos meios de produção, reprodução da força de trabalho e sobretrabalho. Este sobretrabalho decompõe-se em: reprodução ampliada dos meios de produção (ou consumo produtivo, nos termos de Marx), reprodução ampliada da força de trabalho (ou "consumo individual", para Marx) e o que Marx. mesmo chama, de uma forma imprecisa, o "consumo individual de luxo", compreendendo por tal o consumo dos indivíduos que ultrapassa o nível de reprodução simples e ampliada segundo necessidades historicamente definidas. É preciso, aliás, precisar que na reprodução simples e ampliada dos meios de produção e da força de trabalho se devem incluir todos os custos sociais resultantes da superestrutura institucional (aparelhos de Estado em particular) necessária à dita reprodução.

Se tal é o processo de consumo do ponto de vista do modo de produção, considerando-se o econômico propriamente dito, há especificidade dos bens de consumo como constituindo um dos dois grandes setores (o setor II na exposição do capital) nos quais se pode dividir a produção. Isto acarreta um certo número de regras próprias.

Do ponto de vista das classes sociais, o consumo é ao mesmo tempo uma *expressão* e um *meio,* isto é, uma prática social que se realiza segundo um determinado conteúdo (ideológico) e que concretiza ao nível das *relações de distribuição* as oposições e lutas determinadas pelas relações de produção.

Como todo processo social, o consumo é determinado pelas regras gerais do modo de produção, pela matriz social onde ele se inscreve. Mas esta determinação se produz em diferentes níveis e com efeitos específicos se levarmos em conta a diversidade de significações sociais do consumo: *apropriação do produto*, pelas classes sociais; *reprodução da força de trabalho*, no que concerne ao processo de produção, *reprodução de relações sociais*, no que concerne ao modo de produção no seu conjunto.

Aliás, a reprodução material do processo de consumo implica colocar em relação os *produtos* (ou bens a consumir) e os *agentes consumidores*, segundo uma determinação social relativamente autônoma. A ligação direta destas duas determinações com as do processo de consumo estão na base de regras (ou modo de consumo) subjacentes às práticas sociais neste domínio.

Estas práticas de consumo devem estar ligadas aos três níveis assinalados, isto é, enquanto processo de reprodução da força de trabalho, enquanto expressão das relações de classe ao nível das relações de distribuição e enquanto reprodução de relações sociais inerentes ao modo de produção. Toda análise unilateral de um desses três planos traz desvios que se podem qualificar, sucessivamente, de "economismo", "politismo" e "ideologismo".

Para avançar nesta perspectiva, convém esclarecer alguns elementos da evolução histórica do consumo no capitalismo, procurando assim exercitar os instrumentos conceituais que tentamos forjar, de um modo um pouco mais preciso.

2.2 A transformação do processo de consumo no capitalismo avançado

Sabe-se que o modo de produção capitalista, no momento amai, caracteriza-se por alguns traços fundamentais:

1. Crescimento sem precedente da *massa de mais-valia*, mas, ao mesmo tempo, papel central *da luta contra a baixa tendencial da taxa de lucro*, derivada do aumento cada vez mais acelerado da composição orgânica do capital.
2. Desenvolvimento acelerado, embora desigual e contraditório, *das forças produtivas*.

3. Desenvolvimento desigual e contraditório, mas sempre *ascendente*, *da luta de classes*.

Através destes três fatos fundamentais revela-se, não um capitalismo estagnado, mas um capitalismo que se desenvolve de modo *contraditório, acelerado* e *ininterrupto*, atravessando novas fases no interior do estágio monopolista, desenvolvendo-se de modo extensivo (na escala mundial), ao mesmo tempo em relação a si mesmo (de forma que as fases mais avançadas penetram e dissolvem as relações de produção de fases capitalistas menos avançadas) e em relação a outros modos de produção (pré-capitalista ou arqueocapitalista). Uma tal evolução não implica a eternidade histórica do modo de produção capitalista porque, na medida deste desenvolvimento gigantesco, estas contradições se aprofundam, globalizam-se, tornam-se interdependentes em escala mundial e desembocam numa crise generalizada. Mas isto quer dizer que deve se afastar de toda visão mecanicista do desabamento de um modo de produção somente pela dinâmica de suas crises internas. As contradições assim suscitadas colocam sempre os termos de uma alternativa histórica, mas o aspecto principal da contradição resulta sempre de um processo histórico determinado — dependendo da luta de classe e de sua expressão política.

Esta análise das tendências expansivas contraditórias do modo de produção capitalista dos dois últimos decênios nos permite melhor situar o papel representado pelo *processo de consumo*.

Efetivamente, as três grandes tendências assinaladas determinam três efeitos específicos na base das transformações no setor do consumo:

1. O capital monopolista, na busca de saídas para investimento, ocupa e transforma novos setores da economia, até então menos avançados por causa de uma taxa de lucro inferior. Tal é, particularmente, o caso da produção de meios de consumo, da agricultura aos eletrodomésticos. É claro que esta transformação resulta do interesse do capital investido, principalmente porque ela não segue a demanda social, daí a necessidade de publicidade, desenvolvimento de crédito e outros sistemas de orientação da demanda para ajustá-la à oferta.

2. O desenvolvimento da luta de classes, o poder crescente do movimento operário, transformando a relação de forças entre as classes, abre brechas na lógica dominante segundo a linha de resistência mais fraca, desviando assim as *relações de distribuição* antes que as *relações de produção*. Há, portanto, exigência história de elevação do nível de consumo pelas classes populares, exigência à qual o sistema pode responder sem ver sua lógica desabar, mesmo que fossem necessárias grandes batalhas (1936 na França, por exemplo, 1960 na Itália, 1959 na Bélgica etc.) para o constranger. Tanto mais que, *de certa maneira*, esta exigência popular pode ser utilizada pelo capital em busca de novos setores, na condição de orientar estreitamente o tipo de meios de consumo a produzir: adivinha-se a constituição de uma nova situação contraditória entre os interesses do capital e aqueles do conjunto das classes populares (e não somente do proletariado).

3) *O desenvolvimento e a socialização crescente das forças produtivas*, ao mesmo tempo, *exigem* e *permitem* o desenvolvimento da massa dos meios de consumo e do papel estratégico que eles ocupam na economia. Efetivamente, quando mais a produção é em grande escala e interdependente, mais a reprodução da força de trabalho, é, por sua vez, complexa e importante.

Complexa: porque é preciso assegurar o ajustamento de uma massa enorme de trabalhadores às exigências e planos cada vez mais precisos e pouco substituíveis.

Importante: porque, num processo de produção dependente de um lucro normalizado a longo prazo e em escala mundial, o importante é o funcionamento sem interrupção, portanto o funcionamento regular, do elemento menos previsível e controlável: a força de trabalho. Sendo dada a massa continuamente crescente de "trabalho cristalizado" que o trabalho vivo deve valorizar, mais a composição orgânica do capital aumenta e mais a fração restante de trabalho vivo se torna estrategicamente central.

Aliás, o desenvolvimento das forças produtivas, com o aumento da produtividade que ele representa, *permite o crescimento do nível de consumo no país e setores avançados no interior do desenvolvimento desigual do modo de produção capitalista em escala mundial* (é preciso lembrar que 2/3 da espécie humana permanecem abaixo do nível de reprodução biológica?).

A partir destas tendências de base, podem-se compreender as transformações que se estão produzindo no processo de consumo:

- De um lado, a penetração do capital monopolista provocou a destruição das relações arqueocapitalistas particularmente importantes na produção de meios de consumo destinados às classes populares e no setor da distribuição.

Da agricultura do grande capital aos supermercados, passando pela mecanização, às vezes útil, do trabalho poupado, assiste-se ao que é apreendido pela experiência sob a denominação "consumo de massa". É claro que estes não são os objetos mais "úteis" (em termos de valor de uso) assim produzidos, mas os mais rentáveis. Mas, ao mesmo tempo, a crítica passadista da "sociedade de consumo" tende a lamentar a "qualidade perdida" sem se importar com o fato de que a dita qualidade tem sempre sido reservada a uma elite. Nenhuma crítica série do consumo pode ser feita sem se referir a práticas de classe historicamente determinadas, sem o que se trata somente de variações em torno da eterna tragédia de um homem abstrato a contar com os poderes do mal.

- Por outro lado, o processo de consumo adquire um lugar decisivo na reprodução do modo de produção no seu conjunto, em sua fase atual:

Em nível econômico, o consumo é essencial, de um lado, à reprodução da força de trabalho e, de outro lado, ao modo de realização da mais-valia. Ele se torna essencial para a força de trabalho qualificada e necessária ao funcionamento sem interrupção da massa interdependente da força de trabalho subqualificada. Do ponto de vista da realização da mais-valia, se a relação entre setor I e setor II tem sempre estado na base de crises de superprodução no capitalismo, à massa de meios de produção (setor I) acresce-se exponencialmente, e mais, o equilíbrio dos setores torna-se sensível às menores variações da realização no setor II.

Ao nível político, o consumo toma um lugar mais e mais importante no processo de *reivindicação-integração*, na medida em que a tática de "participação conflitual" ligada ao neocapitalismo remete o conflito ao plano das relações de distribuição. Mas isto significa dizer, também que toda falha no mecanismo integrador é o consumo ampliado das bases de oposição ao sistema, na medida em que o fundamento das reivindicações a este nível é reconhecido como legítimo e praticado pelo conjunto de classes, frações e camadas.

Em nível ideológico, o consumo indubitavelmente, é expressão da prática de classe e de níveis na hierarquia da estratificação social. Mas ele é também consumo mercantilizado de signos, sendo este valor de troca de signos entendido ainda na esfera da produção capitalista, que não somente tem penetrado a produção de meios de consumo, mas também a do simbólico que a ele está ligado e se desenvolve segundo uma lógica relativamente autônoma. É importante, portanto, reconhecer esta dimensão do consumo e determinar-lhe um lugar na análise, sem fazê-lo, contudo, o eixo privilegiado da expansão do modo de produção, atribuindo-lhe assim o papel exorbitante de condensador das novas contradições de classe (como tende a fazer a ideologia semiológica).

Por outro lado, a especificidade da fase do capitalismo monopolista de *Estado* exprime-se através dos fenômenos seguintes:

1. Os monopólios organizam e racionalizam o conjunto do consumo em todos os domínios. É assim que a autonomia *relativa* desses processos em relação à lógica monopolista dominante é abolida e que se poderia falar de verdadeiras *cadências do consumo* O que se exprime ao nível do vivido por uma opressão crescente na vida cotidiana e pela imposição de um ritmo inteiramente heterônomo na atividade fora do trabalho.
2. O aparelho de Estado intervém de forma maciça, sistemática, permanente e *estruturalmente necessária* no processo de consumo e aqui sob diferentes formas:

a. Ajuda direta aos monopólios capitalistas a fim de facilitar a tomada a seu encargo de determinados setores (Ex.: fiscalização visando aos pequenos comerciantes e favorecendo as cadeias de distribuição);
b. "Encher os vazios" deixados pela lógica do grande capital em certos setores de consumo. É assim que assistimos à tomada ao encargo do Estado de vastos setores de produção de meios essenciais à reprodução da torça de trabalho: saúde-educação, habitação, equipamentos coletivos etc. É aqui que a "problemática urbana" enterra suas raízes;
c. Visto que o Estado toma a seu encargo uma parte considerável, e *objetivamente socializada*, do processo de consumo, visto que intervém na ajuda direta aos grandes grupos econômicos que aí dominam, visto que o consumo se torna o eixo central ao nível econômico, político e ideológico, então mesmo que nenhuma regulação centralizada do processo seja colocada no econômico, o Estado torna-se o verdadeiro *arranjador* do processo de consumo no seu conjunto: isto é o sustentáculo da dita "política urbana".

2.3 *Consumo coletivo*

Temos recordado a distinção clássica de Marx entre *consumo coletivo* (que concorre para a reprodução dos meios de produção) e *consumo individual* (que concorre para a reprodução da força de trabalho) e *consumo de luxo* (consumo individual que excede as necessidades historicamente determinadas de reprodução da força de trabalho).

O "consumo produtivo" não é considerado pela linguagem corrente no "processo de consumo". Também, mesmo se do ponto de vista teórico ele é inteiramente consumo ("apropriação social do produto"), nós o excluímos *momentaneamente* de nosso campo de análise a fim de simplificar o trabalho, já bastante complexo.

Por outro lado, a distinção entre "consumo de luxo" e "não de luxo" nos parece fortemente discutível, remetendo de fato a uma teoria naturalista das necessidades, quais sejam as precauções de estilo. Portanto, colocamo-la entre parênteses, esperando ter levado a análise a maior profundidade.

Ao contrário, a análise de Marx nos parece omitir uma diferença hoje fundamental no processo de consumo, diferença, é verdade, na qual a importância é muito maior hoje que no estágio concorrencial do capitalismo analisado por Marx.

É a distinção entre *consumo individual e consumo coletivo*, compreendendo-se por este último, o consumo no qual o tratamento econômico e social, continuando capitalista, não se faz através do mercado, mas por meio do aparelho de Estado. Os "bens coletivos", dizem os economistas marginalistas, são os que não têm preço de mercado. Esta é uma constatação. Mas a distinção entre *consumo individual e coletivo* foi contestada, geralmente por causa dos critérios empregados na caracterização deste último, baseados cm um pretenso caráter "natural" de determinados bens (por exemplo, sua indivisibilidade, como o ar, a água etc.). Ora, basta pensar no processo de privatização dos reclusos naturais para observar que nada pode escapar ao grande capital; no interior de uma lógica capitalista dominante, tudo, absolutamente tudo, pode tornar-se mercadoria.

Tudo, salvo os bens no qual o processo de produção produz uma taxa de lucro inferior à taxa média. Tudo, salvo aqueles bens ou serviços dos quais o Estado deve ter o monopólio para assegurar o interesse da classe capitalista no seu conjunto (escola, polícia, por exemplo, e ainda segundo as situações históricas).

Este *consumo coletivo é*, portanto, aquele referente aos bens nos quais a produção não é assegurada pelo capital, não por causa de uma qualidade intrínseca qualquer, mas de conformidade com os interesses específicos e gerais do capital: é assim que um mesmo produto (a habitação, por exemplo) será tratado, por sua vez, pelo mercado e pelo Estado e será, portanto, alternativamente produto de consumo individual ou coletivo, segundo critérios que serão, por outro lado, historicamente móveis. Afastamo-nos assim do empirismo, que consiste em identificar um processo social dado (o consumo coletivo) e um produto material (a habitação como valor de uso). Por outro lado, esses "bens de consumo coletivo" seriam os necessários à reprodução da força de trabalho e/ou à reprodução das relações sociais, sem o que eles não seriam produzidos, apesar de sua falta de interesse pela produção de lucro.

Enfim, e sobretudo, esta produção do *consumo coletivo* (à taxa de lucro fraco ou nulo) representa um papel fundamental na luta do capital contra a baixa tendencial da taxa de lucro. Efetivamente, desvalorizando uma parte do capital social por investimentos sem lucro, o Estado contribui para aumentar, por consequência, a taxa de lucro do setor privado, apesar da baixa tendencial da taxa de lucro proporcionada ao capital social no seu conjunto. Portanto, mesmo se este mecanismo não é a principal arma do capital para se contrapor a BTTP (Baixa Tendencial de Taxa de Lucro), a intensificação da exploração e seu desenvolvimento na escala mundial constituindo a arma essencial, resta que *a intervenção do Estado em matéria de consumo é um dos principais mecanismos do capitalismo monopolista e não somente pela reprodução do capital.*

Se tal é a determinação do processo do consumo coletivo, é preciso distinguir entre *a produção dos meios de consumo* e *o processo de consumo* em si mesmo, se bem que o segundo depende do primeiro e traz a sua marca. Isto posto, se do ponto de vista da casualidade histórica tal é a postura. Do ponto de vista da ordem do pensamento é preciso teorizar o processo de consumo em si mesmo, porque é impossível saber quais são os efeitos específicos de uma causa sobre um efeito do qual se ignoram os contornos.

Por isso, consideraremos três pontos fundamentais:

1. O *consumo coletivo* refere-se, no essencial, ao processo de reprodução da força de trabalho e ao processo de reprodução das relações sociais, *mas enquanto articulado à reprodução da força de trabalho* (consequentemente, obedecendo a ritmos específicos). Esta reprodução pode ser simples ou ampliada. A reprodução, ampliada deve ser definida sempre segundo uma especificação histórica e constitui um dos pontos fortes da análise e um dos que apresentam maior dificuldade.
2. Como todo processo social, o consumo coletivo se compõe de *elementos que somente podem ser definidos em suas relações.* Por outro lado, ele não é outra coisa senão as relações historicamente deter-

minadas entre esses elementos. Quais são eles? Os mesmos que os do processo de produção. Força de trabalho, meios de produção, não trabalho, mas organizados segundo uma lógica diferente. Na organização estrutural das contradições específicas a este processo reside o segredo último do consumo coletivo (esta frase sibilina procura apenas ocultar o estado embrionário e provisório de nossas pesquisas sobre este ponto de análise).
3. Todo processo de consumo define unidades de realização destes processos. Estas unidades, articulando meios coletivos de consumo, constituem a base material das unidades urbanas. Eis por que a problemática urbana é articulada diretamente às relações entre classes sociais e processos de consumo.

2.4 A politização do urbano no capitalismo monopolista de Estado: algumas tendências históricas

A politização dos "problemas urbanos" no capitalismo monopolista de Estado, diretamente determinada pela transformação das contradições de classe na nova fase do MPC em termos de prática política, acarreta efeitos específicos ao nível das relações de poder.

Assim, antes de tudo, do ponto de vista da transformação dos processos urbanos (isto é, dos que se referem ao consumo coletivo), assistimos à emergência de toda uma série de traços estruturais que estão na base de novos conflitos sociais e políticos, a saber:

- A importância crescente da previsibilidade do comportamento da força de trabalho num processo de produção complexo e interdependente exige uma atenção crescente no tratamento coletivo dos processos de sua reprodução. Essa tendência reforça-se pelas exigências crescentes das massas de trabalhadores, ampliando progressivamente suas reivindicações do domínio salarial ao das condições do conjunto de sua reprodução. Esses dois traços estão na base dos movimentos de *reivindicação urbana*, num sentido, e *de movimentos de integração e de participação*, em outro sentido...

- A existência de verdadeiras cadências de consumo na vida cotidiana, em virtude da socialização objetiva do processo, tinida à sua subordinação aos interesses do capital, é o fundamento:
  - por um lado, de revoltas mais e mais violentas e pontuais, quase sempre inteiramente espontâneas, que brotam concentrando de modo coletivo a agressividade individual, que se torna a regra em condições de existência impostas pelas grandes unidades de reprodução da força de trabalho;
  - por outro lado, de uma exigência crescente de *regulação* do sistema urbano segundo a lógica da classe dominante. Esta exigência prepara o terreno para o desenvolvimento da prática e da ideologia da *planificação* urbana.
- A intervenção permanente e cada vez mais ampla do aparelho de Estado no domínio de processos e unidades de consumo, de fato o verdadeiro arranjador da vida cotidiana. Esta intervenção do aparelho de Estado, que designamos por *planificação urbana* no sentido amplo, acarreta uma politização quase imediata de toda a problemática urbana, visto que o gerente e o interlocutor das reivindicações e das exigências sociais tende a ser, em última instância, o aparelho político das classes dominantes. Isto posto, a politização assim instaurada não é obrigatoriamente origem de conflito ou mudança, porque ela pode também ser mecanismo de integração e participação: tudo depende da articulação das contradições e práticas ou, se se quiser, da dialética entre aparelho de Estado e movimentos sociais urbanos.
- A generalização e globalização da problemática urbana é o fundamento do desenvolvimento vertiginoso da ideologia do urbano, que atribui ao "quadro de vida" a capacidade de produzir ou transformar as relações sociais. Uma tal tendência contribui para o reforço do papel estratégico do *urbanismo*, como ideologia política e como prática profissional. Apoiando-se na socialização objetiva do processo de consumo, na exigência estrutural da intervenção do Estado e na especialização ideológica de novas contradições, o *urbanismo* (*e* portanto o urbanista) torna-se uma *disciplina* no sentido preciso do termo, isto é, a capacidade

política de impor um determinado modelo de relações sociais acobertadas por um "aménagement" do espaço. Eis o que explica o desencadeamento de *utopias críticas* que tomam o sentido oposto da ideologia do urbanismo oficial opondo-lhe um "outro urbanismo", "humano", mas que permanece num terreno deslocado, onde os conflitos de classe foram transformados em conflitos do espaço.

Se, em lugar de observar o processo de politização do urbano do ponto de vista das transformações estruturais do consumo coletivo, *nós o observámos agora, a partir de novas formas de luta política e de características tendenciais da cena política no capitalismo avançado, podemos assinalar também alguns pontos fundamentais:*

- *Do ponto de vista da classe dominante* (o grande capital), se é verdade que a problemática urbana é inteiramente expressão da ideologia dominante, que a difunde e a globaliza mais e mais, seu desenvolvimento é, ao mesmo tempo, ligado à explosão de novas contradições estruturais ao nível do consumo coletivo, manifestado, por exemplo, pelo debate político e reivindicações econômicas visando, cada vez mais, aos "equipamentos coletivos". De forma que há uma *contradição crescente entre a difusão da ideologia do urbano pela classe dominante e os efeitos políticos visados, à medida que se aprofundam as contradições econômicas que ela conota*.
- *Do ponto de vista das novas tendências de revolta pequeno-burguesa*, centradas essencialmente sobre uma contracultura, esta se adapta perfeitamente tanto às bases econômicas quanto às expressões ideológicas da problemática urbana. Efetivamente, eles colocam em questão mais o modelo de consumo e "a vida cotidiana" que as relações de produção e a dominação política. Sua oposição está fundada numa crítica humanista do "quadro da vida", totalitário e global que se acomoda melhor aos registros naturalistas da ideologia do meio ambiente, tomando como ponto de apoio a utopia comunitária do passado ou do futuro, que a um certo lugar contraditório na estrutura das relações de classe. Num certo sentido, pode-se dizer que a

revolta cultural pequeno-burguesa fornece a principal massa militante aos movimentos baseados na ideologia urbana. Um outro problema é saber em quais condições eles se tornam um componente dos movimentos sociais urbanos, colocando em causa o poder de classe.

- Do ponto de vista das *tendências de oposição reformistas,* opressão de interesse imediato para as classes dominadas, *desligando-as* de seus interesses históricos, portanto reivindicando e modificando as relações de distribuição e de gestão sem mudar as relações de produção, os "problemas urbanos" aparecem como o domínio privilegiado da reforma. Efetivamente, eles estão profundamente marcados, aparecendo como um elemento que condiciona numa primeira instância as condições de vida dos trabalhadores; *dizem respeito ao conjunto das classes sociais em graus diversos*; referem-se ao consumo; portanto, não colocam em causa *diretamente* as relações de produção ou de dominação política: enfim, e sobretudo, a ocupação de certas posições em diferentes níveis do aparelho de Estado permite deter certos aparelhos de regulação e de intervenção neste domínio. Pode-se, então, esperar um desenvolvimento sem precedente das tendências reformistas de um "municipalismo social" tentando fazer experiências socializantes neste terreno. Já no Japão a "reforma urbana" do fundamento de importantes vitórias políticas da esquerda parlamentar, particularmente a conquista das municipalidades de todas as grandes cidades.
- Do ponto de vista da *oposição política revolucionária* (esta visando à destruição do aparelho de Estado burguês e à criação de condições políticas que permitam começar a transição ao socialismo), o lugar das contradições urbanas e das lutas que daí resultam, na estratégia do conjunto, depende do julgamento sobre a conjuntura da luta de classes e sobre as características das organizações econômicas e políticas das classes dominadas.

Com efeito, se se julga que os partidos revolucionários existem, que estão solidamente implantados nas massas e que a classe operária está organizada no essencial, a chave do problema é então unir vastas massas em torno de um programa político antimonopolista, isto é, construir o bloco histérico das classes dominadas sob a hegemonia do proletariado. Os problemas urbanos desempenham, então, um papel privilegiado na construção da aliança de classes sobre bases reivindicatórias (e não somente políticas), devido ao seu pluriclassismo e ao seu caráter de contradição secundária, mais diretamente ligadas ao aparelho de Estado.

Ao contrário, partindo-se da ideia de que a autonomia proletária está ainda por se construir, política, ideológica e organizacionalmente, então as situações urbanas são relativamente secundárias em relação à luta operária e aos conflitos diretamente políticos.

Pensando-se agora na importância das tendências políticas que convergem para um interesse crescente pela Questão urbana (a classe dominante, a revolta pequeno-burguesa, o reformismo, a prática revolucionária na fase de aliança de classes), pode-se explicar a importância crescente desta problemática: não somente ela exprime certas tendências estruturais novas ao nível do econômico, como ainda *a dinâmica especificamente política da maior parte das grandes correntes da cena política do capitalismo avançado* as leva a ocupar uma situação privilegiada na sua estratégia, o que explicará o alcance e a ambiguidade da Questão urbana, que é por sua vez um terreno impregnado de ideologia e uma fonte de conflitos políticos, *no sentido preciso* que acabamos de estabelecer.

3. SOBRE AS NOVAS TENDÊNCIAS NA PESQUISA URBANA

A transformação mais importante que se operou no campo intelectual tratado pela Questão urbana desde sua redação é, sem nenhuma dúvida, o desenvolvimento acelerado de uma corrente de pesquisa empírica que coloca as questões adequadas e procura, por sua vez, tratá-las de modo rigoroso e ligá-las à prática social e política. Longe de nós a ideia, expressa por alguns comentadores mal informados, de que este livro é o fundamento da corrente que se desenvolveu. Não somente porque uma tal afirmação seria absurdamente pretensiosa, mas também porque ela é inteiramente falsa. Trata-se, antes, do contrário. Este livro faz parte de uma corrente conjunta que se desenvolveu, de forma desigual, em vários países num dado momento histórico porque correspondia a uma necessidade de compreender novas contradições sociais ditas urbanas e que estavam na ordem do dia da prática das classes dominadas e das *classes dominantes*. Por causa de uma conjunção particularmente favorável de condições políticas, intelectuais e institucionais, esta corrente de pesquisa atingiu na França proporções extremamente significativas, tornando-se mesmo hegemônicas no interior do mundo acadêmico e nos organismos de pesquisa, pela qualidade e interesse dos estudos realizados. Mas, sob formas diferentes e variadas, uma corrente semelhante desenvolveu-se na Itália, Espanha, América Latina e, mais recentemente, na Inglaterra e nos Estados Unidos. Falando-se de tal corrente, não queremos dizer que haja uma unidade teórica, ou mesmo que se trate em todos os casos cie uma pesquisa marxista, mesmo se a teoria marxista for o ponto referencial mais corrente. Mas, na diversidade, trata-se de pesquisas que colocam questões semelhantes relativas às relações entre classes, o poder e os problemas urbanos e que tentam avançar no seu tratamento através de análises concretas de situações concretas. Indubitavelmente, problemas enormes aparecem no desenvolvimento destas pesquisas, e muitas dentre elas são hesitantes, mal construídas, extremamente enviesadas do ponto de vista ideológico. Não importa! O essencial é a mudança de perspectiva que elas operam. Progressivamente, no decorrer da prática, elas apuram seus métodos, tornam-se mais pacientes, mais rigorosas, mais articuladas aos problemas que se colocam na prática social. Se se deve evitar todo triunfalismo, porque estamos ainda na pré-história das ciências sociais, é preciso saber que progressos substanciais foram realizados, e que uma pesquisa pertinente, sistemática e cumulativa está em vias de traçar um caminho no campo das práticas sociais conotadas pela *Questão Urbana*.

Eis por que este livro estaria hoje fora de moda sem uma referência, mesmo sumária, a *alguns exemplos* do trabalho de pesquisa realizado durante estes últimos anos,[7] mas é esta corrente que se deve hoje enriquecer e melhorar num *debate* o mais animado e aberto possível.

Antes de tudo, progressos muito significativos foram feitos no domínio do *funcionamento do capital*, na produção e distribuição dos bens e serviços urbanos. Assinalaremos, em particular, os trabalhos de Topalov sobre o empreendimento imobiliário[8] e sobre a propriedade imobiliária,[9] os de Ascher sobre a produção da construção[10] e sobre Habitação,[11] os de Duclos sobre o papel do capital na renovação urbana,[12] os de Preteceille sobre a produção dos conjuntos habitacionais,[13] os de Théret e Dechervois, de um lado, e de Alain Lipietz, de outro, sobre a renda imobiliária,[14] os de Pottier sobre o financiamento público da urbanização[15] etc.

De maneira geral, o Centro de Sociologia Urbana (Paris) realizou toda uma série de monografias referindo-se à análise do capital no domínio urbano. Mas talvez os progressos mais importantes se refiram à análise das *políticas urbanas* das classes dominantes através de uma observação direta da intervenção do Estado nos serviços urbanos e na organização do espaço. A este respeito devem-se salientar os trabalhos de Lojkinc sobre Paris e sobre Lyon.[16] os de Cottereau sobre Paris;[17] os de Godard sobre a renovação urbana em Paris,[18] o de Rendu e Preteceille sobre a planificação urbana,[19] o de Suzanne Magri sobre as políticas de habitação,[20] os da equipe do Cerat em Grenoble sobre a instituição comunal,[21] os de Castells e Godard sobre as relações entre o Estado e as grandes empresas em relação ao urbano, os de Amiot[22] e de Ion[23] sobre a política dos equipamentos culturais, assim como as pesquisas, infelizmente não publicadas, de Henri Coing sobre as políticas urbanas em várias cidades, bem como os trabalhos de François D'Arcy, de um lado, e de Mesnard, de outro, sobre as relações entre o direito, a política e o urbanismo.

Começaram-se pesquisas sobre os movimentos sociais urbanos, tanto no Centro de Estudos dos Movimentos Sociais[24] quanto no Centro de Sociologia Urbana,[25] bem como no Grupo de Pesquisadores Urbanos de Rennes.[26] Se bem que certos trabalhos sobre este assunto já tenham sido publicados,[27] este é um dos terrenos, extremamente significativo, onde a nova pesquisa urbana deve ainda desenvolver uma verdadeira análise, ultrapassando comentários líricos ou a polêmica política.

À margem desta corrente, e sem participar nem de sua problemática nem de suas orientações, novos e importantes trabalhos foram produzidos na França, particularmente uma teoria geral do espaço elaborada por Henri Lefèbvre[28] em seguida à sua leitura pessoal dos clássicos marxistas em relação à cidade.[29] Uma corrente bastante original desenvolve-se numa orientação parapsicanalítica, nos trabalhos do grupo constituído em torno do Cerfi.[30] Os trabalhos de Alain Medam,[31] que procuram estabelecer a ponte entre esta corrente "subjetivista" e a tradição marxista. Outras pesquisas recentes observadas em sociologia urbana foram as de Raymond Ledrut,[32] de Jean-Claude Thoenig,[33] de Jean Remy e Liliane Voyé.[34] No conjunto destes trabalhos duas necessidades surgem de forma cada vez mais evidente:

1. Trabalhos sérios sobre o papel da ideologia nas contradições urbanas, assim como sobre a ideologia do urbano em si. Particularmente, a análise materialista da arquitetura não parece desenvolver-se no mesmo ritmo, apesar da útil pesquisa de Raymonde Moulin,[35] e determinados trabalhos, pouco ou não publicados, que começam a abordar a questão.[36]
2. Uma reflexão sistemática, *baseada na análise da evolução histórica*, sobre a relação entre contradições urbanas e os meios de consumo coletivo, que estuda particularmente a interação entre o Estado e os movimentos urbanos. Dado que isto nos pareça ser o fundamento do conjunto dos problemas levantados, e a esta tarefa de pesquisa que dedicamos o essencial de nossos esforços há algum tempo, com resultados extremamente lentos, porque as dificuldades aí são consideráveis.[37]

Dissemos que tendências de pesquisa próximas dos trabalhos que lembramos (por seus temas e por suas orientações) estão-se desenvolvendo em vários países. Pode ser útil ao leitor ter alguns pontos de referências em relação a essas tendências, sem no entanto sermos exaustivos nem sistemáticos nas referências, que poderiam ser bem mais numerosas.

Sem dúvida, o país mais avançado nestas orientações de pesquisa é a Itália. E com os meios institucionais de que se dispõe na França, os pesquisadores italianos poderiam produzir trabalhos bem mais avançados, porque lá as condições práticas (essencialmente *políticas*) para esta reflexão são excelentes. É preciso, particularmente, referir-se aos economistas, sociólogos, urbanistas e militantes reunidos em torno da revista *Città-classe*, que faz a relação entre a teoria e a prática, estimulando a discussão nos sindicatos e nos comitês de bairro: Paolo Ceccarelli, Francesco Indovina, Manrizio Marcelloni, Bernardo Secchi etc., estão entre os pesquisadores-práticos que mais têm feito progredir a pesquisa marxista urbana na Itália.[38] Próximos desta corrente estão sociólogos que têm desenvolvido análises dos movimentos urbanos, tais como Andreina Daolio[39] e Giuliano Delia Pergola.[40] Em outros setores da esquerda italiana, é preciso situar trabalhos importantes, como os de Enzo Mingione, de Mario Boffi e seus colaboradores,[41] de Marcella Delia Donne[42] e, sobretudo, de Franco Ferrarotti.[43]

Na Espanha, as condições particulares de repressão intelectual têm tornado muito difícil a expressão pública das pesquisas urbanas mais importantes que estão em vias de se desenvolver ali, particularmente em Barcelona. Citemos sobretudo os trabalhos de Jordi Borja e do Centro de Estudos Urbanos de Barcelona; os trabalhos do Grupo EUR, de Madri; as pesquisas de Manuel Campo (Barcelona) sobre os movimentos urbanos; as teses não publicadas de J. Olives sobre os movimentos urbanos em Barcelona e de Maria-Jose Olive sobre a produção dos conjuntos habitacionais em Barcelona. Numa perspectiva diferente, a pesquisa de Mario Gavivia (Madri) sobre o turismo na Espanha.

Na América Latina, o Grupo do Cidu, no Chile, vinha sendo uma experiência exemplar de articulação entre trabalho de massa, trabalho de pesquisa e trabalho teórico. Sua revista, *Eure*, era, até o nº 8 (setembro, 1973), o ponto de encontro de uma nova corrente crítica e analítica na pesquisa urbana na América Latina. A repressão terrorista da Junta chilena dispersou o grupo e "reorganizou" o Cidu. *Eure* "mudou de orientação", esperando ser publicada num outro país da América Latina e reencontrar seu papel de estimulante intelectual da reforma urbana. Grupos de trabalho consolidam-se ou desenvolvem-se aqui e ali (São Paulo, Quito, Costa Rica, México, Buenos Aires), sem que possam ainda estabelecer a relação exemplar entre teoria e prática que caracteriza o Cidu. Centros como o Ceur de Buenos Aires ou o Cendes de Caracas tentam construir um programa de pesquisas que coloque as questões de fundo na situação específica da América Latina.

Pesquisadores como Rosemond Cheetham (da Universidade Metropolitana, México); Lúcio Kowarick e Paul Singer (Cebrap, São Paulo); Emílio Pradilla (Bogotá), Martha Steinghardf (Colégio de México); Alejandro Rofman, José Luis Coraggio, Jorge E. Hardoy. Oscar Moreno (Ceur — Buenos Aires); e sobretudo, Aníbal Quijano (Lima) — e muitos outros — tentam, em condições difíceis, pensar de um modo novo as questões urbanas e regionais, articulando a análise do espaço às relações de classe, à exploração econômica e à dominação política.

Mesmo na tradição anglo-saxônica, muito tempo impermeável não somente à teoria marxista mas a qualquer análise em termos de classe, há um desenvolvimento rápido de uma nova tendência que, sem se dizer marxista na maioria dos casos, coloca o problema do poder e de sua relação com a economia no centro de sua reflexão sobre o espaço e o urbano. É o caso, na Inglaterra, de pesquisadores como Tom Davis (Londres); Michael Harloe (CES, Londres), Ray Pahl (Kent), Chris Pickvance (Manchester) etc. A Conferência dos Sociólogos Urbanos da Grã-Bretanha, reunida em York em janeiro de 1975, foi dominada por debates e pesquisas que estavam extremamente próximas (do ponto de vista da problemática) daquelas desenvolvidas na França nos últimos anos.

Nos Estados Unidos, se trabalhos marxistas exemplares sobre os problemas urbanos, tais como os de David Harvey,[44] são ainda exceção, uma corrente de pesquisa extremamente vigorosa desenvolve-se sobre os problemas urbanos na *Union of Radical Political Economists*.[45]

Trabalhos de economia marxista urbana, particularmente os de David Gordon[46] e de Wieliam Tabb,[47] começaram a tornar-se influentes. Na sociologia urbana e das comunidades, trabalhos como os de Robert Alford[48] são significativamente celebrados pela nova geração de sociólogos, e os livros mais comentados destes últimos anos em matéria de política urbana foram os de Francês F. Piven e Richard Cloward,[49] que desenvolvem uma análise de classe dos programas urbanos nas grandes cidades americanas. Se é verdade que tal tendência está longe de ser também hegemônica nos Estados Unidos, tal qual o é na França, ela faz sentir seu impacto sobre o conjunto dos pesquisadores, e muitos dentre eles, entre os mais influentes, começam a arrebentar as amarras empiristas sob o duplo efeito dos novos estimulantes intelectuais e da crise de legitimidade do *American way of life*.

Esta avalanche de referências sobre pesquisas urbanas não é uma atualização bibliográfica de *A questão urbana*, porque numerosos nomes e títulos, muito significativos do ponto de vista da pesquisa urbana em geral, estão faltando. Nossas citações visam simplesmente a fundir os propósitos que estavam na base deste livro no momento de sua redação, com um movimento intelectual muito mais amplo, muito mais coletivo, onde a relação teoria-prática se torna o problema essencial, sobre os fundamentos da experiência acumulada e em função de objetivos que agora começam a se projetar de modo mais claro.

Trata-se, portanto, de tornar antiquado este livro no momento em que ele for superado pela prática.

Notas

1. Cf., por exemplo, os resultados de pesquisa expostos em M. Castells e Francis Godard. *Monopolville, l'entreprise, l'Etat, l'urbain*. Paris, Mouton, 1974.
2. Existe, naturalmente, uma especificidade histórica e cultural das regiões enquanto sobrevivência de uma outra divisão, política ou ideológica, do espaço, em outros modos de produção. O regionalismo exprime-se, todavia, como movimento social somente a partir da articulação destas sobrevivências às contradições fundadas no econômico.
3. Ver, sobre estes temas, M. Castells, *Planificación, participación y cambio social en América Latina*. Buenos Aires, Ediciones Siap, Planteos, 1975, assim como os textos reunidos em: M. Castells (org.). *Imperialismo y urbanización en América Latina*. Barcelona, Ed. Gustavo Gilli, 1973; M. Castells (org.). *Estrutura de crases y política urbana en América Latina*. Buenos Aires, Ediciones Siap, v. 1, 1974, v. 2, 1976.

4. Cf. M. Castells, E. Cherki, F. Godard, D. Mehl. *Sociologie des mouvements sociaux urbains. Enquête sur la région parisienne.* v. I, Paris, Mouton, 1976.
5. Cf. Pickvance. "On the Study of Urban Social Movements." *The Sociological Review*, v. 23, n. 1, fev. 1975.
6. Uma primeira série de hipóteses foi exposta em M. Castells. "Consumo coletivo e contradições urbanas no capitalismo avançado." In: L. Lindberg (org.). *Politics and the Future of Industrial Society*, McKay, 1976; este texto foi também publicado em italiano por *Il Mulino*, Bolonha, n. 1,1974, em versão preliminar.
7. É claro que não se trata de fornecer uma bibliografia, mesmo sumária, que completaria aquela existente no livro e que vai, mais ou menos, até 1970. Nosso propósito aqui é mais limitado e mais preciso: trata-se de dar exemplos de um novo tipo de pesquisas que inexistiam em 1970 e que representam uma transformação fundamental da análise das contradições urbanas pelas ciências sociais. Assim, pensamos aumentar a clareza destas pesquisas e facilitar a comunicação entre trabalhos suficientemente próximos para se reforçarem no processo em curso.
8. Christian Topalov. *Les Promoteurs immobiliers.* Paris, Mouton, 1974.
9. Christian Topalov. *Capital et propriété foncière.* Paris, Centre de Sociologie Urbaine, 1973.
10. François Ascher e Chantal Lucas. *Analyse des conditions de production du cadre bati.* 3 v. Grenoble, UER — Urbanisation, 1972.
11. François Ascher e Daniel Levy. "Logement et construction." *Economic et Politique*, mai., 1973; François Ascher e Chantal Lucas. "L'Industrie du bátiment: des forces productives à liberer." *Economie et Politique*, mar., 1974.
12. Denis Duclos. *Propriété foncière et processus d'urbanisation.* Paris, CSU, 1973.
13. Edmond Preteceille. *La Production des grands ensembles.* Paris, Mouton, 1973.
14. Brunot Theret e Miguel Dechervois. *Contribution à l'étude de la rente foncière capitaliste.* Paris, Maspero, 1974.
15. Claude Pottier. *La logic du financement public de l'urbanisation.* Paris, Mouton, 1975.
16. Jean Lojkine. *La politique urbaine dans la région parisienne, 1945-1972.* Paris, Mouton, 1973, Jean Lojkine. *La Politique urbaine dans la région lyonnaise,* 1945-1972. Paris, Mouton, 1974; e preciso também assinalar as contribuições teóricas mais gerais, muito importantes, de Jean Lojkinc

sobre temas de urbanização: "Contribution à une théorie marxiste de l'urbanisation capitaliste." *Cabiers Internationaux de Sociologie*, I, 1973; e "Urban Policies and Urban Social Movements." In Michael Harloe (org.). *Captive Cities*. Londres, John Wiley, 1976.

17. Ver seus artigos sobre a planificação urbana em Paris e sobre o movimento municipal parisiense em números especiais. "Politique urbaine." *Sociologie du Travail*, 4, 1969, e 4, 1970.
18. Francis Godard et alii. *La Renovation urbaine à Paris. Structure urbaine et logique de classe*. Paris, Mouton, 1973.
19. Em curso no Centro de Sociologia Urbana em 1974-1975.
20. Sylvic Biarez et alii. *Institution communale et pouvoir politique: Les Cas de Roanne*. Paris, Mouton, 1974.
21. M. Castells e F. Godard, *Monopolville*. Paris, Mouton, 1974.
22. Michel Amiot et alii. *Politique municipale et équipements culturels*. Paris, Ministère de l'Equipement, 1972.
23. Jacques Ion et alii. *Les Equipements socio-culturels et la ville*. Paris, Ministère de l'Equipement, 1973.
24. Manuel Castells. Eddy Cherki, Francis Godard, Dominiquc Mehl, *Sociologie des mouvements sociaux urbains. Enquête sur la région parisienne*. V 1: Crise du logement et mouvements sociaux. Paris, Mouton, 1976; está em curso uma pesquisa sobre os movimentos sociais ligados aos transportes urbanos: uma pesquisa sobre as lutas urbanas na Europa foi realizada em 1974-1975.
25. Particularmente, os trabalhos de Michel Freyssenet.
26. Armel Huet et alii. *Le Rôle idéologique et politique des comités de quartier*. Paris, Ministère de l'Equipement, 1973.
27. M. Castells. *Luttes urbaines*. Paris. Maspero, 1973: vários artigos sobre os movimentos sociais urbanos foram publicados na revista *Espaces et Sociétés* nas edições Anthropos. Paris): textos de: Eddy Cherki. François Pingeot, Michel Robert, Franz Vanders Chueren, Françoise Lentin, Ricardo Garcia-Zaldivar, François Bonnier, Jost Olives etc. Esta revista, *Espaces et Sociétés*, é sem dúvida a fonte mais útil para conhecer as tendências mais interessantes da pesquisa urbana na França.
28. Henri Lefebvre. La production de l'espace. Paris, Anthropos, 1974.
29. Henri Lefebvre. *La Pensée marxiste et la ville*. Paris, Castermann, 1972.
30. Particularmente, *Les Équipements collectifs*, número especial de *Recherches*, Paris, Cerfi, 1973.

31. Alain Medam. *La Ville-censure*. Paris, Anthropos, 1972; e sobretudo sua tese, em vias de publicação, *Les Sens de la ville*.
32. Raymond Ledrut. *Les Images de la ville*. Paris. Anthropos, 1973.
33. Jean-Gaude Thoenig. L'Ere des technocrates. Paris, Dunod, 1974.
34. Jean Remy e Liliane Voye. La Ville et l'urbanisation. Bruxelas, Duculot, 1974.
35. Raymonde Moulin *et alii*. Les Architectes. Paris, Calmann-Lévy, 1973.
36. Os trabalhos mais interessantes são, sem dúvida, os de Manfredo Tafuri. Ver também os trabalhos de Katherine Burlen, Bernard Dubord, Henri Raymond, e Marion Segaud. Uma discussão muito fecunda foi introduzida por dois artigos de Manfredo Tafuri e de Diana Agrest sobre os arranha-céus de Nova York, no número especial sobre os EUA de *L'Architecture d'Aujourd'hui*, mar.-abr. 1975.
37. Tentamos, neste momento, desenvolver uma análise comparativa entre a França, os Estados Unidos e a Itália, a fim de abordar os efeitos diferenciais das formas de intervenção do Estado e do nível atingido pela luta de classes sobre a organização dos serviços urbanos e sua relação com os processos de consumo.
38. Pode-se seguir os trabalhos deste grupo na revista *Archivio di Studi Urbane e Regionali*, assim como no jornal político *Città-classe*. Uma boa coleção de trabalhos, respondendo, geralmente, a esta organização foi publicada por Francesco Indovina (org.). *Lo Spreco edilizio*. Pádua, Marsilio, 1973.
39. Andreina Daolio (org.). *Le Lotte per la casa in Italia*. Milão, Feltrinelli, 1974.
40. Giuliano Delia Pergola. *Diritta alla città e lotte urbane*. Milão, Feltrinelli, 1974. Ver, particularmente, sua excelente síntese teórica "Sociological Approach to Regional and Urban Development: some theoretical and methodological issues." In M. Harloe (org.). *Captive Cities*. Londres John Wiley, 1976.
41. M. Boffi, S. Cofini, A. Giasanti, E. Mingione. *Città e conflito sociale*. Milão, Feltrinelli, 1972.
42. Marcella Della Donne. *La Questione edilizia*. Bari, de Donato, 1973.
43. Franco Ferrarotti. *Roma, da capitale a periferia*. Bari, Laterza, 1971; Franco Ferrarotti, *Vita dei baraccati*. Roma, 1974.
44. David Harvey, *Social Justice and tbe City*. Londres, Edward Arnold Press. 1973: "Class-Monopoly Rent, Finance Capital and tbe Urban Revolution", *Regional Studies*, v.8, 1974. *The Political Economy of tbe Urbanization*

in *Advanced Capitalist Countries: The Case of the U.S*: Baltimore, Center for Metropolitan Studies, Universidade John Hopkins, 1975: e, sobretudo, seu próximo livro sobre a relação entre acumulação capitalista e organização do território, a partir da análise do papel econômico da construção.

45. Reuniram-se numa conferência sobre o tema da análise marxista da cidade de Nova York, em fevereiro de 1975. As contribuições para este colóquio, muito interessantes no geral, devem ser objeto de uma publicação coletiva em 1976. É preciso assinalar entre estes trabalhos os de John Mollenpkoff e de Richard Hill.
46. David Gordon (org.). *Problems in Political Economy: an Urban Perspective.* Lexington, Heath, 1971.
47. William Tabb. *The Political Economy of the Black Ghetto.* Nova York, 1970.
48. Robert R. Alford. *Health Care Politics.* University of Chicago Press, 1975, e Robert R. Alford e Roger Friedland. *Political Participation.* Madison Honeo Universidade de Wisconsin (deve ser publicado em 1976).
49. Frances F. Piven e Richard A. Cloward. *Regulating the Poor.* Nova York, Vintage, 1971; Richard A. Cloward e Frances F. Piven. *The Politics of Turmoil.* Nova York, Pantheon Book, 1974.

Este livro foi composto na tipografia Dante MT Std, em corpo 12/15, e impresso em papel off-white no Sistema Cameron da Divisão Gráfica da Distribuidora Record.